CONTES CHOISIS

SUR

L'ÉCONOMIE POLITIQUE

PAR

MISS HARRIET MARTINEAU

TRADUITS DE L'ANGLAIS PAR M. B. MAURICE

AVEC

UNE BIOGRAPHIE DE L'AUTEUR

PAR M. GUSTAVE DE MOLINARI
Correspondant de l'Institut.

———

TOME PREMIER

La colonie isolée. — La colline et la vallée. — L'Irlande.
Un conte de la Tyne. — La mer enchantée.

———

PARIS
LIBRAIRIE GUILLAUMIN ET Cᴵᴱ

Éditeurs du *Journal des Économistes*, de la *Collection des principaux Économistes*,
du *Dictionnaire de l'Économie politique*, du *Dictionnaire du Commerce
et de la Navigation*, etc.
RUE RICHELIEU, 14

CONTES CHOISIS

sur

L'ÉCONOMIE POLITIQUE

SAINT DENIS. — IMP. CH. LAMBERT, 17, RUE DE PARIS.

CONTES CHOISIS

SUR

L'ÉCONOMIE POLITIQUE

PAR

MISS HARRIET MARTINEAU

TRADUITS DE L'ANGLAIS PAR M. B. MAURICE

AVEC

UNE BIOGRAPHIE DE L'AUTEUR

PAR M. GUSTAVE DE MOLINARI

Correspondant de l'Institut.

TOME PREMIER

La colonie isolée. — La colline et la vallée. — L'Irlande.
Un conte de la Tyne. — La mer enchantée.

PARIS

LIBRAIRIE GUILLAUMIN ET Cⁱᵉ

Éditeurs du *Journal des Économistes*, de la *Collection des principaux Économistes*,
du *Dictionnaire de l'Économie politique*, du *Dictionnaire du Commerce*
et de la Navigation, etc.

RUE RICHELIEU, 14

1881

MISS HARRIET MARTINEAU.

L'auteur des *Contes sur l'économie politique*, miss Harriet Martineau, née à Norwich le 12 juin 1802, morte à Ambleside le 27 juin 1876, était le sixième enfant d'un manufacturier de Norwich, descendant d'un chirurgien huguenot réfugié en Angleterre après la révocation de l'édit de Nantes. Cette profession était demeurée héréditaire dans la famille : le grand-père, l'oncle et le frère aîné de miss Martineau l'exercèrent successivement avec distinction. Son père, qui avait épousé la fille d'un raffineur de sucre, se livra à l'industrie, mais, après avoir réussi à se créer une position honorable, il fut enveloppé dans la ruine d'une maison de banque pendant la terrible crise de 1825. Le chagrin qu'il en conçut abrégea sa vie et il laissa sa famille dans une situation voisine de la gêne. Un malheur plus cruel qu'aucune perte d'argent avait déjà éprouvé auparavant la jeune Harriet Martineau : à l'âge de douze ans, elle avait senti les premières atteintes de la surdité. Le mal alla s'aggravant en dépit

a

de tous les remèdes et, sans perdre complètement l'ouïe, elle fut réduite à se servir d'un cornet, *a trumpet*, comme elle avait l'habitude de l'appeler. Elle accepta avec une résignation exemplaire sa triste infirmité. Son « autobio-graphie » contient, sur la surdité, sur ses effets, sur les souffrances morales dont elle est la source comme aussi sur les profits que l'on peut en tirer, quelques pages qui méritent d'être citées. On y trouvera, avec un rare esprit d'observation et d'investigation, les marques d'une force d'âme toute virile, unie à une fierté délicate qui faisait redouter par dessus tout à la jeune infirme de devenir une gêne, une « nuisance » pour autrui. On y verra encore que la plus pénible et la plus maussade des afflic-tions physiques peut agir comme une cause de progrès moral et un stimulant dans la bataille de la vie :

« J'ai eu souvent l'occasion de remarquer, dit-elle, que jamais un enfant affligé de surdité ne reçoit à la maison ou dans une école ordinaire l'éducation qu'il conviendrait de lui donner. Il semble que les parents et les professeurs ne sachent pas qu'on apprend beaucoup plus par la conversation que par tout autre moyen, et, faute de cette observation, ils s'aper-çoivent trop tard, à leur grande consternation, que l'enfant ne possède pas la connaissance de choses tellement nécessaires et ordinaires qu'elles paraissent être une affaire d'instinct plutôt que d'éducation. Trop souvent aussi, le sourd est sour-nois et rusé, personnel et égoïste. Ces défauts se rencontrent surtout chez les enfants qui sont sourds de naissance ou qui le sont devenus de bonne heure, et si j'en ai été exempte, c'est, je crois, parce que mon éducation était déjà très avancée lorsque j'ai commencé à perdre le sens de l'ouïe. Dans les cas tels que le mien, le mal ordinaire, d'ailleurs beaucoup moins sérieux, c'est que le sourd est curieux, veut savoir tout ce qu'on dit et devient un fléau pour tout le monde. J'ai été préservée de ce défaut ou du moins j'ai essayé de m'en préserver, grâce à un avis amical de mon frère aîné. (Et de combien d'autres défauts de plus fréquents avis de cette sorte m'auraient préservée !) Il avait dîné avec une vieille lady célibataire — une espèce de bas-bleu provincial en son temps — qui était devenue sourde, d'une manière presque instantanée et si fort contre sa volonté qu'elle essayait de se cacher à elle-même le plus longtemps possible son infirmité. Pendant le dîner, elle était assise à côté d'une de ses anciennes connaissances, William Taylor de Norwich, qui n'avait jamais bien su comment on devait se comporter avec les dames, — excepté, il faut le dire à son honneur, avec sa mère aveugle. Elle le tracassait pour qu'il lui répétât tout ce qu'on disait, tellement qu'il finit par devenir presque bourru et impoli. Mon frère me dit qu'il était persuadé que je ne me rendrais jamais aussi insupportable que cette dame si j'avais le malheur de devenir aussi sourde qu'elle. Ceci me détermina à prendre la résolution de ne jamais demander ce qu'on disait, et malgré toutes les remontrances, amicales ou autres, je suis toujours demeurée fidèle à cette résolution, avec la conviction que c'était le meilleur parti à prendre. Je pense maintenant et j'ai toujours pensé qu'il est impossible à un sourd de deviner ce qui vaut la peine d'être demandé et ce qui ne la vaut pas ; j'ajoute, que l'un ou l'autre de ses amis, s'il n'a pas l'habitude de les fatiguer de ses questions, ne manque jamais de lui répéter ce qui mérite d'être entendu.

« Une autre observation qui ne me paraît pas inutile, c'est que ceux qui entendent devraient s'abstenir en cette affaire, de vouloir imposer leur opinion à ceux qui n'entendent pas. Je suis persuadée que ma famille aurait fait tous les sacrifices imaginables pour me sauver de mon infortune ; ce qui ne l'empê-

cha pas de l'aggraver terriblement par sa manière de la traiter.
D'abord, et pendant longtemps on prétendit que c'était ma
faute, — que j'étais distraite, — que je ne faisais jamais attention à ce qu'on disait, — que je devrais écouter d'une manière
ou d'une autre, et même, pendant que mon cœur se brisait, on
me soutenait qu'il n'y a de sourds que ceux qui ne veulent pas
entendre. Lorsque ma surdité devint absolument évidente, —
on me blâma de ne pas faire ce que je n'étais que trop tentée
de faire — c'est-à-dire de demander tout ce qu'on disait. Ce fut
une rude épreuve, mais elle me fut très utile à la fin. Elle me
prouva que je devais prendre mon sort entre mes mains, et au
lieu de me désespérer comme je l'avais fait jusqu'alors je ras-
semblai toutes mes forces pour supporter courageusement ma
destinée. Je compris que c'était une entreprise nécessaire à
tenter, et l'esprit d'entreprise s'éveillant en moi, je finis par
arriver au but non sans peine et sans défaillances. J'étais assez
jeune pour faire des vœux, — j'étais même dans l'âge où l'on
en fait — je fis donc vœu de patience pour mon infirmité; je
fis vœu de sourire chaque fois qu'elle me causerait une an-
goisse, de ne jamais reculer devant aucune de ses conséquences,
et par exemple de me servir d'un cornet, quand même je
devrais gâter les bords de mon chapeau, pour ne pas me priver
du sermon et des offices, ce qui était alors la plus grande privation que je pusse concevoir. Je réussis à la longue à prendre
le dessus, quoique mon sort m'ait paru bien souvent trop dur
à supporter. Et maintenant que je suis sur le bord de la
tombe, à la fin d'une vie laborieuse, je suis convaincue que
cette même surdité doit être rangée au nombre des meilleurs
événements de ma vie; le meilleur à un point de vue personnel, car je lui dois le plus puissant des stimulants à me
tirer d'affaire moi-même, le meilleur à un point de vue plus
élevé, en ce qu'elle m'a offert l'occasion la plus favorable de
venir en aide à ceux qui sont affligés de la même infortune, sans posséder l'énergie nécessaire pour surmonter la

fausse honte et les autres misères inénarrables qui l'accompagnent. »

Les goûts intellectuels de la future *authoress* s'étaient manifestés de bonne heure et, un jour, elle s'avisa de dire qu'elle voudrait bien écrire un livre. Sa sœur aînée ne manqua pas de se moquer d'une si haute ambition, et elle se promit bien alors de ne plus faire ses confidences à personne. Son père était abonné à un *Monthly repository* qui servait d'organe à la secte des unitairiens ; elle envoya, en gardant l'anonyme, un article à l'éditeur, le révérend docteur Aspland, — qu'elle qualifie de formidable dans ses mémoires. Avec quels battements de cœur, elle ouvrit le numéro suivant ! Non seulement l'article y était imprimé tout au long, mais encore un « avis » du formidable éditeur invitait l'auteur à continuer ses communications. Le soir, son frère aîné s'écria tout à coup en parcourant le journal : Tiens, voilà un article d'une nouvelle plume ! A peine en avait-il lu une colonne qu'il s'extasiait sur la beauté des pensées et du style, en reprochant à sa sœur de ne point partager son admiration. Avec la franchise qui a été le trait dominant de son caractère, elle lui dit : — Je n'ai jamais pu tromper personne. La vérité est que cet article est de moi. — Alors, lui dit son frère, laissez aux autres femmes le soin de coudre des chemises et de raccommoder des bas. Voilà votre vocation. — Cette soirée, ajoute-t-elle, fit de moi une *Authoress*. Elle continua pendant quelque temps sa collaboration au *Monthly repository* et quoiqu'elle n'eût lu

encore aucun ouvrage d'économie politique, elle écrivit,
à l'occasion d'une grève d'ouvriers briseurs de machines,
un article qui fit sensation, un autre article sur les grèves
et divers *tracts* qui se vendirent un penny et que l'éditeur
lui paya un souverain (fr. 25). Les *conversations* de
Mme Marcet lui étant tombées sous la main, elle s'aperçut,
à sa grande surprise qu'elle faisait, elle aussi, de l'économie politique comme M. Jourdain faisait de la prose,
— sans le savoir. C'était dans un des moments les plus
pénibles de sa vie. Son père venait de mourir, en laissant
sa nombreuse famille dans une situation gênée et précaire. Arrivée à l'âge de vingt-quatre ans sans avoir passé
par la moindre *flirtation*, miss Martineau éprouvait son
premier et son dernier amour. Pendant les jours de prospérité de sa famille, elle avait fait naître un tendre sentiment dans le cœur d'un jeune homme dont la situation
de fortune était inférieure à la sienne. Aussitôt qu'il
apprit qu'elle était devenue pauvre il lui offrit généreusement de l'épouser.

« Aussi longtemps qu'il m'avait crue riche, dit-elle dans
son autobiographie, il avait été trop généreux pour vouloir
m'associer à sa destinée. Maintenant que j'étais pauvre, il vint
me voir et nous fûmes mutuellement engagés. Je me trouvai
très perplexe et très malheureuse. La vénération que m'inspirait sa conduite était telle que je me demandais si j'étais digne
de me charger de son bonheur, et cependant je ne pouvais pas
refuser car je m'apercevais bien que mon refus lui porterait
un coup mortel. J'étais malade, j'étais sourde ; j'étais hésitante
entre des devoirs opposés et des considérations d'un ordre
moins élevé, et souvent dans la crainte où j'étais de manquer

à l'un ou l'autre de mes devoirs, je souhaitai de ne l'avoir
amais vu. Je suis loin de le souhaiter maintenant que la
beauté de sa conduite m'apparaît, dégagée de toute impression
pénible. Mais ce fut une période cruelle à traverser. Et juste
au moment où je commençais à être heureuse, après avoir surmonté mes craintes et mes incertitudes, et à jouir de son
affection, il devint victime des luttes et de l'attente qu'il avait
eues à subir. Il fut subitement atteint de folie et après de longs
mois de maladie du corps et de l'esprit, il mourut... Il n'a
jamais été douteux pour moi, en considérant ce que j'étais
alors, que ce qu'il pouvait y avoir de plus heureux pour l'un
et l'autre, c'est que notre union fut empêchée d'une manière
ou d'une autre. Je suis enchantée pour tout dire de ne m'être
point mariée. Je n'en ai jamais été tentée depuis, et je n'ai eu
plus rien à voir avec cette affaire que l'on considère comme de
toute première importance pour la femme — l'amour et le
mariage. Il n'y a point de femme de lettres qui n'ait, sans
aucun doute, une foule d'occasions de se livrer à cette sorte
de préoccupations; mais la liberté d'esprit et la froideur des
manières les écartent aisément et, pour ma part, depuis l'époque
dont je parle, mon esprit est demeuré complètement affranchi
de toute idée d'affaires d'amour. »

Là n'était point, en effet, sa vocation comme elle
l'avoue ingénûment. On peut douter même qu'elle ait
éprouvé en cette occasion unique un sentiment plus vif
que la reconnaissance. Mais elle n'était pas au bout de ses
peines et de ses misères; une nouvelle faillite acheva la
ruine de sa famille. On va voir avec quelle fermeté
stoïque, elle supporta ce dernier coup du sort.

« Nous eûmes à subir alors nos derniers malheurs de famille,
je les appelle ainsi, d'après la routine ordinaire du langage,
car, en réalité, ils doivent être comptés parmi les événements

les plus heureux de notre vie. Une faillite nous enleva à peu près tout ce qui nous restait de notre fortune. Au lieu de m'en affliger, je m'en réjouis plutôt car ce nouveau malheur nous obligeait à agir pour nous tirer d'affaire. Jusqu'alors, dans la longue et triste série de nos épreuves, nous n'avions pu recourir qu'à la patience, et nous nous sommes dit bien souvent depuis que sans cette dernière perte d'argent, nous aurions vécu à la manière ordinaire des femmes de province qui n'ont que tout juste le nécessaire, cousant, économisant et vivant chaque année d'une manière plus étroite; tandis qu'en nous trouvant réduites, comme nous l'avons été alors à gagner notre vie, nous nous sommes mises sérieusement au travail, nous avons acquis des amis, de la réputation et de l'indépendance, nous avons vu le monde, en Angleterre et à l'étranger, et finalement nous avons vécu de la vraie vie au lieu de végéter. »

Avant d'arriver à vivre de sa plume, la courageuse *authoress* eut cependant encore deux années difficiles à traverser. Sans relations avec les éditeurs et le monde littéraire de Londres, elle était réduite à faire, à raison de 15 liv. st. par an, une revue des nouvelles publications pour un journal hebdomadaire; elle vivait chez sa mère, à laquelle elle payait, malgré les protestations de la bonne dame, 30 liv. st. par an pour sa nourriture et son logement. Un jour, l'association centrale des unitairiens mit au concours trois mémoires sur les erreurs du catholicisme, du judaïsme et du mahométisme; elle concourut et remporta les trois prix qui avaient ensemble une valeur de 45 liv. st. Ce succès l'encouragea, et, se souvenant du bon accueil qui avait été fait à ses articles sur les briseurs de machines et les grèves, elle conçut le projet

de populariser les vérités d'une science trop peu connue
en écrivant une série de « contes sur l'économie politique. » Son frère ayant chaudement applaudi à cette
idée, elle entra en pourparlers avec plusieurs éditeurs
mais sans réussir à les convaincre de l'opportunité de
l'entreprise ; les uns lui objectaient que l'opinion publique
était absorbée par le bill de réforme qui venait d'être
repoussé et par le choléra qui avait fait son apparition
foudroyante en Angleterre ; les autres lui déclarèrent que
le titre était mal choisi, et que ces deux mots rébarbatifs,
« économie politique », seraient un épouvantail pour le
public auquel elle avait l'intention de s'adresser ; elle
tint bon, ne voulant pas disait-elle, dans sa scrupuleuse
honnêteté, faire passer la science en fraude. Enfin, elle
rencontra un éditeur de second ordre qui consentit à se
charger de l'affaire, à la condition que l'auteur lui as-
surât une partie de ses frais, en recueillant des souscrip-
tions pour un certain nombre d'exemplaires. Miss Martineau écrivit un prospectus et parvint non sans peine, à
réunir 300 souscripteurs. L'éditeur se décida alors à pu-
blier une première série, tirée à 1,500 exemplaires. Pendant les dix jours qui suivirent la publication, la pauvre
authoress, plus morte que vive, demeura sans aucune
nouvelle de son livre. Le dixième jour, l'éditeur lui en
expédia un exemplaire avec un billet contenant en substance qu'on pourrait porter le tirage à 2,000, puis, un
premier post-scriptum élevait ce chiffre à 3,000, un second
à 4,000 et finalement un troisième à 5,000. L'édition avait
été enlevée et le succès alla grandissant ; 10,000 exem-

plaires se répandirent rapidement dans tous les pays de langue anglaise malgré la concurrence de la contre-façon américaine, et, avant que les dernières séries eussent paru, l'ouvrage fut traduit en plusieurs langues, notamment en français par B. Maurice (1). Pauvre et inconnue naguère, miss Martineau avait maintenant un nom, et l'aisance, sinon la richesse, lui arrivait avec la réputation ; la plupart des notabilités politiques, scientifiques et littéraires briguèrent l'honneur de faire sa connaissance ; elle quitta Norwich pour aller habiter Londres, où elle eut bientôt des relations suivies avec une foule d'hommes distingués, Th. Carlyle, le poëte Wordsworth, lord Jeffrey, Sidney Smith, Malthus, Lyell, Darwin.

Après avoir terminé ses *Contes sur l'économie politique*, miss Martineau partit pour les États-Unis (1834) et elle y

(1) Le roi Louis-Philippe avait fait acheter un exemplaire des *Contes sur l'Économie politique* pour chacun des membres de sa famille, et il exprima à M. Guizot le désir que l'on en répandît la traduction dans les écoles. Quelque temps après, le traducteur, M. B. Maurice annonça en effet à miss Martineau que M. Guizot avait fait souscrire à un grand nombre d'exemplaires de l'ouvrage sur les fonds du ministère de l'instruction publique. « A la même époque, dit-elle dans son *autobiographie*, j'appris que le czar Nicolas avait souscrit aussi pour les différents membres de sa famille et mon traducteur français m'informa qu'un bon nombre d'exemplaires de la traduction avaient été achetés par ordre du czar pour les institutions d'éducation de l'empire. » Toutefois, la publication dans une des séries suivantes, d'un conte dans lequel il était question de la déportation des Polonais en Sibérie, mit fin aux bonnes dispositions de l'empereur Nicolas. L'ouvrage fut immédiatement prohibé en Russie et cet exemple ne tarda pas à être suivi en Autriche. On avertit même l'auteur que l'accès de la monarchie autrichienne lui était personnellement interdit.

La traduction de M. B. Maurice parut en huit volumes in-8°. L'édition que nous publions aujourd'hui contient un choix des *Contes* les plus intéressants, traduits par M. B. Maurice.

passa près de deux ans. Les premiers temps de son séjour
furent aussi agréables que possible; quoique les Américains n'eussent pas beaucoup à se louer de sa devancière,
mistress Trollope, et qu'ils pussent craindre d'être de
nouveau « trollopisés », suivant l'expression du jour, ils
lui firent l'accueil le plus hospitalier; mais l'agitation
pour l'abolition de l'esclavage commençait à passionner
les esprits et à effrayer les intérêts; à Boston et à New-
York, les meetings abolitionnistes étaient envahis par
une foule furieuse et la loi de Lynch était appliquée sans
miséricorde aux membres de cette secte abominable.
L'auteur des *Contes*, invitée à assister à un meeting des
femmes abolitionnistes de Boston, ne crut pas devoir
refuser cette invitation et un clergyman plus fanatique
que délicat lui ayant demandé d'exprimer ses sympathies
pour la cause de l'abolition de l'esclavage, elle se leva et
fit en quelques mots une profession de foi nettement anti-
esclavagiste. Elle ne tarda pas à subir les conséquences
de cette adhésion publique à une cause détestée. Aussitôt
que le compte-rendu du meeting eut été publié, la presse
se déchaîna furieusement contre elle, et les gens qui
avaient été le plus empressés à l'accueillir la mirent en
quarantaine comme si elle avait été atteinte de la peste.
Elle voulut néanmoins aller visiter les États de l'ouest en
compagnie de quelques amis fidèles, mais on la prévint
qu'elle serait infailliblement *lynchée* si elle venait à être
reconnue, et comment ne l'aurait-elle pas été à son cornet
ou à sa « trompette » dont elle ne voulait pas se séparer ?
Ses amis l'obligèrent à renoncer à ce voyage dangereux

et elle abrégea à son vif regret son séjour aux États-Unis.
A son retour, elle écrivit deux volumes sur la *société en
Amérique* et un volume de notes de voyages, sans se
départir de sa modération habituelle. Elle refusa même
les propositions séduisantes d'un éditeur, qui lui offrait
2,000 liv. st. pour ses impressions, à la condition de
« trollopiser » et elle se contenta d'un prix inférieur de
plus de moitié pour conserver le droit d'être impartiale.
Plus tard, elle fit un voyage en Égypte, et elle résuma
ses impressions dans un livre intitulé *la Vie orientale*. Ses
travaux avaient été interrompus dans l'intervalle par une
longue et cruelle maladie, dont elle guérit en recourant
au magnétisme animal. Elle écrivit à cette occasion des
Lettres sur le mesmerisme qui ameutèrent contre elle le
clan redoutable des médecins. Plusieurs membres de sa
famille même ne lui pardonnèrent jamais d'avoir cherché
sa guérison en dehors de la médecine régulière. Sa santé
rétablie, elle se remit à l'œuvre avec une nouvelle énergie; elle ne se contenta pas d'écrire des romans, des nouvelles, des esquisses morales et philosophiques; elle tra-
duisit la *philosophie positive* d'Auguste Comte. Son aisance
due tout entière à sa plume, — car elle avait refusé une
pension du gouvernement — s'était accrue, et elle avait
fait bâtir à Ambleside, dans la pittoresque région des
lacs d'Écosse, un modeste cottage où elle passait la plus
grande partie de l'année. En 1855, sa santé s'altéra de
nouveau; elle fut atteinte d'une maladie de cœur que son
médecin qui appartenait à la famille du docteur *Tant pis*
s'empressa de déclarer mortelle; elle mit ses affaires en

ordre, écrivit son *autobiographie* et se prépara avec une merveilleuse tranquillité d'âme à quitter ce monde. Elle a analysé avec un soin particulier ses impressions, à l'approche de sa fin qu'elle croyait prochaine, et que ses opinions, plus philosophiques que religieuses, devaient lui faire considérer comme définitive. Ces quelques pages sereines et courageuses sans affectation sont au nombre des plus remarquables qu'elle ait écrites et elles devraient être méditées par tous ceux dont une crainte excessive de la mort assombrit la vie.

« Au mois de décembre et au commencement de janvier, dit-elle, mon état de santé s'aggrava rapidement ; avec l'approbation de ma famille, j'allai consulter à Londres le docteur Latham, et je lui dis que, pour des raisons qui concernaient les autres plus encore que moi-même, je désirais connaître l'exacte vérité : il se rendit à mon désir. D'après ce qu'il me dit, il me parut si probable que je mourrais une nuit ou l'autre que je crus devoir m'abstenir d'aller demeurer chez mes amis les plus intimes, ou chez une hôtesse âgée et délicate ; je déclinai toutes les invitations, et je me logeai chez M. Chapman, où je pouvais recevoir tous les soins possibles sans inconvénients pour personne. Je m'étonnai moi-même que cette perspective d'une mort prochaine me causât si peu d'émotion. J'allai raconter à une amie les résultats de ma visite au docteur Latham et j'en fis part aussi à un cousin qui avait été mon ami d'enfance. Retournée à mon logement et au moment d'aller dîner, je ressentis une impression pénible, non par la crainte de mourir, mais parce que je pensai que je ne retrouverais plus jamais la santé. Je ne dormis pas de toute la nuit, et nombreuses furent les choses auxquelles je pensai, mais jamais je n'ai passé une nuit plus tranquille et plus sereine. Aussitôt

que ma famille apprit la nouvelle, une nièce bien aimée, qui
avait instamment demandé à venir me soigner, me rejoignit à
Londres en m'assurant qu'elle ne me quitterait plus. J'envoyai
chercher mon exécuteur testamentaire, pour faire un nouveau
testament, je le mis au courant de mes affaires, de mes projets
et de mes désirs, et j'acceptai son offre de m'accompagner
jusqu'à Ambleside. Comme il n'y avait qu'un mode possible
de traitement et qu'on pouvait le suivre indifféremment dans
un endroit ou dans un autre, j'étais pressée d'aller goûter
dans mon doux intérieur le repos et le calme. Ce n'était pas
seulement pour ma propre satisfaction, mais aussi pour donner
quelque répit à ceux qui me servaient et encore, quoique je
fusse prête à quitter la vie à toute heure, parce que j'avais bien
des choses à mettre en ordre, pour lesquelles la tranquillité
de la maison m'était indispensable. On était alors dans les
plus mauvais jours d'un rigoureux hiver, et je me demandais
si je pourrais achever mon voyage. Grâce à la complaisance
d'un ami, le wagon des malades du North-Western-Railway a
été mis à ma disposition ; et nous quatre, ma nièce, mon exécuteur testamentaire, ma servante et moi, nous avons voyagé
aussi confortablement que possible. Lorsque j'entrai dans ma
maison, l'air inquiet et désolé de la servante que j'y avais laissée
me fit comprendre que j'avais eu raison d'y revenir sans aucun
délai. Il y a trois mois de cela : pendant ces trois mois, j'ai
reçu la visite des membres de ma famille et de quelques-uns
de mes bons amis, ma nièce est demeurée constamment auprès
de moi, et je suis persuadée qu'elle a prolongé ma vie par ses
soins affectueux. J'ai employé mon temps à écrire ces mémoires
et à achever de remplir tous mes engagements, de telle sorte
qu'aucun intérêt, quel qu'il soit, n'ait à souffrir de mon départ
de ce monde. L'hiver, après s'être longtemps attardé, a fini
par s'en aller ; pendant la journée, je m'assieds au soleil, sur
ma terrasse, et, la nuit venue, je contemple, suivant la vieille
habitude, la lune et les étoiles. Nous sommes entourés de

bosquets et de plantes en fleurs. Mes jours sont remplis de plaisirs, je n'ai aucun souci ; et la seule chose que j'aie à craindre, après toutes les épreuves de ma vie, c'est de me gâter au moment où elle va finir.

« Lorsque j'eus connaissance de mon état, mon seul désir (autant que j'aie désiré quelque chose autrement que d'une manière indistincte et superficielle) était que ma mort eût lieu avant peu, par la voie la plus prompte, et c'est encore mon désir aujourd'hui. Je voudrais avoir une mort rapide, dans l'intérêt de ma servante et de tous ceux qui m'entourent ; je voudrais m'en aller bientôt, parce qu'il me répugnerait de m'amollir et de me dégrader dans la dernière période de ma vie, en cessant d'entendre la vérité, toute la vérité. Or, nul ne s'aventure à dire une vérité désagréable à une personne affligée d'une maladie de cœur. Il faut que j'en prenne mon parti, mais je suis mieux partagée sous ce rapport que beaucoup d'autres, parce que ma servante et ma compagne de tous les jours sait que je ne désire pas qu'on enjolive les choses parce que je suis malade. Je veux vivre et jusqu'à la fin, elle ne l'ignore pas, dans des conditions morales complètement saines. — Pour en revenir à la gâterie, je me suis demandé il y a quelques années si je n'en prenais pas le chemin. J'ai vécu trop longtemps pour m'inquiéter de ma santé et de tout ce qui pourrait m'arriver, mais serais-je bien capable, me disais-je, de supporter encore ce que je supportais autrefois ? Je me suis tellement accoutumée au repos du corps et de l'esprit qu'il me paraissait douteux que je pusse supporter la peine, ou même un changement de situation, car il me semblait que tout changement ne pourrait être que pour le pire. Je me souviens d'avoir été frappée d'un propos que tenait M⁽ʳ⁾ Wordsworth il y a dix ans ; elle était alors âgée de soixante-six ans : la beauté de notre vallée, disait-elle, nous rend trop attachés à la vie, trop peu prêts à la quitter. Cette pensée m'est souvent revenue à l'esprit dans les moments où je goûtais les joies les plus intimes sur les

hauteurs de la vallée, et je me demandais si ce serait un mal
de mourir dans ces moments-là. J'ai maintenant l'expérience
de trois mois d'une attente continuelle de la mort, et le résultat
final de mes réflexions sur ce sujet, c'est de regretter autant
que peut le faire une personne raisonnable, d'avoir dépensé
dans le cours de ma vie une si grande somme de temps, de
pensées et d'énergie dans la contemplation de la mort. Il est
vraiment triste que l'on encourage les gens de tout âge à un pareil gaspillage de leurs facultés. Je me préoccupais de l'idée de
mourir jeune jusqu'à ce que l'âge fut passé pour moi de mourir
jeune, et plus tard, au milieu du travail et dans les moments
les plus occupés de mon existence, je pensais constamment à
la mort, en partie par goût, en partie comme un devoir. Et
maintenant que je l'attends d'heure en heure, la chose me
paraît si facile, si simple et si naturelle que je m'étonne d'avoir
pu y attacher ma pensée quand elle était encore éloignée. Je ne
puis plus le faire maintenant. Nuit après nuit, depuis que je
sais que je suis mortellement malade, j'ai essayé de me représenter, à l'aide des sensations que j'éprouve dans mes crises,
l'acte de la mort et les pensées qui l'accompagnent, mais loin
d'y arriver j'ai toujours fini par m'endormir au milieu de ces
tentatives. Et ceci après que j'eusse réellement connu quelque
chose de la mort, car j'ai été fréquemment à l'extrémité dans
les cinq derniers mois, j'ai eu l'impression que je mourais
et que je ne pourrais jamais recouvrer le souffle. D'après cette
expérience concluante, la mort me paraît la chose la plus
simple du monde, — une chose qu'il ne faut ni craindre ni
regretter, et dont on ne doit s'émouvoir en aucune façon. »

Peut-être, le célibat rigoureux quoique volontaire auquel miss Martineau s'était vouée avait-il développé et
fortifié chez elle ce stoïcisme, auquel on peut reprocher
quelque sécheresse. Si elle avait eu une famille, si elle

avait été obligée de se séparer de ses enfants, la chose lui
eût paru, sans doute moins simple. Ce n'était toutefois
qu'une fausse alerte ; elle devait vivre encore plus de
vingt ans après avoir été condamnée par la médecine
régulière.

Esprit droit, caractère viril, armée d'un bon sens qui
n'excluait pas l'enthousiasme et le dévouement pour les
causes qu'elle croyait justes, miss Martineau mérite une
place élevée dans la littérature scientifique ; en lisant
quelques-uns des *contes* auxquels elle a dû sa réputation
et qui ont été son plus utile ouvrage, on se convaincra
que la faveur extraordinaire dont ils ont été l'objet à leur
apparition n'avait rien d'exagéré. Leur auteur doit être
compté parmi les écrivains qui, en mettant l'imagination
au service de la science et du bon sens, ont le plus contribué à vulgariser les vérités de l'économie politique.

G. DE MOLINARI.

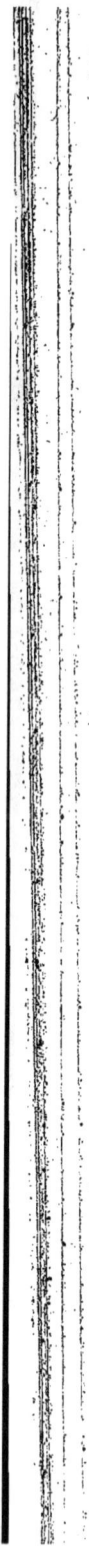

LA COLONIE ISOLÉE

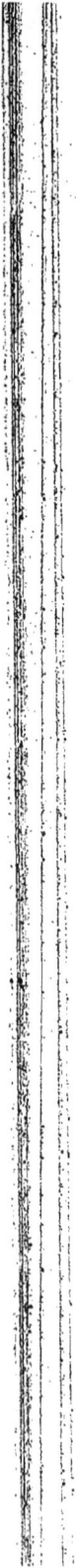

PRINCIPES DÉVELOPPÉS DANS CE CONTE.

———

La richesse consiste dans tout ce qui est utile, c'est-à-dire nécessaire ou agréable à l'homme.

La richesse s'obtient par l'emploi du travail sur des matériaux fournis par la nature.

Comme les matériaux que fournit la nature paraissent inépuisables, et que le travail va toujours en progressant, on ne peut assigner d'autres limites à ses opérations que celles de l'intelligence humaine. Et où sont les limites de l'intelligence humaine?

Le travail productif est un pouvoir bienfaisant; tout ce qui stimule ou dirige ce pouvoir est bienfaisant aussi.

Plusieurs sortes de travail improductif ont cet effet; donc plusieurs sortes de travail improductif sont bienfaisants aussi.

Tout travail pour lequel il y a une demande suffisante est également respectable.

Le travail étant un pouvoir bienfaisant, toute économie de travail est un bienfait de la société.

On économise le travail en le divisant de trois manières :

1° Les hommes font mieux ce qu'ils font habituellement;

2° Les hommes font plus promptement ce à quoi ils s'attachent d'une manière particulière;

3° C'est une économie de temps que de faire marcher à la fois diverses parties d'un même ouvrage.

On économise le travail par l'emploi des machines, qui rendent plus aisé le travail de l'homme, et qui, faisant une partie de ce même travail, lui laissent la liberté de se livrer à d'autres travaux.

On devrait protéger le travail en assurant sa liberté naturelle, c'est-à-dire en ne montrant pas de partialité, et en détruisant les effets de toute partialité antérieure.

LA COLONIE ISOLÉE

CHAPITRE PREMIER.

Que nous ont-ils laissé ?

Il y a peu de climats plus agréables que celui du midi de
l'Afrique. L'air des montagnes situées derrière le cap de Bonne-
Espérance est pur et bienfaisant. Les plaines qui s'étendent
au nord, à une grande élévation au-dessus du niveau de la
mer, se couvrent naturellement d'une abondante végétation,
et, quand elles sont cultivées, elles récompensent richement
le travail de l'homme. Les bois y sont remarquables par la
variété des arbres et des arbrisseaux. Le pays fournit autant
d'animaux propres à la nourriture ou à servir de bêtes de
somme que l'Angleterre elle-même. Ces avantages porteraient
à s'établir dans le midi de l'Afrique un grand nombre de nos
compatriotes, qui vont fonder ailleurs des colonies, s'ils n'étaient
contrebalancés par un grave inconvénient. Je ne parle pas ici
des bêtes sauvages qui s'y rencontrent, car à l'aide de certaines
précautions on tient éloignés des habitations les lions, les
léopards et les panthères ; mais d'une race d'hommes, plus

féroces que les bêtes sauvages, pleins d'adresse et de méchanceté, qui habitent la frontière nord des établissements européens. Ces hommes font de temps à autre des descentes sur les fermes isolées et les petits villages répandus çà et là dans la plaine, égorgent les habitants, incendient leurs demeures, enlèvent leurs troupeaux et tout ce qu'ils possèdent. Il est presque impossible de se tenir en garde contre les attaques de ces sauvages; pour leur résister, il faudrait des forces considérables : il n'est donc pas étonnant que les colons préfèrent renoncer aux avantages du sol et du climat, plutôt que d'avoir toujours à craindre la formidable visite des *Hommes-des-Buissons*, car c'est ainsi qu'on les appelle. Les établissements européens sont donc peu nombreux et peu considérables du côté de la frontière du nord, et ne sont formés que de ceux que leur pauvreté force à braver le danger et dont un constant exercice a augmenté le courage.

Les *Hommes-des-Buissons* habitaient dans l'origine une grande partie du pays situé autour du Cap. Ils en furent chassés comme autant de bêtes féroces par les Hollandais et les Anglais qui en prirent successivement possession. Un pareil traitement rendit les naturels cruels et actifs à s'en venger. Les misères qu'ils eurent à supporter affectèrent jusqu'à leur extérieur, et leur taille rabougrie et mal prise ne prouve pas suffisamment qu'ils soient d'une race inférieure à celle des hommes auxquels ils font la guerre. Si nous pouvons en juger par les expériences qui ont été tentées sur les naturels de différents pays, il paraît probable que si les Européens étaient chassés de leurs villes, contraints de se réfugier dans les montagnes, exposés aux misères et aux privations de la vie sauvage, leur taille se déprimerait, qu'ils prendraient des mœurs barbares et se livreraient à de cruelles vengeances; qu'ils pourraient, comme les *Hommes-des-Buissons*, punir le crime des premiers envahisseurs sur leurs successeurs innocents, et les plonger, sans qu'ils l'aient mérité personnellement, dans des infortunes aussi grandes que celles dont nous allons entreprendre le récit.

C'était au mois de septembre, saison des extrêmes chaleurs dans ce pays, que les habitants d'un petit établissement an-

glais, situé dans la partie septentrionale des possessions euro-
péennes au midi de l'Afrique, se réunirent pour examiner
quels étaient les moyens de sortir de l'affreuse détresse à
laquelle ils se trouvaient tout-à-coup réduits. La veille au soir
leur village avait un air de prospérité, eux-mêmes étaient contents et joyeux, et maintenant, le jour naissant à peine, les
voilà rassemblés pour contempler les ruines de leurs habitations et la nudité de leurs prairies, dont on a enlevé le bétail
qui en faisait la richesse et l'ornement. Les sauvages avaient
emporté leurs armes et leurs outils ; ils avaient brûlé le peu
de meubles qu'ils possédaient, en brûlant leurs maisons; ils
ne leur avaient rien laissé que les vêtements qu'ils portaient et
les semences renfermées dans le sein de la terre. Heureusement peu d'hommes avaient péri ; l'attaque avaient été si soudaine, qu'on avait essayé peu de résistance. Cependant quelques-uns étaient morts, des services desquels on pouvait
difficilement se passer, sans compter l'attachement que leur portaient les survivants à cause des travaux auxquels ils s'étaient
longtemps livrés ensemble et de leurs excellentes qualités.
Williams, le charpentier, avait été trouvé mort au milieu des
cendres dans la fosse de sa scierie; Humby avait été égorgé
sur le seuil de la nouvelle hutte qu'il se bâtissait. Quelques
enfants aussi avaient péri dans les flammes ; mais, en somme,
le nombre des morts, quand on en fit l'appel, se trouva bien
moins grand que chacun ne l'aurait supposé. Ceux du sort desquels on s'informa avec le plus d'empressement furent le capitaine Adams, M. Stone, sa femme et son enfant, tous étaient
en vie, et aucun accident particulier ne leur était arrivé.

M. Stone était l'homme le plus instruit de la petite colonie,
aussi en faisait-on grand cas, comme chapelain et comme
maître d'école, sans parler de ses connaissances théoriques et
pratiques en agriculture. Sa femme était une dame aimable,
possédant beaucoup de force d'esprit; elle aidait son mari
dans ses travaux à la maison et au dehors. Ils avaient une
petite fille âgée de trois ans.

M. Adams n'était appelé le capitaine que parce qu'il avait
pris jusqu'à un certain point la direction des affaires com-

munes. Accoutumé depuis longtemps au climat, connaissant
bien le pays, il était à même de donner de bons conseils à ses
voisins, qui avaient pour lui le même respect que s'il eût été
réellement leur capitaine, et lui en laissaient prendre volontiers l'autorité. C'était M. Adams qui venait de réunir les
colons à l'ombre de quelques arbres formant un petit bouquet
de bois entre deux collines. Ils commencèrent à se regarder
les uns les autres, et aucun ne semblait disposé à parler. Le
capitaine allait rompre le silence, quand les gémissements de
la veuve du charpentier, et ceux d'une mère qui avait perdu
son enfant, l'émurent à un tel point qu'il ne put prononcer un
seul mot. M. Stone, possédant une présence d'esprit remarquable, s'avança alors et dit que leurs amis avaient été convo-
qués afin d'aviser aux mesures à prendre pour assurer le salut
et la subsistance de tous. Il ajouta que la meilleure manière
de commencer cette délibération, c'était de s'adresser d'abord
à Dieu, dans un esprit de résignation pour ce qu'ils avaient
perdu, et de reconnaissance pour ce qui leur restait encore.
Cette motion reçut l'assentiment général ; toutes les têtes se
découvrirent, s'inclinèrent, et toutes les voix se turent, excepté
celle de M. Stone, qui prononça la prière d'usage. Quand il
eût fini, et après une pose de quelques instants, le capitaine
fit observer à l'assemblée que le premier soin de chacun d'eux
devrait être de s'assurer la nourriture et un abri, — la nourriture pour une journée et l'abri pour une nuit, peut-être seulement. Car la seconde question serait celle-ci : demeureraient-
ils dans le même village en rebâtissant les ruines le mieux
possible, ou bien se porteraient-ils plus au midi pour y trouver plus de sécurité, et être plus à même de recevoir des secours de leurs compatriotes ? Le capitaine espérait donc en
premier lieu que, mettant de côté tous sentiments d'égoïsme,
chacun viendrait déclarer de soi-même quelle provision lui
restait entre les mains ou sur sa portion de terrain.

M. Stone offrit une antilope prise au piège la veille et attachée dans un enclos où les sauvages n'étaient point entrés. Il
ajouta qu'il ne lui restait que bien peu de choses de sa première récolte de fruits, que la seconde ne serait pas mûre

avant quelques semaines, mais qu'enfin il apporterait dans un lieu désigné la totalité du peu qui pouvait lui rester encore. Campbell, le berger, dit qu'il ne lui restait pas une seule tête de bétail, mais qu'il s'offrait à suivre les traces des sauvages pendant quelques milles, et que, s'ils avaient laissé derrière eux quelques bœufs ou quelques moutons égarés, il les ramènerait au camp avant la nuit. Là-dessus deux ou trois hommes offrirent d'aller chasser, si l'on pouvait leur fournir des armes, d'autres d'aller pêcher, si seulement on pouvait leur fournir des engins.

— Tout cela est fort bien, dit le capitaine, convaincu qu'ils n'avaient à leur disposition ni armes ni engins ; mais l'objet en question est de voir quels aliments sont actuellement en notre possession.

Malheureusement cela ne fut que trop tôt vu. Il n'y avait que l'antilope de M. Stone, quelques oranges, quelques raisins et des figues. On trouva encore quelques œufs dans les décombres, et l'on vit reparaître quelques-unes des poules que la vue des flammes avait dispersées. Voilà toutes les provisions que l'on put réunir pour cinquante-quatre personnes.

— Il est clair alors, dit le capitaine, que le plus grand nombre d'entre nous doit se disperser pour aller à la recherche de quelque nourriture, et qu'il faut ajourner jusqu'à demain au moins la question du déménagement ; nous ne sommes pas en état de voyager aujourd'hui. Mais il faut songer à nous procurer un abri pour cette nuit ; que ceux qui auraient un plan à proposer à cet égard veuillent bien prendre la parole.

Ici il se fit encore une pause, car chacun pensa naturellement au pauvre Williams, le charpentier, et regretta amèrement sa perte. A la fin un fermier, nommé Robertson, dit :

— Si nous pouvions seulement trouver des outils, nous aurions avant la nuit une sorte de toit sur nos têtes ; car encore que nous ne l'ayons pas appris par état comme le pauvre Williams, je suppose qu'il y en a plusieurs ici qui savent, comme moi, manier un tant soit peu une cognée et une hachette. Mais si nous ne pouvons pas avoir d'outils, nous voilà obligés de coucher à la belle étoile. Il fait humide dans le bois ; de plus

nous aurons les bêtes féroces pour voisins, et leurs hurlements empêcheront les femmes et les enfants de dormir, à
supposer que nous dormions, nous autres hommes !

— Les nuits sont fraîches, dit M. Stone, il est dangereux de
dormir en plein air après des journées aussi chaudes. Qui est-
ce qui possède une hache?

Personne ne répondit, et tous se regardèrent d'un air
triste.

Un laboureur proposa que deux ou trois hommes se détachassent et allassent explorer les gorges des montagnes de l'est
pour voir si elles ne présenteraient pas quelque grotte, quelque
caverne, où l'on pût, en y étendant des feuillages et de la
mousse, se créer un abri pour la nuit.

— Excellent ! s'écria le capitaine ; mais de peur que cet
expédient ne vienne à nous manquer, il faut qu'un autre détachement aille dans le bois, et voie si, malgré l'absence d'outils, nous ne pourrions pas nous procurer quelques branches
un peu fortes. Le vent qu'il a fait la semaine dernière doit en
avoir cassé quelques-unes, et comme il fait très sec depuis plusieurs mois, il serait possible d'en détacher quelques autres par
la seule force de nos bras. Il faut nous rappeler que nous
n'avons pas d'autres outils maintenant, et nous en servir en
conséquence.

— Je ne vois pas, dit M. Stone, pourquoi les plus faibles
même resteraient oisifs. Est-ce que les enfants ne pourraient
pas ramasser du gazon sec et des broussailles pour allumer des
feux, cette nuit, autour de l'endroit où nous coucherons?

— Ma fille, dit mistress Stone, aura sa besogne ; elle va
chercher des œufs tout autour du juchoir des poules ; je m'oc-
cuperai, avec quelques-uns des petits garçons, à cueillir du
fruit, à faire cuire l'antilope, et toute espèce de gibier qu'on
pourra nous apporter.

— Et moi, dit son mari, je vais voir à ce que les corps de
ceux que nous avons perdus soient enterrés sans délai, et avec
décence. Que leurs plus proches parents m'accompagnent.

Quand M. Stone se fut retiré avec une dizaine de personnes,
le capitaine partagea, entre toutes les autres, les différentes

tâches à remplir. Pour lui, il se réserva seulement la surinten-
dance, et ce n'était point une sinécure. A chaque instant on
avait besoin de ses avis ou de son secours ; ce n'était pas chose
facile que d'exécuter des travaux pour lesquels on manquait
également de matériaux et d'outils.

D'abord, on détacha Campbell, le berger, avec deux des garçons de ferme de Robertson, pour suivre les traces des
Hommes-des-Buissons, et si, par hasard, quelque bœuf, ou
quelque mouton fatigué, s'était arrêté ou égaré dans la route,
les ramener au camp. Ils cherchèrent avec empressement s'il
ne restait pas quelques cordages dont ils eussent fait un lacet
pour prendre une antilope chemin faisant. Ils n'en trouvèrent
pas un seul morceau, et force leur fut de se contenter chacun
d'un gros bâton qu'ils arrachèrent à quelque arbre en passant.

Jack, l'apprenti du tanneur, partit avec deux autres hommes pour explorer la gorge des montagnes, et voir s'il ne s'y
trouverait pas quelque caverne où l'on pût se retirer pendant
la nuit, tandis que son maître, accoutumé à aller dans les bois
chercher des écorces pour tanner, conduisit une troupe de travailleurs vers un arbre d'un bois extrêmement dur et serré,
dépouillé depuis quelque temps de son écorce et des branches,
et dont il pensait qu'on aurait pu faire une sorte d'outils grossiers. Il lui vint aussi à l'esprit qu'on pourrait suppléer au
manque de cordes par des lanières de cuir tanné et préparé à
la manière des naturels du pays ; sans tarder davantage, il se
mit à l'ouvrage sur la peau de l'antilope.

Le chirurgien-barbier, Hill, qui avait exploré tout le voisinage pour y chercher des plantes médicinales, parla d'un étang
d'une eau superbe, à environ deux milles de distance, où se
trouvaient des carpes en abondance. Il ne s'agissait que d'y
plonger un filet, et l'on était sûr de trouver assez de poisson
pour nourrir toute la société. Cela pouvait être vrai ; la seule
difficulté était de trouver un filet. Hill n'en avait pas, mais il
savait comment l'on pouvait en fabriquer un en peu de temps.
Il avait remarqué un certain endroit où le chanvre croissait en
grande quantité ; si donc deux ou trois personnes intelligentes

et actives voulaient se joindre à lui, rien ne serait plus aisé
que de sécher et briser ce chanvre, d'en détacher la filasse, de
la filer entre les doigts et d'en faire un filet ; par ce moyen, il
ne s'écoulerait pas plus de trois jours avant qu'on pût se procurer un bon plat de poisson. La femme de Hill, Kate, sa fille, et
trois autres enfants, partirent aussitôt avec lui pour cette expédition.

— Si seulement nos chiens nous étaient restés, dit Arnall,
qui était un grand amateur de la chasse, et l'un des associés de
la seule boutique où les colons échangeaient naguère leurs
denrées, si nos chiens nous étaient restés, nous pourrions faire
lever une bonne quantité de gibier.

— Cela ne nous avancerait pas beaucoup, répondit son associé, M. Dunn, maintenant que nous n'avons plus de fusils. ·

— L'autre jour, j'ai abattu une perdrix sans fusil, dit Georges
Prest, le fils du boucher ; M. Arnall s'est moqué de mon arc et
de mes flèches, peut-être il ne serait pas fâché aujourd'hui
d'avoir un arc comme le mien et des flèches comme les
miennes.

— Si vous voulez m'en donner de semblables demain, répondit Arnall, le premier oiseau que je tuerai sera pour vous.

— Je crains que vos flèches ne soient pas assez fortes pour
tuer un lièvre, réprit Dunn en riant ; mais enfin, si vous
m'aidez à tuer un lièvre, je vous en donnerai la peau pour vous
en faire une casquette.

— Que vos chiens me courent seulement un lièvre, dit l'enfant, vous l'aurez, et la peau par-dessus le marché. Les soies
d'un hérisson sont assez fortes pour blesser une perdrix ; mais
pour du gibier plus gros, il ne faut pas moins que le dard d'un
porc-épic.

Là-dessus, George se prit à courir pour aller demander à
M. Stone un boyau de l'antilope, chercher une branche propre
à faire un arc, et quelques autres plus petites pour des flèches,
qu'il garnit des poils de l'antilope, en guise de plumes, jusqu'à
ce qu'on pût abattre un oiseau. Cependant, Arnall monta sur
une petite colline, et se mit à siffler les chiens le plus haut et
le plus longtemps qu'il pût ; l'un d'eux arriva à la fin harassé

et boiteux ; ce qui ne l'empêcha pas, toutefois, de chasser un hérisson qui fut immédiatement tué, dépouillé de sa peau et de ses soies et gardé soigneusement pour être cuit le lendemain à la façon des naturels, si l'on ne trouvait pas de meilleure nourriture.

Pendant ce temps-là, le reste des hommes valides était employé à différents travaux sous la direction du capitaine. Quelques-uns s'occupaient des funérailles de leurs compagnons. Comme ils n'avaient point de bêche pour creuser une fosse, et qu'à cause de l'extrême chaleur il était important d'en finir promptement, ils jetèrent tous les corps dans le trou de la scierie, et la remplirent ensuite de terre et de sable. D'autres construisirent une sorte de four en pierre ; une pierre plate fut placée au fond d'un trou creusé dans le sable ; d'autres furent mises perpendiculairement tout autour. L'espace vide fut rempli de charbons enflammés jusqu'à ce que les pierres fussent complètement échauffées. Alors on enleva les cendres avec soin, on mit au milieu la viande qui avait été coupée en morceaux à l'aide d'un fragment de granit. Le tout fut couvert d'une pierre préalablement échauffée, et enfin on alluma du feu par-dessus et sur les côtés, tout autour.

— Je ne sais pas si cela sera bon, dit l'un des enfants, qui avait suivi avec attention tout le travail, il n'y a point de farine pour saupoudrer la viande, il n'y a pas de sel et il y aura peu de jus.

— Et le peu qu'il y en a se perdra entre les pierres et coulera dans le sable, dit un autre. — Et dans quoi mangerons-nous notre dîner, nous n'avons ni plat ni assiette ? Je n'ai jamais mangé sans assiette, moi.

— Eh bien, dit M. Stone, si vous ne pouvez dîner sans assiette, au lieu de rester les bras derrière le dos, que n'en faites-vous ou que n'en cherchez-vous une ? Allez avec votre frère dans la carrière qu'on vient d'ouvrir récemment, vous y trouverez un service de table qui nous conviendra parfaitement.

— Il n'y a dans la carrière que des ardoises, dit l'enfant, elles sont bien assez plates pour faire des assiettes, mais elles n'ont pas de bords, et l'écuelle même du chien en avait.

Sur l'observation qui lui fut faite que l'on n'aurait pas de jus
à perdre, le petit Harry se mit en campagne pour aller chercher un service de table. Il choisit un grand nombre de morceaux d'ardoises très plats, et les nettoya avec du gazon pour
en ôter toute la poussière. Cependant son frère brisait des
pierres contre le rocher et mettait à part les fragments les
plus pointus pour servir de couteaux.

Quand cela fut fait, mistress Stone les appela pour l'aider à
cueillir du fruit; ils grimpèrent sur des arbres dans le verger
où quelques oranges pendaient encore au milieu des feuilles
sèches; il restait aussi quelques prunes, quelques pommes et
quelques raisins répandus çà et là dans la vigne. Leur petite
sœur Betzy avait l'oreille très bonne. Tandis qu'elle cherchait
des oranges, elle entendit à quelque distance dans le bois le cri
d'un oiseau qu'elle connaissait bien. Elle disparut sans qu'on
s'en aperçut pour voir si, à l'aide de cet oiseau, elle ne pourrait pas ajouter quelque chose de bon au dessert de la famille.
Le coucou à miel, c'est ainsi qu'on appelle cet oiseau, vit du
miel que les abeilles sauvages déposent dans le creux de certains arbres. On l'appelle quelquefois l'*Indicateur*, parce qu'il
pousse un cri particulier quand il trouve un arbre plein de
miel, et facilite ainsi le travail de ceux qui en cherchent. Betzy
avait souvent suivi cet oiseau d'arbre en arbre, et quand les
abeilles étaient absentes, ce qui arrive aux abeilles sauvages
tous les jours de beau temps, elle avait coutume de poser à
terre un peu de miel sur une feuille pour l'oiseau, et d'emporter tout le reste. Rien n'avait été jusque-là plus aisé pour elle
que d'obtenir et d'emporter ce miel, qui était aussi clair et
aussi liquide que de l'eau. Betzy plongeait dans le creux de
l'arbre une brosse de peintre qu'elle avait soin de tenir propre
à cet effet; puis elle pressait cette brosse au-dessus de la jatte
qui lui servait à déjeuner. Mais aujourd'hui la brosse était
brûlée, le bassin brisé; et quand elle eut joint l'oiseau dans le
bois, elle ne sut que faire faute d'ustensiles, et son guide ne
paraissait pas d'humeur à être retenu longtemps dans une
vaine attente. Elle tressa une poignée de gazon sec, qui remplit
parfaitement l'office du pinceau; mais quand, par ce moyen,

elle eut rempli une feuille de miel, et qu'elle le vit s'échapper
entre ses doigts, elle comprit qu'il lui fallait imaginer un meilleur plan ou renoncer à se procurer un plat de miel. Elle
n'avait rien dont elle pût faire un panier ou une jatte ; pas de
chapeau, pas de poche ; rien que ses souliers, et elle ne pouvait s'en passer. Enfin elle pensa qu'il fallait marquer les
arbres, et revenir chercher le miel quand l'oiseau serait parti.
Elle prit donc un morceau de terre rouge, et marqua d'une
croix chacun des arbres où l'oiseau lui indiquait qu'il y avait
du miel. Quand elle en eut marqué six, et qu'elle commença à
se sentir fatiguée, elle cessa de suivre l'oiseau, et s'assit près
d'un étang où les joncs croissaient en abondance, en prit quelques-uns, et se mit à les tresser en forme de panier ou de
vase. Elle avait coutume, en jouant avec ses frères, de leur
faire des petits chapeaux de jonc, et ne manquait pas d'une
certaine habileté dans ce genre de travail. Elle se prit donc à
en faire un, en garnit les parois de larges feuilles de figuier et
la surface de petites baguettes pour lui donner et lui conserver
une forme. Pendant ce travail elle s'était reposée, et s'en retourna joyeusement dans le bois, ravie de voir combien le
miel y était abondant, et comme son vase le contenait bien.
Une idée lui vint en chemin qu'il ne serait pas bien agréable
de ne pouvoir manger le miel qu'en y plongeant tous les
mains, et cependant elle n'entrevoyait pas d'autre moyen. Enfin
elle se demanda pourquoi elle ne ferait pas une sorte de *pin-
ceau-cuiller* comme les naturels en font pour porter les liqui-
des à la bouche. La plante dont on fait ces sortes de pinceaux
croît en très grande abondance dans ces parages, et elle n'eut
pas de peine à la trouver. Sa tige est dure, |fibreuse et unie ;
elle a deux pouces à peu près de large et est très plate. Betzy
en prit quelques-unes qu'elle coupa par la moitié avec une
pierre tranchante, et qu'elle battit avec la même pierre jusqu'à
ce qu'elle pût en séparer les fibres avec les doigts. Elle en
plongea une dans le miel et vit avec plaisir qu'elle s'impré-
gnait d'une bonne gorgée de liquide. Elle fit six de ces *pin-
ceaux-cuillers* avant de songer à s'en retourner. Quand elle alla
prendre son panier de miel, elle fut alarmée de voir que le so-

leil commençait à baisser, et précipita sa course le plus qu'il lui fut possible pour ne pas entendre le hurlement des bêtes féroces avant que de sortir du bois.

A peine en était-elle dehors, et s'apprêtait-elle à traverser la prairie, qu'elle entendit un bruissement dans les broussailles positivement derrière elle.

Elle ne poussa pas un cri, mais ses genoux fléchirent sous elle, car elle s'attendait à voir une panthère ou un lion prêt à la dévorer. Elle tourna la tête, cherchant à l'extrémité du bois les terribles yeux qu'elle croyait y voir briller. Au moment où elle n'attendait que des rugissements effroyables, son ravissement fut grand d'entendre de plus en plus distinctement les aboiements d'un de ses vieux amis, le chien du berger, car c'était lui. Campbell parut bientôt lui-même portant sur ses épaules un agneau qu'il avait trouvé paissant seul sur la colline.

Betzy le complimenta sur sa capture ; mais il ne lui répondit pas, et conserva un air extrêmement triste.

— Qu'est-ce qu'il y a donc ? demanda la petite fille ; est-ce qu'il serait arrivé quelque chose à Williams ou à Richard ?

— Non, ils sont derrière qui amènent un bouvillon, et de plus, Williams apporte un lièvre que mon chien nous a attrapé par les oreilles.

— Oh ! quel bonheur ! s'écria Betzy, on ne s'en fût pas douté en vous voyant. Qu'est-ce qui vous donne l'air si triste ?

— Il y a une sorte d'ingratitude à le dire, c'est cet agneau. Non que je ne sois content de l'avoir retrouvé, mais c'est qu'il me fait naturellement penser aux autres. Ce matin, comme il était naturel, je songeais bien moins à ces pauvres bêtes qu'à nos compagnons que je craignais de voir mourir de faim. Mais quand j'ai entendu le bêlement de cet agneau, quand il est venu me lécher la main, je n'ai pu m'empêcher de me dire : Où sont les autres maintenant ? Il est douloureux de penser que nous voyons leurs traces, qu'ils sont à une petite distance de nous, et de nous en aller, et de les laisser là pour être égorgés par ces sauvages. Hier au soir, quand j'ai fait rentrer les vaches, et que j'ai compté les brebis, je ne me doutais guère que de tant de pauvres bêtes je ne reverrais plus que celle-là.

La petite Betzy ne savait trop que dire ; elle arracha une poignée de gazon, et la donna à l'agneau.

En quelques minutes ils rejoignirent le reste de la troupe qu'ils trouvèrent à dîner. Bien que ce fût le premier repas de la journée, la plupart avaient mangé très modérément, ne sachant si l'on parviendrait à se procurer d'autres provisions pour le lendemain. Mais quand ils virent le mouton, qu'ils entendirent parler du bouvillon, ils cessèrent de se retenir sur leur appétit, et ce repas, si péniblement acheté par le travail, ne leur parut pas plus désagréable à cause des assiettes étranges dans lesquelles ils étaient obligés de le prendre.

Campbell ne voulut pas se mettre à table qu'il n'eût déposé son agneau en lieu sûr. Les claies du parc avaient été tellement brisées, qu'il fallut ramasser tout le bois qu'on put trouver pour fermer les brèches. Cela fait, le berger jeta un coup d'œil plein de tristesse sur ce malheureux reste de tant de bétail, et s'assit enfin pour prendre quelque nourriture.

M. Stone et la mère de Betzy, mistress Links, la femme du forgeron, avaient été fort inquiets de sa longue absence ; mais quand ils virent à quoi elle avait employé son temps, ils ne se sentirent pas la force de la gronder. Ils lui dirent de porter son miel et ses *brosses-cuillers* au capitaine qui remplissait les fonctions de garde-magasin et de receveur-général. Celui-ci la caressa de la main, lui dit qu'elle avait bien rempli sa tâche, et de plus il lui donna sa propre part de fruits, sans quoi la pauvre enfant s'en serait passée, car il n'y en avait pas assez pour tout le monde. Le capitaine dit que le miel serait distribué à ceux qui étaient venu trop tard pour avoir du fruit. Quant aux *brosses-cuillers*, elles furent jugées si utiles, qu'il fut décidé que chacun en aurait une. Betzy, au comble de la joie, promit d'en faire le lendemain autant qu'on en voudrait.

— Maintenant, dit le capitaine, il est grand temps de nous rendre au lieu où nous devons passer la nuit. Jack, allumez votre torche et marchez devant, Hill et Robertson fermeront la marche. Tous les autres marcheront au milieu, chacun prenant soin de sa famille, afin qu'il ne reste personne derrière, que ceux qui ne seront pas encore revenus du bois. Pour moi je vous suivrai quand j'aurai mis le feu à cette pile de bois que nous avons préparée à leur intention. S'ils ne sont pas de retour avant qu'elle soit consumée, nous ne les reverrons que demain.

Le brave capitaine fit défiler toute la troupe devant lui, alluma sa torche et promit de les rejoindre bientôt. Tout le long du chemin, M. Stone se retourna, dans l'espérance de voir arriver son ami; mais ce ne fut qu'une bonne heure après qu'ils se furent établis dans le lieu où ils devaient passer la nuit, qu'ils aperçurent les reflets de sa torche s'avançant lentement dans la gorge de la montagne. La troupe fut fort satisfaite du lieu qu'on avait choisi pour passer la nuit, bien qu'il fût à une distance de deux milles de l'ancien village, ce qui ne laissait pas que d'ajouter aux fatigues de la journée. C'étaient deux cavernes, l'une donnant dans l'autre, assez sèches et exposées à l'air extérieur pour être saines, mais pas assez élevées pour permettre qu'on pût y allumer du feu, ou même qu'on put y garder quelque temps une torche. La plus intérieure, destinée aux femmes et aux enfants, avait été balayée avec un paquet de jonc et couverte d'un épais tapis de gazon sec par les hommes qui l'avaient découverte le matin. M. Stone y entra le premier, ce soir-là, pour s'assurer qu'on n'y pouvait pénétrer par aucun autre passage que par la grande caverne. En sortant il remit la torche à sa femme, lui recommandant de ne la confier à aucunes mains moins prudentes que les siennes, mais de la lui remettre elle-même quand ses compagnes seraient prêtes à s'endormir, car si une seule étincelle était tombée sur le gazon sec, il aurait fallu renoncer à passer la nuit dans cet endroit.

— Quelle belle chambre! s'écria l'un des petits enfants, quand, ouvrant à demi ses yeux appesantis par le sommeil, il vit briller à la lueur de la torche toutes les cristallisations dont la grotte était tapissée.

— Pourvu qu'ils entretiennent du feu au dehors, dit l'une

des mamans, nous dormirons aussi chaudement et aussi sûrement ici que nous le ferions dans nos maisons.

Peut-être n'eût-elle pas parlé ainsi si elle avait su, ce qu'aurait pu dire Jack, mais ce qu'il avait prudemment gardé pour lui, qu'il avait trouvé dans cette même caverne les traces d'un lion qui peut-être y avait passé la nuit précédente. Jack pensa avec raison que cette circonstance n'était pas une objection dans un pays où il y avait bien peu d'endroits qui n'eussent servi de retraite à quelque lion une nuit ou une autre. D'autant mieux qu'un bon feu entretenu à l'entrée de la grotte était une sauvegarde assurée contre l'invasion des bêtes féroces. Il n'en parla donc qu'au capitaine, et prit soin de se procurer assez de broussailles et de bois mort pour entretenir un bon feu jusqu'au lever du soleil.

M. Stone et le capitaine se placèrent en sentinelles à l'entrée de la première caverne, après avoir promis à Robertson et à Arnall de les appeler au milieu de la nuit pour les relever.

CHAPITRE II.

Qu'est-ce que la richesse?

— Eh bien! mon ami, dit le capitaine à M. Stone, quand ils furent assis au coin du feu, comment vous trouvez-vous à la fin d'une si étrange journée?

— Cela me fait l'effet d'un rêve. Quand je jette les yeux autour de moi, quand je réfléchis à tout ce que j'ai vu, à tout ce que j'ai fait depuis ce matin, j'ai peine à me figurer que nous soyons les mêmes hommes, vivant dans le même siècle qu'hier. Dans le court espace d'une nuit, nous sommes passés d'un état de civilisation avancé à la condition de la société primitive.

— Excepté qu'il nous reste l'intelligence acquise.

— Cela est vrai, reprit M. Stone, et c'est ce qui nous donne une belle occasion d'éprouver en quoi consiste réellement la richesse dans la société, et ce que le travail seul de l'homme peut faire pour la produire.

— Je voudrais que ceux de nos compatriotes qui se figurent que la richesse consiste dans l'or, l'argent et les billets de banque fussent ici et qu'ils vissent ce que vaut leur argent dans une société comme la nôtre. Avec mille guinées l'on ne se procurerait pas ici un chapeau, ni un pain avec un paquet de billets de banque. Ici du moins, l'argent n'est pas la richesse.

— Nulle part ailleurs non plus : un exemple bien simple suffit pour le prouver. Prenez un homme, donnez-lui un sac plein d'or, mettez-le dans une maison vide, en Angleterre ou dans tout autre pays. Avant une semaine, il mourra de faim, s'il ne lui est permis d'échanger son or contre ce qui lui manque. Prenez au contraire un homme qui ne possède pas un shilling, mettez-le dans une chambre bien pourvue de viande, de pain et de bière, il est assez riche pour y subsister une semaine, une quinzaine, aussi longtemps que dureront ses provisions. C'est une épreuve qu'on peut faire dans tous les pays du monde.

— Et cependant, dit le capitaine, l'or et l'argent peuvent être appelés des richesses, en ce sens qu'ils nous procurent des choses d'une plus grande valeur réelle que leur valeur intrinsèque.

— Certainement, tant qu'on peut s'en servir, l'or et l'argent sont une partie de la richesse ; mais ce n'en est qu'une partie, et encore ce n'en est pas la plus grande. La richesse consiste en bien des choses : en terres, en maisons, en vêtements, en meubles, en aliments, et dans toutes les choses (or, argent ou autres) au moyen desquelles on se les peut procurer. La richesse, c'est tout ce qui vit, tout ce qui croît, tout ce qui se produit de nécessaire, d'utile, ou même d'agréable à l'homme.

— A ce compte, reprit le capitaine, notre colonie possède encore quelque chose, et nous sommes encore riches, jusqu'à un certain point.

— Tout pauvres que nous voilà, répondit M. Stone, nous sommes plus riches que nous ne le serions dans le désert de sable qui nous avoisine au nord, avec un plein chariot d'or en notre possession. Nous avons ici, ce que nous ne saurions nous procurer là à prix d'or, de la nourriture et un abri.

— Et bien d'autres choses encore : nous avons le vêtement, car le lin croît en abondance dans la forêt ; nous avons presque sous la main quantité d'animaux dont les peaux peuvent être séchées et nettoyées pour en faire des manteaux ou des couvertures, ou tannées, pour en faire des souliers, des casquettes et des tabliers à nos ouvriers ; nous avons des meubles, car la forêt est pleine de bois propre à faire des tables et des chaises ; nous avons...

— Arrêtez, reprit son ami ; vous allez trop vite. Je crois bien que nous posséderons toutes ces choses. Mais avant que nous puissions dire qu'elles sont à nous, avant qu'elles ne deviennent des richesses pour nous, il faut le concours de quelque chose dont nous n'avons pas encore parlé. Vous oubliez qu'il n'y a point de richesses sans travail ; qu'il faut l'emploi du travail pour que les productions les plus communes deviennent des richesses.

— C'est juste. Il faut que le lin soit cueilli, séché, brisé, filé et tissé, avant qu'on en puisse faire une chemise. Il faut prendre les animaux et travailler longuement leurs peaux avant d'en faire des vêtements ou des couchers. Il faut abattre et scier le bois, en rapprocher artistement les morceaux, avant d'avoir des tables et des chaises. Mais le cas est bien différent pour les aliments, pour quelques-uns au moins. Le poisson est dans l'étang, le fruit est sur l'arbre, prêts à fournir aux besoins de l'homme. Celui-ci n'a pas besoin de cultiver les fruits, qui naissent d'eux-mêmes sous un pareil climat, et cependant nous voyons chaque jour que les fruits sont une richesse pour nous.

— Je vous demande pardon. Il y a le travail de les cueillir. L'orange n'est d'aucune utilité à aucun homme, à moins qu'il n'étende la main pour la cueillir. Quant au poisson de l'étang, rappelez-vous les carpes dont Hill nous parlait ce matin. Ce poisson n'est pas une richesse pour nous tant que nous ne le pouvons pas prendre, encore que cet étang soit là sous la main, et que le poisson n'appartienne à personne.

— Il nous appartiendrait à l'heure qu'il est, dit le capitaine, si seulement nous avions un filet.

— Le filet est une des choses nécessaires, sans doute, mais il y en a encore une autre, c'est le travail. Supposez que le filet soit là tout prêt, sur le rivage, nous n'aurions toujours pas de poisson, à moins que quelqu'un ne prît la peine de le jeter à l'eau et de le retirer. Je ne prétends pas dire que le

travail suffise seul pour nous donner tout ce dont nous
avons besoin ; mais je dis que l'on n'a rien sans se donner la
peine de l'avoir, c'est-à-dire qu'il n'y a pas de richesse sans
travail.

— Mais avec tout notre travail nous faisons bien peu de
chose en comparaison de ce qui est fait pour nous ! Le travail
est nécessaire pour tourner à notre profit les productions de
la nature ; mais qu'elle est admirable, cette puissance de la
nature, à tout faire naître et préparer pour nous ! Pour ne nous
reporter pas au delà d'aujourd'hui, l'antilope ne nous eût pas
fourni un aliment convenable, si la main de l'homme ne l'eût
préparée. Mais, cette antilope, comment a-t-elle été nourrie du
gazon qu'elle a mangé ? comment se fait-il qu'elle soit elle-
même une nourriture réconfortante pour nous ? Nous n'en savons rien ; pas plus que nous ne savons comment le feu agit
sur les viandes pour les rendre plus tendres, ou même comment le bois, à son tour, nourrit et entretient le feu. Tout ce
que le travail humain a fait, c'est de réunir, de mettre en contact, le bois, le feu et la viande, et puis de manger la nourriture ainsi préparée. La nature a fait tout le reste.

— Le cas est le même, ajouta M. Stone, pour le miel de la
petite Betzy. La terre, l'air et la rosée, ont nourri les fleurs
dont le miel a été composé ; les abeilles ont été curieusement
organisées pour récolter le miel et l'emmagasiner, et certains
arbres se sont trouvés offrir des creux propres à servir de magasins. Maintenant, les feuilles, les branches, grosses et petites,
se sont trouvées propres à l'usage que Betzy en voulait faire.
Toute sa besogne s'est bornée à les assembler d'une certaine
manière plutôt que d'une autre afin d'en former un panier. Et
il en est toujours ainsi ; même quand nous paraissons créer
les matériaux, nous ne faisons que prendre des matériaux
simples, pour en former des matériaux composés. Nous convenons que les matériaux d'un panier d'osier sont fournis par
la nature ; mais nous disons que ceux d'un panier de carton
sont dus à l'industrie humaine. Et cependant le carton est fait
de vieux papiers, le papier est fait de vieux chiffons, les chiffons, du lin ou du chanvre qui croissent dans nos champs ; en

sorte qu'au bout du compte nous retrouvons toujours la nature
qui travaille et produit.

— De même, nous convenons que les matériaux d'un gilet
de peau de lièvre ne sont pas le produit du travail de l'homme ;
mais nous regardons comme tels les matériaux d'un gilet de
velours ; et cependant, en définitive, c'est encore la nature qui
travaille ; car le velours n'est qu'un tissu de soie, et la soie est
filée par un ver.

— C'est vrai ; et ce sont là les limites du travail de l'homme.
Il travaille avec la nature ; il ne fait que changer les objets de
place. Il met en contact les différents matériaux qu'elle lui
fournit, mais il ne sait pas comment ces matériaux agissent les
uns sur les autres. Vous approchez votre morceau de sapin du
feu, et il s'enflamme. Robertson jette ses semailles dans la
terre, et elles en sortent multipliées. Il arrache une racine,
elle se sèche et se flétrit. Hill applique certaines plantes sur
une plaie ; il ordonne certaines préparations médicinales, ses
malades guérissent ou meurent, sans qu'il sache comment.
Fulton plonge et laisse ses cuirs dans une certaine quantité
d'écorce préparée, ses cuirs s'amollissent et deviennent propres à différents usages. Sa mère prend de la farine, du sel,
de la levure ; elle met tout cela ensemble ; la pâte fermente ;
elle l'expose à une grande chaleur, et ce composé devient
une nourriture convenable pour nous. Ainsi, l'homme
assemble et combine les matériaux. La nature les crée d'abord,
et puis leur donne le pouvoir d'agir les uns sur les autres.

— Ainsi, ce que fait l'homme est peu de chose ; mais ce
peu est de la dernière importance pour lui.

— Cette importance vient de la nécessité, et l'on peut dire
que le travail humain n'a pas de bornes, puisque les pouvoirs
créateurs de la nature n'en ont pas.

— Voyez ce qui s'est fait depuis la création du monde. Il
peut y avoir eu, et à coup sûr il y a eu, un temps où les fonda-
teurs des nations n'avaient rien autre chose à faire que de
récolter les fruits sauvages et de chercher un abri dans les cavernes naturelles ; et maintenant les descendants de ces mêmes
hommes fabriquent des marchandises, construisent des vais-

seaux, alignent de splendides édifices, ouvrent des routes à travers des montagnes, et font un millier de choses qui eussent passé pour des miracles au temps de leurs aïeux. Et cependant, les hommes les plus habiles conviennent que le travail pourra encore s'appliquer à une multitude de choses qui sont aujourd'hui complètement inconnues.

— Je voudrais que nos gens se déterminassent à rester dans cette colonie pour voir avec quelle promptitude ils s'élèveraient de l'état primitif où ils sont actuellement réduits, à l'état de civilisation de leurs compatriotes en Angleterre.

— Ils avanceront rapidement, reprit M. Stone, parce qu'ils savent comment appliquer leur travail, parce qu'ils savent à quel perfectionnement ils tendent, au lieu d'avoir à s'épuiser dans la voie des essais. J'espère que nous resterons tous ici ; je suis curieux de voir ce que peut faire le travail dépourvu de toute assistance, et ce genre de travail est notre seule ressource jusqu'à ce que nous puissions tirer des outils du Cap.

— Cette expérience sera longue, mais peu importe. Les *Hommes-des-Buissons* savent qu'ils n'ont plus rien à nous prendre, ainsi nous n'avons aucune attaque à craindre d'eux jusqu'à ce qu'ils apprennent que nous possédons de nouveau quelque chose. Savez-vous, mon cher ami, que rien ne m'a fait plus de plaisir que de vous voir de si bonne humeur aujourd'hui vous et votre femme ? Personne dans la colonie n'avait autant à perdre que vous ; car moi je suis garçon, et par conséquent la perte m'est bien moins importante. Vous ne paraissez pas affligé de votre désastre.

— Nous ne le sommes pas non plus, reprit M. Stone, mais il faut faire attention que ce n'est pas la même chose de perdre tout ce que l'on possède ici, ou en Angleterre. Ici, les habitants sont si peu nombreux et les productions naturelles si abondantes, que nous voyons qu'il ne nous faut que du travail pour nous procurer maintenant le nécessaire, et par la suite les choses d'agrément et de luxe. Ici, il n'y a pas de rang perdu, pas d'indépendance compromise, puisque nous sommes tous réduits à la même condition. Il ne pourrait pas en être de même en Angleterre. Si quelque catastrophe nous faisait descendre à un rang inférieur dans la société, ou, ce qui serait pire, nous forçait à attendre des autres notre subsistance ; nous essaierions, je l'espère, de supporter patiemment notre infortune, mais nous ne pourrions pas être aussi heureux que vous nous voyez aujourd'hui.

— Vous avez tous les deux une bonne santé, de l'industrie, du contentement intérieur, et ce sont là précisément les qualités dont nous avons le plus besoin en ce moment.

— Grâce à Dieu, répliqua son ami, nous avons eu toujours lieu d'être contents, et, quant à l'industrie, la seule différence, c'est qu'il nous faudra maintenant l'exercer d'une autre façon. Nous avons toujours reconnu que celui-là ne mérite pas de vivre, qui ne veut pas travailler. Jusqu'ici nous avions surtout travaillé de la tête ; maintenant c'est des mains qu'il nous faudra surtout travailler.

— Mais pour pouvoir travailler, il faut dormir, dit le capitaine ; jetons donc du bois sur le feu et réveillons ceux qui nous doivent remplacer.

Lors donc qu'ils furent convenus du lieu et de l'heure d'une assemblée générale à tenir le lendemain matin sur les affaires de la colonie, ils passèrent la garde à Robertson et à Arnall, et s'en furent prendre quelque repos.

CHAPITRE III.

Il faut gagner son pain avant que de le manger.

Pendant les premiers jours qui suivirent la grande catastrophe, tant que notre petite colonie fut sous l'impression d'une grande terreur, tant que l'on ne sut trop si l'on trouverait de quoi subvenir aux besoins immédiats, chacun ne s'occupa guère que du bien-être de la société, et l'on oublia tous les petits intérêts personnels. Il n'y eut que les petits enfants que l'on entendit crier de temps à autre : « Qu'allons-nous devenir ? » Nous avons déjà vu qu'un petit garçon s'était plaint que son assiette d'ardoise n'avait point de rebords ; on dit aussi qu'une petite fille jeta les hauts cris en redemandant sa poupée ; mais les enfants un peu plus âgés se montrèrent à la hauteur des circonstances où l'on se trouvait.

Le caractère personnel ne tarda pas cependant à reparaître, car il finit toujours par percer, encore que quelque grand événement l'ait forcé à se cacher un instant. Il y avait parmi les colons la même variété d'habitudes et de caractères qui se trouvent dans tout le monde, parmi un même nombre de personnes. Lors donc que les premières craintes eurent disparu, que les premières difficultés furent surmontées, cette variété devint tout à fait aussi évidente qu'elle l'était avant la catastrophe. C'eût été un sujet d'études curieux pour un observateur, et c'en fut un pour M. Stone que d'examiner la conduite différente de ceux qui s'assemblèrent le lendemain matin pour se consulter sur l'état général des affaires. La nouveauté de la position inspirait la plus grande gaieté à quelques-uns d'un caractère entreprenant. C'était pour la plupart de simples ouvriers, qui n'avaient rien ou peu de chose à perdre, ou des jeunes gens chez qui l'activité était plus forte que l'amour de la propriété. Quelques-uns étaient tristes et frappés de terreur; c'étaient des vieillards et des hommes faibles, n'osant rien entreprendre, rien décider, également effrayés des difficultés d'une migration au midi, ou d'un séjour plus longtemps prolongé à la portée des attaques des *Hommes-des-Buissons*. Quelques-autres songeaient avant tout à ce qu'ils appelaient leur dignité personnelle; ils étaient disposés à faire valoir leurs droits, à refuser toute occupation qui leur semblait dégradante, et fâchés de voir qu'on parlât si peu de distinctions de rangs et de mérite.

A leur tête était Arnall, l'épicier, qui n'avait jamais été beaucoup aimé à cause de la hauteur de son caractère. Il s'était toujours plaint de son associé, M. Dunn, parce qu'il causait trop familièrement avec les pratiques qui entraient dans leur boutique, sans s'occuper de leur rang. On doit dire à la louange de M. Dunn, que c'était là le seul reproche que son désagréable associé eût jamais eu à lui faire. Arnall était aussi humble que qui que ce soit vis-à-vis du public. En général, ses annonces étaient aussi polies, aussi soumises, aussi pleines de protestations que celles des épiciers de Londres; il n'en était pas moins insolent pour cela dans tous les cas particuliers. Jamais il ne l'avait été plus évidemment qu'il le fut ce matin lorsque le capitaine donna son avis sur la manière dont chacun des membres de la colonie pouvait exercer son industrie le plus utilement pour toute la société. Arnall désirait vivement qu'on l'envoyât à la chasse, ce qui lui semblait un amusement tout à fait digne d'un homme comme il faut; mais comme il n'avait pas de fusil, et qu'il ne s'était jamais exercé avec un arc et des flèches, on jugea qu'il était plus convenable qu'il laissât cette chasse aux enfants qui avaient coutume de la faire, et qu'il travaillât avec les autres à la tranchée dont dépendait tout le sort de la moisson. Dans les saisons tout à fait sèches, on n'a pas d'autre moyen dans ces climats de conserver les blés en herbe, que de creuser des tranchées pour conduire dans les champs les eaux de la rivière la plus voisine. Une large tranchée avait été ouverte dans le champ de M. Stone, et l'on se disposait à lui donner de petits embranchements, quand les sauvages firent leur irruption. Comme l'on ne pouvait compter avant un mois sur les pluies du printemps, saison qui correspond à notre automne, il était de la dernière importance d'amener l'eau de la rivière jusque dans les champs. A supposer même que les colons se déterminassent à se transporter plus au midi, ils ne le pouvaient faire avant de s'être procuré des provisions pour le voyage. Presque tous acceptèrent donc avec empressement l'offre de travailler aux tranchées ; il n'en fut pas ainsi de M. Arnall.

— Est-ce sérieusement ? dit-il, capitaine. Prétendez-vous que je m'en aille travailler à un fossé avec des garçons de charrue et des bûcherons ? Je suis aussi désireux que quique ce soit de travailler ; mais je vous avoue que je n'ai pas l'habitude de le faire en pareille compagnie.

— Je ne l'ai pas plus que vous, dit M. Stone, et cependant je vais me mettre tout de suite à l'ouvrage.

— Mais cela est contraire à toutes mes habitudes.

— Pas plus qu'à celles de votre associé, M. Dunn, dit le capitaine, et il est au travail depuis longtemps. Ce matin, il a fait avec Jack une sorte de bêche assez tolérable d'un morceau de bois très dur, à l'aide d'un fragment de scie et de pierres rougies au feu. Ils vous donneront cette bêche et s'occuperont à en faire une autre, si vous allez la leur demander. Vous pourrez alors travailler tout seul, ce qui ne blessera pas autant votre amour-propre que de le faire avec les autres.

— Vous m'excuserez, reprit Arnall, mais il faut que je demande quelque autre emploi. Ne pourriez-vous me choisir pour aller au Cap vous chercher les outils dont vous avez besoin ? J'entreprendrai ce voyage avec plaisir, et je représenterai de la manière la plus énergique au gouverneur la position critique dans laquelle vous vous trouvez.

— Je crains, Monsieur, que vous ne soyez pas bien positivement le représentant le plus convenable d'une colonie de pauvres agriculteurs comme nous le sommes maintenant. Vous avez un concurrent dans la personne de Richard, le laboureur. Ce n'est qu'avec peine que nous nous passerons ici du concours de ses bras : mais c'est un excellent marcheur, et puis il est meilleur juge de la qualité des outils et des instruments aratoires que vous ne le pouvez être, d'après les occupations auxquelles vous vous êtes livré jusqu'ici. Pardon si je vous quitte, mon temps est précieux ce matin. Choisissez vous-même votre travail ; mais souvenez-vous que, si vous ne faites pas notre ouvrage, il vous faudra vous procurer votre nourriture comme vous l'entendrez.

— Les choses ont changé de tournure, dit un garçon de ferme à Arnall, tandis que celui-ci se retirait. Il n'y a qu'une semaine, vous portiez la tête bien haute, parce que vous regardiez votre état comme plus relevé que le nôtre. Voyez maintenant quelle pauvre figure vous faites ! J'ai toujours dit, moi, qu'un laboureur valait mieux qu'un boutiquier.

— Qu'est-ce que j'entends là ? dit le capitaine ; vous êtes complètement dans l'erreur, mon ami. On ne peut juger par l'état actuel de notre société du mérite relatif qu'avait chacun de ses membres, il y a seulement huit jours. De ce que nous ne pouvons pas avoir une boutique aujourd'hui, il ne s'ensuit pas qu'une boutique ne soit pas une bonne chose quand les gens ont des marchandises à vendre ou à acheter. Si M. Arnall faisait son commerce honnêtement, il méritait aussi bien de la société que le fermier le plus honnête, et tous deux doivent tenir un rang égal, si ce rang n'est déterminé que par l'importance relative des travaux.

— Mais les fermiers ne se donnent pas de grands airs comme de certains épiciers que je connais, et je ne vois rien de bien comme il faut dans ces airs-là.

— Ni moi non plus, reprit le capitaine, mais j'ai vu des fermiers s'en donner de semblables vis-à-vis de leurs domestiques.

Du reste, cela ne fait rien à la question. Un homme peut se
faire aimer ou haïr par ses manières, sans que cela affecte en
rien le rang que la nature de ses travaux lui assigne dans la
société.

L'état des affaires ne permettait pas de longues conversations. Il fut bientôt décidé qu'il ne serait pas question de migration jusqu'après la saison des pluies, parce que les colons ne
pouvaient espérer de former d'ici là un établissement ailleurs,
et qu'ils ne pouvaient se décider à abandonner leurs champs
après y avoir consumé tant d'heures de travail. En conséquence, hommes, femmes et enfants, tous se mirent gaiement
à l'œuvre pour améliorer leur position actuelle, décidés à voir
ce que l'industrie pourrait faire pour compenser le petit nombre d'ouvriers et l'absence presque totale d'instruments et
d'outils.

Rien n'égala la joie du père de Betzy quand il trouva une
scie de long brisée en deux. De l'un des morceaux, il pensa
que l'on pouvait faire une scie à la main, et de l'autre une
sorte de hachette ou de couperet, si l'on pouvait seulement les
emmancher. Il pensa qu'on y parviendrait en pratiquant avec
le feu une rainure dans deux pièces de bois, les réunissant ensuite au moyen de deux lanières de cuir qui passeraient dans
deux trous pratiqués aussi dans le bois à l'aide du feu. Cependant Fulton, le tanneur, s'occupait activement à fabriquer de
ces lanières de cuir, bien convaincu qu'on en demanderait autant qu'il en pourrait préparer. Il en fallait même pour la
construction des maisons, car elles devaient désormais remplacer les clous et les chevilles dont on était privé.

On délibéra quelque temps sur le choix des matériaux dont
ces maisons devaient être faites. Ce n'étaient que des abris
provisoires pour s'éviter la fatigue de faire près d'une lieue
chaque soir pour se rendre à la caverne en traversant le défilé
des montagnes. Il était évident qu'elles ne pouvaient, comme
les premières habitations, être construites en bois : cela était
impossible jusqu'à ce que l'on eût des outils. Harisson, le
fabricant de briques et le potier de terre, car souvent ces deux
professions sont exercées par le même homme, demandait

instamment qu'on lui permît de se mettre à l'œuvre. Les fosses
à terre glaise étaient ouvertes, et il n'avait besoin que de
pierres et de morceaux de bois pour commencer. Mais on ima-
gina une méthode plus expéditive, et Harisson fut obligé d'apprendre un nouveau genre de construction. Les huttes des
sauvages étaient formées de roseaux recouverts d'argile en dedans et en dehors, avec des toits composés de branchages recouverts également de terre et de gazon sec. Telles devaient
être les nouvelles maisons des colons.

Ainsi il y avait de l'ouvrage pour tout le monde. Quelques-
uns des hommes creusaient la tranchée, d'autres tannaient,
d'autres aplanissaient la terre au pied des arbres pour les
constructions ; car, puisqu'on ne pouvait creuser de fondations, il fallait bien que les arbres servissent de points de support. Les femmes brisaient le lin, préparaient le dîner, ou bien
avec leurs petites filles ramassaient du bois sec ou du gazon
pour alimenter le feu et couvrir en chaume les maisons. Le capitaine allait d'un groupe de travailleurs à l'autre, les encourageant, les aidant, toujours prêt à donner un bon conseil ou
un bon coup de main.

Il y eut cependant une petite troupe qui échappa à ses regards et à ceux de tout le monde. La petite Betzy avait entendu
avec orgueil l'éloge que le capitaine avait fait de ses cuillers-
pinceaux et de son panier. Rien ne lui était plus facile que
d'apprendre à ses petits compagnons à confectionner le premier article, tandis qu'avec l'aide de ses frères elle s'imaginait
qu'elle pourrait aisément fabriquer un grand et solide panier.
Elle avait remarqué quelle peine on avait à transporter la terre
hors de la tranchée. Il lui vint à l'esprit qu'à défaut de brouet-
tes et de matériaux pour en faire, il serait avantageux d'avoir
des paniers pour emporter plus de terre à la fois. Ses frères et
elle ramassèrent des baguettes dans le bois, des joncs au bord
de l'eau, puis ils s'assirent et se mirent à l'ouvrage.

L'expérience lui avait appris la veille qu'elle n'avait aucun
moyen de fixer un fond solide, elle n'essaya donc pas de faire
un panier qui se tînt droit. Elle plia les baguettes comme elle
avait coutume de le faire, seulement elle travailla plus en

grand, de sorte que son panier fini eût beaucoup ressemblé à une besace. Elle s'appliqua particulièrement à lier fortement les baguettes latérales à celles plus fortes qui devaient former le rebord, et à y fixer des anses de manière à ce qu'elles ne se détachassent pas aisément ; ce fut l'ouvrage de plus d'une heure. Elle se donna, ainsi que ses compagnons, beaucoup de mal avant de pouvoir faire prendre une forme quelconque aux baguettes, et leurs doigts avaient à peine assez de force pour tresser solidement les bords. Au moment où elle croyait toucher au succès, les petits garçons quittèrent l'ouvrage, criant qu'ils n'en pouvaient plus et qu'ils avaient grand faim. Elle eut bonne envie de pleurer, mais elle pensa qu'il valait mieux les laisser se reposer et leur chercher quelque chose à manger, et qu'ensuite ils en seraient plus disposés à travailler avec elle, car elle ne comptait guère qu'il dût lui venir aucun aide plus utile. Elle recommanda à l'un des petits garçons de garder le panier, de peur que les singes, qui se trouvent en grand nombre dans ces bois, ne vinssent le détruire, tandis qu'elle irait avec son autre frère chercher des fraises et des châtaignes sauvages. Il restait encore un peu de fraises, beaucoup de châtaignes à terre, et l'on pouvait s'en procurer bien davantage encore en jetant des pierres aux singes dans les arbres, ces animaux ne manquant jamais de répondre à cette provocation par une pluie de châtaignes. Après avoir ri de bon cœur du manège des singes, la petite Betzy s'en revint avec sa provision de fruits, mais le petit monsieur qui pleurait la veille de n'avoir pas de jus avec son rôti, ne voulut pas, tout affamé qu'il était, manger ses châtaignes à moins qu'elles ne fussent grillées. Betzy songeait bien moins elle-même à manger qu'à finir son panier, mais c'était une bonne fille, et elle n'oubliait pas que son frère était plus jeune qu'elle ; elle lui dit donc de retourner au village pour y faire cuire ses châtaignes au feu du four, et de ne revenir qu'autant que cela lui conviendrait. Elle le chargea de dire à leur mère qu'elle se portait bien, et qu'elle reviendrait avant la nuit, mais elle lui recommanda de ne pas lui dire, non plus qu'à personne, ce qu'elle était en train de faire ; elle envoya aussi son autre frère porter des châ-

taignes à ses petits camarades qui fabriquaient des brosses-
cuillers à quelque distance. Quand ils furent partis tous deux,
elle regarda son panier et se prit à soupirer, car elle craignait
de ne pouvoir parvenir à le terminer. Tout d'un coup, elle entendit du bruit dans les buissons, et levant les yeux, elle aperçut M. Arnall les mains dans ses poches. On eût pu croire, à
le voir se promener ainsi, que c'était jour de fête dans la colonie,

— Ah ! ah ! vous mangez des châtaignes, ma petite ; pouvez-
vous m'en donner ?

— Oui, Monsieur, répondit Betzy ; voulez-vous prendre la
peine de vous servir ?

Arnall se mit à manger quelque temps en silence. — Où
avez-vous pris ces châtaignes ? dit-il enfin, quand il les eut
presque toutes mangées.

— Là-bas sous ces arbres.

— Elles sont très bonnes ; je suis sûr que vous ne me refuserez pas d'être ma petite pourvoyeuse et d'en ramasser encore pour moi ; voici votre petit frère que je vais envoyer me
les rôtir au coin du feu.

— Il faudra que vous ayez la complaisance de faire tout cela
vous-même, nous sommes très pressés.

— Vraiment ! et à quoi peuvent s'occuper des enfants
comme vous ? vous faites des paniers ! Mais ce panier ne tien-
dra jamais debout.

— Nous n'avons pas non plus intention qu'il se tienne debout, répondit Betzy, qui commençait à désirer que son visiteur s'éloignât et la laissa continuer son ouvrage.

Arnall s'assit à terre, regardant nonchalamment travailler
les deux enfants, jusqu'à ce que, voyant qu'il fallait là des
doigts plus forts que les leurs, il offrit ses services, que la petite Betzy s'empressa d'accepter. Il prit plus d'intérêt à son
ouvrage à mesure qu'il le vit avancer, et ne le quitta que quand
la carcasse du panier fut solide et complète.

— Maintenant, dit Betzy, sautant de joie, maintenant je vais
vous aller chercher des châtaignes, et vous en aurez tant que
vous voudrez. Je puis finir aisément ce panier : il n'y a plus

qu'à tresser les joncs; ce sera bientôt fait, jamais je n'en serais venue à bout à mon honneur sans vous.

Dès qu'elle fut partie, Arnall prit le reste des baguettes et entreprit un second panier. Il était réellement honteux de n'avoir rien à faire, et fut charmé de trouver une occupation qui ne le laissait plus dans l'alternative de travailler de compagnie avec de simples ouvriers ou de se procurer lui-même son dîner. Il se figurait que la petite Betzy, en lui cherchant des vivres, mettait son amour-propre à couvert, tandis que, dans l'innocence de son cœur, elle pensait qu'il travaillait pour elle autant qu'elle le faisait pour lui, et par conséquent lui en savait gré.

Quand il commença à faire nuit, les enfants se hâtèrent de rassembler paniers et baguettes et de sortir du bois. Arnall n'était pas un lâche, comme le sont ordinairement les orgueilleux. Accoutumé depuis longtemps à braver tous les dangers dans ces forêts, s'il eût eu un fusil, il eût été aussi disposé que qui que ce soit à se défendre contre les hommes ou les bêtes sauvages. Mais comme il n'avait point d'armes, ce ne fut qu'un acte de prudence à lui de se retirer avant que la nuit fût tout à fait close. Il ne voulut ni retourner au village ruiné, dans la compagnie des enfants, ni se charger de rien de ce qu'ils y rapportaient. Il attendit donc, pour leur laisser prendre quelque avance, et puis il se mit en marche d'un pas nonchalant et toujours les mains dans les poches. Quelques-uns de ceux qui eurent le temps de s'occuper de lui sourirent de le voir si tranquille dans de pareilles circonstances ; d'autres s'indignèrent qu'il s'assît pour prendre part à un repas qu'à leur avis il n'avait rien fait pour gagner.

— Pardon, Monsieur, dit le capitaine ; vous avez, je suppose, votre dîner dans la poche, ou je crains bien que vous ne soyez obligé de vous en passer. Nos provisions appartiennent de droit à ceux qui les ont gagnées par leur travail.

— M. Arnall, dit la petite Betzy, m'a aidée à faire mon panier ; il en a commencé un autre qui est déjà fort avancé. Il me semble donc qu'il a droit de prendre part au dîner, dont je me serais passée moi-même, si je n'avais trouvé des châtaignes pour lui et pour moi.

— Taisez-vous, enfant, dit le *gentleman*, rougissant de devoir son dîner au témoignage d'une petite fille. De quel droit s'informe-t-on de ce que j'ai fait ou de ce que je n'ai pas fait ? Plaisante situation, que je sois obligé de rendre compte de l'emploi de mon temps au premier à qui il plaira de me le demander !

— Mettez-vous à table, Monsieur.

— Sur l'herbe, vous voulez dire. Nous voilà en bon chemin de vivre à la manière de Nabuchodonosor. Vit-on jamais un repas servi de la sorte ?

— Si vous voulez nous faire une table, reprit le capitaine, nous vous en serons très reconnaissants. En attendant, comme je vous le disais, en demandant à dîner, vous demandez le salaire d'un travail ; car nous sommes convenus que nous vivions sous l'empire de la loi naturelle ; on ne dîne que quand on a travaillé. Vous ne nous devez d'autre compte de l'emploi de votre temps, que celui que rend l'ouvrier à ceux qui le paient pour travailler. La petite Betzy a réglé votre compte avec nous ; permettez-moi de vous offrir..., je voudrais pouvoir dire une tranche, mais enfin, un morceau d'agneau, à moins que vous ne préfériez du lièvre ?

Pendant que notre Monsieur rongeait son os en silence, soupirant après le jour où il se verrait de nouveau en possession d'une fourchette et d'un couteau, la petite Betzy plaça devant lui sur une feuille un fort joli petit dessert de fraises sauvages. Il n'eut l'air que de la remercier, mais il commença à prendre en lui-même la résolution de trouver quelque moyen de se rendre plus utile, et par conséquent de se mettre à l'unisson avec les autres, ou de se retirer tout à fait à part pour n'avoir de compte à rendre à personne.

CHAPITRE IV.

Le travail des bras et le travail de tête.

Comme nous l'avons dit, la chaleur était excessive pendant la moitié du jour. C'était un rude travail que de creuser la tranchée, car la mauvaise qualité des outils n'était qu'à peine compensée par la légèreté du sol. Convaincus cependant de l'importance qu'il y avait pour eux d'amener de l'eau dans les sillons, les ouvriers travaillaient activement pendant toutes les heures du jour indistinctement, jusqu'à ce qu'il fût évident que leur santé se trouvait en danger.

On établit donc une nouvelle règle ; on commença le travail deux heures plus tôt le matin, on l'interrompit pour se reposer pendant deux heures à l'ombre au milieu du jour. Quelques-uns dormaient, tandis que d'autres, plus forts ou plus laborieux, s'occupaient à de légers travaux, brisant le chanvre pour les femmes, cherchant du miel et des fruits, arrachant des roseaux, les coupant de grandeur convenable, tout prêts pour la construction des maisons, enfin fabriquant des arcs et des flèches. C'était le moment le plus agréable de la journée, c'était le seul où l'on pût se livrer à la conversation ; pendant les heures de travail l'on était trop occupé, et le soir trop fatigué, pour en goûter les plaisirs. Dans ces intervalles de repos,

M. Stone avait toujours quelque histoire plaisante à raconter : d'abord c'était naturellement un homme aimable, et puis il savait de quelle importance il était de conserver de la gaieté dans de pareilles circonstances.

Quelques jours après, les travaux de la colonie étaient en pleine activité. M. Stone, assis avec quelques ouvriers sur un tronc d'arbre qui servait d'établi, faisait des sandales pour ceux dont les souliers étaient usés. Ces sandales consistaient en lanières de cuir attachées à des planchettes de bois, lesquelles avaient la forme de semelles, autant qu'on avait pu la leur donner sans autre instrument qu'un morceau de scie. Quelques-uns des colons avaient été d'avis de marcher tout uniment nu-pieds, regardant des souliers comme un objet de luxe, eu égard à l'état de leurs affaires. M. Stone n'y voulut jamais consentir, à cause des reptiles venimeux qui se trouvaient à chaque pas dans l'herbe : il s'engagea à fournir une paire de sandales à chaque homme, à mesure que les souliers ne pourraient plus servir, jusqu'à ce qu'on eût tanné assez de cuir pour en faire une sorte de brodequins avec des semelles de bois, ce qui serait infiniment préférable. Pendant ce temps, sa femme, assise à côté de lui, s'occupait à raccommoder son habit, qui avait reçu un grand accroc : c'était chose curieuse que de la voir travailler, car elle n'avait ni aiguille ni dé. George lui avait donné une des piques de hérisson qu'on lui avait remises pour armer les flèches. A l'aide de cette pique, elle perçait des trous dans le drap, à travers ces trous elle faisait passer quelques brins de chanvre ; et ainsi peu à peu les deux morceaux de drap se trouvaient rapprochés. Il est vrai qu'après cette opération cela n'avait plus l'air de l'habit d'un homme comme il faut, mais c'est à quoi on ne tenait guère ; les habits étaient un vêtement, et non plus une affaire de toilette.

A côté de mistress Stone, Hill assortissait et nettoyait des herbes et des plantes qu'il avait recueillies afin de ne pas manquer de médicaments en cas de maladies ou blessures. Il avait aussi composé un poison dans lequel on devait tremper la pointe des flèches, car on avait remarqué qu'encore que les

piqures de hérisson blessassent le gibier, elles n'étaient pas
assez fortes pour l'abattre. Hill avait découvert comment les
naturels tiraient d'un certain serpent un poison assez fort
pour tuer tous les animaux. Quand il s'en fut procuré, il eut
soin que personne n'y touchât, de peur d'accident. George lui
remit donc les flèches, et il ne les lui rendit que quand le
poison fut séché sur la pointe. Le gibier qu'on apportait était
remis au boucher, qui avait soin de jeter toute la partie de la
viande qu'avait touchée la flèche. Sa femme, dans ce moment-
là, plumait les perdrix, qu'on se procurait en abondance depuis qu'on avait perfectionné les armes de chasse. Les plumes
étaient séchées et mises de côté avec soin, pour servir dans la
suite, soit à l'habillement, soit au coucher.

Tandis que la petite société se livrait ainsi au travail et à la
conversation, ils aperçurent à quelque distance Arnall, qui
s'exerçait à tirer au blanc avec un arc et des flèches.

— Je ne sais, dit Hill, où le capitaine avait la tête quand il
a appelé l'autre jour ce beau gentilhomme un travailleur.

— Arnall en a été surpris lui-même, dit M. Stone, et cela ne
m'étonne pas. Ce qui m'étonne, c'est que vous lui refusiez ce
titre. Rappelez-vous que le capitaine parlait de lui par rapport
à l'état de marchand en boutique qu'il exerçait avant.

— Il avait là un état assez facile. Voyez ses mains délicates,
sa taille effilée ; n'est-il pas ridicule d'appeler cela un travailleur ?

— N'achetait-il pas ses marchandises au Cap ? ne les faisait-
il pas venir dans son chariot ; n'achetait-il pas les denrées de
ses voisins en gros, pour les revendre en détail ?

— Sans doute, mais tout cela ne lui faisait pas un travail
bien pénible ; il eut été bon pour sa santé qu'il eût été obligé
de conduire lui-même son chariot, de donner un bon coup de
collier dans les chemins rocailleux ou un coup d'épaule à la
roue, comme le font souvent les charretiers.

— J'aurais aimé à lui voir tuer lui-même la viande qu'il
voulait manger, dit la femme du boucher, ou battre le blé qu'il
vendait ; un fléau bien lourd eût magnifiquement figuré dans
des mains comme les siennes.

— Il ne s'agit pas de savoir quel régime eût été le meilleur pour un tel homme, mais de savoir s'il peut ou non être appelé un travailleur. Vous paraissez, Hill, penser qu'il n'y a d'autre travail qu'un travail manuel, et encore qu'un travail pénible et demandant l'emploi d'une certaine force physique.

— Pas du tout, reprit Hill ; je me regarde comme travaillant beaucoup moi-même, et cependant on s'en aperçoit plutôt à la couleur que les plantes donnent à mes mains qu'à aucunes callosités. Et dans notre chère Angleterre, dans ma ville natale, nous avons à Dunstable les ouvriers en paille tressée qui travaillent assez péniblement, quelque délicat que soit leur ouvrage.

— Et vous-même, Monsieur, dit mistress Prest, la femme du boucher, sans parler ici de ce que vous avez fait dans votre ferme, vous avez fait tant de bien que ce serait un péché que de dire que vous n'avez pas été de jour et de nuit d'un grand service à notre petite communauté. S'il y avait quelqu'un de malade, quelqu'un de malheureux, quelqu'un qui eût besoin d'un bon conseil, on était sûr de vous trouver là à quelque heure que ce fût. Et cependant vous ne vous appelleriez pas un travailleur, n'est-ce pas ?

— Certainement si, répondit M. Stone ; il y a un travail de tête, aussi bien qu'un travail des bras. Tout homme qui fait quelque chose est un travailleur, de quelque nature que soit son travail.

— Le roi d'Angleterre lui-même est un travailleur, dit mistress Stone. Quand il ne ferait qu'apposer sa signature aux actes du Parlement, il ferait encore quelque chose de très utile à la société ; ces actes ne deviennent des lois que quand ils sont revêtus de la signature du roi ; et l'homme qui prend une part quelconque, mais nécessaire, à la confection des lois, est un travailleur de l'ordre le plus relevé, encore qu'apposer une signature soit, physiquement parlant, un bien léger travail.

— Le travail d'Arnall était à peu près de cette espèce, dit Hill. Il tenait ses livres en bon état, il surveillait les acquisitions et la vente. Cependant, je ne saurais m'habituer à le regarder comme aussi utile à la société qu'un laboureur qui

nous donne du pain ; car le pain est ce qu'il y a de plus nécessaire au monde.

— Ces idées-là ont fait bien du mal, dit M. Stone, parce
qu'elles sont partagées par des hommes beaucoup plus influents
que vous dans la société. Ç'a été une maxime reçue dans un
grand nombre de gouvernements, que le travail du négociant
était inférieur à celui de l'agriculteur ; on a, en conséquence,
accordé de grands privilèges à l'agriculture, et l'on a accablé
d'impôts et d'obstacles les manufactures et le commerce. C'est
là une politique bien sotte et bien injuste ; car la plus grande
masse de bien-être possible pour la société ne peut naître que
de l'union de ces deux genres de travail. Le batteur en grange,
le meunier et le boulanger n'ont pas à la production de notre
nourriture une part aussi immédiate, aussi primitive, que celle
du laboureur ; et cependant ils nous sont aussi utiles que
celui-ci, car sans leur concours nous n'aurions pas de pain.
Ce sont des manufacturiers, et le boulanger qui vend son pain
au détail est marchand. Il serait par trop absurde de dire que
le batteur en grange, le meunier et le boulanger sont moins
utiles à la société que le semeur.

— Mais, Monsieur, reprit Hill, le cas n'est-il pas différent
quand il s'agit de choses moins importantes que le pain ?
N'est-il pas vrai, par exemple, qu'un tisserand est moins utile
à la société qu'un laboureur ?

— Supposez, répondit M. Stone, que dans notre petite colonie, qui se compose de cinquante-quatre individus, cinquante-
trois fussent occupés pendant toute la journée à travailler la
terre, et que le cinquante-quatrième sût travailler le chanvre,
en faire de la toile et des vêtements ; supposez que vous soyez
ce cinquante-quatrième individu ; croyez-vous que vous n'auriez pas bien là de quoi vous occuper ? croyez-vous que vous
ne seriez pas pour nous tous un personnage très important, et
que, si vous veniez à mourir, votre perte ne serait pas plus
péniblement ressentie que celle d'un des cinquante-trois laboureurs.

— Certainement, dit Hill en riant. Mais quelle folie ce serait
de produire dix ou vingt fois plus de blé que nous ne pouvons

en consommer, et de nous laisser manquer de tout le reste !

— Ce serait une folie, en effet ; et, en pareil cas, nous voterions des actions de grâces à quiconque voudrait quitter la charrue pour se faire tanneur ou tisserand. Puis nous serions bien aises qu'un autre agriculteur voulût bien se faire tailleur. Et enfin, quand nous aurions amélioré notre position, quand, après l'utile, nous chercherions l'agréable, nous serions charmés qu'un autre d'entre nous ouvrît une boutique où nous pussions échanger nos denrées. Quand nous en serions là, ne serait-ce pas une ingratitude et une folie que de dire, qu'après tout, les fermiers sont plus utiles que les autres citoyens, et qu'il leur faut accorder des honneurs et des privilèges particuliers ?

— Sans doute, reprit Hill. La conséquence naturelle d'une semblable partialité serait de porter le marchand à fermer sa boutique, le tisserand à abandonner son métier, le tailleur son établi, pour reprendre, tous les trois, la charrue ; et alors nous ne serions pas plus avancés qu'auparavant.

— Cette conséquence se présenterait aussi dans de grands États, si les peuples n'étaient pas plus sages dans la pratique que ne l'ont été jusqu'ici les principes de leurs gouvernants. Les gens achètent des habits, des meubles, des marchandises de toute espèce, suivant qu'ils en éprouvent le besoin, sans s'arrêter à examiner jusqu'à quel point toutes ces choses ont moins de valeur intrinsèque que les substances alimentaires.

— Le monde entier, dit mistress Stone, semble s'être accordé pour reconnaître que la jambe droite l'emporte sur la gauche ; et si l'on laissait à un homme le triste choix de savoir laquelle il veut se faire couper, il se déciderait probablement à faire le sacrifice de sa jambe gauche ; mais ce serait perdre ridiculement son temps que de s'amuser à discuter la question de savoir laquelle nous est le plus utile quand nous marchons.

— Tous les travaux devraient donc être regardés comme également respectables, dit Hill, et l'on ne devrait en exalter aucun au-dessus des autres.

— Il s'en faut que je sois allé si loin, reprit M. Stone. Voici

notre ami George qui fait de fort jolis petits bateaux avec des
coquilles de noix. Il faut qu'il se soit donné bien de la peine
avant d'arriver à savoir sculpter l'avant et l'arrière de ces petits bijoux, et les couvrir d'un pont proportionné. S'il se mettait maintenant à l'ouvrage, et qu'il entreprît de nous en faire
un à chacun dans l'espace d'une semaine, il n'aurait pas plus
gagné son dîner de chaque jour que s'il s'était couché et n'eût
fait autre chose que dormir pendant toute la semaine. Nous
n'avons pas besoin de petits bateaux en coquilles de noix
maintenant, et ce travail mal appliqué n'aurait pas plus de mérite qu'une absence totale de travail.

— Le capitaine, interrompit George, me disait l'autre jour
que je pourrais vivre très bien dans certaines villes d'Angleterre seulement à faire de ces petits bateaux. Il me disait que
les gens riches m'en donneraient jusqu'à 5 shillings la pièce.

Cela est très probable, répondit M. Stone, et dans ce cas
votre travail ne serait pas mal appliqué. Dans quelque pays
que ce soit, les gens riches qui ont tout ce qu'il leur faut en
fait d'aliments, de vêtements et d'habitations, ont le droit de
dépenser de l'argent en bagatelles, si cela leur convient. Quand
la société est arrivée à ce point avancé de civilisation, il ne
manque pas d'ouvriers qui, tous les métiers nécessaires étant
suffisamment exercés, sont disposés à appliquer leur travail à
des objets qui ne sont que de luxe.

— Les fabricants de dentelles, observa mistress Stone, les
joailliers, les miroitiers, et même ceux qui filent le verre pour
l'amusement des riches, occupent un rang honorable dans le
commerce d'Angleterre, parce que là il y a des demandes pour
les produits de leur industrie. Mais ici de tels industriels seraient parfaitement déplacés, et complètement ridicules. Tous
les travaux doivent être dirigés en prenant en considération
l'état de la société où l'on se trouve ; et quand ils le sont ainsi,
ils sont tous également respectables.

— Je crains, Madame, reprit Hill, que vos doctrines ne tendent à détruire toute différence entre le travail productif et le
travail improductif.

— Il est impossible de détruire cette différence, parce que

c'est une différence de fait, que l'opinion ne saurait altérer. Il sera toujours facile de voir si le travail auquel un citoyen se livre *produit* aucun des éléments dont se constitue la richesse. Mais ce n'est pas cette circonstance qui détermine le degré d'estime que l'on doit faire de ce travail. J'espère que vous n'avez pas cette idée ?

— Jusqu'ici, j'ai certainement pensé que ceux qui se livrent aux travaux productifs sont plus estimables que ceux qui ne s'occupent que de travaux improductifs.

— Cela dépend de la valeur que vous attachez à ce mot *estimables*. Si vous voulez dire qu'ils ajoutent plus que les autres à la richesse nationale, la position même de la question vous donne gain de cause ; mais nous pouvons voir dans tous les États civilisés qu'un mélange de travailleurs productifs et de travailleurs improductifs est ce qu'il y a de mieux pour le bien-être et la prospérité de la société.

— Que deviendrait l'Angleterre, dit mistress Stone, sans domestiques, sans médecins, sans soldats, sans prêtres, sans hommes de loi, sans parlements, sans hommes d'État? Si nous étions un peuple de fermiers, d'herbagers et de constructeurs, sans aucun travailleur improductif, nous aurions abondance de blé, de bétail, de maisons ; mais pas de villes, pas de commerce, pas de lois, pas de roi ; nous serions une nation de sauvages.

— Notre petite colonie n'était pas une colonie de sauvages, reprit George, et cependant nous n'avions pas de travailleurs improductifs ; tout le monde ici travaillait, et travaillait bien péniblement.

— D'accord, répondit M. Stone, nos gens travaillaient tous péniblement ; ils ne s'en partageaient pas moins en travailleurs productifs et improductifs, comme les citoyens de quelque État civilisé que ce soit. Citez-moi quelques noms, et nous allons voir s'ils ne peuvent pas se diviser en deux classes, comme je le prétends.

— Commençons par le bas de l'échelle. Les garçons de ferme de Robertson et les vôtres, Monsieur, sont des travailleurs productifs, parce qu'ils produisent du blé pour notre nourriture, du foin pour les chevaux et du chanvre pour nos vêtements. Puis viennent les autres domestiques à gages, le petit garçon qui fait les commissions du capitaine, puis votre bonne, Madame, qui soigne vos enfants et nettoyait votre maison quand vous en aviez une, et enfin Goody Fuston, qui gardait la boutique d'Arnall, quand celui-ci allait chasser...

—Eh bien ! voyons... Qu'est-ce qu'ils produisaient, ceux-là ?

George eut beau réfléchir, il ne sut rien trouver qui fût produit par les trois dernières personnes citées, et fut obligé de convenir que quelque industrieux, quelque utiles que puissent être les domestiques proprement dits, ce sont cependant des travailleurs improductifs. Il continua l'examen de la liste.

— Fulton, Monsieur, produit du cuir avec ce qui n'était auparavant que la peau d'un animal ; Harrisson fait des briques de ce qui n'était que de l'argile ; et Links... voyons, qu'est-ce que fait le maréchal-ferrant ? Il pose les fers des chevaux, cela n'est pas produire quelque chose. Links est un travailleur improductif, n'est-ce pas ?

— En tant que maréchal-ferrant, oui ; mais il est en même temps forgeron, il fait des fers de chevaux, des clous, des choses ouvrées de ce qui n'était auparavant qu'une barre ou même qu'une masse informe de fer.

— Ainsi c'est un travailleur productif en un sens, et improductif en un autre. Il en est de même de vous, monsieur Hill ; vous êtes productif quand vous préparez ou composez des médicaments ; mais quand vous donnez vos consultations, quand vous soignez vos patiens ou que vous rasez mon père le samedi soir, vous êtes un travailleur improductif [1].

---

[1] Les médecins anglais cumulent les fonctions de médecin, de chirurgien et d'apothicaire.

Depuis longtemps les meilleurs esprits se sont récriés, et se sont récriés vainement contre ce monstrueux abus ; il est évident que le médecin se trouve ainsi exposé à la tentation d'ordonner plus de médicaments, et des médicaments plus chers, puisqu'il y a comme pharmacien un intérêt direct. Quelques-uns des plus grands médecins anglais ont cessé de vendre des préparations pharmaceutiques, mais ils n'y perdent rien pour cela ; ils se sont fait accorder une remise de 25, 50 et quelquefois même de 75 p. 100 sur le prix de toutes leurs prescriptions.

— Et cependant un de ceux dont la présence nous est ici le plus nécessaire, continua M. Stone : sur quoi Hill se leva et salua profondément.

— Je crains bien que mon père, dit George, ne soit un travailleur improductif ; je ne vois pas qu'un boucher produise quoi que ce soit.

— Eh bien ! répondit M. Stone, le grand malheur ! votre père a cela de commun avec le capitaine, entre autres.

— Tiens, cela est vrai, s'écria George, et voilà qui met fin à toutes les objections contre les travaux improductifs ; car, qui est-ce qui travaille ici plus péniblement que le capitaine, et que ferions-nous de bon sans lui ?

— Et dans quelle classe vous rangez-vous vous-même, mon ami ? dit mistress Stone, s'adressant à son mari.

— Je suis un travailleur improductif dans ma chaire, et dans mon école, mais productif quand je travaille dans mon champ. Je vous laisse à décider dans quelle capacité je suis le plus utile.

— Vous avez complètement éclairci la question, dit Hill ; nous voyons bien maintenant que les mots *productif* et *improductif* s'appliquent à la richesse et non à l'utilité ; je suis seulement fâché d'avoir cru que le mot *improductif* emportât en soi une idée de blâme ; c'est une erreur dans laquelle je ne tomberai plus à l'avenir.

— Il est bon toutefois d'observer, reprit M. Stone, que la prospérité d'une nation dépend beaucoup de la proportion dans laquelle s'y trouvent ces deux classes de travailleurs. S'il serait fâcheux qu'une population ne sût rien produire que des aliments, des vêtements et des habitations, mais aucun objet de luxe, il serait plus fâcheux encore pour elle d'avoir dans

---

Hill se trouve ici chirurgien et barbier ; ces deux fonctions ont été longtemps confondues dans toute l'Europe, elles le sont encore dans la plus grande partie de la péninsule hispanique et de l'Italie. La boutique du barbier anglais est indiquée à l'extérieur par un long bâton rouge ou bleu sur lequel roule un cordon peint en blanc, représentant les bandes pour la compression servant à la saignée. Ce qui, à l'extérieur de la boutique du barbier français, a dégénéré en un plat à barbe, était dans l'origine la palette du chirurgien, et indiquait une maison où l'on pouvait se faire saigner.

son sein plus de travailleurs improductifs, que les travailleurs productifs n'en peuvent nourrir, vêtir et loger.

— Notre petite colonie serait bientôt ruinée, dit mistress Stone, si nous avions une grande quantité de soldats, deux ou trois ecclésiastiques, quatre ou cinq chirurgiens, et plusieurs domestiques dans chaque famille. Quelque habiles qu'ils puissent être dans leurs diverses professions, ils auraient bientôt affamé notre établissement. De même il importe au bien-être d'un État que ses ressources productives soient assez abondantes pour satisfaire aux besoins et aux désirs raisonnables de la population entière. Mais, mon ami, quel est ce bruit ?

La petite troupe tressaillit et se leva en entendant le bruit d'un cornet à bouquin ; ils craignirent un moment l'irruption de quelque ennemi. Mais des ouvriers, qui passèrent par là, leur apprirent que le capitaine avait recommandé qu'on prît soin des cornes de l'antilope qu'on avait abattue, et crut qu'on ne pouvait mieux faire que d'en employer une pour servir de signal de rassemblement. Dorénavant ce cornet devait sonner aux heures du travail, des repas, du lever, du coucher et des récréations. Les deux heures étant écoulées, M. Stone s'en alla travailler à la tranchée, et le petit cercle se sépara.

CHAPITRE V.

Une catastrophe.

Quelques jours après l'entretien que nous venons de rapporter, quelques-uns des plus prudents d'entre les colons commencèrent à sentir la nécessité d'assurer et d'augmenter leurs ressources alimentaires. Prest, le boucher, soupirait chaque jour en passant devant l'enclos de n'y plus voir d'animaux sur quoi exercer ses talents. Dieu sait, disait-il à sa femme, quand j'aurai maintenant le plaisir de tuer une bête. Quant à avoir jamais un troupeau de bœufs ou de moutons, il n'y faut pas songer, à moins que nous ne nous procurions assez de lanières de cuir pour en prendre quelques-uns au piège. Fulton dit qu'il a employé jusqu'au dernier morceau de la peau de l'antilope ; si nous ne trouvons pas d'autre cuir, Campbell, le berger, et moi, nous pouvons changer d'état. Jamais nous n'aurons plus, lui un troupeau à conduire, moi une pauvre bête toute chaude à couper par quartiers.

— En serons-nous réduits à vivre comme des sauvages, de racines, de fruits et de poissons ? Ce n'est pas une chose mauvaise en soi que le poisson, mais nous en avons mangé tant et tant ces jours-ci, qu'en vérité l'on dirait d'un carême qui doit durer toute l'année.

Tandis qu'ils bavardaient ainsi, un plan se concertait entre Arnall et le capitaine, plan qui promettait de donner de l'occupation au boucher, de repeupler l'enclos, et avec le temps d'utiliser les services d'un berger sur la colline. Ce plan magnifique était entré dans la tête d'Arnall, un jour qu'il se la creusait pour voir s'il ne pourrait pas se distinguer par quelque chose de remarquable, et se montrer le bienfaiteur de la petite colonie sans compromettre sa dignité.

Il avait une fois passé à côté d'une fosse, creusée au milieu d'une plaine, complètement vide et sans usage apparent. Il n'avait pu à cette époque se rendre compte de cette fosse; mais maintenant il se rappela avoir lu que les naturels dans certains pays, creusent des puits pour y attraper des bêtes sauvages, ayant soin de les couvrir légèrement de branchages et de terre, pour les mettre extérieurement de niveau avec les terrains environnants, afin que les animaux y tombassent sans défiance. Il pensait qu'il pourrait par ce moyen prendre des antilopes et même le buffle, tout fort et tout courageux qu'il est, encore qu'il soit plus redoutable que le plus terrible taureau en Europe. Il va sans dire qu'il ne pouvait creuser la fosse de ses mains délicates; force lui fut donc de recourir au capitaine pour obtenir la permission d'employer quelques laboureurs à cet ouvrage. Le capitaine promit de l'accorder, quand la tranchée serait finie, ce qui devait être dans deux jours. Rien ne pouvait, disait le capitaine, interrompre un travail si important, et l'on vivrait pendant ces deux jours comme on le pourrait.

— Voilà le moment alors, se dit notre chasseur, d'essayer mes nouvelles flèches et mon habileté à m'en servir. Si je ne réussis pas, personne n'en saura rien que George Prest, et je puis compter sur sa discrétion; je m'en assurerai en lui apprenant à trouver les œufs d'autruche.

Voilà de bon compte trois plans différents; les fosses pour le buffle, de nouvelles flèches pour de plus petit gibier, enfin un moyen de prendre des œufs d'autruche, qui offrent une nourriture abondante et copieuse. En vérité Arnall n'avait pas cette fois fatigué pour rien son imaginative.

— Si je réussis, pensait-il, je rendrai à chacun ce qui lui appartient ; je m'empresserai de reconnaître qu'Harison m'a donné ces roseaux, qni sont bien plus forts et qui valent bien mieux pour faire des flèches, que l'espèce ordinaire. Je remercierai Prest pour m'avoir fait remarquer combien l'os de la cuisse de l'antilope est pointu, encore qu'il ne songeât pas lui à en armer l'extrémité d'une flèche ; quant au mérite de l'invention du poisson, il reste tout entier à Hill. C'est égal, si après cela le capitaine proclame que nul autre n'eût pu combiner si ingénieusement tous ces matériaux et en tirer si bon usage, peu m'importera qu'on se soit moqué de moi la semaine passée, parce que je ne me souçjais pas de travailler à la tranchée. Quel malheur que je ne sache pas grimper aux arbres ! je pourrais me procurer ces œufs sans le secours d'un enfant.

Tout en réfléchissant ainsi, Arnall arriva dans la plaine pour chercher du gibier. Il se tapit dans quelques broussailles, jusqu'à ce qu'il vit paraître un troupeau de buffles. Ils coururent quelque temps çà et là, balançant dans l'air leurs têtes armées de cornes, se fouettant les flancs de leur queue, et plusieurs d'entre eux s'arrêtèrent pour paître. Arnall avait pris la résolution de tirer sur le premier qui se séparerait des autres et se présenterait à portée. Il se passa longtemps avant qu'aucun s'approchât de lui, et quand ils le firent, ils lui présentèrent trop forte partie. Tout d'un coup ils se mirent à courir tous à la fois exactement dans la direction du buisson où se tenait caché notre chasseur. Arnall savait ce que c'est que d'être foulé aux pieds ou percé à coup de cornes par un buffle ; il connaissait plus d'un homme qui avait été ainsi estropié, il n'ignorait pas que d'autres en étaient morts. Lors donc qu'il vit le troupeau entier courir sur lui au grand galop, il eut presque envie d'essayer s'il ne pourrait pas effectivement grimper dans un arbre. S'il avait eu trois minutes de plus devant lui, il est probable qu'il l'eût fait ; mais il était trop tard, il n'avait pas le choix, il lui fallut se coucher à plat ventre dans le buisson et attendre son sort sans bouger. Deux buffles seulement entrèrent dans le taillis et ne firent que le traverser promptement, à la grande satisfaction d'Arnall. Il fut bientôt revenu de sa terreur, car, comme nous l'avons dit, ce n'était pas un homme timide. Jetant de nouveau les yeux sur la plaine, il vit à portée deux buffles qui s'étaient remis tranquillement à paître. L'occasion lui parut trop bonne pour la laisser échapper, il lança donc une de ses précieuses flèches. Cette flèche frappa l'animal dans le flanc; mais trop faible pour percer sa peau épaisse, elle se brisa et retomba à terre. L'animal surpris et effrayé se jeta d'abord à droite et à gauche, agitant la tête, labourant la terre avec ses cornes, puis enfin suivit d'un pas précipité le reste du troupeau.

— Voilà une flèche perdue, dit Arnall, mais peut-être en pourrai-je retrouver la pointe. Une autre fois, il me faudra viser un gaillard qui ait le cuir moins épais.

Après avoir cherché quelque temps, il retrouva les fragments de la flèche, et se posta pour voir si le hasard ne lui enverrait pas quelque autre gibier. Dans le cours de quelques heures il vit passer quelques troupes d'autruches, mais à une grande distance. Arnall contemplait ces énormes oiseaux volant rapidement, les ailes ouvertes au vent, comme des voiles de navires; il eût donné gros pour être assez proche pour leur planter une flèche sous l'aile, dans la partie de leur corps où ils sont le plus facilement vulnérables; mais ils s'entêtèrent à garder leur distance. Force fut à Arnall de se contenter de leur jurer que, puisqu'ils ne se voulaient pas laisser prendre, du moins il s'en vengerait sur leurs œufs.

Enfin il vit s'approcher un troupeau d'antilopes de la plus grande espèce, de celles qu'on appelle élans. Leur taille est majestueuse, elle ressemble à celle du bœuf; seulement elle est plus allongée et plus délicate. Arnall les mesura de l'œil, et pensa que s'il en pouvait tuer une, il n'aurait pas perdu sa journée. Elles avaient, autant qu'il en pouvait juger, de sept à huit pieds de long [1] sur quatre à cinq de haut, et il savait qu'elles pèsent rarement moins de sept à huit cents livres. Il en compta jusqu'à quinze, et pensa que ce serait bien le

[1] Il ne faut pas oublier que le pied anglais ne porte guère que onze pouces de France. Ainsi sept pieds anglais ne valent que six pieds trois pouces de France, et huit pieds anglais que sept pieds quatre pouces.

diable, si sur quinze il n'en abattait pas au moins une. Elles
s'approchèrent, trottant quelquefois toutes ensemble, se dis-
persant quelquefois, et puis se réunissant de nouveau. Le
temps durait à Arnall, jusqu'à ce qu'après bien des sauts et des
gambades, le troupeau tout entier vint paître très près de lui.
Il arma son arc, disposa deux autres flèches toutes prêtes, afin
de tirer coup sur coup et aussi vite que possible. La première
flèche frappa au cou l'animal qui se trouva le plus près. Tandis que celui-ci chancelait à quelque distance, et avant que le
reste du troupeau n'eût pris tout à fait l'alarme, il tira une seconde flèche qui blessa une autre antilope dans le flanc. La
pauvre bête se prit à courir, mais Arnall savait bien que si le
poison ne manquait pas son effet, elle ne pouvait aller loin.
Une troisième flèche ne porta pas, parce que la troupe battit
en retraite de toute la vitesse de ses jambes.

Arnall sortit de sa cachette; et s'asseyant sur la tête de ses
victimes agonisantes, il leur coupa la gorge avec l'espèce de
hachette en pierre qui lui tenait lieu de couteau. Dès qu'elles
furent bien mortes, il coupa et enleva tout le tour de l'endroit
qu'avait touché le poison, et se prépara à emporter les tro-
phées de sa victoire. Il n'y avait pas de temps à perdre, car
il fallait que les deux carcasses fussent emmagasinées avant la
nuit; en conséquence, il en détacha les cornes, rassembla tous
ses instruments de chasse, et reprit le chemin du village.
Grande fut la joie qu'y occasionna son heureux succès. Prest,
le boucher, eut bientôt organisé sa petite troupe et préparé
les civières qui devaient servir à rapporter le butin. Craignant
d'être surpris par la nuit, ils se pourvurent de torches, et bien
leur en prit; car ils ne revinrent que deux heures après le
coucher du soleil, et rapportèrent que, tout le long du chemin,
ils avaient entendu les hurlements de bêtes féroces a une très
courte distance. Pas un enfant ne se coucha cette nuit-là,
avant qu'on eût allumé de grands feux auprès des deux antilopes et qu'on y eût placé les chiens en sentinelles.

Le lendemain, autant de mains qu'on put en épargner s'occupèrent à préparer ces nouvelles provisions. Il y avait dans
le voisinage un étang d'eau très salée, ce qui n'est pas rare

dans ces parages. On s'était procuré du sel en faisant évaporer une partie de cette eau, on en saupoudra la viande à mesure que le boucher l'eut coupée en tranches; on exposa ces tran-ches à la fumée d'un feu de bois, jusqu'à ce qu'elles fussent bien sèches, puis on les rangea par couches dans le sable et on les recouvrit de grosses pierres. On proposa à Arnall l'honneur de présider à toute cette préparation du fruit de sa chasse; mais il refusa, et demanda qu'on lui permît plutôt d'emmener George le lendemain dans une excursion qu'il mé-ditait, et d'emporter un sac de cuir qui avait été fait pour l'usage de tous. George qui n'aimait pas beaucoup Arnall, et qui ne savait pas ce qu'ils auraient à faire ensemble, aurait préféré rester à travailler avec son père, mais il sentit qu'Ar-nall avait acquis le droit de le mettre en réquisition, et s'exé-cutant de bonne grâce consentit à l'accompagner.

Quand ils furent en plaine, Arnall jeta les yeux sur diffé-rents bouquets d'arbres qui croissaient çà et là.

— Quel est le plus haut, George, dit-il, de cet arbre qui domine ce bouquet, ou de celui qui est là tout seul à l'ouest ?

— Celui qui est tout seul à l'ouest; mais ni l'un ni l'autre ne sont des arbres à fruit, et il n'est pas probable non plus que nous y trouvions des singes.

— Je ne cherche ni des fruits ni des singes, il y en a plus près que cela de chez nous; je cherche des œufs d'autruche.

George ouvrit de grands yeux, car il savait que les autru-ches déposent leurs œufs dans le sable, loin de tous les arbres. Toutefois son compagnon lui expliqua que l'autruche est un animal si prudent qu'il est impossible de savoir où sont ses œufs, à moins qu'on ne l'épie de loin ; encore doit-on le faire d'un endroit où l'on se tienne caché, tant ces oiseaux singuliers sont timides et ont une excellente vue.

— Monte dans l'arbre, aussi haut que tu pourras monter, et jette les yeux de tous côtés pour chercher des autruches. Si tu en vois tourner et retourner en cercle, remarque bien l'endroit, et descends quand tu seras sûr. Si ces oiseaux s'éloignent à quelque distance et abandonnent leurs œufs, comme cela arrive souvent dans des journées aussi chaudes que celle-ci, tant mieux, ils nous épargneront la peine de les chasser. S'il en reste un ou deux à couver, je m'avancerai sur eux avec les chiens et les mettrai en fuite. Toi, pendant que je leur donnerai la chasse, tu iras droit au nid et tu prendras des œufs.

— Combien ?

— Cela demande quelques explications sur la construction du nid. Ce n'est qu'un large trou dans le sable avec un petit rebord tout autour, qu'ils font en rejettant la terre en l'air avec leurs pattes. En dedans tu verras les œufs placés sur le petit bout pour économiser la place. S'il y en a une demi-douzaine environ, apporte les tous ; car dans ce cas, ils sont nouvellement pondus et nécessairement bons à manger. Si tu en trouves une quinzaine, apporte ceux qui forment le cercle extérieur, c'est-à-dire, huit ou neuf. Si tu en trouves trente...

— Trente œufs dans un seul nid ! je n'ai jamais entendu parler de pareille chose.

— C'est possible, parce que tu n'as jamais entendu parler d'une tribu d'oiseaux qui ont coutume de se réunir afin de déposer tous leurs œufs dans un même nid. Donc, comme je te disais, si tu trouves une trentaine d'œufs, il y en aura quelques-uns hors du rebord du nid. Ce sont les meilleurs, prends tous ceux-là, et autant que tu en pourras porter de ceux qui formeront le cercle le plus extérieur.

— Et si je trouve des plumes, les apporterai-je aussi ? Un temps viendra où nous pourrons les vendre avantageusement. Les plumes d'autruche sont toujours fort chères en Angleterre.

— C'est vrai ; mais quand nous voudrons faire le commerce de plumes d'autruche, elles nous coûteront une autre peine que celle de les ramasser. Tu en trouveras beaucoup à terre autour du nid, tu feras bien de les y laisser ; elles ne sont bonnes à rien, si ce n'est à remplir nos oreillers, si nous en avons jamais. Les belles plumes blanches que portent les dames anglaises, sont arrachées à l'autruche mâle. Quand nous aurons sous la main tout ce qu'il nous faut, nous ferons des chasses aux autruches, et nous vendrons leurs plumes 3 et

4 shillings la pièce ; mais pour le moment nous avons bien plus besoin de leur œufs.

Arnall savait que quelques serpents de l'espèce venimeuse feraient plaisir à Hill ; il se mit donc à en chercher dans le taillis, tandis que Georges était en sentinelle au haut de son arbre. Il n'y a que peu ou point de danger d'en être mordu quand on est sur ses gardes ; les chiens avaient été exercés à leur donner la chasse, Arnall n'eut pas beaucoup de peine à en prendre plusieurs. Il mit les têtes à part pour Hill, et les corps dans le sac, afin qu'on les fît cuir, car il y a des personnes qui aiment la chair du serpent autant que celle de l'anguille. Arnall venait d'en apporter au pied de l'arbre un magnifique jaune et noir, de cinq pieds de long, pour le montrer à son jeune compagnon, quand il vit George descendre en toute hâte.

— En avant, vous et les chiens, allons, dit l'enfant...

— De quel côté ?

— Droit à l'est, à gauche de ce petit bouquet d'arbres, je vous suis, et je vais explorer le nid dans l'instant. Elle ne sont pas à trois cents pas de distance. Mais où est donc le sac ?

Arnall lui indiqua l'endroit du taillis où il l'avait déposé, rappela ses chiens en sifflant, et partit à toute course. Dès que les autruches le virent, elles prirent la fuite, et comme il voulait seulement avoir l'air de les poursuivre, il ne fit pas grande attention à leurs mouvements ; il y avait quelque chose de risible dans la manière dont elles détalaient, l'une derrière l'autre, déployant leurs courtes ailes et leur queue touffue, et franchissant l'espace avec leurs longues jambes, aussi rapidement qu'un cheval de course. Quand elles eurent disparu, notre chasseur rappela de nouveau ses chiens, s'arrêta pour s'essuyer le front, et chercha des yeux son compagnon ; il ne vit personne, mais il supposa que quelque accident de terrain pouvait lui cacher le jeune homme, ou qu'il s'était peut-être baissé pour ramasser des œufs ; il revint donc, sans se presser, sur ses pas. Tout à coup il découvrit un nid d'autruche, tout rempli d'œufs, et entouré de tant d'autres, qu'il lui parut certain que personne n'y avait encore touché. Il regarda de tous côtés, mesura de l'œil la distance, calcula la direction, et n'en resta pas moins dans le doute que ce nid fût celui qu'il cherchait. Il savait qu'il n'était pas ordinaire que deux nids fussent si rapprochés; mais si celui-ci était le véritable, qui pouvait donc causer le retard de George ?

Intelligent et adroit comme il l'est, pensa-t-il, il n'a pu rester tout ce temps-là à chercher le sac. Je vais emporter autant d'œufs que j'en pourrai tenir, et je reviendrai avec lui pour en prendre d'autres; je mettrai une de ces plumes à mon bonnet, quoique ce ne soient que des plumes grises, et je lui en donnerai une aussi pour qu'il s'en pare. Et je ne vois pas pourquoi ces peaux, avec l'aide de Fulton, ne se convertiraient pas pour nous en casquettes et en gilets; ainsi j'emporterai à l'ombre ces bêtes mortes et je les écorcherai.

Les bêtes dont il parlait étaient un chacal et deux chats sauvages qui étaient venus rôder la nuit autour du nid pour dérober des œufs, et qui, selon toute apparence, avaient été assommés à coup de pied par l'autruche mâle, qui, à cette heure, monte la garde. Arnall les attacha en réunissant leurs queues, les jeta sur son épaule, et emporta aussi trois œufs, n'en pouvant prendre davantage à défaut du sac, car ils étaient gros chacun comme une courge. Tout en marchant il sifflait fort et appelait de toute sa voix, mais il ne vit et n'entendit rien qui lui annonçât George.

Quand il pénétra dans le taillis, il se sentit troublé, car il commençait à craindre qu'il ne fût arrivé un malheur. Il n'avait fait encore que quelques pas lorsqu'il aperçut le pauvre garçon étendu sur le dos; son visage annonçait de cruelles souffrances, et l'une de ses jambes était démesurément enflée. Il eut l'air un peu soulagé en voyant paraître Arnall.

— Je savais bien, dit-il, que vous ne retourneriez pas à l'habitation sans venir voir ce que j'étais devenu.

— Et que t'est-il arrivé, mon pauvre garçon ? répondit son compagnon; as-tu été mordu par un serpent ou par un scorpion ?

— Par un serpent cornu, dit George. Je ne l'ai vu que quand j'étais trop près de lui pour pouvoir l'éviter; alors

j'ai essayé de le tuer comme font les naturels ; mais il s'est
tellement débattu qu'il a retiré son cou de dessous mon pied,
et avant que j'aie pu reprendre le dessus, il m'a mordu au
mollet. J'ai fini par le tuer, et il est là étendu ; mais, voyez-
vous, monsieur Arnall, je crois qu'il m'a tué aussi.

Arnall était trop affligé pour parler. Il examina la blessure,
et essaya de soulager la jambe enflée en coupant le pantalon
qui la serrait. Il cueillit quelques feuiles d'une plante qu'il
connaissait, et après les avoir écrasées les appliqua sur la
partie malade, comme il l'avait vu faire aux naturels en
pareille circonstance ; puis il dit à George qu'il allait le porter
jusqu'à l'habitation le plus vite qu'il pourrait.

— Pouvez-vous me porter trois milles ? dit George, je me
sens hors d'état de m'aider en aucune manière ; mais pourtant j'essaierai, car je voudrais bien voir mon père et ma mère
encore une fois.

— Ils viendront près de toi, si je ne peux pas te porter
jusqu'à eux, répondit Arnall. Essayons sans perdre de temps.
J'ai hâte que Hill puisse voir ta jambe.

— Cela ne servirait pas à grand'chose, dit le pauvre George
d'une voix éteinte, lorsqu'en voulant se mettre sur son séant
il éprouva des faiblesses et des vertiges.

— Passe un bras sur mon cou, et je te soulèverai, dit
Arnall ; mais George resta immobile. Son compagnon lui prit
le bras et le passa sur son épaule ; mais il retomba sans force,
George paraissait insensible. Arnall eut recours à un autre
moyen.

— Ne feras-tu pas un effort pour voir ta mère ?

George ouvrit les yeux, se redressa, s'élança comme par
ressort sur l'épaule de son compagnon, et y appuya sa tête,
en s'attachant à lui avec toute la force qui lui restait. Arnall
se mit en marche avec toute la célérité que pouvait permettre
un pareil fardeau, et se rassura un peu en remarquant que le
grand air et le mouvement semblaient raviver le pauvre malade qui se maintenait avec plus d'aplomb dans sa position,
et même parlait de temps en temps.

— Monsieur Arnall, dit-il.

— Eh bien, George ?

— J'ai quelque chose à vous dire sur la manière de faire les flèches. Apportez-moi un roseau, quand vous me mettrez à terre, et je vous montrerai comment les naturels y attachent la pointe. Je voulais faire la première moi-même, mais puisque je ne peux pas, je vous l'enseignerai.

— Merci, mon ami ; mais ne te fatigue pas à parler.

Un moment après cependant George reprit la parole.

— Savez-vous, monsieur Arnall, que je pense qu'après la récolte, quand les maisons seront construites, et qu'il y aura quelques têtes de bétail dans vos champs, les *Hommes-des-Buissons* viendront quelque nuit vous attaquer ?

— Peut-être ; mais nous avons envoyé chercher au Cap des armes et de la poudre.

— Je le sais bien ; mais à quoi vous serviront-elles si tout le monde est endormi ? J'avais l'intention de demander à faire le guet avec tous ceux qui voudraient se joindre à moi, et de monter la garde par tour, trois ou quatre à la fois chaque nuit. Je vous prie de veiller à l'exécution de mon projet, et à ce que tous les jeunes garçons apprennent à tirer un coup de fusil.

Arnall le lui promit, et le pressa de nouveau de garder le silence.

— Je me tairai quand je vous aurai encore dit quelque chose pour ma mère. Je désire que vous lui disiez...

En ce moment sa tête retomba sur l'épaule d'Arnall ; puis n'étant plus capable de se soutenir, il lâcha prise, tomba doucement sur le gazon, et son compagnon vit avec douleur qu'il était impossible de le porter plus avant.

— Les chiens resteront près de toi pour te défendre, George, dit-il, et pendant ce temps-là je courrai chercher tes parents et Hill. Je serai de retour aussitôt que je le pourrai. Tiens, je vais mettre le sac sous ta tête, pour te servir d'oreiller. Dans moins d'une heure nous nous reverrons. Que Dieu te bénisse, mon enfant ! !

— Encore un instant, continua George. Dites à la petite Mary que le sifflet que j'avais promis de lui faire vient d'être achevé, et qu'il est dans le creux du châtaignier; dites dans mon buffet, elle saura bien ce que c'est.

— Nous parlerons de tout cela à mon retour, dit Arnall, qui était impatient de partir. Il essuya le front humide du jeune homme et le baisa. George lui serra la main, et ajouta d'une voix éteinte.

— Laissez-moi vous dire encore un mot, un seul mot. Si mon père pouvait vous voir en ce moment, il ne dirait jamais à l'avenir que vous êtes fier; et si vous vouliez seulement jouer quelquefois avec Mary Stone, et être un peu plus affable avec mistress Fulton, vous ne sauriez croire combien on serait mieux disposé en votre faveur. Consentez-y, pour l'amour de moi. Je voudrais qu'ils connussent votre bon cœur, et j'ai peur de ne pas vivre assez pour le leur faire connaître. Ce n'est sûrement pas sur moi que vous pleurez? oh non! c'est sur ma pauvre mère. Que Dieu vous bénisse pour les larmes que vous versez. Adieu, adieu, monsieur Arnall.

Arnall se retourna une fois ou deux, et chaque fois George lui fit un signe d'adieu en agitant faiblement la main.

Tous ceux qui se trouvèrent à portée d'entendre les tristes nouvelles qu'Arnall apportait à l'établissement le suivirent avec ceux qu'il était venu chercher. Ils marchèrent avec toute la célérité possible, mais les gémissements plaintifs que poussèrent les chiens à leur approche leur firent craindre qu'il ne fût trop tard. Ils ne se trompaient pas, quoiqu'au premier aspect on eût pu croire que George n'était qu'endormi. Un de ses bras était passé autour du cou de son chien favori; de l'autre main, il s'était couvert les yeux comme si la lumière l'avait fatigué. Il resta immobile quand on éloigna le chien; cette immobilité ne devait plus cesser.

CHAPITRE VI.

Travail divisé est à moitié terminé.

On déplora la mort de George Prest comme un malheur public pour l'établissement. C'était non seulement un bon fils, et un jeune homme d'un commerce aimable, mais il s'était toujours montré l'un des plus actifs et des plus industrieux travailleurs de la communauté. Cet évènement semblait avoir jeté la petite société dans le découragement, et les projets qui avaient paru les plus intéressants le matin, avaient perdu le soir tout leur intérêt.

L'eau arriva par la tranchée qu'on avait ouverte, et personne n'y fit attention, excepté un seul ouvrier qui, avec M. Stone, terminait alors ce travail ; et lorsque, le lendemain matin, le blé encore en herbe, qui avait été grillé et flétri, commença à reverdir, personne ne sourit à ces promesses d'abondance. La petite colonie rentra silencieusement le soir dans son asile, et sembla peu disposée à en sortir au point du jour. Les pères serraient la main de leurs enfants comme si quelque danger prochain les eût menacés ; et il se passa bien du temps avant que les mères permissent à leur petite famille de s'éloigner hors de leur vue. Il était affligeant de remarquer combien George manquait à chacun : preuve certaine qu'il avait été l'un des membres les plus utiles de la société. Ses parents le pleuraient en silence, mais les enfants, auxquels on ne pouvait faire comprendre ce qui était arrivé, ne cessaient de le demander.

— Je veux voir George. Où est donc George? voilà ce qu'on entendait répéter tout le jour à la petite Marie et à quelques-uns de ses compagnons de jeux. Et quand ils se furent enfin habitués à son absence et cessèrent de parler de lui, ses amis plus âgés continuèrent à éprouver les mêmes regrets de sa perte, quoiqu'ils ne les exprimassent pas; et le capitaine disait souvent en lui-même : Que je voudrais que George fût ici.

En faisant sa ronde, quelques jours après l'enterrement, il s'arrêta pour examiner Harrisson qui travaillait à la maison de roseaux. Harrisson prit un air sérieux, presque boudeur, et lui dit : — Voyez-vous, capitaine, c'est être trop exigeant que d'attendre de moi autant de travail que vous semblez le faire. Si je ne suis pas mieux secondé, jamais je n'aurai terminé avant la saison des pluies le toit qui doit nous abriter. Ce serait une folie d'y compter.

— C'est justement à quoi je pensais, répondit le capitaine. M. Stone me disait ce matin que le vent était un peu changé et que les pluies commenceraient dans dix jours. Combien d'aides vous faudrait-il ?

— Autant que vous m'en pourrez donner, répondit Harrisson. Si nous étions une demi-douzaine, le travail marcherait douze fois aussi vite; car je perds beaucoup de temps, ainsi que mon compagnon, en passant d'un objet à l'autre. Avant qu'il m'ait apporté assez de roseaux, j'aurais besoin qu'ils fussent tout bottelés sous ma main, et lui-même, dès qu'il en a fait trois ou quatre bottes, s'aperçoit qu'il manque de liens. D'un autre côté, l'argile sècherait déjà sur les parties qui sont terminées, si on avait quelqu'un pour la préparer et pour l'étendre. Si je m'occupe de ce soin, on ne manque pas de me dire que la première chose à faire est de couvrir la portion du bâtiment qui est construite, en cas que les pluies ne surviennent; mais alors, je ne trouve ni bois, ni chaume préparés pour mon toit; et voilà comme nous avançons.

— Je répugnais à rappeler les hommes que je vous avais d'abord promis, dit le capitaine ; mais la tranchée, comme vous savez, était, pour le moment, notre grande affaire. Maintenant elle est terminée ; j'espère que nos gens reviendront de la chasse ce soir, et alors vous aurez autant d'aide que vous en pouvez désirer.

Harrisson porta la main à son chapeau, dit qu'il espérait que sa manière de parler n'avait pas offensé le capitaine ; mais il ne pouvait, ajouta-t-il, penser sans chagrin au malheur qui lui avait enlevé le peu d'aide qu'il avait. C'était le pauvre George qui avait apprêté l'argile et qui en avait enduit la plus grande partie du mur terminé.

Le capitaine lui-même prit alors la pelle, humecta et gâcha l'argile jusqu'à ce qu'on vint le demander. Cette condescendance et l'espoir d'être mieux secondé le lendemain rendirent à Harrisson toute sa bonne humeur.

La chasse dont avait parlé le capitaine fut des plus heureuses. Comme on n'avait ni chevaux, ni fusils, mais seulement quelques chiens en petit nombre, on pouvait à peine appeler cela une chasse, en comparaison de celles qui ont lieu quelquefois dans le même pays. Tout ce qu'on pouvait faire se bornait à effrayer par des cris les bandes de buffles et d'antilopes, et à diriger les sons de manière à chasser ces animaux vers les trous creusés à dessein et soigneusement recouverts, afin que le gibier ne pût les remarquer. Ils s'enfuyaient à toutes jambes, et si quelques-uns semblaient n'éviter le piège que de l'épaisseur d'un cheveu, d'autres cependant y tombaient. Lorsqu'à la nuit on eut fait passer un troupeau après l'autre sur le terrain préparé, on trouva que sur sept fosses qui avaient été creusées, cinq avaient pris du gibier. Les chasseurs allumèrent leurs torches et commencèrent à examiner leurs prises. Deux ou trois d'entre eux espéraient en secret qu'ils pourraient y trouver un cheval ou deux provenant d'un petit nombre de ces animaux qu'ils avaient vus le matin traverser la plaine. Comme il ne paraît pas qu'il y ait maintenant au Cap aucune race de chevaux sauvages (quoiqu'on suppose qu'il y en a eu anciennement), ceux-ci avaient probablement appartenu à des colons de quelque canton voisin qui les avaient perdus après les avoir fait paitre sur les montagnes, ou leur avaient donné la liberté en quittant leur établissement. Quoi qu'il en fût, ces chevaux paraissaient de forme si élégante et d'allure si rapide et si égale, que nos chasseurs désiraient vivement en acquérir la possession, et leurs vœux furent en partie exaucés : il se trouva dans l'une des fosses une belle jument grise. Restait maintenant la crainte qu'elle ne se fût blessée dans sa chute, et l'inquiétude fut grande jusqu'à ce que, après lui avoir passé un nœud solide autour du col, et en avoir préparé un second pour ses jambes de devant, on la retira du trou. Elle ne parut pas blessée, et elle était saine de tout point. Quand elle se sentit de nouveau en plaine, elle commença à hennir, comme pour appeler tous ses camarades autour d'elle; un seul lui répondit; c'était son poulain, qui s'approcha en bondissant, sans craindre les ennemis qui l'attendaient. On s'en assura sur-le-champ, et l'on conduisit à l'établissement cette précieuse proie. Dans trois autres fosses on trouva une antilope à chacune, et un buffle dans la quatrième. Il fut seul destiné à la boucherie. On le tua, et on l'enleva tout de suite pour pouvoir recouvrir les trous afin d'être en mesure si le hasard ramenait du gibier. Il était fort tard quand tout fut terminé; mais chacun était satisfait en pensant que les hommes ainsi occupés pourraient le lendemain se livrer à d'autres travaux ; ce soir-là, avant de se retirer pour prendre du repos, le capitaine et M. Stone se consultèrent sur un sujet dont l'importance croissait de jour en jour.

— Je crains, dit le capitaine, que nous ne fassions fausse route. J'espère même, à dire vrai, qu'il en est ainsi ; car à moins que nous ne puissions changer quelque chose à notre manière d'opérer, j'ignore absolument comment je pourrai m'y prendre pour répondre aux demandes qu'on m'adresse pour que je fournisse des auxiliaires à chaque branche de nos travaux commencés. Nos gens semblent persuadés que j'ai le pouvoir de créer autant de travailleurs qu'il en faudrait.

On suppose toujours, répondit M. Stone, que tous les gou-

vernants possèdent des ressources illimitées, et leur destinée
est de tromper toujours l'attente de ceux qui leur sont soumis.
Vous payez l'impôt de votre dignité, voilà tout. Mais pensez-
vous que le travail soit convenablement distribué dans notre
société ?

— Voilà sur quoi j'ai besoin de vous consulter. Je pense que
non. Je crois qu'eu égard au nombre de bras à notre disposition, nous entreprenons trop de choses à la fois.

— Il m'est venu à l'idée, dit M. Stone, que nous avancerions
plus en portant toutes nos forces sur un seul objet, qu'en commençant une douzaine d'entreprises sans grande espérance de
les mettre à fin. Voyez combien le pauvre Harrisson se tourmente avec son bâtiment ; et ce n'est pas sans raison. Le temps
commence à changer, et, au lieu d'avoir trois hangars, je
doute que nous en ayons seulement un avant que les pluies
n'arrivent.

Ici le capitaine l'interrompit pour lui rendre compte de ce
qui s'était passé dans la matinée : et il fut convenu que pour le
moment on ne s'occuperait que des constructions.

— Je ne puis m'empêcher de penser, dit M. Stone, que les
femmes et les enfants nous ont donné un utile exemple, quant
à la distribution bien entendue du travail, lorsqu'ils ont pris
leurs petites mesures pour s'acquitter de la tâche qui leur était
imposée. Avez-vous observé les jeunes garçons quand ils fabriquent leurs arcs, leurs flèches et autres armes ?

— J'ai jugé, d'après le nombre qu'ils en faisaient, que leur
plan devait être bon. Comment s'y prenaient-ils ?

— Le premier jour, dit M. Stone, ils s'assirent sous un
arbre, chacun de son côté, pour couper des branches de la longueur et de la grosseur convenables pour faire des arcs. C'était
une besogne fatigante, n'ayant d'autre outil qu'une hache
qu'on leur avait prêtée pendant qu'on ne s'en servait pas à un
autre usage. Ils n'avaient donc que cette hache pour eux trois ;
de sorte que pendant que Joe[1] s'en servait, le petit Tommy
attendait son tour. Il n'allait pas, comme John, chercher des

---

[1] JOE, abréviation pour JOSEPH.

roseaux pour faire des flèches, parce qu'il espérait avoir la
hache d'un moment à l'autre ; il restait donc là, son bois à la
main, clignotant de l'œil à chaque coup de la bienheureuse hache
et paraissant fort désappointé chaque fois que Joe secouait la
tête, et recommençait. Enfin il put en disposer ; mais il s'en
servait fort gauchement, et d'abord il coupa son bois trop
court, et puis il le tailla trop mince ; et quand il en eut gâté
un morceau, John survint et demanda l'outil. Tout à l'heure,
dit Tommy ; et dans sa précipitation il en fendit un autre du
haut en bas, de sorte qu'il n'était plus bon à rien. Alors il perdit patience et s'écria : Pourquoi ne regardez-vous pas ce que
fait Joe, au lieu de tenir ainsi les yeux sur moi? De sorte que
John se retourna pour examiner son ami Joe.

— Et qu'est-ce que faisait Joe?

— Il ne s'y prenait pas beaucoup mieux que Tommy. Il ne
lui restait plus qu'à tordre le boyau qui devait servir de corde
à l'arc, et ce n'était pas bien difficile ; mais la main lui tremblait si fort après s'être servi de la hache qu'il put à peine
réunir les deux bouts pour le tordre. Après cela sa corde se
trouva inégale et toute noueuse, enfin hors d'état de servir.
Par ma foi, dit Tommy en s'approchant pendant qu'il s'éven-
tait avec son chapeau, je peux en tout temps tordre une corde
d'arc mieux que celle-là. Eh bien donc, dit Joe, je voudrais
que vous fissiez ma besogne et je ferai la vôtre. Pendant que
vous y avez la main, dit John, vous pourriez bien faire aussi la
mienne, et je fabriquerais vos flèches, car c'est un travail auquel je suis habitué.

— Un bon marché, observa le capitaine.

— Vraiment oui, et ils s'en trouvèrent fort bien. Car au lieu
de se blesser, de gâter du bois et de perdre du temps, en passant d'un travail à l'autre, chacun d'eux fit ce qu'il savait faire
le mieux, et ils épargnèrent ainsi beaucoup de temps et de
travail. Les trois arcs furent si vite achevés que les petits drôles
eurent l'idée d'en faire d'autres pour les échanger contre les
choses qui pourraient leur plaire, et ils en ont établi une manufacture régulière sous le grand chêne. Joe a un billot sur
lequel il coupe et taille le bois ; Tommy un crochet pour ses

cordes, et John une pierre à aiguiser sur laquelle il affile ses flèches.

— Ainsi la division du travail les a conduits à l'invention des machines, dit le capitaine.

— La conséquence était inévitable, répondit son ami. Les hommes, les femmes, les enfants ne sont jamais si prêts d'inventer les moyens de faciliter leurs travaux que lorsqu'ils exécutent toujours les mêmes, et sont obligés d'y apporter toute leur attention. Cela me rappelle les occupations de nos femmes.

— Qu'entendez-vous par là?

— Elles se sont partagé les travaux suivant leurs talents et leurs habitudes, et chaque jour leur démontre les avantages de cette méthode. Ma femme me disait l'autre jour combien elle faisait peu d'ouvrage lorsqu'il lui fallait passer de la cuisine à la couture, et de la couture à la surveillance des enfants quand ils s'écartaient dans le bois.

— C'était une cuisine et une couture d'un nouveau genre, répondit le capitaine; et j'ose dire qu'il lui a fallu quelque temps pour s'y former la main.

— Certainement; et il est évident que si chacun n'avait qu'une besogne, et n'était pas dérangé quand une fois la main y est faite, le travail de tout genre avancerait bien plus rapidement. Les voisines de ma femme s'aperçurent qu'elle se servait du piquant de porc-épic, sa nouvelle aiguille, et du fil de chanvre, plus adroitement qu'aucune d'elles, et elles lui proposèrent de faire le reste de son autre ouvrage, si elle voulait raccommoder leurs vêtements et ceux de leurs maris. Elle y consentit très volontiers, parce qu'elle pouvait ainsi garder notre petite fille toujours près d'elle. L'enfant est trop jeune, comme vous savez, pour jouer dans le bois avec les autres.

— Et que deviennent les autres?

— Kate [1] les suit pour en prendre soin; et tout en surveillant leurs jeux, elle tresse des herbes sèches pour nous faire à

---

[1] KATE, abréviation pour CATHERINE.

tous des chapeaux. Elle s'en acquitte avec beaucoup d'adresse, et c'est un travail qu'elle peut faire en allant d'un lieu à l'autre. Quand le soleil recommencera à briller après les pluies, chaque travailleur aura un chapeau de paille large et léger ; chose fort utile dans ce climat-ci.

— Je ne m'expliquais pas, dit le capitaine, pourquoi Robertson se glissait si souvent dans le bois, lui qui est si assidu à l'ouvrage ; et je m'imaginais que c'était une nouvelle fantaisie d'en rapporter quelque belle fleur sauvage sur son chapeau ou à sa boutonnière.

— J'ose assurer, dit M. Stone, que les amants n'en font pas moins d'ouvrage, malgré ces courtes conversations durant le jour. N'avez-vous pas remarqué qu'il est le premier homme de l'établissement qui ait porté un chapeau de paille?

— Je m'en suis aperçu. Mais continuons. Qui s'est chargé de la cuisine?

— C'est mistress Prest, que son mari aide en ce qui regarde le four et la partie la plus fatigante de son ouvrage. Puis la petite Betzy et sa mère sont nos femmes de ménage. Elles restent après nous le matin quand nous quittons la caverne ; elles la balaient, la jonchent d'herbe fraîche et entassent du bois pour le feu du soir. De cette division du travail et des petits expédients qui en sont la conséquence, il résulte que nous trouvons dans nos femmes et leurs compagnes plus de soins et d'attentions pour nous que si chacun avait à s'occuper indistinctement de tous les soins du ménage.

— C'est vrai, et tant que chaque famille ne pourra pas jouir séparément des aisances d'une maison à part, une pareille division est ce qu'il y a de plus sage à tous égards. Mais cet état de choses ne durera pas longtemps.

— Alors même, dit M. Stone, il sera bon de suivre le même plan, jusqu'à ce que le travail soit moins précieux qu'il ne doit l'être chez nous bien des mois encore. Quand chaque famille aura une maison, que chaque famille mange chez soi ; mais pourquoi ne continuerait-on pas à apprêter nos repas comme on le fait maintenant? Bientôt nous aurons une boulangerie, et une augmentation de travail proportionnée à nos moyens de

t.   5

mieux vivre ; de sorte que nous devons économiser le travail
le plus possible jusqu'à ce que nous puissions nous procurer
des travailleurs qui n'aient pas besoin d'être en même temps
et nourris et soignés.

— Vous entendez par là des machines ?

— J'entends d'abord les outils qui ne tarderont pas à nous
venir du Cap, et qui seront nos machines simples ; et, en second lieu, les machines plus compliquées que ces outils nous
aideront à établir. Quand nous aurons un pareil fonds de travail, nous pourrons commencer à nous permettre la recherche
de faire tout exécuter, chacun chez nous, par les mains de ceux
que nous aimons le mieux, et suivant notre goût. Il faudra
que notre société, en général comme en particulier, soit bien
plus riche qu'elle ne l'est, pour que je pense à avoir un pâté
de Dorsetshire, fait de l'habile main de ma femme, et cuit
dans un four à nous appartenant.

— Il est nécessaire que la division du travail soit très développée, dit le capitaine, avant que ce mets, tout simple qu'il
est, puisse être apprêté. Sans parler de ce qui a été déjà fait
dans nos champs, où nous avons planté des haies, labouré,
semé, creusé des tranchées, il nous reste beaucoup à faire pour
moissonner, battre le blé, et le moudre, avant que vous puissiez avoir de la farine. En outre, la viande de votre pâté broute
encore, et il faudra l'amener ici, la tuer et la dépecer. Il faudra
tirer le sel du lac voisin, et le poivre... Comment vous procu-
rerez-vous du poivre ? Le poivre doit nous venir par mer. Et
pensez seulement à tout le travail que coûtera ce seul article :
la peine de ceux qui le cultivent et l'apprêtent dans un autre
pays ; les caisses dans lesquelles on le renferme ; le navire qui
le transporte, le chariot qui nous l'amènera du Cap ; tout cela
est nécessaire pour que nous ayons du poivre à mettre dans le
pâté le plus simple. Et combien plus nous coûterait un plum-
pudding ? Nous pouvons trouver ici la farine et le beurre ; mais
le sucre doit nous arriver d'un pays, les raisins d'un autre, les
épiceries d'un troisième, l'eau-de-vie d'un quatrième. Il ne
peut exister de plum-pudding sans une division de travail
qui confond l'esprit de celui qui y pense.

— Rien n'est plus vrai ; car nous devons en outre considérer tout le travail qui a été nécessaire pour arriver aux moyens de produire et de transporter les objets dont se compose un plum-pudding. Faites entrer en ligne de compte les fatigues du vigneron, les travaux du forgeron et du charpentier qui fabriquent le pressoir, ceux du mineur, du fondeur, du constructeur de fourneaux, du briquetier, et tous ceux qui confectionnent leurs outils ; ceux du bûcheron, du cultivateur de chanvre, du cordier, du voilier, du constructeur de vaisseaux, et des marins, qui doivent tous contribuer à faire arriver le raisin sur nos rivages. Puis encore...

— Arrêtez-vous là, dit en riant le capitaine ; en voilà bien assez pour prouver que la vie d'un homme ne suffirait pas à faire un plum-pudding sans la division du travail, qui rend la chose si facile au moindre cuisinier d'Angleterre. J'ai quelquefois entendu dire que le déjeuner d'une blanchisseuse anglaise exigeait le travail de plusieurs centaines d'individus, et je le crois, même en ne parlant que du thé et du sucre. Car l'un de ces articles vient des Indes, l'autre d'Amérique, et il a fallu d'innombrables travailleurs pour les cultiver, les préparer et les transporter jusque sur la table d'une cuisine anglaise. Nos compatriotes ignorent trop combien le plus pauvre d'entre eux a d'obligations à ce grand principe de la division du travail.

— Ils ignorent aussi, ajouta M. Stone, combien de rois et de princes, dans des contrées moins favorisées que la leur, s'estimeraient heureux d'échanger leurs monceaux d'or et d'argent pour les agréments dont jouit un simple journalier en Angleterre. Plus d'un souverain qui couvre de joyaux lui et ses courtisans, ou qui exerce un pouvoir absolu sur la vie et la liberté d'un million d'hommes, ne pourrait, quand même ils le voudrait, se procurer pour dormir autre chose qu'une natte ou une peau de bête ; il ne pourrait, quand il le voudrait, manger sur une autre assiette qu'une assiette de bois, ni avoir une autre coupe qu'une écaille de tortue ; quant à ses aliments et à sa boisson, il donnerait en vain tous les trésors de son royaume pour obtenir quelques mets aussi bons qu'un plum-

pudding, ou un pâté de Dorset, ou même qu'un déjeuner de
thé et de beurre. Et tout cela parce que ni lui ni son peuple
n'ont la moindre idée de la division du travail.

— Eh bien, dit le capitaine, comme nous ne sommes pas encore en position de nous procurer du pain et des tartines, demain nous essayerons si la division du travail ne peut pas
nous aider à mettre un toit sur notre tête.

— Et à fabriquer ensuite de la vaisselle de terre. Je vois
qu'Harrisson est impatient de commencer sa poterie. Je lui
dis bien que nous pouvons encore quelque temps manger sur
des assiettes de bois; mais je crois que nous serons fort aises
quand nous pourrons boire plus commodément que dans le
creux de la main.

CHAPITRE VII.

Réussite.

Trois mois apportèrent de grandes améliorations dans les affaires de l'établissement. La société, s'étant assuré d'abondantes provisions en rentrant les récoltes, dirigea tous ses efforts du côté des aisances domestiques que chacun de ses membres, hommes, femmes et enfants, commençaient à désirer vivement. Nous donnerons une plus juste idée de leur condition à cette époque, en décrivant une chambre de malade, habitée, hélas! par mistress Stone, qui était tombée malade de la fièvre, par suite de ses trop grandes fatigues, de l'inquiétude qu'elle éprouvait sur le compte de son mari, et de la pauvre petite fille qui lui semblait d'un âge trop tendre pour supporter tout ce qu'une pareille vie avait de pénible. Cependant M. Stone n'avait éprouvé que des fatigues momentanées, et la petite fille était si attentivement soignée par tout le monde, qu'elle croissait en force et en santé aussi bien qu'on aurait pu l'attendre dans des circonstances plus favorables. Le coin le plus chaud de la caverne, le lit le plus doux d'herbe sèche, avaient été réservés pour la petite Mary. Kate lui avait fait présent d'un chapeau de paille, avant même d'en commencer un pour son amant; et il était assez large pour protéger sa peau

délicate et pour défendre ses yeux contre l'éclat trop vif du
soleil. La première tasse de lait que donna l'antilope fut portée
à la petite Mary ; et dame Fulton lui attacha autour du cou un
charme pour la préserver de la morsure des reptiles venimeux.
Il est vrai que personne excepté elle ne croyait à l'utilité de
cette précaution ; mais comme l'enfant ne fut jamais piquée
par aucun insecte plus dangereux que les cousins, la vieille
dame en appelait victorieusement aux faits pour soutenir l'efficacité de son amulette. Les hommes avaient coutume de porter
Mary sur leurs épaules jusque dans le bois, et de l'élever dans
leurs bras pour qu'elle cueillît une orange ou une grappe de
raisin, et alors on portait le fruit à son papa ou au capitaine
comme un présent de la petite fille. Les jeunes garçons avaient
apprivoisé un singe, et ils apprirent à Mary à jouer avec lui
sans l'irriter. Ils dressèrent un des chiens à la porter sur son
dos, tandis qu'un des plus âgés d'entre eux la soutenait ; et elle
se promenait ainsi à cheval matin et soir, avant et après le travail. Entourée de soins si attentifs et de tant d'amusements, la
petite Mary venait grosse et grasse, et son père remarquait
chaque dimanche (car il ne la voyait guère les autres jours)
qu'elle avait appris quelque chose qu'elle ignorait la semaine
précédente. Mistress Stone cessa enfin de craindre pour son
enfant, et ce fut alors qu'elle-même tomba malade. La maladie
n'était pas dangereuse ; mais ce fut un temps bien ennuyeux
pour elle et bien difficile à passer pour son mari, qui regrettait
à cause d'elle maintes douceurs auxquelles il n'aurait même
pas pensé pour lui. Elle s'étudiait à le consoler, lui faisait remarquer les avantages dont elle jouissait, et exprimait toute sa
reconnaissance pour les soins dont elle était l'objet. — M. Hill,
qui n'était pas trop fâché d'avoir un malade à guérir, ne manquait ni d'expérience, ni d'attentions. Il se trouva d'abord fort
déconcerté de n'avoir à lui envoyer ni fioles, ni petits pots, car
il s'était habitué à les regarder comme aussi indispensables
dans la chambre d'un malade que les remèdes mêmes ; quand
il s'aperçut cependant que sa patiente, après avoir bu la po-
tion que contenait un vase de terre grossier, dormait aussi
bien que si on la lui eût apportée, dûment étiquetée, dans une

fiole, il commença à penser que c'était une fort belle chose d'avoir des médicaments dans une pareille situation, et que leur importance ne dépendait aucunement du mobilier de sa pharmacie.

Fort heureusement on avait abandonné la caverne avant le commencement de la maladie de mistress Stone. Elle était logée dans la plus grande des trois maisons de roseaux qu'on avait construites, et dans lesquelles, au moyen de cloisons, on avait pratiqué des appartements pour les différentes familles. La malade occupait celui du milieu, comme le plus frais. On lui avait fait un fort bon lit en cousant en forme de sac une peau souple qu'on avait remplie de menue paille. Il était placé dans un coin, sur un cadre supporté par des pièces de bois, et, à défaut de sommier, on avait étendu des peaux par-dessous. Il serait trop dangereux de poser le lit immédiatement sur la terre, dans des lieux où les insectes venimeux peuvent entrer. La couverture consistait en une natte flexible et légère, tressée par l'industrieuse Kate. Une tablette de bois reposait sur des tréteaux, à portée de la malade, et soutenait un plat de terre plein de figues et de raisin, et un bassin de boisson rafraîchissante exprimée de l'orange douce et parfumée avec son écorce odoriférante. Il y avait aussi un buffet garni de petites friandises envoyées par les voisines pour réveiller l'appétit de la malade ; des confitures faites de différents fruits et de miel ; des gâteaux de farine de froment et autres, assaisonnés d'écorce d'orange, de miel et de graines de diverses saveurs, ainsi qu'une grande abondance de consommés, de gelées et d'autres préparations extraites de la viande. Mistress Stone n'aurait donc rien eu à désirer, si elle avait eu des livres ; mais comme elle savait qu'il était encore impossible de s'en procurer, elle ne parlait pas de ce désir. Ses voisines lui témoignaient beaucoup de bienveillance en venant la voir et en l'amusant du récit de tout ce qui se faisait, et son mari passait près d'elle tous les instants que ses autres devoirs ne réclamaient pas. Comme sa mémoire était fort ornée, elle rendait grâce à Dieu de pouvoir se rappeler avec intérêt ce qu'elle avait lu dans un temps où elle était loin de croire qu'un jour elle

serait privée de livres. Malgré toutes ces ressources, elle ne
pouvait s'empêcher de soupirer de temps en temps en pensant
à quelque volume favori qui aurait pu ajouter à ses connaissances et captiver son attention.

Un jour qu'elle était sur son séant, et que son mari la voyait
assez bien portante pour être sûr qu'une nouvelle visite ne la
fatiguerait pas trop, il amena près d'elle le capitaine.

— Mais vraiment, dit celui-ci en promenant ses regards sur
ce qui l'entourait, quoique ce ne soit pas là précisément la manière dont on meublerait une chambre de malade, si on pouvait faire mieux, il est étonnant qu'on soit parvenu à rendre
cette pièce si commode.

— Je vous assure, dit mistress Stone, que rien de ce qui est
réellement nécessaire ne m'a manqué, et que j'ai même eu du
superflu. Je ne crois pas que je me fusse rétablie un jour plus
tôt, quand j'aurais été dans la meilleure chambre de la meilleure maison d'Angleterre.

— Tout ce qui peut ajouter au soulagement du corps vous a
été fourni, dit son mari ; mais je n'ai pas passé un jour sans
regretter que nous ne puissions pas vous procurer le plaisir de
la lecture. Si cela eût été possible, nous vous aurions épargné
bien des heures fastidieuses, dans les moments où il me fallait
m'éloigner de vous.

— J'en ai fait une assez triste expérience pour être convaincue plus que jamais que les agréments de la vie physique,
quelque avantage qu'il y ait à ce que chacun en jouisse, ne
sont pourtant qu'un acheminement vers un plus noble but.
Quand nous possédons tout ce que nous pouvons désirer à cet
égard, nous éprouvons du malaise si notre esprit reste inoccupé.

— C'est en ce qu'elle fournit cette occupation à notre esprit,
observa son mari, que l'industrie productive est surtout précieuse. Elle a encore un autre objet ; c'est de nous mettre sur
la voie de travaux plus utiles. Et si on s'arrête lorsqu'on a obtenu une aisance et des loisirs suffisants, on manque le but de
son existence.

— Je crains fort, dit mistress Stone, que nos gens ne prennent les moyens pour la fin. Ils savent qu'ils font leur devoir,

qu'ils sont maintenant occupés de la manière la plus utile, en procurant à eux-mêmes et à leurs familles la subsistance et le bien-être, et ces travaux suffisent pour les rendre plus actifs et plus heureux ; mais j'ai peur qu'ils ne s'habituent à considérer cet état comme le terme de leurs vœux, au lieu de tendre à quelque chose de mieux. Dans quelques mois nous aurons des provisions de tout ce qui nous manque, et il serait déplorable de nous voir oublier tout ce que nous ont appris les livres et l'expérience du monde, pour céder au désir d'entasser plus d'aliments et de vêtements que nous n'en pouvons jamais employer.

— Tranquillisez-vous, Madame, dit le capitaine. Nos gens pensent déjà à se mettre en relations de commerce avec l'établissement voisin, et même avec le Cap. Je ne serais pas surpris que dans cinq ans nous fissions des affaires brillantes par l'échange de nos produits contre les objets manufacturés en Angleterre. Si nous devons poursuivre nos travaux jusqu'à ce que nous ayons une ville construite régulièrement en brique ou en pierre, des routes, des ponts, des moyens périodiques de transport pour aller au Cap et en revenir, avec tous les nouveaux objets que ces moyens nous procureront, vous cesserez de craindre que nos gens manquent d'occupations assez variées, n'est-ce pas ?

— Oui, certainement, répondit mistress Stone, parce que je sais quel est le cours naturel des choses quand de pareils progrès ont lieu. Nous aurons alors une chapelle, une école et une bibliothèque ; et quelles que soient l'étendue et la diversité des occupations de notre société, ses membres n'en seront que plus désireux de trouver assez de loisirs pour perfectionner leur intelligence.

— Ce qui à son tour, dit le capitaine, tendra à améliorer leur condition matérielle. Nous pourrions, plus facilement de jour en jour, à l'aide d'inventions et de découvertes nouvelles, obtenir le bien-être auquel nous avons été jadis habitués, et y ajouter des aisances auxquelles maintenant nous ne pensons guère. Il n'y a pas de limites à ce que peut le travail dirigé par la science.

— Un soir au coin du feu, capitaine (et j'aime à croire que vous vous en souvenez), nous disions que c'est la nature qui travaille, et que la main de l'homme se borne à rassembler les matériaux qu'elle a mis en œuvre. Or, comme nous sommes ici loin de connaître tous les matériaux qui existent dans la nature, et leurs différentes combinaisons possibles, nous ne savons pas davantage tout ce que peut exécuter le travail des hommes.

— On peut citer comme preuve ce qui s'est fait jusqu'à nos jours, dit le capitaine. Il est probable que les hommes possédaient du bois de construction, de la toile, des cordages, et qu'ils avaient observé la puissance des vents, longtemps avant de réunir ces objets pour fabriquer un navire. Voyez maintenant ce que le travail humain, conjointement avec la nature, est parvenu à exécuter, en nous donnant le pouvoir de traverser les mers et de faire le tour du globe, si tel est notre plaisir. Il en est de même de la machine à vapeur, et de tous les arts de ce monde qui relèvent de plus en plus la condition humaine. La nature a fourni des matériaux à dater du jour de la création ; c'est le travail humain dirigé par la science qui, de siècle en siècle, en a fait un plus large emploi.

— Nous ne voyons pas de bornes aux améliorations qui peuvent avoir lieu, dit M. Stone, parce que les causes de ces améliorations nous paraissent illimitées. La nature semble inépuisable. Le travail des hommes croît dans la même proportion que la population ; sans parler d'un mode d'accroissement encore plus rapide.

— Quel est-il ? demanda sa femme.

— Je vais vous le dire. Les matériaux naturels et le travail humain sont inépuisables ; et la troisième condition, la science qui dirige, semble devoir croître à jamais. Où donc s'arrêteront les perfectionnements ?

— La Providence, dit le capitaine, qui crée et organise tout, semble travailler dans le sens d'un progrès perpétuel, et ouvrir une carrière de plus en plus vaste à ceux qui sauront s'y avancer. La Providence enseigne une grande vérité touchant la condition temporelle du genre humain. Cette vérité, si l'on

savait la comprendre, bannirait toute crainte sur le sort des
générations futures, et, si on la prenait pour règle de conduite,
mettrait un terme aux malheurs partiels qui existent de nos
jours.

— Quelle est donc cette vérité?

— Que le travail est une puissance dont l'homme est le
moteur, et qui n'a d'autres limites que les ressources de
l'homme.

— Et comment, capitaine, règlerez-vous votre conduite sur
la connaissance de cette vérité? Votre position vous impose
une grande responsabilité, et je sais que vous n'êtes pas homme
à négliger une vérité quand vous êtes convaincu qu'elle peut
être utile.

— J'ai beaucoup médité sur mes devoirs à cet égard, je vous
assure, répondit le capitaine. Plus je considère l'influence d'un
gouvernement sur la direction bonne ou mauvaise qu'il peut
donner à cette immense puissance du travail humain, plus je
suis jaloux d'exercer consciencieusement la portion de cette
influence qui m'est échue.

— Je pensais, dit mistress Stone, qu'un gouvernement en
pareille circonstance devait se borner à laisser chacun agir à
sa manière, et le travail trouver de lui-même sa meilleure direction.

— Vous avez raison, répliqua le capitaine, en tant qu'il s'agit
des différentes sortes de travail. Ce n'est pas mon affaire de
décider si le travail d'un cultivateur est préférable à celui d'un
marchand en boutique, ni de favoriser une classe plus qu'une
autre; mais il est en mon pouvoir d'accroître ou de diminuer
l'utilité du travail par la ligne de conduite que j'adopterai.

— Par exemple, dit M. Stone, si vous encouragez la division
du travail autant que nos ressources le permettront, vous aug-
menterez immensément son pouvoir. Si, d'un autre côté, vous
vous servez de votre influence pour persuader à nos gens
qu'ils doivent travailler isolément, chacun pour son compte,
vous gaspillez de la manière la plus ruineuse la principale ressource de l'établissement.

— C'est très-vrai, dit le capitaine; et c'est ainsi qu'on peut accroître sans limites l'énergie du travail, en en favorisant la division ; car par ce moyen la même quantité de travail fournit des produits plus abondants. La même remarque s'applique à l'encouragement des machines ; car les machines abrègent et facilitent les opérations de l'industrie à un degré incalculable. Mais j'ai de plus la mission d'agir sur l'extension du travail ; je dois donner mes soins à ce que l'industrie, dans la production des aliments, s'augmente en même temps que le nombre de bouches à nourrir. Je ne dois pas tolérer l'oisiveté, et je dois veiller à ce que le nombre de travailleurs improductifs ne soit pas hors de proportion avec le nombre de ceux qui produisent.

— Vous le pouvez dans un petit établissement comme le nôtre, capitaine ; mais le chef d'un grand empire ne le peut sûrement pas.

— Le gouvernement anglais, répondit le capitaine, n'a pas le devoir de s'informer qui est oisif, ou qui travaille, dans le royaume, ni de punir ou d'encourager les individus en conséquence. Ce serait une tâche interminable, aussi fastidieuse pour les gouvernants que pour les gouvernés. Mais on peut arriver au même résultat par une voie plus courte. Le gouvernement doit protéger la liberté naturelle de l'industrie, en écartant tout obstacle, les privilèges, les prohibitions, toutes les manœuvres au moyen desquelles une classe tente d'obtenir des avantages peu loyaux sur une autre. Qu'on adopte franchement cette marche, et l'industrie trouvera naturellement sa récompense ; l'oisiveté, son châtiment ; et il n'y aura ni plus ni moins de travailleurs improductifs que le bien de la société ne l'exige.

— Je vois clairement, dit mistress Stone, la vérité de ce que vous venez de dire ; mais je voudrais savoir..... Avant qu'elle pût expliquer ce qu'elle désirait apprendre, on entra pour prévenir ces messieurs qu'on désirait leur parler.

— Auquel de nous ?

— A tous deux, Monsieur, à ce que je crois. Une réunion a eu lieu sous le grand châtaignier, et je pense que c'est une députation de sa part qui s'est rendue près de vous.

Mistress Stone dit que, si son mari voulait lui donner le bras, elle serait bien aise d'aller s'asseoir sous le porche, pour apprendre de quoi il s'agissait. Quand on lui apprit qu'on craignait qu'elle ne fût fatiguée, elle répondit que la conversation, aussi bien qu'un livre, la reposait au lieu de la fatiguer, et qu'elle se sentait en disposition de la continuer.

Hill, qui faisait partie de la députation, fut bien surpris de voir sa malade s'avancer, et paraître tout à fait en état de marcher, avec l'appui de son mari. Conformant ses avis aux désirs de la malade (manière d'agir que les médecins trouvent fort sage), il assura que le grand air la fortifierait ; et que, si elle était assez forte pour prendre quelque distraction, rien n'était plus salutaire. Elle fut donc bientôt établie sous le porche, avec son oreiller derrière le dos, une bûche sous les pieds en guise de tabouret, et un chapeau de paille sur la tête, aussi large que celui d'un planteur américain. La petite Mary vit de loin qu'il se passait quelque chose sous le porche, et s'approcha pour regarder. Elle avait laissé sa maman au lit, une heure avant, et n'avait aucune idée qu'elle pût la voir ailleurs ce jour-là.

— Maman, maman ! s'écria-t-elle toute joyeuse, en essayant de grimper sur le siège. Prenez-moi sur vos genoux, maman ; je veux que vous m'embrassiez.

Son père l'aida à monter, et elle se blottit près de sa mère, s'appuya la tête sur son épaule, et ne voulut pas retourner jouer, quoique ses petites compagnes vinssent la rappeler. Elles s'approchèrent les unes après les autres pour regarder et obtenir de mistress Stone un sourire et un signe de tête, puis elles s'enfuirent et laissèrent Mary où elle désirait rester.

— Eh bien ! mes amis, dit le capitaine à Hill, Harrisson et Dunn, qui composaient la députation, asseyez-vous, et dites-nous le sujet qui vous amène.

On avait peu observé jusqu'alors dans l'établissement les différences de rang, car le malheur qui en avait frappé également tous les membres les avait réduits à une espèce d'égalité. Néanmoins, en cette circonstance, la députation persista à se tenir debout et tête nue.

Elle venait annoncer que la population s'était formée en assemblée pour examiner la situation de ses ressources, dans l'intention de constituer un établissement permanent au capitaine, en qualité de principal magistrat, et à M. Stone, en qualité de chapelain et d'instituteur de la société. Elle offrait de construire une maison solide pour chacun d'eux, aussitôt que les outils nécessaires seraient arrivés, et de leur réserver une portion déterminée des produits, jusqu'à l'époque où l'introduction de l'argent monnayé permettrait de leur accorder un traitement dans la forme accoutumée. Ces offres furent accompagnées de nombreux témoignages de reconnaissance pour les avantages que la société avait retirés des soins de ces deux messieurs, et d'excuses sur la familiarité qui avait régné dans leurs rapports tandis que la pauvreté les réduisait tous à une égalité momentanée. Maintenant qu'ils commençaient à s'élever au-dessus des premiers besoins, le temps était venu où chaque homme devait se remettre à sa place, et ces messieurs seraient traités à l'avenir avec toute la déférence qui était due à leur rang supérieur.

— Vous êtes tous dans l'erreur, mes bons amis, s'écria le capitaine se levant et se découvrant à son tour ; sur ma parole, je ne sais ce que vous voulez dire. Je suis fils d'un marchand, et par conséquent sur un pied parfait d'égalité avec vous, M. Dunn ; car je n'ai rien fait pour m'élever plus haut. Je dois être d'un autre avis que vous, et vous dire que les circonstances par lesquelles nous avons dernièrement passé, sont la meilleure épreuve pour fixer les rangs, et que, pour mon compte, je ne donnerais pas une tête d'épingle de cette espèce de dignité qui s'évanouit au moment même où la dignité de l'homme devrait le plus se signaler. Si vous étiez mes égaux à l'heure du danger commun.....

— Mais nous ne l'étions pas, Monsieur, interrompit Hill ; et c'est ce que Dunn aurait dû vous dire, mais je suppose qu'il l'a oublié. C'est parce que vous nous avez dirigés alors, que nous désirons être gouvernés par vous aujourd'hui ; c'est parce que vous vous êtes montré supérieur à nous dans un autre temps, que nous voulons vous honorer dans celui-ci.

— Si tels sont vos motifs, dit le capitaine, la question change de face. Personne plus que moi n'est convaincu des avantages d'une gradation dans les rangs de la société, pourvu qu'elle soit fondée sur de justes bases. J'accepte donc avec joie les honneurs que vous m'offrez, ainsi que l'emploi auquel ils doivent se rattacher. C'est à vous, non à moi, de juger si j'ai mérité cette distinction; et il n'y aurait pas de ma part de vraie modestie à paraître douter de votre décision. Voulez-vous bien faire connaître à ceux qui vous ont députés, le plaisir que j'éprouve à me voir honoré de leur bonne opinion; leur dire que j'accepte l'emploi qu'ils m'offrent, et que j'approuve le mode qu'ils ont adopté pour le rétribuer.

La députation s'inclina profondément.

— Il sera nécessaire, ajouta le capitaine, que je convoque en assemblée la société entière, afin de lui exposer les principes qui me dirigeront dans mon administration, de lui demander ses avis relativement à quelques règlements, et son consentement à quelques autres mesures que j'aurai peut-être besoin d'adopter dans l'intérêt général. Cette réunion cependant ne peut avoir lieu avant que le retour du messager que nous avons envoyé au Cap nous permette de calculer nos moyens de subsistance et de défense. Les trois envoyés s'inclinèrent de nouveau, et se tournèrent du côté de M. Stone pour avoir sa réponse. Il leur parla ainsi :

— Je reçois avec grand plaisir la demande que vous me faites de continuer mes travaux comme directeur du service religieux, et instituteur de vos enfants. Une pareille requête m'apprend, sans me les dire, des choses qu'il m'est doux de savoir. Elle m'apprend que l'intérêt que vous prenez à des devoirs de la plus haute importance n'est pas diminué par les inquiétudes qui ont pesé sur vous dans ces derniers temps, et nous pouvons dès lors espérer qu'il s'est encore accru; car l'adversité attendrit le cœur, quand elle ne l'endurcit pas, et elle doit nous ramener vers Dieu, quand elle ne vous irrite pas contre la Providence. Votre requête m'apprend encore que les plus rudes difficultés de votre position commencent à disparaître; s'il en était autrement, vous ne penseriez ni à vous

priver du travail de vos enfants pour me confier leur instruction, ni à économiser dans ce dessein une partie de ce que
vous gagnez; j'ajouterai que je vois par votre démarche que
vous avez de mes services l'opinion que je me suis efforcé de
vous inspirer, et dans laquelle j'espère vous confirmer par
mes travaux. Ces considérations me déterminent à adopter
votre plan sans discussion, excepté en un seul point.

Ici chacun eut l'air impatient de connaître la nature de cette
objection. M. Stone continua :

— La capitaine a raison d'accepter un traitement pour son
emploi; parce que la part des avantages qui résulteront de son
administration ne peut être déterminée, pour chaque individu, avec assez de précision pour que cet individu fournisse
une indemnité proportionnée au bienfait qu'il recevra. Les
bienfaits d'un bon gouvernement se répandent sur la société
en général; tous les membres de cette société doivent payer
la part qu'ils en reçoivent; et nul ne peut savoir à combien
de malheurs il échappe en vivant sous une semblable protection. Mais il en est tout autrement quand il s'agit de services
tels que ceux que je peux vous rendre; et je dois en recevoir
la récompense d'une tout autre manière. Si quelqu'un trouve
que mes prédications lui sont utiles, qu'il m'apporte telle portion de son bien qu'il croira pouvoir m'offrir. Que chaque
père dont j'instruirai les enfants me réserve ce qu'il regardera
comme l'équivalent de mes soins. Si je me trouve plus riche
qu'il ne sera nécessaire pour mes besoins présents et futurs,
j'en rendrai une partie ; si je n'ai pas assez, je demanderai davantage.

— Si j'osais me permettre une observation, Monsieur, dit
Hill, je vous ferais remarquer que cette méthode est excellente entre vous et nous, qui nous connaissons si bien ; mais
ce n'est pas une règle à suivre avec tous les pasteurs et tous
les instituteurs. Qu'en pensez-vous?

— Je crois, répliqua M. Stone, que vous verrez toujours un
homme en place se mieux acquitter de ses devoirs quand la
récompense sera proportionnée à ses travaux, au lieu d'être
offerte sous la forme d'un salaire invariable. Dans plusieurs

emplois administratifs et autres, il est impossible d'en agir ainsi avec quelque précision; mais toutes les fois qu'on le peut, il faut le faire, soit qu'il s'agisse d'un pasteur, d'un maître d'école, ou de tout autre homme qui donne son temps au public. Les magistrats, les soldats, les domestiques, et autres, doivent recevoir un salaire fixe; mais dans tout emploi dont les avantages relativement aux individus peuvent être nettement déterminés, le paiement doit leur être proportionné. On peut considérer ce moyen comme infaillible pour réveiller toute l'activité de l'homme qui travaille à cette condition, et pour engager ceux qui profitent de ses travaux à en tirer tout le fruit possible. Oserai-je vous prier d'expliquer mes vues à vos camarades?

Alors, après quelques nouveaux témoignages de bienveillance réciproque, on se sépara. Lorsque M. Stone se retourna pour parler à sa femme, il vit des larmes couler sur ses joues. Elle avait encore la tête un peu faible, et l'honneur qu'on venait de faire à son mari l'avait vivement affectée. Il calma son agitation en lui faisant remarquer combien il fallait que leurs affaires se fussent améliorées pour que les habitants pussent ainsi se réunir et délibérer sur leurs intérêts juridiques.

— Oui, vraiment, dit le capitaine; le choix d'une députation, chargée d'un pareil message, est une preuve assez claire que nous commençons à faire notre chemin dans le monde.

CHAPITRE VIII.

Un beau coucher de soleil.

Par une belle soirée, vers le commencement de février, c'est-à-dire presqu'à la fin de l'été sous cette latitude, nos colons furent témoins d'un spectacle très extraordinaire. Les petits garçons qui étaient grimpés sur les arbres pour chercher des fruits, furent les premiers à le découvrir, et ils descendirent si lestement de leur perchoir, proclamèrent si haut la nouvelle en courant vers les maisons, qu'en quelques minutes tout le monde fut dehors, puis on se réunit pour aller au devant de ce qui arrivait. Or, ce qui arrivait n'était autre chose qu'un chariot chargé, tiré par huit bœufs; ce qui formait un mince attelage au Cap, ou on en attelle quelquefois douze ou seize.

Il y eut un instant de doute sur ce que ce chariot pouvait être, et à qui il pouvait appartenir; car il arrivait parfois qu'une nouvelle compagnie de planteurs, ou de voyageurs venant du Cap, passait par le village et sollicitait une hospitalité qu'il aurait été gênant ou même impossible de lui accorder dans la circonstance actuelle. Mais les yeux des jeunes gens découvrirent tout de suite que le conducteur était Richard, cet ouvrier qu'on avait dépêché au Cap, dont on parlait chaque

jour et qu'on ne s'attendait guère à revoir si tôt. C'était certainement Richard. Ils pouvaient distinguer le bruit de son
fouet de celui de tout autre. Le capitaine agita son bonnet au-
dessus de sa tête et poussa un cri de joie; tous les hommes et
les jeunes garçons de l'établissement l'imitèrent. Les mères
élevèrent leurs marmots au bout de leur bras, et les petits
drôles se démenèrent et firent grand bruit. Les bœufs entendirent et hâtèrent le pas, et Richard, prenant les devants,
plaça son bonnet entre ses yeux et les rayons du soleil couchant, pour mieux reconnaître de qui se composait la petite
troupe, et tâcher de voir si sa vieille mère venait à sa rencontre. Il la reconnut tout de suite qui s'appuyait sur le bras
du capitaine, et alors, de grand cœur et de toute la force de
ses poumons, il répondit aux acclamations. Ce moment le dé-
livra du poids de ses inquiétudes. Il avait laissé ses compagnons dépourvus de tout, sans abri, sans armes, sans autres
provisions que celles du jour. Il n'avait reçu d'eux aucune
nouvelle; il était impossible qu'il en reçut, et cent fois il s'é-
tait représenté le triste état dans lequel il pourrait retrouver
l'établissement. Quelquefois il le voyait abandonné de tous
ceux qui auraient la force de s'acheminer vers les villages
éloignés; dans d'autres moments il se le figurait ravagé par la
famine et désolé par les attaques des bêtes féroces et des sauvages. Il pensait alors combien il était peu probable qu'une
femme aussi infirme que sa mère pût survivre à la moindre
des calamités auxquelles ils étaient tous exposés. Et quoiqu'il
fût plein de confiance dans la promesse qu'à son départ le capitaine lui avait faite de prendre soin d'elle, il espérait à peine
la revoir. Maintenant il la voyait de ses propres yeux, il remarquait également que la foule qui s'avançait vers lui présentait
toutes les apparences de la joie et de la santé, et il en fut
transporté de plaisir.

— Dieu vous bénisse! Dieu vous bénisse tous tant que vous
êtes! s'écria-t-il, en se frayant un chemin à travers la foule
qui avait devancé sa mère et le capitaine.

— Laissez-le aller, ne l'arrêtez pas, s'écria-t-on de toutes
parts en voyant son impatience d'être près d'elle. Et on se dé-

tourna pour caresser les bœufs et admirer le chariot, jusqu'à ce que Richard, après avoir reçu les embrassements et les bénédictions de sa mère, fut libre de répondre à l'accueil de ses amis.

— Apprenez-moi d'abord, dit-il tout bas à M. Stone, si tout le monde est en santé. Tous ont-ils survécu aux circonstances malheureuses où vous avez dû vous trouver?

— Tous, excepté un seul. Nous avons perdu George Prest. Il nous était bien difficile de nous passer de lui; mais c'était la volonté de Dieu.

Richard chercha des yeux le père de George, qui avait l'air d'examiner les bœufs, mais qui, en réalité, s'était détourné pour cacher les larmes dont il n'était pas maître. Richard se tordit les mains en silence, et ne parut pas disposé de quelque temps à raconter son histoire ou à renouveler ses questions.

Il désira d'abord apprendre quelle était l'habitation et la manière de vivre de ses amis.

— Vous ne tarderez pas à le savoir, dit le capitaine. Et dès qu'ils eurent tourné le pied de la colline, il découvrit un spectacle qui le frappa d'étonnement. Une partie du terrain en pente qui s'étendait devant lui, revêtu de la riche verdure de l'été, était entourée d'une haie grossière, et on y voyait paître deux antilopes qui avaient atteint le terme de leur croissance, et trois autres plus jeunes. Dans un autre enclos se trouvait la jument grise et son poulain. Au bas de la pente, un tronc d'arbre, jeté sur le ruisseau écumeux, servait à le passer à pied. De l'autre côté, à peu de distance, le bois se présentait dans toute sa richesse. L'orange dorée brillait au milieu du vert foncé du feuillage, et la vigne courait en festons de branche en branche. Sur la limite du bois s'élevaient les bâtiments ombragés par les chênes et les châtaigniers qui servaient de piliers à chaque angle. Avec leur enduit d'argile et leurs toits grossiers en chaume, on aurait pu les prendre pour des huttes de sauvages, s'ils eussent été moins vastes, et si on n'eût pas remarqué aux alentours des objets dont l'usage est inconnu chez les peuples non civilisés. Un moulin à bras, en pierre, était placé à l'abri, à côté de l'un des arbres, et l'on pouvait

encore y voir les instruments de divers travaux dont on s'occupait au moment où l'arrivée du chariot avait fait quitter
l'ouvrage à tout le monde. Les matériaux pour les nattes gisaient épars sous le porche, et les filets de pêche étaient étendus
sur le bord du ruisseau pour sécher. Ce tableau était surmonté d'un ciel du bleu le plus pur, et de sombres montagnes
le bornaient dans le lointain.

— Nous n'aurons pas trop de temps pour vous montrer
notre village avant le coucher du soleil, dit le capitaine, qui
remarquait que les derniers rayons du soleil étincelaient sur
les eaux.

— Est-ce donc là notre séjour? dit Richard ému d'une douce
surprise. Est-ce bien là ce lieu désert et ruiné que j'ai quitté il
y a cinq mois? qui vous a donc aidés? Il n'est pas possible que
vos seules mains aient pu terminer tous ces travaux.

— La nature, ou plutôt celui qui créa la nature, nous en a
donné les moyens, répondit le capitaine; nos bras ont fait
le reste. Nous n'avons eu d'autre assistance qu'un travail bien
dirigé.

— Chose étonnante! s'écria Richard, les champs sont cultivés.

— Par le seul travail individuel. Il y a peu de combinaisons
possibles dans une culture bornée où les différents travaux
doivent se succéder au lieu d'être menés de front.

— Mais ces maisons et tous ces ustensiles?

— Sont le produit de la division du travail que nous avons
développée autant que nos ressources le permettaient.

— Une sage direction n'était pas moins nécessaire qu'un
travail industrieux.

— Oui, dit M. Stone en souriant, nous avons eu à nous louer
de nos travailleurs improductifs autant que des autres.

— Et avez-vous tous vécu dans l'abondance?

— Oui, parce que nous n'avions que le nombre exactement
nécessaire de travailleurs improductifs, et pas un seul individu
oisif dans la société, excepté les enfants à la mamelle.

— Il me semble que rien ne vous manque, dit Richard en
riant. J'aurais pu, je crois, me dispenser de faire ce voyage.

— Vous ne parlerez pas ainsi, répondit le capitaine, quand vous verrez combien nous sommes arriérés à certains égards, par suite de l'insuffisance de travail.

— De travail! s'écria Richard; sous ce rapport, je ne peux pas vous être d'un grand secours. Je ne rapporte qu'une paire de bras, comme vous savez. A la vérité, il y a encore les bœufs.

— Et bien d'autres choses aussi précieuses que tout cela. Le chariot économisera des semaines et même des mois de travail à tout notre monde, dans les cas où il est nécessaire de transporter nos effets de place en place sans autre secours que celui de nos bras ou des machines incomplètes dont nous avons pu disposer. Ce chariot nous aurait épargné le travail de bien des hommes, si nous l'avions eu au temps de la moisson. Combien de jours ne nous a-t-il pas fallu pour traîner nos gerbes sur des claies, ou porter le blé dans le petit nombre de sacs qui nous restaient! Avec un chariot comme celui-là, nous aurions transporté le tout en un jour, et nous aurions pu consacrer notre temps à d'autres travaux.

— J'espère, dit M. Stone, que vous avez ramené les matériaux nécessaires à la construction d'un moulin à eau. Ce serait grand dommage de ne tirer aucun parti de notre belle chute d'eau.

— J'ai rapporté tout ce qu'il faut, excepté les pièces que nous pouvons nous procurer dans le bois, répondit Richard. C'eût été une folie de charger mon chariot d'ouvrages de cette sorte, quand nous avons sous la main tant de bois de charpente. Mais j'ai tous les outils nécessaires.

— Nous ferons de ce côté, dit le capitaine, une prodigieuse économie de travail. Nous sommes obligés d'avoir trois moulins à bras continuellement en action, et ce moyen même nous procure à peine assez de farine pour nos besoins journaliers. Quand notre moulin sera construit, il moudra toute notre provision en une semaine, et il suffira d'un seul homme pour le surveiller.

— Comme je n'avais pas assez de place pour tout rapporter, dit Richard, je me suis occupé de faire un bon choix d'outils

plutôt que d'articles de mécanique. J'ai pensé que nous pourrions faire des machines avec nos outils, plus facilement que
des outils avec les machines.

— Vous avez eu grandement raison. Vous avez apporté les
machines simples au moyen desquelles nous en ferons de
compliquées; car les unes et les autres sont à la fois outils et
machines. Les outils, machines simples; les machines, outils
compliqués. Ainsi vous rapportez ce qui nous est nécessaire
pour mettre sur pied une forge, et la forge à son tour fabri-
quera et réparera nos instruments. Mais le gouverneur a-t-il
consenti à vous faire pour nous l'avance de tous ces objets?

— Sans difficulté, quand je lui eus détaillé la grande variété
de productions que nous espérions avec le temps envoyer en
échange. Je lui dis que nous étions d'honnêtes gens, qui
comptions bien payer les secours dont nous avions besoin. Et
quand il eut appris dans quel état florissant nous nous trouvions avant d'être pillés, il dit qu'il se fierait à nous du montant de cette dette, parce qu'il pensait qu'à l'avenir, dans
notre propre intérêt, nous ferions meilleure garde.

— Il faudra, Richard, nous occuper de ce soin sans aucun
délai.

— Oui, Monsieur; j'ai apporté pour cela des armes et de la
poudre. Nous sommes aussi convenus de nos moyens d'é-
change. Le gouverneur reconnaît qu'il est pénible pour notre
établissement et pour les autres d'envoyer aussi loin qu'au
Cap. Il expédiera donc un navire vers un point déterminé de
la côte, à cinquante milles d'ici seulement, et c'est là que nous
enverrons, ainsi que les autres colons entre ce lieu et les montagnes, nos fruits, notre blé, les peaux de bêtes, les plumes
d'autruches, et ce que nous aurons encore, pour recevoir en
échange de la poudre, du fer et les objets manufacturés que
nous ne saurions fabriquer nous-mêmes. C'est un si grand
avantage, que nous pouvons bien, entre tant d'établissements,
faire les frais de ce petit voyage; et plus je regarde autour de
moi, Monsieur, moins je crains que nous ne puissions pas
payer notre dette; si nous pouvons seulement nous préserver
des voleurs.

Quand le chariot eut traversé le ruisseau, ce qui n'était pas difficile dans ce moment où les eaux étaient basses, chacun se montra impatient de le décharger. Le capitaine défendit formellement d'en rien faire jusqu'au lendemain matin. Il était nécessaire que Richard présidât à cette opération, et Richard était accablé de fatigue. Ainsi, lorsque les bœufs furent dételés, il fallut que les curieux se contentassent de chercher à reconnaître ce qui se trouvait sous la bâche. Il y avait un nombre de ballots bien capable d'exciter la curiosité; mais ils étaient si soigneusement empaquetés, qu'on ne distinguait rien, si ce n'est par-ci par-là la lame d'une scie, un soc de charrue, ou la crosse d'un fusil.

Quelqu'un demanda si on ne monterait pas la garde pendant la nuit autour de ces nouvelles richesses. — Sans doute, répondit le capitaine. On craignait peu pour le moment une seconde attaque des *Hommes-des-Buissons*; cette précaution ne pouvait pas cependant passer pour superflue.

Arnall proposa de donner des armes à feu à ceux qui monteraient la garde, et offrit en ce cas ses services, en faisant valoir qu'il était habitué au maniement du fusil. Cette proposition parut si raisonnable, que Richard se mit à déballer deux fusils et un petit baril de poudre. Arnall fut fort remercié; mais on se disait que le désir de manier des armes à feu devait être bien vif, puisqu'il triomphait de l'aversion pour l'air de la nuit et pour les fatigues dans le cœur d'un homme qui aimait tant ses aises.

Tandis que Richard était occupé sur le chariot, on vit Arnall lui parler avec beaucoup de chaleur, et Richard éclater de rire quand le gentleman s'éloigna d'une démarche fort altière.

— Qu'y a-t-il, Richard? dit le capitaine.

— Bah! Monsieur, c'est M. Arnall qui m'est venu prier de me permettre une petite infraction à vos ordres, pour lui déballer un rasoir et du savon. Il assure qu'il ne se croira pas le même homme tant qu'il ne sera pas rasé, et je suppose que c'était par cette raison qu'il se tenait en arrière lorsqu'à mon arrivée j'ai voulu d'abord m'adresser à lui.

— Il ne doit pas être honteux de sa longue barbe, dit le capitaine, car nous sommes tous dans le même cas. Il y a juste cinq mois qu'on n'a vu ici de rasoir.

— Mais le plus plaisant de l'affaire, dit Richard, c'est que je n'en ai pas rapporté. C'est ce qui a mis M. Arnall si fort en colère. J'en suis vraiment fâché; mais ne m'étant rasé toute ma vie qu'une fois par semaine, je n'ai jamais pensé à l'importance que les gentlemen attachent à l'être tous les jours.

— Nous aurons de l'indulgence pour quelques omissions, dit le capitaine, si nous trouvons en somme que votre mémoire a été fidèle.

— Je vous prie de vous rappeler, monsieur, que je n'avais pas de liste, à défaut de papier pour la faire. Tout le long du chemin, je me gravais dans l'esprit et je me répétais à moimême les objets que j'aurais à me procurer; et enfin je m'avisai que, si je n'avais ni plume ni encre, je pourrais bien trouver une ardoise, et c'est ce qui m'arriva.

— Vous en découvrîtes sur votre route, je suppose.

— Oui, monsieur, j'en trouvai une pièce plate et un morceau pointu, j'inscrivis les divers objets dont je pensais que nous aurions besoin. Quant aux rasoirs, je n'y pensai même pas. Mais il y a une bonne provision de ciseaux et M. Arnall peut se tondre le menton, si nos dames consentent à lui en prêter une paire.

Tandis qu'Arnall inspectait son fusil, l'amorçait et le chargeait, il reprit sa bonne humeur; et tout en se promenant de long en large, la tête haute, autour du chariot, il offrait un fort bon exemple à ceux qui pouvaient désirer d'apprendre comment une sentinelle doit se comporter. Il ne se mit point en colère contre les petits garçons qui l'imitaient le lendemain matin, jusqu'au moment où l'un d'eux se passa la main sur le menton avec une intention à laquelle on ne pouvait se méprendre. On ne put pas découvrir, cependant, s'ils se moquaient de sa barbe ou du désir qu'il avait de s'en débarrasser.

CHAPITRE IX.

Heureux présage.

C'était une aussi belle matinée que chacun l'avait désirée. Les enfants, toujours disposés à prendre part aux réjouissances publiques, s'étaient levés de bonne heure, et conduits par deux ou trois des plus grands, étaient allés au bois pour y cueillir des rameaux verts dont ils plantèrent une partie à la porte des maisons; puis ils formèrent une espèce de dais au-dessus de la voiture qui contenait leurs trésors; et, portant le reste à la main, promenèrent au milieu de l'établissement ce bosquet ambulant, en chantant et agitant leurs chapeaux en l'air. Ils saluèrent le capitaine de trois *houras* quand il sortit pour voir ce qui se passait; et ils auraient conféré à Richard l'honneur de trois fois trois, si la vieille mère ne se fût montrée, et ne leur eût demandé du silence en portant son doigt sur ses lèvres. Son fils, harassé des fatigues du voyage, n'avait pas encore été réveillé par le bruit qui se faisait devant la porte, et elle désirait que son repos ne fût pas troublé. Malgré le plaisir que ces enfants se promettaient à voir déballer, ils furent assez raisonnables pour laisser dormir leur héros et s'éloignèrent en silence, résignés à attendre patiemment jusqu'à midi, s'il le fallait, le commencement de la grande cérémonie.

Pendant ce temps-là, le capitaine et M. Stone faisaient leurs dispositions pour diriger cette cérémonie de la manière la plus convenable. C'était un sujet digne de toute leur attention ; car ils reconnaissaient que l'introduction de l'emploi des machines dans une société qui n'a encore eu d'autres ressources que le travail manuel, était une occasion de réjouissances publiques, beaucoup mieux fondée que celles qui font placer des lampions aux fenêtres et allumer des feux de joies, dans des pays plus peuplés que le leur. Dans les réjouissances où l'on célèbre les victoires nationales, il se trouve toujours des sujets d'affliction pour le cœur de nombreux individus. Les uns pleurent la mort de leurs amis ; les autres s'affligent des malheurs dont la guerre accable des millions d'hommes ; et il en est beaucoup qui sont saisis de honte et d'horreur en voyant cette barbare coutume de la guerre subsister parmi les nations qui professent une religion de paix. Mais, dans cette occasion, la joie de chacun était la joie de tous, et elle était pleinement justifiée par les acquisitions que la société venait de faire. Celui qui aurait découvert une mine d'or au milieu de leurs habitations, n'aurait pas procuré à la société autant de moyens de richesse, que Richard avec son chariot chargé seulement de bois et de fer. C'était surtout de l'insuffisance de travail que souffrait la communauté ; c'était donc lui faire le présent le plus précieux que de lui procurer les moyens d'abréger et de faciliter le travail. C'est ce que les hommes comprenaient parfaitement, tandis que les enfants s'en expliquaient les avantages à leur manière. L'un avait entendu dire à son père qu'il serait plus heureux qu'un prince si jamais il pouvait remettre la main à une charrue ; car le pain même était trop payé quand il fallait l'acheter par un asservissement tel que celui de la culture sans instruments. Un autre avait vu soupirer sa mère en pensant qu'elle n'avait pas de quoi raccommoder les habits en lambeaux de ses enfants, ou leur en faire de neufs. Un troisième avait remarqué que le capitaine jetait souvent un regard inquiet sur les frêles murailles et les minces toitures des habitations, et avait appris ainsi à redouter les orages de l'été et les neiges de l'hiver. Maintenant le remède à tous ces maux et à toutes ces craintes était arrivé. Les pères pourraient conduire encore la charrue et se complaire dans de mâles travaux ; les mères pourraient travailler à l'aiguille, s'acquitter en chantant d'une tâche facile. Encore quelque temps, et l'orage pourrait éclater sur leurs têtes, les vents froids balayer la plaine, sans qu'on eût à craindre de voir des enfants délicats exposés à l'ouragan en fuyant d'une maison chancelante. C'était là vraiment une occasion de réjouissances, et personne ne le sentait mieux que Richard, comme on en put juger par sa physionomie radieuse lorsqu'il sortit enfin, bien reposé et se répandant en excuses pour s'être fait attendre si longtemps.

Le chariot avait été abrité dans un lieu où il y avait assez d'espace pour que chacun pût voir distinctement ce qu'on allait faire ; car son contenu étant la propriété commune, le capitaine désirait que tout le monde pût prendre également connaissance de ce qui composait leurs nouvelles richesses. Les vieillards étaient assis en rang, sous un arbre, et les autres formaient le cercle, à l'exception de Richard et de deux ou trois avec lui, qui étaient occupés au centre, et d'Arnall qui d'un air de prodigieuse importance, se plaça un peu en avant de ses camarades. Il resta immobile, les bras croisés, regardant en silence, tandis qu'on déchargeait les objets les plus volumineux et qu'on les exposait à l'air avant de les transporter dans le lieu que le capitaine leur avait assigné. Mais lorsqu'il vit paraître les ballots de moindre grosseur qui contenaient de petits outils de charpentier, des drogues, des toiles, des étoffes de laine, des aiguilles ou de la poterie en fer, etc., etc., il s'avança vers le capitaine et proposa, puisque la société rentrait dans l'état de civilisation, de reprendre l'emploi dont il se sentait le plus capable, en se mettant en possession de ces divers articles pour les revendre en détail à ses pratiques comme par le passé.

— A quel titre proposez-vous de prendre possession de ces objets ? demanda le capitaine aussi amusé que surpris.

— A titre d'acheteur, comme un honnête homme, répondit Arnall, tirant un sac de toile de quelque coin de ses vêtements, et exposant à tous les regards une assez forte somme en monnaie d'or. Je ne me suis pas prévalu de cet avantage sur mes camarades tant qu'il n'y a rien eu parmi nous à vendre ou à acheter; mais aujourd'hui que nous sortons de cet état de barbarie, il est temps que chacun reprenne sa place.

— Je m'étonne, Monsieur, dit le capitaine, que vous ne vous soyez pas aperçu que les circonstances ou nous nous sommes trouvés ont amené un nouveau mode de fixer les rangs. Les membres de notre communauté se classent maintenant d'après l'utilité comparative de leurs travaux; et il en est plusieurs parmi nous qui ont des droits mieux établis que s'ils avaient sauvé des flammes un sac de leur propre argent. Il en est, Monsieur, qui, pendant que vous vous occupiez de votre or, arrachaient des enfants à une mort presque certaine, et se rendaient ainsi plus utiles que vous à la société. Et à qui, s'il vous plait, comptez-vous remettre votre or en paiement de ces objets?

— A vous-même, en votre qualité de gouverneur.

— Ils ne m'appartiennent pas. Je n'en suis que le dépositaire. Si vous avez envie d'employer l'argent comme moyen d'échange, il faudra que ce soit dans quelque autre société où l'argent ait une valeur qu'il n'aura pas de sitôt parmi nous.

Remarquant que plusieurs personnes paraissaient étonnées d'entendre dire que l'argent pouvait n'avoir pas de valeur, le capitaine continua :

— Conservez votre or, Monsieur, et gardez-le soigneusement, je vous le conseille; car j'espère voir le temps où l'or et l'argent circuleront de main en main; mais jusque-là nous avons beaucoup à faire. Nous devons multiplier nos productions avant de pouvoir établir un système régulier d'échanges. Ces échanges auront lieu en nature avant que nous puissions de quelque temps encore trouver plus commode de payer en espèces monnayées. Et pour que ces espèces deviennent parmi nous d'un usage habituel, il faudra que nous en ayons à notre disposition un peu plus que votre sac n'en contient, monsieur Arnall.

— Que dois-je donc faire, capitaine? et quel avantage résulte-t-il pour moi de l'arrivée de ces objets?

— Votre travail en deviendra plus facile, voilà tout. Le travail est encore ici le prix courant de toute denrée.

Arnall ne se sentit pas le courage de demeurer là plus longtemps. Il se retira à l'écart, contrarié d'avoir fait connaître le secret de son trésor, et soupirant après le jour où il pourrait reprendre l'occupation distinguée de tenir boutique, au lieu de travailler grossièrement de ses mains. Personne ne fit attention à lui, et personne ne désira la possession de son sac d'or, lorsque tant de choses plus utiles étaient étalées sous leurs yeux.

Un paquet adressé à M. Stone arracha plus de larmes aux assistants qu'ils n'en avaient versé depuis le commencement de leurs infortunes. L'aumônier du gouverneur du Cap ayant appris de Richad que tous les livres de l'établissement avaient été détruits avec les autres possessions, avait envoyé une petite provision de ceux qu'il regardait comme les plus utiles dans cette circonstance. Depuis ses malheurs, la petite population n'avait pas manqué de se réunir le premier jour de chaque semaine pour s'acquitter de ses devoirs religieux ; et alors M. Stone récitait, après sa prédication, les passages des saintes écritures qu'il se rappelait assez pour en transmettre le sens. Il n'était pas probable que son troupeau en général pût connaître aussi bien que lui les livres sacrés ; mais parmi ceux qui le composaient, plusieurs se sentirent surpris et humiliés en découvrant combien étaient imparfaites et décousues leurs idées sur le sens et la tendance des passages même les plus importants de la Bible. Il sentaient au milieu de leur détresse le besoin d'une consolation qu'ils n'avaient pas jusqu'alors assez appréciée ; et comme ils trouvaient en M. Stone un ami toujours disposé à leur prêter son secours, tandis qu'avec le livre sous la main ils auraient peut-être différé de s'éclaircir de leurs doutes, il en résulta que quelques-uns d'entre eux s'instruisirent mieux de ce que contenait la Bible, au moment où il n'en existait pas un seul exemplaire à plusieurs lieues à la ronde, qu'ils ne l'avaient fait quand chaque famille avait le sien. Ils trouvèrent de grandes ressources dans la vieille mère de Richard, dont la mémoire était plus ornée de certains passages de l'Écriture que celle de M. Stone lui-même. Quand elle s'était aperçue que sa vue baissait, elle avait entrepris d'apprendre pas cœur ce qu'elle prévoyait qu'elle ne pourrait plus lire; et avec l'aide de son bon fils elle y était parvenue. Pendant l'absence de celui-ci, il n'était pas rare de voir des groupes se former sous le porche autour de la vieille femme, quand les travaux du jour étaient achevés, pour écouter un psaume, une parabole, ou une exhortation après lesquels ils se retiraient pour prendre du repos, pleins d'idées calmes et sérieuses. Ils étaient donc dans les meilleures dispositions possibles pour apprécier le cadeau qu'ils recevaient de l'aumônier, et qui consistait en plusieurs exemplaires de la Bible complète, et en un plus grand nombre du Nouveau-Testament, auxquels il avait joint quelques autres ouvrages de nature à diriger vers le but le plus utile les impressions que les derniers évènements avaient nécessairement laissées dans l'esprit des colons.

Ce gentleman avait poussé l'attention jusqu'à envoyer une collection de journaux récemment arrivés d'Angleterre. Ils commençaient à être d'ancienne date; néanmoins jamais politique ou spéculateur, à son déjeûner, n'ouvrit à Londres son journal encore humide avec plus d'empressement et d'anxiété que le plus lent et le plus lourd des lecteurs de notre établissement n'en mit à dévorer chaque paragraphe, depuis le plus nouveau et le plus important, jusqu'aux annonces et avis divers d'un an et demi de date. Ces papiers, pour le moment, firent oublier tout le reste; le travail journalier, la solennité extraordinaire, les richesses nouvelles, tout cela n'était rien en comparaison des nouvelles d'Angleterre. Ils oublièrent même le respect qu'ils devaient à M. Stone, au point de regarder par dessus son épaule et de se presser autour de lui, tandis qu'il jetait un coup d'œil sur les nouvelles les plus fraîches. Ils concevait bien et excusait leur impatience. Avec un sourire de bonhomie il céda la feuille qu'il tenait, et engagea sa femme à se promener avec lui; jugeant bien que ses ouailles pourraient se communiquer plus librement leurs pensées, et jouir de leur nouveau

plaisir avec moins de contrainte quand il ne serait plus si
près d'eux.

Il en avait assez lu pour remplir son esprit de pensées de
son pays natal; mais bientôt elles se reportèrent sur la société
à laquelle se rattachait sa destinée, et il encouragea sa compagne à concevoir avec lui les espérances les plus flatteuses
sur l'amélioration de la condition sociale de tous ses membres.
Il dirigea son attention sur les circonstances particulières qui
formaient la base de ses espérances.

— Voyez, lui disait-il, ma chère. Notre moulin sera placé
au-dessous de cette chute d'eau; et notre scierie dans cet
angle. Notre forge s'élèvera derrière cet enclos. Ici près on
construira l'étable de nos bœufs. Je commençais à craindre
que les brebis et les vaches n'arrivassent des montagnes avant
que nous n'eussions assez de denrées pour donner en échange,
ou un parc pour les loger pendant l'hiver; mais il est impossible de prévoir combien nos progrès peuvent être rapides
maintenant que nous avons tant de moyens d'économiser le
travail.

— Cela me rappelle, dit mistress Stone, une question que je
désirais vous adresser. Je vois fort bien, et je suppose que les
plus ignorants voient comme moi, toute l'utilité des machines
dans une situation comme la nôtre, où l'objet essentiel est
d'économiser le travail; mais a-t-on tort d'en désapprouver un
emploi trop général dans des pays tels que l'Angleterre, où le
grand but est de trouver de l'emploi à tous les travailleurs?

— Évidemment tort, dans mon opinion, répondit son mari :
parce que, tant que la race humaine n'aura pas atteint le plus
haut degré de perfection, il y aura toujours quelque chose de
plus à faire, et que plus on laisse de liberté aux puissances qui
peuvent y contribuer, mieux on raisonne. Jusqu'à ce que les
arts et les sciences soient tous épuisés, jusqu'à ce que la nature
ait livré ses dernières ressources, et l'homme trouvé la limite
de ses moyens d'en faire usage, on aura besoin de la plus
grande quantité possible de travail humain, et il est de notre
devoir de l'économiser autant que nous le pouvons.

— Je me rappelle, reprit sa femme, que j'ai entendu dire au

capitaine que le travail est une puissance dont l'homme est le moteur; et je conçois comment l'homme trouve des avantages à économiser le plus possible cette puissance; mais je ne puis concilier cette idée avec les maux que cause l'adoption des machines dans les pays où le travail est abondant.

— Je ne conteste pas l'existence du mal, répliqua son mari; mais je vois clairement que les inconvénients sont momentanés et partiels, tandis que l'avantage est universel et durable. Vous avez dû entendre parler des angoisses de ceux qui gagnaient leur vie à copier des manuscrits, quand l'art de l'imprimerie fut découvert.

— Oui, et je sais aussi qu'autant de milliers d'hommes trouvent aujourd'hui dans l'imprimerie des moyens d'existence, qu'il y avait autrefois d'individus qui copiaient pour gagner du pain. Il en est de même des filatures de coton. Pour un individu qui autrefois le filait à la main, il y en a aujourd'hui des centaines qui gagnent leur vie à le filer à l'aide des machines; et il se fait des milliers de fois plus d'ouvrage.

— Un pareil résultat obtenu dans toutes les circonstances données prouve, ma chère amie, que le principe est bon; et s'il arrive quelquefois qu'il le paraisse moins, nous pouvons être à peu près sûrs de trouver que ce n'est pas la faute du principe, mais de quelque entrave qui nuit à son développement. Ces entraves ont généralement pour cause la mauvaise politique des gouvernements, et le défaut d'union entre les différentes parties de la société. Aussi longtemps que la race humaine aura tant de besoins et de désirs à satisfaire, toute quantité de travail qui sera repoussée d'un genre d'ouvrage, devra toujours facilement trouver à se placer ailleurs. S'il en est autrement, il faut s'en prendre à notre organisation sociale; et nous serions loin de remédier au mal en comprimant le principe et restreignant la puissance du travail.

— Vous pensez donc que, si le travail était délivré d'entraves, dans le monde entier, le mécanisme pourrait arriver à sa plus grande perfection sans autres résultats que le plus grand bien de l'espèce humaine?

1.

7

— Je le pense en effet, et je vois un autre inconvénient à restreindre l'emploi des machines dans quelques pays : Cette restriction accroît invariablement la somme des misères sur le lieu même. Puisque aucun pouvoir au monde ne peut arrêter le perfectionnement des machines sur la terre entière à la fois, on ne peut que causer des malheurs en le retardant dans quelques lieux. Partout où on le fait, le pays demeure en arrière dans la carrière de la concurrence, et souffrira bientôt d'une diminution dans la demande des productions de son sol et de ses manufactures, parce que, à l'aide des machines on pourra les fournir ailleurs à meilleur marché.

— Alors il ne reste qu'à ouvrir autant de canaux que possible à l'industrie, et à écarter tous les obstacles qui peuvent gêner sa liberté?

— Précisément. Les hommes au pouvoir devraient tendre à ce but par la maxime politique : *laissez faire*. Les individus, comme vous et moi, ma chère, n'ont d'autre parti à prendre que de se former des idées justes, et quand leur justesse est certaine, de les répandre dans le monde. Nous ne pouvons exercer d'influence qu'en aidant à former une partie de cette puissance irrésistible, l'opinion publique.

— Il se passera bien du temps avant que nous ayons besoin de plaider ici en faveur de l'emploi des machines, répondit mistress Stone. J'ai peine à croire que de nos jours on ait jamais à se plaindre d'une trop grande abondance de travail productif.

— Quand ce temps viendra, ma chère amie, nous pourrons peut-être nous permettre un voyage en Angleterre, et nous jugerons par nous-mêmes si nos amis et nos voisins du Yorkshire ont retiré quelques avantages de l'introduction parmi eux des machines perfectionnées. S'ils font un commerce quelconque, ils le doivent à cette cause, car ils n'auraient jamais pu par d'autres moyens soutenir la concurrence avec les manufactures des autres pays.

— Votre père paraît fort satisfait de son commerce, dit mistress Stone. Ses ouvriers et lui ont parfois souffert, comme tout le monde, d'un encombrement momentané dans le marché ; mais il a été témoin, dans le cours de sa longue vie, de l'extension graduelle du commerce, amenée par l'adoption et les perfectionnements successifs des machines. Je ne forme d'autre désir que de voir notre établissement acquérir la même expérience dans les proportions plus réduites qui conviennent à notre petit nombre.

— Si nous vivons assez, répondit son mari, pour voir nos petits-enfants devenir des hommes, il n'est pas impossible que nous leur donnions des conseils tirés de notre propre expérience. Je me figure vous voir, vénérable grand'mère, assise à la fenêtre d'une jolie maison de pierre, bâtie sur le penchant de cette colline, et disant à un de vos petits-enfants : Je me souviens encore du temps où nous coupions nos aliments avec une pierre tranchante, et où nous les faisions cuire dans des trous creusés en terre, précisément à l'endroit où sont ces fosses de tanneurs qui fournissent aujourd'hui des cuirs dont la vente suffirait pour faire vivre cent personnes. Là-bas, où nos machines à battre le blé en préparent assez pour nourrir des milliers d'hommes, nos travailleurs, avec leur fléaux, se fatiguaient pour procurer une mince provision à notre petite troupe. Ici, dans le lieu où cette rangée de moulins prépare le bois de teinture que nous expédions du levant au couchant, des bras, dont le travail nous aurait été bien nécessaire ailleurs, coupaient et fendaient du bois pour les feux du soir, et plus loin, dans le même endroit où la fabrique de paille tressée et de paniers occupe cent cinquante individus de notre population, la petite Betsy, assise sur le gazon, essayait de faire une corbeille avec des tiges d'osier. Et de ce côté, où les briqueries et les poteries couvrent trois acres de terrain, notre premier potier, pour son coup d'essai, fit un bassin fragile et mal tourné à défaut du mécanisme qui nous aide aujourd'hui à fabriquer de la faïence dont nous pouvons bien être fiers. Il n'y a pas une maison à cent milles à la ronde qui ne possède un équipage de thé de notre faïence bleue et blanche, un service complet de notre faïence jaune, ou au moins quelques-uns de nos plateaux bruns.

— Nous aurons certainement des potiers parmi nos petits-enfants, si vous êtes un vrai prophète, dit mistress Stone en riant.

— C'est très probable. Et j'espère bien qu'en ce cas ils s'appliqueront à introduire dans leurs travaux tous les perfectionnements de mécanisme qui pourront survenir, et croiront ainsi s'acquitter d'un devoir envers eux-mêmes et la société.

En ce moment ils virent Kate s'avancer de leur côté. Elle demanda, en rougissant beaucoup, la permission d'entretenir mistress Stone en particulier. M. Stone s'éloigna de suite, et Kate expliqua que son amant était allé consulter le capitaine sur ses projets de mariage, et qu'elle venait prier mistress Stone de lui dire s'il était convenable qu'ils se mariassent dans l'état actuel de l'établissement. Ils n'en avaient pas parlé, ajouta-t-elle, tant que les choses avaient été dans une condition précaire, et que tout le monde ignorait si l'on devait partir ou rester. Mais maintenant qu'on avait reçu des secours, et qu'on était généralement disposé à rester, son amant la pressait de ne pas différer plus longtemps, et lui donnait l'assurance qu'il travaillerait plus utilement pour la société, quand sa femme pourrait l'aider, et lui rendre le cœur content en le faisant jouir du bonheur domestique.

Mistress Stone était tout à fait du même avis que Robertson. Elle pensait que personne n'avait le droit de trouver à redire au mariage des jeunes gens, tant qu'ils avaient des moyens d'existence et ne devenaient pas un fardeau pour la société. En Angleterre, à cette époque, il en était tout autrement, mais dans un établissement naissant où il y avait pour chaque homme plus de travail qu'il n'en fallait, elle ne voyait aucune objection possible à ce que les prétendus suivissent leur inclination ; pour ne laisser à Kate aucun scrupule, elle offrit de demander l'avis de M. Stone, quoiqu'elle sût fort bien ce qu'il en pensait. Elle l'appela donc, et quand on lui eut soumis la question, il dit en souriant qu'il les marierait avec grand plaisir le jour qu'ils lui désigneraient. Il fut heureux pour les jeunes gens qu'on eût abrogé une loi de l'ancien gouvernement hollandais qui obligeait tous les individus à se rendre au Cap pour se marier. Le voyage aurait été long et coûteux, et aurait occasionné une perte de temps très fâcheuse à toutes les personnes intéressées.

Dans l'état actuel des choses, l'affaire fut bientôt concluc. Non seulement le capitaine donna son approbation, mais il exigea qu'avant de poser les fondations de sa propre maison, on construisît une chaumière pour Robertson. Chacun fit preuve de la même bienveillance, en sorte que le jeune couple recueillit les premiers avantages des travaux mécaniques de l'établissement. Les premières briques d'Harrison servirent à construire leurs murs, et les premières pièces de poterie fabriquées au moyen de sa roue, décorèrent leurs tablettes. Links et Richard, qui s'étaient faits charpentiers, fournirent à Robertson un assortiment complet d'instruments aratoires, et les travailleurs employèrent leurs heures de loisir à réparer ses haies, et à lui défricher un joli jardin que Betsy et ses petites compagnes enrichirent des fleurs brillantes et des fruits succulents qui abondaient dans le voisinage. M. Prest fournit des peaux dont Fulton fit des sièges et des objets de literie. M. Arnall et le beau-frère de Kate, Hill, ornèrent la plus belle chambre en y plaçant quelques oiseaux empaillés, à riche plumage, et une collection des brillants insectes du pays. Kate était presque confuse de posséder ces élégantes superfluités, tandis que tant de choses nécessaires manquaient à des gens qui, disait-elle, en étaient bien plus dignes. Mais M. Stone lui fit comprendre que tous les amis du bien public devaient voir avec plaisir ces preuves d'un goût simple et d'une obligeante bienveillance. Quant à lui, son cadeau consistait en une rangée de ruches qui étaient, ainsi que leur support, d'un travail fort soigné, et qui furent placées au-dessus d'un carré d'herbes odoriférantes, disposé et planté par sa femme. Kate se promit bien que sa première bouteille d'hydromel serait envoyée au presbytère avant le premier anniversaire de son mariage.

La première fête célébrée dans l'établissement un jour ouvrable, le fut à l'occasion du mariage de Robertson. Ce fut un heureux jour pour ceux qui étaient disposés à observer tout ce qui avait été exécuté, avec la protection de la Providence, et

quelle perspective de bonheur s'ouvrait pour cette petite communauté bien unie.

— Soyons toujours unis, soyons toujours industrieux, disait
le bon capitaine. N'ayons qu'une volonté pour proscrire le
crime, si ce fléau se montrait parmi nous. Tolérons ce qui n'est
qu'imprudence, honorons la sagesse, respectons la vertu, et
nous nous assurerons tout le bonheur qu'une bienfaisante Providence nous réserve. Cherchons s'il n'est pas vrai de dire des
sociétés, comme des individus, que la Providence met à leur
portée le bonheur qui leur convient le mieux.

LA

COLLINE ET LA VALLÉE

PRINCIPES DÉVELOPPÉS DANS CE CONTE.

Le capital est quelquefois produit dans le but de l'employer à l'accroissement de la production.

Le travail est l'origine du capital.

L'épargne en est le soutien.

Le capital se compose :

1° Des instruments de travail ;

2° De la matière simple ou composée, sur laquelle agit le travail.

3° De la subsistance des travailleurs.

De ces trois parties, la première constitue le capital fixe ; la seconde et la troisième, le capital reproductible.

Le capital tirant son origine du travail, tout ce qui économise le travail favorise l'accroissement du capital.

Les machines économisent le travail, donc elles favorisent l'accroissement du capital.

L'accroissement du capital accroît la demande de travail.

Les machines favorisant l'accroissement du capital, accroissent donc la demande du travail.

En d'autres termes : l'industrie productive est proportionnée au capital, soit que ce capital soit fixe ou reproductible.

Les intérêts des deux classes de producteurs, les travailleurs et les capitalistes, sont donc les mêmes, puisque la prospérité de ces deux classes dépend de l'accumulation du capital.

LA COLLINE ET LA VALLÉE

CHAPITRE PREMIER.

Chacun a son caprice.

Au milieu des montagnes, dans un canton sauvage de la partie méridionale du pays de Galles, s'élevait une habitation, connue de peu de monde, et qu'évitaient la plupart de ceux qui, par curiosité, avaient pris des informations sur les personnes qui l'occupaient. L'apparence de cette maisonnette était trop humble pour attirer souvent l'attention, et ses abords si difficiles, qu'il n'était pas probable qu'aucun étranger en approchât le seuil, à moins d'y être appelé par ses affaires. Un étroit sentier conduisait, en remontant les hauteurs, jusqu'au pied d'un escalier bien raide, construit en pierres brutes disposées avec assez peu de solidité. Au sommet d'un escarpement glissant qui dominait cet escalier se trouvait une barrière trop haute pour être facilement escaladée, et fermée avec trop de soin pour être ouverte promptement. Cependant, quand on avait surmonté l'une ou l'autre de ces difficultés, le sentier menait directement au vestibule de la maison. Là on

pouvait voir sur un banc tantôt un journal ou une pipe, tantôt
une corbeille d'osier pleine de bas à raccommoder, suivant
que le maître ou la maîtresse du logis était venu s'y asseoir
pour prendre l'air. On ne pourrait imaginer un lieu plus retiré
que ce vestibule, car il était presque entièrement entouré par
le jardin et le verger, tandis que des aunes plantés en haie
touffue le masquaient du côté de la barrière.

Le maître de ce logis était John Armstrong, vieillard vigoureux de soixante-neuf ans, et la maîtresse, Margaret Blake, sa
gouvernante, femme de moyen âge, mais qui par la coupe de
ses vêtements et sa physionnomie ne paraissait pas plus jeune
que son vénérable commensal. Tous deux passaient pour de
singulières gens aux yeux des personnes qui les connaissaient,
car non seulement ils étaient insociables avec les étrangers,
mais il était très rare qu'ils s'adressassent la parole l'un à
l'autre. Jamais ils ne se trouvaient dans la même chambre, si
ce n'est aux heures des repas. Le vieux Armstrong évitait le
vestibule quand Margaret n'était pas occupée dans la maison,
et Margaret s'assurait toujours d'un coup d'œil qu'il était à
jardiner, avant de s'établir au soleil avec sa corbeille à ouvrage. La seule personne qui, par suite d'une invitation, avait
pu examiner leurs habitudes domestiques, assurait qu'Armstrong lisait toujours le journal à déjeuner, méditait pendant
le dîner, et étudiait en soupant la *Gazette des fermiers* : de sorte
que chacun s'émerveillait de ce que Margaret n'avait pas oublié
de parler sa langue ; d'autant que l'on savait qu'elle s'était
privée de son perroquet parce que Amstrong avait autant
d'adversion pour les oiseaux apprivoisés que pour les chiens
et les chats. Il ne manquait pas néanmoins de musique pour
interrompre le silence que la voix de Margaret troublait rarement. Le petit jardin fruitier fourmillait d'oiseaux chanteurs,
dont le gazouillement était sans contredit plus agréable que le
bavardage d'aucun perroquet. Armstrong aussi jouait de la
flûte ; et Margaret trouvait le temps moins long en l'écoutant
jouer des airs dont elle avait été bercée sur les genoux de sa
mère. D'autres sons encore lui semblaient aussi doux que la
musique, tels que le cliquetis de la chaîne, quand son maître

descendait le seau dans le puits, le froissement du cylindre qu'il promenait sur le gazon, ou le bruit que rendait la faucille quand il l'aiguisait dès le matin. Margaret, en outre, allait de temps en temps à la ville voisine chercher des épiceries et d'autres objets. Il fallait bien alors qu'elle parlât et qu'on lui répondît ; et quoique ces occasions de pratiquer fussent très rares, elles suffisaient pour la préserver de devenir muette.

En général, elle se rendait deux fois l'an à la ville, qui était distante de quatre milles ; elle faisait des provisions de tout ce qui était nécessaire, assez abondantes pour qu'il fût inutile d'y aller plus souvent. Tel était le désir de son maître qui n'accordait le nom de nécessaire à rien de ce qui ne pouvait pas se conserver six mois. Quant à leur nourriture, le pain était cuit et pétri à la maison, on y élevait et on y tuait la volaille, de sorte que ni boulanger, ni revendeur n'avait à approcher du logis. Le jardin fournissait des légumes, et rien ne serait venu du dehors, si chaque dimanche, après le service divin, Armstrong n'eût rapporté une pièce de viande de boucherie, que l'on déposait pour lui le samedi chez une de ses connaissances. Quelquefois il allait à la pêche et variait ainsi sa table autant qu'il le désirait. Car il avait coutume de dire à un ami qu'il voyait de temps à autre, qu'il ignorait ce qu'un prince pouvait avoir de mieux que de bon lait le matin, des pommes de terre, des artichauts, des pois et des choux, avec de la viande, du poisson ou de la volaille, à dîner ; et le soir une jatte de gruau bien assaisonné.

Quant aux vêtements, il n'était pas d'un goût plus difficile. Le même habit bleu à larges boutons jaunes, la même culotte de peau, les mêmes bas chinés lui servaient depuis plusieurs années, ainsi que ses boucles de souliers et sa cravate de batiste ; car il ne les mettait que les dimanches. Et il suffisait que Margaret lui achetât du linge, et de l'étoffe pour une blouse de travail, lorsqu'à la fin de l'année elle achetait pour elle-même son jupon de futaine et faisait sa provision d'huile pour l'hiver. Il ne s'adressait pas plus souvent à son cordonnier, quoiqu'il usât beaucoup de chaussures. Deux fois l'an, il en-

voyait à la ville ses vieux souliers, et le même messager en
trouvait un nombre égal de neufs qu'il lui rapportait.

Quand on voit les gens vivre dans une retraite aussi absolue
que le faisaient Armstrong et sa gouvernante, on suppose
toujours qu'ils ont des raisons qui leur font craindre
d'établir des relations avec leurs voisins. On crut donc, dans
cette circonstance, qu'Armstrong était un avare, et qu'il
cachait chez lui des monceaux d'or qu'il redoutait de voir
découvrir. On prédit maintes fois qu'un beau jour on égor-
gerait et lui et Margaret pour s'emparer de leur trésor.
De ces idées, les unes étaient raisonnables et les autres
fausses. Armstrong avait chez lui de l'argent ; il était donc
possible qu'il fût volé, sinon assassiné, étant surtout aussi
dépourvu de moyens de défense qu'il le paraissait; mais ce
n'était pas un avare. Il s'était dans sa jeunesse livré au
commerce, et avait éprouvé des pertes, par suite de la friponnerie d'un associé. Alors dégoûté des affaires, il avait
converti en or tout ce qu'il possédait, acheté cette résidence
solitaire et deux acres de terre, et déposé deux cents guinées
dans un coffre qu'il gardait sous son lit. Ni les raisonnements
de ses amis sur l'inutilité de l'argent ainsi renfermé, ni les
craintes qu'ils essayèrent de lui inspirer sur les dangers que
courait sa vie, ni les prières de sa fille unique, qui désirait
qu'il prêtât cette somme à son mari, moyennant un suffisant
intérêt, rien ne put le décider à ouvrir la serrure de son
coffre. Il déclara que désormais on ne lui escroquerait plus
d'argent; qu'il était décidé à laisser ces deux cents guinées à
sa fille, mais qu'il ne voulait pas donner, même à son mari,
la possibilité de diminuer cette somme; que, quand aux voleurs, il savait se servir d'un pistolet aussi bien que personne,
et qu'il entreprendrait de défendre et lui-même et Margaret
et le coffre-fort, contre un plus grand nombre de voleurs qu'il
n'en avait probablement à craindre. Comme cela devait arriver, on attribua ces singularités à l'avarice, et cependant il
était loin d'être dans ses dépenses aussi économe qu'il l'aurait
dû. Il laissait gâter la moitié de ses fruits et de ses légumes
plutôt que de les vendre, ou de louer une partie de son ter-

rain; et de plus, il payait un petit commissionnaire, pour apporter chaque matin son journal jusqu'au pied de l'escalier, où il allait le prendre, dès que l'enfant avait le dos tourné : choses dont un avare se serait bien gardé. Il retirait encore un petit revenu annuel d'une entreprise commerciale grevée d'une rente en sa faveur. Tout ce qui lui en restait après avoir payé les dépenses d'entretien, d'habillement, etc., il le donnait, le dimanche suivant, aux pauvres qu'il rencontrait en allant à l'église, à l'exception de quelques shillings qu'il confiait à Margaret pour faire face aux besoins imprévus.

Par une belle matinée d'été, Armstrong se rendit sous son berceau favori, au bas du jardin, pour y lire le journal, préférant l'odeur du chèvrefeuille à la chaleur du vestibule, où le soleil donnait en plein. Il avait laissé Margaret occupée des soins du ménage, suivant son usage à cette heure du jour, et il fut surpris, quand il eut terminé sa lecture, et qu'il rentra pour prendre son attirail de pêche, de la trouver dans ses atours, coiffée d'un chapeau de castor, de la même forme que celui des hommes, comme le portent les Galloises. Elle mettait un linge blanc dans le panier qu'elle avait au bras, et se disposait à partir.

— Quoi donc ! Peg, est-ce aujourd'hui le premier du mois ?

— Que vous est-il donc arrivé, John Armstrong, pour que vous l'ayez oublié ? dit Margaret, d'un air qui annonçait qu'elle était alarmée sur l'état de son maître. Il me semble qu'avec l'almanach qui est là pendu, et le journal que vous avez à la main, vous devriez savoir que c'est aujourd'hui le premier du mois.

— Je me suis trompé d'un jour, et j'en suis contrarié, car j'avais l'intention d'aller à la pêche. Il fait trop chaud pour travailler, et c'est un temps comme il en faut pour avoir de la chance dans le bassin ici près. Vous aurez plus de fraîcheur et vous marcherez plus à votre aise demain, Peg. Voyons, me laissez-vous pêcher aujourd'hui ?

Margaret ouvrit les yeux plus grands que jamais.

— Ai-je entendu jamais pareille chose ? s'écria-t-elle. Moi qui n'ai jamais manqué le premier du mois depuis que je suis

chez vous, John Armstrong ! et que va-t-on dire à la ville ?
pensez donc. Ils vont certainement venir voir si nous ne
sommes pas assassinés ; car ils diront qu'il n'y a que cela qui
puisse me retenir à la maison un premier jour du mois, et
que je leur dise que tout cela vient de ce que vous êtes en
fantaisie de pêcher ! et puis je n'ai pas pour coutume de m'habiller ainsi pour rien ; mais il en sera comme il vous plaira,
John Armstrong. Margaret s'arrêta pour prendre haleine ; car
elle n'avait pas prononcé un aussi long discours depuis qu'elle
était allée à la ville, six mois avant. Comme son maître grom-
melait quelques mots sur son regret de perdre un si beau
temps pour voir le poisson bien mordre à l'hameçon, elle fit
pourtant une nouvelle tentative.

— Si vous êtes décidé à pêcher aujourd'hui, il n'est pas
nécessaire pour cela que je reste à la maison. Vous pouvez
fermer la porte et mettre la clef là dans le coin du vestibule,
et si je reviens la première, je saurai où la trouver. C'est ma
grand'mère qui m'a enseigné cet expédient, lorsqu'elle sortait
et que je n'avais pas envie de rester à l'attendre. Car alors je
n'aimais guère à être seule. Elle me dit : Peggy, restez à la
maison, comme une bonne fille, puisque votre grand-père l'a
dit ; mais si vous avez à sortir, ne manquez pas de laisser la
clef dans le chaume du toit, et je le fis mainte et mainte fois,
jusqu'à ce qu'un jour mon grand-père rentra le premier et
découvrit ma ruse, et alors.....

— Oui, Peg, quelqu'un découvrira aussi notre ruse ; et si
à votre retour vous trouvez que le coffre a disparu, qu'aurez-
vous à dire ? Partez, partez ; mais vous n'aurez pas de poisson
ce soir, voilà tout.

Magaret sourit, hocha la tête et se mit en route.

Quand il l'eut perdue de vue, le vieillard éprouva de l'impatience et du malaise. Il n'était pas habitué à être contrarié
et détourné de ses occupations routinières ; et chaque jour il
exécutait, sans y manquer, les projets qu'il arrêtait avant le
déjeuner. Jamais jusqu'à présent il n'avait renoncé à une
partie de pêche. Il parcourut toute la maison. Les lits étaient
faits et tout était en si bon ordre qu'il n'y avait pas moyen de

rien critiquer, ce qui aurait été une grande consolation. Il se promena dans le jardin, coupa quelques fleurs fanées, en redressa quelques autres, et désira que le soir fût déjà venu pour arroser celles qui paraissaient souffrir de la sécheresse. Il s'essuya le front et se répéta qu'il faisait trop chaud pour travailler. Il prit sa longue vue et regarda du côté de la mer ; mais des vapeurs obscurcissaient l'horizon et il ne put découvrir aucun navire. Après un long bâillement et la pensée soudaine qu'il ne pourrait dîner que deux heures plus tard qu'à l'ordinaire, à cause de l'absence de Margaret, il commença à croire qu'après tout il ne ferait pas mal de suivre son avis et d'aller à la pêche : il ferma donc la porte, mit la clef dans la cachette, fit le tour de la maison pour s'assurer que les fenêtres étaient solidement closes, assura doublement la corde de la barrière, et se mit en campagne avec ses instruments de pêche.

Deux ou trois fois il regarda en arrière ; mais il ne vit pas une âme dans toute l'étendue de la petite vallée. Nul bruit de cheval ou de voiture n'arrivait de la route qui passait plus bas ; et le ruisseau paraissait si clair et si frais en murmurant sur son lit de cailloux, qu'il se sentit disposé à hâter sa marche vers le bassin qu'il formait un peu plus haut, dans un lieu ombragé et où le poisson abondait. Il ne pensa plus à la chaleur, maintenant qu'il suivait son inclination ; et tout en sifflant il s'avança d'un pas qui aurait fait honneur à un homme moins âgé que lui de moitié. Il se retourna de nouveau en atteignant le sommet d'une colline qui allait lui cacher son habitation, et dirigeant son télescope, il reconnut à sa grande satisfaction que tout était tranquille, car ses poules becquetaient le grain tout autrement qu'elles ne l'auraient fait si elles eussent entendu un bruit de pas.

L'ombre descendait fraîche et sombre sur les eaux. Les truites mordaient avec plus d'avidité qu'à l'ordinaire, et Armstrong eut le temps de dormir d'un sommeil rafraîchissant après avoir pris le nombre qu'il avait fixé d'avance, comme devant passer pour une bonne pêche. A son réveil il résolut de rentrer bien vite afin d'arriver avant Margaret et

de lui donner la surprise d'un plat de truites, lorsqu'elle avait
supposé qu'il était resté toute la matinée à la maison. Du sommet de la colline il braqua encore son télescope, et aperçut un
spectacle qui le fit chanceler. Les poules couraient çà et là
dans la cour, effarouchées par un chien qui les poursuivait et
que rappelait un homme qui faisait le tour de la maison en
cherchant à voir dans l'intérieur par les fenêtres et en essayant
d'ouvrir la porte. Armstrong jeta là tout ce qu'il portait, réunit
ses mains autour de sa bouche et hucha de toute la force de
ses poumons. Mais la tentative était absurde. A minuit, par le
temps le plus calme, nulle voix humaine n'aurait pu se faire
entendre si loin. Armstrong s'en aperçut bientôt, et maudis-
sant toutes les folies dont il s'était rendu coupable ce jour-là,
il releva son bagage, et descendit le sentier glissant en courant
aussi vite que ses vieilles jambes purent le permettre. Il
aperçut l'homme et le chien descendant l'escalier sans aucune
hâte; mais lorsqu'il y arriva lui-même, il trouva la même solitude qu'à son départ. Tandis qu'il balançait, ne sachant s'il
devait poursuivre l'ennemi ou rentrer chez lui pour reconnaître
l'étendue de son malheur, Margaret parut en bas. Pendant
qu'elle grimpait à grande peine, son maître lui reprochait
amèrement ses avis du matin, et lui disait que si son argent
était volé, il l'en rendrait responsable. Margaret, au milieu de
ses terreurs, ne pût s'empêcher de lui répondre qu'il était bien
dur de se voir imputer les conséquences d'un conseil par
celui-là même qui ne l'a reçu qu'en s'en moquant; que son
maître aurait dû ne pas se moquer d'elle, ou ne pas changer
d'avis; qu'alors elle n'aurait pas dépensé son argent pour
acheter du poisson dont il n'avait que faire. Armstrong fut
tout confus quand il vit que sa gouvernante avait eu l'intention de le dédommager de son séjour à la maison, en lui apportant un plat de choix pour son dîner. Il l'aida à ouvrir la
barrière, car elle tremblait trop pour détacher le lien, et il la
débarrassa de son lourd panier qu'il porta dans le vestibule.
La clef était dans la cachette, le précieux coffre n'était pas
dérangé, et tout dans l'intérieur était parfaitement en ordre.
Toutes les poules étaient dans la basse-cour, on ne voyait

nulle trace de pas dans les parterres ; mais il était certain que
le journal laissé sous le berceau avait été porté d'un banc sur
l'autre.

— Comme vous vous tourmentez d'un rien ! dit la gouvernante ; je jurerais que ce n'était nul autre que M. Hollins qui
venait jouer de la flûte avec vous.   .

— Mais il ne vient jamais que le soir, et de plus il n'a pas
de chien.   .

— Il est pourtant bien homme à lire ainsi le journal, et je
ne connais que lui qui voulût s'asseoir là pour vous attendre,
comme il paraît qu'on a fait, ou bien, c'est peut-être votre
gendre qui venait encore vous demander cet argent.

— Mais mon gendre ne serait pas reparti sans m'en avoir
parlé, répondit le vieillard avec un sourire amer, et puis vous
l'auriez rencontré en route.

— Cela me rappelle, John Armstrong, que j'ai certainement
vu un gentleman dans le bois là en bas, et je me souviens
qu'il a sifflé pour rappeler son chien qui fourrageait dans les
broussailles ; et c'était un gentleman bien fait et de bonne
mine ; et quand je me suis retournée pour le regarder encore,
il avait l'air d'observer de quel côté je me dirigeais.

— Un gentleman ! Alors c'est le premier qui soit jamais
venu ici pour me voir, excepté Hollins. Mais, Peg, qu'entendez-
vous par gentleman ?

— Un gentleman ? et mais, on reconnaît toujours un gentleman, n'est-ce pas ? un gentleman a l'air d'un homme qui....
d'une personne..... d'un gentleman enfin.

— Sans aucun doute, dit Armstrong en riant ; mais dites-
moi maintenant, m'appelleriez-vous un gentleman, moi ?

— Mais, en tant que vous ne dépendez de personne pour
vos moyens d'existence.....

Non, non, ce n'est pas là ce que je veux dire. Regardez-
moi bien, et dites si j'ai l'air d'un gentleman.

Margaret hésita, puis dit qu'elle ne pensait pas qu'aucun
gentleman fût ordinairement vêtu de cette manière ; mais
que le dimanche, lorsque son habit était bien brossé et qu'il
allait à la ville, elle lui avait toujours trouvé l'air fort dis-

tingué; que pourtant ce gentleman était vêtu tout autrement.

— Par ma foi, dit Armstrong, je le crois bien. J'espère certainement que mon meilleur habillement durera autant que moi ; car il n'y a pas à vingt milles à la ronde une boutique où je pourrais trouver une étoffe pour gilet que je consentisse à porter ; et j'aime à boutonner mon habit avec des boutons qu'on sente dans la main, au lieu de ces espèces de *farthings* [1], comme on en fabrique aujourd'hui à Birmingham.

— C'est grand dommage, dit Margaret en se rapprochant de la maison, que le gentleman ne soit pas resté pour goûter de ce poisson, car nous en avons plus que nous n'en pourrons manger avant qu'il ne se gâte.

Pendant tout le mois suivant, l'idée dominante de Margaret fut cette surabondance inutile de poisson. Elle faisait avec plaisir un cadeau présentable ; mais elle ne pouvait se décider à dépenser son argent sans profit.

Les habitants de la maisonnette s'étaient mis ce jour-là en si grands frais de paroles qu'ils se sentirent tout épuisés avant la nuit, et n'ouvrirent presque pas la bouche de plusieurs jours, pendant lesquels il ne survint aucun nouveau sujet d'alarme.

Cependant un jour, de grand matin, un bruit de roues se fit entendre sur la route au pied de la montagne. C'était une rareté ; car quoique la route fût bonne et qu'elle eût été très fréquentée précédemment, lorsqu'il existait des forges à quelques milles plus loin, elle ne l'était plus guère que par quelque voyageur solitaire. Armstrong et sa gouvernante furent trop surpris pour remarquer que des charriots, chargés de matériaux de construction et escortés par un grand nombre d'ouvriers, arrivaient par cette route, et s'arrêtèrent peu après sur un terrain uni au pied d'une colline qu'on découvrait en plein de la demeure d'Armstrong. Alors pour la première fois il s'aperçut que le terrain était jalonné avec des perches plantées de distance en distance. Armstrong sortit, sans quitter sa tasse de lait, pour mieux voir ce qui se passait ; et il passa

[1] Liards.

toute cette journée sans faire autre chose que se lamenter, car il était évident, d'après la manière dont les ouvriers se mirent en besogne, qu'on allait établir une forge dans ces lieux où la bruyère sauvage et de verts taillis avaient seuls fleuri jusqu'à ce jour.

Le lendemain leva tous les doutes. A l'heure où le vieillard puisait de l'eau pour arroser ses plantes au coucher du soleil, deux gentlemen s'approchèrent de la barrière. Comme l'un d'eux était M. Hollins, Armstrong s'avança pour leur faire accueil.

— Je n'ai pas apporté ma flûte, dit M. Hollins, car je viens ce soir dans une intention bien inaccoutumée, c'est-à-dire, pour vous présenter comme futur voisin M. Wallace qui désire faire votre connaissance.

M. Wallace, le même que Margaret avait vu dans le bois, fit alors connaître qu'il était l'un des associés de la nouvelle entreprise, et que ses occupations devant l'amener chaque jour à un jet de pierre de l'habitation de M. Armstrong, quoiqu'il résidât en ce moment dans une maison un peu plus éloignée, il désirait établir de suite avec lui des relations de bon voisinage ; qu'il était venu avec ce projet la semaine passée, et avait été fâché de ne trouver personne à la maison.

J'ai d'abord refusé de le croire, dit M. Hollins, quand il m'a dit qu'il avait lu le journal pendant une heure, sous votre berceau, dans l'espoir de voir enfin paraître quelqu'un. Je n'ai jamais vu mistress Blake et vous vous absenter en même temps. Comment cela est-il arrivé? Après l'explication donnée, M. Wallace fit l'éloge du jardin et du site, de manière à flatter le propriétaire, que la moindre allusion à son singulier genre de vie ne manquait jamais de rendre éloquent.

Monsieur, dit-il, ce coin de terre m'a rapporté quelque chose de plus précieux que tout ce qu'un jardin peut jamais produire. J'y ai trouvé la santé, Monsieur ; j'ai, de mes propres mains, bêché, planté et récolté, et vous voyez le fruit de mes travaux ; me voilà, à soixante-neuf ans, aussi vigoureux qu'à quarante. Depuis que je me suis établi dans ce lieu, je n'ai pas pris la moindre parcelle d'une drogue quelconque, je n'ai pas

passé une seule nuit sans sommeil, pas éprouvé une privation ;
car je me flatte d'avoir peu de besoins que ma propre industrie ne puisse satisfaire. Je ne blâme pas les goûts des autres,
pourvu qu'on me laisse agir à ma guise. Qu'ils s'étouffent dans
leurs villes, si tel est leur plaisir ; qu'ils risquent leur fortune,
et perdent leur repos dans le commerce : j'ai connu tout cela
autrefois, et je ne m'étonne pas que d'autres veuillent en essayer ; mais j'en fus vite dégoûté, et je rends grâce à Dieu qui
m'a fait trouver ce refuge assez tôt pour en jouir longtemps.

— Vous avez bien raison, Monsieur, dit M. Wallace, de ne
prononcer que pour vous ; car, tant que les hommes différe-
ront de caractère et seront placés dans des circonstances dis-
semblables, il ne leur sera pas possible d'arriver au bonheur
par les mêmes moyens. En supposant même que chaque
homme possédât une somme suffisante pour acheter un asile
comme celui-ci, votre genre de vie ne pourrait convenir aux
personnes qui ont des dispositions sociables, ni à celles qui
veulent faire leur chemin dans le monde, ou qui ont des enfants à élever et à pourvoir. Je suis bien aise que vous soyez
heureux, et je ne le suis pas moins en voyant que vous approuvez ceux qui veulent l'être d'une autre manière.

— J'ai ajouté, Monsieur, aussi longtemps qu'ils ne me dé-
rangeront pas. Je ne puis dire que je voie avec plaisir les travaux que vous faites exécuter ; et je ne crois pas, Monsieur,
que je change jamais d'avis à cet égard. Il est cruel pour nous,
habitants du désert, qu'on ne veuille pas nous laisser en paix :
les oiseaux effrayés vont déserter le bois voisin, le poisson
sera empoisonné dans nos ruisseaux, et je ne verrai plus que
des murs de brique et une colonne de fumée, aux mêmes lieux
où mon œil se reposait avec plaisir sur la bruyère en fleurs.
Je répète que c'est une cruauté, et quoique je sois loin d'avoir
aucune intention de vous offenser, vous, Monsieur, personnellement, je dois dire que j'aurais désiré vous voir choisir un
autre emplacement pour l'exécution de vos plans.

— Je suis désolé que notre entreprise vous soit si désagréable, dit M. Wallace ; mais j'espère que, lorsque vous verrez
plusieurs centaines d'hommes prospérer sur un espace qui ne

nourrit aujourd'hui que des truites et des bécasses, vous désapprouverez moins le changement qui se prépare.

— Jamais, Monsieur, jamais. Transportez vos bandes d'ouvriers dans des lieux où il n'y ait rien de beau à détruire. Ce monde offre assez d'endroits où ils seront les bienvenus...

M. Hollins toucha légèrement le bras de l'étranger pour lui faire entendre qu'il ne fallait pas tourmenter plus longtemps le vieillard en combattant ses idées. M. Wallace donna donc un autre tour à la conversation, et ne tarda pas à conquérir toute la bienveillance de son hôte, en admirant ses fleurs et ses plantes, et en remarquant les belles espérances que donnaient les arbres fruitiers ; ce qu'il pouvait faire en toute sincérité. Quand il prit congé, Armstrong l'engagea à venir aussi souvent qu'il lui plairait si, — et ici il poussa un grand soupir, s'il devait en effet rester dans le voisinage.

— Que pensez-vous de mon vieux ami ? lui demanda M. Hollins, en descendant la colline.

— On aime à contempler une si belle vieillesse, et il est peu d'hommes de son âge qui jouissent de la vie comme lui ; mais il serait fort malheureux que beaucoup de gens se prissent de belle passion pour sa manière de vivre.

— Certainement, répliqua M. Hollins ; rien de mieux pour un homme qui, par-ci, par-là, peut se passer la fantaisie de vivre comme il l'entend ; mais je ne sais où nous en serions, si les hommes jeunes ne faisaient pas pour la société plus qu'Armstrong. Il lui faut plus d'espace qu'on n'en doit accorder en général pour de si minces résultats. J'éprouve un vrai regret quand je vois la quantité de substances nutritives qui se gâte chaque année dans son jardin ; et je suis sûr que s'il pouvait savoir combien de milliers d'individus en sont privés, il renoncerait à son cher repos pour les partager avec eux.

— Ce serait de plus un grand malheur pour tout autre qu'un vieillard de son âge d'être ainsi séquestré de tous les avantages de la société. Dans un pareil état, la jeunesse ne sortirait pas de son ignorance, et la vieillesse de ses préjugés.

— Il a en effet des préjugés, comme vous l'avez pu voir, dit M. Hollins ; mais nous lui devons de l'indulgence.

— Je lui accorde plus que de l'indulgence, répondit M. Wallace. J'admire sincèrement en lui cette activité et cette bonne humeur qui ressemblent si peu aux caractères que l'on rencontre souvent chez les personnes d'un âge si avancé. Mais tout en expliquant les préjugés de votre ami par les circonstances au milieu desquelles il passe sa vie, nous n'en devons pas moins reconnaître que ce n'est pas suivre la bonne voie que de ne vivre que pour soi seul.

CHAPITRE II.

Petites causes, grands effets.

Sous l'active administration de M. Wallace, l'établissement de la forge fit de rapides progrès. On commença par l'installer sur une échelle assez réduite, puisqu'on n'éleva d'abord qu'un fourneau. Les constructions consistaient en une maison pour M. Wallace et en nombreuses habitations pour les ouvriers, de sorte que l'ensemble présentait déjà l'aspect d'un village. Le bruit courait que M. Wallace ne tarderait pas à se marier, et que sa femme viendrait partager sa nouvelle résidence. On remarquait que, si quelque autre associé venait également s'y fixer, il en résulterait un accroissement et d'agréments et de prospérité. Quoique le vieux Armstrong se désespérât chaque fois qu'il était question d'un nouveau venu, on n'en persistait pas moins à croire qu'il était avantageux de réunir sur ce point autant de travailleurs qu'on en pourrait employer.

Plusieurs associés concouraient à l'entreprise, quoique leur noms ne figurassent pas dans la raison de commerce. M. Leslie, le plus riche d'entre eux, habitait Londres et était membre du parlement. Il avançait de très fortes sommes pour l'exécution des travaux, mais il ne prenait aucune part aux opérations, si ce n'est pour donner quelques signatures et recevoir la part considérable qui lui revenait dans les bénéfices quand les comptes étaient réglés. M. Cole était riche aussi. Il entrait pour un tiers à peu près dans l'association, et se mêlait beaucoup plus des affaires que M. Leslie. Il venait de temps en temps voir ce qui se passait, blâmait tout, critiquait les ordres de M. Wallace, et quand il avait fait son possible pour déranger tout le monde, il partait en promettant de revenir bientôt, et d'envoyer son fils, si tout allait bien, pour étudier la fabrication, afin qu'il pût aussi quelque jour devenir associé. M. Bernard, le troisième actionnaire, avait des fils qu'il voulait rendre habiles dans l'administration d'une forge, et il résolut de s'établir sur le lieu même avec toute sa famille, pour prendre une part active à l'entreprise. M. Wallace en fut fort satisfait. Il était jeune, n'avait pas une grande expérience des affaires, et sentait tout le poids de la responsabilité que lui imposait sa situation. Il avait une haute opinion de M. Bernard sous tous les rapports, et espérait que, si son propre zèle et son industrie étaient secondés des talents et de l'expérience de son associé, l'établissement prospérerait. Il regrettait qu'il dût encore se passer quelque temps avant l'arrivée de la famille Bernard ; mais il en profita pour mettre, en attendant, tout dans le meilleur ordre.

M. Wallace était le moins riche des associés. Cependant il avait un fort intérêt dans l'entreprise en considération de ce qu'il consacrait tout son temps et son travail à la direction des affaires. Son bisaïeul avait commencé sa carrière sans un shilling. C'était un ouvrier, et par son habileté et son industrie il parvint à gagner plus qu'il ne fallait pour nourrir et habiller sa femme et quatre enfants. Il médita longtemps avant de décider s'il emploierait l'excédant de ses bénéfices à pousser ses enfants dans la même carrière que lui, ou s'il le leur transmettrait sous la forme d'une éducation telle qu'il pouvait la leur procurer. C'était un homme trop sensé pour qu'il lui vînt à l'esprit de dépenser cet argent pour son plaisir et pour le leur, par l'unique raison qu'il l'avait de surplus. Il fit le choix le plus sage : il plaça à intérêt une somme suffisante pour se mettre à l'abri du besoin en cas de maladie ou de

vieillesse, et employa ce qui restait à donner à ses enfants une
éducation simple mais solide, qui les rendît capables de prendre
un état un peu plus élevé que le sien. Son fils aîné fut pre-
mièrement apprenti, puis commis de magasin, chez un marchand de toiles ; plus tard il eut un intérêt dans la maison et
laissa un petit capital à son fils. Celui-ci ouvrit une boutique
et fit une fortune suffisante pour laisser à notre M. Wallace
quelques mille livres sterling, qu'il plaça, comme nous l'avons
vu, dans une entreprise de forges qui promettait des bénéfices
considérables.

M. Wallace n'oublia jamais par quels moyens sa fortune
avait été acquise. Il disait souvent à son ami M. Bernard qu'elle
était le produit du travail et s'était accrue par l'épargne ; et
que si, à l'avenir, elle devait s'augmenter, ce serait de la même
manière. Il était donc prodigue de son travail, et avait soin de
ne pas dépenser tout son revenu afin d'ajouter à son capital.

Quand il était venu pour établir la forge, il n'avait pas apporté tous les fonds de la société sous forme de numéraire.
Les capitaux étaient divisés en trois parties : les instruments
de travail, les matières sur lesquelles le travail devait agir, et
la subsistance des travailleurs, ou, ce qui revient au même,
l'argent dont ils se serviraient pour subvenir à leurs besoins.
La première de ces divisions comprenait le fourneau, les raf-
fineries, la forge et le moulin, avec tout leur mécanisme et les
outils des ouvriers. Tous ces objets peuvent être nommés
instruments de travail. Dans la seconde se trouvaient rangés
le minerai, le charbon, la castine (la castine marneuse se mêle
comme fondant dans les mines pour en absorber l'acide sulfu-
rique), achetés avec les terrains. La troisième consistait dans
le salaire des ouvriers ; et soit qu'ils fussent payés de leur
travail en pain, vêtements et habitation, ou en gages qui leur
en facilitassent l'achat, la nature de cette portion n'en restait
pas moins la même. Si on les payait en argent, c'était tout
simplement parce que ce procédé convenait mieux aux deux
parties ; et, en effet, dans quelques cas les hommes aimaient
mieux avoir une petite maison et moins de gages, que plus de
gages sans habitation. De quelque façon que ce point fût réglé,

M. Wallace considérait toujours le capital comme divisé en
trois parties : instruments de travail, matières à ouvrer, subsistance des travailleurs. Un capital peut exister sous une
seule de ces formes, ou sous deux, ou, comme nous venons de
le voir, sous trois; mais il no peut exister sous aucune forme
qui n'appartienne à l'une de ces divisions.

M. Wallace éprouvait une grande satisfaction à parcourir
les travaux et à voir comment l'emploi de ce capital procurait
des moyens d'existence à près de trois cents individus. Il pensait aussi que les produits de leur travail contribueraient au
bien-être de quelques milliers d'autres hommes dans les lieux
éloignés où l'on transporterait le fer de ce canton. Il en fit la
remarque un jour à M. Hollins en parcourant l'établissement
et en lui montrant les progrès qu'on avait faits depuis sa dernière visite. Ces fonds, dit M. Hollins, sont en effet bien mieux
employés que s'ils étaient enfouis dans un coffre-fort. Je voudrais que nous pussions persuader à notre vieux ami, là-haut
sur la colline, de placer ses deux cents guinées dans votre
entreprise. Sa fille serait fort aise d'en avoir le revenu, vous,
d'augmenter votre capital ; on préparerait ici plus de fer pour
les besoins de la société, et vous feriez vivre quelques ouvriers
de plus.

— Deux cents guinées pourraient certainement nous aider
quelque peu à obtenir tous ces avantages, dont le moindre
serait préférable au plaisir de laisser dormir des guinées dans
un coffre où elles sont aussi inutiles que des cailloux. Aucun
capitaliste de notre voisinage ne voudrait se rendre coupable
d'un pareil abus des ressources qui doivent faire vivre la
société.

— Et, s'il vous plaît, dit une voix près d'eux, combien
comptez-vous de capitalistes, après vous, dans ce voisinage ?

Le gentleman se retourna, et vit un homme d'une étrange
figure qui les suivait de près, et que M. Wallace se souvint
d'avoir vu plusieurs fois depuis quelques jours. C'était un
homme vigoureux, d'environ trente ans, dont la physionomie
était franche et réjouie, mais dont les vêtements annonçaient
une grande détresse. Ils pendaient autour de lui en lambeaux,

et il n'avait ni chapeau, ni bas, ni souliers. Il avait erré quelque temps autour de la forge ; tantôt s'asseyant sur les collines voisines, et observant les ouvriers des heures entières, tantôt venant causer avec eux jusqu'à ce que l'inspecteur le renvoyât.

— Mon ami, dit M. Wallace, qui êtes-vous, je vous prie ?

— S'il vous convient de m'appeler Paul, répondit cet homme, ce nom-là me va aussi bien qu'un autre ; et si vous désirez connaître ma profession, je vous dirai que je m'occupe en ce moment même d'en choisir une ; et si vous poussez plus loin vos questions en me demandant quelle affaire m'appelle ici, je vous répondrai que j'y suis venu précisément pour y chercher de l'emploi.

— Vraiment ! dit M. Wallace, et il me semble que vous vous croyez suffisamment sûr de me convenir ; mais je veux bien vous apprendre que nous ne souffrons pas de fainéants sur nos domaines.

— Montrez-moi le plus rude travailleur de votre exploitation, et je m'engage à en faire plus que lui.

— Dans quelle partie de travail ?

— Il ne serait pas trop sage d'avouer qu'on ne sait encore rien ; aussi je suis venu voir ce matin quel était le genre de travail le mieux payé, et je jurerai s'il le faut que je suis en état de l'exécuter. Mais je pense bien qu'il ne faut pas être trop fier pour un début ; ainsi supposons que je prenne une pioche et que je travaille à creuser le tuyau ? Je vous dirai demain si je m'arrange de mon nouveau genre de vie. Et sur ce, bonjour.

— Un moment, s'il vous plaît. Parlez-nous un peu. Je serais bien aise de savoir où vous avez acquis un si grand fond d'assurance. Je vous ai pris pour un mendiant et non pour un ouvrier. Il n'est pas difficile de trouver de l'occupation dans ces environs, et le plus bas salaire qu'on ait jamais donné suffirait pour vous vêtir mieux que vous ne l'êtes.

— Rien n'est plus vrai, dit Paul, vous avez parfaitement raison. J'ai été oisif, si nous ne parlons que du travail des mains, pendant près de six mois. Mais je me suis occupé tout ce temps-là à observer et à réfléchir, occupation dans laquelle

mes voisins n'ont pas laissé que de m'encourager en me donnant à manger toutes les fois que je leur ai dit : J'ai faim.

— Et, je vous prie, que faisiez-vous il y a six mois ?

— Sur ce point, j'ai l'intention de me taire, pour vous
laisser le plaisir de conjecturer comme il se fait que j'aie si
peu le langage d'un mendiant ou d'un ouvrier. Ce qu'il vous
faut connaître, c'est ce que je suis maintenant. Ainsi donc, je
suis un homme possesseur d'une vigoureuse paire de bras pour
travailler, et d'une âme forte pour persévérer.

— J'ai bien peur que vous ne soyez un trop fier gentleman
pour travailler sous les yeux de l'inspecteur, comme vous
devrez le faire, si tant est que vous travailliez pour moi.

— Que m'importe en quel lieu se trouve l'inspecteur, tant
qu'il ne me gêne pas dans mon travail ? Les fripons seuls re-
doutent la surveillance, et je suis un honnête homme.

— Si tout ce que vous nous dites est vrai, ce serai dommage
que vous fussiez toujours un mendiant. Je parlerai à l'inspecteur et je lui recommanderai de vous employer.

— D'abord, si rien ne s'y oppose, veuillez répondre à la
question qui m'a servi d'introduction. Rappelez-vous à combien
des vôtres j'ai satisfait, et remarquez, s'il vous plaît, que les
ouvriers du conduit souterrain se disposent à dîner, de sorte
que j'ai à ma disposition près d'une heure qui pourrait me
sembler longue, attendu que je n'ai pas de dîner qui m'attende.

Ces messieurs prenaient tant de plaisir à l'originalité de cet
homme, qu'ils ne s'éloignèrent pas, comme bien d'autres
auraient pu le faire, après un pareil discours. Les manières
de Paul, quoique libres, n'étaient pas impertinentes, et son
langage attestait qu'il avait dû vivre dans une situation bien
supérieure à celle où il se montrait.

— Dois-je, dit M. Wallace en riant, considérer votre men-
tion du dîner comme provenance de votre ancienne ou de
votre nouvelle profession ? Mendiez-vous un dîner ? ou désirez-
vous l'obtenir à titre d'avance sur vos gages ?

— Ni l'un, ni l'autre, Monsieur. Autrefois je dînais à
sept heures par ton, je peux aujourd'hui attendre jusqu'à six

par honnêteté. A cette heure-là, j'espère que je l'aurai gagné.
Du moment où vous m'avez promis de l'ouvrage, j'ai renoncé
à mendier. Je ne mendierai jamais.

M. Wallace pensa toutefois qu'il ne serait pas généreux de
laisser Paul se mettre à l'ouvrage avec l'estomac vide, il appela
Briggs, un des préparateurs de coke, et lui demanda s'il avait
dans son panier plus de provisions qu'il ne lui en fallait : il
s'en trouvait.

— Eh bien ! alors, faites-en part à cet homme, il vous
paiera ce soir, ou je vous paierai pour lui.

— Maintenant, dit Paul, après s'être excusé de manger en
leur présence, consentirez-vous à me dire combien, outre
vous-même, il y a ici de capitalistes ?

— Tous les hommes employés aux travaux peuvent passer
pour tels, excepté vous, peut-être, Paul; et dans six heures
vous pouvez être un capitaliste aussi.

— Cela dépend du sens que nous attachons à ce mot, dit
Paul en souriant; entendez-vous par capital un produit destiné à accroître la production, ou tout produit qui peut être
échangé contre un autre? Il existe entre les deux une immense différence.

— La différence est grande en effet, observa M. Hollins;
Parry, l'inspecteur, est un capitaliste, car il a économisé assez
d'argent pour faire construire cette chaumière que vous voyez,
et il la loue cinq guinées par an; mais Briggs est-il capitaliste ? Je sais qu'il possède quelque chose en propre, un lit,
une table, quelques chaises et d'autres objets de mobilier;
cependant comme ces objets ne peuvent contribuer à l'accroissement de la production, je ne sais si on peut leur donner le
nom de capital.

— On le pourrait dans un sens, dit M. Wallace; car ils
peuvent être convertis en argent, et cet argent employé d'une
manière productive. Quoique le mobilier soit un placement
peu avantageux, c'est encore un placement. Mais quand j'ai
dit que tous nos ouvriers étaient capitalistes, j'entendais par
là que tous gagnaient plus qu'ils ne sont obligés de dépenser ;
ce qui est vrai, je crois, dans notre état actuel de prospérité.

Chacun d'eux possède plus que sa nourriture du moment, toujours Paul excepté ; et ce surplus, shilling ou guinée, est un capital aussitôt qu'on la reçu, soit qu'on en achète des meubles qui peuvent se revendre, soit qu'on le place à intérêt, ou qu'on l'utilise de toute autre manière.

— Mais si on n'appelle capital qu'un produit destiné à accroître la production, dit M. Hollins, j'espère qu'il se trouve un bon nombre de vos trois cents ouvriers qui sont capitalistes en ce sens.

— Plusieurs le sont en effet, dit M. Wallace, et ceux-là, je les considère comme des bienfaiteurs de la société. Mais il en est beaucoup d'autres qui, se trouvant logés et vêtus, ne désirent rien de plus et dissipent leur salaire à mesure qu'ils le reçoivent, sans qu'il en résulte pour eux aucun avantage. De pareils hommes deviennent tôt ou tard un fardeau pour la communauté.

Un profond soupir de Paul attira sur lui l'attention de deux gentlemen, et ils furent frappés de l'expression mélancolique de sa physionomie. Dès qu'il s'aperçut qu'il était observé, il se remit et prit part de nouveau à la conversation.

— J'ai ouï dire qu'on pouvait voir croître certaines plantes, pendant une pluie d'orage, et grandir les enfants sous le soleil d'un seul jour d'été ; mais on ne peut suivre les progrès ni des uns ni des autres aussi facilement que l'accroissement d'un capital. J'aimerais à assister à l'établissement d'une forge, non pas avec tous ces secours qui nous entourent, mais dans quelque lieu où l'homme n'aurait à compter que sur ses bras et son intelligence. C'est là que l'on pourrait prendre le capital à sa naissance et le suivre dans ses divers degrés d'accroissement jusqu'à son développement complet.

— Voyons, Paul, faites-nous part de vos idées sur la marche progressive ?

— Je suppose qu'un homme observateur, s'il trouvait un morceau de minerai fondu par l'action d'un feu violent, puis revenu à l'état solide, concevrait que pour fabriquer des outils ; cette substance est préférable au bois. Il chaufferait son lingot, le battrait avec des pierres, le courberait, le den-

tellerait, l'aiguiserait tant bien que mal, jusqu'à ce qu'il se
fût procuré des outils tellement supérieurs à ceux de ses voisins, que ceux-ci souhaiteraient en avoir de semblables. Si le
minerai manquait, il se servirait de ses outils pour creuser la
terre, et l'en extraire pour eux.

— Alors, Paul, ses outils seraient son capital.

— Sans doute : ses outils seraient un capital créé par le
travail, et tendant à accroître la production. Ses voisins lui
paieraient le fer qu'il leur fournirait, avec ceux de leurs produits qu'ils pourraient économiser, et tous alors se mettraient
à fabriquer des outils. Ils découvriraient bientôt qu'on peut
obtenir des résultats plus prompts et plus avantageux par la
division du travail ; alors l'un d'eux entretiendrait le feu, un
autre veillerait à ce que la fonte coulât dans son sillon convenablement, un troisième la battrait avant qu'elle soit refroidie,
un quatrième la dentellerait en scie, un cinquième l'aiguiserait
en hache.

— Fort bien. Ainsi, comme le travail doit exister avant le
capital, le capital existe avant la division du travail.

— Certainement, sans la mine de fer, ils n'auraient pas de
matière à mettre en œuvre ; par conséquent pas de travail à
diviser. Cette mine est leur capital, comme le premier outil de
notre homme était le sien. Plus ils font d'outils, plus ils se
procurent de métal.

— Ainsi, la division du travail contribue à l'accroissement
du capital.

— Voilà ce qu'il y a d'admirable, répliqua Paul, ils agissent
l'un sur l'autre. Le travail crée le capital ; le capital nécessite
la division du travail, et cette division multiplie le capital.
Lorsque les gens dont nous parlons auront tous des outils
(et maintenant ils se les procurent mieux faits et de meilleure
qualité), ils commenceront à trafiquer avec le canton voisin,
échangeant leurs produits contre les denrées qui pourront
leur convenir. A mesure que leur manufacture prend de l'accroissement, ils acquièrent plus de richesse, et réciproquement. Ils inventent de nouveaux moyens d'abréger le travail ;
ils construisent des machines dont l'action est plus régulière

I. 9

et plus rapide que celle des mains, jusqu'à ce que leur usine devienne ce que nous voyons ici, une scène animée, où l'homme dirige des machines qui exécutent les travaux qu'il faisait jadis; ou l'air et la terre, le feu et l'eau, deviennent à sa volonté les auxiliaires de ses projets. Là cent habitations présentent l'image de l'abondance dans les mêmes lieux où, à défaut de capital, les hommes étaient réduits naguère à s'envelopper de peaux de mouton pour dormir sur la terre nue, et à dépecer leurs aliments avec des pierres tranchantes. — Maintenant que je vous ai déduit l'histoire naturelle du capital telle que je l'ai lue, permettez que je vous souhaite le bonjour et que j'aille à ma besogne.

— Paul, vous m'étonnez, dit M. Wallace. Comment se peut-il qu'un homme qui connaît si bien l'histoire de la richesse soit réduit à un état si déplorable?

— Ne savez-vous pas, dit Paul, se retournant encore avant de partir, ne savez-vous pas que le mendiant qui marche tête nue comprend fort bien cependant ce que c'est qu'une couronne royale? Croyez-vous que les enfants affamés, qui assiègent la porte d'une fruitière, ne voient pas qu'une reinette n'est pas un navet? Pourquoi donc, malgré mes haillons, ne serais-je pas capable de disserter sur la richesse? Je vous ai dit que ma tête n'avait pas partagé l'oisiveté de mes mains. J'ai passé des semaines assis sur cette pointe de rocher, examinant la foule active qui s'agitait au-dessous de moi, comme la brebis égarée regarde de loin comment le troupeau paît pendant le jour, et est parqué chaque nuit. La brebis peut revenir au pâturage, mûrie par l'expérience, et elle n'en vaut pas moins, parce que les ronces ont déchiré sa toison. Et moi, quoique mes habits soient en lambeaux, j'ai pu, en suivant le cours de la fortune d'autrui, comme sur une carte, découvrir le chemin qui doit le mieux me conduire à la mienne.

En disant ces mots, il étendit les mains comme pour indiquer qu'elles seraient les instruments de sa fortune, puis après une légère inclinaison de tête, il s'avança rapidement vers le tuyau souterrain auquel il devait travailler, laissant les deux promeneurs s'exprimer leur curiosité et leur surprise.

CHAPITRE III.

Dangers d'un caprice.

Le bruit du mariage de M. Wallace était fondé. On cessa de le voir à quelques jours de là, et quand son agent dit qu'il était allé à Londres pour affaires et qu'il serait bientôt de retour, chacun présuma qu'il ne reviendrait pas seul. On remarqua que la maison paraissait très élégamment meublée, et le jardin disposé de la manière qui paraissait devoir être le plus agréable à une dame. Une calèche et un attelage de *ponies* [1] qui vinrent occuper la remise et l'écurie, étaient des objets de luxe que M. Wallace se serait abstenu d'acheter pour lui-même.

Un murmure de surprise et de plaisir circula de place en place lorsqu'on vit un dimanche matin la calèche attelée à la porte de M. Wallace. Personne n'avait eu connaissance de son retour excepté l'agent, qui la veille au soir, comme on s'en souvint alors, avait exigé que tout fût remis en bon ordre dans l'établissement. Les curieux n'avaient pas encore eu le temps de se réunir en grand nombre autour de la voiture, quand M. Wallace parut donnant le bras à une dame : elle paraissait jeune et de forme élégante, à en juger par sa taille; mais elle

[1] PONIES, chevaux anglais de petite taille.

était soigneusement voilée, et ne leva pas une seule fois les yeux pour répondre aux saluts répétés des hommes qui s'é- taient rangés le chapeau à la main, ou aux révérences des femmes. M. Wallace parla à deux ou trois des plus rappro- chés, adressa aux autres un signe de tête et un sourire, puis partit en exprimant la crainte d'arriver trop tard à l'église.

Dès qu'un angle qui formait la route eut fait disparaître toute trace d'habitation humaine, la jeune dame rejeta son voile en arrière, et commença à porter ses regards autour d'elle, admirant les coteaux, les vallons et les bois que son mari lui faisait remarquer. Elle avait beaucoup de goût pour ce genre de beautés naturelles, et il espérait s'en aider pour détruire quelques préjugés qui lui donnaient beaucoup d'in- quiétude. Elle était fort aimable dans la société des personnes de son rang, mais comme elle n'avait vu que cette société, elle se sentait gauche et mal à son aise quand elle était obligée de se trouver dans quelque autre. Les pauvres du voisinage qui la voyaient élégamment vêtue, entourée des recherches du luxe, et auxquels elle n'adressait un mot ni un regard, suppo- saient qu'elle était hautaine, et ne l'aimaient pas, malgré tout l'argent qu'elle distribuait en aumônes. Cependant elle n'était pas hautaine; elle n'était que timide. Son mari le savait, et comme il désirait vivre en bonne intelligence avec les gens qui l'entouraient, et qu'il connaissait les habitudes de ses voi- sins, quel que fût leur rang, il ne désespéra pas de la décider à les voir tout-à-tour, et de la délivrer d'une gaucherie qui de- vait être plus pénible pour elle que pour personne autre. Tan- dis qu'elle était debout dans la voiture, lui faisant remarquer avec empressement le site admirable de la ville, il arrêta les chevaux et tendit la main à une personne qu'ils avaient re- jointe sur la route. Mistress Wallace se rassit à l'instant, ra- mena son voile sur son visage et mit peu de grâce dans ses manières lorsque son mari lui présenta, comme voisin et ami, M. Armstrong auquel il avait promis qu'elle irait quelque jour le visiter à sa maisonnette. M. Armstrong remit son chapeau dès qu'il put remarquer le froid accueil de la jeune dame, et après une ou deux questions polies sur son voyage, il exprima le désir de ne pas la retenir plus longtemps et regagna l'un des côtés de la route. Elle fut fort surprise d'apprendre qu'elle allait le revoir à l'église où il avait place dans le même banc. Il y avait dans ce banc un coin qu'il s'était approprié depuis quelques années, et ni M. Wallace, ni sa femme, lorsqu'elle connut cette circonstance, n'auraient consenti à ce qu'on l'exclût de sa place accoutumée par égard pour la nouvelle venue.

La nouvelle venue, cependant, ne sut trop que penser et que faire quand Armstrong s'installa à ses côtés après que le service fut commencé. Le fracas de ses souliers ferrés, l'air d'aisance avec lequel il se débarrassa de son chapeau, et remit en ordre ses cheveux pendant une minute, et promena ses regards sur l'assemblée avant de s'établir confortablement dans son coin ; tout cela lui parut très étrange ; mais ce qui acheva de l'effaroucher, ce fut la vigueur de poumons avec laquelle il entonna le psaume. Quoique son organe fût un peu tremblant, il dominait tous les autres, et c'eût été fort bien s'il avait eu trente ans de moins, car il était bon musicien et avait de l'oreille ; mais comme l'âge avait rendu sa voix chevrotante, il aurait mieux valu qu'il en modérât l'essor. Quand le psaume fut terminé, mistress Wallace respira longuement, et forma le vœu de pouvoir avec le temps s'habituer à une pareille musique.

— Je voudrais que quelqu'un conseillât à M. Armstrong de chanter un peu moins haut, dit-elle après être remontée en voiture, et que son mari lui eut présenté quelques personnes.

— Cela ne dérange que ceux qui, comme vous, n'en ont pas l'habitude. J'aurais dû vous en prévenir, mais je l'ai tout à fait oublié. Quand vous l'entendrez jouer de la flûte, vous lui pardonnerez son chant.

— Quelle étonnante chose qu'un homme de quatre-vingts ans puisse encore jouer de la flûte !

— Tout en lui sort des règles ordinaires, comme vous en pourrez juger quand nous irons demain lui faire une visite.

— Pourquoi pas ce soir ? S'il nous faut y aller, le plus tôt sera le mieux.

— Il ne sera pas chez lui ce soir avant la nuit. En outre, je désire que vous le visitiez lui et sa gouvernante au milieu de leurs occupations de la semaine. Vous ne pourriez pas, d'après son costume du dimanche, vous faire une idée de son extérieur de tous les jours.

— Je ne sais alors à quoi je dois m'attendre, car certainement je n'ai jamais vu à personne la tournure qu'il avait aujourd'hui. Et pourtant quelle douce physionomie, quand on a assez de présence d'esprit pour l'examiner !

— J'espérais que vous penseriez ainsi.

— Mais où donc sera-t-il cet après-midi ?

— Il ira, comme il le dit, adorer Dieu à sa manière. Le matin, il s'acquitte de ses dévotions suivant les usages de la société. C'est la seule habitude sociale qu'il ait conservée. Dans l'après-midi, si le temps est beau, il gravit ce pic que vous voyez, avec un microscope dans sa poche et son télescope à la main, et là, tour à tour, il étudie les bruyères et les mousses étendues sous ses pieds, et cherche à découvrir les navires sur l'horizon lointain, répétant par intervalle de toute la force de sa voix le psaume CIV, qu'il préfère à tous les autres.

— Oh ! que c'est admirable ! s'écria mistress Wallace, allons-y demain. Allons-y bien souvent, s'il veut le permettre.

En conséquence, le lendemain soir, ils y allèrent. Armstrong travaillait à son jardin, ayant moins l'air du propriétaire de ce lieu charmant que de l'ouvrier le plus humble. Son chapeau était roux et déformé, et sa blouse couverte de terre. Il tendit la main à la jeune dame dès qu'il l'aperçut, et lui souhaita la bienvenue. La gouvernante ne se montra pas, d'après cette maxime, qu'il serait assez temps de venir quand on l'appellerait.

Comme mistress Wallace n'était pas fatiguée et qu'elle voyait bien que le vieillard était plus heureux dans son jardin que partout ailleurs, elle le pria de lui apprendre comment il en dirigeait la culture. Ce jardin consistait en trois portions distinctes. L'une, moitié verger, moitié bosquet, où les lilas végétaient richement au-dessus des gazons, et où les arbres fruitiers bordaient les allées de verdure ; une autre, moitié champ de pommes de terre, moitié jardin potager ; et la troisième qui pouvait passer pour un parterre. Cette dernière partie faisait l'orgueil du vieillard, et elle était tenue avec plus de soin que les autres. Elle descendait en pente vers le midi, et était si soigneusement entourée de haies qu'il était impossible à la vue d'y pénétrer, et qu'il n'était pas facile d'en trouver l'entrée. Un puits, au milieu d'une pièce de gazon, faisait regretter qu'on ne l'eût pas relégué dans un coin à côté de cette entrée. Des plates-bandes de fraisiers garnissaient le terrain en pente, et des bordures riches de fleurs ajoutaient au charme de l'ensemble.

— Ces allées sablées conviennent mieux aux souliers d'une dame que le gazon du verger, dit Armstrong. Il faut que je trouve quelque jour, un moment pour le faucher.

— Je pense que vous devez être quelquefois bien embarrassé, dit mistress Wallace, pour décider par où vous commencerez, puisque vous refusez tout secours étranger.

— Je vous assure, madame, que je pense souvent aux perplexités du même genre où se trouvait Ève. Mais si les hommes n'avaient pas de plus grand souci que de choisir entre plusieurs tâches agréables, ce monde-ci serait un heureux monde.

— Ève n'aurait pourtant pas été fâchée d'être un peu aidée si elle l'avait pu aussi facilement que vous. Elle aurait fait redresser les rameaux, enlever les fleurs tombées, arroser les jeunes plantes, tandis qu'elle-même aurait fait des bouquets de roses comme auparavant.

— Elle s'en serait bien gardée si comme moi elle eût connu tous les maux que peuvent avoir les hommes quand ils se réunissent pour travailler en commun. Il n'y a plus ni paix, ni probité possible, si l'on ne sépare pas leurs intérêts. Lorsque mes yeux se portent, monsieur, sur votre établissement, je me dis que j'aimerais mieux vivre ici, n'eussé-je que la dixième partie de ce terrain et une chambre dans ma chaumière, que d'être propriétaire de votre jolie maison blanche, et maître de trois cents ouvriers.

M. Wallace sourit; il aurait désiré changer de conversation, sachant combien il était inutile de raisonner sur les avantages de la société avec un homme qui n'avait d'autre passion que la solitude; mais la curiosité de sa femme et la prédilection du vieillard pour ce sujet les y ramena bientôt.

— Je voudrais savoir, dit mistress Wallace, ce qui peut vous blesser si fort dans les travaux que nous faisons exécuter.

Elle ne pouvait lui adresser une question qui lui plût davantage. Armstrong devenait éloquent lorsqu'il parlait de l'inélégance de la fumée, des rangées de maisons, des monceaux de mâchefer, et de tous les signes extérieurs qui entourent une forge. Il en appela donc à elle-même, comme femme de goût, pour qu'elle prononçât si une pareille destruction des ouvrages de la nature n'était pas faite pour attrister. Mistress Wallace ne pouvait en convenir. Elle dit qu'il était bien vrai qu'un bocage, à cette distance, flattait plus la vue qu'un monceau de mâchefer, et qu'un ruisseau descendant des montagnes était plus pittoresque qu'une colonne de fumée; mais que ces établissements offraient des beautés d'un autre genre auxquelles elle était persuadée que M. Armstrong serait sensible, s'il voulait bien descendre de sa colline et examiner les travaux. Elle cita d'abord la beauté du mécanisme. Elle regardait comme impossible qu'on refusât son admiration aux moyens par lesquels les hommes se soumettent les forces de la nature, combinent dans le fourneau l'action de l'air et du feu de manière à en faire couler le métal dans sa pureté, parviennent, par l'emploi de la vapeur, à passer entre des cylindres une substance aussi rebelle que le fer, et à lui donner l'épaisseur et la forme qu'ils désirent aussi facilement que si c'était de l'argile, enfin à le diviser en longues bandes comme de l'osier.

Armstrong secoua la tête, et dit que tout cela était trop savant pour lui; et qu'en accordant (ce qu'il ne niait pas) que la nature agit autant que l'homme dans ces opérations, il savait aussi qu'elle agissait d'une manière tout autre et beaucoup moins profitable dans le cœur humain, où elle faisait germer l'avarice, la fraude et l'envie.

— J'allais encore vous dire, répliqua mistress Wallace, qu'il existe dans ces sortes d'établissements un autre genre de beauté que je préfère à celles dont je vous ai parlé. Rien à mon avis n'est plus beau que de voir un grand nombre d'hommes toujours occupés, procurant de l'aisance à eux-mêmes et aux autres. Quand on gagne l'argent à mesure qu'on en a besoin, on est moins exposé à devenir avare que si on le recevait sans travail et sans peine ; parce que l'énergie déployée dans le premier cas pour arriver à ce but se détournerait probablement, dans le second, sur le résultat même. Je n'ai pas connaissance qu'un seul exemple de fraude ou d'envie se soit présenté, toutes les fois que chacun a eu un travail déterminé et un salaire suffisant sans avoir à s'occuper de ce que faisaient les autres.

— Je n'ai que trop connu les bons tours du commerce, dit le vieillard.

— Vous avez éprouvé des malheurs, à ce que j'ai appris, répondit M. Wallace ; mais il ne s'ensuit pas que la friponnerie se rencontre inévitablement partout où il y a industrie ; pas plus qu'il n'arrive à tout homme dégoûté du monde de pouvoir se réfugier dans une retraite aussi agréable que celle-ci. Je n'avais plus qu'un mot à ajouter à la description que vous faisait ma femme ; c'est que je trouve le mécanisme de la société aussi admirable que les inventions des arts.

— C'est-à-dire qu'étant maître vous aimez à compter les rangs des esclaves sous vos ordres.

— Il n'en est rien, répliqua doucement M. Wallace qui n'était pas d'humeur à s'offenser de la pétulance du vieillard. Il n'existe dans notre établissement, que je sache, ni esclavage, ni travail forcé, ni oppression. Les maîtres et les ouvriers s'accordent sur les conditions des services réciproques, et les les efforts des uns et des autres doivent également concourir au succès de l'entreprise.

— Cela peut être ainsi aujourd'hui, parce que votre commerce prospère plus que jamais, que le travail est rare et vos ouvriers bien payés ; mais ils ne seront pas longtemps satisfaits. Qu'il survienne une dépréciation dans la valeur de vos produits qui vous force à diminuer leur salaire, et il s'apercevront qu'il ne sont que des esclaves.

— Jamais, répondit M. Wallace, et je vais vous en dire la raison : il n'existe pas de contrat d'intérêt mutuel entre le

maître et l'esclave, comme il existe entre le capitaliste et le
travailleur libre. Que le maître fasse ou non un emploi actif
et profitable de ses capitaux, l'esclave ne s'en soucie guère,
tandis que c'est une considération essentielle entre le travailleur libre et celui qui l'emploie. Nos ouvriers sont, comme
nous, intéressés à ce que l'accroissement de production, dans
notre établissement, arrive à ses dernières limites, à ce que
nous fassions exécuter le plus de travaux possible, et par conséquent, à nous voir améliorer nos machines, diviser le travail de la manière la plus avantageuse, et donner à nos procédés le plus haut degré de perfection. Aussi tous ceux d'entre
eux qui entendent bien leurs intérêts s'efforcent-ils de devenir
plus industrieux et plus habiles, au lieu que s'ils étaient esclaves et que leur sort ne dépendît pas de leur plus ou moins
d'activité, ils croupiraient probablement dans l'insouciance et
l'oisiveté. En pareil cas il ne me serait pas plus agréable qu'à
vous d'avoir sous les yeux notre établissement, si toutefois il
pouvait se soutenir avec de tels éléments.

— Vous êtes le premier maître de forge, le premier chef
d'une entreprise quelconque, auquel j'aie jamais entendu
déclarer que les deux parties dans ces sortes d'associations
avaient un intérêt commun.

— J'en suis surpris, dit M. Wallace, car nulle vérité ne me
paraît plus évidente. Combien de classes considérez-vous d'ordinaire intéressées à la production ?

Armstrong se mit à rire, se toucha la poitrine du bout du
doigt, et regarda tout autour de lui.

— Vous réunissez en vous-même les fonctions de capitaliste et de travailleur, reprit M. Wallace; mais cet exemple,
je me plais à le dire, est une rare exception.

— Vous vous plaisez à le dire ?

— Oui; car si tous les hommes avaient suivi notre genre
de vie jusqu'à nos jours, il n'y aurait eu ni forge, ni aucune
autre espèce de fabrique; la vie aurait été sauvage, en comparaison de ce qu'elle est, et bien peu d'hommes auraient pu en
connaître les jouissances. Vous auriez été victime d'un pareil
état de choses; vous n'auriez eu ni faulx, ni bêche, ni seau

pour votre puits, ni chaîne pour l'y descendre ; point de journal chaque matin, point de *Gazette des Fermiers* chaque soir.
Puisque vous devez tous ces avantages et des milliers d'autres
à la coopération des capitalistes et des travailleurs, il me
semble, mon cher monsieur, qu'il y a un peu d'ingratitude à
mépriser leur association.

— Bien, Monsieur, vous en penserez ce que vous voudrez ;
mais combien comptez-vous de classes de producteurs ?

— Si nous parlons de produits manufacturés, j'en compte
deux, les deux que j'ai citées, et jamais je ne m'occupe de
décider quelle est la plus utile, puisqu'elles sont toutes deux
nécessaires à la production.

— J'aurais cru, dit mistress Wallace que le travail était plus
utile que le capital, parce qu'il a dû le premier être mis en
œuvre. C'est le travail qui a procuré les premiers matériaux,
qui a construit la première machine.

— Vous avez raison : le capital doit son origine au travail ;
mais le travail à son tour est favorisé et perfectionné par le
capital, à tel point que sa force productive s'en accroît à un
degré incalculable. Il ne serait pas plus possible à nos ouvriers
d'expédier des cargaisons de fer en barre, sans le secours
des fourneaux, de la forge et des machines fournies par leurs
maîtres, qu'à ceux-ci de le faire sans le secours du travail des
ouvriers.

— Ainsi donc, plus le capital est considérable, plus les matières mises en œuvre sont abondantes, et le sort de l'ouvrier
s'améliore en proportion du perfectionnement des machines.
Cependant ils ne pensent pas tous ainsi. — Parce que ceux
qui blâment leur emploi ne comprennent pas leur vraie nature
et l'importance des services qu'elles rendent. Les machines,
en ce qu'elles exécutent les opérations de plusieurs hommes,
ou telle opération qui demanderait à un seul homme beaucoup plus de temps, peuvent être considérées comme un travail *accumulé*. Cette accumulation étant mise en œuvre, conjointement avec le travail naturel, rend un produit beaucoup
plus considérable ; les bénéfices du capitaliste se trouvant par
conséquent accrus, il emploie une plus grande proportion de

travail pour obtenir des bénéfices encore plus considérables ; et c'est ainsi qu'on marche sans interruption de progrès en progrès.

— Toutefois, la médaille a un revers, dit Armstrong. Vous n'oubliez pas sûrement les conséquences de la diminution dans la demande.

— Ceci n'est qu'un mal momentané ; car, lorsque le marché est engorgé, les prix tombent ; mais alors la marchandise se trouvant à la portée d'un plus grand nombre, la demande ne tarde pas à remonter. Si l'imprimerie et la papeterie, par exemple, étaient encore inconnues, nous n'aurions pas de journaux. Si les machines qu'on y emploie étaient très imparfaites, ces feuilles seraient si dispendieuses que les gens riches pourraient seuls se les procurer ; mais comme les produits de ces deux arts sont abondants et peu coûteux, on trouve des journaux dans tous les cabarets, et nous les verrions bientôt dans les plus pauvres chaumières, sans les entraves de l'impôt qui, quant à leur production, n'exerce aucune influence salutaire. Ainsi, le public doit autant de reconnaissance aux propriétaires des presses qu'à leurs ouvriers. Ceux-ci en doivent aux maîtres, dont le capital les fait travailler, et réciproquement les maitres ont des obligations envers les ouvriers qui font agir les presses. Le concours du travail et du capital procure donc à tous des avantages.

— J'ai été dernièrement, dit Armstrong, sur le point de faire une chose qui aurait pu vous donner à penser que j'allais adopter quelques-unes de vos idées. J'avais observé un homme qui errait sur nos collines...

— Se nomme-t-il Paul ?

— Je ne lui ai pas demandé ; mais c'est un mendiant, couvert de haillons, qui avait coutume de rester assis des heures entières, examinant ce qui se passait dans la vallée. J'étais si persuadé qu'il pensait comme moi sur vos travaux, que je finis par m'intéresser beaucoup à lui.

— Probablement, n'est-il pas vrai, parce qu'il n'était ni travailleur, ni capitaliste ?

— Pas précisément, dit Armstrong en riant. Je ne voudrais

pas que tous les pauvres fussent réduits à la besace. Au moment où j'allais lui demander de m'aider à mettre mon jardin en ordre pour l'hiver, j'appris qu'il s'était ménagé une cellule dans votre ruche : j'en fut fort désappointé.

— Était-ce parce que le frelon était devenu une abeille utile, ou parce qu'il vous avait laissé l'embarras de terminer seul vos arrangements.

— Mes mains suffisent à mes occupations, comme elles l'ont toujours fait, répondit Armstrong ; seulement je fus attristé de ce que cet homme abjurait son indépendance, la seule chose qui me plût en lui.

— Le croirez-vous encore digne de pitié, quand vous verrez ses haillons remplacés par des vêtements convenables, sa tête abritée par une habitation saine, et ses goûts d'indépendance, flattés par la beauté des fleurs de son parterre, et les jouissances plus délicates qu'il puisera dans la lecture pendant les soirées d'hiver ? Paul me paraît un homme peu ordinaire ; j'espère le voir bientôt dans la position que je viens de décrire, car c'est un rude travailleur, et je m'imagine qu'il a sur l'indépendance, des idées qui s'écartent un peu des vôtres.

Armstrong, afin de ne laisser aucun doute à mistress Wallace sur la nature de sa passion pour l'indépendance, l'invita à parcourir la maison, et lui fit remarquer toutes les petites dispositions au moyen desquelles il se passait de domestiques, s'occupait et s'amusait. Non content de lui faire admirer son attirail de pêche, son fusil de chasse, sa flûte, ses livres, il insista pour qu'elle convînt qu'il y avait plus de sécurité et de de paix dans ce genre de vie que dans aucun autre. C'était plus qu'on ne pouvait exiger d'une femme dont le mari se livrait à des occupations si différentes. Elle ne fut donc pas de son avis à cet égard. Mais elle fit de son mieux pour vaincre la timidité qui menaçait de s'emparer d'elle quand Margaret se montra, et elle essaya de prendre le ton convenable en causant avec elle. Enfin quand les époux se retirèrent, tous deux exprimèrent au vieillard l'ardent désir de le voir encore longtemps jouir en paix de la vie qu'il s'était choisie. Ils étaient loin de prévoir en ce moment ce qui allait bientôt arriver. Ils ne se doutaient guère, en discutant sur leur idées favorites pendant le déjeuner du lendemain, de l'évènement qui déjà avait à jamais détruit la sécurité du solitaire.

Après le départ de ses hôtes, Armstrong s'arrêta quelque temps au haut de l'escalier rocailleux, observant à la clarté du crépuscule ses visiteurs qui descendaient les détours de la colline. Il se rappela alors qu'il avait été interrompu au moment où il arrosait quelques plantes rares et revint bien vite terminer sa tâche. Quand il eut suspendu son arrosoir, rangé ses outils, et qu'il se fut assuré que la barrière était bien attachée, il s'appuya dessus ; examinant les dernières teintes du ciel, et prêtant l'oreille au murmure du ruisseau. Ses méditations se ressentirent de la conversation à laquelle il venait de prendre part. Tout en se répétant qu'il était plus doux d'observer et d'aimer la nature que de poursuivre la fortune, il ne pouvait écarter de sa mémoire cette question qu'on lui avait souvent adressée : de quelle utilité lui était son or ? Et tandis qu'il rendait grâce à Dieu de lui avoir accordé tout ce qui suffisait à ses simples besoins, il se demandait s'il ne devrait pas disposer pour le bonheur d'autrui d'un bien dont il ne faisait aucun usage, surtout puisqu'il y avait moyen, en le plaçant à intérêt, de l'employer utilement sans qu'il perdît rien de sa valeur. Était-ce une bonne action de cacher son or quand tant de malheureux étaient dans le besoin ? était-ce une bonne action de le laisser sans emploi quand tant de mains pouvaient avantageusement lui donner une destination ? ces pensées n'étaient pas déplacées dans une méditation religieuse ; car la meilleure instruction de la religion est celle qui nous enseigne à imiter envers les hommes la bienveillance de Dieu ; et toute pensée qui tend à ce but est une contemplation religieuse.

Armstrong avait l'esprit si occupé de ce sujet que lorsque la nuit l'obligea à rentrer il ne put pas, comme à l'ordinaire, lire attentivement la *Gazette des fermiers*. Il tourmenta son feu, joua un instant de la flûte, monta sa montre ; puis, s'imaginant qu'il devait être très fatigué pour avoir vu du monde, il s'alla coucher de bonne heure. Cependant il ne put s'endormir tout

de suite. Il entendit quelque temps Margaret se parler à elle-
même, comme elle en avait l'habitude quand elle était seule et
qu'elle raccommodait des bas; ensuite elle s'assura que les
portes et les fenêtres étaient bien fermées, éteignit le feu et
rentra dans sa chambre, où il l'entendit tirer le verrou, selon
son usage. La sécurité dont se vantait le maître de cette maison
n'empêchait pas les habitants de prendre contre les malinten-
tionnés autant de précautions que le plus riche marchand de
Londres. Et ce n'était pas sans besoin.

Environ trois heures plus tard, Armstrong, qui dormait
profondément, commença à faire des rêves très pénibles. Il lui
semblait entendre des bruits étranges qu'il attribuait à la machine de la forge, et il éprouvait la sensation d'un courant
d'air froid, qu'il croyait provenir du fourneau d'où il s'étonnait
qu'il ne sortît pas brûlant. Ce rêve lui parut très long, quoique
en réalité il eût traversé son cerveau en quelques minutes, au
bout desquelles il fut entièrement réveillé par le craquement
aigu de la jalousie de sa chambre. Il se jeta hors du lit et vit
un homme penché sur la fenêtre comme s'il se fût disposé à
entrer. Armstrong saisit un pistolet qui était toujours à sa
portée et fit feu; l'homme se retira, mais sans paraître blessé,
car après quelques chuchotements au dehors, une ombre se
dessina de nouveau dans l'embrasure, et d'autres s'avancèrent
par derrière.

— Je tirerai sur tout ce qui se présentera à la fenêtre, s'écria
Armstrong de toute la force de sa voix. Je suis bien armé.
Montrez-vous donc, si vous l'osez.

Il tira de nouveau; mais la figure s'était retirée un instant
avant. En prêtant l'oreille, Armstrong pensa que les voleurs
avaient fait le tour pour se frayer une entrée sur quelque autre
point. Il ferma rapidement la fenêtre et y appuya le devant de
cheminée afin d'être averti par le bruit de sa chute s'ils revenaient de ce côté. Alors il frappa à grand bruit à la porte de
Margaret; ce qui n'était pas nécessaire, car elle était levée et
s'informait en criant de ce qui était arrivé.

— Ce sont des voleurs; mais non dans la maison. Ayez vite
de la lumière.

Cela fut fait dans un instant, et il parut bien alors que Margaret avait autant de courage que son maître. Elle brandissait vaillamment le fourgon, tandis qu'il rechargeait ses pistolets ; et tous deux, quand ils ne se taisaient pas pour écouter, faisaient un tel vacarme que, si les voleurs n'étaient pas bien assurés qu'il n'y avait dans la maison que deux personnes, ils pouvaient supposer qu'il s'y en trouvait une demi-douzaine. Nos assiégés ne purent découvrir s'ils s'étaient éloignés ou non. Plusieurs fois avant le jour il leur sembla qu'on secouait les portes et les fenêtres ; mais ils ne surent jamais si elles étaient ébranlées par des mains d'hommes où par le vent d'automne. Écoutez ! se disaient-ils continuellement l'un à l'autre en courant des portes aux fenêtres et des fenêtres aux portes. Cet état d'anxiété dura jusqu'à l'aurore, et alors, ce qui n'est pas très surprenant, ils eurent peur de leur ombre quand le crépuscule la leur montra.

L'examen qu'ils hasardèrent au lever du soleil leur fit découvrir des empreintes de pas tout autour de la maison ; mais il n'y avait aucune trace de sang. Armstrong en fut fort aise pour diverses raisons, mais surtout parce qu'il détestait l'idée d'être engagé dans un procès criminel. Peu lui importait que les voleurs évitassent le châtiment, pourvu qu'il se tirât sans trouble de cette méchante affaire.

— Que comptez-vous faire maintenant ? se risqua à demander Margaret, quand il eut achevé sa méditation après déjeuner.

— J'ai pris un parti, répondit-il, et je n'y changerai rien. Ni vous ni moi, ne devons dire un mot de ce qui s'est passé.

Margaret fit un signe d'assentiment, car elle s'y attendait.

— Pouvez-vous tirer un coup de pistolet, Margaret ?

Elle n'avait jamais essayé, mais elle ne doutait pas qu'elle ne le pût.

— Fort bien ; en ce cas, vous resterez avec moi, si mes conditions vous conviennent. Si nous racontons ce qui est arrivé, cela donnera à d'autres l'idée de nous attaquer. Faire disparaître le coffre ne remédierait à rien, maintenant qu'on sait que je l'ai. Ce doit être la cause de cette attaque. Nous veillerons alternativement cet hiver. L'un se couchera à la nuit tombante

pour dormir jusqu'à minuit, et veillera tandis que l'autre
dormira jusqu'au matin. Voyez maintenant, Margaret, si vous
voulez rester ou partir.

Margaret demanda un peu de temps pour y penser, ce qui
lui fut accordé. A l'heure du dîner, elle déclara qu'elle consentait à participer au projet. Bien peu de femmes l'auraient
imitée; mais son attachement pour son maître et pour les devoirs de son état l'emportèrent sur les craintes qui lui restaient.
L'obligation de garder le silence n'avait rien de bien difficile,
surtout si, comme elle s'y attendait, elle ne devait voir personne pendant quelques mois, à moins que ce ne fussent les
voleurs eux-mêmes.

Armstrong fut encore obsédé de l'idée qu'il aurait mieux
valu rendre son or à la circulation, sans cesser d'en être propriétaire, que de s'exposer à le voir passer en d'autres mains
en perdant intérêt et principal.

CHAPITRE IV.

Prospérité.

Le commerce des fers continua pendant quelque temps encore à être si avantageux que M. Wallace se trouva enfin tout à fait hors d'état de suffire à la grande quantité d'occupations dont tout le poids reposait sur lui. Il écrivit à ce sujet à M. Bernard, si souvent et avec tant d'instances, que celui-ci se hâta de terminer ses affaires, afin de pouvoir venir se fixer dans le voisinage de M. Wallace. Il avoua que, puisque son jeune associé avait du donner tout son temps à la direction de la forge, quand elle n'avait qu'un seul fourneau, il serait déraisonnable de le laisser chargé de tout le travail, maintenant qu'il y en avait quatre, et que les demandes de fers étaient si multipliées que la plus grande diligence ne suffisait plus à l'entreprise pour satisfaire aux commandes qu'elle recevait. Les travaux occupaient alors plus de onze cents ouvriers au lieu de trois cents; les capitaux employés devenaient de jour en jour plus considérables, et ils affluaient de ce côté, comme c'est l'ordinaire toutes les fois qu'une branche d'industrie procure des bénéfices prompts et considérables, tels que ceux qui résultaient du commerce des fers à l'époque dont nous parlons. Bien des gens, dont la fortune avançait trop lentement à leur gré dans des manufactures d'un autre genre, tentaient d'obtenir un intérêt dans les entreprises de forges. Plus d'un fermier quitta sa ferme et vint chercher dans le sud du pays de Galles un établissement plus profitable. Nombre de capitalistes retirèrent leurs fonds des banques de Londres ou d'ailleurs, où ils ne leur rapportaient qu'un intérêt modéré, et les confièrent à des sociétés qui donnaient le plus haut intérêt légal possible. Des dames mêmes, dont la petite fortune était placée dans les fonds publics, l'en retirèrent pour la placer entre les mains de ceux des entrepreneurs de forges qu'elles pouvaient connaître, et se réjouirent fort d'augmenter ainsi leurs revenus. Quelques hommes expérimentés prédirent, en observant ce vaste afflux de capitaux vers le même point, qu'il en résulterait de fâcheuses conséquences. Ils ne niaient pas que les effets immédiats ne fussent assez avantageux. On établissait des forges partout où l'on découvrait un emplacement favorable. Les tourbillons de fumée s'élançaient de cent endroits qui n'avaient présenté jusqu'alors que des solitudes escarpées. Les chaumières d'une foule d'ouvriers bien payés se multipliaient de jour en jour, et la prospérité semblait enfin le partage de la classe ouvrière aussi bien que de ses chefs. Mais la quantité de fer produite était si démesurée, qu'il paraissait à peine possible que la demande pût se soutenir longtemps. A voir les longues files de chariots qui suivaient les chemins de fer des différents établissements, ou les transports qui couvraient les canaux, ou les chargements préparés à Newport et à Cardiff, on pouvait douter qu'une si énorme masse de métal pût jamais être vendue. Cependant aussi longtemps que les maitres de forges ne purent parvenir à rien garder en magasin, ou même à exécuter les commandes, ils se crurent certains de la durée du succès, et continuèrent témérairement à augmenter le nombre et l'étendue de leurs moyens d'exploitation, sans s'inquiéter des avis qui leur présentaient un engorgement comme inévitable.

M. Wallace et ses associés furent plus prudents que la plupart de leurs voisins. Ils connaissaient trop la probabilité d'un changement pour ne pas procéder avec la plus grande

réserve, quant à l'élévation de leur *capital fixe*, sachant bien
qu'il serait difficile, dans d'autres circonstances, de le retirer
ou d'en changer la destination.

Le *capital fixe*, c'est-à-dire, l'argent placé en terres, bâtiments, machines et outils, forme une partie indispensable de
la propriété de tout homme qui entreprend d'augmenter sa
fortune. Le fermier doit avoir, non seulement la terre qui
produit le grain, mais aussi des charrues et des herses pour
préparer le sol, des faucilles pour couper le blé, des charrettes
pour l'enlever, des granges pour le mettre à l'abri, etc., s'il
désire tirer de ses produits le plus grand bénéfice possible.
Il accroît ainsi sa richesse en fixant son capital, quoique ses
outils, ses bâtiments et ses chevaux ne contribuent pas directement à ses profits comme son *capital en circulation*. Ce qu'on
appelle communément *capital en circulation* se compose des
fonds déboursés dans le but immédiat d'obtenir des produits.
Telles sont les semences du fermier et les gages de ses ouvriers ; mais comme cette expression *en circulation*, n'indique
pas nettement la nature du produit obtenu, nous ferions bien
de chercher un autre terme : *reproductible* paraît être le mot
propre. Ainsi, les soies et les cotons écrus du manufacturier,
les semences du fermier, les brebis et les bœufs qu'il veut
revendre, le charbon et le minerai du maître de forge, et ce
qu'ils paient tous à titre de gages, constituent un capital reproductible, parce qu'il revient à son possesseur après avoir
rempli sa destination et procuré un bénéfice. Il est évident
que l'entreprise, qui emploie moins de capital fixe que de
capital reproductible, est celle qui redoute le moins les dangers d'un changement de circonstances. Le marchand de vins,
dont le capital fixe ne consiste qu'en celliers, tonneaux,
paniers, avec un haquet et des chevaux, a moins de fonds
engagés sous forme inutile, aux époques difficiles, que le manufacturier en soie ou en coton, dont le capital fixe comprend
ses métiers, son appareil à vapeur et toutes les machines qui
en dépendent. Tous deux peuvent avoir un large approvisionnement, l'un de vins, l'autre de soies ou de cotons, écrus
ou ouvrés; tous deux peuvent se plaindre de ce que leur ca-

pital reproductible ne leur rapporte rien, par défaut de commandes ; mais celui-là souffrira le plus, qui a le plus de capital
fixe engagé en même temps. Sur une moindre échelle, le
fabricant de paniers court moins de risques dans les mauvais
temps que le boulanger. L'un n'a pour capital fixe que son
hangard, un billot et un couteau, et que de l'osier pour capital
reproductible ; tandis que l'autre, pour les mêmes capitaux,
a d'une part sa boulangerie, ses fours, ses pétrins, ses cor-
beilles à levain, et plusieurs autres objets ; et d'autre part des
farines et du combustible. S'il était possible que la demande
de paniers et de pain pût jamais cesser, le boulanger aurait
une bien plus grande partie de son capital rendue inutile, que
le marchand de paniers.

On doit nécessairement avoir dans une forge un capital
fixe considérable, et il est de nature à ne pouvoir servir
à rien quand les circonstances sont défavorables. On peut
généralement obtenir de la terre quelque produit qui soit
demandé. Des hangars, des tombereaux, des chevaux, peuvent être utilisés de diverses manières ; mais [des fourneaux à courant d'air et des forges n'ont d'autre emploi
possible que celui pour lequel on les a construits. Il y a donc
quelque danger à placer ainsi le capital, et les hommes
prévoyants devraient établir leurs calculs avec prudence,
et apporter la plus grande réserve dans les extensions à
donner à leurs travaux, même aux époques les plus heureuses.

M. Wallace et ses associés ne s'écartèrent pas de cette règle,
tandis que quelques-uns de leurs voisins, aveuglés par la
prospérité présente de leur commerce, élevèrent des constructions magnifiques, et donnèrent à leurs établissements une
étendue telle qu'on aurait pu croire qu'ils avaient passé contrat
pour fournir à jamais du fer au monde entier. Notre entreprise se crut en position de construire de nouveaux fourneaux
au nombre que nous avons cité ; mais on consulta dans leur
construction une judicieuse économie, économie qui fit sourire dédaigneusement plusieurs de ceux qui paraissaient aussi
prodigues de leur argent, et aussi désireux de splendeur, à

l'occasion de leurs fourneaux, que s'il se fût agi de leurs
propres demeures.

Le désir qu'éprouvait M. Wallace de voir arriver son associé
et d'obtenir son approbation pour ce qu'il avait fait exécuter
fut enfin satisfait. Il reçut un jour une lettre qui lui annonçait
que M. Bernard, ses deux fils, ses trois filles et leur gouvernante, arriveraient le mercredi suivant pour dîner un peu
tard. C'était une journée d'hiver, et depuis longtemps la nuit
était venue avant qu'on eût aucun indice de l'approche des
voyageurs. La femme de charge, qui était arrivée quelque
temps avant, prêtait l'oreille aux coups de vent, puis consultait
la pendule, et tantôt tremblait pour la sûreté de ses jeunes
maîtres, tantôt se désolait de ce que son bon dîner serait gâté
par leur retard. Mistress Wallace envoya plus d'une fois demander si les voyageurs étaient arrivés. Une troupe de marmots
qui, en dépit du froid, s'étaient réunis pour saluer la voiture
de leurs acclamations dès qu'elle paraîtrait, furent rappelés
par leurs mères pour s'aller coucher. L'inspecteur décida
qu'on ne verrait personne de la soirée, et chacun en exprima
le désir, car les routes étaient effroyables, et le matin était le
meilleur temps pour les parcourir. Cependant les voyageurs
approchaient. Le dernier relai était très fatigant pour les chevaux et pour le postillon, et ne valait guère mieux pour ceux
qui occupaient l'intérieur. Aucune précaution ne pouvait les
garantir du vent glacial qui forçait le postillon à attacher son
chapeau sur sa tête, et épouvantait une petite fille de trois ans
qui se cachait le visage dans le sein de son père chaque fois
qu'on entendait le rugissement de l'ouragan. Une autre se
serrait contre sa gouvernante, et les garçons eux-mêmes
eussent désiré qu'il fît moins sombre; car il était impossible
de tenir les lanternes allumées. Leur père et mistress Sydney,
la dame qui élevait leurs sœurs, essayaient de les distraire par
la gaieté de leur conversation; mais, chaque fois qu'on s'arrêtait un instant, on était sûr d'entendre quelque petite voix
demander : — Combien avons-nous encore de chemin à faire?
Arriverons-nous ce soir? A quelle heure serons-nous à la
maison?

— Oh ! que la nuit est sombre ! s'écriait Francis ; je ne peux pas distinguer si nous avons une montagne de chaque côté, ou si c'est le ciel qui est noir.

— C'est le ciel, dit son frère John ; je vois une lueur enflammée de ce côté, qui vient, je suppose, de quelque forge voisine. Voyez comme elle brille de plus en plus !

— Ah ! ah ! dit son père, nous voyons assez clair maintenant. Nous sommes plus près de chez nous que je ne le croyais. Cette lueur vient de derrière la colline, et quand nous aurons atteint l'angle de la route, nous verrons un bon feu, quoique nous ne devions pas le sentir avant une demi-heure.

Un moment après, la voiture tourna l'angle, et les enfants se jetèrent à la portière, oubliant le froid, la faim, la frayeur, pour considérer la scène extraordinaire qui frappait leurs regards. Des bruits étranges se faisaient entendre quand l'ouragan s'appaisait. C'était un rugissement comme celui d'un vent violent, et qui provenait, comme le dit leur père, du courant d'air des fourneaux ; puis un sifflement et un bourdonnement qui sortaient des machines de la forge et du moulin. Ces bâtiments s'élevaient sur un terrain uni, au-dessous d'une espèce de terrasse revêtue en pierre, sur laquelle étaient placés les fours où on calcine le minerai pour l'entasser ensuite au sommet du fourneau. Sur cette terrasse se trouvait aussi le foyer à coke, où l'on brûlait le charbon rangé en long sillon, à ciel ouvert. On voyait la flamme s'épandre et vaciller, s'élancer en spirales rouges et blanches, disparaître et se ranimer, selon que le vent soufflait ou s'apaisait ; et au milieu de tout cela de noires figures d'hommes, brandissant de longs fourgons, tantôt à demi cachées par une fumée rougeâtre, tantôt se dessinant distinctement sur une masse de flammes. A quelque distance brillaient des rangées d'une lumière incertaine, trop faible pour être remarquée quand on venait de regarder les fourneaux. Elle s'échappait des chaumières des ouvriers. Un peu plus loin on distinguait une lumière isolée, assez élevée pour qu'on jugeât qu'elle sortait d'une maison bâtie sur un côteau. Les enfants s'empressèrent de demander si cette lumière était chez leur père ; on leur dit que non ; que ce devait être chez M. Wallace ; mais qu'ils étaient maintenant bien près d'arriver. En effet, quand ils eurent franchi, au milieu d'une obscurité complète, un autre détour de la route, qu'ils eurent entendu ouvrir une barrière, et distingué par le bruit des roues que la voiture était sur une allée sablée, ils virent une porte de vestibule ouverte, et reconnurent la figure de la femme de charge qui les attendait pour leur souhaiter la bienvenue.

Dès que les enfants se furent réchauffés, le sommeil les gagna ; ils oublièrent les ennuis du voyage, et après avoir bien soupé avec ce qui devait être un dîner, ils se mirent au lit et s'endormirent.

Le lendemain, avant la fin du déjeuner, M. Wallace vint aussi souhaiter la bienvenue à son associé et lui offrir de l'accompagner pour visiter les travaux. Il était aussi chargé par sa femme d'annoncer qu'elle espérait venir dans la matinée faire une visite à mistress Sydney et aux jeunes demoiselles. En effet, dès que ces messieurs furent partis, l'élégante jeune dame, enveloppée de fourrures, s'arrêta devant la porte dans son petit équipage traîné par deux poneys bien nourris. L'extrême réserve de mistress Wallace se communiqua aux jeunes filles qui étaient justement d'âge à être timides avec des étrangers ; et mistress Sydney, qui était toujours à son aise, ne parvint que difficilement à soutenir conversation. Excepté M. Armstrong, mistress Wallace n'avait vu personne, de quelque condition que ce fût, dans le voisinage. Elle paraissait s'intéresser peu à la manufacture qui marchait sous ses yeux. Elle admirait les sites du pays qui avaient conservé leur aspect sauvage et où l'on voyait encore de la verdure. Ce sujet paraissait le seul dont elle se plût à parler. Quant à mistress Sydney, ce qui l'intéressait avant tout, c'était le sort des onze cents individus réunis sur ce point et de leurs familles ; mais elle s'aperçut bientôt qu'il lui faudrait apprendre d'eux-mêmes tout ce qu'elle désirait savoir, au lieu d'en être instruite par une personne qui avait passé tant de mois au milieu d'eux.

Au moment où mistress Wallace rougissait et se levait pour prendre congé, les messieurs rentrèrent. Ils venaient pro-

poser, comme le temps était pur et calme, que la famille sortît
pour visiter l'établissement, et faire connaissance à la fois
avec les lieux et les gens au milieu desquels ils allaient vivre.
Mistress Wallace hésita, désirant évidemment s'en dispenser.
Mais son mari insista et lui fit sentir que c'était une excellente
occasion de faire ce qu'on ne pouvait attendre d'elle, tant qu'il
n'y avait pas eu de dame pour l'accompagner; et mistress
Sydney parut regarder cette partie comme si désirable et si
agréable en même temps, qu'il fut bientôt convenu que toute
la société s'y rendrait ensemble et à pied. On renvoya la voiture avec ordre au cocher de revenir dans deux heures chercher sa maîtresse.

M. Wallace expliqua comment la pierre à fer, ou minerai,
comme on l'appelle, est calcinée dans les fours placés sur la
terrasse que nous avons décrite. Il dit comment cette substance, dégagée dans ces fours de l'argile et des autres matières
hétérogènes, est mise dans le fourneau, par le sommet, avec
le coke et la castine qui brûlent en même temps; le coke pour
entretenir l'ignition, et la castine pour s'unir avec les diverses
substances combinées dans le minerai, afin que le métal se
dégage dans toute sa pureté. Ils virent le *remplisseur* à son
poste, près du sommet du fourneau, y versant par les ouver-
tures les matières qu'on lui passait de la terrasse. Ils virent le
garde-fourneau plus bas, absorbé par son travail comme si sa
vie en eût dépendu, examinant l'apparence des scories à
mesure qu'elles étaient chassées au dehors, et gouvernant le
courant d'air en conséquence. Il ne parut pas s'apercevoir
qu'il y eût personne près de lui, ne leva pas les yeux, ne parla,
ni ne changea de visage.

— Quelle attention cet homme apporte à son travail! dit
mistress Sydney à M. Bernard : je suppose que le soin dont
il est chargé est d'une grande importance.

— Très grande en effet. La qualité du fer produit par ce
fourneau dépend entièrement de sa vigilance; il peut être, et
est souvent perdu sans qu'il lui soit possible d'y remédier, ou
même de savoir pourquoi; mais il serait inévitablement gâté
sans une attention continuelle de sa part.

— Est-ce uniquement dans la crainte de causer ce malheur qu'il est si exclusivement occupé de ce qu'il fait,
ou bien son salaire est-il proportionné aux produits du fourneau ?

— Il nous paraît si important que les hommes chargés de
briser le minerai, de préparer le coke, de brûler la mine et de
remplir le fourneau, travaillent avec une exactitude scrupuleuse, que nous les payons à raison de tant par tonneau de
fer produit, afin d'être assurés qu'ils se prêteront mutuellement secours, et concourront à faire marcher convenablement
l'ensemble de ces opérations.

— Eh bien ! je serais fâché que cet homme eût à souffrir
de la négligence de ceux qui sont là-haut; car je n'ai jamais
rien vu d'aussi parfait que son attention.

— C'est un homme extraordinaire, dit M. Wallace qui était
à la portée d'entendre; je ne puis deviner le motif d'une industrie et d'une frugalité aussi infatigables que je les vois en
lui. Son travail l'a porté en peu de mois des derniers rangs
de nos ouvriers à son emploi actuel. C'était un mendiant,
quand nous avons commencé à l'employer à l'excavation du
tuyau, et il a encore bien la tournure, quoiqu'il fasse plus de
besogne et mette plus d'argent de côté qu'aucun autre de nos
gens.

— Je m'étonnais de le voir si mal vêtu, observa M. Bernard.

— Je lui ai dit hier, répondit M. Wallace, que je comptais
le voir décemment couvert, sachant, comme je le sais, qu'il
gagne beaucoup d'argent qu'il place à la caisse d'épargne de
Monmouth, sans rien se réserver que ce qui lui est stricte-
ment nécessaire pour se procurer le logement et la nourriture.

— N'a-t-il ni femme, ni famille, à entretenir ?

— Il paraît n'avoir ni parents, ni connaissances au monde;
il ne parle à personne qu'à l'inspecteur et à moi.

— Et quelle sorte de communications pouvez-vous avoir
avec lui ?

— Nous conversons ensemble aussi souvent que nous
avons tous deux un peu de temps de reste, et j'y prends toujours grand plaisir. Il a reçu une bonne éducation, je pourrais

dire une éducation très distinguée, et il a le langage et les manières d'un gentleman.

— Voilà qui est étrange : et ne savez-vous pas d'où il vient, ni pourquoi il est réduit à cet état ?

— Je ne sais rien de lui, sinon qu'il est plein de talents et avare, deux caractères, qui se trouvent rarement réunis. Paul a un tel soin de cacher qui il est et d'où il vient, que ma curiosité est vivement excitée, et que je tenterais volontiers de dévoiler ce mystère, si je ne pensais que tout homme a le droit de garder son secret. C'est pour moi un serviteur industrieux et fidèle; c'est la seule chose dont j'aie à m'occuper.

Mistress Sydney s'aventura à adresser une question à Paul; mais c'était l'instant précis où il allait mettre le fourneau en perce, c'est-à-dire ouvrir un passage à la fonte, opération fort importante, et il était par conséquent trop occupé pour lui répondre.

— Un de ces jours, lui dit M. Wallace, après les heures de travail, je vous le ferai voir de plus près. Si nous le rencontrions dans une de ses promenades du dimanche, ou bien lorsque nous le faisons remplacer pour lui donner un jour de repos, ce qui arrive quelquefois, il serait plus disposé à la conversation qu'à présent. Il est fort sociable quand il rencontre quelqu'un qu'il juge digne de l'écouter.

— J'ai peur qu'un si haut et si puissant personnage ne nous accable de ses dédains, dit en riant mistress Sydney; mais M. Wallace promit qu'il le lui amènerait.

La société se dirigea alors du côté de la raffinerie où l'on purifie la gueuse, et vers la forge et le moulin où on lui donne la forme de barres. Ils virent les *affineurs*, chacun à son tour, prendre la fonte pour la couler dans les moules, et le *peseur*, qui examine leur ouvrage et en tient écriture; et le *puddleur*, qui à la forge fait subir au métal une nouvelle opération qui en améliore la qualité; et l'*applatisseur*, qui sur l'enclume donne une forme oblongue aux globes de métal pour les faire passer au cylindre; et les deux *attrapeurs*, qui se tiennent de chaque côté de la machine à cylindre, engageant la barre entre des cylindres de plus en plus rapprochés chaque fois qu'ils se la passent l'un à l'autre ; et les *dresseurs*, chargés de redresser les barres tandis qu'elles sont encore chaudes, et de les marquer du poinçon de la maison, et les *peseurs en barres* qui examinent l'ouvrage achevé, et les commis et les surveillants qui dirigent l'ensemble de ces travaux. Les jeunes gens ne furent pas moins frappés que les dames des grandes proportions de la manufacture, et des moyens ingénieux mis en usage pour seconder le travail ou y suppléer.

— Quelle énorme somme d'argent on a dû dépenser ici ! s'écria Francis.

— Et quelle énorme somme de travail cet argent a mise en action ! observa mistress Sydney.

— A la bonne heure ; mais il est moins curieux de voir travailler onze cents personnes, que de considérer les résultats d'une telle mise de fonds.

— Ce n'était pas seulement du travail de onze cents paires de bras que je parlais, répliqua mistress Sydney, mais aussi du travail concentré qui exécute ce que nulles mains humaines ne pourraient tenter sans secours ; les cisailles et les cylindres, et tout ce mécanisme compliqué, qui nous rend capables d'agir sur le fer comme si c'était du bois ou de l'argile. Je suppose, monsieur Wallace, qu'on ne se plaint pas ici de l'emploi des machines, car vos travaux ne sont pas de nature à ce que la main suffise à leur exécution.

— Jusqu'à présent on ne s'en est pas plaint, répondit M. Wallace, parce que le commerce fleurit, que le salaire est élevé, et que notre grande affaire à tous est de fournir autant de métal que les hommes et les machines peuvent en préparer. Mais si les circonstances changeaient, nous en souffririons, je le crains, autant que les manufactures de soie et de coton. Alors on nous étourdirait de tel et tel procédé qui nécessite moins de machines et plus d'hommes. Il faudra bien s'en tenir au bois et au fer pour couper et passer au cylindre, puisque ni les os, ni les muscles n'y peuvent suffire ; mais, dans la préparation de la castine, dans l'entassement de la mine et le chargement du fourneau, on pourra par la suite tirer de grands secours des machines ; et je m'attends bien à entendre crier haro contre un pareil emploi du capital, quoique les résultats doivent finir par être avantageux à tout le monde.

— Rien n'est plus vrai, dit mistress Sydney. Les entreprises de ce genre n'auraient jamais atteint le même degré de prospérité, sans les perfectionnements introduits dans la fabrication du fer ; et si, dans cent ans, elles sont destinées à être encore plus florissantes, elles ne le devront qu'à de nouveaux perfectionnements.

— Ces améliorations, n'en doutez pas, sont bien nécessaires ; car nous avons beaucoup à apprendre avant que cette branche d'industrie approche seulement de la perfection de plusieurs autres industries de notre pays. Les manufactures de soie et de coton offrent moins de difficultés, moins de dangers, et sont plus perfectionnées que les nôtres. Ainsi, mon cher Francis, il faut vous creuser la cervelle, et penser sans cesse aux changements utiles qu'on pourra faire dans des temps moins heureux ; car nous ne devons pas nous attendre à ce que notre prospérité actuelle dure éternellement.

— Je vois, dit Francis, de gros monceaux de scories qui paraissent ne servir à rien. Regardez celui-là, qui a plutôt l'air d'une montagne que d'un tas de mâchefer : est-ce qu'on ne peut en tirer aucune utilité ?

— C'est une question que je me suis adressée cent fois, répondit M. Wallace, et je me réserve d'y penser sérieusement, quand la demande des fers se ralentira, comme je suppose que cela doit arriver tôt ou tard. Pour le moment, nous avons assez de peine à suffire aux commandes par les méthodes ordinaires ; il ne nous reste pas assez de loisir pour tenter de nouveaux essais, et un nouveau système d'économie nous est peu nécessaire. Il sera temps de s'en occuper quand les circonstances changeront.

— Mais, si ce temps arrive, demanda mistress Sydney, que deviendront tous ces pauvres gens ? Quand je regarde ces rangées de chaumières, et que je vois ces troupes d'enfants jouer devant les portes, je doute qu'il soit longtemps possible de subvenir aux besoins d'une population dont l'accroissement est si rapide.

M. Wallace lui dit qu'il ne cessait de leur inculquer l'idée que c'est le devoir de tout ouvrier bien payé de devenir capitaliste, s'il le peut, pour prévenir un revers de fortune. La grande difficulté était de leur persuader que des économies à peine suffisantes pour les faire vivre quelques jours, pouvaient, par un placement bien entendu, leur préparer des ressources pour plusieurs années. Il engageait ses ouvriers à se procurer d'abord, pour eux-mêmes et pour leur famille, la nourriture, le logement et le vêtement, et à placer à intérêt, ou à employer de quelque autre manière profitable, le surplus de leurs gages, afin de ne pas être au dépourvu s'il leur fallait prendre un autre métier, en cas que celui-là vînt à leur manquer. Les uns avaient écouté ses avis, les autres avaient fait la sourde oreille. Quelques-uns plaçaient leur argent à la caisse d'épargne de Monmouth ; c'était un parti fort sage. Quelques autres employaient leurs bénéfices à monter de petites boutiques qui étaient tenues par leurs femmes et leurs enfants. C'était encore un bon calcul. Il s'en trouvait qui serraient leur petit trésor dans un bas ou dans un gant, et le cachaient dans leur buffet ; c'était un moyen assez sûr de le conserver, mais il aurait été préférable de le faire valoir ; enfin les autres dépensaient le tout à mesure qu'ils le recevaient, et ce placement-là était pire que tous les autres.

Quelques ouvriers dont les enfants commençaient à grandir, leur faisaient apprendre des métiers différents, afin que la famille ne restât pas sans ressource, si un de ces métiers manquait. Il n'était pas possible de faire un meilleur emploi de l'argent, car il était certain que l'industrie des jeunes gens serait d'un utile rapport ; d'autant plus qu'il surviendrait au moment même où le besoin s'en ferait le plus sentir. Il devait en résulter un avantage immédiat, qui n'avait pas moins de prix, quoiqu'on ne pût l'évaluer en or et en argent ; c'était la paix de l'âme qui naissait de l'assurance que toutes les ressources de la famille ne lui seraient pas enlevées à la fois, et que, si quelques-uns de ses membres se trouvaient sans ouvrage, les autres pourraient les assister.

Tous ces détails inspirèrent à mistress Sydney le désir de

faire connaissance avec les familles des ouvriers. Elle proposa donc à la société de passer, au retour, à travers leurs chaumières. M. Wallace donna le bras à sa femme qui avait soutenu l'entretien avec M. Bernard, et ils partirent tous ensemble. Mistress Wallace enviait à mistress Sydney cette aisance et cette bonté de manières qu'elle apportait dans ses relations avec les individus de toutes les classes. La différence entre elles provenait de ce que l'une ne connaissait les habitudes et les manières d'aucun autre rang que du sien, tandis que l'autre les ayant tous fréquentés était familière avec ce qui pouvait les intéresser. Toutes deux avaient dans le cœur de la générosité et de la bienveillance, mais leurs manières de les témoigner n'étaient pas les mêmes. Mistress Wallace aurait donné tout ce qu'elle possédait à un voisin dans l'embarras; mais lorsque ses voisins ne manquaient de rien, comme dans le cas présent, elle ne savait comment s'y prendre pour témoigner sa bonne volonté; tandis que mistress Sydney, en causant seulement avec eux, gagnait leur amitié sans la rechercher, et sans avoir d'autre but que de prouver l'intérêt bienveillant qu'ils lui inspiraient.

M. Wallace avait longtemps pensé que Paul ne ménageait pas assez ses forces; et comme il désirait prendre des informations sur sa santé, il conduisit la société du côté de l'habitation de John Jones, chez lequel logeait Paul. Jones était sorti, mais sa femme était à la maison, préparant son dîner et celui de ses deux plus jeunes enfants qui jouaient à côté d'elle. Elle pensait, comme M. Wallace, que Paul maigrissait depuis quelque temps, et qu'il avait perdu de ses forces : elle ne s'en étonnait pas en voyant combien il prenait peu de nourriture et de sommeil. Elle n'avait jamais vu personne qui s'accordât moins de l'un ou de l'autre, ni qui fût si désireux de gagner de l'argent. Elle n'avait dit-elle, aucun sujet de se plaindre de lui. Il payait son logement avec exactitude et régularité tous les samedis soir; mais elle s'affligeait de le voir travailler avec tant d'acharnement et se refuser toutes ses aises. Il se levait à quatre heures, été comme hiver, pour raccommoder des habits et des souliers, et restait sans se coucher jusqu'à onze heures du soir, taillant des bouchons de liège quand il n'avait rien de plus avantageux à faire.

M. Wallace parut fort surpris, car il était loin de se douter que Paul fût un artisan si universel.

Mistress Jones lui expliqua qu'il semblait capable d'apprendre tout ce qui lui plaisait, lorsqu'il avait en perspective l'espoir de gagner de l'argent. Avec les premiers gages qu'il avait reçus, il avait acheté des outils de tailleur et de savetier, et il travaillait de ces deux métiers à ses heures de loisir, pour la moitié du voisinage. Il se plaignait toujours de n'avoir pas assez d'occupation, et était allé à la ville pour trouver quelque nouveau genre de travail qu'il pût rapporter pour le faire à la maison. Il revint avec un ballot de liège sur le dos, et un couteau de fabricant de bouchons dans sa poche. Et depuis ce temps-là les droguistes et autres marchands de la ville voisine et même de Newport, lui avaient payé le prix de mainte et mainte grosse. Le même établi et les mêmes vieux habits lui servaient pour travailler aux souliers et aux bouchons ; et un autre avantage de cette dernière occupation, c'est qu'il pouvait s'y livrer avec très peu de lumière. Il allumait ordinairement une chandelle d'un liard, quand il ne pouvait pas profiter de la lampe de Jones.

Mistress Jones montra à ses hôtes avec quelle adresse Paul avait, au moyen d'une cloison, divisé sa petite chambre en deux parties, dont l'une lui servait d'atelier. La pièce du fond, dans laquelle il couchait et serrait ses hardes, était tenue avec toute la propreté et tout l'ordre possibles ; car Paul avait l'habitude de dire qu'il y avait une grande économie à être propre et rangé. Quant à l'atelier, il était aussi propre que la nature de ses travaux le permettait.

M. Wallace témoigna son étonnement de voir un fort joli tableau placé le long du mur de la pièce du fond, et couvert d'un morceau de mousseline pour le garantir de la poussière. Il n'avait pas de cadre, mais l'exécution en paraissait fort bonne. C'était probablement le portrait d'un jeune garçon de jolie figure, bien vêtu, avec un cerceau à la main et un lévrier près de lui. Le fond du tableau représentait un parc où des daims paissaient, et une maison d'habitation au milieu des arbres.

Mistress Jones dit que ce tableau était entouré d'un cadre fort élégant, lorsque Paul l'avait placé dans sa chambre; mais qu'après l'avoir souvent examiné, et fort longtemps chaque fois, il avait détaché ce cadre et l'avait emporté en allant à la foire vendre son bétail.

— Son bétail! Que voulez-vous dire?

— Il avait l'air, répondit-elle, de se connaître fort bien en bétail, et avait trouvé moyen d'acheter une vache et deux ou trois brebis qu'il avait vendues avec bénéfice à la dernière foire. C'était une chose curieuse d'observer avec quel soin il avait fait tous ses calculs. Il s'asseyait sur son banc, un morceau de craie à la main, comptant et recomptant dans les intervalles de son travail, avec une persévérance qui pouvait faire croire que toutes ses pensées étaient absorbées par ses opérations. Il s'y était remis depuis quelques jours, de sorte que les Jones concluaient qu'il allait de nouveau acheter et revendre du bétail.

Mistress Sydney s'informa si c'était un hôte commode et un voisin obligeant.

Mistress Jones répondit qu'à ne considérer que ses habitudes sobres et régulières c'était un avantage de l'avoir pour pensionnaire; mais qu'il était bien rare qu'il causât ou plaisantât avec ses enfants, ce qui, dit-elle, aurait été le meilleur moyen de la disposer en sa faveur. Il ne faisait aucune attention à ses voisins, soit dans les occasions où ils tournaient son avarice en ridicule, soit dans celles où il aurait pu à son tour se moquer d'eux quand ils lui demandaient de l'argent à emprunter; en somme, ceux qui s'intéressaient à Paul avaient autant de motifs de s'affliger que de se réjouir; car il était satisfaisant de voir un homme qui était naguère mendiant, augmenter chaque jour son avoir; il était triste de penser qu'il n'en savait pas jouir raisonnablement, mais se tourmentait de privations et de soucis autant que s'il mendiait encore.

Cependant, ajouta la femme de Jones, je n'ai pas plus le droit de blâmer sa manière de disposer de ses gages, que mes voisins de blâmer la mienne. Si je me plaignais de ce qu'ils se moquent de mon mari et de moi, Paul pourra se plaindre de ce que je le critique. Seulement, je puis dire que nous n'avons pas la même manière de voir à ce sujet.

Pour rendre tout cela plus clair, M. Wallace dit à sa société que quelques voisins des Jones les tournaient en ridicule parce qu'ils ne faisaient pas travailler tous leurs enfants à la forge, ce qui, pour le présent, mettrait la famille dans une grande aisance. Au lieu de prendre ce parti, au risque de se trouver tous à la fois sans ouvrage un jour ou l'autre, les parents avaient préféré mettre un de leurs garçons en apprentissage chez un cordonnier de Newport, et un autre chez un forgeron, n'en gardant qu'un pour travailler à l'établissement. Les voisins se vantaient donc de n'avoir pas à payer de frais d'apprentissage, et de gagner plus d'argent que la famille Jones n'en gagnerait dans aucun temps; ils ne cessaient de conseiller de faire revenir le petit cordonnier pour le faire travailler au cylindre, et le petit forgeron pour en faire un dresseur.

Ne changez rien à votre plan, si vous m'en croyez, dit M. Bernard; si vous n'avez aujourd'hui aucune raison de vous en repentir, soyez sûrs que vous n'en aurez jamais davantage; car il est presque impossible que notre établissement se trouve dans de meilleures circonstances, et il est probable qu'elles deviendront moins favorables.

Pendant tout ce temps-là mistress Wallace avait joué avec les enfants, car *eux* au moins ne l'intimidaient pas. Elle avait laissé le plus jeune se cacher le visage dans son manchon, et écoutait le babil de l'aînée qui lui racontait que sa maman lui permettait d'aider à faire le lit, et qu'elle apprenait à ourler elle-même son bonnet, et qu'elle savait bien enfiler une aiguille pour M. Paul quand il raccommodait un habit. Mistress Wallace riait avec eux, mais elle redevint si sérieuse quand leur mère se retourna, que la femme de Jones crut qu'ils l'avaient fâchée, et les gronda pour être trop libres, de sorte qu'ils coururent se cacher. Ce n'était qu'une méprise; mais ce n'était pas la faute de mistress Jones, car elle ne pouvait supposer que ces libertés plussent à la jeune dame, en la voyant prendre un air si grave et garder le silence.

CHAPITRE V.

Comment on doit user de la prospérité.

Aux approches du printemps, plusieurs personnes remarquèrent qu'Armstrong n'avait pas paru à l'église pendant plusieurs dimanches. On l'avait vu vivant et bien portant, pendant les jours ouvrables, de sorte qu'on n'avait aucune inquiétude sur son compte, mais M. Wallace était si désireux d'apprendre les motifs de son absence qu'il s'en informa très particulièrement près de M. Hollins qu'il rencontrait souvent.

Il est devenu grand théologien, répondit M. Hollins. Il m'assure qu'il passe maintenant six heures sur vingt-quatre à étudier la Bible et des ouvrages de religion. Je ne sais comment cela peut se faire, car son jardin est aussi soigné qu'à l'ordinaire, et nous jouons de la flûte, comme autrefois; seulement il me fait partir le soir un peu plus tôt. Je lui dis que je me montrerais quelque nuit à sa fenêtre quand l'horloge sonnera minuit, pour voir s'il est encore à lire.

— N'en faites rien, M. Hollins, il vous prendrait pour un voleur et tirerait sur vous; mais est-ce donc l'étude de la Bible qui lui fait déserter l'église? c'est une occupation qui produit généralement un effet tout contraire.

— Il dit qu'il a toujours aimé à adorer Dieu en plein air,

comme faisaient Adam et Ève, et il trouve dans la Bible tant
de passages où il est question des multitudes rassemblées
dans le désert pour écouter la parole de vie, qu'ayant trouvé
tout récemment l'occasion de faire de même, il est disposé à
essayer de cette nouvelle, ou plutôt comme il dit, de cette très
ancienne méthode : or vous saurez qu'il y a près d'ici une
réunion de *Ranters* [1] qui prêchent dans les montagnes, à deux
milles environ de chez lui, et tous les dimanches il va le matin
les écouter.

— Ne croit-on pas, dit M. Wallace, qu'il n'a jamais vu dans
la Bible qu'il y avait eu des synagogues, ni appris ailleurs que
les chrétiens avaient des édifices où ils se réunissaient pour
offrir leur hommage à Dieu ? Quoi qu'il en soit, peu importe
en quel lieu un cœur pieux s'acquitte de ses devoirs, et les
prières d'Armstrong, pures et sincères comme je les crois,
seront bien accueillies, soit qu'elles viennent de la montagne,
ou de l'église. Savez-vous s'il prend goût à ces nouvelles pratiques ?

— Il se plaint fort de ce que le chant des psaumes est de
nouvelle invention et difficile à exécuter ; mais il est bien aise
d'avoir autant d'espace pour déployer sa voix, et se trouve
très satisfait du reste du service, si ce n'est que de temps en
temps il discuterait volontiers avec les prédicateurs quelque
question embrouillée de doctrine, si cela était permis.

— Et les prédicateurs, que pensent-ils de lui ?

— Ils ne font pas acception de personnes, comme vous
savez ; mais ils se félicitent naturellement d'avoir opéré une
telle conversion, et ils ne négligent jamais de lui montrer la
déférence que l'on doit à son âge. Je remarque qu'il en est
toujours assis dans un lieu abrité, quand il fait du vent, qu'on
prend soin de lui procurer les hymnes du jour, et qu'on s'arrange de manière à ce qu'il entende parfaitement le service.
Tout cela est dans l'ordre, et il ne s'en plaint en aucune façon.

— Vous m'en parlez comme si vous y alliez quelquefois.

— C'est qu'en effet, j'y vais ; et vous ne ferez pas mal d'y

---

[1] Sorte de sectaires.

venir aussi pour vous mettre au courant de la manière dont
vos ouvriers passent le dimanche ; car ils viennent en grand
nombre assister aux exercices religieux des *Ranters*.

Par un singulier hasard, la voiture de M. Wallace arriva le
dimanche suivant près du chemin qui, de la grande route,
conduisait au lieu de réunion des *Ranters*, au moment même
où Armstrong et M. Hollins y entraient. Ils s'arrêtèrent au
bruit des roues.

— Je vous prie, dit M. Hollins, de permettre que je conduise mistress Wallace, tandis que vous accompagnerez notre
vieil ami à l'église qu'il préfère.

— Décidez-vous bien vite, dit Armstrong, car je crains que
nous ne soyons fort en retard.

En un instant ces messieurs eurent changé de place, et
M. Wallace allongeait le pas dans le chemin raboteux, pour
ne pas rester en arrière du vigoureux vieillard.

Ils arrivèrent en effet un peu tard. Le silence par lequel on
se préparait à commencer le service était si profond que
M. Wallace fut pris à l'improviste, lorsqu'un brusque détour
de la route le mit en présence d'environ mille personnes,
assises en rang sur le gazon, dans un enfoncement entre deux
collines. Quelques petits drôles jouaient à la cachette, au
milieu des buissons, sur la hauteur, et un petit nombre de
spectateurs se promenaient lentement sur les flancs de la con-
grégation. Mais à cela près, tout était calme comme dans une
église à l'heure de la prière. Probablement le service avait été
retardé pour attendre Armstrong ; car, dès que son compagnon et lui eurent pris la place qui avait été évidemment
réservée, il se fit un mouvement sur le charriot qui servait de
chaire, et un homme s'y plaça debout pour haranguer les
auditeurs.

Cet homme expliqua que, par suite de la maladie du prédicateur qui dirigeait ordinairement le service, il se trouvait
pour ce jour-là chargé de ce devoir, quoiqu'il n'eût jusqu'à
présent participé à ces exercices que dans une situation inférieure. Il avait la confiance, dit-il, que la parole de grâce
serait bien accueillie, de quelque bouche qu'elle sortît ; il

avait donc mieux aimé s'acquitter de l'office de prédicateur, que de les renvoyer sans qu'ils pussent vaquer à leur pratique ordinaire de piété.

— Si j'en juge parce que je viens d'entendre, dit Armstrong à demi-voix, cet homme est plus en état de prêcher que bien des ecclésiastiques de profession. Il ne remplit ordinairement que les fonctions de clerc; mais un jour il a prononcé devant moi une exhortation si remarquable, que je suis bien aise d'avoir cette occasion de l'entendre de nouveau.

M. Wallace était trop profondément surpris pour répondre; car cet homme était Paul. Ce fait remarquable une fois établi, rien de ce qui suivit ne fut bien extraordinaire. M. Wallace connaissait assez Paul pour supposer que son discours serait fort bon, comme il le fut en effet. Seulement il chercha à deviner son texte, et il s'attendait que ce serait : Ne vous amassez pas de trésors sur cette terre. Mais c'en fut un sur lequel Paul pouvait prêcher avec plus d'à-propos : Tu ne déroberas pas.

Ce fut alors qu'Armstrong à son tour se livra à des mouvements qui parurent bien étranges. Il se redressa en entendant prononcer le texte, et prêta un instant l'oreille avec une extrême attention. Enfin, lorsque le prédicateur commença à décrire les remords qui troublent la conscience du voleur, quoique aucun œil humain n'ait vu son crime, et qu'il ne soit pas même soupçonné, Armstrong se leva, grimpa sur le chariot, prit place à côté du prédicateur, et promena plusieurs fois ses yeux sur toute l'audience, en les ombrageant de sa main, et comme s'il eût voulu lire sur les visages ce qui se passait dans les cœurs. Paul lui-même s'arrêta un instant et parut frappé de surprise ; mais il supposa probablement, comme M. Wallace, que c'était une des singularités du vieillard. Il se trompait cependant. Le choix fortuit de ce texte fut une circonstance heureuse pour ramener la paix dans l'âme d'Armstrong; car il demeura fermement convaincu que les malfaiteurs, qui avaient attenté à son repos et à sa propriété, n'étaient pas au nombre des personnes dont il partageait le culte, aux jours consacrés au Seigneur. Prévenu comme il l'était contre tout ce qui s'était fait dernièrement, et contre tout homme qui avait quelque intérêt dans les travaux de la forge, il avait néanmoins toujours soupçonné que les voleurs étaient venus d'un autre côté, et qu'il y avait des gens mieux instruits que les ouvriers de M. Wallace du montant de son trésor et du lieu où il était déposé.

M. Wallace s'attacha à observer ce qu'allait faire Paul, quand le service serait terminé et que les auditeurs se retireraient. Celui-ci n'adressa à qui que ce fût ni une parole, ni le moindre signe de connaissance ; mais il s'appuya contre un arbre, les bras croisés, et suivant de l'œil les groupes, à mesure qu'ils s'éloignaient. Quand il n'en resta plus aucun, M. Wallace et son compagnon s'approchèrent du prédicateur, le remercièrent de son discours et lui demandèrent s'il allait retourner à la maison. Il leur dit que c'était son intention, et ils prirent le même chemin de compagnie.

— Vous parlez si rarement, dit M. Wallace à Paul, que je suppose que vous pensez beaucoup, et la société dans laquelle nous vivons fournit à un homme méditatif bien des sujets de réflexion.

— Rien n'est plus vrai, répondit Paul. Nous parlons de la société collectivement et considérons les hommes en masse ; mais que d'intérêts divers se croisent parmi eux ! A peine en trouve-t-on deux qui cherchent le bonheur par les mêmes moyens ; et c'est de là que naît la difficulté de toucher les cœurs. Par exemple, il peut se trouver deux ou trois hommes que le sujet de mon sermon intéresse ; mais combien d'autres, en plus grand nombre, trouveraient qu'il leur est indifférent ! De quelle utilité et de quel intérêt peut être un tel discours pour vous et M. Armstrong, et pour toute autre personne parfaitement honnête, ou que sa position met à l'abri de la tentation de voler ?

— Il paraissait intéresser vivement Armstrong.

— Oui, comme observateur, ajouta Paul, il cherchait à découvrir comment il affectait les autres, ce qui est tout autre chose que d'être affecté soi-même. J'ai été surpris comme vous de sa profonde attention.

Armstrong ne répondit que par un sourire aux regards curieux de ses compagnons. Paul continua : Chaque homme
aurait besoin d'un sermon pour lui seul, et chaque jour de la
semaine, si la prédication doit lutter contre les autres influences
qui agissent sur nous. Voilà mon hôte Jones, par exemple, qui
pense sans cesse aux moyens de bien placer ses enfants. C'est
là son grand mobile, tandis que sa femme n'a d'autre idée que
de rendre la vie douce à son mari et de soigner ses marmots.

— Quelle sorte de sermon leur adresseriez-vous?

— Je ne pourrais leur dire que ce qu'ils éprouvent déjà,
que les cœurs purs sont bénis. S'il est une conduite pure, c'est
la leur; et s'il est des parents comblés de bénédictions, ce sont
ceux-là, entourés d'enfants pleins d'heureuses dispositions, et
jouissant d'une douce aisance dans leur intérieur. Viennent
ensuite leurs voisins, les Davisons. Là les plaisirs sont d'un
autre genre; un verre de liqueur à chacun tous les soirs, et
une débauche, le jour de foire, quand ils peuvent y aller. Pour
eux mon sermon serait court; je leur ferais prendre leur sac
et leurs quilles, et je les mettrais dehors, au lieu de leur permettre de corrompre la morale, de se moquer de la sobriété
de leurs voisins, et de dissiper le capital qu'ils devraient employer pour le bien de la société. L'argent qu'ils dépensent en
genièvre et au jeu suffirait pour monter une boutique.

—Et à moi, Paul, dit Armstrong, quel sermon me prêcheriez-
vous, et quel est l'intérêt qui me domine?

— Ce qui vous intéresse le plus, c'est vous-même, répondit
Paul, et mon sermon par conséquent serait passablement sévère; mais comme votre égoïsme est celui d'un homme
inoffensif et de bon naturel, j'aurais de l'indulgence : je ne
puis cependant vous pardonner vos torts envers la société.

— Vous voulez parler de ma vie solitaire?

— Vivez où il vous plaira : mais comment vous excuserez-
vous de participer aux bienfaits de la société sans rien faire
pour elle? Vous jouissez des fruits du travail et du capital
d'autrui; le thé que vous buvez vient des Indes, votre café
vient d'Amérique; le journal que vous lisez est le produit de
cent cerveaux et de deux fois autant de mains; vous...

— Mais je paie tout ce qui me sert.

— Vous payez parce que sans cela vous n'auriez rien. Mais vous ne rendez pas un seul service à la société, quand vous pouvez vous en dispenser, tandis que chaque heure vous en offre de nouveaux moyens. Tout homme dans notre état social doit appartenir à une classe quelconque de producteurs, ou activer la production par des travaux utiles, quoique improductifs. Vous n'agissez ni comme l'ouvrier qui ajoute au capital de celui qui l'emploie, ni comme le capitaliste qui, avec l'aide de l'ouvrier, accroît les ressources de la société; ni comme les artistes et les savants qui en perfectionnant l'état social mettent à la portée d'un plus grand nombre les aisances et les plaisirs de la vie. Vous seriez un meilleur citoyen si vous étiez chirurgien dans la ville voisine, ou associé de cette entreprise, ou même le plus humble ouvrier qui y travaille.

— Vous tireriez votre texte de la parabole des talents, je suppose.

— Vous l'avez deviné, et je vois que vous comprenez votre position. Je vous dirais que le serviteur improductif peut être un homme de goût très distingué; astronome ou musicien, politique ou amateur de jardins; mais qu'il sera toujours un serviteur improductif tant qu'il cachera l'argent qui a été mis entre ses mains. Peu importe que ce soit dans une serviette, sous terre, ou dans un coffre sous son lit. M. Wallace remarquant qu'Armstrong était tout déconcerté, demanda à Paul comment il s'y prendrait pour le sermonner lui.

— Je trouve moins à critiquer en vous que dans beaucoup d'autres, répondit Paul, qui mettait tant de bonne humeur dans ses manières, qu'il était presque impossible de s'offenser des libertés qu'il prenait. Votre principal attachement ici-bas est ce qu'il doit être, votre jeune femme; et après elle ce qui vous occupe le plus, c'est le bonheur des gens qui vous entourent. Ce dernier point, vous l'entendez fort bien et vous le traitez avec une grande sagesse.

— Est-ce qu'il en est autrement du premier?

— Je pense que tôt ou tard vous regretterez d'avoir fait tant de dépenses improductives. Je sais que vos principes sont trop solides pour vous permettre de dépenser entièrement le revenu de votre capital flottant d'une manière improductive; mais je serais bien aise de voir chez vous moins de *ponies*, de valets d'écurie, et de femmes de chambre, moins de fourrures, de cachemires et de semblables somptuosités.

— Il me semble, dit M. Wallace, que puisque mon revenu est le produit de mon capital et de mes travaux, dans l'emploi que j'en fais, je puis bien me permettre ainsi qu'à ma femme quelques dépenses de luxe qui ne dépassent pas mes facultés.

— Vous le pouvez, sans doute. Il s'agit seulement de savoir jusqu'à quel point. Si vous regardez comme probable que vous pourrez continuer à enrichir la société par l'accumulation d'une partie quelconque de votre capital, il vous est permis de dépenser le surplus de votre revenu comme il plaira à vous et à madame votre femme. Mais si les circonstances doivent changer, et s'il vous faut un jour employer plus de capital pour en retirer moins de revenu, votre femme trouvera plus pénible d'aller à pied que si elle n'avait jamais eu de voiture, et de se coiffer elle-même que si elle s'y était toujours exercée.

M. Wallace ne put s'empêcher de sourire au ton de praticien avec lequel Paul parlait de la toilette d'une dame. Celui-ci s'aperçut qu'il ne le blessait pas et continua ainsi.

— La famille de M. Bernard me paraît avoir adopté le moyen terme. Les garçons montrent par l'attention avec laquelle ils étudient les affaires qu'ils ont pris l'habitude de tendre toutes leurs facultés vers le but qu'ils ont en vue, et les jeunes demoiselles sous la conduite de mistress Sydney, sortaient tous les jours, l'hiver dernier, avec leurs manteaux de drap et leurs gros souliers, et rentraient rarement sans être accompagnées des bénédictions de quelques malheureux. Non pas qu'elles fissent l'aumône. Personne ici n'en a besoin, grâce à Dieu; si quelqu'un se trouvait dans ce cas, mistress Sydney sait bien que ce n'est pas rendre un vrai service que de donner de l'argent à titre d'aumône. Mais elles gagnaient la confiance des gens, leur indiquaient les moyens de mieux faire, rétablissaient la concorde parmi les voisins, et par des encouragements opportuns, excitaient chez plusieurs d'entre eux un redoublement d'industrie. Voilà les services personnels que les riches sont appelés à rendre. M. Bernard y ajoute une dépense dont il ne peut jamais se repentir. Je suis un jour entré dans son salon et j'ai pu d'un coup d'œil apprécier son luxe.

— Qu'y avez-vous donc vu ?

— J'ai vu que dans le mobilier tout était utile et confortable, et que dans la toilette des dames tout était gracieux et de bon ton. Mais j'ai remarqué plus que tout cela les livres, les globes, les instruments de musique et les tableaux.

— Alors vous ne condamnez pas tous les objets de luxe ?

— Oh ! non certainement ! tout ce qui tend à instruire et à former le goût est une occupation convenable pour qui peut se la procurer. C'est une dépense productive au plus haut degré. M. Bernard vivra, j'espère, assez longtemps pour voir que l'argent dépensé pour sa bibliothèque rapportera un bel intérêt dans les talents et les connaissances que ses fils déploieront au service de la société ; et les perfections de ses filles non seulement ajouteront aux plaisirs domestiques de tous ceux qui les connaîtront, mais contribueront en outre à imprimer un mouvement progressif à la production, comme vous vous en convaincrez en examinant attentivement la question. Les harpes et les pianos sont des produits du travail aussi bien que le fer en saumons.

— Vous seriez vraiment un amant fort romantique, dit M. Wallace en riant. Quelle étrange figure vous feriez dans le grand monde si vous y portiez vos méthodes de raisonnement !

— Si beaucoup d'hommes agissaient ainsi, dit Paul en soupirant, si, tandis que les grands sont encore maîtres de leur opulence, ils pensaient autant à son origine que lorsqu'ils en sont dépouillés, les rangs seraient plus justement distribués qu'ils ne le sont, on ne verrait pas des mendiants mourant de faim sur les marches d'un palais ; il n'y aurait ni oppression dans les classes supérieures, ni sédition dans les classes inférieures. Les fautes les plus saillantes de ces deux extrêmes de la société, s'effaceraient si l'on pouvait diminuer la distance

qui les sépare. Si les riches étaient plus prévoyants et les
pauvres plus clairvoyants, ni les uns ni les autres ne manqueraient de l'abondance qui leur est propre respectivement.
Les puissants pourraient, sans qu'on le leur reprochât, avoir
leurs assemblées de savants et de gens à la mode, et l'ouvrier
pourrait se récréer avec son journal ou sa flûte après le travail de la journée, tandis que la rose et le jasmin décoreraient
la porte de sa chaumière. Maintenant, continua Paul, j'ai
prêché cinq sermons au lieu d'un que j'avais promis; ainsi,
vous serez bien aise, je crois, que je vous souhaite le bonjour.

— Un instant, dit M. Wallace, vous nous devez une re-
vanche. Croyez-vous donc que vous n'avez pas aussi besoin
d'avis?

— J'en ai besoin, et ils ne me manquent pas. Mon sort est le
meilleur avis que je puisse recevoir.

— Je ne vois dans votre sort d'autre malheur que celui que
vous vous créez. Un court sommeil, de longs travaux, une
nourriture insuffisante, une chambre froide, la solitude et les
soucis, ce sont sans doute des maux cruels, mais ce destin,
vous vous le faites.

— Puisque tel est mon choix, ce ne sont plus des maux
pour moi. Ce sont autant de moyens pour atteindre le grand
but de ma vie, et ce but, c'est la fortune.

Ses compagnons parurent étonnés d'un aveu si peu ménagé:
Que voulez-vous dire? comment expliquez vous cela? quels
sont donc alors les malheurs de votre sort? demandèrent-ils
avec vivacité.

— Une seule question à la fois, s'il vous plaît, répondit-il
avec calme. J'entends par là que, comme tout le bonheur et
tout le malheur de ma vie ont eu jusqu'à présent pour cause
la richesse, et comme je suis tellement organisé que j'ai
besoin d'être occupé d'un grand intérêt, il est naturel que je
me dévoue avec passion à la poursuite de la fortune. C'est vous
dire que je suis avare.

— Et comment vous justifiez-vous d'être avare? car je suppose, puisque vous n'avez pas honte de l'avouer, que vous
croyez pouvoir vous en justifier.

— Je n'y prétends pas plus que l'ivrogne ne prétend excuser le vice qu'il ne peut nier. Je ne m'accorde point même l'indulgence que vous ne me refuseriez pas, si vous saviez tout ce que je peux dire en ma faveur. En commençant la vie, je m'engageai dans une fausse voie. J'en fus violemment arraché, et j'en ai choisi une autre qui ne vaut pas mieux. Dieu seul sait si mes efforts seront encore déçus et si j'aurai la force de recommencer encore une fois. En attendant, la rigueur de mon sort serait un avertissement suffisant, si tout avertissement n'était pas superflu. Vous me demandez en quoi cette rigueur consiste : en nuits sans sommeil, durant lesquelles je gis souffrant du froid et de la faim, et passant en revue toutes les mésaventures que je redoute pour mes économies; en reproches que je m'adresse sans cesse quand je crois que j'ai perdu quelque occasion de faire un bénéfice; en fatigantes pensées de livres, shillings et pence, quand je serais bien aise de penser un peu à autre chose. Dites, ne sont-ce pas là des maux ? je ne puis plus écouter les murmures des ruisseaux, ni épier la grive par un beau jour d'hiver, ni suivre le sentier tracé par les troupeaux à travers la bruyère, avec un cœur sans souci, comme je l'avais autrefois; car je suis toujours poursuivi par l'idée que je perds mon temps, puisque ces distractions-là ne me rapportent pas de l'or. Si je veux prier, il ne sort de ma bouche que ces mots : Tu ne peux à la fois servir Dieu et Mammon. N'est-ce pas là un malheur ? Pourriez-vous me faire entendre un sermon plus expressif que celui que Dieu m'adresse dans ses propres paroles et que m'apporte la brise de la montagne ?

Il se fit alors un long silence, car Paul paraissait si profondément ému des reproches qu'il venait de se faire qu'aucun de ses compagnons n'osait lui adresser la parole. Enfin il s'arrêta comme pour les quitter.

— Gardez-vous, dit-il à Armstrong, de dédaigner mes avis sur votre genre de vie, parce que j'ai condamné celui que j'ai adopté. N'oubliez pas que, quelque tort que je me fasse, je sers pourtant la société dans un sens. Non par mon exemple, je l'avoue : sous ce rapport je ne puis être utile qu'en mon-

trant ce qu'il faut éviter, et c'est une pensée bien humiliante
pour un homme fier. Mais, comme vous, je paie ce que
j'achète, et de plus je prépare des fonds pour les autres. Ils
en profiteront encore après ma mort. Puisse cet argent ne
causer jamais à personne tous les maux qu'il me cause !

— N'êtes-vous pas un homme, dit solennellement M. Wallace ? et ne pouvez-vous pas vous soustraire à une pareille servitude ? Je n'en supporterais pas le poids une heure. Secouez
ces habitudes soucieuses et jouissez des biens qu'un Dieu bon
vous a départis ; rappelez-vous les jours où le sourire d'un
père suffisait à votre bonheur, où la voix d'une mère était la
mélodie la plus douce à votre oreille, où vous étiez peut-être
entouré de compagnons d'enfance que vous aimiez plus chère-
ment que vous n'aimez l'or aujourd'hui. Redevenez enfant
par le cœur sans cesser d'être homme par l'intelligence ; alors
votre corps sera exempt de souffrances, et vous jouirez de la
paix de l'âme.

Paul ne répondit pas, mais il se détourna pour cacher son
agitation, traversa à grands pas le sommet de la colline et
disparut de l'autre côté.

CHAPITRE VI.

Désastres.

Les vicissitudes que prévoyait M. Wallace arrivèrent enfin. Après trois ans le prix du fer en barres était de moitié moindre qu'à l'époque dont nous avons parlé. Ce changement pouvait s'attribuer à plusieurs causes faciles à découvrir. L'état politique de plusieurs pays voisins était incertain, et le commerce en général était par conséquent inquiété. La quantité de fer produite par l'affluence des capitaux dans cette direction, avait enfin dépassé la demande immédiate, et il y avait engorgement sur la place. On espérait que cet engorgement ne serait que momentané ; mais il était fort douteux que la demande des fers du pays de Galles redevînt jamais aussi considérable que précédemment ; car les maîtres de forges de ce canton avaient maintenant des concurrents à l'étranger. En Amérique et dans diverses parties de l'Europe, des établissements pour la préparation du fer commençaient à obtenir des succès aux dépens de ceux de plus ancienne date élevés dans notre pays. Dans les lieux où le minerai, le charbon et la castine étaient de bonne qualité, et où les forges étaient placées dans le voisinage d'une rivière navigable, leurs produits pouvaient être présentés sur le marché pour un peu plus de moitié du prix auquel les maîtres de forges gallois pouvaient vendre les leurs.

Cette circonstance faisait craindre que les forges auxquelles nous nous intéressons ne pussent jamais remonter au degré de prospérité dont elles avaient joui pendant quelques années. Leurs maîtres poussèrent bien des soupirs à mesure qu'ils se virent contraints de diminuer de plus en plus leurs bénéfices. Et les moins raisonnables de leurs ouvriers n'épargnèrent pas les malédictions aux Français et aux Américains qui leur enlevaient leur commerce, oubliant que, puisque la nature a répandu ses riches minéraux sur différentes contrées, tous leurs habitants ont un droit égal à disposer de ces trésors pour le plus grand bien de la société. Les hommes n'ont pas à s'abstenir, ni à désirer que d'autres s'abstiennent d'employer les matériaux placés à leur portée ; leur devoir est de perfectionner par l'industrie les ressources des arts, de manière à ce que le plus grand nombre possible puisse en partager les avantages ; ou, en d'autres termes, de manière à ce que les produits soient de la meilleure qualité et au meilleur marché possibles. Le seul moyen de créer une demande permanente consiste à obtenir des produits qui diminuent de prix en devenant meilleurs ; de même qu'on ne peut obvier aux inconvénients de la concurrence entre les producteurs, qui a toujours existé et existera toujours, qu'en parvenant à rendre plus général l'usage de la chose produite. Les ouvriers de M. Wallace, au lieu de maudire leurs compétiteurs du continent, auraient donc mieux fait d'aider leur chef à trouver quelque moyen de perfectionner ses produits, afin d'être en état de soutenir avantageusement une concurrence inévitable.

Les associés ne cessaient de donner les soins les plus attentifs aux affaires de l'entreprise. Ils y pensaient, chacun de son côté, puis se réunissaient pour se consulter ensemble ; ils ne négligeaient aucun moyen possible d'améliorer la situation de tous ceux qui avaient un intérêt dans leurs opérations. N'ignorant pas que c'est un préjugé sans fondement de croire que les intérêts des deux parties qui concourent à la production puissent être opposés, ils désiraient que leurs ouvriers comprissent bien les motifs des mesures qu'ils adoptaient et les approuvassent. Ils étaient donc toujours disposés à écouter ceux qui se plaignaient ou leur proposaient leurs doutes sans s'écarter des convenances. Plusieurs se trouvaient dans ce cas, et quelques-uns d'entre eux avaient déjà acquis assez de connaissances sur les fluctuations auxquelles le commerce est exposé, pour être plus affligés que surpris de l'état présent des choses ; mais il s'en trouvait un bien plus grand nombre qui, par ignorance, supposaient qu'on ne devait jamais diminuer leur salaire, quel que fût l'état de souffrance où pourraient se trouver les intérêts de leurs maîtres. Ceux-là, chaque fois qu'il était question de réduire leurs gages, se plaignaient aussi haut que si on les eût traités avec injustice. Il était triste pour les associés, dont la bienveillance égalait la circonspection, d'avoir à supporter ces plaintes en même temps que leur changement de fortune ; cependant ils les auraient écoutées sans répugnance si les mécontents à leur tour eussent consenti à admettre leurs explications ; mais ils ne voulaient rien entendre. Sans cet entêtement, ils auraient pu apprendre que l'établissement était dans la position suivante :

Le capital employé dans la forge se composait, comme nous l'avons vu, de trois parties : les instruments de travail, les matières sur lesquelles agissait le travail, et la subsistance ou les gages des travailleurs. De ces trois parties, la première, qui comprenait les bâtiments, les machines, les outils, formait le capital fixe. La seconde et la troisième, qui renfermaient le matériel minéral de la manufacture et les gages des ouvriers qui la faisaient marcher, constituaient le capital reproductible. Le capital fixe n'avait, par lui-même, rapporté aucun bénéfice ; son but étant de faciliter ceux du capital reproductible : c'est-à-dire que les fourneaux et l'appareil à vapeur n'avaient pas rapporté d'argent, mais ils étaient nécessaires pour réduire la mine à une forme marchande. Tant que le fer en barres se vendit bien, les propriétaires en retirèrent non seulement l'intérêt de l'argent qu'ils avaient employé comme capital fixe, et toutes leurs dépenses en minerai et salaire d'ouvriers, mais encore des sommes considérables pour bénéfice. Ce bénéfice s'appelait leur revenu. Ils en distrayaient leurs dépenses personnelles et

ajoutaient le surplus à leur capital qui, ainsi accru, leur permettait d'employer plus de travail, de produire plus de fer, et
par conséquent d'augmenter encore leur revenu et leur capital.
Si cette marche uniforme avait duré, si la demande s'était
toujours accrue, et qu'il ne se fût pas élevé de concurrence
extérieure, il est clair que la fortune des associés et la prospérité de l'entreprise auraient suivi le même progrès. Mais comme
il en fut autrement, un changement dans l'emploi du capital
devint nécessaire. On compte ordinairement deux sortes de
revenus : celui que nous avons cité (les bénéfices rapportés
par le capital) s'appelle revenu net; et l'on donne le nom de
revenu brut à la somme totale qui revient au capitaliste après
une opération; c'est-à-dire que son capital reproduit, ajouté à
ses bénéfices, forme son revenu brut, et ces bénéfices seuls
constituent son revenu net.

Quand les prix du fer en barres baissèrent, le revenu brut
fut naturellement moindre que par le passé; en sorte que,
déduction faite du capital, il ne resta plus qu'un revenu net
moins considérable qu'à l'ordinaire. Les associés prirent sur-
le-champ le parti que tout homme sage adopte en pareil cas;
ils restreignirent la dépense de leurs maisons. M. Bernard
renvoya deux domestiques; ses enfants ne firent pas cette
année de voyage d'agrément; il acheta moins de livres pour
sa bibliothèque, et retrancha plusieurs objets de luxe. M. Wallace se défit de sa voiture; madame se passa de femme de
chambre et s'exerça la main, comme aurait dit Paul, à se coiffer
elle-même. Ces retranchements n'eurent pas tous les résultats
que les associés auraient désirés, et, pour la première fois
depuis l'ouverture de l'établissement, ils n'ajoutèrent rien à
leur capital à la fin de l'année. Malgré de nouvelles réductions,
leur revenu net de l'année suivante ne put suffire à leurs dépenses domestiques, et ils furent obligés d'examiner s'il n'y
avait pas moyen d'étendre ces réformes à leurs procédés d'exploitation. Ils savaient que, dans l'intérêt de tous, leur objet
essentiel devait être de ne pas diminuer leur capital; car moins
le capital employé serait considérable, moins ils pourraient
mettre de travail en action; alors ils présenteraient moins de

fer sur le marché, et leur revenu tant brut que net s'en irait décroissant d'année en année.

Il était évident qu'il ne fallait pas toucher au capital fixe. Si on devait lui faire subir quelque changement, ce devait être pour l'augmenter, non par la construction de nouveaux fourneaux, mais en substituant les machines, le *travail concentré*, à celui qui exige un salaire; ils ne voulaient cependant recourir à ce moyen qu'après avoir tenté d'effectuer une réduction dans le prix des journées. Quelque modification qu'ils opérassent, elle ne devait donc être relative qu'au capital reproductible. N'était-il pas possible aussi d'obtenir des économies dans la préparation du minerai? Les différentes parties du procédé en usage furent analysées fréquemment dans ce but; et il en résulta la certitude que l'on ne pouvait, quant à présent, rien changer au système suivi pour faire subir au métal la première fusion, mais que les scories qui provenaient de la raffinerie et de la forge, devenaient, en les mêlant avec une espèce particulière de terre, susceptibles de produire une qualité de fer inférieure, qui pourrait se vendre avantageusement pour certains usages. Les expériences faites réussirent jusqu'à certain point; cependant le succès ne fut pas aussi complet que l'avaient présumé Francis et son frère, qui avaient depuis longtemps dirigé toute leur industrie vers ce but. Ils avaient espéré que leur nouvelle méthode ferait peu à peu disparaître les montagnes de scories qui leur choquaient la vue; mais ils durent se borner à tirer parti de celles qui étaient journellement rejetées de la manufacture des fers de qualité supérieure.

Que restait-il donc à faire? Il fallait diminuer le capital reproductible avancé sous forme de salaire. C'est à quoi on se décida. La première réduction ne causa aucun trouble; la seconde provoqua les murmures des ignorants, et inspira des craintes aux plus clairvoyants de ceux qui en souffraient; la troisième fut suivie de menaces de se révolter. Quelques ouvriers refusèrent de travailler pour gagner si peu. Leurs maîtres leur démontrèrent la nécessité de ne pas suspendre les travaux, et de continuer à produire autant de fer que possible, quelque bas qu'en fût le prix, afin de se maintenir sur la place tant que le capital ne serait pas compromis. Ils finirent par se soumettre, mais la tranquillité fut de courte durée.

Comme la dépréciation ne s'arrêta pas encore, il devint nécessaire de diminuer de nouveau les frais de production. On s'assura que certaines parties du travail exécutées à la main, pourraient l'être plus économiquement à l'aide de moyens mécaniques. On y appliqua donc une nouvelle machine et on renvoya quelques hommes et quelques jeunes garçons. Cette mesure fit jeter les hauts cris ; mais comment sans cela remédier au mal ? il était impossible de préserver autrement le capital de la société, et de ce capital dépendait le sort de chaque ouvrier de la fabrique, aussi bien que celui des associés. On choisit naturellement ceux qu'on devait renvoyer parmi les moins industrieux et les moins capables. Leurs maîtres et leurs voisins espéraient qu'ils iraient offrir leurs services dans quelque établissement où l'on en aurait besoin et qu'ils partiraient sans bruit. Mais bien loin de là, ils restèrent jusqu'à ce qu'ils eussent dépensé leur dernier sou, essayant de persuader aux autres d'abandonner l'ouvrage à moins qu'on n'augmentât leur salaire, blasphémant contre les machines, et injuriant les propriétaires, au grand chagrin de tous les gens sensés ; quelques-uns, qui étaient allés chercher de l'occupation ailleurs, revenaient sans cesse semer des germes de mécontentement partout où ils le pouvaient, et aggraver le mal en ajoutant la mauvaise volonté à la misère et aux inquiétudes. C'était surtout les jours de paiement qu'ils se rassemblaient autour des portes, à l'heure où les ouvriers venaient recevoir les gages, se moquaient de la modicité de leurs profits, et s'efforçaient de les exaspérer en leur rappelant combien de travail, maintenant exécuté au moyen des machines, l'était précédemment par des hommes, et combien ils étaient plus heureux quand on se servait moins de ces procédés. Il s'en trouvait bien quelques-uns qui, trop sages pour être dupes de ces propos, répondaient que l'introduction des machines était la conséquence et non la cause de l'état actuel des choses, et que la prospérité dont ils jouissaient trois ans auparavant n'aurait pu que s'accroître si l'on s'était servi alors de ces perfectionnements. Mais le plus grand nombre, trop ignorants ou trop découragés pour ne pas saisir toutes les occasions de se plaindre, se laissaient tromper et croyaient que leurs maîtres s'entendaient pour les opprimer.

Par malheur, il arriva peu après qu'un jeune garçon, chargé de surveiller le jeu du nouveau mécanisme, s'exposa par sa négligence à recevoir un coup sur la tête qui le tua sur la place. On ne pouvait pas plus imputer cet accident au nouveau système qu'à l'ancien. Si le chargeur s'était laissé tomber dans le fourneau, que l'homme chargé de le percer se fût exposé à se brûler en s'acquittant de ce devoir, ou que l'ouvrier placé au cylindre s'y fût fait casser un bras, on n'aurait pu en accuser que leur imprudence, et il n'en devait pas être autrement dans cette circonstance. Mais quelque chose qui arrivât, on était décidé à en rejeter le blâme sur la nouvelle invention, et plusieurs de ceux qui furent témoins de l'accident profitèrent de l'occasion pour irriter les mécontents. Ce fut un triste spectacle.

Un cri soudain fit accourir l'inspecteur. Il trouva quatre ou cinq hommes entourant l'enfant, déjà mort, que son crâne brisé et ses traits renversés rendaient hideux à voir. Un de ces hommes pérorait avec une grande véhémence, et demandait si leur vie devait être à la merci des caprices de ceux qui vivaient dans l'opulence aux dépens du pauvre; s'il leur faudrait, non seulement se soumettre à se voir enlever leur travail, mais encore être exposés aux blessures et à la mort par une force contre laquelle toute résistance était impossible. Un autre, à l'air calme et rusé, qui était à côté de l'orateur, semblait occupé à le modérer, mais en réalité ne faisait qu'irriter sa colère.

— Vous oubliez, brave homme, lui disait-il, que c'est une grande commodité pour ceux qui nous emploient d'avoir des esclaves, qui n'ont besoin ni de boire ni de manger, qui ne demandent pas de gages et ne se plaignent jamais de rien. Ils nous trouvent, au contraire, fort importuns, nous qui leur disons qu'il nous faut vivre, nous, nos femmes et nos enfants.

Le bois et le fer n'ont rien de pareil à dire : il ne faut donc pas s'étonner qu'on les préfère à nous.

— Ils n'ont rien de pareil à dire, et le proverbe prétend que les morts ne témoignent pas. Mais cet enfant, s'écria l'homme violent en indiquant le corps, cet enfant portera un témoignage qui réveillera l'indignation de tous les opprimés à plusieurs milles à la ronde. Je le porterai sur mes épaules d'un bout à l'autre du canton ; et tous ceux qui ont des réparations à obtenir suivront son convoi funèbre.

— Quelle forme donnerez-vous à vos remontrances ? demanda l'autre tranquillement. Nos maîtres se riront de vous et vous demanderont s'ils peuvent empêcher que le fer ne brise les os. Ils vous diront que si cet enfant avait été sans ouvrage, comme ils voudraient que nous fussions tous, ce malheur ne serait pas arrivé. Ils vous diront peut-être encore que, s'il eût été à rôder autour de la porte du boulanger, convoitant le pain qu'il ne pouvait acheter, au lieu d'être tranquillement à sa besogne.....

— Oh ! mon enfant ! mon cher enfant ! s'écria une voix déchirante. Je veux le voir, je veux savoir qui l'a assassiné, j'en tirerai vengeance ! Cruels, qui me retenez, ma vengeance vous poursuivra tous !

C'était la malheureuse mère qui venait d'apprendre que son fils avait été tué, mais qui ignorait de quelle manière. Elle était si préoccupée de l'idée qu'il avait péri par la main d'un homme qu'en le voyant elle ne fut pas détrompée, et continua ses serments de se venger.

— La vengeance n'est pas chose facile, dit l'homme aux manières tranquilles. Vous pouvez mettre la machine en pièces, mais elle n'en sentira rien, et vous n'en serez pas plus avancée. Quant à ceux qui l'ont fait dresser, ils sont trop haut placés pour que notre vengeance puisse les atteindre.

— Non, ils ne le sont pas, s'écria l'homme passionné; en brisant leurs ouvrages, nous ne faisons que nous indemniser de nos gages ; et croyez-vous que ce ne sera pas un grand chagrin pour nos maîtres de nous voir rentrer dans nos droits ? S'il en était autrement, ne nous accorderaient-ils pas ce qui nous est dû ? Pour vous, pauvre créature, continua-t-il en s'adressant à la mère qui gémissait déplorablement sur le corps mort, prenez ce qui vous appartient : prenez la froide argile, seul reste de celui qui aurait dû croître en vigueur, et vivre sous vos yeux pendant nombre d'années ; fermez ces yeux qui ne vous regardèrent jamais qu'avec joie ; mais ne serrez pas ainsi ces mains qui vous auraient donné du pain quand les vôtres seraient devenues trop faibles ; ces mains qui auraient préparé votre couche quand les vôtres n'auraient plus été capables de s'élever que pour le bénir.

— Que quelqu'un d'entre vous lui couvre le visage : sa mère oubliera son sourire, mais ce visage défiguré l'obsédera jour et nuit jusqu'à ce qu'elle descende au tombeau. Il vaut mieux qu'il ne puisse plus lui sourire, car elle pourrait oublier sa vengeance.

— Qui ose parler de vengeance ? de qui veut-on se venger ? s'écria une forte voix, derrière la foule réunie sur ce point. C'était Paul, qui, en arrivant, avait entendu les derniers mots, et avait, pour intervenir, plus de courage que l'inspecteur.

— C'est moi qui demande vengeance, hurla la malheureuse mère, les poings serrés, les yeux sortant de leurs orbites, et les cheveux épars sur les épaules.

— Était-ce vous ? répondit Paul doucement, en s'approchant d'elle. J'avais cru entendre une autre voix. Venez avec moi, ajouta-t-il en passant sous son bras celui de la pauvre femme ; je vous reconduirai chez vous. Il nous suivra, continua-t-il, en la voyant prête à s'attacher au cadavre. On le portera dans votre chaumière, et vous y serez plus tranquille.

— Plus tranquille ! oh ! oui, je ne le serai que trop quand il ne me reste plus de fils qui puisse me parler le soir ou le matin, s'écria-t-elle en s'abandonnant de nouveau à toute la violence de sa douleur.

— Ce n'est pas de tranquillité qu'elle a besoin, c'est de vengeance, et c'est ma voix que vous avez entendue, s'écria l'homme emporté.

— Alors vous n'avez pas réfléchi à ce que vous disiez, répondit gravement Paul.

— Vous direz comme moi, vous ferez cause commune avec nous, ou je vous assomme, cria l'autre.

— Non ! car personne, à ma connaissance, n'a de griefs à venger...

Le tumulte ne permit pas à Paul de continuer. — Pas de griefs à venger ! N'est-ce pas un grief pour cette pauvre veuve de voir son fils tué, pendant son travail, par un *accident si peu naturel ?* Elle a autant à se plaindre que s'il eût été égorgé sous ses yeux de la main des maîtres.

Plus irrité que jamais par ces clameurs, l'homme violent se précipita sur Paul, et essaya de l'abattre à ses pieds. Mais Paul, outre l'avantage d'être de sang-froid, possédait une grande vigueur ; il attendit l'attaque et renversa son adversaire. C'était une effroyable chose que de voir cette mère se mêler au combat, quand elle aurait dû se renfermer pour cacher son chagrin. L'emportement et le sarcasme se peignaient sur son visage, tandis qu'elle encourageait le vaincu à recommencer. A cette attaque inattendue, Paul faillit de perdre patience ; mais en regardant la malheureuse femme, les larmes lui vinrent aux yeux.

En ce moment on entendit le bruit des pas d'un cheval, et l'on vit s'avancer M. Wallace qui s'était absenté pendant quelques heures. L'inspecteur parut alors recouvrer l'usage de ses membres et de ses sens. Il fit faire place à son chef, qui, par l'expression de sa physionomie plus que par ses paroles, témoigna combien il était affligé qu'une telle scène eût lieu dans les circonstances présentes. Il poussa son cheval entre les deux combattants, et leur ordonna de se retirer chacun de son côté, recommanda la pauvre femme aux soins de l'inspecteur, et renvoya les curieux à leur travail.

Une demi-heure après, mistress Wallace, qui n'avait appris l'accident que par le bruit public, et ignorait les circonstances qui l'avaient suivi, était près de la malheureuse mère qu'elle tentait de consoler et de mettre à l'abri des opportunités de ses voisines. Les mécontents y trouvèrent un nouveau sujet d'offense ; et quand ils virent que la victime de ce malheur n'était plus irritée, qu'elle parlait avec calme de sa perte, et avec reconnaissance des soins dont on l'avait comblée, ils prétendirent que mistress Wallace n'était venue près d'elle que pour l'adoucir par de belles paroles et la détourner de son désir de vengeance. L'un d'eux dit qu'ils avaient déjà gagné quelque chose à se montrer mécontents ; que c'était un beau triomphe que de voir une dame si élégante se rendre à pied dans une chaumière d'ouvrier, et s'y asseoir comme si elle était habituée à y vivre. Une autre demanda quelle sorte d'histoire elle avait contée à la mère affligée sur la machine nouvelle.

— Celle-ci répondit que ce n'était pas, à beaucoup près, la première fois que mistress Wallace avait visité une chaumière, non plus que les autres dames, qui parlaient tous les jours à quelque ouvrier. Que mistress Wallace avait un très bon cœur, comme elle pouvait bien l'attester à sa louange, quoiquelle eût l'air un peu fière quand rien n'attirait particulièrement son attention ; qu'elle ne lui avait pas dit un mot de la nouvelle machine, et n'avait pas même l'air de savoir qu'elle existât ; qu'il n'était pas présumable qu'on fît connaître aux dames tout ce qui se passait à la forge ; et enfin que le malheur qu'elle éprouvait, quoiqu'elle ne pût ni l'oublier, ni le pardonner, ne devait être imputé qu'aux associés et non à leurs familles, qui n'en entendraient jamais parler, au moins par elle.

— Voilà, s'écria l'un, le fruit des artifices de la belle dame.
— Elle vous a séduite par quelques douces paroles, dit l'autre.
— Je m'étonne que vous vous laissiez ainsi duper, ajouta un troisième ; de sorte que la pauvre femme, qui n'avait jamais eu beaucoup de fermeté, et dont la tête était ébranlée par ce qui était arrivé, se laissa persuader tout le mal qu'il plut à ses voisins de lui dire de mistress Wallace.

Quand celle-ci revint le lendemain après déjeuner, elle remarqua que les enfants accouraient pour la regarder, et que les mères lui lançaient de leurs fenêtres des regards de dédain. Elle en fut péniblement affectée, et se hâta d'arriver à la maison de la femme qu'elle venait voir. La porte était fermée en dedans, et lorsqu'elle frappa pour se la faire ouvrir, un volet de l'étage supérieur fut poussé avec violence, et on lui dit insolemment que la personne qu'elle cherchait désirait n'être pas importunée.

— Voulez-vous bien alors descendre pour que je vous parle un instant des soins à prendre pour l'enterrement?

La voisine quitta la fenêtre comme pour répéter ce qu'elle venait d'entendre. L'instant d'après, cette femme affligée (qui désirait n'être pas importunée) prit sa place, et regardant en bas, elle se mit à crier comme une furieuse :

— Laissez-moi en repos, moi et les miens, à vos risques et périls. Ceux qui ont tué mon enfant ne le feront pas enterrer. Et elle continua à vomir un tel torrent d'injures que la jeune dame, qui n'avait jamais entendu un pareil langage, se sentit prête à s'évanouir. Un jeune domestique, qui était resté un instant en arrière pour une commission, arriva en ce moment, et se montra si irrité contre ceux qui insultaient sa maîtrese, que la crainte de ce qui pouvait en résulter rendit à celle-ci sa présence d'esprit. Dès que sa force d'âme était mise en jeu, elle avait autant de courage et de bon sens que personne. Prenant à l'instant son parti, elle fit signe à John de se calmer, lui ordonna de ne pas répondre, et s'appuya sur la tablette de la fenêtre pour écrire quelques mots sur un papier qu'elle lui commanda de porter à M. Bernard, ou à l'un de ses fils, en lui défendant surtout d'apprendre à son mari, quand même il le rencontrerait, dans quel embarras elle se trouvait.

— Je ne puis pas, Madame, vous abandonner au milieu de ces misérables, s'écria John en parcourant des yeux la foule de femmes et d'enfants qui se rassemblait.

— Ne les appelez pas ainsi, et ne les regardez point comme si j'avais quelque chose à redouter de leur part, dit sa maîtresse ; mais hâtez-vous, et venez me retrouver sous cet arbre.

Elle n'avait écrit que ces mots : « Ne dites rien à mon mari ; mais venez m'aider à détruire des préventions qui peuvent avoir des suites fâcheuses. » Quand John eut disparu avec le billet que chacun avait vu écrire, les cris injurieux redoublèrent. La position n'était pas tenable. Mais mistress Wallace sentait qu'en se retirant en ce moment elle perdrait à jamais son influence sur ces malheureux, et porterait atteinte à celle qu'exerçait son mari. Il lui vint encore à l'idée qu'elle devait peut-être attribuer en partie ce qui lui arrivait à l'extrême réserve de ses manières habituelles, et elle résolut de ne pas se soustraire à ce qu'elle considérait comme une punition. Elle se borna donc à s'approcher de l'arbre qu'elle avait indiqué, et au pied duquel elle s'assit; car elle ne pouvait plus se soutenir. Ce fut là qu'elle attendit que John revînt avec M. Bernard, tourmentée du désir de regarder s'ils arrivaient, mais s'abstenant de tourner la tête de ce côté de peur qu'on ne s'aperçut de son inquiétude.

— Que signifie ce tumulte ? s'écria M. Bernard, qui accourut enfin hors d'haleine, suivi de John qui s'essuyait le front. Aurait-on osé porter la main sur vous ?

— Non ; mais on m'a fait de si bruyants reproches que je n'ai pu me faire entendre ; et votre secours m'est nécessaire pour en découvrir la cause. Modérez-vous, je vous en supplie. Je me suis adressée à vous plutôt qu'à mon mari, dans la crainte qu'il ne fût pas assez maître de lui.

John s'empressa d'expliquer pourquoi il avait tant tardé. M. Bernard n'était pas au bureau comme il l'espérait. M. Wallace y était, et John avait eu beaucoup de peine à s'empêcher de lui tout dire. Il s'était tu cependant, et avait continué ses recherches. Il lui semblait, dit-il, qu'elles avaient duré des heures, tant il était inquiet de ce qui avait pu se passer en son absence.

M. Bernard était mieux informé que mistress Wallace des dispositions actuelles des ouvriers et de leurs sujets de plaintes ; et, ce qui était plus important en pareille occurence, il avait une plus forte voix : de sorte qu'il eut bientôt reconnu le véritable état des choses.

Il leur fit remarquer quelle absurdité était la leur, quand ils supposaient que la jeune dame n'agissait pas aujourd'hui par les mêmes motifs qui l'avaient dirigée dans plusieurs occasions précédentes, où elle leur avait donné des preuves de sa bienveillance ; et il commençait à leur reprocher énergiquement leur ingratitude et leur brutalité, quand mistress Wallace intercéda pour eux. Lorsqu'il s'arrêta pour l'écouter, il se fit un profond silence. Elle dit qu'elle désirait qu'il ne leur fît pas de reproches, parce qu'elle était bien certaine qu'ils s'en feraient assez eux-mêmes ; que ce n'était pas dans le dessein de s'attirer leur reconnaissance qu'elle était venue les visiter, mais pour leur prouver sa bonne volonté dans des moments où ce sentiment est préférable à tout ce qu'on pourrait donner ; tant que ses voisins consentiraient, ajouta-t-elle, à en recevoir les preuves d'aussi bon cœur qu'elle le leur offrait, elle viendrait encore parmi eux, sans en être détournée par les fausses interprétations qu'on pourrait faire de ses motifs ; mais que, personne n'étant obligé de s'exposer deux fois à l'accueil qu'on lui avait fait ce jour-là, ils ne la verraient plus sans l'envoyer prier de venir. Si donc la circonstance présente était la dernière où ils dussent se parler, elle espérait qu'ils n'oublieraient pas que ce n'était pas son désir, mais le leur, qui s'y opposerait.

La foule était maintenant dans des dispositions favorables pour se rendre à la raison, et ils ne doutèrent pas que mistress Wallace ne dît vrai en assurant qu'au moment de sa visite de la veille, elle ne connaissait pas le moindre détail de la mort de l'enfant ; qu'elle ne s'était tue à l'égard de la nouvelle machine, que parce qu'elle ignorait leurs pensées et leurs sentiments à cet égard ; et que maintenant elle était prête à en parler avec eux autant qu'il leur plairait.

Quand elle se leva et qu'elle prit le bras de M. Bernard pour retourner chez elle, elle fut entourée d'attentions, tant l'humeur de cette multitude était variable. On lui apporta de l'eau, qu'elle accepta avec un sourire de remerciement ; et ce secours lui était bien nécessaire, car elle éprouvait une soif ardente. La porte de la mère du mort s'ouvrit alors de toute sa largeur, et mistress Wallace fut invitée avec mainte révérence à entrer pour se reposer. Elle refusa cependant pour ce jour-là. Les mères rappelèrent leurs enfants, comme un piqueur rappelle les chiens, et on laissa en paix avec son ami et son domestique la dame qu'on avait pourchassée. Dès que M. Bernard l'eut laissée en sûreté chez elle, son énergie s'éteignit. Elle n'eut pas d'attaque de nerfs et n'alarma pas toute la maison par le récit de tout ce qu'elle avait enduré; mais elle se renferma dans son cabinet de toilette, et déplora amèrement l'aveuglement et la folie des pauvres gens dont le bonheur semblait à jamais détruit, et qui étaient incapables de s'élever au-dessus des craintes de l'avenir.

CHAPITRE VII.

Mécontentement.

Les ouvriers croyaient trop fermement que les perfectionnements dans les machines étaient la cause de leurs malheurs,
et non la conséquence des remèdes qu'on y voulait apporter,
pour que des explications superficielles ou même la conviction
de quelques-uns d'entre eux suffissent à détruire leurs préventions. Le mécontentement croissait d'heure en heure; les
malédictions prodiguées d'abord aux forges d'Amérique et de
France, aux concurrents du voisinage, à l'administration du
pays, et au corps entier des acheteurs qui ne voulaient plus
payer le fer aussi cher qu'autrefois, étaient maintenant dirigées
contre les nouvelles machines et ceux qui en faisaient usage.
Les associés, de quelque côté qu'ils se tournassent, entendaient
de sourds murmures ; les jeunes gens étaient sans cesse obligés
de s'observer pour ne pas perdre patience, et les dames n'allaient plus se promener que dans les lieux où elles n'étaient
pas exposées à des menaces qui les alarmaient, ou à des murmures dont elles étaient affligées.

Deux jours après l'aventure de mistress Wallace, son mari,
en se levant de table après déjeuner, aperçut Armstrong qui
arrivait à la grille.

— C'est un présage que votre venue, lui dit-il en lui serrant la main ; comment devons-nous l'interpréter?

— Selon que votre prudence vous l'inspirera quand vous aurez entendu ce que j'ai à vous dire, répondit gravement le vieillard.

M. Wallace le regarda d'un air indécis, comme pour lui demander s'il ne vaudrait pas mieux épargner des frayeurs à sa femme en s'entrenant en particulier. Armstrong le comprit.

— Asseyez-vous, madame, s'il vous plaît, dit-il. Les femmes ne sont pas toujours aussi timides qu'on les représente si on agit ouvertement avec elles, et si on leur fait bien comprendre ce à quoi elles doivent s'attendre. Il est inutile d'exiger du courage des personnes qui savent qu'on les préservera du danger. Ainsi, madame, vous m'entendrez et vous jugerez par vous-même. Seulement ne pâlissez pas avant que j'aie commencé, ou j'aurai honte d'avoir si peu à dire.

Rassurée par la conclusion autant qu'elle avait été effrayée du début, mistress Wallace sourit pour répondre au regard inquiet de son mari, et rapprocha sa chaise pour mieux entendre.

Armstrong raconta que la veille, après son travail du soir, il avait observé de son jardin un nombre inaccoutumé de gens qui parcouraient un champ à une distance considérable de son habitation. Il avait appelé sa gouvernante pour qu'elle l'aidât à conjecturer ce que ce pouvait être. Elle avait autrefois vu dans un champ Polichinelle entouré d'une grande foule, de sorte qu'elle n'eut d'autre idée sinon que ce devait être Polichinelle. Et quand son maître lui envoya chercher son télescope, elle s'en servit de la fenêtre avant de l'apporter, et déclara qu'elle était presque certaine d'avoir distingué des tréteaux avec un rideau rouge comme la première fois qu'elle avait vu Polichinelle. Quant à lui, qui n'était pas si disposé à se faire illusion, il crut remarquer que tout ce monde s'était rassemblé sur un point, autour d'un homme placé plus haut que les autres, et qui semblait les haranguer. Il s'était à l'instant décidé à s'y rendre, tant par curiosité que parce qu'il s'attendait à entendre des plaintes sur la direction de l'entre-

prise de ses voisins; plaintes que, malgré son bon cœur, il se
plaisait à écouter, parce qu'elles le confirmaient dans des préjugés qui lui étaient plus chers que M. Wallace même et son
aimable femme. Il n'exposa pas ses motifs comme nous venons
de le faire; mais il les fit assez comprendre pour que M. et
mistress Wallace se regardassent en souriant à la dérobée.

Il était arrivé sur le terrain assez à temps pour entendre la
conclusion du discours qui venait d'être prononcé, et il en
inféra que le but de la réunion était d'aviser aux mesures à
prendre avec les chefs de l'établissement pour les engager à
changer dans leurs plans tout ce qui déplaisait aux ouvriers;
il apprit encore qu'on avait arrêté qu'une députation se présenterait aux associés pour demander que la portion de travail
exécutée par les machines fût restituée à des hommes. Afin de
sonder les dispositions des maîtres, on devait aussi demander
que tous les hommes, femmes et enfants de l'établissement,
dont la présence n'était pas indispensable à la forge, fussent
autorisés à suivre, le lendemain, le convoi funèbre du jeune
homme décédé. Si ces deux requêtes étaient rejetées, les ouvriers avaient décidé qu'ils n'en assisteraient pas moins au
convoi, et qu'immédiatement après le service on délibérerait
de nouveau autour de la tombe du défunt. Armstrong décrivit
l'emportement avec lequel on avait adopté cette dernière résolution de manière à convaincre M. Wallace qu'il était temps
de prendre pour le maintien de l'ordre des mesures plus déci-
sives qu'on ne l'avait encore jugé nécessaire. Pendant qu'il y
réflchissait, Armstrong continua.

— Je déteste, comme vous savez, votre forge, et tous les
objets (non pas toutes les personnes) qui en dépendent; mais
j'aimerais mieux la voir abandonnée tranquillement que dé-
molie pièce à pièce. Si donc vous voulez le permettre, je me
rendrai près des magistrats de la ville voisine et je leur appren-
drai la position critique où vous vous trouvez, en les priant
d'envoyer ici des forces suffisantes pour vous mettre en sûreté.
Il n'y a pas, je le crains, de probabilité que vous renonciez à
l'emploi de vos machines de nouvelle invention.

— Il n'y en a pas la moindre, répondit M. Wallace avec

fermeté. Si nous y renoncions, il faudrait aussi renoncer à donner du pain aux centaines d'ouvriers qui comptent sur nous pour être employés. C'est tout au plus si avec cette machine nous pouvons continuer à faire marcher l'entreprise sans en tirer le plus léger bénéfice. Si nous nous écartons d'une seule mesure d'économie, il faudra fermer l'établissement et renvoyer tout notre monde. C'est ce que je leur dirai si leur députation vient aujourd'hui.

Armstrong se borna à secouer la tête, n'ayant rien à opposer aux raisons de M. Wallace. Enfin il lui demanda à quelle résolution il s'arrêtait.

— A refuser les deux demandes en exposant mes motifs. Je suis sûr de l'approbation de mon associé. Quant à votre offre obligeante de vous rendre près des magistrats, je vais, s'il vous plaît, en conférer avec lui, et dans une heure ou deux vous aurez notre réponse. Je crois être certain que nous accepterons vos bons offices, mais dans une affaire de cette importance je ne puis rien faire sans le concours de M. Bernard. Dans quel lieu mon messager pourra-t-il vous trouver ?

— Chez moi, dans mon jardin. Mais soyez prudent dans le choix de ce messager. J'ai été vu hier soir dans ce champ, et si quelqu'un vient directement aujourd'hui de chez vous chez moi, on concevra des soupçons. J'ai eu soin de me rendre ici par un chemin détourné où personne n'a pu me remarquer, et c'est encore par là que je retournerai.

— Mais pourquoi retourner ? pourquoi ne pas rester ici où personne ne supposera que vous puissiez être ?

— Parce que chez moi je suis, d'un relai, plus près de la ville, et que je puis sans être aperçu sortir par ma barrière. A propos, il ne faut pas que votre envoyé soit d'humeur à jaser sur son message avec ma gouvernante ou toute autre personne qu'il pourrait rencontrer. Peg se tait volontiers quand elle n'a personne à qui parler ; mais on ne peut savoir, par le temps qui court, s'il ne se trouvera pas quelqu'un sur son chemin.

Il fallait maintenant choisir un messager. Mistress Wallace offrit ses services, pensant qu'on soupçonnerait difficilement une dame, mais son mari ne voulut pas entendre parler de la laisser sortir de la journée.

— Que ne me faites-vous un signal ? dit Armstrong ; un mouchoir blanc n'est pas indiscret, et, de la haie de mon jardin, je vois très distinctement vos fenêtres avec ma lunette. Ainsi donc hissez votre pavillon ; et je saurai ce que cela veut dire.

On reconnut que ce plan était le meilleur, et il fut convenu qu'à trois heures précises, moment auquel on connaîtrait les dispositions de la députation, Armstrong attendrait le signal. S'il voyait un mouchoir blanc, tout irait bien et il pourrait rester chez lui ; mais si c'était un mouchoir rouge, il devrait aller trouver les magistrats et leur faire connaître l'état des choses, en leur laissant le soin de décider quelle force on devait diriger sur l'établissement pour le protéger. M. Wallace remit au vieillard un certificat attestant qu'il était autorisé par l'association ; puis, encourageant sa femme à avoir bonne espérance, il se hâta d'aller reprendre ses travaux. Armstrong fit aussi ses adieux, et tous trois, en vaquant à leurs diverses occupations, méditaient sur l'ignorance et la faiblesse qui créent des dissensions entre les membres de la même association, dont les efforts devraient s'unir pour le bonheur général et particulier, et qui détruisent en litige les ressources qui s'accroîtraient par l'union.

Pendant toute cette matinée les associés restèrent sur les lieux, dans l'attente du message que devait leur adresser le corps des ouvriers ; mais ils n'en eurent pas de nouvelles. Tous s'occupèrent paisiblement de leurs travaux, comme s'ils n'eussent médité rien d'extraordinaire ; de sorte qu'à deux heures M. Wallace revint pour rassurer sa femme en lui annonçant qu'elle pouvait arborer le pavillon blanc. Il était inutile de chercher à savoir ce qui avait décidé les mécontents à changer leurs projets ; mais il ne restait certainement aucun prétexte pour réclamer la protection de la loi ou de la force armée. Délivrée, quant à présent, du fardeau de ses craintes, la jeune dame franchit l'escalier, pour aller préparer son signal, avec autant de légèreté qu'elle en eût jamais déployé à la danse. Pendant ce temps-là, sur la hauteur, Margaret se demandait quel caprice s'était emparé de John Armstrong pour qu'il négligeât ainsi son ouvrage, et préférât braquer son télescope de minute en minute; jusqu'à ce qu'enfin, après avoir sifflé d'un ton bas et prolongé, il le mit de côté et ne regarda plus. Elle fut tentée de lui demander ce qu'il avait vu; mais chez elle l'habitude était plus forte que l'impulsion du moment, et elle garda le silence.

M. Wallace étant retourné à la forge, observa que Paul, qui, lorsqu'il était à son fourneau, avait coutume de considérer son ouvrage aussi attentivement qu'un astronome considère une étoile nouvellement découverte, levait les yeux à son approche et le regardait d'un air très significatif. M. Wallace s'arrêta; mais ils avaient trop de témoins pour qu'une explication fût possible. — Paul, dit-il, je voudrais savoir... Mais il est inutile de vous questionner quand vous êtes à l'ouvrage. Vous ne souffrez pas qu'une personne vous interrompe à cette heure du jour.

— J'aime encore mieux être questionné en plein jour et quand je suis à l'ouvrage, répondit Paul en le regardant encore de la même manière, que le soir quand je suis tranquillement chez moi, à penser que ma tâche est finie jusqu'au lendemain.

— Oh ! oh ! pensa M. Wallace, je commence à comprendre. Mais, continua-t-il, la question que je voulais vous faire n'a pas rapport à votre fourneau, il s'agit de l'un de vos autres métiers. Si j'allais vous trouver ce soir, je suppose que je trouverais vote porte barricadée et que vous me renverriez sans réponse.

— Non pas, dit Paul, car je pense que tout homme qui fait une question loyale a droit à une réponse franche. Ce serait donc ainsi que je vous répondrais avec toute la civilité dont je suis capable. Après quoi je vous dirais que ce n'est pas l'heure de faire la conversation et je vous souhaiterais le bonsoir.

— Et si je refusais de partir avant d'avoir obtenu ce que je désire, appelleriez-vous Jones et ses garçons pour me faire sortir de force ?

— Non pas pour la première fois ; mais si je vous voyais en
colère pour avoir été renvoyé, je ne vous laisserais revenir
chez moi qu'à bonnes enseignes ; si vous touchiez seulement
du doigt à mon établi, j'appellerais les Jones pour vous
étriller, et crier : Bas les mains ! Maintenant, Monsieur, vous
savez à quoi vous devez vous attendre.

— Vous êtes un étrange garçon, dit M. Wallace ; cependant
je vous remercie de m'avoir averti de ce que j'ai à faire.

— Il n'en vaudrait pas moins pour être un peu plus poli,
dit un ouvrier près de là. Si quelqu'un d'entre nous se permettait de menacer ainsi un gentleman, on ferait un beau
fracas.

— Paul est un original et veut bien qu'on le sache, observa
M. Wallace. Mais il nous montre le genre de respect qui nous
plaît en s'acquittant à notre satisfaction du travail qui lui est
confié, et en soignant nos intérêts comme les siens. Parlez-
moi de rudesse dans le discours et de loyauté dans les actions ;
cela vaut mieux que de belles paroles suivies d'actions brutales.

— Que vous semble de paroles et d'actions brutales tout à
la fois ? dit un autre ouvrier : elles m'ont l'air de ne pas tarder
à être à l'ordre du jour.

— Nul homme n'est tenu de les endurer, répondit son chef.
Ici du moins on ne les souffrira pas. Le voisin de celui qui
avait parlé le poussa du coude, et il en resta là.

Les associés, en se communiquant leurs observations, convinrent qu'il était probable, d'après ce qu'avait dit Paul, qu'on
leur demanderait tumultueusement dans la soirée l'autorisa-
tion d'aller le lendemain à l'enterrement. Comme il était peu
probable que les ouvriers en vinssent aux voies de fait avant
la réunion convoquée dans le cimetière, il fut décidé qu'on
rejetterait cette demande déraisonnable.

Les barrières des deux maisons principales furent fermées
ce soir-là de bonne heure et les portes soigneusement barrées.
On ne laissa pas ignorer aux dames ce qu'on avait à craindre ;
car leurs protecteurs avaient confiance en leur courage, et
prévoyaient en outre combien la confusion serait plus grande

si l'épouvante régnait dans l'intérieur en même temps que le tumulte au dehors.

Il faut bien convenir que mistress Wallace tomba dans de fréquentes distractions tandis que son mari lui faisait une lecture, et que chez M. Bernard les jeunes personnes jouèrent leur duo plutôt par routine que con amore. A chaque pose elles prêtaient l'oreille, craignant d'entendre des cris ou des bruits de pas ; et quand elles eurent fini, leur père lui-même ouvrit la fenêtre, regarda au dehors et demanda qu'on fît silence. La lune ne s'était pas encore levée, et il n'y avait d'autre lumière que celle des fourneaux d'où s'échappait vers le ciel un nuage rouge, ni d'autre bruit que le fracas lointain de la forge. La soirée était chaude, et la famille resta quelque temps à la fenêtre, parlant peu ; quelques-uns cherchant à distinguer les étoiles à travers la fumée, les autres faisant leurs conjectures sur ce qui arriverait jusqu'au lendemain, à pareille heure, tandis que les plus jeunes se tenaient aussi tranquilles que possible, dans l'espoir que leur père et mistress Sydney oublieraient de les envoyer coucher.

— Mon père, cria Frank, j'ai vu un homme franchir la haie, là, dans ce coin.

Tous avaient entendu le bruit des branches froissées.

— Qui va là ? demanda M. Bernard.

— Fermez les volets, monsieur, si vous m'en croyez, dit Jones à voix basse. Ils sont près d'ici, et il ne faut pas qu'ils voient de la lumière chez vous en tournant l'angle. Je suis accouru en avant, et Paul est allé avec le rassemblement chez M. Wallace. Il faut que je me hâte de les rejoindre avant qu'on ne s'aperçoive de mon absence. Je ne suis venu que pour m'assurer que tout était fermé chez vous.

— Se porteront-ils ce soir à des violences ? demanda M. Bernard avant de fermer les fenêtres.

— Il n'y a rien à craindre si vous leur parlez avec fermeté, sans rudesse ; mais je ne réponds de rien pour demain.

A ces mots, Jones s'enfuit et franchit de nouveau la haie, afin de rejoindre les derniers rangs du rassemblement dont les torches commençaient à jeter une vive lumière à l'angle de la route.

— Vite en haut, tous tant que vous êtes, et que personne ne se montre aux fenêtres, excepté mes fils et moi, dit M. Bernard. Surtout point de frayeur; vous avez entendu qu'il n'y a pas de violence à craindre pour ce soir.

Avant que la famille fût remontée, on entendit heurter et sonner à grand bruit.

— Que désirez-vous de moi? demanda M. Bernard en ouvrant une fenêtre du second étage.

— Nous désirons d'abord votre promesse de démonter pièce à pièce la nouvelle machine qui prive tant d'ouvriers de travail, et de ne vous en servir jamais qu'avec le consentement de toutes les parties intéressées.

— C'est une demande fort raisonnable, vraiment! Je crois que, pour nous amener à penser comme vous sur ce point, il y a plus de raisons à déduire qu'on ne le peut faire dans une courte soirée d'été.

— Répondez oui ou non, s'écria l'orateur.

— Fais-lui connaître nos conditions, dit son voisin. Qu'il sache à quoi il doit s'attendre dans l'un et l'autre cas.

— Je n'en veux pas entendre, dit M. Bernard; je nie que vous ayez le droit d'en imposer aucune. Aussi longtemps que mes associés et moi continuerons nos travaux, la direction de l'entreprise reposera sur nous seuls. Ainsi ne parlez pas de conditions.

— Alors répondez oui ou non, répéta le premier qui avait parlé. Détruirez-vous ou ne détruirez-vous pas la nouvelle machine?

— Non. Et maintenant vous avez ma réponse. Je vous ferai connaître mes motifs quand il vous conviendra de me les demander à une heure et avec des formes convenables.

La foule murmura en entendant parler de motifs; mais un homme qui parcourait les rangs les engagea à présenter leur seconde demande. C'était Jones; et son dessein était d'abréger cette scène pour que le rassemblement se dispersât.

— Votre réponse est enregistrée, monsieur.....

— Et en lieu où on ne l'oubliera jamais, ajouta une voix tonnante.

— Nous passons maintenant à notre seconde requête, et nous demandons que tous les ouvriers de l'établissement soient autorisés à assister demain aux funérailles de James Fry et à ne rentrer que le jour suivant, à l'exception du petit nombre de ceux qui sont indispensables pour le service des fourneaux.

— Quel est en cela votre but?

— De témoigner toute notre haine des moyens qui ont causé la mort de ce jeune homme.

— Qui peut vous faire croire que mon associé et moi consentirons à votre demande?

— Ce n'est pas bien certainement l'idée qu'elle vous soit agréable. Mais qui nous empêchera de prendre cette permission si vous la refusez?

— Écoutez bien ma réponse, puis disposez de la journée de demain comme vous l'entendrez. Je n'accorde à personne la permission de quitter l'ouvrage qu'il s'est engagé à exécuter, excepté aux quatre individus choisis par la mère du mort pour accompagner le cercueil. Tout autre ouvrier qui abandonnera demain le travail, l'abandonnera pour toujours.

— Et si nous vous forcions à l'abandonner vous-même? cria une voix insolente.

— Vous le pouvez en nous retirant votre concours ; mais le jour où ces fourneaux cesseront de brûler sera le jour de votre ruine. Si vous nous forcez à choisir entre deux maux, nous aimerons mieux clore nos opérations et retourner d'où nous sommes venus que d'obtenir les plus brillants résultats sous le contrôle des gens que notre capital fait vivre.

Cette dernière phrase excita de nouveaux murmures.

— Nous verrons bientôt ce que deviendra ce capital ! Que nous importe votre capital si vous craignez tant que personne y touche, excepté vous? Nous porterons ailleurs notre travail, et alors vous verrez à quoi votre capital vous servira.

— Il nous servira autant que votre travail vous servira sans lui, ni plus, ni moins. N'oubliez pas que ce n'est pas nous qui désirons entre ces deux forces une séparation qui entraînera notre ruine à tous. Si demain vous abandonnez l'ouvrage, notre entreprise est renversée; si vous voulez prendre un peu patience et exécuter votre part du contrat, nous pouvons encore voir de meilleurs jours : réfléchissez-y et jugez vous-mêmes.

Il ferma la fenêtre et les volets. La foule se dispersa après avoir fait entendre d'étranges rumeurs, et violemment applaudi les avis proposés par ses chefs. A minuit, il régnait dans le parterre, éclairé par la lune, autant de calme que s'il n'avait pas été foulé par les mécontents.

Une scène à peu près semblable, sans en excepter la conclusion, avait eu lieu chez M. Wallace. Dès que le rassemblement eut disparu, ce gentleman résolut de ne pas perdre un moment pour se concerter avec Armstrong, tant il était convaincu qu'ils auraient besoin de protection, si les ouvriers, en se rendant au convoi et à la réunion qui devait le suivre, donnaient un nouvel aliment à leurs passions.

M. Wallace, fort peu disposé au sommeil, pensa qu'une promenade au clair de la lune calmerait son sang, et se dit qu'il était plus prudent de porter lui-même son message. Quand tout lui parut tranquille, il se mit en chemin, en prévenant sa femme que dans deux heures il serait de retour, et qu'il espérait lui apprendre alors qu'Armstrong était parti pour réclamer les secours nécessaires.

A onze heures, il atteignit l'escalier qui conduisait à la barrière d'Armstrong. Quand il passa par-dessus, le chien aboya, gronda et se tint prêt à s'élancer sur lui.

— Eh bien, Keeper ! [1] crièrent à la fois son maître et le nouvel arrivant, l'un dans la maison, l'autre en dehors. Le chien reconnut la voix de M. Wallace ; mais il n'était pas assez sûr que ce fût lui, enveloppé comme il était dans son manteau, pour cesser sur-le-champ de donner l'alarme. Il sautait et gambadait autour de lui, en grondant encore, lorsque le vieillard, passant par la jalousie un pistolet qui brillait au clair de la lune, s'écria : Halte-là, ou je fais feu. Mais lorsqu'il entendit : Ne vous pressez pas trop de tirer sur votre ami Wallace, il fut plus effrayé qu'auparavant. Il se hâta de faire entrer son hôte ,afin d'apprendre ce qui était arrivé.

 [1] Nom de chien, de *To Keep*, garder.

M. Wallace remarqua avec quelque surprise que le vieillard ne s'était pas encore couché ; il était resté avec son habit de travail, assis près d'une table, sur laquelle se trouvaient sa Bible encore ouverte, ses pistolets, ses lunettes et une lampe. Avant que son visiteur eût le temps de s'informer de ce qui l'avait fait veiller si tard, la gouvernante avança dans la chambre sa tête coiffée de nuit.

— Point de voleurs, Peg, dit son maître, et la tête disparut, Margaret ne jugeant pas qu'elle eût rien à voir dans les raisons qui amenaient M. Wallace à une heure si avancée. Son maître était tout à fait du même avis ; car, quand il eut décidé ce qu'il voulait faire, il frappa à sa porte et se borna à lui dire :

— Je sors, et si je n'étais pas de retour demain pour dîner, n'ayez pas d'inquiétude. Keeper saura bien vous garder.

Alors il se mit en route pour aller avertir les magistrats, tandis que M. Wallace reprit le chemin de sa maison, s'arrêtant par moments pour écouter si tout était tranquille, et remarquant les lumières qui disparaissaient l'une après l'autre des fenêtres des chaumières si tard, en comparaison des autres nuits.

CHAPITRE VIII.

Émeute.

Le lendemain, de grand matin, un messager se présenta à la porte des Jones pour leur faire connaître que la réunion pour le convoi aurait lieu à huit heures, devant la maison de la veuve Fry, et qu'on leur recommandait surtout de n'y pas manquer. Paul demanda ce que signifiait ce message, puisque personne de la famille ne devait aller à l'enterrement. Le commissionnaire en témoigna son mécontentement, dit qu'il avait ordre de prévenir de porte en porte, et qu'il croyait que tout le monde avait l'intention de s'y rendre.

— En ce cas, Jones, dit Paul, nous ferons bien d'aller à notre ouvrage le plus tôt possible; l'exemple en pareille circonstance peut être de quelque utilité.

Ils se rendirent donc à la forge, ainsi qu'un petit nombre d'autres ouvriers, avant l'heure ordinaire, pour donner le bon exemple. Plusieurs autres restèrent chez eux et n'en sortirent qu'après que la procession fut hors de vue, pour aller furtivement à leur travail, comme si la peur et la honte les eût tourmentés. Mais une majorité très nombreuse suivit le cercueil jusqu'au lieu de la sépulture, situé dans un cimetière, au milieu des montagnes, non loin de l'endroit où se réunis-

saient les *ranters*. Cette multitude s'avançait par quatre
hommes de front, se tenant par le bras, marchant dans un
morne silence, et ne détournant les yeux ni à droite, ni à
gauche.

M. Bernard avait eu l'idée que le prêtre, chargé du service,
pourrait exercer sur les hommes réunis en cette occasion une
influence très utile au maintien de la paix. Il lui fit donc
porter, par un express à cheval, une lettre où il lui faisait part
de l'état actuel des choses.

Ce prêtre était jeune et timide, et se sentant incapable de
prendre un parti, il eut recours à l'expédient le plus malen-
contreux, en s'échappant dans une autre direction, sans laisser
aucune indication du lieu où on pourrait le trouver. On l'attendit longtemps, jusqu'à ce qu'enfin le rassemblement, déjà
disposé à l'irritation, commençât à perdre patience; et lorsque
ceux qui étaient allés jusqu'à sa demeure pour le prier de se
hâter, apportèrent la nouvelle de son absence, l'indignation
de la foule ne connut plus de bornes. Ils conclurent, sans
autre examen, que leurs maîtres avaient imaginé d'empêcher
l'enterrement d'avoir lieu, et de se jouer d'eux par ce retard.
Ils oubliaient, dans leur fureur, que leurs maîtres avaient un
grand intérêt à faire disparaître le plus tôt possible le cercueil
du pauvre garçon, et à calmer l'emportement des ouvriers au
lieu de l'exaspérer.

Mistress Wallace se mit en sentinelle ce jour-là à sa plus
haute fenêtre, avec une constance égale à celle de la sœur
Anne, dans Barbe Bleue. Plus d'une fois elle crut voir au loin,
sur la route, s'élever un nuage de poussière; plus d'une fois
elle trembla de crainte au moindre bruit qui lui semblait
venir du sommet de la colline. Toutes ces espérances étaient
concentrées sur le grand chemin, toutes ses craintes sur le
sentier qui menait au cimetière. Le salut de l'entreprise et
peut-être de son mari lui paraissait tenir à ce que la force
publique arrivât avant les révoltés. Ses doutes ne furent pas
de longue durée.

La foule des ouvriers inonda bientôt les hauteurs voisines,
non plus en bon ordre comme ils étaient partis, mais pêle-

mêle, brandissant des bâtons et hurlant comme s'ils eussent
été tous ivres. A leur tête s'avançait une horrible figure :
c'était la mère du jeune homme qu'on venait de déposer dans
la tombe, sans aucune des cérémonies de l'Église. La fête fu-
néraire semblait devoir être aussi peu chrétienne que la forme
de l'enterrement, à en juger par les cris frénétiques de la
mère, et par les gestes qu'elle dirigeait vers la forge, comme
pour indiquer le théâtre où ces furieux pourraient assouvir
leur vengeance.

Au pied de la colline, ils firent une halte soudaine, comme
s'ils en eussent reçu l'ordre d'un chef; puis se formant rapidement en une masse compacte, ils s'avancèrent presque en
silence, mais avec une grande célérité, jusqu'à ce qu'ils
eussent entouré le bâtiment qu'ils voulaient attaquer le premier. Les ouvriers qui s'y trouvaient avaient à peine eu le
temps de s'échapper par les derrières, quand les portes furent
brisées. Cent bras à la fois travaillèrent aussitôt à tout sac-
cager et à détruire la machine. Après cet exploit, ils passèrent
à un second bâtiment, puis à un troisième, lorsque soudain on
entendit crier *au feu !* Les meneurs sortirent en toute hâte, et
virent en effet des tourbillons de fumée s'échapper par les
portes et les fenêtres des bureaux où étaient déposés les livres,
et où se faisaient les paiements. Les moins ignorants des mu-
tins virent d'un coup d'œil que cette œuvre de destruction
consommerait la ruine de l'entreprise et de tous ceux qui en
dépendaient. Ils témoignèrent par leurs cris lugubres toute
leur indignation contre l'incendiaire, et se mirent promptement en devoir d'éteindre le feu et de sauver les livres et les
papiers. Ils rencontrèrent à la porte la femme furibonde qu'ils
avaient associée à leurs chefs. Elle brandissait une torche en
se glorifiant de ce qu'elle venait de faire. Ils lui lancèrent
des regards pleins de rage et la menacèrent du poing en passant près d'elle.

Plusieurs voix crièrent : Arrêtez-la, saisissez-la, ou elle cau-
sera notre ruine à tous. On y parvint avec quelque difficulté,
et on porta la misérable dans sa cabane où on la renferma.

C'était un singulier spectacle que de voir les maîtres de

l'entreprise, aidés de Paul et d'une partie du rassemblement, travailler à éteindre l'incendie, tandis que le reste des séditieux poursuivait son œuvre de destruction, sans rencontrer d'autre résistance que celle d'un petit nombre d'ouvriers bien intentionnés, qu'ils eurent bientôt mis en fuite. Le but des meneurs était de bien prouver que leur vengeance n'était dirigée que contre les machines; mais quand la vengeance commence, on ne peut dire où elle s'arrêtera. La vue même du feu encouragea les plus malveillants, et il se commit nombre de vols et de violences qui n'avaient aucun rapport avec les machines.

Paul était au nombre des défenseurs les plus actifs. Voyant qu'il y avait pour éteindre le feu autant de bras qu'il était nécessaire, il pensa à un bâtiment qui renfermait de nombreux appareils de mécanique très précieux, qui seraient probablement sacrifiés si on ne veillait à leur défense. Il y courut, et trouva tout tranquille aux environs; alors il s'y renferma et commença à barricader les fenêtres. Il n'avait pas fini la moitié de sa tâche quand les révoltés arrivèrent, et, trouvant la porte solidement fermée, attaquèrent une fenêtre. Elle fut bientôt forcée; mais à l'instant Paul s'y montra avec une énorme barre de fer, menaçant d'en briser la tête à tous ceux qui oseraient approcher. Il se trouvait placé un peu au-dessus d'eux de manière à avoir un grand avantage; et il y eut parmi les agresseurs un instant d'hésitation. Quelques-uns proposèrent d'enfoncer la porte; mais ils ignoraient combien il pouvait y avoir de barres de fer par derrière, prêtes à tomber sur ceux qui entreraient les premiers. Enfin ils s'écrièrent: Enfumons-les ! et lancèrent cinq ou six torches enflammées dans l'intérieur. Paul écrasa de ses deux pieds toutes celles qu'il put atteindre; mais tandis qu'il essayait d'en éteindre une qui avait déjà mis le feu à quelques menus bois, trois hommes, profitant de cette diversion, s'élancèrent à la fenêtre, lui arrachèrent sa barre et la jetèrent en bas. Paul ne perdit pas un moment sa présence d'esprit. Il saisit une torche enflammée de chaque main, et les porta au visage de ses ennemis qui, ne goûtant pas cette réception, firent retraite en sautant en arrière.

— C'est mon tour de vous enfumer, leur cria-t-il. Mais là
se borna sa défense. Les trois hommes avaient eu le temps de
voir que Paul composait toute la garnison de la place ; et pendant qu'ils continuaient un simulacre d'attaque contre la
fenêtre, la porte enfoncée livra passage à leurs compagnons,
qui s'emparèrent du bâtiment sans résistance. Ils l'avaient
déjà à demi démantibulé, lorsque Paul crut entendre au dehors un bruit bien désiré, malgré les cris et les craquements
qui retentissaient autour de lui. C'était un bruit de chevaux
au galop ; et les sabres des soldats ne tardèrent pas à briller
au milieu de la lueur rougeâtre de l'incendie. Ils s'approchèrent, entourèrent le bâtiment ; et Paul, toujours à cheval
sur la fenêtre, fut leur premier prisonnier. Son arrestation le
fit sourire, sachant bien qu'il serait promptement remis en
liberté ; mais il fut sensible à l'empressement avec lequel quelques-uns des coupables protestèrent de son innocence et demandèrent qu'il fût relâché. Quand un des maîtres fut sur-
venu et l'eut fait délivrer, il eut à remplir un devoir pénible
en désignant, parmi les ouvriers cernés dans le bâtiment,
ceux qui s'étaient rendus le plus coupables. Il savait trop,
néanmoins, que c'était un devoir pour ne pas s'en acquitter
sans restriction. Il fit donc connaître les hommes qui les premiers avaient brisé la fenêtre, lancé les torches, et enfoncé la
porte.

On avait mis enfin un terme à l'œuvre de destruction, et
pourtant les choses n'étaient guère en meilleur état que si
elle eût continué plus longtemps. On voyait les associés conférer mystérieusement avec l'officier commandant. Les ouvriers sensés, qui avaient vu détruire leurs moyens d'existence, immobiles et les bras croisés, considéraient la fumée
qui s'élevait lentement des ruines. Un morne silence régnait
dans le bâtiment où les prisonniers étaient gardés par un
cordon de soldats qu'on aurait pu prendre, sur leurs chevaux,
pour autant de statues. Des sentinelles gardaient les portes et
les fenêtres des maisons des associés, et les dames tressail-
laient chaque fois qu'un cheval piaffait sur l'allée sablée. Pendant ce temps-là, malgré ses frayeurs, la femme de charge

essayait d'établir un peu d'ordre parmi les domestiques, car ils avaient fort à faire pour préparer des rafraîchissements aux soldats. Mais les plus affligés étaient peut-être ceux qui cachaient leur chagrin dans leur humble demeure. Les petits enfants à qui leurs mères défendaient de dépasser les rangs des chaumières, revenaient en courant apporter de temps en temps des nouvelles, et maintes fois, les épouses, les sœurs, les mères inquiètes relevèrent la tête dans l'espoir de leur entendre dire : Mon père arrive par la pelouse; où John est sauvé, car le voilà qui vient; ou bien encore nous allons tout savoir, car Will raconte telle et telle chose à la voisine. Et chaque fois elles baissaient la tête de nouveau, lorsque pour toute nouvelle elles entendaient dire : Notre voisin un tel est prisonnier; ou Brown pleure parce qu'on va mettre son fils en prison, ou bien Mary Dale est allée là-bas pour essayer de voir son mari, si les soldats le lui permettent, car elle ne veut pas croire qu'il ait mis le feu nulle part.

Les enfants se dirent souvent : Je ne veux plus retourner près de ma mère jusqu'à ce qu'elle ait cessé de pleurer. Et quelque nouveau récit les y ramenait pour faire couler de nouvelles larmes.

On ne jugea pas possible de faire partir les prisonniers avant le lendemain. Et quand on leur fit apporter de la nourriture et de la paille pour se coucher, il était bien triste de voir les parents de ces malheureux errer autour du bâtiment dans l'espoir de trouver moyen de leur parler. Les soldats furent souvent suppliés de permettre qu'on s'approchât seulement de la fenêtre, à travers les chevaux, pour voir si Will, ou Georges, ou John avaient besoin de quelque chose ou s'ils n'avaient pas quelque chose à dire. Il n'était pas possible d'y consentir; mais ce ne fut que bien avant dans la nuit que les dernières suppliantes fermèrent leur asile solitaire pour y attendre tristement le lendemain.

Le jour vint enfin aussi serein et aussi brillant que puisse être une matinée de juin. M. Wallace ouvrit les fenêtres de son salon, où il avait passé la nuit avec M. Bernard, à arranger leurs plans pour l'avenir, et à écrire des lettres, tant à leurs

associés de Londres sur la manière la plus prompte de liquider
leur maison, qu'à leurs hommes de loi touchant les indemnités
à exiger pour le tort fait à leur propriété. Les lueurs empour-
prées de l'aurore, les reflets de la rosée sur les arbrisseaux, et
le ramage des oiseaux qui s'éveillaient, formaient un si gracieux
contraste avec la lumière de la lampe et le silence qui régnait
dans la maison que M. Wallace sentit revivre son énergie. Elle
s'éteignit bientôt cependant, lorsqu'il vit reluire des armes
aux premiers rayons du soleil, et remarqua que les fourneaux
étaient éteints, et que ces lieux ordinairement si animés étaient
silencieux comme s'ils eussent été dépeuplés par la peste.
Malgré sa force d'âme et quoiqu'il eût jusqu'à présent réussi à
préserver de toute faiblesse et lui-même et tous ceux qui l'approchaient, ces nouvelles impressions l'emportèrent sur son
courage, et des pleurs dont il n'avait pas à rougir inondèrent
son visage.

— Vous redoutez le départ des prisonniers, dit son associé;
je pense comme vous, et nous ferons bien d'en finir le plus tôt
possible.

Ils sortirent donc ensemble, donnèrent des ordres pour que
les soldats de garde eussent tout ce qui pouvait leur être nécessaire, et firent leurs préparatifs pour qu'ils partissent dès
que cela se pourrait. En parcourant les lieux ce jour-là, on ne
pouvait pas croire un seul moment qu'il y eût aucune nouvelle
violence à redouter. Les hommes les plus remuants étaient
sous bonne garde, et tous ceux qui restaient en liberté, les
coupables comme les victimes, semblaient également accablés
de crainte et de chagrin.

L'horloge sonnait huit heures quand un long chariot s'approcha de la porte du bâtiment où les prisonniers étaient renfermés. Quelques minutes après, la population entière était
réunie sur ce point. Les soldats firent retirer la foule et l'obligèrent à former un demi-cercle, au milieu duquel se tenaient
les associés et le commandant du détachement. On permit alors
aux parents de chaque prisonnier de s'approcher au moment
où on le faisait sortir. Ces adieux donnèrent lieu à des scènes
si déchirantes que l'on jugea nécessaire de les abréger; et par

pitié pour les prisonniers mêmes il fut ordonné qu'ils se bor-
neraient à un seul embrassement. Il y en eut qui n'obtinrent
pas même cette consolation, et il se trouva des épouses et des
sœurs, mais pas une mère, disposées à méconnaître leurs maris
et leurs frères dans le malheur, et qui se cachèrent quand ils
les priaient de venir leur dire adieu. Aucun d'eux ne répéta
une prière ainsi repoussée. Et le prévenu en montant prendre
place sur le chariot ne témoignait sa peine que par un regard
de sombre mécontentement.

Enfin on amena le dernier prisonnier ; les soldats se ran-
gèrent autour du chariot, et il partit au milieu des lamenta-
tions de la foule. Tous les yeux le suivirent aussi longtemps
qu'on put le voir, et quelques-uns des assistants se glissèrent
dans le lieu qui venait de servir de prison, et se jetèrent sur
la paille pour y cacher leurs larmes et leur confusion.

Les associés pensèrent que ce moment était le plus favorable pour exposer aux ouvriers réunis l'état présent de leurs
affaires en ce qui les concernait, et la perspective de leur
avenir. M. Wallace, connu d'eux depuis longtemps, ayant
consenti à porter la parole, monta se placer à la fenêtre d'un
bâtiment voisin, entouré de M. Bernard et de ses fils, et parla
en ces termes :

— C'est en partie dans notre intérêt, mais principalement
dans le vôtre, que nous allons vous expliquer la situation présente et l'avenir probable de cet établissement. Nous répétons
ce que nous avons dit souvent, que nul n'a droit de nous demander compte de notre manière d'administrer nos affaires ;
mais nous désirons vous faire comprendre clairement les raisons qui nous obligent à fermer notre forge, afin de vous convaincre que nous ne pouvons nous en dispenser ; et que ce
n'est pas à nous qu'il faut attribuer le malheur de tant d'ouvriers sages et industrieux que ce jour prive de travail. Nous
avons dit que nous vous donnions ces explications dans votre
intérêt, parce que nous espérons que ceux d'entre vous qui se
sont associés aux coupables par l'intention, sinon par le fait,
reconnaîtront la folie criminelle de semblables excès, et que
les innocents inspireront à leurs enfants une telle horreur des

actions de ce genre, qu'ils les préserveront de la tentation de causer leur propre ruine et celle d'autrui par des égarements pareils à ceux qui viennent de détruire notre entreprise.

Lorsque nous vînmes nous établir dans ce canton, un contrat fut passé, par le fait, sinon verbalement, entre les deux classes qui espéraient retirer des avantages de cette entreprise. Vous offrîtes votre travail en échange des moyens d'existence qui vous seraient fournis sur notre capital. Nous employâmes l'argent gagné par nos pères et nous-mêmes à acheter les terrains, à faire construire les fourneaux, à ouvrir ou réparer des routes, et à payer les gages qui vous étaient dus. Les deux parties se félicitaient d'un accord auquel chacune d'elles gagnait, et espéraient qu'il pourrait durer longtemps sans difficulté et sans mésintelligence. Il n'y eut, et il ne pouvait y avoir, aucun engagement relatif à la durée du temps pendant lequel on fournirait, dans les mêmes proportions, d'un côté le travail, de l'autre le capital ; car il était impossible à l'une des parties de prévoir ce qui pourrait arriver à l'autre. La demande de travail pouvait devenir assez considérable dans quelque autre manufacture pour vous autoriser à nous demander un salaire plus élevé, ou à nous quitter si nous jugions à propos de vous refuser. Il était également possible que le prix de nos produits tombât suffisamment pour nous autoriser de notre côté à diminuer vos gages, ou à faire exécuter une partie de nos travaux sans votre concours.

Il n'y eut donc, je le répète, aucun engagement relatif à la durée du temps pendant lequel votre travail et nos capitaux devraient coopérer à l'entreprise, et nous fûmes sages d'en agir ainsi ; car le temps amena les deux changements dont je viens de parler. D'abord la demande de travail s'accrut tellement que vous demandâtes une augmentation de salaire que nous vous accordâmes de bon cœur, parce que l'état florissant du commerce nous la faisait considérer comme vous étant due. Bientôt une réaction se fit sentir. La demande tomba, une dépréciation s'ensuivit ; il nous était impossible de maintenir votre salaire au même taux, et vous consentîtes à une première réduction, puis à une seconde, à mesure que l'état du commerce devenait plus fâcheux. Jusque-là les deux parties étaient d'accord. Toutes deux eurent à souffrir de ces changements, et s'affligèrent du malheur commun ; mais aucune des deux ne supposa qu'il fût au pouvoir de l'autre d'y porter remède. La question qui les divisa, au grand dommage de chacune, fut l'adoption de la nouvelle machine. — En ce moment la foule sembla manifester, par son agitation et ses murmures, l'intention de ne pas écouter plus longtemps. Quelques-uns cependant, curieux de savoir ce que dirait M. Wallace, crièrent : Silence ! et réussirent assez pour que l'orateur pût bientôt continuer :

— Comme nul bénéfice, nulle production du sol, nul produit manufacturé à l'aide des fourneaux ou métiers, ne peuvent être obtenus, ou transportés par terre et par mer sans l'union du capital et du travail, il est évident que toute tentative dans le but de les désunir est absurde et restera sans succès. Comme tout bénéfice est proportionné à l'accroissement de travail et du capital, et comme cet accroissement rend plus communs et moins chers les objets qui contribuent aux aisances de la vie, il est encore évident que, dans l'intérêt général, on doit administrer ces deux moyens avec la plus sévère épargne, afin qu'ils puissent croître aussi rapidement que possible. Par exemple, plus on emploie de capital et de travail à acheter et à mettre en œuvre l'acajou, plus le prix des meubles fabriqués avec ce bois baissera, plus aussi ils deviendront communs dans les logements des ouvriers. Il en est de même du drap. Autrefois c'était un article fort coûteux, parce que les fabricants étaient en très petit nombre ; mais aujourd'hui que des capitalistes beaucoup plus nombreux en ont établi des manufactures, et qu'on y emploie beaucoup plus de travail, tout homme un peu aisé a un habit de drap à mettre le dimanche. De même encore, plus on peut économiser de capital et de travail pour en faire usage dans le commerce des fers, plus le fer sera commun et à bas prix ; et si c'est un malheur pour nous que le prix en soit déjà si bas, nous devons y chercher un remède en le rendant plus commun et d'un usage plus général, afin de balancer la baisse du prix par une augmentation dans les quantités vendues. Il est donc incontestable que toute économie de travail et de capital profite à la longue à tout le monde. Mais comment parvient-on à l'obtenir ?

Le capital s'augmente quand on y ajoute tout ce qu'on peut épargner sur le bénéfice qu'il rapporte. Nous savons tous que, si cent livres rapportent un intérêt de cinq livres à la fin de l'année, et que de ces cinq livres on n'en dépense que deux, le capital de l'année suivante sera de cent trois livres, et l'intérêt de cinq livres et trois shillings ; et ainsi de suite d'année en année. C'est ainsi que le capital croît par l'épargne. La marche que suit l'accroissement du travail n'est pas la même ; mais on a découvert des moyens de le perfectionner et de l'économiser, et tous les ans on en découvre de nouveaux. Le travail est épargné par les machines toutes les fois qu'une machine exécute ce que l'homme ne pourrait pas si bien faire, ou lorsqu'elle exécute en moins de temps, ou à moindres frais, l'ouvrage que l'homme peut sous les autres rapports exécuter aussi bien qu'elle. Notre nouvelle machine se trouvait dans ces conditions. Elle ne faisait pas, comme les fourneaux et les cylindres, ce que l'homme ne pouvait faire ; mais elle exécutait plus rapidement et à meilleur marché ce que l'homme avait exécuté jusqu'alors. C'était une économie de travail ; et comme toute économie de travail est une chose profitable, notre machine l'était aussi.

Vous avez, je le vois, envie de m'interrompre. Vous voudriez me dire que si elle nous est profitable à nous capitalistes, elle ne l'est pas pour vous qui êtes ouvriers. Écoutez bien cependant les vérités que j'ai encore à vous dire. Si nous avions pu ramener les choses à l'état où elles se trouvaient il y a quatre ans ; si nous avions pu faire évanouir en fumée les forges des pays étrangers, et faire entrer en terre quelques-unes de celles qui nous avoisinent ; si nous avions rendu à la demande son ancienne activité, et élevé les prix plus haut que jamais, vous ne vous seriez guère souciés de nous voir employer de nouvelles machines, parce que, malgré cette innovation, il y aurait encore eu de l'ouvrage pour tout le monde. Vous vous en inquiétez aujourd'hui parce qu'elle prive quelques ouvriers de travail ; mais vous ne devriez pas oublier qu'elle a aussi occupé plusieurs bras qui resteront oisifs maintenant qu'elle est détruite. Ce serait pour nous, aussi bien que pour vous, une grande satisfaction, s'il y avait assez d'ouvrage pour tous les hommes, et toutes les machines que pourrait contenir notre établissement. Mais lorsque des changements que nous ne pouvions ni prévenir, ni mitiger, nous réduisirent à décider si nous voulions employer les deux tiers de nos ouvriers, en adoptant les machines, ou les renvoyer tous, en ne les adoptant pas, nous reconnûmes que nous agirions dans l'intérêt général en recourant à ces nouveaux auxiliaires, malgré les murmures des anciens. Nous vous le disons franchement, nous n'aurions pu employer un seul d'entre vous pendant les six derniers mois sans l'économie qui résultait de la nouvelle machine ; et maintenant qu'elle est détruite nous ne pouvons garder personne un seul jour de plus.

Vous me direz peut-être que nous serons indemnisés de nos pertes sur les fonds communaux, et que nous pourrons reconstruire ce qui a été détruit, et continuer nos opérations comme précédemment. Il est vrai que les dommages que nous avons soufferts nous seront payés sur ces fonds ; mais la détresse où vous ont plongés des actes de violence ne trouvera pas les mêmes ressources. Dans l'état actuel du commerce, et quand la confiance est si complètement détruite entre les deux parties qu'engageait notre premier contrat, nous sommes peu disposés à le renouveler. Mon associé et sa famille vont partir immédiatement. Quant à moi, je resterai avec un petit nombre d'ouvriers pour m'aider à disposer de notre matériel, et à fermer l'établissement. Après quoi ces lieux naguère si animés, qui prodiguaient à tant de centaines d'individus la subsistance, et même les agréments de la vie, ne présenteront plus qu'un triste tableau de ruine et de solitude. Si, dans l'avenir, quelques-uns de vos descendants, enrichis par les travaux de leurs pères, venaient s'y établir, et procuraient à d'autres les moyens de s'enrichir à leur tour, puissent-ils obtenir plus de succès que nous ! Puissent-ils avoir affaire à des hommes qui connaissent les droits et les intérêts de la société, à des

hommes qui sachent jouir de leur prospérité, comme vous
l'avez su autrefois, et qui soient, plus que vous, calmes et
résignés aux jours de l'adversité.

S'ils apprennent jamais les circonstances de ce qui se passe
aujourd'hui, ils remarqueront avec surprise que la vengeance
que vous avez cherchée, car j'apprends que vous appelez cela
une vengeance, est aussi absurde que criminelle. De toutes les
parties lésées par cette action coupable, ce sont vos maîtres
qui perdent le moins, quoique leurs pertes ne soient pas légères,
et c'est vous qui en sentirez le plus les conséquences. Vous vous
êtes privés de travail ; les ressources communes que plusieurs
d'entre vous ont contribué à fonder seront épuisées pour réparer le dommage que vous vouliez nous causer ; et, ce qui est
pire encore, le déshonneur et les condamnations de la loi
attendent vos amis et vos proches. Après avoir joui depuis leur
naissance de la sécurité et des divers avantages qu'assure l'état
social, ils ont jugé à propos d'abdiquer leurs privilèges par une
infraction des lois ; ils doivent en porter la peine. Combien
n'en est-il pas parmi les coupables qui s'affligent maintenant
de ce que les conséquences de leur faute s'étendront à des innocents ? Mais je ne vous entretiendrai pas plus longtemps de
ce triste sujet, je vois qu'il vous est trop pénible. Seulement,
n'oubliez pas, vous qui tenez par la main vos enfants qui
s'étonnent des tristes solennités de ce jour, n'oubliez pas de
leur enseigner l'obéissance aux lois. Dites-leur, vous le savez
par expérience, que la pauvreté non méritée, quelque affreuse
qu'elle soit, est plus facile à supporter que cette pensée qui
obsèdera jusqu'à leur dernier jour quelques-uns de vous : ce
sont mes fautes qui ont attiré la misère sur ma tête et sur ceux
qui comptent sur moi pour avoir du pain.

Je n'ajoute qu'un mot que quelques-uns peut-être seront
bien aises d'entendre ; c'est que nous leur pardonnons
sans effort le tort qu'ils ont eu l'intention de nous faire. Nous
sommes trop affligés du sort qui vous attend pour nous occuper
beaucoup de notre propre malheur. Adieu.

La multitude se dispersa lentement et en silence ; et on en
vit bien peu ce jour-là se montrer hors de chez eux.

CHAPITRE IX.

Le calme rétabli.

Paul était du petit nombre de ceux que son chef choisit pour demeurer avec lui jusqu'après la vente de ce qui restait en magasin, et la clôture de l'établissement. La famille des Jones était des premières qui partirent pour chercher ailleurs de l'ouvrage et un abri. Elle s'était établie dans la ville où les deux garçons faisaient leur apprentissage et où ils jouissaient d'une bonne réputation, sous le rapport de l'honnêteté, de l'industrie et de la prudence. Ses épargnes d'une plus heureuse époque, suffisaient pour la soutenir quelque temps, en cas qu'elle trouvât des difficultés à se replacer, ce qui était peu à craindre pour une famille si respectable. Il laissèrent Paul en possession de leur chaumière, parce qu'il désirait ne pas déranger son établi, et continuer à tailler des bouchons jusqu'au dernier moment.

Un soir, fort tard, qu'il était occupé de ce travail, M. et mistress Wallace entrèrent chez lui. M. Wallace avait reçu des nouvelles d'un de ses amis intéressé dans une forge voisine, et qui désirait savoir s'il ne se trouvait pas un habile contre-maitre parmi ceux que la cessation de travaux de cette entreprise allait laisser sans emploi. M. Wallace saisit avec plaisir cette occasion d'assurer une bonne place à Paul, auquel il avait de grandes obligations pour sa conduite pendant la révolte, et qu'il connaissait capable d'en remplir les devoirs. Paul témoigna toute sa reconnaissance, mais demanda du temps pour réfléchir à cette proposition, d'autant qu'il avait déjà à son choix deux moyens de placer son petit capital, soit dans un magasin à Londres, soit dans une maison de commerce de Birmingham.

M. Wallace parut étonné de l'heureux hasard qui, dans des temps si difficiles, plaçait à la disposition d'un seul homme le choix de trois manières d'employer utilement ses fonds. Paul répondit avec un sourire amer qu'il devait cet avantage à sa réputation d'avarice; les avares ayant deux excellentes qualités pour être admis dans une société de commerce, la possession de l'argent d'abord, puis leur éloignement pour les chances douteuses.

— Je voudrais, dit gravement M. Wallace, savoir quel est votre but quand vous poursuivez la fortune avec tant d'acharnement.

Paul passa dans la chambre du fond et en rapporta le tableau qui y était suspendu.

— Savez-vous de qui est ce portrait? dit-il.

— J'ai quelquefois pensé que c'était le vôtre; mais je n'y retrouve maintenant que peu ou point de ressemblance.

— Ce n'est pas merveille, dit Paul en jetant un regard sur ses mains noircies et sur ses vêtements salis. Au surplus ce n'est pas mon portrait, mais celui d'un frère aîné et unique, qui mourut quand je n'avais que vingt ans et lui que vingt et un, à l'époque même où il entrait en jouissance de ses biens.

— Et fûtes-vous héritier de ses biens? demanda M. Wallace, étonné.

— Jusqu'au dernier arpent, ainsi que de la maison que vous voyez ici. Je perdis tout au jeu et à d'autres plaisirs, quels plaisirs, grand Dieu! et dix ans plus tard, à peine couvert de haillons, j'étais assis sur la colline voisine, sans un seul morceau de pain dans ma besace, comme les mendiants ont coutume d'en avoir, et ce fut là que je traçai le plan de ma fortune future. J'ai un but, monsieur, n'en doutez pas ; c'est de recouvrer ces domaines, de, planter un chêne pour chaque chêne abattu, d'élever un chevreuil pour chaque chevreuil tué, depuis que les portes de cette maison se sont fermées derrière moi comme pour en exclure un prodigue incorrigible.

— Pensez-vous donc que vous puissiez jouir de ces propriétés, si vous les recouvrez ? demanda M. Wallace, ou avez-vous quelque parent auquel vous désiriez les laisser par testament ?

— Ni l'un ni l'autre, répondit Paul : je n'ai pas un seul parent au monde, et je vois aussi clairement que vous que si ce moment arrive, mon amour de l'argent sera trop enraciné pour me permettre de goûter les plaisirs que procure une belle terre. Je pressurerai mes fermiers, je serai jaloux de ma chasse, et je vendrai tout le mobilier de la maison, excepté celui de deux chambres.

— Choisissez donc alors un but plus raisonnable, dit mistress Wallace avec bienveillance ; laissez vos domaines à ceux qui peuvent en jouir, et renoncez, avant qu'il soit trop tard, à cette passion d'accumuler de l'or. Aussitôt que vous en aurez assez pour bâtir et meubler une chaumière, et vous rapporter un modique revenu, laissez-là les affaires, cherchez des occupations dans la lecture, la politique, les œuvres de bienfaisance, dans les travaux et les amusements de la campagne ; ayez recours enfin à tout ce qui peut vous distraire de cette passion vicieuse qui, en détruisant votre santé, dégrade votre âme et vous perd de réputation.

— Si vous ne prenez ce parti, dit M. Wallace, l'événement le plus favorable que je puisse souhaiter pour vous, c'est que vous perdiez tout ce que vous avez acquis.

Paul à ses mots leva son poing fermé, et grinça les dents à la seule supposition qu'un tel événement fût possible. Mistress Wallace pâlit en le voyant se livrer à cet emportement ; mais elle crut devoir ajouter :

— Déjà deux fois l'expérience vous a montré combien les richesses sont fragiles. Vous avez perdu votre fortune, et vu détruire la prospérité de cette entreprise. Si vous continuez à

vous faire un dieu de l'argent, j'espère que vous préparez votre
âme à en supporter la perte, s'il vous échappait au moment où
vous en aurez le plus grand besoin; j'espère que vous vous
retracez ce qu'on doit éprouver quand on meurt dépourvu du
seul bien à l'acquisition duquel on a consacré sa vie.

— Et pourtant, ajouta son mari, mieux vaut finir ainsi que
de vivre et de mourir misérable en possédant ce bien qu'on a
tant recherché. Choisissez donc Paul; car l'une ou l'autre de
ces destinées sera la vôtre, si vous ne faites aujourd'hui un
énergique effort.

Paul n'était pas disposé à contester cette vérité; mais il ne
l'était pas davantage à faire l'effort qu'on lui demandait. Chacun
lui reconnaissait une grande force de caractère; lui-même
n'était fier que de cette qualité. Et cependant il fut faible
comme un idiot sur le point où il importait le plus de ne pas
l'être.

On l'avait vu un jour sourire de compassion en observant la
persévérance d'un enfant qui avait travaillé pendant toute une
chaude journée d'été à creuser un petit étang dans son jardin.
Quand il l'eut terminé, et avant de pouvoir le remplir, il fallut
s'aller coucher, et une nuit d'orage détruisit tout.

En se moquant ainsi des travaux de l'enfant, Paul ne pensait
guère que sa vie ressemblerait à cette journée d'été. Lui aussi
passa ses plus belles heures en préparatifs laborieux, et s'endormit du dernier sommeil pour s'apercevoir en se réveillant
dans l'éternité qu'il avait travaillé en pure perte.

Lorsque M. et mistress Wallace quittèrent définitivement.
ces lieux, ils s'arrêtèrent chez Armstrong pour lui faire leurs
adieux. Le vieillard, suivant son usage, travaillait à son jardin.

— Êtes-vous bien les derniers, dit-il, les tout derniers?

— Excepté deux ou trois ouvriers et autant de domestiques qui sont restés pour faire quelques paquets et fermer la
maison.

— Alors j'espère qu'ils démonteront cette horloge dont les
sons me semblent aussi tristes que les tintements d'un glas.

— Est-ce que vous pouvez l'entendre de si loin?

— Oh! oui, tenez, la voilà qui commence à sonner midi.

J'aimais assez l'entendre quand elle donnait aux ouvriers le signal de sortir le matin de leurs chaumières, ou qu'elle les appelait hors de la forge en annonçant l'heure du dîner. Mais aujourd'hui elle ne rappelle à la mémoire que des temps qui ne sont plus, et je serai bien aise qu'on l'enlève.

— Vous pensez donc qu'il y a quelque chose à regretter dans les temps dont vous parlez? lui dit mistress Wallace. C'est plus que je n'attendais de votre part.

— Je n'en parlerais pas ainsi peut-être, répondit le vieillard, si cette vallée pouvait redevenir ce qu'elle était jadis, mais cela n'est pas possible; et il n'y a pas de comparaison entre un établissement où l'art et l'industrie prospèrent, ou chaque année on voit augmenter le nombre des individus qui participent à cette prospérité, et une scène comme celle que nous avons sous les yeux, où tout réveille l'idée de l'homme, excepté la présence de l'homme même.

— Et où, ajouta M. Wallace, nos souvenirs nous rappellent surtout l'ignorance et la folie qui ont amené ce changement. Je voudrais, pour l'amour de vous, qu'il nous fût possible de raser tous ces bâtiments, et de rendre à la terre son ancienne parure de gazon, si je ne conservais l'espoir que, dans des temps plus heureux, d'autres que nous pourront rouvrir l'établissement.

— Le jour où l'on reprendrait les travaux me serait plus agréable que celui où vous vintes ici vous établir; mais mon sablier tire à sa fin, et même en supposant que rien ne la hâte, je ne puis guère espérer qu'aucun événement vous ramène en ces lieux, avant ma dernière heure. Mais voyons, ajouta-t-il en supprimant son émotion, où donc est votre femme?

— Elle est allée parler à Margaret; voulez-vous lui cueillir un bouquet avant notre départ?

— Certainement, et de mes fleurs les plus rares; car elle est elle-même une précieuse fleur, dit le vieillard. Depuis le jour où je la vis, malgré la bise, traverser la bruyère, avec son manteau et ses gros souliers, pour aller montrer à une pauvre voisine comment on devait soigner un veau qui venait de naître, je déclarai, monsieur, que vous étiez un heureux mari.

Quel que soit le sort qui vous attende, vous trouverez en elle une compagne et un appui.

Mistress Wallace parut à temps pour mettre un terme aux éloges qu'on faisait d'elle. Elle avait laissé Margaret en grande admiration d'un tableau peint de la propre main de la jeune dame, et qu'elle désirait offrir au vieillard comme un gage de souvenir. Ce tableau décora dès ce jour le dessus de la cheminée, et jamais aucune partie du mobilier ne fut le sujet de tant de conversations.

Armstrong donna la main à mistress Wallace jusqu'à sa voiture. Quand l'équipage eut disparu, il fut longtemps à rattacher les liens de la barrière; et la gouvernante observa qu'il se passait la main sur les yeux en retournant dans son verger.

L'IRLANDE

PRINCIPES DÉVELOPPÉS DANS CE CONTE.

Quoi que ce soit qui affecte la sécurité de la propriété, ou intercepte la juste rémunération du travail, il diminue d'autant le fonds qui doit servir à la subsistance de tous, en décourageant l'industrie et la prévoyance.

L'association des fermiers affecte la sécurité de la propriété, parce qu'elle rend chaque fermier responsable des engagements de ses associés, tandis qu'il n'a aucun contrôle sur leur manière d'administrer leurs fermes.

Une hiérarchie de maîtres pour la même ferme a les mêmes inconvénients, parce qu'elle soumet le fermier aux réclamations de plus d'un propriétaire.

Les amendes imposées à un district entier pour les actes illégaux commis sur une partie déterminée de son territoire ont les mêmes inconvénients, parce qu'alors l'honnête homme est obligé de payer pour les méfaits de celui qui ne l'est pas.

L'obligation de contribuer aux frais d'un culte, imposée à ceux qui en soutiennent déjà un autre, intercepte la juste rémunération du travail, parce qu'elle enlève au travailleur une partie de son salaire pour un objet dont il ne retire aucune utilité.

L'usage de louer les terres au plus haut enchérisseur, sans

égards aux services antérieurs, ou aux mérites des soumission-
naires, intercepte la juste rémunération du travail, parce
qu'elle limite d'avance les bénéfices du fermier à la durée de
son bail.

Toutes ces erreurs étant devenues la règle générale en
Irlande, le fonds dont les habitants devaient subsister a diminué, encore que cette diminution ait été plus que compensée
par l'accroissement naturel du capital.

Tandis que ce capital s'accroissait bien plus lentement qu'il
n'aurait dû le faire, la population s'est accrue bien plus rapidement que ne semblaient devoir le permettre les circonstances dans lesquelles le pays se trouvait placé; les conséquences ont été une misère générale, et la démoralisation,
générale aussi, qui accompagne presque toujours l'extrême
misère.

On pourrait pallier immédiatement cette misère par l'introduction en Irlande d'un système légal de *paupérisme* [1]; mais
ce ne serait, en résultat, que rendre le mal permanent et plus
affreux encore.

Lever une taxe des pauvres sur tout le pays, serait une
mesure impolitique, puisque ce ne serait qu'aggraver l'insuffisance du capital, en rendant improductive une nouvelle partie
de ce capital.

Jeter la taxe des pauvres sur les *absents* [2], serait surtout
injuste, puisque les propriétaires absents suivent le sort de la
propriété irlandaise aussi bien que ceux qui résident.

Dans le cas où se trouve l'Irlande, comme dans tous les cas
analogues, on ne peut trouver un remède permanent qu'en
ramenant la proportion entre la population et le capital; et il
le faut essayer par les moyens qu'indique la position particulière où elle se trouve.

[1] Comme le système anglais qui met les pauvres à la charge de chaque commune, d'où il suit que les deux cinquièmes de la population demeurent oisifs,
sûrs d'être nourris par les trois cinquièmes qui possèdent ou qui travaillent.

[2] On appelle *absentees* (absents) ceux qui, propriétaires de terres en Irlande,
en mangent le revenu en Angleterre ou sur le continent; on les accuse de
ruiner le pays, sans y rien consommer.

Il faudrait faciliter l'accroissement du capital en perfectionnant l'économie agricole et domestique, en éloignant tous les griefs politiques ; ce qui amènerait l'union d'intérêts aujourd'hui opposés.

Il faudrait réduire la population dans de justes limites :

Actuellement, par des plans d'émigration bien calculés ; et —,

D'une manière permanente, en s'occupant de l'éducation du peuple, jusqu'à ce qu'on puisse lui confier le soin de ses propres intérêts.

L'IRLANDE

CHAPITRE PREMIER.

Économie irlandaise.

La vallée des Échos, — nom qui dit plus à une oreille anglaise que le mot qu'il traduit de l'irlandais, — est celui d'un
des districts les plus obscurs d'une partie éloignée de l'Ile-
Verte [1], district dont on entend peu parler de ce côté du
chenal, si ce n'est durant les retours périodiques de la famine,
quand sa misérable population ne compte pour vivre que sur
la charité publique. Cette vallée doit, sans doute, son nom au
voisinage de la mer, dont les vagues tumultueuses, sans cesse
luttant entre elles, ont sillonné la côte de baies profondes
depuis le Cap Nord jusqu'au Mizen-Head, et dont la lugubre
musique résonne nuit et jour, été comme hiver, de rochers
en rochers tout le long du rivage. C'est chose rare pour le
voyageur de rencontrer une mer calme dans les comtés ouest
de l'Irlande. Quelque aspect que lui présente la terre, — qu'il
traverse des prairies, ou des champs d'orge, avec des villages

---

[1] *The Green Island*, l'Irlande.

et des villes dans le lointain, qu'il franchisse des montagnes noirâtres ou des marais fangeux, dans lesquels çà et là quelques cabanes de bois et de boue sont les seuls vestiges d'habitation humaine, — l'Atlantique est toujours là, s'enflant et frappant le rivage, comme si il réunissait ses forces pour cette guerre permanente contre les rochers éternels. Un voyageur eût pensé que la vallée des Échos n'avait été créée que pour porter témoignage de cette guerre perpétuelle; car il n'était pas possible de trouver un lieu plus sauvage, et où l'on aperçut moins les améliorations, résultats naturels de l'habitation de l'homme. C'était une grande étendue de terres, située entre le rivage et les montagnes, consistant partie en marécages, partie en champs cultivés, séparés les uns des autres par des fossés, et çà et là par des bancs de gazon, le meilleur genre de clôture que l'on connût plusieurs milles à la ronde, si ce n'est dans les terres de deux ou trois grands domaines seigneuriaux. A peine voyait-on un arbre ou un arbuste dans toute la vallée, et cependant, d'après la tradition, là avait existé autrefois une vaste forêt qui s'étendait le long des montagnes : tradition confirmée par cette circonstance, que dans le marais on trouvait aisément des arbres toutes les fois que les habitants ne savaient comment passer un ruisseau ou une crue d'eau, et qu'il se réunissait assez de bras pour extraire un arbre de la vase et en faire un pont momentané, pour abréger la distance d'un point à un autre.

Un propriétaire résidant, M. Rosso, avait environné sa maison de jeunes plantations; mais comme les montagnes les cachaient à la vue, elles ne diminuaient pas l'aridité de tout le paysage. Les bois d'un autre propriétaire, M. Tracey, qui habitait depuis plusieurs années avec sa famille sur le continent, avaient été tellement élagués par son homme d'affaires, qu'il en restait bien peu de chose, et que sa maison, au lieu de s'appeler Woodland Lodge [1], eût pu s'appeler avec plus de raison une loge dans le désert. Woodland Lodge n'était qu'à un demi-mille de distance de la maison de M. Rosso, et le con-

---

[1] La maison des bois.

traste entre les deux habitations était remarquable. Les parties
de cheval, de cabriolet, de chasse et de pêche, auxquelles se
livraient sans cesse les jeunes Rosso, donnaient un air d'animation à tout leur voisinage. La belle crue des plantations, le
bon état des clôtures en pierres, les moissons verdoyantes des
champs voisins, dénotaient une bonne administration. Tandis
que les volets de la Loge étaient toujours fermés, le gazon
poussait sur les marches du vestibule et les mousses sur les
fenêtres. Des bestiaux maigres étaient couchés çà et là dans
les bois et se frottaient contre des arbres dépouillés d'écorce.
Des chèvres, les animaux les plus enclins à la dévastation,
broutaient entre les mines qui seules séparaient les blés des
pâturages, les plantations des marécages. Le plus grand embarras du voyageur c'était de deviner où logeaient les gens
qu'il voyait dans les champs, ou couchés le long du seul sentier qu'on aperçut dans la vallée, ou enfin réunis le dimanche
devant la chapelle du château. Ce n'était qu'après une longue
observation qu'il parvenait à apercevoir quelque autre construction que la petite école, fondée par M. Rosso, ou la ferme
assez considérable, où le prêtre catholique s'était mis en pension. Toutefois, un observateur plus exercé remarquait un
bon nombre de huttes groupées sur le revers de la montagne
et qui avaient plutôt l'air d'amas de tourbe noire que d'habitations humaines. Quelques bouffées de fumée, le voisinage
de quelques chèvres, de quelques porcs ou d'une vache à
demi-morte de faim, indiquaient que c'était là la demeure de
quelques paysans de la vallée, — paysans qui, après tout,
n'étaient guère plus riches ou plus pauvres que tous ceux de
la plupart des districts de l'île.

L'école dont nous venons de parler avait été fondée par
M. Rosso qui, bien que protestant lui-même, désirait que ses
pauvres voisins reçussent au moins l'éducation qu'ils consentaient à recevoir, encore que cette éducation lui parût mêlée
de ridicules superstitions. Au grand étonnement de ceux à
qui il la destinait, et ensuite de ses voisins protestants, il
choisit un professeur catholique pour le mettre à la tête de
cette école, et ne s'en occupa pas autrement que pour voir si

le maître y mettait du zèle, et si elle était ouverte à tous les enfants qui voulaient s'y rendre. La raison qu'il donna de cette conduite, c'est qu'à l'exception de sa propre famille, il n'y avait que des catholiques, cinq mille à la ronde, et que comme, instruits ou non, ses voisins seraient catholiques, il ne voyait pas de mal à ajouter la lecture, l'écriture, l'arithmétique à l'instruction religieuse qu'ils ne manqueraient pas de recevoir de leur prêtre, le père Glenny. Que ces raisons fussent bonnes ou mauvaises, elles n'obtenaient pas l'assentiment de ses voisins protestants, qui, comme ils le disaient, lui auraient peut-être pardonné d'agir dans l'intérêt de paysans qui lui appartinssent, mais qui commençaient à douter de ses opinions religieuses, morales et politiques, réfléchissant qu'il n'y avait dans le pays qu'un fermier ou deux qui n'avaient pas besoin de ce secours ; et qu'ainsi c'était de gaieté de cœur qu'il donnait son appui à la plus abominable des religions, aux plus abominables opinions politiques qui aient jamais mérité la colère de Dieu dans le ciel, et la haine des hommes sur la terre.

M. Rosso n'en continua pas moins son œuvre tranquillement, ayant de temps en temps une conférence avec le père Glenny sur la situation de l'école, et y entrant quelquefois en passant pour s'assurer de la manière dont on y épelait, et voir si les enfants y apprenaient autre chose que l'arithmétique, connaissance favorite de tous les Irlandais qui ont mis le pied dans une classe quelconque. Le père Glenny, et le jeune maître qu'il avait formé, paraissaient toujours contents de la visite de M. Rosso, et même le priaient quelquefois de haranguer les enfants, ce qu'il avait toujours soin de faire de manière à leur donner quelques idées de morale et de vertu sur lesquelles protestants et catholiques fussent complétement d'accord. Ainsi comme toutes les parties intéressées travaillaient d'un commun accord à faire le bien, sans disputes, sans jalousies, peu importait ce que d'autres en pouvaient penser. Quand on l'importunait sur ce sujet, M. Rosso admettait que peut-être il aurait éprouvé quelque difficulté, s'il lui avait fallu, dans une localité si resserrée, réunir des enfants catholiques et protestants sur les bancs de la même école; mais il ne pouvait douter un moment qu'il n'eût eu raison de donner une éducation catholique à une population composée de catholiques seulement.

Il était bien plus aisé aux paysans de la vallée des Echos d'envoyer leurs enfants à l'école, qu'il ne l'eût été s'ils se fussent trouvés dans une position plus prospère. Un laboureur, un ouvrier anglais emploient leurs enfants aussitôt qu'ils sont assez forts pour travailler, ou du moins dès qu'ils ont cette excuse à donner; mais un paysan irlandais voit sa besogne finie quand il a retourné son champ et planté les pommes de terre, et n'a plus rien à faire jusqu'à l'époque de la moisson. Que si par hasard il se loue à quelque fermier voisin, il ne voit pour sa fille d'autre occupation que de traire la vache et faire bouillir la marmite, pour son garçon que de nourrir le cochon. Ce loisir, joint au désir d'apprendre que l'on remarque parmi la classe pauvre en Irlande, faisait que l'école de M. Rosso était toujours pleine; et, bien administrée, elle eût pu apporter une amélioration importante dans la destinée de la génération qui s'y élevait. Mais il n'est que trop fréquent chez les Irlandais de lire toujours et de ne s'instruire jamais; de s'occuper de légendes au lieu d'acquérir des connaissances positives; d'invoquer le précieux sang d'Abel au lieu d'utiliser les talents que Dieu a donnés à chacun pour lui assurer un appui plus immédiat. Ainsi l'avancement réel des enfants de la Vallée était bien moindre qu'il n'eût dû être, eu égard au temps qu'ils avaient passé à l'école, et quoique plusieurs en sortissent lisant couramment et racontant une histoire avec facilité, les plus âgés d'entre eux savaient au bout du compte fort peu de choses.

Dora Sullivan était l'une de celles qui promettaient le plus dans la petite troupe, et le maître ne cessait de louer la prudence de ses parents et sa propre docilité en la voyant venir à l'école aussi régulièrement que jamais, quoiqu'elle eût quinze ans passés.

On avait craint de la voir s'en aller, quand le seul frère qu'elle eût fut parti pour l'Angleterre, dans l'espoir d'y gagner quelque argent et de le rapporter à son père. Mais les parents de Dora en étaient fiers, ils désiraient qu'on lui apprît tout ce qu'elle pourrait apprendre, et s'en privaient à la maison la plus grande partie du jour, quoiqu'elle fût devenue comme leur unique enfant. Il y avait une autre raison qui faisait qu'ils n'étaient pas fâchés de son absence, c'est que Dan Mahony, qui habitait la cabane voisine, et qui se trouvait souvent avec Dora comme le fils de l'associé de son père pour la même ferme, en était depuis longtemps amoureux et depuis long-temps aussi l'aurait épousée s'il avait eu un demi-acre de terre où habiter avec elle. Les deux familles approuvaient ce mariage, mais ne voulaient pas qu'il eût lieu avant que Dan eût un toit sous lequel il pût conduire sa femme.

Elles firent donc tout ce qu'elles purent pour tenir les jeunes gens séparés, laissant Dora à l'école, et encourageant Dan à aller quelque temps chercher fortune ailleurs. Ce ne fut pas sans murmurer que le jeune homme y consentit après que son père et son beau-père futur lui eurent solennellement promis de s'abstenir de toute querelle pour leur association, ou sur tout autre sujet que ce fût, pendant tout le temps que durerait son absence. Ils ne tardèrent pas à reconnaître qu'ils avaient été trop prompts à faire cette promesse, et qu'il leur était presque impossible de la tenir. Toutefois, ils parvinrent à garder à peu près leur serment, en déchargeant leur bile, chaque fois que l'occasion s'en présentait, sur leur troisième associé, Tim Blayney. Celui-ci profita d'une occasion pour se sauver avant le jour du paiement du loyer, ne laissant à ses créanciers qu'une cabane vide, et un morceau de terre épuisée.

Les baux en association étaient presque universels dans ce district. Dans certaines localités, il n'y avait pas moins de 14 ou 15 paysans pour la même ferme. Dans ce cas leurs dis-putes pour la division de leur petit coin de terre ou pour leur portion du fermage commun devenaient si violentes qu'il y avait de quoi rompre la tête de l'intendant quand il faisait sa tournée. Les *intermédiaires* [1] entre les mains de qui le fermage

---

[1] La plupart des seigneurs irlandais, surtout ceux qui ne résident pas, louent

devait être payé, avaient pris l'habitude de le prendre où et comme ils le pouvaient, sans attendre la décision des préten- tions opposées, et sans égard pour les plaintes de ceux dont ils faisaient saisir les biens. Sullivan pouvait donc se trouver heureux de n'avoir que deux associés, puisqu'à tout événement il ne courrait risque que de payer trois fois sa part de loyer. Or, comme il avait fait vœu de ne pas se quereller avec un de ses associés, et que l'autre était trop loin pour qu'il pût se dis- puter avec lui, il se trouvait dans une position digne d'envie, comparativement à celle de plusieurs de ses voisins. Quant aux *intermédiaires*, il n'y avait guère de choix à faire parmi eux. Tous disaient également qu'ils avaient leur rente à payer à d'autres intermédiaires, ou au seigneur ; tous étaient trop pressés pour prêter l'oreille à des excuses, — trop résolus pour que rien les empêchât de saisir, — trop habitués aux affaires pour se laisser attendrir quand on invoquait leur justice ou leur compassion. Ils n'étaient pas tous également pressants quant à l'époque du paiement, ils exigeaient leur dû avec plus ou moins d'acerbité, suivant leurs propres ressources et celles de leurs sous-locataires. Si leur position personnelle leur per- mettait d'attendre, et qu'il y eût probabilité que leurs débi- teurs ne dussent pas être complètement ruinés d'ici à quelque temps, ils consentaient généreusement à attendre, moyennant que le retard leur rapportât de gros intérêts. M. Teale, auquel Sullivan, Mahony et Blayney payaient leurs rentes, était l'un de ces intermédiaires généreux.

Un beau soir d'été que Dora revenait de l'école, elle aperçut de quelque distance le cheval de M. Teale dans l'enclos de son père, et broutant le chaume de sa cabane en manière de dis- traction. M. Teale la vit approcher par l'ouverture de la porte, car de fenêtres il n'en était pas question dans une pareille demeure. Comme il était de bonne humeur ce jour-là, il atta- qua Sullivan par son endroit sensible.

leurs terres en bloc à un ou plusieurs gros fermiers. Chacun de ceux-ci subdivise sa portion en huit ou dix parties qu'il sous-loue. Quelquefois ces sous-locataires subdivisent et sous-louent encore la portion qui leur est échue. Ce sont ces loca- taires principaux ou sous-locataires, fermiers ou non eux-mêmes, qu'on appelle en Irlande *intermédiaires* (midlemen).

— La voilà qui vient, — c'est une jolie créature que votre fille Dora !

— Elle est bonne, ne parlons pas de sa beauté ; c'est elle qui va écrire et signer le billet, ce sera la même chose que si je le faisais moi-même.

Allons, Dora, mon bijou, prends la plume et l'encre, écris ce qu'on va te dire et fais-nous voir quelle savante le père Glenny a faite de toi.

Dora était extrêmement posée et réfléchie pour son âge ; sa démarche se ressentait de son caractère, elle ne se pressa pas, mais elle se disposa à obéir aux ordres de son père. Elle rabattit la queue de son jupon qui lui avait servi de chaperon, donna de son pied au cochon un petit coup qui le jeta à la porte, et ayant ainsi fait de la place pour se retourner dans la chambre, fit une table du tabouret de sa mère, prit le papier que M. Teale lui présentait, trempa sa plume dans l'encrier, et attendit de nouveaux ordres.

— Voyez-vous, dit M. Teale, vous n'avez qu'à signer : « *Dora Sullivan pour John Sullivan,* » voilà tout.

— Un moment ! s'écria Sullivan, vous avez eu votre temps à écrire des promesses pour moi, M. Teale ; j'ai maintenant un secrétaire dans ma propre famille, je ne me soucie pas de me laisser tromper avec vos morceaux de papier sans savoir ce qu'ils contiennent. Sauf votre bon plaisir, vous allez dicter et Dora écrira.

— Allons donc ! mon cher Sullivan ! —Quelle idée avez-vous de vous méfier de moi aujourd'hui ? Miss Dora sera plus polie, — et je suis si pressé.

Toutefois la politesse de Dora ne l'empêcha pas de faire ce que son père voulait, et même quelque chose de plus. Elle écrivit sous la dictée de Teale, et avant de signer regarda son père et lui demanda si c'était chose convenue qu'il dût ainsi s'engager à payer pour lui et pour ses associés, non seulement le quartier échu, mais tout l'arriéré et les intérêts de l'arriéré, le tout immédiatement après la moisson, et sous peine de voir saisir ses biens.

— Je ne comprends pas trop tout ce que cela signifie, mais

il me semble, mon père, que cela fait beaucoup d'argent, et plus que nous n'en pouvons payer; voilà tout.

— Ne vous inquiétez pas, miss Dora, puisque vous convenez vous-même que vous n'entendez rien aux affaires; signez seulement, mon bijou, voilà tout ce qu'il faut.

— Mais, mon père!

— Tiens-toi tranquille, mon idole! tiens-toi tranquille! que veux-tu que je fasse? Voilà Blayney, la tête éventée, parti, le diable sait où, et qui n'a pas laissé un chiffon; et Mahony qui me laisse le tout sur le dos, le scélérat qu'il est; tu ne voudrais pas, Dora, qu'on emmenât les bestiaux, et que nous fussions obligés de nous coucher le ventre creux? — Tu ne le voudrais pas, Dora?

— Allons, signez, mon bijou, dit Teale, et allez-vous-en avec votre seau traire vos vaches. Cela vaudra mieux que de les voir vendre à la livre.

Dora balançait toujours la plume entre ses doigts, et eût donné beaucoup pour que Dan fût là et pût payer la part de son père dans le contrat. Sullivan la pressa d'en finir. Elle demanda la permission de lire le papier encore une fois tout haut, et, quand cela fut fait, elle demanda s'il n'y aurait pas moyen de faire un arrangement que beaucoup d'autres faisaient; savoir : qu'une certaine portion des produits constituerait la rente, tandis que la famille s'arrangerait à vivre du reste comme elle le pourrait; par ce moyen, disait-elle, on éviterait l'emploi des espèces monnayées; car, dans sa simplicité, c'est à l'argent qu'elle attribuait tous les malheurs de ce monde. Elle savait que plusieurs *intermédiaires* prenaient pour le prix des loyers du beurre, des porcs, de l'orge, quand il s'en trouvait, et qu'ainsi l'on évitait tous les tourments d'argent.

— Avec votre permission, miss Dora, nous entendrons une autre fois ce que votre confesseur peut avoir à dire sur ce sujet, car je suppose que vous écouter ou lui, c'est absolument la même chose, et cela est bien naturel; mais il faut que je parte; ainsi, ma belle, finissez-en de signer ce papier et n'en parlons plus.

Comme toute résistance devenait inutile, Dora signa, et la

plume passa dans les mains de son père pour faire sa croix,
formalité sans laquelle M. Teale soutenait qu'il n'y avait rien
de fini. Elle ne rit pas, comme le fit sa mère, des plaisanteries
de Sullivan, qui trouvait fort drôle de se voir, lui paysan, assis
la plume à la main comme le prêtre de sa paroisse ou l'un de
ses écoliers. Quand *l'intermédiaire* fut parti et que son père se
prit à rire de la facilité avec laquelle ces gens-là se tenaient
contents d'emporter un morceau de papier au lieu de leur loyer,
elle prit son sceau pour aller traire les vaches.

— Va-t-en, ma mie, dit sa mère, et finis-en de soupirer. Si
j'avais commencé à le faire d'aussi bonne heure que toi je
n'aurais plus le souffle aujourd'hui. Nous serons à temps de
commencer à nous tourmenter demain ou après; en attendant
va toujours à tes affaires.

— Parbleu, mon enfant, ta mère à ton âge avait déjà plus
de sujets de s'attrister que tu ne peux en avoir; par une bonne
raison, c'est qu'elle était ma femme et qu'elle avait des enfants
à perdre de la fièvre; j'aurais eu bientôt fait de renfoncer ses
larmes si elle ne m'avait pas montré une figure plus gaie que
cela, et c'est ce que Dan fera si tu n'y prends garde.

Dora sourit et se rendit à l'étable; son père l'y accompagna,
en cas qu'il y eût besoin de lever les vaches; c'est-à-dire en
cas qu'elles fussent tellement affaiblies par le manque de nourriture, qu'elles ne pussent se lever pour se laisser traire.
Quand les pauvres bêtes furent une fois bien mises sur leurs
pieds, sans trop de danger de se laisser choir, Sullivan s'en
alla couper le dernier arbuste qui lui restât pour le brûler,
n'ayant pas assez de gazon sec pour faire bouillir le pot ce
jour-là.

Sullivan n'aimait pas beaucoup à jeter les yeux autour de
lui sur sa petite ferme, ni à examiner la part de ses associés.
Il eût été difficile de dire quelle partie était en pire condition,
et laquelle eût pu être la meilleure si elle eût été convenablement cultivée. Leur proximité de la côte leur offrait un engrais
facile; les parties du sol qui étaient sèches eussent pu être
changées en pâturages, en profitant des pluies fréquentes qui
tombent dans cette contrée, ou bien on y aurait pu faire venir

successivement plusieurs récoltes différentes ; les parties ma-
récageuses eussent pu s'améliorer jusqu'à un certain point, si
on y avait jeté du sable fin ou les substances calcaires qui se
trouvaient en abondance dans le voisinage. Au lieu de faire
leurs plans avec prudence, et pour l'avantage commun, au lieu
de les suivre d'une manière raisonnée et harmonique, les trois
associés décidèrent, une fois pour toutes, ce que leur portion
devait produire, et ne varièrent point leurs récoltes depuis le
commencement jusqu'à la fin. La seule résolution qu'ils prirent
en commun, ce fut de partager leurs diverses portions par des
fossés. Une clôture de murs leur paraissait tout à fait hors de
question, un banc de gazon trop fatigant à construire, un fossé
fut déclaré la séparation la plus commode et la plus tôt faite.
Ces fossés terminés, Mahony sema de l'orge tous les ans, et
chaque année les épis vinrent moins nombreux, et ceux qui
arrivèrent à maturité donnèrent chaque année moins de grain,
jusqu'à ce qu'il en vint à se demander comment cette récolte,
d'abord propre à la nourriture de l'homme, était devenue
bonne à peine pour les pourceaux.

Blayney s'essaya à semer du seigle sans plus de succès que
son voisin, car bien des chevaux sur la route de Londres s'en
fussent éloignés avec dédain. Sullivan, comme nous l'avons
vu, planta des pommes de terre. Tant que le terrain fut jeune,
c'est-à-dire pendant un an ou deux, il en obtint de belles ;
mais quand le terrain fut épuisé il n'obtint plus qu'une espèce
inférieure, plus faite pour des bestiaux que pour des hommes,
et dont il aurait eu grand'peine à se nourrir ainsi que sa
famille, s'ils n'avaient eu le lait dont ils variaient leurs
repas. L'acre et demi de Sullivan ne donnait plus que cent
cinquante sacs par an ; et comme la consommation quotidienne
de la famille était de cinquante livres pesant, ce qui n'était
pas trop pour trois ouvriers bien portants, — il restait peu de
chances de payer le fermage sur la récolte, même quand Sullivan n'aurait pas eu à répondre d'une autre portion que la
sienne. Il comptait donc sur ses bestiaux pour payer son loyer,
ou plutôt il ne comptait sur rien ; quand le temps approchait,
il essayait de faire de l'argent en empruntant, ou en vendant

quelque chose; et quand il n'avait pu y réussir, il reculait le jour fatal en faisant son billet, comme nous venons de le voir. La moitié de ces difficultés n'eussent point existé s'il n'y eût eu personne entre Sullivan et le propriétaire foncier; il eût évité l'autre moitié s'il avait su tirer le meilleur parti possible de ses propres ressources. D'abord M. Tracey n'aurait jamais songé à demander huit livres sterling (200 fr.) de fermage pour un acre; et ensuite il eût eu assez de prudence et d'humanité pour mettre Sullivan sur la voie de quelques améliorations. Tandis que l'*intermédiaire*, qui sous-louait à M. Teale, payait au propriétaire un loyer modéré, et trouvait son bénéfice à en exiger un plus élevé de celui-ci, qui à son tour faisait de même à l'égard de Sullivan et de ses associés; de sorte que le pauvre fermier exploitant payait beaucoup, et que le propriétaire recevait peu; ou, pour présenter la chose sous un autre jour, que la petite ferme devait faire vivre trois hiérarchies de fermiers et le propriétaire foncier. Deux des principaux locataires, n'ayant la terre que pour un temps limité, ne songeaient qu'à en retirer le plus qu'ils pourraient pendant la durée de leurs baux, et ne s'occupaient ni de l'améliorer, ni même de lui conserver sa valeur. Ce système ruineux a reçu un échec par l'adoption du bill des sous-locations, mais non avant qu'il eût causé le plus grand préjudice aux propriétaires et des maux sans nombre aux fermiers exploitant.

CHAPITRE II.

Charges du paysan irlandais.

Dan Mahony une fois hors du pays, les parents de Dora consentirent à sa demande, qu'appuyait le père Glenny; il lui fut permit de quitter l'école et de chercher à gagner quelque chose pour aider à payer le loyer. Dora passait maintenant toute la journée à son rouet; sa mère en faisait autant : et leurs efforts réunis ajoutèrent bon nombre de shillings à ceux que Sullivan parvint à amasser. L'année suivante fut bonne pour les pommes de terre; et Sullivan, ayant vendu une portion considérable de ses produits, se flattait d'éviter de rien ajouter à sa dette antérieure, s'il ne parvenait même à la diminuer. Depuis ce moment, la jeune Dora sourit toutes les fois que son père demandait à quoi bon se troubler de l'avenir, puisque nous ne connaissons ni le bien ni le mal qui doivent nous arriver; et ne lui répondait que par un baiser toutes les fois qu'il lui demandait quel bien était résulté pour eux de tout le mal et de toute l'inquiétude que s'était donné son petit bijou, comme il l'appelait.

Il n'en coûta cette année que la vente d'un seul cochon pour payer le fermage au jour précis où il était dû; et M. Teale fut surpris, et M. Teàle eut l'air de ne pas savoir s'il devait

paraître content ou fâché quand on lui compta sa somme. Il
félicita Sullivan d'avoir trouvé un associé solvable à la place
de Blayney, et de ce que Dan Mahony avait envoyé à son père
de quoi payer sa part; de sorte que Sullivan n'eut pas d'autre
arriéré que celui pour lequel il avait fait son billet. Le cœur
de Dora bondit de joie quand elle fut sûre de cette nouvelle,
qu'elle entendit son père bénir son amant, et jurer que ses
affections étaient toujours au pays quelque part qu'il se trouvât
corporellement. Elle ne savait pas, — et son père avait oublié
de lui dire, que les dîmes n'étaient pas encore payées, et ne
l'avaient pas été depuis deux ans, le collecteur ayant consenti
à recevoir de son père un billet pour le principal aussi bien
que pour les intérêts. Dora regretta bien amèrement dans
la suite que son père eût cru devoir lui épargner ce nouveau
chagrin.

La première fois qu'elle revint de se confesser, ce fut le
cœur léger et d'un pas si joyeux qu'elle semblait presque
danser. Le père Glenny l'avait facilement absoute des péchés
qu'elle avait commis en se méfiant de la Providence par rapport au loyer de son père, et en doutant du serment saint et
sacré que lui avait fait Dan Mahony de se rappeler sans cesse
la vallée des Échos ainsi que ceux qu'il y laissait, et de ne se
regarder que comme une pauvre exilé, jusqu'à ce qu'il pût revenir accomplir la promesse qu'il lui avait faite de l'épouser.
Non seulement le père Glenny lui donna l'absolution, mais il
lui enseigna comment elle devait, à l'avenir, maîtriser ses premiers mouvements en se rappelant le texte même du serment
et les circonstances dans lesquelles il avait été prêté. Il parla
de Dan avec éloge, et parut penser que le plus tôt que l'on les
marierait serait le meilleur.

Dora commença immédiatement à suivre les avis qu'elle
venait de recevoir; et, pendant son chemin pour revenir à la
maison, elle se rappela les circonstances les plus minutieuses
qui se rapportaient à la promesse que Dan lui avait faite. Il
faisait encore juste assez de jour pour qu'elle pût discerner au
sommet de la montagne la grosse pierre sur laquelle ils
s'étaient agenouillés ensemble, quand elle avait été obligée de

le laisser continuer seul sa route. Elle voyait positivement l'endroit où ils avaient prié ensemble, où ils avaient changé de crucifix, et appelés six saints choisis pour témoins de leurs serments réciproques. Tandis qu'elle fixait les yeux de ce côté, elle aperçut des hommes qui entraînaient deux vaches, tantôt forçant les pauvres créatures à franchir les obstacles que présentait la route, tantôt les relevant chaque fois qu'elles se laissaient tomber. La gaieté de Dora s'évanouit en un instant. De ce qu'il y avait plusieurs hommes pour conduire deux vaches seulement, elle en conclut que ces animaux venaient d'être saisis chez quelque paysan de la vallée; et une sorte de pressentiment lui dit que ce pouvaient bien être les vaches mêmes de son père.

Quand elle arriva en vue de la maison, elle ne sut trop que penser; elle ne vit pas les vaches, mais souvent il arrivait qu'elles étaient cachées dans les fossés ou derrière la cabane. Son père paraissait gai, mais il donnait des marques d'activité qui ne lui étaient point habituelles. Il s'occupait à lancer aux cochons des pierres et des mottes de gazon de manière à les forcer à se jeter à droite et à gauche; et pendant tout ce temps il chantait une chanson dont les paroles, dès que Dora put les entendre, lui révélèrent la triste vérité que l'occupation dans laquelle elle trouva sa mère ne fit que confirmer trop tôt. Elle la trouva qui brisait les seaux à lait pour en jeter les morceaux au feu; et quand elle lui fit quelques observations, sa mère lui demanda à quoi bon conserver des choses dont la vue ne pouvait que les chagriner, qu'exciter leur envie de boire du lait, et leur faire maudire chaque jour les misérables qui venaient de leur enlever leurs vaches? Dora se hasarda à demander s'il n'y aurait pas moyen de les ravoir? — Bon Dieu! est-ce que M. Teale avait jamais rendu ce sur quoi il avait mis la main? — M. Teale! lui qu'on venait tout récemment de payer? — Lui-même. Il était au-dessous de ses affaires comme bien des gens qu'il avait l'air de mépriser; au lieu de saisir son cabriolet, ses chevaux, celui dont il tenait la ferme avait saisi les meubles de ses pauvres sous-fermiers. Teale était là qui s'amusait à regarder exécuter les Sullivan et bien d'autres, appelés à payer une seconde fois, tandis que lui ne payait pas du tout. Les paysans, ayant appris dans des cas antérieurs que cet étrange abus est inconnu en Angleterre, en avaient conclu que le gouvernement la protège tandis qu'il n'y a pas de justice à attendre en Irlande, ne sachant pas que la loi est la même dans les deux pays, et que si le paysan anglais est exempt de cette fatale responsabilité, c'est que chez nous l'usage des sous-locations est extrêmement rare.

On s'aperçut bientôt que Teale n'avait pas retiré de la saisie exercée chez ses fermiers tout le produit qu'il s'en était promis, car le lendemain, de grand matin, les mêmes hommes revinrent pour enlever tout ce qu'ils pourraient, en vertu du billet que lui avait signé Sullivan. On arracha les pommes de terre qu'il allait bientôt récolter ; et on les chargea sur une charette, ne lui en laissant qu'une très petite quantité pour les besoins immédiats de sa famille. Au même moment la volaille et les cochons disparurent. Au milieu du tumulte de cette affreuse matinée, des jurements de Sullivan, des gémissements de sa femme, et des cris des cochons, du bruit des volailles effrayées et de celui de la lourde charrette, Dora se mit à filer au rouet, en partie pour cacher ses larmes, en partie pour échapper aux pensées terribles qui l'agitaient.

Le silence lugubre de la cabane ne dura pas longtemps. Sullivan s'était assis de manière à barrer l'entrée, le dos appuyé contre la muraille, mâchant une paille, et contemplant d'un air hébété la dévastation de son champ ; tout-à-coup sa femme s'élança de la place qu'elle occupait au coin d'un feu à demi éteint, et commença la conversation par un grand coup de pied.

— Otez-vous de là, malheureux ! s'écria-t-elle. Il me semble qu'il y a bien d'autres places pour vous que celle-ci, quand ce ne serait que l'étable où il ne reste plus un seul cochon. Otez-vous de là !

— Tâchez de finir, ma bien aimée, ou cela va mal aller, répondit Sullivan. Je suis ici à ma place, seulement la vue n'y est plus aussi gaie qu'elle l'était ; voilà tout, ma chère.

— Raison de plus pour que vous vous donniez du mouvement, comme je le fais, pour cacher dans le marais ce qui peut nous rester encore.

— Qu'est-ce que vous voulez dire? est-ce que votre esprit est dérangé? demanda son mari.

— A l'ouvrage! à l'ouvrage! si vous voulez sauver des griffes du collecteur de dîmes un lit, un fusil, ou une bouteille d'esprit. Hâtez-vous de cacher tout cela dans le marais; car il ne tardera pas à paraître, ayant appris, n'en doutez pas, combien peu il nous reste pour payer les dîmes. Laissez-moi là votre rouet qui me rompt les oreilles, cria-t-elle à la pauvre Dora, ou je promets qu'il va vous en cuire.

Dora fit tout ce qu'elle put pour comprendre le malheur qui la menaçait et se prémunir contre lui; elle fit quitter à son père son attitude de repos prétendu, chercha une cachette parmi les joncs dans un endroit non cultivé, et aida à démeubler la chambre avec autant d'activité que s'il se fût agi d'aller occuper un bien meilleur logement. Tandis qu'elle et son père pliaient sous le poids de l'armoire qui contenait les vêtements de noce et le trousseau de sa mère, trois coups frappés dans les mains les avertirent que l'ennemi approchait.

— Au nom du ciel, de l'activité! s'écria son père; les voilà sur notre dos. Va me cacher tout cela, et reviens avec ton tablier plein de joncs pour qu'ils ne se doutent de rien.

Dora ne savait pas d'abord si leurs mouvements avaient été observés ou non.

— Que le ciel soit avec vous, monsieur Shehan! dit Sullivan au collecteur. Vous arrivez à propos pour voir la nouvelle manière dont nous couvrons nos maisons de chaume; et ce pourrait être une leçon pour ces messieurs qui vous accompagnent. Dora, mon bijou, jette là ces joncs, et vas en chercher d'autres.

— Un de ces messieurs l'accompagnera, dit Shehan. Il y a quelquefois dans les joncs, Sullivan, de certaines choses qui sont aussi bonnes à meubler une maison qu'à la couvrir.

Dora invita qui que ce fût de ces messieurs à l'accompagner, et se dirigea vers une autre ligne de joncs; mais ils refusèrent de l'accompagner, entrèrent dans la maison, et se prirent à rire quand ils la trouvèrent vide.

— Il paraît, Sullivan, remarqua Shehan, que vous avez terriblement peur de la pluie, puisque vous vous occupez de raccommoder votre toiture avant de vous procurer un lit pour vous coucher, sans parler de boire ou de manger ; car l'on ne voit rien ici qui puisse satisfaire l'un ou l'autre de ces besoins.

Toutes les bonnes raisons que Sullivan put alléguer pour réparer le chaume de sa cabane, tandis qu'il avait des joncs sous la main, ne lui servirent de rien ; le collecteur, qui avait vu de loin tout le stratagème, réclama les dîmes, l'arriéré et les intérêts, produisit certains papiers fâcheux ; et comme on n'avait pas d'argent à lui donner, les meubles furent promptement retrouvés et déclarés de bonne prise, jusques et compris le rouet de Dora, encore chargé de filasse. Le collecteur ne s'arrêta pas devant le désespoir du malheureux fermier ; mais il se félicita d'avoir été averti assez à temps pour s'emparer du peu qui restait après la première saisie.

Laissés à eux-mêmes, Sullivan s'assit de nouveau en travers de la porte, déclarant qu'il était lassé, anéanti par le malheur ; sa femme courut çà et là, essayant d'apitoyer les voisins sur leur sort ; et Dora se mit à genoux en prières dans le coin le plus obscur de la cabane. Tout-à-coup, quand le crépuscule commençait à s'épaissir, son père s'écria qu'il voyait quelqu'un approcher, mais qu'il défiait bien qu'on lui pût rien prendre davantage pour le loyer, les dîmes ou les impôts. Que mes créanciers viennent aussi nombreux que les enfants à la foire, ils ne trouveront rien à prendre ici, grâce au collecteur, à moins qu'ils ne veuillent m'arrêter pour me jeter en prison ; et alors ce ne sera pas avant que d'avoir essayé si leur crâne est plus dur que le mien.

Dora s'apercevant que son père était trop animé par la colère pour comprendre qu'il pût se présenter à lui d'autres personnes que des créanciers, s'avança sur la porte pour interposer sa méditation.

Comme sa vue était meilleure que celle de Sullivan, elle ne tarda pas à reconnaître, malgré l'obscurité, que celui qui s'avançait n'était autre que Dan ; et sans même attendre qu'il eût parlé, elle se jeta à son cou, tandis que lui l'étouffait presque de caresses.

— Dan, me reviens-tu fidèle ? Dis-le moi, ne me dis que cela.

— Aussi fidèle que les saints le sont à Dieu, mon idole.

— Alors il est miséricordieux de t'envoyer à nous dans ce moment où nous avons besoin de vrais amis pour nous relever, couchés que nous sommes sur la terre nue.

— Sur la terre nue !... s'écria Dan se précipitant dans la maison. En effet ils en ont usé bien mal à votre égard. Et il chercha vainement où reposer Dora qui sanglotait et se pâmait dans ses bras. Tu as confiance en moi, n'est-ce pas, Dora ? D'ailleurs le prêtre n'a-t-il pas approuvé nos serments réciproques ?

Dora, ne pouvant parler, exprima par gestes sa confiance dans un amant dont elle n'avait jamais douté ; elle pleura, la tête appuyée sur son épaule, laissant à son père le soin de raconter leurs malheurs, et ne la releva que quand elle entendit sa mère demander du ton le plus naturel ce qu'il leur restait à faire maintenant.

— Nous marier demain matin, répondit l'amoureux, si le père Glenny est dans le voisinage, et s'il y consent. J'ai deux guinées dans ma poche, ce sera pour ses honoraires ; après cela, comme je n'ai pas d'autre argent, nous serons tous sur un pied parfait d'égalité, et nous nous aiderons les uns les autres comme nous le pourrons.

Sullivan fit quelques objections prudentes ; mais il céda bientôt, quand il vit qu'il avait sa petite Dora contre lui. Le fait est que sa piété filiale, sa religion, son amour, tout la portait à un mariage immédiat. Elle avait toujours eu la confiance intime que Dan pouvait parvenir à faire tout ce qu'il voulait ; confiance dans laquelle elle avait encore été confirmée en voyant qu'il était parvenu à payer le fermage de son père et à garder encore les frais de leur mariage. Il lui paraissait que la Providence leur avait envoyé ce sauveur au moment où ses parents en avaient le plus besoin, et que ç'aurait été un

un crime à elle de l'empêcher de les tirer de la misère aussitôt
qu'il le pourrait.

Dan leur dit que le lendemain il devait y avoir un affermage
de terres dans le voisinage, et que, s'il était sûr d'avoir Dora
pour femme, il mettrait le plus haut à un acre ou deux, sûr
de faire ses affaires dans le monde comme son père avait fait
les siennes avant lui. La mère de Dora déclara qu'elle n'en doutait pas plus que lui, et fit trève immédiatement à tous ses
chagrins, ne se plaignant plus que d'une chose, de n'être
pas assez forte pour aller assister si loin au mariage de sa
fille. On pressa alors Dan de fixer l'heure à laquelle on parti-
rait le lendemain matin, et de s'en aller chez son père qui
l'avait à peine entrevu depuis son retour. Dan parvint à obtenir de quelque voisin un peu de paille fraîche et une misérable chandelle pour ses futurs parents, accabla Dora de
caresses, et se hâta de courir chez lui.

Dora ne se figurait guère deux heures avant de quel cœur
léger elle pourrait se coucher sur la paille, au milieu de leur
cabane démeublée. Avoir Dan auprès d'elle lui paraissait répondre à tout ; l'avenir ne lui présentait plus aucune crainte.
De quoi s'agissait-il ? de recommencer leur fortune, voilà tout ;
et cela avec l'avantage de l'expérience de Dan et de son habileté à gagner de l'argent. Il ne lui vint pas à l'idée que cette
habileté ne leur servirait de rien dans un pays où il n'y avait
pas d'argent à gagner, où l'argent à peine gagné passait immédiatement dans les mains de quelque tyran qui le réclamait
sous un prétexte ou sous un autre. Cette confiance dans son
amant fit le bonheur de ses rêves pendant cette nuit entière ;
et ce n'était plus que son amour filial qui lui laissait quelque
inquiétude. Quant à elle, n'était-ce pas assez que son Dan lui
appartînt ? Elle ne demandait pour elle-même rien que la cérémonie, que la bénédiction du prêtre, et elle espérait sitôt
l'obtenir.

Bien que d'abord surpris de se voir appelé si matin à faire
un mariage et devant si peu de témoins ; bien que mortifié
pour les jeunes époux qu'ils dussent se passer de tout le bruit,
de tout le cortège qui accompagnent ordinairement un mariage

en Irlande, le père Glenny n'avait point d'objection à prêter son ministère dans cette circonstance. Après s'être assuré que les parents des deux parties consentaient à cette alliance, il fit une exhortation aux jeunes époux, leur rappelant que le mariage est un sacrement, et les exhortant à avoir confiance en Dieu pour bénir leur union. Il fit donc la cérémonie, et les renvoya. Le marié eut soin que le prêtre n'y perdît pas trop quant à ses droits, les recevant des deux conjoints, au lieu que ce fût, comme à l'ordinaire, le produit d'une quête parmi les assistants. Le père Glenny ne refusa pas cette offrande, craignant de blesser ceux qui la lui faisaient. D'abord il ne connaissait pas toute l'étendue de leur pauvreté; et puis il considérait cet argent comme son dû, avec bien plus de raison que ne l'aurait pu faire un prêtre protestant; car le clergé catholique en Irlande n'a guère d'autre revenu que celui des mariages qu'il fait.

La difficulté des circonstances obligea les gens de la noce de s'occuper plus d'affaires ce jour-là qu'on ne le fait ordinairement. Le marié ne prit guère que le temps de remettre Dora dans les bras de sa mère, et puis il partit avec Sullivan pour l'endroit ou deux où trois lots de terres devaient être affermés au plus haut et dernier enchérisseur.

Ils arrivèrent juste à temps pour visiter les lieux avant que d'enchérir. Il y avait peu d'avantages pour déterminer le choix; car les derniers fermiers, sachant qu'ils n'avaient point d'espoir de renouveler bail, et que très probablement ils se trouveraient dehors par suite de la coutume de la criée aux enchères, avaient épuisé le terrain autant qu'ils l'avaient pu pendant les deux ou trois dernières années. Non seulement cette manière d'agir leur donnait actuellement un produit plus considérable, mais elle leur laissait l'espoir d'obtenir de nouveau à meilleur marché leur ferme appauvrie. Toutefois l'excessive concurrence qui se présenta dans cette occasion, comme dans toutes, rendait cet espoir extrêmement douteux. La seule chose qui fût certaine à l'avance, c'est que l'affaire serait mauvaise pour toutes les parties, — pour le propriétaire, parce que le terrain était ruiné, et par conséquent ne pourrait payer que peu de fermage, encore qu'on en promît beaucoup; pour l'enchérisseur qui l'emporterait, parce qu'il serait incapable de remplir ses absurdes engagements, et se verrait ainsi exposé à se trouver saisi, mis dehors, emprisonné; — pour les enchérisseurs vaincus, parce qu'ils étaient venus de loin, pleins d'illusions, se flattant de se fixer dans le pays, et qu'il leur faudrait s'en retourner désappointés et dépourvus de tout, comme ils étaient venus.

Aussitôt que parut l'homme en place, il se vit environné d'une foule considérable; déjà le matin il avait reçu bien des visites; bien des offres polies lui avaient été faites, et même quelques offres plus substantielles par ceux à qui leurs moyens le leur permettaient, dans l'espoir de faire pencher la balance en leur faveur. Quelque part qu'il allât, ses oreilles et ses yeux étaient frappés de ce qu'on se figurait pouvoir attirer sa protection bienveillante. L'un avait relevé le jeune héritier du lord, qu'un cheval fougueux venait de jeter dans un fossé; l'autre avait eu l'honneur d'offrir un abri pour la nuit au procureur de Sa Seigneurie, égaré dans les montagnes par une nuit orageuse. L'un affectait de boiter, et disait que cette infirmité provenait d'un des murs du lord qui était tombé sur lui; l'autre, vieux et cassé, alléguait une promesse non encore remplie, qui lui avait été faite par un monsieur Tracey enterré depuis trente ans.

M. Flanagan ne fit d'autre attention aux pétitionnaires que pour les engager à lui laisser le chemin libre, et se hâta d'arriver au lieu où il avait affaire. Une fois la chose commencée, il fallait un œil aussi exercé que le sien, et une oreille aussi sûre que la sienne pour s'apercevoir qu'on traitait d'une location importante au milieu de tout le bruit qui se faisait pendant les enchères. La confusion qui régnait dans ce lieu rendit presque vaine la curiosité de quelques promeneurs qui avaient arrêté leurs chevaux pour observer cette scène. M. Alexandre Rosso, son frère Henry et un jeune étranger, camarade de collège du premier, faisaient leur promenade du matin, suivis de leurs chiens, quand il vint à l'idée d'Alexandre que c'était là une excellente occasion de montrer à son ami quelle res-

semblance il y avait entre les Irlandais et ses compatriotes. —
Il ne se doutait peut-être pas que la circonstance qui réunissait
tous ces gens était la même que celle qui réunit souvent les
paysans italiens, qui se disputent avec la même véhémence
quelques morceaux de terre qu'ils afferment aux mêmes conditions. Le paysan irlandais et le métayer italien sont dans une
position analogue ; quant aux *intermédiaires*, ils sont dans tout
le monde, à quelques exceptions près, ce que l'on doit s'attendre à les voir, portés à chaque instant à des actes oppressifs,
et presque assurés de l'impunité.

Après avoir regardé longtemps d'un œil étonné le spectacle
qui s'offrait à lui, le jeune Italien fit un geste expressif
pour témoigner qu'il n'y comprenait absolument rien du tout.

— On vient d'adjuger le premier lot, n'est-ce pas, Henry?
demanda Alexandre ; et c'est, je crois, cet homme qui saute à
demi-nu, qui a été le plus haut enchérisseur.

— Oui, répondit Henry ; et l'on dirait, à le voir, qu'on vient
de lui donner en cadeau les mines du Pérou.

— Lui! s'écria l'étranger surpris. Et comment pourra-t-il
payer?

— Pas un d'eux ne paiera, répliqua en riant Henry. L'agent
ne peut que balancer des probabilités ; s'il sait que le pauvre
diable a quelque part de l'argent caché, de quoi le soutenir un
an ou deux, il s'arrête à son enchère, feignant de la prendre
pour la plus élevée.

— Comment! il feint de s'arrêter? Est-ce que ce n'est pas
aux enchérisseurs à le faire?

— Nous attendrions longtemps, répondit Alexandre. Ils en-
chériraient l'un sur l'autre jusqu'à minuit. Ils offriraient
cent livres sterling de loyer pour un acre de terre, plutôt que
d'y renoncer. Nos paysans sont très riches en promesses.

— Et combien cet homme en guenilles a-t-il promis?

— Flanagan! cria Henry au milieu de la foule qui se tut un
instant, combien votre premier lot vous a-t-il rapporté?

— Neuf livres sterling (225 francs) l'acre, monsieur, et voici
le fermier.

L'heureux enchérisseur s'avança souriant, gambadant, sans

paraître le moins du monde humilié de ses genoux qu'on voyait
sortir nus de ce qui avait été autrefois une culotte, ou des fragments d'habits qu'on voyait flotter çà et là sur son dos, à demi-
retenus ensemble à l'aide de quelques morceaux de ficelle.

— Demandez-lui, s'écria le jeune étranger, d'où lui viendront
ces neuf livres sterling par an, et pourquoi il a voulu se faire
fermier.

— Il y a probablement une dame au fond de cette affaire,
observa Henry ; et se tournant vers le paysan, il lui demanda
s'il n'avait pas été bien imprudent de s'engager à payer an-
nuellement un si haut fermage?

— Dieu bénisse Votre Honneur; ma mère a été mise à la
porte de sa cabane, et j'ai voulu en procurer une autre à la
pauvre vieille, ainsi que quelque chose à souper.

— Eh! dites-moi, l'ami, ne comptez-vous sur aucune autre
personne du sexe pour partager la cabane avec vous?

Le paysan rougit et dit qu'il y avait bien une autre personne
qui eût pu le faire au carnaval dernier, mais qu'elle avait été
enlevée de force et mariée avant qu'il pût la rattraper. Henry
se hâta de changer brusquement la conversation, honteux de
sa curiosité indiscrète qui lui avait valu une telle réponse.
Il demanda au paysan s'il pouvait honnêtement jurer qu'il
eût devant lui de quoi faire vivre sa mère et lui-même pendant
une semaine. Le nouveau fermier se mit à rire, et montrant le
champ du doigt, répondit qu'encore que la récolte eût été faite
il espérait pouvoir y glaner assez de pommes de terre pour les
soutenir quelques jours, jusqu'à ce qu'ils eussent le temps de
se retourner. D'ailleurs, sa mère avait une vache et une espèce
de cochon. Il termina sa harangue en leur demandant d'un
air suppliant leur bénédiction pour sa nouvelle entreprise.
L'étranger fut fort amusé de voir qu'en Irlande une bénédiction
se tire de la poche et ne se donne pas avec la langue; non
qu'une bénédiction verbale n'ait aucune valeur, mais on ne l'y
considère que comme purement accessoire à quelque chose de
plus substantiel.

Quand on vit que les jeunes gens donnaient ainsi leur bénédiction en espèces sonnantes, cette circonstance hâta singu-

lièrement les enchères, car l'on craignait qu'ils ne partissent avant que le second lot fût adjugé. Il le fut à Dan, qui, après avoir tourné mainte et mainte fois son chapeau dans ses doigts, s'avança vers les jeunes cavaliers, suivi de son beau-père. Ils se firent remarquer l'un à l'autre qu'il avait plus que son prédécesseur l'air d'un homme qui pourrait payer son loyer ; son vêtement était décent, et quelque chose indiquait en lui plus de sagesse et d'expérience.

— Avez-vous aussi une vieille mère à loger? lui demanda Alexandre.

— Oui! c'est-à-dire un beau-père et une belle-mère, répondit Dan, cherchant à introduire Sullivan.

— Et aussi sa bien-aimée, ajouta celui-ci, qui n'est sa femme que depuis le lever du soleil. Dan a reçu la bénédiction du prêtre ce matin, et il espère bien que vous ne lui refuserez pas la vôtre.

— Si j'avais été à votre place, dit Henry, je ne me serais marié que ce soir. La ferme d'abord et la femme ensuite, voilà qui eût été plus prudent. Comment eussiez-vous fait, je vous prie, si vous vous fussiez trouvé la femme sur les bras, et point de ferme?

Dan répondit qu'il ne lui appartenait pas de deviner qu'elle autre voie la Providence eût prise pour les faire vivre tous les deux : le présent, voilà tout ce dont l'homme devait s'occuper. Cet aveu plein de franchise lui valut une bénédiction considérable de la part des jeunes étrangers qui mirent leurs chevaux au galop, malgré les instantes prières qui leur étaient faites de rester jusqu'à ce qu'on eût disposé du troisième et dernier lot. Ils n'avaient plus ni temps ni bénédiction à dépenser ce jour-là. Toutefois, leur prudente retraite ne leur servit de rien; ils trouvèrent le troisième nouveau fermier posté à moitié route, étendant les bras à leur approche, comme s'il eût voulu embrasser à la fois les trois chevaux et leurs cavaliers, appelant sur leurs têtes toutes les bénédictions du ciel, et exprimant l'idée qu'il ne commencerait pas les affaires sans recevoir la leur, puisqu'ils l'avaient accordée à Pat [1] et à Dan.

---

[1] Abréviation pour *Patrick*, Patrice.

· — Voyez un peu ce que vous avez fait Henry, dit son frère,
il ne se mettra pas un morceau de terre à l'encan à vingt milles
à la ronde, que le nouveau fermier ne se croie en droit d'exiger
de nous un tribut.

Henry expliqua sérieusement que ce qu'ils avaient fait ce
jour-là n'était qu'accidentel, et qu'aucun d'eux ne prétendait
rien donner à l'avenir en pareille occasion.

Il ajouta qu'il ne voulait pas refuser ce que le pétitionnaire
lui demandait, puisque ses compagnons avaient reçu quelque
chose, mais il lui donna moins qu'à eux, afin de mieux prouver
ce qu'il venait de dire. Cet homme les suivit quelque temps de
près, espérant qu'ils reviendraient sur leurs pas et lui donneraient son reste ; puis il regagna la grande route, mécontent
et murmurant comme si on l'eût privé de son droit.

— C'est la chose du monde la plus difficile, observa Henry,
que d'avoir affaire à nos paysans irlandais ; ils ont de si singulières notions de leurs *droits*. A peine leur a-t-on accordé une
faveur, qu'ils s'en font un précédent : nous plaît-il de changer
notre mode de bienfaisance, ils voient là un caprice ; suspen-
dons-nous nos bienfaits, c'est un tort que nous leur faisons.

— Il en est de même de tous les pays où les gens comptent
pour vivre sur autre chose que leur travail ou leurs revenus.
Si nous le remarquons davantage en Irlande et en Italie, c'est
parce que les habitants de ces malheureuses contrées ont été
longtemps habitués par un infâme gouvernement à une dé-
pendance servile. C'est à vous à rectifier leurs notions erronées
de leurs droits.

— Comment le pouvons-nous faire?

— Il faut donner de la sécurité à leurs petites possessions ;
il faut encore encourager leurs travaux par la certitude morale d'un salaire proportionné. Jusqu'à ce que vous en soyez là,
et il s'en faut encore de beaucoup que vous n'y soyez, — il
vous faut varier chaque jour la forme de vos charités, pour
marquer qu'elles sont chez vous des actes purement volontaires.
Et, surtout et avant tout, il faut préserver vos pauvres du
danger d'une charité imposée par la loi[1] ! Sauvez-les du danger

_____
[1] La taxe des pauvres n'existe pas en Irlande, comme en Angleterre.

de croire qu'ils ont le droit de vivre d'aumônes, car chez un peuple d'un esprit aussi inquiet, aussi remuant, ce prétendu droit dominerait bientôt tous les autres ; de vos *intermédiaires*, il ferait de pauvres fermiers ; de vos propriétaires fonciers, il ferait autant de mendiants ; il changerait ce pays fertile en un désert où ne résonneraient plus que les cris déchirants de la famine.

CHAPITRE III.

Aventure irlandaise.

Le petit cadeau que lui avaient fait par hasard les messieurs Rosso, mit Dan à même de se procurer le petit nombre d'outils qui lui étaient nécessaires pour commencer son exploitation, et pour donner à sa femme un rouet et une petite provision de filasse. Quant aux vêtements, ils étaient obligés de porter jour et nuit ceux qu'ils avaient sur le corps, n'en n'ayant point d'autres qu'ils pussent changer pendant la nuit ; ce genre de misère est si commun dans le pays que pas un des membres de la famille n'y faisait presque attention. La plupart de leurs voisins n'avaient jamais essayé de quitter leurs vêtements après les avoir portés un certain laps de temps. Ceux qui se piquaient le plus de propreté raccommodaient leurs habits aussi long-temps que le drap était assez fort pour soutenir la couture, et continuaient à les raccommoder jusqu'à ce qu'ils tombassent en lambeaux. Ils avaient, pour ne se point déshabiller, une raison à laquelle leurs supérieurs n'avait rien à objecter ; — savoir, que s'ils quittaient une fois leurs habits, il était à craindre qu'aucune puissance sur la terre ne pût en retenir les morceaux ensemble. Telle était à peu près en ce moment l'état des vêtements de Sullivan et de sa femme ; mais

ce n'était là qu'une bagatelle à laquelle ils pouvaient à peine
faire attention au milieu des affaires qu'ils entreprenaient. Ils
avaient puisé une nouvelle vie, un nouvel enthousiasme dans
leurs rapports avec Dan, et maintenant ils travaillaient tous
sous sa direction avec cet esprit d'entreprise qui a toujours
distingué les Irlandais, pour peu qu'ils croient entrevoir la
récompense de leurs efforts. On voyait actuellement Sullivan
travailler comme un simple journalier sous les ordres de son
gendre, tantôt recouvrant de joncs le toit de la cabane, tantôt
apportant du sable pour marner le champ de pommes de terre
ou bien coupant du gazon pour brûler et quelquefois même
pour vendre. Le premier argent ainsi gagné servit à acheter
un cheval de trait de l'un des fermiers de M. Rosso, afin d'apporter chaque jour une plus grande quantité de gazon. Leur
nourriture était misérable quant à la qualité, et quant à la
quantité, jusqu'à ce que Dan pensât que les circonstances
l'autorisaient à acheter une vache ; à compter de ce moment
ils eurent à leurs repas des pommes de terre et du lait, et puis
du lait et des pommes de terre. Or c'était là la nourriture la
plus variée et la plus délicate qu'ils se fussent jamais promise.

Quand fut arrivé ce qu'on appelle la morte saison, c'est-à-
dire ces quelques semaines qui suivent la plantation, et pendant lesquelles les pommes de terre ne demandent aucuns
soins, Dan proposa à son beau-père un projet de grande
importance, — rien moins que d'ajouter une chambre de derrière à leur cabane. Sullivan se mordit les lèvres, se gratta la
tête, et parut horriblement vexé de voir consacré à de nouveaux travaux le temps de loisir sur lequel il avait compté ;
mais se rappelant que les nuits d'été étaient bien étouffantes
pour quatre individus habitant ensemble un espace de douze
pieds sur huit, où l'air n'a pas d'autre entrée que les trous de
la porte ; réfléchissant en outre aux inconvénients qu'éprouverait Dora s'il lui fallait faire ses couches dans un pareil local,
il donna en rechignant son assentiment à la mesure proposée,
et y travailla pour sa part d'assez bonne grâce. Encore qu'il en
fût fier pour sa fille, il maudit pour son propre compte les
idées grandioses que Dan semblait avoir d'une cabane, faisant

la seconde chambre la moitié plus grande que la première, et laissant au milieu du mur de terre et de gravas un vide pour une fenêtre. Quand cette seconde chambre fut finie, il trouva que leur cabane était un palais, et ne soupira pas, comme sa fille et son gendre, pour d'autres conforts, qu'on eût pu appeler des objets de première nécessité. Dora aurait désiré un lit pour sa mère, qui devenait chaque jour plus malade, et ne trouvait plus que peu de repos sur son tas de paille. Dan désirait, lui aussi, un lit pour Dora; mais tout ce qu'il pouvait faire était d'espérer augmenter assez le nombre de ses volailles pour former une sorte de lit de leurs plumes renfermées dans un sac. Il avait un peu d'argent de côté, et vingt fois il avait été tenté de l'employer en faveur de Dora; mais elle l'avait chaque fois forcé de reconnaître que la première chose à faire c'était de ne point se mettre à la merci du propriétaire et du collecteur des dîmes. De payer la totalité de leur loyer, il y avait peu de chances; mais comme ils n'avaient pas d'associés et que personne dans le voisinage ne payait probablement mieux, ils se flattaient que l'agent du propriétaire se contenterait de recevoir une somme raisonnable au lieu de leur rente nominale. En résumé, ils se considéraient comme étant en bon chemin et faisant fort bien leurs affaires.

Il y avait près d'un an qu'ils étaient dans leur petite ferme, le jour du loyer approchait, et c'était souvent pour eux le sujet de mille plaisanteries, quand le bon père Glenny, faisant sa tournée habituelle, vint leur rendre visite. Dora se leva, et lui fit une profonde révérence; sa mère l'invita à s'asseoir, ajoutant qu'elle espérait qu'il voudrait bien rester jusqu'au retour de Dan et de son mari; celui-ci n'étant qu'à quelque distance, et l'autre étant allé pour affaires chez l'agent du propriétaire. Le prêtre, qui semblait extrêmement soucieux, répondit qu'il n'était nullement pressé, et les regarda comme pour leur demander si elles n'avaient rien à lui dire. Mais comme elles attendaient poliment qu'il choisit un sujet de conversation, il commença à les féliciter sur les embellissements de la cabane, et à s'informer de l'état de leurs affaires. Sa figure parut rayonnante quand il entendit le compte satisfaisant qui lui en était rendu ; toutefois il lui restait encore une question à faire avant que de se trouver content. Dan a-t-il eu soin de faire un bail? demanda-t-il. C'est un point sur lequel les paysans sont d'une négligence impardonnable et bien funeste. Ils entrent en jouissance, et sont des mois, des années sans faire signer leur bail ; et beaucoup ont eu à regretter amèrement ce retard. Dora répondit en souriant qu'elle pouvait bien dire qu'en ce moment son mari avait le bail dûment signé dans sa poche ; on l'avait couché par écrit, presque le premier jour de leur entrée dans la ferme ; mais, pour une raison ou pour une autre, il n'avait pas encore été signé. C'était précisément pour le faire signer que Dan était allé chez l'agent, profitant de ce qu'il avait à lui payer sa première année de loyer. En ce moment Sullivan se précipita dans la chambre, en s'écriant :

— Ah mon Dieu ! Votre Révérence, que peut-il être arrivé ? Voici Dan qui traverse la vallée, se démenant comme un furieux ; et je l'ai vu de mes propres yeux mettre le poing sous le nez de l'agent : eux qui jusqu'ici avaient vécu ensemble comme deux agneaux.

Dora prenait sa course pour aller au-devant de son mari, quand le prêtre l'arrêta par le bras.

— Arrêtez, ma fille, et écoutez-moi : je sais tout. Dans l'intérêt de votre mari, il vaut mieux que vous l'appreniez de ma bouche, pour que vous n'alliez pas ajouter encore à sa colère. Rappelez-vous vos promesses de résignation ; c'est maintenant que vous allez en avoir besoin.

Dora s'assit tremblante, et ses regards suppliants demandaient au prêtre de lui dire la vérité tout entière. Le père Glenny raconta que M. Tracey avait écrit à son agent, qu'il était évident pour lui que sa propriété avait beaucoup perdu, et que la condition de ses fermiers s'était de beaucoup empirée par l'excessive subdivision des fermes ; qu'en conséquence sa volonté était qu'il adoptât immédiatement le mode contraire de location ; qu'à l'avenir il eût à ne point faire de baux pour de petits morceaux de terre ; et de ne plus admettre dorénavant plusieurs associés pour le fermage d'un seul lot ; son intention

I.   17

étant qu'au lieu que jusqu'ici un seul petit lot avait dû nourrir plusieurs fermiers de différents ordres, à l'avenir un seul fermier réunit plusieurs fermes dans une seule et même location. Le père Glenny ajouta, qu'empressé d'obéir aux ordres de son maitre, l'agent avait dressé une liste des petits fermiers qu'il pouvait renvoyer, et qu'il y avait placé le nom de Dan, que cette malheureuse négligence à faire signer son bail laissait à sa discrétion.

Quand Dora fut sûre que c'était là tout, elle se tourna vers son père, qui se tenait contre le mur et battait la retraite avec ses pieds sur le seuil de la porte. Elle aurait pu coire à sa figure impassible qu'il ne savait rien de ce qui venait d'arriver si elle ne l'avait pas entendu fredonner entre ses dents le refrain de sa chanson habituelle en pareille circonstance : *Que la colère de Jésus vous écrase tous !* » Sa vieille femme, n'osant pas donner cours à sa colère en présence du prêtre, avait cessé de filer et avait caché sa tête sous son jupon rabattu en forme de capuchon. Le père Glenny commençait un discours. pour les exhorter à la patience et leur offrir quelque consolation, quand Sullivan s'écria :

— Malédiction ! Dora, mon idole, quel spectacle de voir Dan furieux comme les flots de la mer ! Roi du ciel ! il est fou incurable.

Le prêtre se plaça sur le seuil de la porte afin de se présenter le premier aux regards du malheureux. A la vue de la soutane noire, les juremcnts, les malédictions s'arrêtèrent sur ses lèvres ; ses sourcils quittèrent leur expression de fureur, et l'ardeur de ses yeux se calma devant le visage grave, sérieux et bienveillant du prêtre. Avant qu'il eût pu dire un mot, Dora attira en souriant son mari dans sa cabane; elle lui demanda en quoi leur condition était pire qu'au jour de leur mariage, et ce qu'il y avait d'étonnant que des gens pauvres et jeunes comme eux fussent obligés de se chercher une nouvelle demeure? Elle ajouta qu'elle ne doutait pas qu'ils n'en trouvassent une, et qu'ils n'eussent le feu d'un foyer à offrir à son vieux père quand il ne pourrait plus travailler.

Son mari l'arrèta impaticmment, et lui dit qu'il n'y aurait

plus de petites fermes pour les pauvres gens, et que si elle avait
besoin du feu d'un foyer elle trouverait, pour y suppléer, les
caves où sept à huit familles de mendiants s'entassent dans les
villes; ce qui serait un asile bien convenable pour donner
naissance à son enfant et voir mourir son père ou sa mère.
Et, sans plus tenir compte de la présence du prêtre, il appela
la malédiction de Dieu sur tous les membres de la famille
Tracey, depuis celui qui était mort le premier, jusqu'à celui
qui devait naître le dernier. Le père Glenny crut qu'il était
temps d'intervenir.

— Silence! mon fils. C'est un blasphème que de maudire
les hommes à cause des jugements du ciel. Il en aurait dit
davantage, mais Dan l'interrompit.

— Le ciel n'est pour rien dans cette affaire; ce que je mau-
dis, c'est notre ferme qu'on nous retire, c'est la cruauté de
ceux qui vont laisser sans pain et sans asile un si grand
nombre de malheureux.

— Eh bien! reprit le père Glenny, tout cela n'est que
l'œuvre de la Providence; car les Tracey ne sont point protestants, ne sont pas étrangers au pays; ils sont membres de
la vraie église; leur famille est depuis longtemps propriétaire
dans le pays; s'ils s'en tiennent éloignés, c'est parce qu'ils
sont privés de l'exercice de leurs droits politiques; mais ils
sont aussi jaloux que qui que ce soit de la prospérité et du
bien-être de leurs dépendants. Quand M. Tracey a donné
l'ordre qui vous est si fatal, un de ses principaux motifs a été
l'avantage de ses fermiers; il lui a paru clair que cette mesure
amènerait quelque bien, puisque la pauvreté s'est accrue en
proportion de la subdivision des terres. Il faut supporter avec
patience les inconvénients immédiats de cette mesure comme
une punition du ciel pour les péchés des pauvres, et l'égoïsme
avare des riches.

Dora, qui était habituée à regarder comme autant d'oracles
tout ce qui tombait de la bouche du prêtre, lui demanda hum-
blement s'il croyait qu'ils dussent aller implorer l'assistance
de M. Rosso, puisque c'était la seule personne du voisinage
qui fût en état d'assister les malheureux. Le père Glenny

secoua la tête, soupira, et leur conseilla de rester où ils étaient, jusqu'à ce qu'il eût réfléchi à leur position, et à celle de leurs voisins qui se trouvaient dans le même cas. Il leur demanda s'ils avaient quelque chose devant eux ; Dora répondit avec joie qu'ils avaient l'argent du loyer, supposant naturellement que son mari ne s'en était pas défait dans l'état actuel des choses. Son courage l'abandonna quand son mari eut avoué avec peine que l'agent l'avait d'abord reçu d'un air gracieux, qu'il l'avait engagé en souriant à compter la somme tandis qu'il préparait la plume et le papier ; qu'il avait fait signe à son commis de rafler promptement l'argent, de l'enfermer dans le tiroir et d'en ôter la clef ; et que ce n'était qu'après avoir pris toutes ces petites précautions, qu'il lui avait expliqué la nécessité où il se trouvait de ne pas lui signer le bail dont ils étaient convenus, le barrant d'un bout à l'autre avec une plume, et ordonnant à Dan de se retirer pour faire place à d'autres qui, plus prudents, avaient eu le soin de se mettre en règle.

— Ainsi, dit Dora d'un air résigné, il ne nous reste rien.

— Malédiction ! s'écria son père ; nous aurions pu avoir un bon mobilier à emporter au lieu de nos guenilles, si vous aviez voulu, Dan, nous laisser acheter des meubles et jouir de la vie, au lieu de songer à payer cet infâme loyer. Parbleu, nous voilà sans mentir réduits à la mendicité.

Son gendre lui jeta un coup d'œil plein de colère, et le le prêtre s'interposa. Il dit que tout était ainsi qu'il devait être ; que chacun devait avoir son dû ; qu'ainsi il était juste que M. Tracey eût reçu son loyer ; et que Dan pouvait compter qu'il n'en serait pas plus malheureux dans la suite pour avoir honorablement payé. Après les avoir longuement exhortés à la patience et à l'espoir, le prêtre fit un petit cadeau d'argent à Dora, dit qu'il comptait les voir tous le lendemain matin à sa messe, et que quand il l'aurait dite, il s'entretiendrait avec eux de leurs affaires.

Dan, après avoir reçu sa bénédiction d'un air assez distrait, se tint sur le seuil de la porte pour le voir partir. Dora s'était jetée à terre aux pieds de sa mère, et cachait sa tête entre ses

genoux quand elle entendit son mari s'écrier : « Grâce à Dieu !
il est déjà hors de vue. Allons ! femmes, debout ; et que tout
soit prêt pour la tombée de la nuit. »

Aux questions qu'ils lui adressèrent tous les trois il ne répondit qu'en leur donnant les ordres d'un ton si élevé, qu'aucun n'osa refuser d'obéir. Il fit prendre à Sullivan une bêche,
et lui fit déterrer les pommes de terre qui n'avaient pas encore
germé. Dora trouva des sacs et des paniers que Dan remplit,
et qu'il chargea aussitôt que la nuit fut venue sur le dos du
premier cheval qu'il rencontra paissant dans le voisinage.
Il les arrangea de façon à laisser entre eux un siège pour Dora,
et lui commanda d'y monter. Celle-ci s'écria les mains
jointes :

Dan, où voulez-vous nous conduire par cette nuit si noire ?
Dan, il me semble que vous vous hâtez trop.

Pour toute réponse il la hissa sur le cheval.

— Et ma mère ! s'écria Dora en pleurant; vous ne prétendez pas l'abandonner ? Et si mon père reste seul, soyez-en
sûr, il mettra par ses cris tout le voisinage après vous.

Dan la fit descendre, et alla chercher la vieille femme qui
depuis la fatale nouvelle paraissait comme pétrifiée, la plaça
entre les paniers, dit à Dora d'attendre que son tour fût venu,
et commença à conduire le cheval par la bride, lui faisant
gravir la colline du côté de la mer. Toutefois, Dora suivit à
quelque distance pour savoir où l'on conduisait sa mère. Le
cheval était blanc, ce qui lui permit de ne point le perdre de
vue, malgré l'obscurité qui allait toujours croissant. Ce fut
une promenade bien pénible, quatre ou cinq milles dans un
pays marécageux. Bien des fois elle eût appelé son mari à son
secours, si elle n'eût eu plus peur de sa colère que du temps
affreux qu'il faisait, et des dangers qui se présentaient à
chaque instant sous ses pas. Des bouffées de vent soufflaient
tout à coup du côté de la mer, et la perçaient de froid à travers ses vêtements insuffisants. Par instants, la pluie lui
fouettait le visage, et l'aveuglait si bien, pendant plusieurs
minutes de suite, qu'elle eût perdu la trace et se fût enfoncée
davantage encore dans le marais, si les mêmes obstacles

n'eussent forcé ceux qu'elle poursuivait à s'arrêter aussi, et à
tourner de temps en temps le dos à la tempête. Quelquefois
les caprices du vent lui envoyaient les faibles cris de la vieille
femme, ou les juremens et imprécations de son mari qui
maudissait le ciel, la terre et l'enfer, impatient de voir ainsi
leur marche retardée. Dans l'une de leurs pauses, au sommet
d'une colline d'où l'on entendait plus distinctement le mugissement des vagues, Dora s'approcha plus qu'elle n'en avait
l'intention. Le cheval hennit, et une voix sembla lui répondre
dans le lointain. La vieille femme vit quelque chose qui se
mouvait auprès d'elle, et poussa un cri. Dan lui-même fut
affecté d'une terreur superstitieuse, au moment où à ses autres
malédictions il en ajoutait une autre contre les gens qui
s'effraient de ce que les échos sont éveillés au milieu d'une
nuit de tempête.

— Les échos sont éveillés, dit Dora en s'aventurant près de
son mari; prends garde, Dan, qu'ils ne répètent rien que tu
ne voudrais que le ciel eût entendu...

Comme elle l'avait prévu, sa colère se tourna contre elle,
pour avoir ainsi risqué sa vie et celle de son enfant dans une
course si périlleuse. Elle ne lui répondit pas; mais elle prit
son bras jusqu'à ce qu'ils fussent arrivés à leur destination,
reconnaissante de lui voir ralentir le pas, et modérer un peu
ses juremens par égard pour elle. Ils s'arrêtèrent positivement
au point le plus élevé du rocher, et Dan dit à sa femme de
tenir la bride du cheval, tandis que lui porterait sa mère dans
leur nouvelle demeure. Elle n'eut pas longtemps à se livrer
à des conjectures sur ce que cette demeure pouvait être. Son
mari la fit descendre, et la conduisit dans une cabane sans
porte et n'ayant plus que la moitié d'un toit, laquelle était
située sur le déclin du rocher, juste assez bas pour ne pas
être aperçue du côté de la terre. Une fois qu'il eut logé les
deux femmes à couvert, Dan essaya de se procurer de la
lumière à l'aide d'une pierre et d'un briquet qu'il avait apportés avec lui. Mais à peine la petite chandelle de veille était-
elle allumée qu'elle s'éteignait aussitôt, parce qu'il n'y avait
pas dans la cabane le plus petit coin où la pluie ne s'infiltrât

et ne tombât goutte à goutte. Il n'y avait donc rien autre chose
à faire que d'attendre le jour dans l'humidité, le froid et les
ténèbres. Dan déchargea le cheval, monta dessus, dit aux
femmes de l'attendre ainsi que Sullivan jusqu'au matin, et
repartit à travers le marécage. Trois heures après ils reparu-
rent avec un autre cheval encore plus lourdement chargé; et,
au grand déplaisir de Dora, son mari la quitta de nouveau,
mais cette fois sans dire quand il reviendrait. Sullivan leur dit
qu'il croyait que l'intention de Dan était de faire avant le jour
tout le dégât possible sur son ancienne ferme, et puis de se
cacher quelque temps dans quelque retraite inconnue.

Dora passa le reste de la nuit à monter de la cabane sur le
rocher, et à descendre du rocher dans la cabane, essayant
chaque fois de consoler sa mère qui était là couchée, gémis-
sante, et se plaignant d'une infinité de maux, malheureusement
sans remède. Vers le matin, Dora, placée en sentinelle, aperçut
tout à coup une vive lumière dans la direction de leur ancienne ferme. Elle appela Sullivan pour la venir regarder;
celui-ci ne l'eut pas plutôt aperçue, qu'il agita joyeusement
son chapeau en l'air, et s'écria :

— Bravo ! bravo ! Dan est bien l'homme du monde qu'il
fallait pour jouer ce tour à Flanagan. Bravo ! Dan, mon chéri,
voilà de bon ouvrage ! Cela vaut bien une année de loyer, le
plaisir de voir l'agent venir visiter la ferme où il comptait
installer notre successeur. Elle brûle — la cabane, mon bijou,
et la meule de foin aussi; ce spectacle me réchauffe le cœur
à distance.

— Et Dan — mon père, où est-il, Dan ?

— Oh ! le gaillard sera entré dans la maison, juste le temps
de couper le cou au cochon, de le jeter dans le marais, de
prendre soin que tout ce qu'il ne pourra pas emporter devienne la proie des flammes, et puis il viendra nous rejoindre
par quelque chemin détourné.

Les choses se passèrent ainsi que Sullivan l'avait prévu, et
cette vengeance fut tellement du goût des autres fermiers,
également chassés de leur demeure, que, cet exemple fut
suivi plusieurs milles à la ronde, avant qu'on eût rassemblé

une force suffisante pour arrêter cette destruction de propriété. Pendant les trois nuits suivantes des incendies éclatèrent çà et là sur tous les points de la plaine désolée. A peine l'agent et sa petite troupe se portaient-ils d'un côté, que le feu s'allumait sur leurs derrières; aussitôt qu'ils arrivaient au grand galop de leurs chevaux sur le théâtre de l'incendie, les auteurs avaient disparu, et il était trop tard pour porter aucun secours. De temps en temps les cavaliers entendaient des rires moqueurs à travers l'obscurité qui les environnait. Mais ces rires se faisaient toujours entendre quand la route se trouvait enclose entre deux rochers, que les chevaux n'eussent pu gravir. Le matin l'on aperçut le long des chemins des cochons égorgés de manière à ce que leur chair ne fût pas mangeable; des chevaux étaient étendus dans les champs avec les jarrets coupés, et un bon nombre de pauvres vaches avaient été brûlées dans leurs étables.

Tant d'insultes et d'outrages mirent l'agent hors de lui-même. Il dépêcha à la ville voisine messagers sur messagers pour obtenir des troupes, appela au secours M. Rosso, ses fils et leurs fermiers. Non content de ces mesures nécessaires, il désigna comme autant de coupables tous les fermiers renvoyés, ou qui étaient au moment de l'être; il exaspéra par ses invectives tous les paysans qu'il rencontra, lançant son cheval contre les femmes, renversant les enfants chaque fois qu'il traversait un groupe de malheureux marchant sans savoir où ils allaient, ni de quoi ils subsisteraient à l'avenir. Il parut si évident aux jeunes Rosso que Flagauan courait risque de se faire tuer, et qu'il aggravait encore le danger des circonstances, en excitant la vengeance des paysans, que l'un ou l'autre se tint dès ce moment à ses côtés, afin de le retenir un peu, et par leur médiation d'adoucir le mal que faisait sa fureur. Ils n'ignoraient pas qu'en s'associant ainsi avec lui, ils s'exposaient à la haine de la multitude; mais ils avaient assez de courage pour la braver, ayant conscience de leurs bonnes intentions.

Un jour qu'Alexandre l'accompagnait ainsi, il rencontra son père et son frère qui avaient fait patrouille dans une autre direction, et ils s'en retournèrent ensemble prendre des rafraîchissements à la maison avant que de commencer leur garde de la nuit.

— Mon père, dit Alexandre, est-ce que vous empêcherez vos fermiers d'accueillir chez eux quelques-uns de ceux qui n'ont plus d'asile?

— Certainement non; c'est leur affaire et non la mienne.

— C'est bien ainsi que je le pensais; mais non seulement Flanagan a chassé quelques pauvres diables de la grange d'un des fermiers de M. Tracey, il a encore pris sur lui de leur déclarer qu'il fallait qu'ils sortissent du district, puisqu'ils n'y obtiendraient de logement ni de vous ni d'aucun autre propriétaire.

— Je voudrais bien savoir, dit M. Rosso, de quoi cet individu-là s'ingère? mais les paysans en savent plus que lui là-dessus. Ils savent qu'à l'heure qu'il est je loge un grand nombre de ces malheureux, — un nombre aussi grand que je puis faire. Plût à Dieu, mes enfants, que je pusse les recueillir tous! Chaque fois que l'un me raconte sa position, elle me paraît plus pénible que celle que l'on m'a contée en dernier lieu; et il y a de quoi fendre le cœur, de songer seulement à les abandonner à eux-mêmes. Voyez d'ici, quel pénible tableau : — ces vieillards, ces enfants, ces femmes, fardeaux accablants et précieux pour des paysans désespérés!

— Où vont-ils aller? mon père, que vont-ils devenir?

— La plus grande partie va se réfugier dans les villes; ils vont se parquer par centaines dans le même local, jusqu'à ce que la fièvre vienne en balayer la moitié. Quelques-uns vont rôder dans la campagne comme mendiants, et d'autres vont vivre de pillage. Ceux d'entre eux à qui il reste le plus de ressources vont traverser la mer pour aller en Angleterre chercher de gros gages comme domestiques. Ceux du caractère le plus généreux, le plus brave, le plus noble vont se faire *whiteboys* [1]. Ils mourront dans quelques scènes de pillage, ou

---

[1] *White-boys* (Garçons-blancs), paysans et ouvriers qui, pour se livrer à des scènes de violence et de pillage, se noircissent ordinairement la figure et portent une chemise par dessus leurs habits; absolument comme les *demoiselles* qui ont désolé quelques-uns de nos départements.

bien sur un gibet. Honneur en soit rendu à la politique de nos
propriétaires fonciers qui commencent par accroître le nombre
de leurs fermiers, afin d'obtenir un fermage plus élevé à l'aide
de la concurrence, et puis qui, s'apercevant qu'ils sont allés
trop loin, se prennent tout à coup d'une belle fantaisie de
consolidation, privent subitement de tout moyen d'existence
cette multitude qu'ils avaient réunie autour d'eux sans s'occuper un moment de son avenir. Que pensez-vous, Henry,
d'une si belle politique?

— Je pensais, monsieur, dans ce moment même, qu'il est
étonnant que vous éleviez la voix en toute occasion contre
l'établissement d'une taxe des pauvres en Irlande, ayant de
pareilles scènes devant les yeux.

— C'est une question qui n'est pas encore résolue, monsieur,
dit Alexandre; — c'est une question qui ne sera pas résolue
de longtemps, et qui, si elle l'était par l'affirmative, amènerait
après elle de bien funestes résultats. En attendant, est-ce que
Tracey n'est pas obligé par les lois de l'humanité la plus vulgaire, à donner un autre asile à ceux de ses fermiers qu'il en
prive ainsi tout à coup? Est-ce que chacun d'eux ne devrait
pas recevoir un morceau de terre, un endroit où se bâtir une
cabane, sur le flanc de cette montagne?

— Ce ne serait point un secours immédiat, observa Henry.
Outre que ces malheureux auraient à se bâtir une cabane, il
leur faudrait dessécher et fumer leurs champs, ce qui serait
l'affaire de plusieurs mois avant qu'ils récoltassent les aliments
dont ils ont besoin aujourd'hui même.

— En supposant, dit M. Rosso, que ces nouveaux lots eussent
été préparés à l'avance, ce plan serait encore mauvais. Ce serait
s'assurer dans l'avenir une répétition des mêmes malheurs
que l'on déplore aujourd'hui. Une mauvaise culture, un excès
de population, résultat nécessaire d'une trop grande subdivision du sol, voilà les calamités de l'Irlande. Et pour y remédier,
Alexandre, vous voudriez commencer de nouveau à diviser, et
à encourager, comme auparavant, une propagation illimitée.
Cela ne me paraît pas raisonnable.

— Mais la taxe des pauvres dont nous parlions, interrompit

Henry, dites-moi comment vous pouvez ne pas en être partisan.
Dites-moi, tant qu'il vous plaira, que ces pauvres geus ont été
paresseux et imprudents ; — dites-moi qu'ils ont mis des enfants au monde sans aucune probabilité d'avoir de quoi les y
élever ; mais dites-moi si une misère aussi profonde que celle
où nous les voyons n'est pas une expiation suffisante de ce que
l'on peut appeler leurs fautes, mais non pas leurs crimes. Jetez
les yeux sur cette multitude souffrante, sur ces vieillards qui
vont mourir couchés sur le grand chemin après une vie vouée
au travail, sur ces enfants qui expirent de besoin sur le sein
tari de leur mère, sur ces malades qui, au lieu d'être soignés
par des mains amies, sont là grelotant et fiévreux, étendus au
froid et à l'humidité ; — rapprochez ces misères du luxe au
milieu duquel Tracey passe ses jours à l'étranger, luxe qu'ali-
mentent les fermages exagérés arrachés à ces malheureux
paysans...

— Tracey est un homme généreux et bon ; il est possible
qu'il se trompe dans les mesures qu'il a adoptées pour améliorer la condition de ses dépendants ; il est possible qu'il ait
mal choisi son agent, mais il s'en faut que ce soit un homme
au cœur dur et avare.

— C'est vrai, répliqua Henry, mais cela ne fait que corro-
borer mon argument. Levez une taxe sur lui et il ne sera plus
indifférent à ce qui se passe en Irlande ; le fardeau des secours
à accorder aux nécessiteux cessera de peser exclusivement sur
les hommes charitables, — sur vous, mon père, sur vos braves
fermiers qui abandonnez vos granges pour les y loger, qui
déterrez les uns après les autres vos semis de pommes de terre
pour les en nourrir. Mon père, quand je vois toutes ces choses, — la misère des opprimés, la dureté des oppresseurs, les
sacrifices que s'imposent les hommes charitables, l'exemption
de ces sacrifices dont jouissent les égoïstes et les avares, je ne
puis m'empêcher d'appeler à grands cris l'intervention du bras
puissant de la loi pour redresser ces monstrueux abus et rendre
la charité obligatoire.

— Si la loi pouvait redresser ces abus, je crierais encore
plus fort que vous pour appeler son intervention. C'est parce

que je suis convaincu qu'une *charité légale* ne ferait que les aggraver, que je demande d'autres remèdes. Nous savons que le bien-être permanent d'une nation, ou d'un individu, dépend du plus ou moins de moralité qu'ils possèdent. Vous ne le niez pas?

— Certainement non, cela est incontestable. Nous pourrions faire chaque jour l'aumône à des malheureux sans conduite ; le seul résultat que nous en tirerions serait de nous appauvrir nous-mêmes sans améliorer leur condition.

— Cela est vrai. Eh bien ! l'erreur me parait être que, reconnaissant cette connexité de l'aisance et de la moralité, l'on s'est figuré qu'on donnerait de la moralité en donnant l'aisance, tandis que c'est l'aisance qui devait naître de la moralité ; aussi les résultats ont-ils été tout l'opposé de ce que l'on attendait. Il serait temps d'essayer la méthode contraire.

— Mais, mon père, combien ne faudrait-il pas d'années avant que l'éducation puisse amener ses fruits.......

— Rappelez-vous, Henry, qu'il y a une autre éducation que celle que l'on roçoit dans nos écoles, une éducation indépendante de la lecture et de l'écriture, une éducation dont les fruits sont immédiats, et se développent sans cesse, — l'éducation qui naît des circonstances elles-mêmes. Par nos institutions actuelles nous élevons nos paysans dans la paresse et l'imprévoyance ; si nous établissions en Irlande la taxe des pauvres, ce fléau qui mine l'Angleterre, nous ne ferions qu'encourager davantage encore cette paresse et cette imprévoyance. Au lieu d'une charité rendue obligatoire par la loi, je voudrais des institutions qui encourageassent l'industrie en ne prétendant pas y suppléer, — qui assurassent sa récompense à une sage économie, au lieu d'offrir une prime à l'imprudence et à la folie.

— Je sais que les maux dont vous parlez sont nés en Angleterre de l'établissement de la taxe des pauvres ; mais sont-ils les résultats nécessaires du système de charité légale?

— Sans aucun doute ; parce que de l'idée d'une charité légale découle la supposition d'un *droit* à y prendre part ; et c'est là qu'est le mal. Vous n'améliorez jamais la moralité d'un peuple, ou, ce qui est la même chose, sa condition physique, tant que vous séparerez la moralité de ses conséquences, — tant que vous accorderez comme un droit des secours au premier venu, qu'il ait été prudent ou fou, honnête ou criminel. Prenez en enfant, apprenez-lui que le travail et l'économie sont les moyens d'arriver au bien-être ; et vous le mettez sur la voie de se le procurer. Prenez un homme fait, vicieux ou sans conduite, donnez-lui de quoi vivre sans travailler, vous ne lui donnerez pas plus de moralité ; il sera bientôt aussi pauvre qu'auparavant, et ne sera que moins porté au travail et à l'économie pour avoir reçu un secours qu'il ne méritait pas.

— Plus il y a de charité arbitraire, dit Alexandre, moins il y a de charité naturelle. En Angleterre, on fait grand estime de nos paysans irlandais pour leur amour filial et leur humanité envers leurs voisins ; — qualités trop rares dans ce pays ! si ce n'est peut-être dans quelques districts éloignés, où la taxe des pauvres n'est pas encore venue tarir la source des sympathies naturelles. Qu'on nous donne la taxe des pauvres, et chez nous aussi de vieux parents seront abandonnés aux soins de mains étrangères ; les orphelins n'auront plus d'asile, et les maladies du corps amèneront la peste morale du paupérisme.

— Tel est le sort des indigents en Angleterre ; et leur position est d'autant plus misérable que la somme des charités légales est plus élevée. La misère la plus déplorable se fait remarquer dans les comtés du midi où la taxe des pauvres est la plus élevée ; la condition des malheureux va s'améliorant à mesure qu'on se dirige au nord où la répugnance pour cette espèce de secours s'est le plus longtemps maintenue. Il y a moins de misère en Écosse, où la taxe des pauvres est rare ; enfin les pays où l'on n'en voit presque pas sont ceux où ils sont abandonnés à la charité volontaire et individuelle. Que la misère soit aussi bien la conséquence que la cause d'une charité légale, c'est ce que prouve l'expérience de l'abolition, dans un comté, de ce système de secours. Le paupérisme allait perpétuellement croissant dans un comté populeux ; on y discontinua la taxe des pauvres, et il disparut. A sa place on vit la charité chrétienne, les sentiments de famille et la sympathie renaître, dès qu'on leur eut rendu leurs voies naturelles.

— Il semble assez absurde de se plaindre d'abord que la
misère qui nous environne vient de ce que les facultés humaines sont paralysées, et d'y chercher un remède en paralysant
les plus généreux penchants de notre espèce.

— Mais, après tout, qu'ont produit ces penchants généreux?
D'où vient cette misère, si on leur a laissé un libre cours?

— Ils ont été paralysés par la force des mauvaises institutions ; ils existent et agissent toujours, mais ils sont privés de
leur récompense naturelle par l'injustice de notre système, et
la politique absurde de notre gouvernement. Quand, ainsi que
nous le voyons, l'industrie est surchargée d'impôts, et la prudence devenue inutile et ridicule, il est possible que les enfants
honorent leurs parents, et que les pauvres aient compassion
les uns des autres ; mais ils ne peuvent s'apporter mutuellement que bien peu de secours contre leur indigence.

— C'est presque une injustice envers l'Irlande, que de demander ce qu'ont produit ces penchants généreux. Nos établissements publics pour les aliénés et les malades sont plus grands
et plus beaux que ceux de l'Angleterre ; des plans innombrables ont été essayés ; beaucoup de soins ont été pris ; beaucoup
d'argent a été dépensé pour diminuer le paupérisme. Que tous
ces plans aient manqué, cela ne dénote pas chez nous un manque de charité, cela ne dénote que la présence de forces contraires, dont l'influence a rendu vains tous nos efforts. Pour
ne nous occuper ici que des *Sociétés de mendicité*, quelles
sommes n'ont-elles pas réunies chaque fois que l'accroissement du paupérisme suggérait à quelques-uns l'idée d'une taxe
légale pour y obvier ! Que cette taxe soit établie, et toute cette
charité volontaire cessera chez nous, comme elle a cessé chez
nos voisins.

— Mais, mon père, nous devrions donner plus chaque année,
à mesure que nos richesses s'accroissent ; et certainement elles
s'accroissent malgré tout.

— Oui, vraiment ; et c'est là un motif pour que nous repous-
sions une institution qui absorberait tous nos bénéfices, et
nous empêcherait d'améliorer à l'avenir notre position. Cette

vaste et improductive consommation qui va toujours croissant
partout où la taxe des pauvres existe, absorberait bientôt
notre capital, qui tend à s'accroître aujourd'hui, et comprime-
rait ce désir d'amélioration qui commence à se faire sentir
parmi nous. Qu'on laisse notre capital s'épancher par ses
canaux naturels ; qu'on encourage le plus possible la classe
inférieure à se vêtir décemment, à ajouter une chambre à leur
cabane, à changer quelquefois à leur repas les pommes de
terre pour le seigle et le froment ; et l'on aura plus fait pour la
société en général et la basse classe en particulier, que si l'on
prenait immédiatement les bénéfices et les salaires des travailleurs pour en nourrir les mendiants et les vagabonds. Je vois
des boutiques de boulanger qui commencent à s'ouvrir dans
nos villages, et je les regarde comme un indice d'une prospérité croissante. Si, au lieu de cela, j'y voyais des maisons de
correction, des dépôts de mendicité, et tout l'appareil d'une
charité légale, j'en conclurais qu'un dernier fléau, un fléau
sans remède s'est pour toujours acclimaté dans le pays.

— Mais, mon père, une taxe des pauvres ne doit pas amener
nécessairement tous les abus du système anglais. Ce n'est pas
une nécessité inhérente à une loi des pauvres, qu'elle doive
dans l'espace d'un siècle s'accroître de 500,000 livres sterling
(12,500,000 fr.) à 8 millions sterling (200 millions de francs).

— Non ; mais le principe d'accroissement est inhérent à ce
système ; que cet accroissement soit plus lent ou plus rapide,
voilà toute la chance ; et la destruction d'un pays dans lequel
il est établi ne devient plus qu'une question de temps. La
seule manière de prévenir cette destruction, c'est d'anéantir
pendant qu'on le peut encore cette funeste taxe des pauvres ;
et puisqu'il en est ainsi, ne serait-ce pas une folie que d'y avoir
recours pour soulager un gêne passagère ?

— Il me semble qu'un pareil système ne ferait qu'aggraver
les maux auxquels on veut remédier. C'est par suite de l'insuffisance du capital que les terres sont chez nous subdivisées à
l'excès ; si une taxe des pauvres venait à amoindrir le revenu
de manière à l'empêcher de se convertir en capital, cette subdivision ne ferait qu'aller croissant.

— Sans aucun doute, tel serait l'effet d'une taxe des pauvres dans nos districts agricoles, et elle n'en n'aurait pas de moins funestes dans nos villes manufacturières. Nos tisserands, dans la morte saison, tomberaient à la charge de la paroisse; et leurs maîtres, pour payer la taxe des pauvres, seraient obligés de retrancher une partie notable de leurs salaires dans la saison du travail. Ainsi le capital des maîtres irait toujours en s'amoindrissant, au détriment des ouvriers qu'ils emploient.

— Je ne crois pas, observa Alexandre, qu'une pareille taxe puisse jamais s'établir en Irlande; nous n'avons rien de ce qu'il faut pour cela. Tout le monde professe ici une horreur presque égale pour ce genre d'impôt; je pourrais nommer beaucoup de paroisses où pas un seul homme ne serait en état de remplir les fonctions de commissaire des pauvres, et un bien plus grand nombre où personne ne voudrait s'en charger.

— Oh! ce ne serait pas longtemps une difficulté, répondit M. Rosso; il ne manque pas de gens disposés à administrer la caisse des pauvres dans l'espérance d'y puiser de quoi vivre. Nous créerions ainsi une nouvelle classe de consommateurs improductifs, et nous perdrions un nombre égal de travailleurs valides, qui laisseraient leur vieux père ou leurs petits enfants à la charge de la paroisse pour aller en Angleterre chercher de gros gages. Ce serait une mauvaise spéculation.

— Vous vous plaignez, mon père, de l'excès de la population; et cependant vous n'approuvez pas l'émigration de nos pauvres.

— Je n'approuve pas celle des consommateurs productifs, qui laissent à la charge du public les membres improductifs de leur famille; et ce genre d'émigration s'accroîtrait d'une manière effrayante par l'établissement de la taxe des pauvres. Cette même influence, qui se mettrait à la place des charités domestiques, romprait aussi les liens de la famille. Si un homme est sûr que la loi accordera des secours à son vieux père ou à ses enfants, ne sera-t-il pas tenté de laisser ses charges à la paroisse, et de s'en aller chercher fortune ailleurs? Si nous voyons de pareils abandons aujourd'hui que la loi ne vient pas au secours des abandonnés, que sera-ce donc quand elle leur aura assuré d'avance des secours forcés ?

— Mais enfin, Monsieur, quelle est donc votre opinion ? Il faut prendre un parti ; il faut faire quelque chose.

— Assurément. Je voudrais faire beaucoup, et cela sans perdre de temps, car la vie d'un grand nombre de nos semblables est en danger. — Jusqu'à ce que l'éducation soit assez universelle en Irlande, pour qu'on puisse laisser à la classe inférieure le soin de ses propres intérêts, nous devons lutter contre les maux qui nous entourent, opposant des modes particuliers de secours à leur nature particulière. Il faut consolider nos petites fermes.

— Oh ! mon père ! regardez autour de vous, et voyez les conséquences !

— Écoutez-moi jusqu'au bout, Henry. Il faut que nous consolidions graduellement nos fermes, transportant les fermiers que nous mettons dehors, non pas dans quelque misérable cabane du voisinage, mais dans des contrées où la population est ce qui manque surtout. Nos paysans essaient déjà de le faire d'eux-mêmes, en s'exposant aux plus grands dangers, au plus horrible dénuement. Nous devrions nous charger de le faire pour ceux que nous renvoyons, en suivant un meilleur plan, comprenant que ce n'est là qu'une mesure temporaire, causée par le nouvel arrangement de la propriété foncière. Quant aux fermiers qui resteraient, il faudrait les décharger du fardeau de salarier deux religions à la fois, les délivrer de tout intermédiaire entre leurs propriétaires et eux, écarter tout ce qui s'oppose au libre exercice de leur industrie, et à l'accumulation graduelle de leur capital.

— Est-ce que l'émigration ne remédirait pas aux inconvénients les plus graves d'une taxe des pauvres.

— Mais nous ne pouvons nous occuper sans cesse à faire d'une main pour défaire de l'autre. Accroître la population par la taxe des pauvres, en même temps qu'on la diminuerait par l'émigration, ce serait dépenser beaucoup de peine, et beaucoup d'argent pour laisser dans le même état les maux dont nous nous plaignons. Mais une mesure temporaire, employée comme un remède spécifique, pour une maladie spécifiée, rien ne saurait être plus sage, et dans le cas où nous nous trouvons, rien ne saurait être plus nécessaire. Tracey avait l'intention de faire une chose patriotique, en ordonnant la consolidation des fermes, et cette mesure eût amené les heureux résultats qu'il s'en promettait, s'il l'eût opérée graduellement, et qu'il eût eu la précaution d'assurer un asile au Canada ou dans l'Australie, à ceux de ses fermiers qu'il était obligé de renvoyer.

— Et pourquoi pas les établir dans quelques-unes de nos terres incultes? Il n'en manque pas en Irlande.

— Parce qu'il faudrait beaucoup de capital pour les mettre en état de produire, tandis que dans le cas d'émigration, il n'y a d'autres frais que le transport des émigrants dans un pays où le capital surabonde, et dans lequel il ne manque que des bras.

— Et vous croyez qu'en suivant ce plan on serait en bonne voie d'amélioration?

— Je le crois, surtout si l'on nous délivre en même temps des plus pesantes de nos entraves politiques; nous pourrons voir l'Irlande un pays aussi florissant que la nature l'avait destiné à l'être. Que si au contraire on y introduit un système de paupérisme, l'Irlande est à jamais perdue; pour citer ici les paroles d'un homme qui comprend bien nos maladies et leurs causes : « L'effet probable de l'établissement d'une taxe des pauvres en Irlande me paraît devoir être de la remplir d'une population qui s'accroîtrait sans aucune prudence, forcée à travailler par la crainte seule du châtiment, exigeant de la paroisse des secours pour leurs enfants, laissant leurs parents âgés à sa charge; considérant les gages non comme l'accomplissement d'un contrat, mais comme un droit; attribuant tous ses maux à l'injustice de ses supérieurs; ou quand leur propre paresse et leur imprudence auront amené une baisse des salaires, s'en vengeant par l'incendie des propriétés, l'égorgement des bestiaux et le meurtre même des propriétaires et des intendants; réunissant, en un mot, l'insubordination de l'homme libre avec la paresse et le mauvais vouloir de l'esclave. »

CHAPITRE IV.

Crimes irlandais.

Les Sullivan et les Mahonys ne furent pas immédiatement poursuivis. Dora passa vainement en sentinelle les jours et les nuits; elle ne vit rien qui lui indiquât la présence de l'ennemi, si bien qu'elle finit par croire, comme on le lui disait, que leur retraite n'était pas connue, ou que, dans le cas contraire, on la supposait environnée de paysans poussés au désespoir, et qu'il n'eût pas été sans danger de venir attaquer. Elle avait quelques raisons d'adopter cette dernière supposition, encore qu'elle ne sût pas mieux que M. Flanagan lui-même ce qui se passait autour d'elle. Son père avait disparu le lendemain de leur arrivée sur la côte; il était venu leur faire visite depuis, deux fois pendant la nuit, et une autre fois dès le grand matin, ce qui prouvait que sa demeure n'était pas fort éloignée. A chaque visite il avait apporté une provision de whiskey pour sa femme, qui déclinait de jour en jour, et n'était plus guère susceptible d'autre jouissance que de prendre de temps en temps des spiritueux qui la réchauffaient. Ces cadeaux, joints à quelques mots que Sullivan laissa échapper sur ce qui se passait dans le marécage, convainquirent Dora qu'il était engagé dans quelque distillerie clandestine; mais elle ne put obtenir de lui aucun aveu; il se contenta de lui répondre par une pantomime énergique et quelques fragments de chansons. Dan était encore plus mystérieux. Sa tendresse pour sa femme reparut aussitôt après la nuit du voyage, mais il n'y avait plus de confidence. Il sortait, il rentrait à toutes les heures, sans dire jamais où il était allé, ni combien de temps il devait être absent, l'engageant sans cesse à ne point se tourmenter, et montrant qu'il songeait toujours à sa famille en rapportant quelques bonnes choses pour sa vieille mère ou pour sa femme, sans que celle-ci comprît comment il avait pu se les procurer. Un jour il lui jeta sur les épaules un manteau bien moins usé et bien moins taché que le sien; une autre fois il apporta un paquet de thé pour sa belle-mère, avec une superbe théière et des tasses proprement emballées dans de la paille; et enfin il apporta une pièce de toile très fine pour la layette de son futur héritier. Dan s'attendait cette fois à de bien vifs remerciements, car il savait que la plus grande inquiétude de Dora était que rien ne fût préparé pour son enfant, qui probablement ne pourrait survivre au moment de sa naissance, et ne tarderait pas à mourir de misère : Dora regarda son mari d'un air irrité et triste à la fois, en lui disant :

— Dan, voulez-vous donc condamner cet enfant au crime avant qu'il soit né? voulez-vous l'envelopper du fruit du crime au moment où il verra la lumière? Vous n'avez point gagné cela; cela n'est pas à vous, et rien de volé ne touchera le corps de mon enfant.

Au lieu de se mettre en colère, Dan répondit tranquillement que, puisqu'il n'y avait plus de justice, il n'y avait plus de lois; que puisqu'on l'empêchait de gagner ce dont il avait besoin, il fallait qu'il le prît là où il le trouvait; et que de le prendre ainsi était un moindre crime que de laisser sa famille mourir de faim, et son enfant de froid, tant qu'il avait sous sa main de la nourriture et des vêtements. Sa femme se hasarda à lui demander timidement de quoi lui servirait ce beau raisonnement quand on le poursuivrait au nom de la loi, et qu'il aurait des soldats à sa poursuite. Il se prit à rire, et répondit que si les gentilshommes du voisinage voulaient jouer ce jeu-là, ils auraient affaire à lui, et à bon nombre d'hommes déterminés; qu'on les avait chassés de la société; qu'on ne devait donc pas s'étonner de ne les y voir point rentrer, et obéir comme auparavant aux ordres de leurs supérieurs légaux; que si les amis de l'ordre, comme ils s'intitulaient, voulaient essayer leurs forces contre les leurs, son parti ne demandait pas mieux; et que, quant à lui, il était prêt à combattre vaillamment ou à mourir gaiement, suivant que la volonté du ciel en déciderait.

Dan ne réussit pas à communiquer à sa femme son courage, ni son insouciance de l'avenir. Elle se montra plus inquiète à mesure qu'il le paraissait moins. Une sombre mélancolie obscurcit de jour en jour ses traits. Elle maigrit, la force morale l'abandonna, et elle sembla ne pouvoir plus dominer son caractère qu'en se réfugiant dans un silence complet. Au lieu d'adoucir les plaintes de sa mère, et de répondre patiemment à ses continuelles questions, elle écouta les premières sans paraître y prêter attention, et échappa le plus souvent qu'elle put aux secondes.

Elle prit l'habitude de placer sous la main de la vieille femme tout ce dont il était probable qu'elle pourrait avoir besoin, et puis de sortir dehors sans aucun but déterminé. Quelquefois elle s'asseyait sur une des projections les plus périlleuses du rocher, et contemplait les flots de la mer. Quelquefois elle se cachait dans une caverne immédiatement au-dessous de la cabane; de temps en temps elle en sortait, gravissait péniblement le rocher, allait voir si l'on avait besoin d'elle, et redescendait aussitôt pour se livrer tout entière à la paresse et à la solitude. Toutefois, on eut dit que, du fond même de cette retraite, elle entendait les pas de son mari, tant elle arrivait invariablement à son approche. Quelquefois il lui était arrivé de se déranger pour des visiteurs moins agréables que Dan; mais alors elle s'éloignait immédiatement et tâchait d'éviter de se faire remarquer. Plusieurs femmes lui firent visite les unes après les autres, sans qu'elle sût ni d'où ni pourquoi elles venaient. Elles paraissaient d'une humeur plus sociable que la sienne, et lui donnaient clairement à entendre que, puisque leurs maris, leurs pères ou leurs fils prenaient part à la même entreprise, il leur semblait qu'elles pouvaient se lier aussi ensemble. Souvent elles commencèrent d'horribles histoires de ce que la bande faisait pendant la nuit, et de ce qu'elle souffrait pendant le jour. Dora arrêta toujours ces confidences dès le commencement, leur déclarant que Dan et elle n'appartenaient à aucune bande, et que tout ce qu'elle désirait, c'était qu'on voulût bien la laisser vivre seule et tranquille. Elle ajouta qu'elle ne savait pas même d'où venaient ces visiteurs. Les unes lui montrèrent le marécage, d'autres les rochers, d'autres enfin quelques petits monticules de gazon d'où l'on voyait s'élever quelquefois une légère fumée. Quelques-unes parlèrent de se construire une cabane près de la sienne ; mais elle ne les encouragea pas dans ce dessein.

Une pareille réception ne pouvait tenter beaucoup ces femmes de renouveler leurs visites, et Dora se flatta qu'elle ne tarderait pas à être délivrée de leurs importunités. Elle ne se trompait pas ; et peu de temps après elle se trouva aussi solitaire qu'elle pouvait le désirer.

C'était par une nuit de décembre, et au milieu de l'obscurité la plus profonde, qu'un vaisseau vint toucher terre presque directement au-dessous de l'habitation de Dan. Comment cet accident était-il arrivé ? c'est ce que les gens qui étaient à bord ignoraient complètement. Ils croyaient connaître la côte, et s'étaient crus en sûreté tant qu'ils voyaient briller le fanal au S. E. Il est vrai que sa lumière était bien faible ; mais le brouillard était si épais qu'il était plutôt étonnant qu'on pût l'apercevoir. Le peu de vent qu'il y avait poussait directement à la côte, en sorte que quand le vaisseau fut une fois entre les brisants, il était trop tard pour le sauver. Il toucha, et au premier cri de frayeur que poussa l'équipage, le prétendu fanal s'éteignit. Les cris des matelots s'élevaient par intervalles au milieu de l'horrible musique des flots, dont le fracas s'augmentait chaque fois qu'ils avaient balayé un homme de dessus le pont. Tous eussent encore pu être sauvés s'ils avaient eu un rayon de lumière pour éclairer leurs efforts ; mais ils luttèrent en vain dans les ténèbres, et chaque vague contre laquelle ils luttaient leur laissait moins de force pour résister à celle qui allait suivre.

Le premier homme qui parvint à mettre le pied à terre se trouva hors d'état de porter le moindre secours à ses compagnons, et chercha à découvrir autour de lui quelque vestige d'habitation humaine. Le seul qu'il aperçut fut une faible lumière qui partait de la cabane de Dan, et vers laquelle il se dirigea sans trop savoir au juste si c'était une lumière de quelque maison située sur la hauteur, ou une étoile qui brillait à travers les nuages. Tantôt tombant, tantôt se relevant, glissant, grimpant, mais toujours appelant au secours, il continua de marcher en ligne droite sur la lumière, tremblant à chaque instant de la voir s'évanouir tout à coup comme le prétendu fanal, et ne lui laisser d'autre alternative que de s'asseoir à terre pour attendre le jour. Quand il fut arrivé assez près pour être bien sûr que la lumière qu'il voyait partait d'une maison, tout à coup plusieurs voix répondirent à ses cris, les unes de très près et les autres de quelque distance, et des lumières se mirent en mouvement sur toute l'étendue du rocher.

Deux hommes parurent de chaque côté du matelot étonné, et lui dirent qu'il prenait un mauvais chemin pour obtenir du secours, puisqu'il n'y avait là-haut que des femmes. Cet avis fut perdu pour le matelot qui était étranger ; il se mit à jurer contre leur lenteur à porter secours, et contre la ruse infernale avec laquelle il supposait que le navire avait été attiré à faire côte. Comme sa colère s'exhalait dans un langage qu'ils n'entendaient pas, les nouveaux-venus se contentèrent d'en rire.

— Allons, calmez-vous, dit l'un. Il faut convenir qu'un homme à peine à se réveiller quand la nature lui chante de pareilles chansons pour l'endormir.

— A coup sûr, observa un second, jamais homme endormi n'a eu sur la tête un rideau plus épais que ce brouillard-là.

— Le fanal ! Vous avez bu, mon cher, et vous avez vu double ; voilà tout. Le fanal est bien loin au sud, et il n'y a sur cette côte d'autre lumière que celle de la cabane.

Leurs explications étaient aussi bien perdues que les malédictions de l'étranger ; et, après une prodigieuse dépense

d'éloquence des deux côtés, il fallut en venir à des actions dont
le but et la portée ne tardèrent pas à devenir très clairs. Un
coup de sifflet aigu fit converger vers la grève toutes les lumières errantes çà et là. Les deux guides du matelot portaient
par-dessus leurs vêtements une chemise serrée à la taille par
une corde de foin, dans laquelle étaient fixés deux pistolets et
un poignard. Ils y suspendirent leur lanterne ; et, saisissant
chacun l'étranger par un bras, ils lui firent descendre rapidement le rocher. Au lieu de le laisser se diriger vers le vaisseau
naufragé, ils le forcèrent à entrer dans la grotte où Dora se
retirait si souvent, et laissèrent auprès de lui une garde de
deux hommes. On amena l'un après l'autre cinq de ses compagnons, et chaque fois la garde augmentait en proportion.
Quand il n'y eut plus d'hommes à sauver sur le vaisseau, on
envoya aux six dans la grotte quelque chose à manger et à
boire, de quoi faire du feu ; et il leur fut signifié en même
temps qu'ils n'avaient plus à s'occuper de leur navire. Ces
pauvres malheureux, accablés de froid, de fatigue et de crainte,
se livrèrent à un désespoir dont leurs gardes ne prirent souci
que pour en faire taire l'expression trop bruyante, qu'il n'aurait
pas été sans danger pour eux de laisser entendre au dehors.

Cependant l'œuvre de destruction continuait rapidement sur
le rivage ; tout ce que le vaisseau contenait fut saisi et placé
dans quelques cachettes ; une grande partie même de la coque
et des agrès fut brisée et enlevée avant le matin. Le principal
but des malfaiteurs était l'excellente plaisanterie qu'ils comp-
taient faire le lendemain aux naufragés, en les conduisant au
point du jour sur la grève, et en leur persuadant que leur
navire en avait été dégagé et entraîné au loin par les flots. Ils
ne se doutaient guère que du fond de la grotte ces malheureux
entendaient le bruit de leur expédition, celui des marteaux, le
déchirement des pièces de bois, et surtout les hourahs qu'ils
poussaient chaque fois qu'ils avançaient d'un point notable
dans leur œuvre de démons.

Dan était au nombre des pillards. Il n'était plus le maître
de refuser aucune entreprise proposée par le capitaine de la
troupe à laquelle il s'était associé. A son retour d'une expédi-

tion lointaine qui l'avait retenu plusieurs jours hors de chez
lui, il se trouva, aux termes du serment qu'il avait prêté, appelé
à prendre part à une scène de pillage d'un genre qu'il abhor-
rait, et cela en vue de sa propre maison. Tant qu'on lui avait
ordonné de voler des *intermédiaires*, d'épouvanter des agents,
de maltraiter les collecteurs de dîmes, il avait obéi de grand
cœur, convaincu qu'il ne faisait que venger ses injures personnelles; mais c'était tout autre chose d'attirer des étrangers
dans un piège, de causer la mort de quelques-uns d'entre eux,
et de dépouiller les autres de tout ce qu'ils possédaient. Il le
pensait, et n'hésita pas à le dire tout haut. Pour toute réponse,
on lui rappela son serment, un serment trop solennel pour être
violé légèrement; et on lui commanda immédiatement, comme
pour essayer son obéissance, de prendre un ballot de marchandises, et d'aller le mettre en dépôt dans sa propre cabane.
Il le fit, le cœur bien chagrin de se présenter ainsi à Dora
après plusieurs jours de séparation. Elle ne l'avait pas encore
vu équipé en *white-boy*, et n'avait jamais su bien précisément
à quoi il employait son temps.

Il s'arrêta en dehors, s'appuyant à l'entrée, là où aurait dû
être la porte, pour voir un peu ce qui se passait en dedans.
Tout ce qu'il vit était si étrange, si horrible, qu'une terreur
mortelle s'empara de lui, et qu'il craignit que l'être qu'il
voyait se mouvoir ne fût point réellement Dora, mais quelque
esprit qui aurait pris sa ressemblance. Elle était là auprès du
cadavre de sa mère, étendu à terre. Ses mouvements se précipitaient avec tant de rapidité qu'ils étaient presque couvulsifs.
Tantôt elle s'agenouillait près du corps, lui plaçant les membres
en ligne droite, et s'efforçant en vain de le couvrir entièrement d'un morceau d'étoffe trop court; tantôt elle fixait sa
dernière chandelle de veille dans un tas de terre molle, et
la plaçait à la tête, puis elle murmurait quelques paroles
qu'empêchaient d'être distinctes ses cheveux, qui retom-
baient sur sa figure quand elle se baissait; enfin, se rejetant
en arrière, elle poussait le *cri de mort* [1] avec une force qui

---

[1] Les Irlandais sont extrêmement démonstratifs dans l'expression de leur douleur, comme dans celle de tous leurs sentiments. Il s'agit ici des cris que poussent

ramenait un peu de sang à son visage d'une pâleur mortelle.

— Oh! mon Dieu! mon Dieu! s'écriait-elle désespérée. J'ai poussé le cri de mort et personne ne vient. Le père Glenny m'a abandonnée depuis longtemps; mon propre père m'abandonne; et Dan, — je ne sais ce que Dan est devenu; et il ne l'a dit à personne. Il ne m'abandonnera pas longtemps, celui-là; — oh non!...

— T'abandonner, toi, ma Dora! dit Dan, la touchant doucement à l'épaule. N'ai-je pas tenu mon serment pendant les longues années où tu vivais chez ton père? Et tu peux craindre que je ne t'abandonne maintenant?

Elle croisa les bras sur sa poitrine, et fixa des regards indifférents sur le ballot qu'il apportait.

— Oh! tu as apporté le drap pour l'ensevelir, j'en avais besoin: mais où sont les cierges? Je n'ai que cette chandelle; et il n'y a ici ni porte ni volets, comme tu vois. Personne de la compagnie n'est encore venu; ainsi tu auras le temps. Dépêche-toi donc.

— Appellerai-je les voisins à la veillée? demanda Dan, persuadé que la meilleure manière d'attirer son attention était de l'aider à remplir les devoirs envers les morts, devoirs qui tiennent un rang si important dans la société irlandaise.

Sur un signe d'assentiment que lui fit sa femme, il courut au rivage, d'où il rapporta un bordage pour coucher le corps dessus, des chandelles pour allumer autour de la bière, et des spiritueux pour offrir à la compagnie. Il avertit en même temps son capitaine et ses compagnons que, lorsqu'ils apercevraient un feu sur le rocher, et qu'ils entendraient le cri de mort, tout serait près pour le recevoir à la veillée; — car chez les pauvres Irlandais, l'usage est d'appeler à la veillée du mort, en brûlant le lit du défunt devant la porte, et poussant le cri des funérailles.

Quand Dan fut de retour, il fut encore plus frappé de la pâleur mortelle qu'il remarqua sur la figure de sa femme. Il lui

des pleureurs à gages dans les funérailles des gens riches; cérémonies dont les pauvres s'acquittent eux-mêmes quand ils vont perdre quelque parent ou quelque voisin.

demanda si quelques voisins étaient venus l'aider à garder sa
mère, et si son sommeil avait été beaucoup troublé ; mais elle
parut à peine faire attention à ses questions. A la vue de ce
qu'il apportait, elle battit des mains comme un enfant gâté dont
on a satisfait le caprice, et paraissant si différente de cette Dora,
ordinairement si obéissante et si dévouée, qu'une seconde fois
l'idée se représenta à l'esprit de Dan que quelque démon avait
pris pour le tourmenter la ressemblance de sa femme. Il lui
demanda avec la plus vive anxiété si elle avait fait ses prières
ordinaires du soir. Cette demande la frappa ; elle répondit
qu'elle s'était étrangement oubliée ; et aussitôt elle commença
ses dévotions habituelles. Encore qu'elle les prononçât d'une
voix trop rapide, elles étaient telles qu'un démon n'eût osé les
dire ; et Dan ne conserva plus d'inquiétude à cet égard.

— Portez le lit dehors, dit-elle en montrant du doigt la paille
où sa mère avait coutume de dormir. Pendant qu'elle brûlera,
je vais encore une fois pousser le cri de mort pour voir si
quelqu'un viendra.

Dan remua un paquet qui était étendu dans la paille ; mais
il le laissa aussitôt retomber, frappé d'horreur, quand il en
entendit sortir le cri d'un enfant nouveau-né. En un moment,
il comprit toute cette horrible histoire. Il souleva de nouveau
l'enfant, et, sans prononcer une parole, le posa sur le sein
de Dora.

— Oh ! mon enfant ! Oui, je l'ai oublié comme j'avais oublié
mes prières ; mais il n'a pas longtemps manqué de nourriture,
j'espère. Tenez-le, tandis que je vais ôter ce manteau qui me
brûle comme si j'avais le feu dans le corps. Et elle plaça nonchalamment le nouveau-né entre les bras de son mari.

— Dora ! s'écria celui-ci d'une voix entrecoupée de sanglots,
est-ce ainsi que tu devais me mettre, pour la première fois,
notre enfant dans les bras ?

Elle le regarda d'un air égaré, dit qu'elle ne savait ce dont
il voulait lui parler, et, avant qu'il pût l'en empêcher, mit le
feu à la paille, et poussa le cri de mort de nouveau. Aussitôt
arrivèrent tous les *white-boys*, se précipitant dans la cabane,
entourant la bière et redoublant par leurs cris la surexcitation

de Dora. Ce fut alors que, pour la première fois, elle remarqua l'étrangeté du vêtement de son mari. Elle alla de l'un des *white-boys* à l'autre, observant d'un regard curieux leur accoutrement et leurs armes ; puis elle s'arrêta enfin devant Dan, qui causait en ce moment avec le capitaine.

— Ainsi vous vous êtes enrôlé, Dan ? Ainsi vous avez engagé votre foi à d'autres, après que vous avez juré de m'appartenir à moi seule ? Puissent-ils faire pour vous ce que je ne puis pas ! mais, hélas ? puissent-ils ne pas vous faire le mal que, moi, je ne voudrais jamais vous faire ! Ils pourront vous donner des vêtements pour ces nuits d'hiver, dans lesquelles, moi, je n'aurai rien de plus chaud à vous offrir que mon sein. Ils pourront vous donner du whiskey pour la veillée des morts, et bien d'autres choses à mesure que vous en aurez besoin ; mais ils vous les feront payer bien plus cher que vous ne m'avez jamais rien payé. Dan ! ils vous conduiront dans les embûches pendant la nuit ; ils vous mettront à la poursuite des bestiaux dans des marécages où vous enfoncerez jusqu'à la ceinture, et sous des rochers qui s'abîmeront sous vous ; ils vous mèneront là où les balles de fusil pleuvront comme la grêle tout autour de vous ; ils vous mettront un couteau dans la main, et vous forceront à vous faire un chemin dans le sang. Si vous refusez, ils vous brûleront avec moi entre les quatre murs de cette cabane ; et, si vous consentez, ils vous conduiront à quelque chose de pire que les marais, les rochers ou la balle du soldat ; ils vous enverront pour qu'on vous place devant le juge, pour qu'on vous refuse merci ; et alors.....

— Au nom du Christ ! faites-la taire, s'écria Dan. Il lui prit les deux mains pour l'empêcher de lui arracher de dessus les épaules son uniforme de *white-boy*.

— Enlevez le corps, commanda le capitaine. Qu'on le garde là en bas ; et envoyez la première femme que vous trouverez pour prendre soin de cette malheureuse créature. Allons, qu'on évacue immédiatement la cabane.

— Dites un mot, capitaine, s'écria l'un des malfaiteurs, et j'amènerai ici un docteur, — le même que nous avons déjà amené les yeux bandés, quand O'Leary a été à moitié tué.

Nous crèverons deux chevaux, et nous aurons le docteur ici avant le matin.

— Non, non. Attendons ce que les femmes diront. Allons ! enfants, enlevez la bière; que tout se fasse doucement et avec décence.

Dora fit de cruels efforts pour suivre le corps de sa mère ; et il y avait de quoi fendre le cœur d'entendre les cris qu'elle poussa en se voyant empêchée d'accomplir ce devoir religieux. Ce ne fut qu'après avoir passé plusieurs heures avec une vieille femme qui vint, l'on ne sait d'où, la soigner, qu'elle recouvra un peu de calme.

Elle se rétablit lentement et péniblement. Quelques-uns disent qu'elle ne fut jamais cette même Dora qu'elle avait été ; mais d'autres ne remarquèrent d'autre changement en elle qu'une pâleur livide qui ne la quitta plus, et qu'expliquent assez les affreuses circonstances où elle s'était trouvée. Jamais elle ne put se rappeler rien de ce qui s'était passé à la mort de sa mère, et à la naissance de son enfant. Elle supposait, comme le faisait aussi son mari, que les soins de la vieille femme avaient suffi pour sauver son enfant; mais ils lui avaient été funestes à elle-même.

Sullivan reparut bientôt, sortant d'un souterrain où il s'occupait à violer les lois à sa manière. Il témoigna tout le regret possible de ne s'être pas trouvé aux funérailles de sa femme; mais il se promit d'expier cette négligence involontaire, en employant le premier argent qu'il gagnerait dans la distillerie, à faire dire des messes pour le repos de son âme.

CHAPITRE V.

Châtiment irlandais.

Il était impossible que les actes de violence auxquels s'étaient livrés les *white-boys* sur les terres de M. Tracey et de quelques autres, demeurassent longtemps sans attirer la juste répression de la loi. Les étrangers que l'on avait privés de leur vaisseau naufragé avaient été, le lendemain matin, enchaînés deux à deux, et conduits dans le voisinage d'une grande route, qui devait les conduire à quelque ville ou ils pourraient raconter leur déplorable aventure. Trois d'entre eux manquaient, et ils n'hésitaient pas à penser que leur disparition était due aux auteurs de leurs autres malheurs. Tant qu'ils furent sur la route et qu'ils traversèrent de petits villages, il trouvèrent peu de sympathie dans leurs plaintes contre les *white-boys*; mais il n'en fut pas de même dans les villes. Bientôt Ballina et Killala retentirent de l'horrible événement arrivé sur le bord de la mer. L'alarme se répandit dans tout le pays. Chaque jour on apprenait la nouvelle de quelques attaques présumées, qui jamais ne se réalisèrent. Tous ceux qui habitaient une maison isolée; tous ceux qui avaient à se reprocher quelque tyrannie envers les paysans; tous ceux qui avaient de l'argent chez eux; tous ceux qui pouvaient croire avoir des ennemis, passèrent dans des transes continuelles les longues nuits d'hiver, que le ciel fût chargé de tempête, ou que la lune éclairât de ses rayons un horizon de neige blanchissante. Les brigands ne manquèrent pas de profiter de cette terreur panique, tant qu'elle dura, pour se venger de leurs ennemis, et augmenter leur nombre de nouvelles recrues. Partout où ils se montraient, ils n'éprouvaient aucune résistance; ils étaient sûrs au contraire d'un bon accueil de la part des opprimés et des malheureux. La première fois qu'ils éprouvèrent un échec, ce fut à l'occasion d'un outrage commis envers un propriétaire que poursuivait la haine générale; — outrage qui lui fit quitter la paix du foyer domestique pour les hasards d'une expédition militaire. En une seule nuit ses plus beaux arbres furent coupés, ses arbres dont quelques-uns avaient fait de temps immémorial l'ornement de son patrimoine. Le soir, au coucher du soleil, il les avait vus couverts d'un dôme de neige, et le lendemain matin il les vit couchés à terre, comme autant d'emblèmes d'une grandeur éclipsée. Aussitôt après son déjeûner, il monta à cheval pour aller chercher ses confrères les juges de paix [1], des soldats, des espions, des guides, et tout ce qui était nécessaire pour déloger l'ennemi de ses retranchements. Il ne voulut pas attendre que les paysans, qui lui servaient ordinairement de gardes, fussent assemblés; mais il se hasarda à sortir suivi seulement d'un valet. Il soupçonnait depuis longtemps que quelques-unes de ses ennemis ne prenaient, pour se cacher, d'autres précautions que leur prudence personnelle, et qu'il en avait tout autour de sa demeure. Il en acquit bientôt la conviction par les salutations ambiguës dont il fut assailli de tous côtés. Jamais il ne se rappelait qu'on lui eût fait tant de questions sur la manière dont tout se passait dans son château; jamais on ne lui avait demandé avec tant d'intérêt comment il avait reposé la nuit dernière; et puis c'étaient des observations sans fin sur l'étonnante obscurité qu'elle avait

---

[1] La justice de paix, qui comprend plusieurs des fonctions de nos commissaires de police et de nos maires, est exercée gratuitement en Angleterre par quelques seigneurs ou propriétaires fonciers.

présentée. Il aperçut le long de la route des signaux en avant et en arrière de lui, — crut s'apercevoir qu'il y avait des gens cachés derrière les haies, — entendit distinctement à l'ouest des marais des huées qui évidemment ne s'adressaient qu'à lui, — et se convainquit qu'il y avait là des gens qui attendaient seulement que ses chevaux fussent passés pour prendre absolument la même direction.

Il ne se trompait pas, les *white-boys* étaient sur ses traces, et épiaient tous ses mouvements, comme ils avaient coutume de le faire pour ceux qui avaient été récemment leurs victimes. Le départ de M. Connor, sa visite à un magistrat, puis à un autre ; la grande lettre que son valet portait au galop, accompagné d'une escorte ; une autre qui avait été jetée à la poste, et qui paraissait du même format ; tout cela fut rapporté au capitaine de Dan, assez à temps pour que le messager fût arrêté, ainsi que la malle-poste avec le sac aux lettres. Toutefois ces expédients ne pouvaient réussir longtemps. On apprit enfin que des soldats étaient en route, et l'on se prépara à les recevoir. Ce fut dans cette circonstance que Dora eut à jouer un rôle malheureusement trop important.

Son mari s'était absenté moins souvent et moins longtemps après les événements que nous avons racontés. Mais, quand il la vit suffisamment rétablie pour s'occuper utilement de son enfant, il reprit son ancien train de vie. Il arriva au milieu d'une nuit, et lui dit qu'il avait besoin de ses services pour lui-même et trois ou quatre de ses camarades qui l'attendaient dehors.

— Allons, mon bijou, il n'y a pas de quoi trembler, et de quoi me regarder fixement comme vous le faites. Nous ne voulons pas vous enlever ; il ne s'agit que de nous écrire un bout de lettre, ma chère amie ; et nous nous adressons à vous, parce que vous êtes la plus capable de nous faire cela proprement et d'une belle écriture.

Un des *white-boys* apporta du papier, une plume et de l'encre ; et dès que Dora se fut suffisamment remise de son émotion, elle écrivit la lettre suivante, dictée par son mari, sauf quelques amendements de ses compagnons :

« Major Greaves,

« N'avancez pas plus loin que les gros ormes dans le domaine de M. Rosso, ou bien il vous en cuira, à vous et à vos
soldats. Vous venez nous tourmenter pour une bagatelle dont
d'honnêtes gentlemen ne devraient pas demander compte à
de pauvres malheureux, même s'il s'agissait d'un vrai vaisseau, tandis que ce n'était qu'un misérable bateau qui est
aujourd'hui brûlé et perdu, que l'on ne saurait vous rendre,
et dont il ne nous reste plus rien que les armes, que nous
vous présenterons d'une manière tout autre que celle que vous
attendez, si un seul de vos hommes fait un pas au delà des
ormes. Prenez garde au terrain que vous allez parcourir,
Monsieur ; une bécassine y enfoncerait presque partout ; et
vous n'avez pas un guide sur qui vous puissiez vous fier, car
il n'y a pas dans toute la vallée un enfant qui voulût vous
rendre le mauvais service de vous conduire ici.

« Il y a, Monsieur, dans nos marais, des anguilles qui
échappent facilement de la main, quand on croit les tenir ;
Votre Honneur apprendra à ses dépens que nous ressemblons
un peu à nos anguilles, excepté toutefois qu'il pourra vous en
arriver pis, — et qu'au lieu de nous prendre, vous vous trouveriez pris vous-même. Encore un mot par charité. — Pas un
de nos ennemis ne sortira d'ici, à moins que vous ne nous
ayez tous faits prisonniers, et pas un de nous ne consentira à
se laisser prendre vivant. Ainsi donc, à moins que vous ne
vouliez choisir un tombeau pour chacun de vous, n'avancez
pas un pied plus loin que les gros ormes, près desquels l'un
d'entre nous vous attendra pour vous remettre la présente. »

Après s'être amusés à inventer un nom barbare pour la
signature, avoir dessiné grossièrement au bas, à la plume, des
fusils, des pistolets, des piques, des potences ornées de trèfle,
ils plièrent proprement et soigneusement la lettre, et l'un
se chargea de la remettre à son adresse. Dan s'étonna que
Dora ne fit point d'objection à prendre une part dans une
pareille affaire ; il crut un moment qu'elle était assez faible
pour oublier la gravité de ce qu'elle venait d'écrire, flattée seu-

lement des éloges qu'on donnait à la beauté de son écriture.
Mais son impassibilité provenait de la conviction où elle était,
que des observations ne serviraient à rien et ne pourraient
qu'irriter son mari. Or, elle voulait éviter de donner à Dan
l'ombre d'un prétexte pour l'abandonner aussi souvent qu'il
le faisait. Le soupir qu'elle poussa, quand il l'embrassa, après
la lettre écrite, lui alla jusqu'au cœur. Il lui dit que c'était
autant dans son intérêt que par devoir qu'il la quittait, les
white-boys étant actuellement sous les armes pour tenir l'ennemi à distance. Il revint sur ses pas pour lui dire à l'oreille,
qu'en cas de péril imminent, elle pouvait être sans inquiétude
pour lui et pour son père, chacun des *white-boys* ayant sa
cachette ; la leur était dans le marais, derrière un buisson
d'aunes qu'elle connaissait.

Depuis ce moment, la seule occupation de Dora, quand son
enfant ne réclamait pas ses soins, était de se tenir assise, les
yeux fixés sur le buisson d'aunes. Elle n'apprit aucunes nouvelles des mouvements des *white-boys* ou de l'ennemi ; mais,
comme elle ne voyait aucun signe de mouvement au lieu
désigné, elle en concluait que rien n'était encore désespéré.
Par la gelée ou le brouillard, le soleil ou la pluie, Dora s'asseyait hors de sa cabane, ou se promenait sur le rocher au-
dessus, tenant toujours les yeux sur le buisson jusqu'à ce
qu'elle ne pût plus l'apercevoir. Il n'y avait pas une touffe
d'herbe de ce côté, pas une racine, pas une mousse qu'elle ne
connût, comme si elle l'avait plantée elle-même. Chaque soir,
à mesure que la nuit avançait, elle s'approchait davantage du
lieu fatal ; et quand il faisait tout à fait noir, elle venait s'y
asseoir, et y restait jusqu'à ce que son enfant ne pût plus se
passer d'elle.

Chaque matin, elle inventait quelque prétexte nouveau en
cas que quelque curieux l'épiât rôdant autour du buisson ; et
chaque fois elle revenait de sa promenade le cœur un peu
soulagé, aucun signe ne lui ayant indiqué qu'il y eût quelqu'un
de retiré dans la cachette.

Les choses ne pouvaient rester dans cet état d'incertitude,
quoique Dora commençât à s'y habituer. Par une matinée

couverte de brouillard, elle aperçut quelqu'un dans le voisinage du buisson, marchant quelquefois courbé presque à
terre, et disparaissant derrière les inégalités du terrain, se
relevant par instants pour regarder autour de lui. Ayant
remarqué que l'inconnu, arrivé au buisson, ne se montrait
plus, et semblait s'y être réfugié, Dora y courut à pas précipités, et y trouva son père.

— Où est Dan ? fut sa première demande.

— Quelque part aux environs, répondit son père ; mais il
n'est pas encore question pour lui de chercher une cachette.
Ce ne sont que les vieillards ou les blessés auxquels il est
permis de se retirer ; tous ceux qui peuvent manier utilement
un fusil font le coup de feu contre les soldats. Dan a l'intention de venir te voir aujourd'hui, s'il est possible, juste le
temps de te dire où en sont les choses.

Sullivan s'était pourvu de l'eau-de-vie qu'il faisait lui-même,
mais il n'avait rien à manger. Dora se hâta de lui aller chercher quelque nourriture pendant qu'il ne faisait pas encore
bien clair, et promit de lui en apporter d'autre à la tombée de
la nuit, en cas qu'il lui fût impossible de quitter jusque-là sa
retraite. Sullivan fit quelques plaisanteries grossières sur le
peu de chance qu'il y avait qu'un vieillard comme lui pût vivre
douze heures dans un pareil endroit, et lui dit que si toutefois
il n'était pas mort d'ici là, il lui serait obligé de lui donner à
souper et à coucher cette nuit. Il l'avertit de n'avoir point
peur s'il arrivait que des soldats vinssent lui faire subir un
interrogatoire dans la journée, ajoutant qu'elle n'était pas sa
fille si elle n'avait pas le talent de leur mentir pour sauver son
père et son mari. Dora se retira pour veiller, plus tourmentée
que jamais, attendant à la fois la visite de son mari, et l'ennemi
de tout ce qu'elle avait de plus cher au monde. Son père avait
violé la loi en prenant part à une distillerie clandestine ; son
mari était au ban de la nation pour l'incendie de son ancienne
ferme, pour le pillage du vaisseau naufragé, et probablement
pour bien d'autres actes encore qu'elle ne connaissait pas.
Elle ne songea pas un seul instant qu'elle-même fût compromise ; cependant l'auteur d'une lettre anonyme contenant des

menaces était toujours sévèrement puni dès qu'on le pouvait découvrir. Elle ne courait guère moins de danger que son mari ; celui-ci le savait, et c'était pour la conduire dans quelque cachette, qu'il se proposait de la venir voir ce jour-là. Son père ignorait l'histoire de la lettre, et par conséquent ne songeait pas davantage qu'elle eût personnellement rien à redouter.

Combien de fois, depuis ces funestes affaires, avait-elle souhaité une occasion de se confesser ! Il y avait bien long-temps qu'elle n'avait soulagé sa conscience ; et parmi les plus grands péchés que sa famille eût commis, elle regrettait sur-tout qu'ils se fussent privés de prendre part aux offices de l'église, et éloignés de tous les moyens de repentir et de con-version. Souvent, bien souvent elle avait eu l'idée de s'en aller de nuit trouver le père Glenny dans sa demeure ; mais c'était une démarche qu'elle n'osait se permettre sans l'assentiment de Dan, et celui-ci, quand elle lui en avait parlé, ne le lui avait jamais accordé positivement. Dans ce moment de crise, l'état de sa conscience la tourmenta plus que jamais ; elle se disait à elle-même que son esprit était tellement troublé par sa longue solitude, qu'elle était sous le poids de tant de péchés accumulés, qu'elle ne se trouverait plus à la hauteur des diffi-cultés qui pourraient se présenter. Elle avait perdu sa pré-sence d'esprit, et elle sentait qu'à la première question elle trahirait sa conscience ou la cause des siens ; c'est-à-dire qu'elle dirait tout de suite la vérité ou un mensonge direct, au lieu de dissimuler et de tromper adroitement l'ennemi, comme on lui avait appris qu'il était méritoire de le faire en pareille circonstance. Elle n'eut pas le temps d'y réfléchir longuement.

A peine le soleil levant commençait-il à dissiper les brouil-lards, qu'elle aperçut quelque chose qui brillait à l'extrémité du sentier qui conduisait de la vallée à sa cabane. C'étaient les armes d'une troupe nombreuse de soldats, accompagnés de cavaliers en habits bourgeois, probablement quelques gentils-hommes du voisinage qui s'étaient offerts à leur servir de guides, aucuns des paysans ne paraissant assez sûrs pour qu'on leur confiât ce soin. Le cœur de Dora battit de plus en plus violem-ment à mesure qu'elle les vit s'avancer davantage dans le

marais. Arrivés dans une espèce de carrefour, ils se divisèrent
en trois détachements, comme s'ils étaient venus plutôt pour
chercher leurs ennemis que pour les combattre. L'un de ces
détachements, le moins nombreux, parut recevoir les instruc-
tions des bourgeois sur la route qu'il devait suivre et se dirigea
directement vers le bouquet d'aunes. Les bras croisés avec
force sur la poitrine, comme pour maîtriser son agitation, elle
se tint debout sur le point le plus saillant du rocher, essayant
de détourner ainsi son attention sur elle. Ils regardaient attentivement autour d'eux à chaque pas; mais ils ne le firent pas
d'une manière plus particulière quand ils furent près du
buisson; ils passèrent outre et elle se sentit soulagée. Ils avancèrent rapidement et elle se dirigea vers sa cabane. Ils l'appelèrent, elle s'arrêta aussitôt, les attendit et eut l'air de le faire
volontiers, regardant l'officier et les six soldats qui l'accompagnaient, comme un enfant regarde quelque chose qu'il n'a
jamais vu.

— Où demeurez-vous, ma bonne femme? demanda l'officier.

— Elle montra sa cabane.

— Qui est-ce qui demeure là avec vous?

— Mon enfant. Ma mère y demeurait, mais il y a quelques
semaines qu'elle est morte.

— Et votre père?

— J'avais un père aussi, Votre Honneur, maintenant il est
sous terre [1]. Que la pluie tombe légère, que le soleil luise serein
et chaud sur le gazon qui le recouvre!

— Ne vous appelez-vous pas Dora Mahony? On m'avait dit
que votre père vivait encore, et qu'il avait ici aux environs
quelques occupations contraires aux lois.

— Il ne m'a rien dit de la nature de ses occupations, et ce
n'est pas par des étrangers que je voudrais en être instruite,
surtout quand il n'est pas là pour répondre lui-même; gardez
jusqu'au jugement dernier ce que vous avez à dire contre lui.

---

[1] Pour apprécier l'esprit irlandais, il faut se rappeler ici que le père de Dora
s'était engagé dans une distillerie clandestine dont les travaux s'exécutaient dans
des locaux souterrains.

— Depuis combien de temps votre père est-il mort? Nous savons qu'il avait quitté la vallée avec vous?

— Il a été privé de la lumière du jour avant que ma mère fermât les yeux pour jamais. L'un de mes chagrins a été qu'il ne fût pas présent à la veillée. Oh! mon cœur s'est brisé de l'ensevelir seule, et de n'avoir personne pour m'aider; j'ai poussé le cri de mort bien des fois et personne n'est venu. Comment quelqu'un l'eût-il fait dans un lieu si solitaire?

— Où était votre mari, Dora? Il n'a pas bien agi de vous laisser seule dans une circonstance pareille.

— Il y avait longtemps qu'il m'avait quittée, et il ne savait rien de cet événement. Il était loin, bien loin quand ma mère lui donna sa dernière bénédiction, si tant est qu'elle l'ait béni de ses lèvres mourantes; c'est là une chose dont je ne me souviens pas, Votre Honneur, parmi beaucoup d'autres. J'étais anéantie par le chagrin, probablement à cause de l'abandon où mon époux me laissait, et de toutes les circonstances de ce funeste événement, je ne me rappelle rien, si ce n'est que j'ai poussé bien des fois le cri de mort sur la hauteur, et que personne n'est venu.

On l'interrogea sur le vaisseau naufragé; et là elle se trouva plus à son aise. Elle ne connaissait rien de l'affaire que par ouï dire, et ne pouvait répondre à la moindre question. On lui demanda ensuite où était allé son mari. Elle ne le savait pas:

— Probablement de ville en ville, comme avant leur mariage. Un homme était singulièrement tenté d'abandonner sa femme quand on le chassait de sa ferme pour le jeter dans un pareil désert, quand il savait qu'il y avait ailleurs de l'ouvrage à faire, et de bons gages à gagner. On lui demanda quand elle s'attendait à voir son mari de retour, et de quoi elle vivait en l'attendant? — Elle avait vécu, répondit-elle, de la provision de pommes de terre qu'ils avaient apportées avec eux, mais cette provision était presque épuisée, et elle ne savait trop de quoi elle subsisterait à l'avenir. Souvent elle avait pensé, et de nuit et de jour, à implorer l'assistance du père Glenny ou de quelques-uns de leurs anciens voisins, mais elle avait renoncé à ce projet, de peur que son mari ne revînt pendant ce temps-là et ne la trouvât absente. Quant à l'époque de son retour, il y avait longtemps qu'elle se disait chaque matin, comme elle l'avait fait ce jour-là même, qu'elle le verrait avant le coucher du soleil ; mais chaque jour le soleil parcourait sa carrière, et la laissait chaque soir aussi abandonnée, aussi seule qu'il l'avait trouvée le matin. — Elle ajouta qu'ils feraient aussi bien d'interroger son enfant qu'elle sur toutes ces choses, — son enfant, qui pleurait en ce moment même, et qu'elle allait essayer de consoler. Au moment où elle se retournait pour entrer dans sa cabane, elle aperçut deux soldats qui en gardaient la porte. Un troisième entra et lui rapporta son enfant. Elle sourit, et dit que moyennant cette compagnie, elle ne voyait aucune objection à rester dehors tant que le soleil serait sur l'horizon.

— Voulez-vous prêter un serment solennel, demanda l'officier ; voulez-vous jurer que votre mari n'est pas dans la cabane ou dans le voisinage ? Voulez-vous enfin nous remettre ses armes, et tout ce qui lui appartient en ce genre, qu'il pourrait vous avoir confié ?

Dora répondit qu'elle tenait un serment pour une chose trop sacrée, qu'elle ne pouvait jurer que son mari n'était pas dans le voisinage, puisqu'elle ignorait complètement où il pouvait être. Elle offrit de jurer qu'elle ne savait s'il était pour le moment au nord, au midi, à l'est ou à l'ouest. Ce serment parut suffisant, et elle le prêta du ton le plus décidé, regardant en face l'officier pendant qu'elle parlait ; cela fait, les soldats reçurent l'ordre de fouiller sa maison, Dora s'assit sur l'extrémité du rocher, faisant mine de chercher à endormir son enfant, et jetant de temps à autre à la dérobée un regard sur la grève.

Peu de minutes s'étaient écoulées quand les soldats parurent de nouveau, rapportant une douzaine de piques, une espingole, et trois paires de pistolets.

— C'est vous qui les y avez apportés vous-mêmes, s'écria Dora, je ne savais pas moi qu'il y eût chez nous rien de semblable.

— Allons, allons, ma belle dame, c'est assez pour aujourd'hui d'un faux serment, dit l'officier, vous verrez qu'il pourra vous en cuire; il faut, s'il vous plait, venir avec nous et vous aurez à en répondre devant la cour d'assises.

Dora montra un étonnement si ingénu à la vue de ces armes, elle répéta d'un air si simple qu'elle ignorait leur existence, s'informa avec tant de candeur de l'endroit où on les avait trouvées, que l'officier ne put s'empêcher de paraître ému. Il lui demanda si elle consentait à écrire de sa main un billet par lequel elle s'engagerait à se représenter devant le magistrat toutes les fois qu'elle en serait requise. Charmée d'en être quitte à si bon marché, la confiante Dora s'empressa d'écrire ce qu'on lui demandait sur le portefeuille de l'officier. A peine avait-elle tracé le dernier mot que celui-ci tira une lettre de sa poche et se mit à comparer les deux écritures. Arrêtez-la, dit-il au soldat qui se trouvait le plus près d'elle ; au nom de la loi, je la déclare notre prisonnière.

— Prisonnière! et pourquoi? demanda Dora d'une voix tremblante.

— Deux charges s'élèvent contre vous, répondit l'officier : l'une de parjure, à cause du serment que vous venez de prêter, et l'autre de lettre de menace écrite par vous au major Greaves.

S'apercevant que ses soldats donnaient quelques signes de mécontentement et de commisération, l'officier leur fit remarquer que le crime de parjure devenait si commun en Irlande qu'il était indispensable de le punir avec la dernière sévérité. Il ajouta qu'encore que bien des coupables eussent échappé sans doute, il y avait précisément le double d'individus condamnés pour parjure en Irlande qu'en Angleterre ; que dans l'état actuel du pays, la justice ne pouvait avoir son cours, tant que les habitants se livreraient au faux témoignage, et qu'autant on en surprendrait à se parjurer, autant on en devait punir.

— Et qui est-ce, s'il vous plaît, demanda Dora, qui conduit le peuple à se parjurer? C'est vous qui lui apprenez à jurer le saint nom de Dieu en vain, exigeant de lui des serments dont il ne comprend pas plus le sens et la portée que cet enfant qui vient de naître. Il faut prêter serment pour la levée des taxes, serment aux foires et aux marchés, serment aux élections ; ces serments perdent de leur valeur aux yeux de ceux à qui on les demande à tout bout de champ, et sous tous les prétextes ; le livre saint est tourné à chaque instant et à chaque feuillet, comme si c'était un livre de ballades mondaines. Quand vous nous avez arrachés de nos maisons, quand vous ne nous avez laissé à manger que le pain du crime, — quand vouz avez creusé un puits sous nos pas, que vous nous avez jeté un hart au cou, — quand vous nous avez fait saigner le cœur, quand vous nous avez rendu nos consciences aussi insensibles à ce qui doit venir qu'à ce qui est passé ! — quand vous chassez nos maris, nos pères, nos frères comme autant de bêtes féroces, — c'est alors que vous espérez nous voir tout à coup trembler devant un serment, vous dénoncer leur cachette, et vous les livrer pour être pendus au milieu d'une foule de badauds. Ainsi vous nous faites un crime de nous aimer les uns les autres, quand Dieu nous a créés précisément pour cela. Ainsi vous nous faites naître la haine de la loi, et puis vous nous égorgez pour ne lui avoir point obéi. Ainsi vous vous faites un jeu de la vérité que Dieu nous commande de dire toujours, et puis tout à coup vous vous en prétendez les sévères vengeurs. C'est là ce que vous appelez le cours de la justice, il est tel qu'il amènera un jour ou un autre votre ruine à tous.

— Si vous me menacez de vive voix, Dora, comme vous avez menacé le major Greaves par écrit, ce sera un nouveau chef d'accusation contre vous.

— Et qu'est-ce que signifient mes menaces? répliqua-t-elle avec un sourire amer. Vous pouvez me prendre, me mettre à mort au nom de la loi ou autrement, personne ne vous en demandera compte, si ce n'est peut-être le père Glenny. Si votre vie n'est mise en péril que par mes menaces, vous pourrez compter plus de jours que ce soleil qui nous éclaire.

L'officier commença à en douter, quand il remarqua qu'elle tenait les yeux presque constamment fixés dans la direction opposée à celle du bouquet d'aunes. C'était un artifice, Dora devenait prudente, et désirait voir cette visite se terminer, de peur que son mari ne vînt à paraître du côté du rivage. On lui fit différentes questions sur les sentiers qui pouvaient se trouver dans la direction où elle affectait de regarder ; elle répondit en demandant s'ils ne feraient pas mieux de s'en retourner par le chemin qu'ils avaient pris en venant, puisqu'ils savaient que celui-là était sûr. A force d'hésitation, d'équivoques et de réponses ambiguës, elle atteignit le but qu'elle s'était proposé, celui de les déterminer à traverser la partie la plus périlleuse du marais, convaincus que s'ils n'y périssaient pas, ils y auraient du moins de la besogne pour tout le jour. On laissa un soldat pour la garder jusqu'au retour de la troupe. Au moment où celui-ci lui dit d'entrer dans la cabane, et qu'elle vit les autres s'éloigner, son cœur se resserra comme si elle avait leur mort à se reprocher. Elle se précipita dehors pour les rappeler ; mais on ne répondit à ses cris qu'en lui riant au nez, persuadé que c'était une dernière ruse qu'elle employait.

— Ce n'est pas moi qui leur ai dit d'aller de ce côté ; ce n'est pas moi qui leur ai montré ce chemin, se dit-elle à voix basse. Devant le diable lui-même ils seraient forcés de rendre témoignage que je les ai rappelés, et qu'ils n'ont pas voulu revenir. Mais, hélas ! quand est-ce que je reverrai le père Glenny ? Il me dirait jusqu'où je puis encore me hasarder comme chrétienne, moi qui ai encore à remplir mes obligations de fille et de femme.

Il lui semblait toujours cependant qu'elle avait le meurtre de ces militaires à se reprocher et le trouble de son esprit se reconnaissait à l'agitation, à la précipitation de ses gestes. Son gardien ne voulant pas lui permettre de sortir, elle fit un trou dans le misérable mur de la cabane pour suivre les soldats de l'œil. Tandis qu'elle s'occupait à ce travail, elle se faisait à elle-même les raisonnements que se font des milliers de ses compatriotes ; savoir, qu'il faut quelquefois faire le mal en vue d'un plus grand bien ; qu'il faut tromper les gens de la loi pour ne pas trahir ses amis et ses parents ; qu'il faut sacrifier ses ennemis pour sauver ceux qui ont des droits à notre amour. — Malheur à ceux qui ont appris au peuple à raisonner ainsi !

Quand elle eut fait un trou assez grand, elle vit que les soldats s'étaient un peu dispersés pour traverser plus facilement le marais. Cependant elle les voyait s'enfoncer graduellement

l'un après l'autre; elle entendait leurs cris, et voyait leurs
efforts pour soutenir leurs chevaux et les forcer à marcher en
avant. La certitude que son stratagème avait réussi, — ou,
comme elle l'a dit depuis, le diable en personne, lui donna le
courage d'agir. Elle commença par se hasarder tout doucement
sur le seuil de la porte pour reconnaître son garde. Il se tenait
debout, le dos tourné du côté de la mer, épiant tous les mouvements de ses camarades, et paraissait pétrifié à la vue des
dangers éminents qu'ils couraient. Dora fondit sur lui comme
une hyène sur sa proie. Elle espérait le précipiter du haut du
rocher, et fut au moment d'y réussir. Il chancelait déjà sur les
bords de l'abîme, quand il parvint à se retenir à ses vêtements
lutta quelques instants avec elle, et finit par recouvrer son
équilibre. L'avantage qu'elle avait eu un moment sur lui le mit
dans une furieuse colère, qui s'exhala par autre chose encore
que par des juremenls et des gros mots. Il lui attacha péniblement les mains derrière le dos, et, à coups de pieds, la recon-
duisit dans sa cabane. La seule grâce qu'elle put obtenir, ce fut
que le soldat lui liât les pieds et lui laissât les mains libres à
cause de son enfant. Cela fait, il lui commenda de regarder
par la crevasse dans le mur pour voir ce que devenaient ses
compagnons. Dora rendit tout haut grâces à Dieu quand elle
les vit revenir éreintés et couverts de fange, mais sans qu'aucun eût péri.

— Vous voilà bien ! s'écria le soldat. Voilà bien votre hypocrisie irlandaise ! Vous rendez grâce à Dieu de ce qu'ils sont
hors du marais, et vous les voudriez voir tous y mourir, s'il
dépendait de vous. Et vous vous appelez de généreux ennemis !

— Moi, du moins, dit Dora, je n'ai su ce que c'était que haïr
quelqu'un avant qu'on m'ait forcée à apprendre la haine.

Dès que la petite troupe fut revenue, la prisonnière, son
enfant dans les bras, fut placée en croupe derrière un dragon
et conduite à la prison du comté. Quand elle passa devant le
buisson dont nous avons souvent parlé, elle tremblait de tout
son corps que son père n'en sortit pour prendre sa défense.
Elle affecta de ne pas regarder de ce côté et de ne pas parler.

Toutefois Sullivan l'avait reconnue; mais, convaincu que la résistance était inutile, il prit le parti plus prudent de rester où il était pour apprendre à Dan le sort de sa femme, et lui éviter un malheur trop fréquent aux chefs de famille irlandais de trouver à leur retour la maison vide, et de ne savoir ce que sont devenus leur femme et leurs enfants.

Pendant son long et pénible voyage, une seule idée consolait un peu Dora, c'est que Dan ne fût pas revenu dans cette fatale matinée.

CHAPITRE VI.

Responsabilités irlandaises.

Vers cette époque, M. Tracey et sa famille revinrent de France par suite de l'adoption de l'*émancipation-bill*. Comme beaucoup d'autres *gentlemen* de talents et de fortune, il avait trouvé que l'espèce d'ilotisme, auquel le condamnaient ses opinions religieuses, était trop dur pour être supporté en présence de ceux qui ne demandaient pas mieux que de lui rappeler à chaque instant son incapacité légale; et, comme beaucoup d'autres *gentlemen*, aussitôt que ses droits civils et politiques lui furent rendus, il revint s'acquitter des devoirs qu'il avait jusques-là laissés à d'autres, et qu'on ne lui avait pas permis de remplir lui-même.

Il fut saisi d'étonnement et d'horreur à l'aspect de son patrimoine et du pays environnant. Quand il avait donné des ordres pour la consolidation de ses petites fermes, il avait cru faire tout ce qui était nécessaire pour assurer le bien-être de ses paysans; et comme M. Flanagan n'avait pas jugé à propos de le fatiguer des plaintes de ceux qu'il avait chassés, il supposait que tout allait bien, au moins en ce qui le concernait; et que les troubles dont il avait entendu parler, chemin faisant, avaient une origine à laquelle il était complètement étranger.

Quand il sut que les mécontents étaient ceux auxquels il avait
enlevé les moyens de subsister, et que les nouveaux adjudica-
taires n'osaient prendre possession de leurs fermes, de peur
qu'il ne leur en coûtât la vie; — quand il apprit les actes de
méchanceté et de déprédation qui avaient été commis, les
emprisonnements, les meurtres qui avaient eu lieu; — quand
il vit que toute confiance était rompue entre la classe aisée et
le peuple, et qu'il réfléchit à la part qu'il devait s'attribuer dans
tous ces malheurs, son premier mouvement fut de retourner
sur le continent et de s'épargner la vue de son propre ouvrage;
mais son ami, M. Rosso, ranima son courage et lui fit adopter
une résolution plus digne.

La première chose à faire, était de trouver des moyens
d'existence pour les petits fermiers renvoyés. Les replacer dans
la position où ils étaient auparavant, ce n'eût été qu'un soulagement incomplet et temporaire. Il fallait avant tout se prémunir contre l'accroissement excessif de la population. La fortune
de M. Tracey ne lui permettait pas de donner à tous ces gens
l'argent nécessaire pour émigrer avantageusement; mais il
lui sembla, ainsi qu'à son ami, que s'il les mettait à même de
le gagner, sans pour cela enlever l'ouvrage à ceux qui l'avaient
déjà, il réparerait le mieux possible le mal qu'avait causé son
erreur. On pouvait atteindre ce but en entreprenant quelques
travaux qui amélioreraient ses domaines, et il n'était pas difficile de décider quels seraient ces travaux. Il y avait un certain
village de pêcheurs à l'extrémité ouest des domaines de M. Tracey, et qui n'en était que peu éloigné; mais une certaine pièce
de terre, qui les en séparait faisait que ce village avait fort peu
de communication avec tous ceux qui se trouvaient au nord et
à l'est. Cette pièce de terre était basse et presque toujours sub-
mergée dans certaines saisons par les eaux de la mer; ceux qui
habitaient aux environs voyaient leur santé altérée par les
miasmes dont ces eaux croupies chargeaient l'atmosphère : tels
étaient les inconvénients nombreux de cette pièce de terre
qu'on désignait généralement sous le nom du *Jardin-du-Diable*.
Il était reconnu depuis longtemps qu'une digue d'une étendue
peu considérable, une grande route et un fossé mettraient fin

à toutes ces fièvres, ouvriraient une communication avantageuse avec ce village, et probablement convertiraient ce terrain vague en un terrain fertile; mais pour exécuter ce plan, il fallait le consentement de deux ou trois voisins, et l'on ne l'avait pas encore obtenu, parce qu'on ne l'avait pas encore positivement demandé.

M. Tracey le demanda et l'obtint. En peu de temps son projet fut connu, et de tous côtés arrivèrent de futurs émigrants, les seuls qu'on voulût employer, qui tous sollicitèrent de l'ouvrage en qualité d'anciens fermiers ou d'anciens journaliers du propriétaire. On ne leur fit aucune question sur la manière dont ils avaient vécu depuis leur disparition. Le but qu'on se proposait était d'arracher le plus grand nombre possible à une vie de déprédations, pour leur en rendre une d'espérance et de travail; et ce but, on l'atteignit graduellement. Chaque semaine on entendit parler de moins de crimes et de châtiments, et enfin M. Tracey eut la satisfaction d'appendre que plusieurs de ces ouvriers avaient résisté aux promesses et aux menaces, et refusé de se faire *white-boys*.

— Que signifient ces bons? demanda M. Rosso, un soir qu'il regardait, avec son ami, les ouvriers se présenter au contre-maître après le travail.

— Ce sont autant de certificats d'une journée faite. Les ouvriers les portent au commis qui leur paie comptant la portion de salaire dont ils ont absolument besoin pour vivre, et place le reste à leur compte au registre de l'émigration. Je vous assure que leurs affaires vont fort bien et, qu'au moyen de cette épargne, ils ont des chances d'émigrer plus avantageusement que ne le font ordinairement nos malheureux compatriotes.

— Quoi, ces hommes qui ne gagnent que 10 *pence* (1 fr.) par jour?

— Oui; mais n'oubliez pas que si ce salaire n'est pas tout à fait la moitié de celui que recevraient en Angleterre des hommes employés aux mêmes travaux, la vie n'est pas ici moitié aussi chère. Un ouvrier qui gagne ici 6 shillings (7 fr. 20 c.) par semaine, peut vivre tout aussi à l'aise que celui qui en

Angleterre en reçoit 15 (18 fr.). Un ouvrier qui en Angleterre
ne recevait que 10 *pence* par jour, trouverait fort difficile de
laisser aucune partie de son salaire entre les mains de celui
qui l'emploie. Eh bien, un de mes amis qui ne payait pas la
journée davantage, a recouvré par ce système de retenues
4000 livres sterling (100,000 fr.) de créances arriérées, en occupant ses petits fermiers à un grand ouvrage qui améliora
encore singulièrement ses domaines. Mon projet de mettre ces
braves gens en état d'émigrer avantageusement ne paraît rien
en comparaison d'un tel résultat.

— Quelle pitié, Tracey, que nos compatriotes soient ainsi
obligés d'émigrer, tandis qu'il reste encore tant à faire en
Irlande, — tant de marais à dessécher, — tant de terres fertiles
à défricher ; mais enfin c'est une nécessité. Nous manquons de
capital ; et bien que le nôtre s'accroisse, nous devons ne l'employer qu'avec parcimonie, avant de pouvoir améliorer la condition matérielle de nos paysans.

— Cela est vrai ; une partie d'entre eux vivront plus aisément à l'étranger, jusqu'à ce que nous ayons appris à administrer plus sagement nos ressources. Parlons, tant que nous le
voudrons, de la fertilité de nos terres incultes, et de la facilité
de dessécher nos marais ; nous ne pouvons sans capital leur
faire rien produire ; et nous n'avons pas de capital pour de
semblables entreprises, tant que notre population toujours
croissante en demande une si forte portion pour sa subsistance.

— Puisque c'est le capital qui nous manque surtout, que
pensez-vous de ceux qui mangent leurs revenus hors de l'Irlande ? Que pensez-vous du patriotisme des *absents* [1] ? si toutefois, mon cher Tracey, vous qui l'avez été jusqu'à ce moment,
ne vous offensez pas de la question.

— Je pense qu'un Irlandais, qui aime son pays, fera tout ce
qu'il pourra pour y faciliter l'accroissement du capital et son
emploi judicieux ; mais ceci n'a absolument rien à voir avec la

---

[1] *Absents* (absentes), on désigne sous ce nom les propriétaires fonciers qui
mangent leurs revenus en Angleterre, ou sur le continent, c'est-à-dire les neuf
dixièmes des grands propriétaires irlandais.

question banale de l'*absentisme*. Nos *absents* généralement n'emploient pas leur capital à l'étranger, ils y dépensent seulement leurs revenus, ce qui change entièrement la question ; car il est complètement indifférent pour la richesse de l'Irlande que ses propriétaires vivent de produits irlandais chez eux, ou qu'ils le fassent à l'étranger.

— Oui ; l'on m'avait bien dit que c'était là votre excuse, quand vous y viviez.

— C'était une opinion dont ma conscience se contentait, lorsque je vivais à l'étranger, forcé d'en agir ainsi, par des griefs auxquels on a actuellement porté remède. Si je n'avais été convaincu que c'est une erreur que de supposer qu'un pays s'appauvrit par l'absence de ses propriétaires fonciers, j'aurais plutôt supporté de me voir exclu de toutes les charges publiques, j'aurais plutôt supporté l'air de mépris avec lequel nous regardent les gentlemen protestants, nous autres véritables enfants de l'Irlande, plutôt que de nuire en rien aux intérêts de mon pays. Vous pensez bien que je parle ici de l'influence qu'un propriétaire foncier peut avoir sous le rapport économique, et non sous le rapport moral.

— Certainement l'effet moral de la résidence d'un propriétaire dépend de ses qualités bonnes ou mauvaises, et de sa manière de vivre. Si c'est un débauché, ou s'il amène avec lui des domestiques qui le soient, il peut faire un mal infini ; au contraire il fera beaucoup de bien, s'il est honnête homme, et si les gens de sa suite le sont aussi. Un intendant véritablement digne de son emploi pourrait exercer, lui aussi, une influence morale non moins favorable que le propriétaire lui-même ; maintenant, quant à ce que peut faire un mauvais intendant, vous avez sous les yeux les résultats immédiats de l'administration de Flanagan. Mais sous le point de vue économique, croyez-vous que toute la différence entre le bien et le mal consiste seulement dans l'application du capital et l'emploi du revenu ?

— Oui, quant à l'Irlande. Voyons un peu. Mon intendant reçoit mes revenus, en nature ou en argent, comme vous voudrez ?

1.   20

— Des deux manières : voyons d'abord le cas du revenu en nature.

— Fort bien. Il m'envoie à Paris 500 têtes de bétail que j'échange pour les produits français nécessaires à ma consommation de l'année. Maintenant, je vous le demande, qu'importe à la prospérité de l'Irlande que je mange, au pied de la lettre, mes 500 têtes de bétail à Paris, ou que je les échange pour quelque chose de la même valeur que je puisse y consommer?

— Cela ne fait nulle différence. Si l'Irlande conserve le bétail, il est juste qu'elle perde quelque chose de la même valeur.

— A coup sûr. Je vis toujours de mon revenu, d'un produit irlandais, que ce soit à Paris ou dans cette vallée. Qu'il s'agisse maintenant d'une rente en argent, le cas sera exactement le même. Si je restais dans mes terres, l'Irlande aurait plus d'argent, mais elle aurait moins de ce dont l'argent n'est que le signe représentatif.

— Cela me paraît clair. Mais qu'arriverait-il si vous fixiez votre revenu, au lieu de le consommer immédiatement?

— Si je consommais seulement une partie de mon revenu, et que j'employasse le reste à établir une manufacture, l'Irlande resterait positivement dans le même état que si j'avais consommé le tout; et elle serait dans un état pire que si j'avais fondé ma manufacture sur son territoire. Que si je distrayais partie de mon capital pour soutenir ma manufacture à l'étranger, oh ! alors je lui ferais un tort réel. Mais c'est ce que les *absents* ne font jamais. Quand les Irlandais fixent leur capital à l'étranger, ils le font comme émigrants, et non comme *absents*.

— Supposez qu'au lieu de fonder une manufacture, vous bâtissiez une maison en France, qu'arriverait-il?

— Cette maison serait propriété irlandaise, un Irlandais en jouirait, et sa valeur retournerait en Irlande à ma mort, ou quand je la vendrais de mon vivant.

— Mais supposez qu'elle dût être pour jamais louée à des fermiers français.

— Alors ce serait un capital déplacé, et cela cesserait d'avoir aucun rapport avec la question de l'*absentisme*.

— C'est vrai, c'est vrai. Mais il me semble qu'il doit y avoir une grande différence, puisque vous avez employé vos ressources à favoriser l'industrie française, et non celle de votre pays. Vous avez employé des ouvriers français, donc les Français y ont gagné, et les Irlandais y ont perdu. Est-ce que les ouvriers irlandais n'auraient pas acquis un capital en travaillant pour vous, si vous étiez resté ici?

— L'Irlande a tout autant travaillé pour moi, pendant mon absence, que si j'étais demeuré sur mes terres; non pas peut-être mes voisins immédiats, mais des industriels irlandais d'un genre ou d'un autre. Il faut que mon revenu soit d'abord dépensé ici avant que mon intendant me le puisse envoyer pour dépenser ailleurs. La seule différence est que je l'aurais pu dépenser moi-même en pain, en poisson, en laitage irlandais; tandis que mon intendant consomme exactement l'équivalent pour me procurer ce qui me mettra à même d'acheter du pain, du poisson, du laitage, du linge français; soit que ce qu'il se procure soit du travail et des matières premières réunies dans une manufacture, ou des marchandises ouvrées, produit du capital et du travail.

— Mais, après tout, la question est bien simple, Tracey; elle se réduit à ceci : auriez-vous employé le travail français, si vous eussiez vécu en Irlande?

— Non, si vous en exceptez les vins de France, que j'aime beaucoup, comme vous le savez. Mais remarquez qu'en même temps je fais obstacle à une portion du travail français par le produit du travail irlandais que j'introduis en France. La quantité de marchandises irlandaises que j'aurais consommée ici, je l'échange contre des marchandises françaises; voilà tout. Cela paraît vous tourmenter, Rosso; j'en conclus que vous ne considérez pas cet échange comme un échange de choses équivalentes. Est-ce que je ne vous comprends pas bien? Vous devriez vous rappeler qu'un échange avantageux à deux individus n'est qu'un échange de choses équivalentes pour le pays en général. Le boulanger gagne en échangeant son pain contre les vêtements que lui fournit son tailleur; et cependant le pays conserve la même masse de richesses qu'il avait avant. De même il m'est avantageux de recevoir mes revenus en argent, et non pas en bestiaux; mais c'est absolument la même chose pour l'Irlande, que je les prenne sous une forme ou sous une autre.

— Cela me paraît vrai; mais prenons un exemple : montrez-moi ce qu'il arriverait si vous vous faites envoyer votre revenu à Paris par la voie de l'Angleterre?

— Volontiers. Supposons que le cours du change fasse qu'il ne soit pas avantageux de m'envoyer de l'argent, mon intendant m'enverra du bétail en Angleterre pour y être échangé contre quelque chose qui me convienne mieux. Arrêtons-nous ici; l'Irlande a en moins ma consommation de l'année, comme si j'y avais résidé. Le bétail est échangé contre des marchandises de Sheffiell et de Manchester, qui me sont envoyées en France. L'Angleterre demeure dans le même état que si j'étais resté à Londres, ne consommant que de la coutellerie et des étoffes de coton. La France ne gagne rien avec moi, car je consomme exactement autant en nourriture, vêtements et habitation que je lui apporte en couteaux et en guingans. Il en serait de même si mes rentes faisaient le tour du monde.

— Ainsi les plaintes contre les *absents* seraient totalement dénuées de fondement?

— Oui, quant à ce qui regarde la richesse d'une nation en général; mais non quant à ce qui regarde la localité particulière où les domaines du propriétaire sont situés. Si je me fixe ici, il est possible que j'y crée beaucoup d'activité et d'aisance; mais, à coup sûr, quelques classes de producteurs en auront moins qui si je réside à l'étranger.

— Certainement. C'est une remarque vulgaire que des champs stériles et des clôtures brisées d'un côté, ou des domaines florissants de l'autre, indiquent tout de suite si le propriétaire est un *absent* ou un résidant.

— Oui. Mais vous oubliez que l'industrie des fermiers du propriétaire résidant peut être soutenue par les besoins du propriétaire *absent*. Leurs produits lui parviennent portés d'abord au marché, puis convertis en lettres de change qui représentent ses revenus.

— Rien de plus clair. Je comprends maintenant toute cette série d'opérations. L'argent que paie le fermier achète des produits nationaux envoyés sur le marché étranger ; les lettres de change tirées par l'exportant, et représentant les produits irlandais exportés, sont la forme sous laquelle l'*absent* reçoit son revenu : de sorte que l'Irlande vend au marché étranger une quantité de produits quelconques, équivalente à celle que l'*absent* eût pu consommer.

— Exactement. Maintenant qu'importe à l'Irlande où je mange mon bœuf, tant qu'en définitive je le tire de mon propre pays.

— Il n'importe certainement pas au pays en général. Vous m'avez confirmé dans l'opinion que j'ai depuis longtemps de l'injustice d'une taxe sur les *absents*, que tant de gens demandent à grands cris.

— Pour en appliquer le produit au soulagement des pauvres, apparemment ? Je crois que c'est la dernière mesure qui ait probabilité de leur faire aucun bien réel. Vous voyez que la totalité du revenu de l'*absent* est d'abord dépensée en Irlande. Une partie qu'on en distrairait sous forme de taxe serait autant d'enlevé à son cours naturel, pour être ensuite appliquée arbitrairement. Cette taxe influerait sur la distribution du capital, et non sur sa quotité ; or, nous savons tous que la distribution naturelle du capital est plus favorable au bien-être d'un pays qu'une distribution arbitraire. — Considérée comme un stigmate sur les *absents*, cette mesure serait souverainement injuste ; considérée comme taxe exceptionnelle, ce serait un acte d'intolérable oppression.

— Un prétexte qu'on met en avant, c'est que les *absents* ne contribuent en rien à nos charges domestiques ; mais ceux qui font cette objection oublient quelle taxe ils paient comme propriétaires de terres ou de maisons, ainsi que sur les marchandises manufacturées.

— Supposez qu'on veuille les frapper de nouvelles taxes,

qu'au moins on n'ait pas l'air de vouloir les forcer à réparer le tort qu'ils font à leur pays en ne l'habitant pas. Il y a bien d'autres moyens d'élever une taxe sur la propriété ou sur le revenu qui les atteindrait, si leur gouvernement est jaloux de la portion pour laquelle ils contribuent au budget de la France ou de l'Italie ; et s'il oublie que les *absents* donnent un nouvel aiguillon au change et aux manufactures. Peut-être un jour viendra, qui n'est pas loin, où l'on honorera les *absents* comme les bienfaiteurs de leur pays.

— En Écosse, on remarque que, somme toute, les domaines des *absents* sont en meilleure condition que ceux des *résidants* ; et l'inverse n'est pas toujours vrai ici.

— C'est bien ; nous ne déciderons la question qu'en ce sens qu'il demeure reconnu entre nous que la prospérité d'un domaine dépend surtout des bonnes ou mauvaises qualités de celui qui l'administre, qu'il soit propriétaire ou agent. Quant au préjugé généralement répandu contre l'*absentisme*, soyez sûr qu'il ne tardera pas à tomber dans l'oubli, pour peu que chacun de nous contribue à l'y reléguer. Il est à regretter seulement qu'il soit trop tard pour offrir aucune réparation à une foule d'*absents* sur lesquels des reproches injustes ont si longtemps pesé.

— Oui, si ces reproches n'étaient pas mérités : mais, Tracey, pensez-vous que la plupart aient songé au bien-être de leur patrie avant que de la quitter?

— A Dieu ne plaise que nous prétendions juger leurs motifs ! Je ne réponds que de moi-même. J'étais intimement convaincu, quand j'ai quitté l'Irlande, que je ne lui faisais aucun tort. Plusieurs, je n'en doute pas, ont été poussés à l'exil par la privation des droits politiques, par l'esprit d'animosité auquel on excitait contre eux leurs paysans ; et un plus grand nombre encore sont allés à l'étranger pour ne plus avoir sous les yeux le spectacle de tant de misères qu'ils ne pouvaient soulager. Si j'avais à condamner quelqu'un dans cette affaire, ce ne seraient pas les *absents*, mais le gouvernement dont la politique déplorable les a forcés à l'absentisme.

— Eh bien, ne condamnons pas le passé, puisqu'il est sans

remède ; occupons-nous plutôt de l'avenir, puisque l'avenir
peut être rendu plus prospère.

— C'est là mon espérance, et j'en ai besoin pour me consoler
du présent, répliqua Tracey, jetant un coup d'œil sur son domaine dévasté et sur les ouvriers mal vêtus qui le cultivaient.
Que les propriétaires fassent comme moi, qu'ils ne se rappellent
le passé que pour y puiser une leçon, et que le gouvernement
fasse pour l'Irlande entière ce que je fais dans ma petite sphère.
Que le capital recouvre sa sécurité, qu'il soit bien administré,
afin qu'il circule plus abondant et plus utile. Que la population
soit plus sagement distribuée sur le sol, et que son excès soit
transporté dans les pays où le besoin de bras se fait surtout
sentir. Que l'on chasse de leurs fonctions tous ceux qui usurpent
une autorité injuste, tous ceux qui rendent la loi odieuse,
comme j'ai chassé Flanagan. Surtout qu'on répande abondamment l'éducation, que nous puissions espérer que le peuple
arrivera à comprendre que l'on s'occupe de ses intérêts, que
des hommes d'opinions politiques et religieuses différentes
apprennent à vivre bien ensemble, comme nous le faisons,
vous et moi.

— Oui, mon ami ; et alors les catholiques ne feront plus
serment de se plonger jusqu'aux genoux dans le sang des oran-
gistes, et alors les protestants cesseront ces mascarades du
pape et de ses adhérents livrés au diable et à ses suppôts.

CHAPITRE VII.

Administration déplorable en Irlande.

L'amitié qui unissait ces deux messieurs ne fut pas d'une médiocre utilité à leurs voisins, quand une occasion se présenta pour eux d'agir d'un commun accord dans l'intérêt de la paroisse.

M. Rosso apprit un jour qu'un étranger était en visite dans la maison d'un propriétaire protestant, qui possédait dans la vallée un champ ou deux qu'il venait de mettre en vente. On conjectura immédiatement que cet étranger était un acquéreur, mais ce ne fut qu'après l'avoir vu mesurer le terrain en tous sens qu'on parvint à savoir au juste ce qu'il avait dessein d'en faire, et que l'on sut, à n'en pas douter, que cet étranger était un entrepreneur et qu'il s'occupait à faire son devis pour bâtir une église.

M. Rosso prit aussitôt son parti. Il écrivit aux autorités que cette mesure pouvait concerner, que lui et sa maison, formant en tout quinze personnes, étaient les seuls protestants de la paroisse; qu'ils n'avaient point besoin d'église, étant plus près de celle de la paroisse voisine que du terrain où l'on se proposait d'en élever une nouvelle; que les taxes que payaient leurs malheureux voisins pour les établissements religieux étaient déjà trop fortes, et qu'en vouloir établir une de plus ce serait vouloir les ruiner entièrement. Toutefois, M. Rosso envoya une invitation pressante à M. Orme, le titulaire de la future église, de venir passer une semaine dans sa maison. M. Orme n'avait pas paru depuis plusieurs années dans sa paroisse, et il y avait lieu d'espérer que ce qu'il pourrait voir le détournerait d'infliger la dépense d'une église à une population qui ne devait point y aller. M. Tracey prépara le père Glenny à vivre en bonne intelligence avec son confrère hérétique; et il fut en outre convenu que, si le pasteur se montrait l'homme généreux et raisonnable qu'on le disait être, on essaierait d'obtenir encore de lui une réduction des dîmes.

M. Orme arriva, et put se convaincre dès le premier jour que la salle à manger de son hôte suffisait pour contenir à l'aise toute la population protestante de la paroisse. Le lendemain matin, on le vit avec le prêtre catholique sur le rocher qui dominait la vallée, et on put l'entendre soupirer à l'aspect de la scène de désolation qu'elle présentait.

— Dans quel endroit voudriez-vous bâtir votre église? demanda tranquillement le père Glenny.

— En vérité, je ne le sais pas plus que vous. On ne m'a pas demandé régulièrement mon avis, et je ne savais même pas qu'on fût allé si loin sans me consulter. Je crains que ce ne soit une spéculation.

— L'architecte n'avait peut-être aucuns travaux pour le moment, et le propriétaire du champ espérait peut-être en obtenir un meilleur prix en le vendant à votre église qu'à nos pauvres voisins. Mais jetez les yeux autour de vous, et voyez d'où la paroisse tirera de quoi payer une pareille dépense.

— A coup sûr le pays est tout autre que je ne me le rappelais, encore qu'il n'ait jamais été bien riche. Lorsque je venais ici de temps à autre, je logeais dans de bonnes fermes, dont les habitants, bien nourris et bien vêtus, avaient quelquefois une bonne dot à donner à leurs filles. Je ne vois plus de pareilles fermes. Ces misérables huttes n'en sont que les ruines.

— Oui, et nous n'avons plus que les ruines de nos anciennes coutumes. Une dot est chose rare aujourd'hui dans cette paroisse. Nos vieillards ont moins d'espérance, nos jeunes gens moins de patience qu'autrefois; aussi se marie-t-on sans prudence, et sans rien qui promette la subsistance de ses enfants.

— J'en suis fâché, monsieur, sincèrement fâché. Il y a plus d'avantage qu'on ne le voit d'abord à préparer une dot, un mobilier, un trousseau. J'ai entendu bien des plaisanteries sur l'ancienne coutume des Écossais d'accumuler avant le mariage une masse de linge et de vaisselle que les époux peuvent à peine user pendant leur vie; cependant il y avait du bon dans cette coutume. Outre que c'était autant de choses dont les époux étaient sûrs de ne pas manquer, et que cela leur laissait de l'argent à appliquer à d'autres besoins, ils prenaient par ce moyen des habitudes de prudence, de travail et d'économie, c'était en même temps un obstacle à l'accroissement excessif de la population. Les jeunes gens étaient obligés d'attendre deux et trois ans avant que de se marier, et, comme cette coutume était générale, on n'y trouvait rien de pénible. Il était sans exemple que ceux qui s'étaient mariés avec ces précautions fussent jamais tombés dans une extrême pauvreté. Il me semble au contraire, monsieur, à voir l'aspect de ce village, que tous vos paroissiens sont dans une affreuse misère, à l'exception peut-être d'une ou deux fermes là-bas.

— Le sol est épuisé, monsieur Orme, les paysans sont accablés de misère et devenus presque ingouvernables. On est peu porté à la prudence, à l'économie, quand les supérieurs étendent une main rapace sur tout ce que peuvent gagner les pauvres gens au delà de ce qu'il faut pour vivre rigoureusement. Nous savons que ce résultat se remarque en Turquie et dans tous les États despotiques, pourquoi n'en serait-il pas de même ici ?

— Qui voulez-vous désigner par ces supérieurs ? Ce n'est, j'espère, aucun des propriétaires fonciers. Et de plus, vous n'avez point ici le chancre dévorant de la taxe des pauvres.

— Cela est vrai; mais ce que la taxe des pauvres nous laisse, les intermédiaires le mangent, et ce que les intermé-

diaires laissent est mangé par le collecteur de dîmes. Ce
champ, Monsieur, on a cessé de le cultiver parce que les
dîmes en dévoraient le produit. Cette rangée de chaumières,
on les a abandonnées, parce que votre collecteur a saisi le
peu de meubles qui les rendaient habitables. Les habitants
sont allés là où ils espéraient vivre de pillage, puisque c'est
une condition dans ce pays qu'il faut piller ou être pillé.

— Pillé ! s'écria M. Orme, ce terme est un peu dur.

— Est-il injuste ? — voilà la question. Qu'est-ce que ces
pauvres gens reçoivent en retour de la portion de leur salaire
qu'on leur enlève sous forme de dîme ? Qu'est-ce [que fait
l'église protestante pour ces catholiques qui lui paient la
dîme ?

Tout ce que put répondre M. Orme, c'est que l'église protestante était établie pour le bien général du peuple; et que
c'était la faute des paroissiens, s'ils ne voulaient pas employer
les ministres de cette église. Que lui, tout le premier, était
tout prêt à remplir les fonctions de son ministère, aussitôt que
ses ouailles voudraient écouter sa voix; et qu'en attendant il
lui semblait qu'il ne faisait tort à personne, en recevant les
moyens de subsistance que la loi lui accordait. Il n'entendait
approuver le mode de paiement par la voie des dîmes, dans
aucun pays, ni dans aucune circonstance que ce fût. Il voyait
clairement que les dîmes étaient un obstacle à l'amélioration
de l'agriculture, et qu'elles avaient l'inconvénient d'être une
taxe inégale qui tombait plus lourdement sur le laboureur le
plus industrieux; mais tant que les dîmes seraient le mode de
paiement fixé par la loi, il ne pouvait accorder qu'on pût
appeler un pillage l'action de les lever et de les recevoir.

— Fixé ou non par la loi, répondit le père Glenny, il me
semble, moi, que c'est un pillage que de forcer les gens à vous
payer des services non rendus, mais offerts, services que non
seulement ils refusent, mais qu'ils abhorrent; et nous savons,
qu'à tort ou à raison, c'est ainsi que notre population catholique regarde les services du clergé protestant. Si vous étiez,
Monsieur, pasteur dans le pays de Vaud, et que votre troupeau
fût soumis à quelque gouvernement catholique, pourriez-vous

voir, l'un privé de sa dernière couverture, l'autre de son dernier pain, un troisième de sa dernière gerbe de blé, pour
nourrir des prêtres qu'ils n'ont jamais vus, et ne pas appeler
cela un pillage, que cela fût ou non ordonné par la loi? Et
reconnaîtriez-vous vos paroissiens comme justement accusés
de désaffection, s'ils regardaient d'un mauvais œil l'agent
de ce pillage sacerdotal, et s'ils maudissaient celui qui l'emploie ?

Voyant que son compagnon ne lui répondait pas, le prêtre
l'invita à entrer avec lui dans l'une des cabanes voisines.

— Pour y être regardé d'un mauvais œil ? demanda M. Orme,
souriant amèrement. Pour y être accueilli par des malédictions ?

— Non certes, Monsieur. Je doute fort qu'un seul des individus que nous y rencontrerons connaisse la figure du pasteur
de cette paroisse. Si vous ne vous nommez pas vous-même,
vous pourrez voir les choses comme elles sont. Si vous en
avez le courage, vous pourrez apprendre comment se lèvent
vos 400 livres sterling de rente (10,000 fr.).

— Je le veux bien ; à condition que vous me permettrez de
vous parler avec autant de franchise de vos rapports avec ces
pauvres gens, que vous en avez mis à me parler des miens.
Voudrez-vous à votre tour supporter mes observations ?

— Volontiers, répliqua le prêtre, quand j'aurai fini ce que
j'ai à vous dire. Croyez-vous qu'il soit juste, qu'il soit cha-
ritable d'imposer à l'Irlande le fardeau de quatre archevêchés
et dix-huit évêchés, quand le nombre total de ses protestants
est moins élevé que celui d'un seul diocèse d'Angleterre ?

— Certainement non. J'appelle depuis longtemps une réduction de notre établissement religieux; j'irai jusque-là, que
les quatre archevêchés me paraîtraient suffisants pour faire
vivre tout le clergé protestant d'Irlande : ainsi d'un seul coup
je diminuerais les revenus de notre église de cent mille livres
sterling (24 millions) de rentes ; j'irais encore plus loin, Monsieur, et j'espère que ceci vous prouvera que je ne suis pas
une de ces sangsues du peuple parmi lesquelles vous semblez
vouloir me ranger, je voudrais changer les dîmes en un impôt

d'une autre nature, pour éviter toutes ces oppressions indi-
viduelles dont on se plaint sans doute avec raison.

— Je ne m'étonne pas, répondit le père Glenny, que l'idée
de ce changement prenne faveur actuellement qu'on s'aperçoit
qu'il est impossible de lever des dîmes d'après l'ancien mode ;
mais peut-être la nation ne sera-t-elle pas plus disposée à les
payer sous une forme que sous une autre, et je voudrais
savoir ce que l'on fera si les contribuables refusent le changement proposé.

— Il faudra le faire adopter de force, et recouvrer l'arriéré
par le bras tout-puissant de la loi.

— D'où le pourra-t-on tirer ? demanda le père Glenny. Comment forcerez-vous le pauvre cultivateur, qui a peine à vivre
chaque année de sa récolte, à payer les dîmes arriérées de plusieurs ? Je ne parle pas du danger que vous courrez, vous et
vos familles, dans vos propriétés et dans vos personnes, si
vous vous obstinez à recouvrer ce que vous appelez votre dû.
Je ne parle pas des violences auxquelles vous vous exposerez,
je vous demande simplement d'où vous tirerez les arrérages
dans une paroisse aussi pauvre que celle-ci ?

— Il faudra les convertir en dette nationale. Par ce moyen
la nation apprendra quelles sont les dispositions du gouvernement envers les ecclésiastiques, et ceux qui leur refusent ce
qui leur est dû au terme de la loi. Par ce moyen on obtiendra
plus facilement le consentement de tous mes confrères à un
changement de forme dans la taxe des dîmes. Oui, il faut que
les arrérages des dîmes soient changés en une dette nationale.

— Par ce moyen, répliqua le prêtre, la charge en tombera
là où elle n'est point due. Nos pauvres paysans ne peuvent pas
payer, et vous voudriez forcer leurs voisins plus riches à le
faire pour eux, voilà un genre nouveau de délégation ! — Non !
cela ne peut se tolérer ; croyez-moi, vous n'obtiendrez rien de
ce que vous demandez ; — ni le paiement des arrérages, ni un
changement dans l'assiette de l'impôt, nos paysans ayant appris
une méthode d'en éluder tout à fait le paiement. Mieux vaudrait faire tout de suite l'abandon de vos réclamations tandis
que vous le pouvez encore avec bonne grâce, ou bien vous

vous donnerez pour la dîme sur les bestiaux les mêmes
embarras où se trouvent un grand nombre de vos confrères.
Vous les péserez en vain; vous essaierez en vain de les vendre,
vous les porterez en vain de l'autre côté de la mer; et vous
vous apercevrez trop tard que tout ce que vous y aurez gagné,
ce sera la réputation d'un oppresseur et d'un tyran.

— C'est là une position bien difficile, murmura M. Orme
entre ses dents.

— Qu'y faire? répliqua le prêtre. Si la masse de capitaux n'a
pas été assez considérable dans un pauvre district comme
celui-ci pour payer les dîmes à échéance, comment le serait-
elle pour payer des dettes accumulées? Quelle est notre position aujourd'hui? nous avons plus de population, très peu
d'augmentation dans notre capital, moins de travail, et moins
d'économie que lorsque la dette a été contractée. Tous nos
contribuables se sont trouvés plus ou moins appauvris, et cependant vous voulez les frapper d'une taxe plus forte que
jamais. Vous ne sauriez réussir.

— Je veux connaître la vérité par moi-même, et ne m'en
rapporter à personne autre, répondit M. Orme se dirigeant vers
un groupe de maisons dans lesquelles il fut introduit par le
prêtre comme un de ses amis, et où par conséquent l'on ne
pouvait penser qu'il était le pasteur de la paroisse. Partout il
entendit la même histoire, et tout ce qu'il voyait ne faisait que
la confirmer. On parlait de la future église en termes d'exécra-
tion, et le pasteur ainsi que son collecteur de dîmes y avaient
chacun une bonne part. Ici c'était une femme qui racontait
comment le riche pasteur vivait loin de la paroisse, engraissant
ses chiens avec la nourriture enlevée de la bouche de ses
enfants; là une autre mère montrait la place où était enterré
son fils, enlevé par la fièvre à la suite d'un travail excessif qu'il
s'était imposé pour essayer de satisfaire les agents rapaces de
la loi; d'autres, avec un rire sombre, appelaient l'attention sur
leur logement démeublé, montrant que le pillage légal avait
passé par là; d'autres disaient qu'il y aurait dans la paroisse
peu de conversions à la foi protestante, tant que le pasteur en-
lèverait à ses ouailles le pain et le poisson, au lieu de leur en

distribuer. Toutefois le plus grand nombre ne se plaignaient pas, c'étaient leurs regards et leurs vêtements qui disaient leur misère ; seulement quand on parlait des dîmes arriérées, ils promenaient un œil inquiet sur leur triste cabane.

M. Orme avait eu jusque-là des préjugés au sujet de ses droits, mais c'était un homme plein de franchise, d'un esprit ouvert, disposé à la conviction, et qui s'était enfin résolu à s'assurer par lui-même de l'état des choses. Il consacra toute cette journée et la suivante à examiner la position de ses paroissiens, et n'essaya pas de dissimuler au père Glenny l'impression que cette visite lui avait faite. Arrivé à la fin de sa tournée, il s'arrêta tout court, et après un moment de silence, il s'écria :

— Je ne vois pas comment on le peut faire ! mettant à part toute considération de la loi et de justice, je ne vois pas la possibilité d'obtenir de ces pauvres gens ce qu'ils me doivent.

— Ni moi, M. Orme. Mais quelle conséquence voulez-vous tirer de cette conviction ?

— Je ne le sais pas encore au juste, mais il me semble que je me déciderai à renoncer entièrement à mes droits, si après y avoir réfléchi quelque temps, les choses me paraissent telles qu'elles me semblent aujourd'hui.

— Alors vous vous montrerez, ce que j'attendais de vous, un fidèle serviteur de votre église, plus jaloux de son honneur que de vos propres intérêts.

— Suspendez, je vous prie, vos éloges, jusqu'à ce que vous m'ayez entendu jusqu'au bout. Quand je parle de renoncer à mes droits, je veux dire seulement tant que les choses seront en cet état. Quand le fonds nécessaire à la subsistance commune sera suffisamment amélioré, quand le travail et l'économie seront florissants, le peuple se trouvera de nouveau en état de payer la dîme, et peut-être alors, ajouta-t-il en souriant, mes ouailles m'appartiendront-elles de fait aussi bien que de droit, surtout si M. Rosso et vous continuez à vous occuper comme vous le faites de l'école que vous avez fondée.

— C'est une épreuve devant laquelle je ne recule pas, répliqua le prêtre, souriant à son tour. Eclairons le peuple à l'envi l'un de l'autre ; que ce soit là l'épreuve de notre foi respective. Si vous montrez de tels sentiments, vous ferez bientôt perdre à nos paysans les préjugés qu'ils nourissent contre votre église, à cause de son esprit d'oppression.

— Cela me rappelle, reprit M. Orme, ce que j'avais à dire sur vos rapports avec votre troupeau. Comment pouvez-vous ustifier vos propres émoluments, vous qui attaquez les miens ?

Le père Glenny, étonné, commença à expliquer qu'il ne tirait de ses paroissiens guère plus que ce qui était rigoureusement nécessaire à ses besoins. Un coucher dur, une nourriture frugale, des vêtements grossiers, ne lui laissaient que bien peu d'argent, employé presque en totalité à secourir les malheureux.

— Je sais tout cela, répliqua M. Orme. Et sous ce rapport vous ressemblez à un nombre trop grand des plus fidèles serviteurs de notre église. Quand je me plains de votre salaire, ce n'est pas pour sa quotité, mais pour la manière dont vous le recevez. Comment pouvez-vous vous plaindre de la misère de ce peuple, déclarer que cette misère vient de la disproportion de la population avec les moyens de subsistance, et l'instant d'après consentez-vous à recevoir vos émoluments sous une forme qui vous expose à vous voir accusé d'encourager l'excès de cette même population ?

— Cette accusation est fausse, répliqua le prêtre. Mes confrères et moi, nous ne faisons pas de mariages, encore que nous les célébrions en vue de la gloire de Dieu et pour obéir à ses saints commandements. Nous sommes censés ne rien savoir des mariages qui se préparent jusqu'au moment où nous sommes appelés à les bénir ; refuser notre ministère alors, ce serait encourager le péché.

— Je n'accuse personnellement aucun prêtre catholique. Je dis seulement que recevant vos honoraires, surtout sous forme de *droits de mariages*, vous vous exposez au reproche de les encourager ; soupçon que corroborent encore vos éloges emphatiques de cet état chaque fois que vous en célébrez un, et le redoutable pouvoir que la confession vous donne sur vos ouailles. Écoutez-moi jusqu'au bout, mon cher monsieur, je n'ai pas dessein d'entamer une controverse sur notre manière différente de remplir les devoirs du sacerdoce. Je voudrais seulement vous conseiller, si vous désirez vous placer au-dessus de ce soupçon, de séparer entièrement vos intérêts pé-cuniaires de la célébration de ce rite particulier. Choisissez telle autre voie qu'il vous semblera convenable de recevoir votre dû ; mais si vous reconnaissez que vos paroissiens sont portés à se marier imprudemment, si vous êtes convaincu que l'excès de la population est la principale cause de leur détresse, éloignez de vous toute tentation de conniver à des alliances imprudemment formées : éloignez de l'esprit de vos paroissiens l'idée qu'ils vous font plaisir, qu'ils vous récompensent de vos soins en vous demandant de les marier; éloignez tout rappro-chement entre la propension de ces jeunes gens à se marier trop tôt et les intérêts pécuniaires de leur pasteur.

— Je conviens avec vous qu'il y a beaucoup à dire contre le mode de salaire que nous recevons tous les deux. Vous désap-prouvez les dîmes, et je désapprouve les *droits de mariage* donnés, comme ils le sont aujourd'hui, par les invités aussi bien que par les époux. Les droits produits par une semblable collecte nous exposent à la tentation et au soupçon dont vous parlez, sans forcer les jeunes gens à amasser quelque chose avant le mariage, comme l'ancien usage du trousseau écossais. C'est au gouvernement à remédier à ces inconvénients en assu-rant notre subsistance par d'autres moyens.

M. Orme trouva la conclusion terriblement précipitée. Pourquoi les mêmes sommes ne seraient-elles pas payées par les paroissiens d'une manière plus judicieuse, sans mêler le gouvernement dans cette affaire? La discussion se prolongea jusqu'à ce que les deux ecclésiastiques tombassent d'accord que la seule voie pour amener la prospérité permanente du pays, c'était d'y généraliser tellement l'instruction, que les ci-toyens devinssent juges de leurs propres intérêts et décidassent eux-mêmes de l'emploi de leur capital. Le prêtre protestant et le prêtre catholique convinrent encore que pour favoriser le grand objet qu'ils avaient en vue, l'éducation des masses, il fallait concéder mutuellement certains points, que sans cela chacun d'eux eût été disposé à disputer jusqu'au bout; et que,

1.   21

si le gouvernement présentait un plan d'éducation générale, ce serait un devoir et probablement un plaisir pour les ministres des deux cultes, à l'exception peut-être de quelques bigots et de quelques hommes à idées étroites, de lui en témoigner leur reconnaissance et de faire tout ce qui serait en leur pouvoir pour amener les bons résultats que le gouvernement se serait proposés.

— Si le gouvernement propose promptement ce plan, dit le protestant, peut-être vivrai-je assez longtemps pour me voir appeler ici et y recevoir mes émoluments en récompense des services que j'aurai réellement rendus, et que je serais enchanté de rendre maintenant si mes ouailles consentaient à entendre ma voix.

— Si le gouvernement propose promptement ce plan, répondit le catholique, mes coréligionnaires et moi, nous vivrons peut-être assez longtemps pour ne nous plus voir méprisés par les membres de votre église comme une caste dégénérée. La loi nous a enfin relevés de notre incapacité civile et politique. C'est maintenant à l'éducation mieux comprise, à l'instruction plus universellement répandue à nous relever de cet état moral de dégradation, qui n'est pas plus mérité, et dans lequel nous relègue l'opinion.

Le résultat de l'inspection que M. Orme passa dans sa paroisse — résultat qu'il ne déclara qu'après mûre délibération et après en avoir longuement causé avec M. Rosso — fut qu'il abandonnait complètement ses droits de dîmes quant à présent, et cela parce qu'il était impossible que ses paroissiens pussent les payer.

Tous les efforts du Père Glenny et de ses voisins les plus éclairés furent vains pour persuader aux paysans qu'ils devaient de la reconnaissance au ministre. Quand ils leur parlèrent des changements que M. Orme et sa famille avaient été obligés d'introduire dans leur manière de vivre, par suite de cette renonciation du superflu dont ils avaient été obligés de se priver, de la stricte économie à laquelle ils s'étaient condamnés, la seule réponse qu'ils firent, c'est que le ministre n'avait joui que trop longtemps de cette récompense nominale pour des services qu'on ne lui avait jamais demandés. Quand on leur rappela que cette concession était volontaire, que c'était tout à fait un acte libre de la générosité de M. Orme, ils répondirent : bien obligés ; il savait fort bien qu'il n'aurait jamais touché une guinée de plus des dîmes de cette paroisse, ainsi il nous fait cadeau de ce que nous ne voulions plus lui donner.

Quand il remonta à cheval pour partir, cherchant autour de lui des cœurs affectionnés et reconnaissants, il ne rencontra que des regards douteux, que des sourires malins, des gens qui se disaient l'un à l'autre que c'était un grand bonheur d'avoir un prêtre pour les diriger, mais que c'était par trop d'en avoir deux à leurs frais, dont l'un leur était complètement étranger. Tout ce qu'ils pouvaient faire pour celui-là, c'était de lui souhaiter un bon voyage, et de ne revoir jamais sa figure.

Cependant il y avait trois personnes au moins dont M. Orme emportait l'estime et la reconnaissance. MM. Rosso, Tracey et Glenny lui avaient l'obligation de les avoir préservés des mouvements tumultueux qui accompagnaient dans d'autres paroisses la levée des taxes arriérées. La leur se trouvait sauvée des querelles entre les royalistes et les mécontents, c'est-à-dire entre les oppresseurs et les opprimés. Ils n'avaient plus à craindre, d'un côté la proclamation de la loi martiale, de l'autre des menaces de désordre, trop souvent suivies d'exécution ; on n'entendit plus parler de l'architecte. Le champ qu'il avait arpenté porta de l'orge au lieu de porter une église, — circonstance heureuse puisque les habitants de la paroisse avaient grand besoin de nourriture corporelle, et que, quant à la nourriture de l'âme, ils en trouvaient en abondance, et de l'espèce qui leur convenait le mieux, dans la chapelle de M. Tracey.

CHAPITRE VIII.

Fatalité irlandaise.

Dora resta longtemps en prison avant que de se faire une idée du sort qui l'attendait. Les cachots étaient pleins, par suite des désordres dont son village avait été récemment le théâtre ; et son enfant souffrait du manque de cet air libre auquel il avait été accoutumé dès sa naissance. Chaque nuit, quand il la réveillait par ses cris, chaque jour quand elle voyait ses petits membres s'amaigrir, son cœur de mère soupirait, et elle enviait le sort de ceux que jusque-là elle avait trouvés si malheureux. Combien elle eût voulu alors être au nombre de ceux qui avaient cherché un refuge à la ville, mendiant tout le jour, et couchant la nuit partout où ils trouvaient quelque coin écarté. Quand elle traversa la ville pour se rendre à la prison, elle reconnut plusieurs de ces mendiants, quoiqu'ils eussent perdu la figure réjouie qu'ils avaient au village pour prendre les traits haves et plombés des vagabonds. Elle leur enviait maintenant la liberté dont ils jouissaient, quelque triste que fût d'ailleurs leur condition. Ils pouvaient au moins conduire leurs enfants à l'air libre ; et le soir, quand ils se trouvaient trop nombreux dans leur misérable retraite, ils pouvaient aller se coucher dans les champs. Ceux d'entre eux qui avaient des parents proscrits, pouvaient les voir sans autre contrainte que celle que leur indiquait leur prudence personnelle. Tandis qu'elle, il lui fallait voir son enfant dépérir faute de cet air libre et salutaire que la nature avait créé pour l'usage de tous ; il lui fallait vivre sans espoir de voir jamais son père et son mari, sans savoir jamais ce qu'ils étaient devenus.

Le premier soulagement qu'elle éprouva fut de former une résolution désespérée, à l'égard de son enfant. Elle venait de passer une longue nuit sans sommeil, une longue nuit plus affreuse que celles qu'elle eût jamais connues. La chaleur était étouffante parce qu'il y avait trop de personnes couchées dans la même chambre. Son enfant ne voulait pas se tenir un instant tranquille sur son sein. Tantôt il criait, tantôt il pleurait, et ces signes différents d'une même souffrance fendaient le cœur de sa mère. D'abord elle s'était irritée, puis elle s'effraya des plaintes de ceux dont le sommeil était troublé comme le sien, et qui lui disaient que c'était sa faute si son enfant ne voulait pas dormir. Pendant des heures entières, elle espéra que la fatigue fermerait les paupières de son enfant, ou que le cœur de ses compagnons s'ouvrirait à la pitié ; mais non, l'enfant redoubla ses cris, et les voisins leurs menaces de se délivrer d'une pareille nuisance. A la fin elle se jeta sur sa paillasse, ferma les yeux, se boucha les oreilles, et murmura à demi-voix :

— Mon Dieu, mon Dieu ! prenez pitié de moi ; portez-nous, mon enfant et moi, là où nous puissions retrouver un peu de repos et de sommeil ! Mon esprit s'en va, comme il l'a déjà fait une nuit ; plût à Dieu qu'il s'en allât, si mon enfant était sain et sauf auprès de son père. Peu importerait alors ce qu'il arriverait de moi ; car Dan et moi ne sommes pas destinés à nous revoir. Oh ! tais-toi, mon enfant, tais-toi ! Je me séparerais de toi avec plaisir et pour jamais, si je savais seulement mettre ainsi un terme à tes plaintes et t'arracher à cette chaleur meurtrière. Tu ne me caresses jamais, mon enfant ; tu t'éloignes toujours de moi ! Les autres embrassent leur mère, et toi, tu me repousses. Oh ! tu as bien raison ! Dieu t'avait donné des membres libres et forts, un air pur à respirer ; et c'est moi qui

ai desséché ton petit corps, qui ai saturé d'un air pestilentiel
tes petits poumons. C'est moi qui ai fait couler du poison dans
tes veines. Tu sortiras d'ici, mon enfant. Je supporterai d'être
poursuivie tout le jour par tes cris et tes pleurs que je croirai
entendre, de me coucher chaque soir sans toi ; de m'éveiller
chaque nuit, te cherchant vainement à mes côtés ; de croiser
sur ma poitrine mes bras vides de leur précieux fardeau,
quand je verrai des enfants sourire à la douce chaleur du soleil,
ne sachant, moi, si tu seras à jouer sur le sable ou enterré
dessous. — Je supporterai tout cela, si je puis t'arracher à la
malédiction qui pèse sur moi, si je puis te confier à ceux qui te
pourront nourrir mieux que ta mère. Oh ! tais-toi, mon enfant !
tais-toi ! Prends encore patience avec moi cette nuit ! Si seulement je te voyais reposer un moment, si tu voulais lever ta
petite main à mes lèvres, si tu voulais seulement me regarder !
Oh ! mon Dieu ! la vie sera tarié en toi avant que je ne te puisse
secourir ! Dites-moi, mes voisins, mes amis, croyez-vous que
ce soit ma volonté que mon enfant souffre ainsi ? pensez-vous
que ses cris ne percent pas mes oreilles plus péniblement que
les vôtres ? Est-il plus pénible pour vous de perdre une nuit
de sommeil, qu'il ne l'est pour moi de me séparer pour toujours de mon enfant !

Ses compagnons d'infortune un peu radoucis lui demandèrent ce qu'elle voulait dire par là ; ils louèrent beaucoup sa
résolution d'envoyer son enfant hors de la prison le lendemain,
ajoutant que cela aurait dû être fait depuis longtemps. Tous ne
demandaient pas mieux que de lui suggérer quelque moyen
de s'en débarrasser, mais aucun des avis qui lui furent ainsi
ouverts, ne la satisfit pleinement. Cependant toutes les difficultés s'aplanirent lorsque le père Glenny parut le lendemain.
Il venait, selon qu'il l'avait déjà fait deux ou trois fois, nourrir
de la parole de Dieu ceux de ses paroissiens qui se trouvaient
dans la prison. Il fut épouvanté du changement qui s'était
opéré dans la figure de Dora, depuis la dernière fois qu'il l'avait
vue : quant à son enfant, il lui parut mourant, et il s'engagea,
avant même qu'elle ne lui en fît la demande, à le retirer de la
prison et à le placer en mains sûres. Dans quelles mains, c'est

ce qu'il ne pouvait dire. Sullivan lui avait révélé sa retraite sous le sceau de la confession, et il ne pouvait la faire connaître, même à sa fille unique. Le prêtre ne savait rien du sort de Dan ; personne ne l'avait vu, personne n'en avait entendu parler depuis quelques jours avant l'emprisonnement de Dora.

La seule chose qui frappa le prêtre, dans la conversation qu'il eut avec celle-ci, ce fut l'indifférence complète avec laquelle elle parlait du jour de son prochain jugement. Il parut d'abord qu'elle ne s'en était pas du tout occupée, et quand on lui rappela le jour fatal, elle sembla ne le regarder que comme un préliminaire nécessaire et de peu d'importance avant qu'il ne lui fût permis de quitter l'Irlande pour toujours. Elle ne s'arrêta pas un instant à l'idée de l'acquittement, elle ne parut pas se rappeler qu'elle avait un rôle à jouer dans les débats, qu'un drame devait s'agiter entre elle et la société qui l'accusait, et que le dénouement en était incertain. Elle ne se plaignit pas d'être un instrument passif entre les mains du pouvoir, elle ne se plaignit ni des mauvais traitements qu'elle avait déjà essuyés, ni de celui qui lui restait encore à attendre. Elle ne se prépara point à se soumettre, elle ne se prépara point à se défendre. Elle semblait complètement indifférente pour l'issue de son procès, regardant comme chose convenue qu'elle ne reverrait jamais son mari ; et d'après cela peu lui importait où elle passerait le reste de ses jours, ou comment elle les terminerait. Cette indifférence parut si extraordinaire au prêtre, qu'après s'être étendu à dessein et sans succès sur les charges que pourrait faire valoir l'accusation, et sur ce que l'accusée pourrait dire pour sa défense, il essaya, comme dernier moyen de la tirer de cette apathie inconcevable, de parler d'un bruit qui s'était répandu qu'on devait essayer de la sauver ainsi que ses compagnons, en brisant les portes de la prison avant le jugement, ou en attaquant la garde qui, après qu'il aurait été prononcé, devrait conduire les uns au gibet et les autres à la côte pour être déportés. Un rayon d'espérance enflamma ses yeux un moment, puis elle fit observer que, si ce bruit s'était répandu, sans doute les magistrats étaient sur leurs gardes, et que les *white-boys* y regarderaient à deux fois avant que de se commettre dans cette entreprise désespérée. Après ce peu de mots elle parut perdre la mémoire et le sentiment. Elle n'avait rien à confesser, rien à demander, aucuns messages à confier, aucuns vœux à exprimer. Elle regarda le prêtre d'un air indifférent et hébété quand il se leva pour partir, et semblait demander ce qu'il attendait.

— Votre enfant, ma fille, dit-il, présentant les bras ouverts pour le recevoir.

Le sang lui monta rapidement au visage ; elle se hâta de l'envelopper du seul de ses vêtements dont elle pût se passer, l'embrassa assez froidement, puis, le plaçant dans les bras de son nouveau protecteur, elle dit avec un sourire amer :

— Je ne sais s'il y a beaucoup de mères comme moi ! Je ne me rappelle rien de ce qui se rapporte à la naissance de mon enfant, et maintenant je m'en sépare avec indifférence. En vérité, il y a des moments où je ne sens rien.

— Et dans d'autres, ma fille ?

— Silence, silence ! ne parlons pas de cela. Eh bien, il y a eu des femmes qui ont perdu leurs maris, des mères qui ont perdu leurs enfants ; je ne suis qu'une de plus parmi celles-là ; et l'avenir est voilé pour tous tant que nous sommes, excepté que chacun de nous a la mort pour espérance.—Ne me donnez pas votre bénédiction aujourd'hui, mon père ! elle ne m'a jamais fait aucun bien, et je ne puis la supporter aujourd'hui. Essayez-là, si vous le voulez, sur cet enfant.

Aussitôt que le prêtre fut parti, prononçant d'une voix basse et interrompue par ses larmes les bénédictions qu'elle ne voulait point écouter, Dora se jeta sur la paille et s'endormit immédiatement. A peine peut-on dire qu'elle s'était réveillée un moment, lorsque quarante-huit heures après on vint l'avertir de se préparer pour le jugement.

Le sommeil lui avait rendu toute sa raison et le sentiment tout entier de son malheur. Jamais dans aucune cour de justice on n'avait vu une accusée montrer une figure plus décente et sur laquelle la douleur se peignît plus énergiquement. Depuis le commencement jusqu'à la fin elle garda le plus morne silence, excepté quand il lui fallut prononcer le peu de mots sacramentels que son avocat ne pouvait dire pour elle. Quoique profondément attentive pendant toute la durée des débats, elle ne parut pas un instant partagée entre la crainte et l'espérance. Dans son esprit elle regardait sa cause comme perdue avant que d'être entamée.

Elle eut tout ce que la loi et la justice, une justice irlandaise pouvait lui accorder. Ses compatriotes attendent encore une loi plus éclairée, une justice plus efficace, dont le but soit plutôt de prévenir que de punir le crime ; mais tout ce que la loi, tout ce que la justice accordent actuellement à l'accusé, Dora l'eut. Elle eut un bon avocat, un jury impartial, un juge patient et compatissant. Elle fut donc bien jugée et bien condamnée à la déportation à vie sur la première charge, la seconde n'ayant pas même été examinée, comme devenue inutile par l'issue de la première.

Au moment où la condamnée quittait l'audience, elle entendit, car ce jour-là rien ne lui échappait, quelqu'un, qui l'avait connue dès son enfance, attribuer son malheur à l'éducation qu'elle avait reçue. « Si elle n'eût jamais appris à écrire, » s'écriait ce judicieux compatriote, « jamais on n'eût pu lui représenter cette lettre qui la condamne. » Un autre répondit qu'elle n'en eût pas moins été convaincue de faux serment.

— Est-ce qu'il n'y a pas d'autres manières de menacer que par écrit ? lui demanda Dora en passant : fermez toutes les écoles, jetez toute votre encre dans la mer, faites un feu de joie de tout votre papier, et vous trouverez la menace tracée partout où se rencontrera l'oppression. On tracera des figures sur le sable ; on mettra deux piques devant la porte d'une maison ; on élèvera des gibets, on y pendra des effigies grossières ; on froncera le sourcil à l'approche d'un ennemi. Que nos gouvernants descendent dans leur conscience ; aussi longtemps qu'ils y trouveront des pensées de tyrannie, ils liront autour d'eux des menaces de conspirations et de vengeance ; même quand leurs administrés seraient aussi brutalement ignares que des nègres attachés à la terre. Quand est-ce que les hommes heureux conspirent, que les hommes satisfaits menacent, que ceux qui n'ont rien à craindre se parjurent,

que ceux qui sont bien gouvernés trahissent leur gouvernement? Croyez-vous que nous apprenions à conspirer dans nos
écoles? ne l'apprenons-nous pas plutôt dans nos cabanes dé-
pouillées? La violence n'est pas naturelle à l'homme; il ne s'y
sent porté que quand on lui a enlevé son pain et son travail.
L'école où mon mari et moi avons appris la rébellion, c'est le
rocher nu où la famine nous l'a enseignée, — elle a eu de bons
et de nombreux écoliers.

— Quels discours tient là bas la prisonnière? demanda le
juge. Huissier, faites-la sortir.

CHAPITRE IX.

Désaffection irlandaise.

Le bruit de l'intention où étaient les *white-boys* de forcer la prison ou d'arracher de quelque autre manière les accusés à leur sort n'avait aucun fondement. Depuis les nouveaux travaux entrepris par M. Tracey le nombre des mécontents avait singulièrement diminué, et le peu de rebelles qui n'avaient point quitté les armes étaient engagés dans des expéditions lointaines.

Dan s'était trouvé si longtemps hors du voisinage, qu'il n'apprit l'arrestation de Dora que peu de jours avant son jugement, Sullivan n'ayant pu réussir à lui en faire parvenir plus tôt la nouvelle. L'époux exaspéré jura, aussitôt qu'il connut la sentence, de remuer le ciel et la terre pour la délivrer, et tout ce que pouvait faire un homme seul, il le fit; mais il ne fut pas courageusement secondé par ses compagnons; l'entreprise leur paraissait trop hasardeuse, eu égard à l'affaiblissement de leurs forces, et d'ailleurs ce cas particulier ne leur semblait pas plus déplorable que cent autres qu'ils avaient journellement sous les yeux. Quand même leur plan eût été énergiquement et sagement combiné, il eût échoué contre les précautions que prirent les magistrats qui, effrayés des bruits qui s'étaient répandus, firent faire par mer un circuit aux condamnés pour gagner le vaisseau qui devait les déporter, au lieu de les conduire au port, à travers l'intérieur des terres. Un caboteur fut affrété pour recevoir les prisonniers avant même qu'on sût généralement qu'ils avaient quitté la prison.

Le Père Glenny fut informé de cette décision, et s'arrangea de manière à rendre en temps utile sa dernière visite aux brebis chassées de son troupeau. Ce pieux devoir rempli, il se rendit, le cœur oppressé, chez M. Tracey, cherchant quelques distractions aux pénibles impressions que cette scène déchirante lui avait laissées. M. Tracey l'engagea à visiter avec lui les travaux et à voir ce qu'il avait fait pour son domaine et pour ses paysans. Ils se rendirent à cheval sur le bord de la mer, et arrivèrent au moment où les ouvriers quittaient le travail, et où ils purent s'entretenir avec plusieurs d'entre eux de leur avenir, de leurs vues et des ressources avec lesquelles ils se disposaient à s'ouvrir une nouvelle carrière dans un autre pays. Chez tous ils remarquèrent un violent désir d'émigrer, désir qui leur était inspiré par leur haine pour les *intermédiaires* et les collecteurs; un mécontentement du peu qu'ils connaissaient des lois, et un désespoir profond d'améliorer jamais leur condition dans leur patrie. Ils reconnaissaient la justice de leur maître qui leur fournissait les moyens d'émigrer; ils riaient de leur victoire sur M. Orme, qu'ils regardaient comme un dernier exploit, et parlaient avec effusion des bontés qu'avait eues pour eux la famille Rosso, au moment de leur plus grande détresse; mais la seule personne entre leurs supérieurs pour laquelle ils témoignaient une confiance illimitée, c'était le Père Glenny. A lui ils ne disaient rien de cette barrière qu'ils supposaient exister en Irlande entre les riches et les pauvres : aucun d'eux ne le regardait d'un œil d'envie; et jamais à son sujet on n'entendait cette remarque qu'il y a en Irlande deux sortes de justice, l'une pour les puissants et l'autre pour les malheureux. Leur affection étant plus forte parce qu'elle était plus concentrée, ils adoraient presque leur prêtre, et juraient que, quand leurs femmes et leurs enfants les auraient suivis dans leur nouvelle patrie, le Père Glenny était le seul lien qui les rattachât à l'ancienne, qu'il leur serait pénible de rompre.

— Combien leur embarquement, dit le Père Glenny à son compagnon quand il eut donné sa bénédiction à tous ceux qui la lui demandaient, combien leur embarquement sera différent de celui de leurs frères déportés comme criminels! Ici, c'est un mari qui part avec l'espérance d'accueillir bientôt sa femme et ses enfants dans une patrie meilleure que celle qu'il quitte; là, c'est une femme qu'on entraîne seule, chargée d'infamie et privée pour toujours de son mari et de son enfant. Il y a de quoi s'attrister quand on réfléchit que le moins pénible de ces deux modes d'émigration, on eût pu l'éviter par l'adoption d'un meilleur ordre social; quant à l'autre, nous devrions nous agenouiller, crier merci au ciel, jusqu'à ce qu'il lui plaise de détourner de nous le fléau du crime, et l'affreux désespoir qui en est la suite. Si vous aviez vu et entendu ce que j'ai vu et entendu aujourd'hui, vous trembleriez à l'idée de la rétribution qui attend les gouvernants et les gouvernés. Prions jour et nuit que cette rétribution s'éloigne de nous.

— Et dans l'intervalle de nos prières, efforçons-nous d'éloigner les abus qui en sont la source. Au lieu d'appliquer des palliatifs, attaquons-nous à la racine du mal. Au lieu de voter des charités légales pour nos pauvres, ce qui ne ferait qu'alourdir encore le fardeau sous lequel nous plions, il faut que nous écartions les obstacles qui compriment leur industrie, que nous les protégions contre de petits tyrans, et cependant que nous ne cessions de répandre l'instruction parmi eux, jusqu'à ce qu'ils soient en état de nous aider dans nos réformes, de comprendre la loi sous laquelle ils vivent, de respecter le gouvernement au lieu de lutter contre lui; et d'agir d'après ce principe que les hommes, quels que soient leur religion, leur rang, leurs fonctions, peuvent vivre ensemble sans se haïr. Est-ce que tels ne peuvent pas être les résultats de l'éducation, de la réforme politique, si Dieu leur accorde les bénédictions que nous lui demandons?

— Puisse-t-il nous les accorder! s'écria le prêtre, attentivement occupé à regarder un individu assis au soleil derrière une clôture sur le sommet du rocher. C'était un vieillard; il tenait un petit enfant sur ses genoux, auquel il parlait par intervalles, et par intervalles il chantait d'une voix chevrotante. Sa chanson était relative à la mer, sur laquelle il tenait les yeux continuellement fixés ; le soleil couchant la dorait de ses derniers rayons, au grand plaisir de l'enfant et de son gardien.

— C'est Sullivan ! s'écria le prêtre, et c'est l'enfant de la pauvre Dora qu'il tient sur ses genoux ; tant il est vrai que Dieu nourrit ses plus faibles créatures. Cet enfant a repris dans ce lieu désert la santé qu'il n'avait pas sur le sein de sa mère, et le vieillard lui-même paraît se bien porter. J'espère, mon fils, que vous ne prendrez pas avantage de ce qu'il s'est aventuré à sortir de sa retraite dans un jour de douleur comme celui-ci ? Vous ne voudrez pas appeler la loi à sévir contre un homme dont l'âge avait blanchi les cheveux avant qu'il ne débutât dans la carrière du crime ?

— Non pas pour tout au monde, répondit Tracey. Voulez-vous que nous descendions de cheval et que nous lui parlions ? ne sera-ce pas trop l'effrayer ?

Ils s'approchèrent du vieillard sans en être observés, parce qu'il faisait trop de bruit lui-même pour entendre celui de leurs pas ; en ce même moment un petit vaisseau parut tout à coup, qui venait de doubler le promontoire, une jolie brise du nord enflait ses voiles, qui parurent d'une blancheur de neige quand elles traversèrent la ligne enflammée que le soleil couchant traçait sur les flots. A cette vue l'enfant témoigna de la joie, et s'agita entre les bras de son grand-père.

— Que la bénédiction des saints soit sur toi, mon petit bijou ! C'est sur ce vaisseau que tu devrais être, dansant sur les flots azurés, et non dans les bras d'un vieillard qui ne saurait te préserver longtemps du froid et de la misère. Et là-dessus il entama un chant d'adieu au vaisseau qui emportait sa fille.

— Sullivan ! s'écria le prêtre, qui ne pouvait supporter plus longtemps le spectacle de ces chants intempestibles.

Le vieillard se releva en un moment, et salua gravement le pasteur.

Sullivan ! continua le Père Glenny, connaissez-vous ce vaisseau ? Savez-vous quel chargement il emmène ! savez-vous.....

— Maintenant je sais tout, répondit le vieillard ; comment Votre Révérence pouvait-elle présumer que mes yeux reconnaîtraient de si loin le vaisseau qui porte ma Dora ? Et pourquoi Votre Révérence a-t-elle amené ici ce seigneur, pour espionner la douleur d'un vieillard ? A moins qu'il ne soit venu pour m'arrêter et m'envoyer joindre ma fille ? Effectivement voilà l'heure où les renards et les officiers de justice fondent sur leur proie. Pour me prendre, Votre Honneur, vous n'avez qu'à étendre la main ; et puisse cette capture vous être bien profitable.

Il ne voulut point écouter un mot de ce que M. Tracey avait à dire, mais continua à parler à l'enfant comme si personne n'eût été là ; toutefois sa gaieté avait fait place à une profonde amertume.

— Oui, mon bijou ! tu avais plus d'instinct que moi, tu as bondi comme l'agneau au bêlement de la brebis. Étends tes bras, mon enfant, car ta mère est là ; ah ! que je voudrais te déposer dans les siens, quoique je dusse rester seul dans ce monde désert, où rien ne réjouit mes yeux, que les tiens, mon enfant.

Il continua ainsi, assis par terre, le dos tourné aux deux gentlemen, qui se retirèrent avec l'intention de revenir le lendemain, et l'espoir de le trouver plus communicatif. A quelque distance ils se retournèrent, et virent qu'un autre homme avait rejoint Sullivan, se tenant debout derrière lui, les yeux tournés vers le vaisseau qui s'éloignait.

— C'est Dan ! s'écria le prêtre tournant aussitôt la tête de son cheval, et revenant sur ses pas. Mais avant qu'il ne fût arrivé, Dan s'était hâté d'embrasser son enfant, puis il avait disparu. La terreur était peinte sur la figure de Sullivan, et maintenant il était disposé à parler.

— Vous ne reverrez plus jamais Dan, dit-il d'un ton lugubre, quoique peut-être vous entendrez beaucoup parler de lui. Les hommes honnêtes et compatissants ne reverront plus sa figure ; il a renoncé à écouter la voix de son prêtre. Quand il se montrera dorénavant, ce sera au milieu de la nuit, un crêpe sur la figure, une torche ou un poignard à la main. Ceux qui lui ont enlevé sa raison auront seuls à répondre des actes d'un fou furieux !

— Fou furieux ! s'écria Tracey.

— Il veut dire exaspéré ! répliqua le prêtre. Dan avait espéré jusqu'à la fin délivrer sa femme ; il n'y a pas réussi, et c'est ce qui l'a jeté dans le désespoir.

Je suis seul maintenant dans le monde, murmura Sullivan, berçant dans ses bras l'enfant fatigué. Excepté ce petit orphelin, je ne verrai plus guère une figure d'homme. C'est celle d'un démon qui s'est présentée tout à l'heure à nous ; puissions-nous être longtemps sans la revoir.

Sullivan disait vrai : personne ne vit plus Dan, personne n'en entendit plus parler, si ce n'est les victimes de ses violences. Et celui qui avait été autrefois l'orgueil de la Vallée des Échos, en devint le fléau et la terreur.

UN CONTE DE LA TYNE

PRINCIPES DÉVELOPPÉS DANS CE CONTE.

Le devoir du gouvernement étant d'assurer la propriété de ses sujets, et leur industrie étant leur propriété la plus incontestable, toute interposition du gouvernement dans la direction et la rémunération de cette industrie est une violation de son devoir envers ses sujets.

Une interposition de cette nature a lieu quand la législation protège quelques-uns et leur donne exclusivement les travaux et les salaires qui, sans cela, eussent été ouverts à tous, — comme dans le cas de corporations privilégiées de marchands...

Quand certaines conditions préalables sont arbitrairement imposées pour l'exercice d'une industrie et la jouissance de ses bénéfices, — comme dans la loi qui règle les apprentissages.....

Quand les travailleurs sont contraints à faire un genre de travaux qu'ils n'auraient pas choisi, — comme dans la presse des marins.....

Le même devoir — d'assurer le libre exercice de l'industrie — veut que des compagnies soient privilégiées pour exécuter certains travaux d'utilité publique dont ne pourraient aussi bien se charger des particuliers; — comme des routes, des canaux, des ponts, etc. — Et de plus :

Que les fruits de quelque talent rare ou de quelque entreprise particulière soient assurés à un individu ; — et c'est là le but de notre loi des brevets d'invention.

Dans les premiers cas d'interposition mentionnés naissent trois grandes sources de maux :

La restriction d'une concurrence honnête dans quelques cas ;

L'accroissement arbitraire de la concurrence dans quelques autres ;

Un obstacle à la circulation du travail et des capitaux d'un emploi à un autre, et d'un lieu à un autre ;

Dans le dernier exemple de protection cité aucun de ces inconvénients n'a lieu.

UN CONTE DE LA TYNE

CHAPITRE PREMIER.

Point de nouvelles du port.

Un soir de l'automne dernier, Walter était si occupé à bêcher dans son jardin qu'il ne faisait aucune attention à ce qui se passait de l'autre côté de la haie. Les trains de wagons portant le charbon de terre passaient les uns après les autres sur le chemin de fer du puits à l'embarcadère, et de l'embarcadère au puits, sans qu'il daignât lever les yeux, jusqu'à ce qu'une voix, partant d'un de ces véhicules, le héla, et lui dit qu'il était un beau passeur de ne faire nulle attention et de laisser un passager demander le bateau dix minutes de suite. Walter ne fit que se tourner vers le cottage de son père et lui crier : « Père, le bateau, et puis il se remit à bêcher.

Le temps n'était plus où Walter avait coutume de s'arrêter dans le sarclage ou l'émondage, ou de s'appuyer sur sa bêche pour regarder son père passer les voyageurs sur l'autre rive, et se demander qui ils étaient, d'où ils venaient, où ils allaient. Son jardin était un lieu bien tentant pour perdre du temps à

regarder la rivière, car il allait en pente jusque sur la grève.
Mais maintenant Walter avait trop à faire et trop à penser pour
perdre du temps dans les amusements d'autrefois. Dans son
enfance, son père lui avait dûment et perpétuellement répété
qu'un bras diligent amène la richesse, et que celui qui ne veut
pas travailler ne doit pas manger. Mais, bien que ces citations
eussent eu leur effet, il y avait des pensées dans l'esprit de
Walter qui stimulaient plus puissamment encore son activité.

Toutefois, il jeta sa bêche avec assez d'empressement lorsque, quelques minutes après, il s'entendit appeler par derrière ; sa cousine Effy montait rapidement la pente du jardin
en criant :

— Walter, Walter, mon père est-il ici? Vous ne devez pas
avoir peur de me le dire à moi, mon père est-il ici?

— Votre père? non, je ne l'ai pas vu depuis dimanche dernier
à l'église.

— C'est ce que m'a dit mon oncle Christophe; mais j'ai obtenu de lui qu'il me passât, il m'en coûtait tant de croire que
vous ne saviez pas où était mon père. Walter, ne pourriez-vous
me donner un indice, le moindre indice? Je n'ose pas retourner vers ma mère sans lui apporter quelque nouvelle.

L'expression triste de la figure de Walter montrait assez qu'il
eût volontiers donné des nouvelles s'il en avait su ; enfin, il
prononça en hésitant le mot de *public-house* (cabaret).

— Oh! il n'y a point un public-house depuis ici jusqu'à
Newcastle et même jusqu'à Shilds, où l'un d'entre nous ne soit
allé avant minuit ; je ne savais si je devais me réjouir ou m'af-
-fliger de ce qu'on ne le trouvait dans aucun d'eux. Maintenant,
je crois que je serais contente de le voir, en quelque état que
ce fût.

— Avant minuit! combien y a-t-il donc de temps que vous
ne l'avez vu?

— Il a quitté la cale, dit-on, à la brune, au moment où il
passait devant le navire charbonnier, — seulement parce que
sa pipe était cassée et qu'il voulait s'en procurer une autre,
mais il n'est pas revenu.

Walter gardait le silence, mais Effy comprenait sa pensée.

— Il est certain, dit-elle, que les matelots presseurs ont fait une expédition la nuit dernière.

— Où est stationnée la patache royale? demanda Walter, rabaissant les manches de sa chemise et cherchant des yeux sa redingote.

— Juste à l'embouchure de la rivière; mais il n'y a pas moyen de l'aborder. La moitié des bateaux de Shilds rôdent autour, mais comme il n'y a dedans que des femmes, les officiers n'en font que rire. On ne voit qu'un ou deux officiers sur le pont.

— Oui, oui, les autres malheureux sont renfermés étroitement à la cale. S'il n'y a que des femmes dans les bateaux, la besogne de la patache est faite, elle ne restera pas longtemps dans nos parages.

— On dit qu'il n'y a pas moyen de voir un matelot dans tout Shilds depuis avant-hier. Aussi a-t-on vidé la prison pour compléter le nombre des recrues. Walter, il ne faut pas songer à aller chercher mon père. On n'a pas vu passer une barque aujourd'hui : les hommes n'osent pas s'aventurer dans le port tant que la patache y sera. Encore une fois, il ne faut pas y aller, Walter. Je ne suis pas certaine qu'il n'y ait pas de danger pour vous à travailler ici, en pleine vue de la rivière; je vous voyais distinctement de l'autre bord.

— Que croyez-vous, Effy, qu'ils pourraient faire d'un jardinier sur un vaisseau du roi?

— Mais ce qu'ils font de tous les autres hommes de terre, je suppose; il est certain qu'ils ont pressé des gens qui n'ont jamais embarqué de leur vie.....

— En vérité!

— Oui, en vérité. Aussi si vous tenez absolument à travailler, j'aimerais mieux que vous le fissiez de l'autre côté de la haie ou derrière les grands arbres. Savez-vous que je vous ai vu vous arrêter et ôter votre casquette quand vous êtes arrivé au bout de ce sentier, et puis vous incliner..,..

— Quoi! quand vous ne devriez songer qu'à votre père, murmura Walter à voix basse, rougissant de satisfaction.

— N'est-ce pas mon devoir de penser à vous d'abord, demanda Effy; et quand ce ne le serait pas, comment pourrais-je m'en empêcher?

Walter n'était pas pressé de répondre à cette question, Effy continua.

— Quant à ce qui est de le dire, je ne saurais m'en empêcher non plus.

En vérité, je m'étonne quand j'entends Bessy [1] Davison prétendre que son amoureux est la dernière personne au monde à laquelle elle pense ou dont elle se soucie; notez qu'elle sait bien que ce serait un péché ou une honte que d'en dire autant quand il sera son mari, — ce qu'il est presque déjà, — puisqu'ils doivent se marier la semaine prochaine.

— Il me semble que nous sommes bien plus destinés à être époux et femme qu'eux, Effy. Je voudrais que nous dussions nous marier la semaine prochaine.

— Je ne puis pas parler de cela, Walter, jusqu'à ce que j'aie des nouvelles de mon père, et que je sache ce que deviendra ma mère s'il est réellement parti. Après cela il pourrait revenir; il y en a qu'on a débarqués deux jours après les avoir enlevés.

Walter ne dit pas ce qu'il savait, que ceux qu'on avait ainsi rendus à leurs foyers étaient des hommes impropres au service du roi, — un pauvre tailleur qui, à force d'exercice, eût peut-être fait un voilier, mais qui jamais n'aurait été capable d'un travail plus dur; un garçon de charrue qui baillait d'étonnement à la première vue de la mer quand on l'avait surpris et emmené; un colporteur qui semblait devoir mourir au bout d'une semaine si ses promenades étaient limitées au pont d'une patache. Walter savait qu'Eldred était un homme trop propre à ce que le roi en voulait faire pour être rendu à la liberté comme un malheureux.

— Que deviendra votre mère, Effy, si votre père est réellement absent un ou deux ans, et même davantage?

— Je ne saurais le dire, je n'ai pas osé le lui demander; si vous l'aviez vu la nuit dernière, cela vous aurait brisé le cœur.

---

(1) Abréviation pour Élisabeth.

— Le vôtre l'est, Effy; vous paraissez bien fatiguée, bien tourmentée.

— Oh! je suis habituée à ma mère, je suis accoutumée à ses manières de sentir et d'agir, mais elle soupirait et elle gémissait si péniblement la nuit dernière que nous ne savions que faire, le pauvre Tim et moi; car pour Adam, il n'y a pas eu moyen de le voir. J'ai envoyé chez son maître demander pour lui une permission de quelques heures, mais il n'y était pas; en sorte que j'ai été privée de son secours. Pendant longtemps ma mère a continué à dire tant de mal de mon père que j'étais peinée que Tim l'entendît. Quand une fois j'ai eu fait coucher mon frère, j'ai cessé de vouloir raisonner avec elle, ce à quoi je ne suis que trop portée; mais je suis effrayée d'aller la retrouver, et voilà pourquoi je lambine ici sans aucune utilité.

— Mais que va-t-elle faire? demanda de nouveau Walter.

— Nous serons tous obligés de travailler, je suppose, comme font ceux qui n'ont point un père qui travaille pour eux.

— Nous ferions mieux de nous marier tout de suite, dit Walter, qui semblait en état de prouver que ce serait un soulagement pour mistress Eldred de voir sa fille établie, plutôt que de la voir forcée de retourner à l'ouverture du puits où elle avait travaillé dans son enfance, et où personne n'avait cru qu'elle dût jamais être contrainte de retourner.

— Cela ne m'était pas encore venu à l'esprit, dit Effy, après avoir pesé un instant la proposition de son amant, mais j'y réfléchirai en retournant à la maison, et je tâcherai de trouver ce que nous devons faire.

Walter rougit de nouveau de satisfaction et dit quelque chose sur son étonnement du plaisir que les gens pouvaient trouver, qui prétendaient comme Bessy et son amoureux ne pas se comprendre l'un l'autre, au lieu d'aller franchement au fait et de convenir de ce qui était juste et honnête, afin de pouvoir compter l'un sur l'autre, sans s'exposer à des désappointements. Il était déjà assez difficile de garder la paix de la conscience, mais s'amuser à se tourmenter l'un l'autre, c'était dans son opinion une triste preuve d'amour. Il devait le sentir d'autant plus profondément que le sien était moins décidé et plus timide ; il le savait, aussi dit-il à Effy qu'elle le rendrait bien heureux de ne jamais se moquer de lui, de ne jamais se jouer de lui avec de fausses raisons.....

Effy rougit d'indignation à l'idée que personne pût jamais prendre avantage de la modestie de Walter pour se moquer de lui ; au fond de son cœur elle sentait chaque jour qu'il n'y avait aucune vertu qu'elle eût autant désiré avoir que la modestie de Walter, et qu'il n'y avait rien qu'elle craignît tant que d'apprendre à en abuser, en acceptant une suprématie qu'il semblait disposé à lui concéder. La seule objection que Walter trouvait à leur mariage, si tant il y avait qu'il en trouvât aucune, c'était qu'elle était trop complaisante et trop affable, tandis que son père en entrevoyait une plus sérieuse ; il doutait qu'ils eussent à eux deux la grâce divine nécessaire pour que leur union fût bénie.

— Mon oncle Christophe, dit Effy, paraît trop occupé pour me parler aujourd'hui ; chaque fois que je suis allé le voir, depuis quelque temps, il m'a paru absorbé par son invention ; mais je pensais qu'aujourd'hui il serait venu nous donner quelques avis sur ce que nous devons faire à propos de mon père.

— Il est au moment de terminer son invention, répondit Walter, et bientôt il sera en état de l'emporter à Londres pour y prendre un brevet ; il est absorbé dans ce moment, mais vous ne sauriez douter qu'il ne vous porte à tous le plus grand intérêt, aussitôt qu'il sera en état d'entendre ce que j'ai à lui dire.

— Mais que dira-t-il de votre idée de nous marier la semaine prochaine, — de nous marier, tandis que l'apprentissage d'Adam n'est pas encore terminé ?

— Que peut-il dire, si ce n'est qu'Adam est apprenti et que je ne le suis pas ? nous pouvons nous réjouir tous deux de ce que je suis jardinier et non pas cordier.

— Oui, car vous auriez encore une année à servir, à partir d'aujourd'hui, avant que de rien gagner ; à coup sûr le jardinage est une profession bien plus difficile à apprendre que la corderie. Comment se fait-il qu'Adam soit obligé de passer sept ans pour apprendre à tresser le chanvre en cordes, tandis qu'en beaucoup moins de temps vous avez appris à connaître les saisons, le terrain, la nature des différentes plantes et la manière de les gouverner. J'aurais pensé qu'il en coûtait bien plus de temps et de peine pour produire de belles pêches et de beaux légumes que pour devenir un bon cordier.

— Je l'aurais pensé de même, mais tous les travaux de culture ont été confondus sous le nom de travaux sans intelligence (*unskilled labour*), tandis que tout ce qui se rapporte aux manufactures a été appelé travaux d'intelligence (*skilled labour*) et demande un apprentissage, en sorte que l'homme qui cultive les plus beaux raisins que le soin et la science puissent produire, est regardé par la loi comme un ouvrier moins intelligent que celui qui, tout un été durant, frappe de l'argile pour la faire entrer dans un moule à briques. Si je me mettais vendeur de pommes au lieu de producteur de pommes, j'aurais un tas de formalités à remplir après mes sept années d'apprentissage, et j'encourrais de grandes pénalités si je n'avais pas servi mes sept ans entiers. Mais je suis jardinier, je n'ai jamais été lié à un maître, je suis libre d'employer mes bras à une autre occupation que la mienne si celle-ci vient à me manquer. C'est une garantie pour votre avenir, Effy, et je suis heureux de pouvoir vous la donner.

— Une garantie ! s'écria son père qui avait enfin trouvé le temps de venir s'informer des afflictions de sa nièce et de sa sa famille. Il n'appartient qu'à des jeunes gens qui n'ont pas vu les voies de Dieu dans ses travaux de parler de garantie. De quoi sert-il que le watchman fasse sa ronde, à moins que le Seigneur ne garde la ville.

— En vérité, mon oncle, dit Effy, ce n'est pas de vos prédications que nous avons besoin aujourd'hui. Hier, à cette heure-ci, nous attendions mon père à l'issue de son travail, et maintenant je crains fort.....

— Ne craignez rien, mon enfant, la crainte est un péché.

— Bien, mon oncle ; mais croyez-vous que vous pourriez vous-même vous en garantir si Walter avait disparu et que vous ne sussiez pas où il serait ? Ne vous le figureriez-vous pas retenu dans la cale de cette horrible patache ? Pourriez-vous

vous empêcher de craindre qu'il ne soit misérable, qu'il ne soit malade, et que, privé de lui, vous n'ayez de longues années à passer dans la douleur?

— Vous pensez, dit l'oncle Christophe, voyant qu'Effy se mordait les lèvres pour retenir ses larmes, vous pensez que je suis un vieillard cruel qui n'ai pas de compassion pour ce que souffrent les autres. Ceux qui sont de ce monde doivent penser ainsi.

— Oh! qu'importe ce que pensent ou peuvent dire ceux qui ne nous voyent pas, qui ne nous entendent pas; mais moi je ne crois pas que vous soyez cruel, mon oncle; seulement.....

— Seulement quoi? demanda l'oncle Christophe, donnant à ses lèvres une position affectée, comme il le faisait toujours quand il s'attendait à entendre quelque chose de désagréable pour lui.

— Seulement — les gens très pieux prétendent que d'autres doivent penser et sentir exactement comme eux; ils ne voyent pas que toute différence en ce genre provient d'un degré différent de confiance en Dieu. Ah! j'ai cette confiance en Dieu qu'il soutiendra mon père, et que ma pauvre mère....

Elle fut obligée de s'arrêter un moment, et puis elle reprit:

— Mais toute cette confiance ne m'empêche pas de craindre qu'ils ne doivent être d'abord bien malheureux.

L'oncle Christophe secoua la tête avec un sourire et un soupir de condescendance; c'était ce qu'il appelait une confiance avec réserve, mais il prierait Dieu que la foi véritable puisse grandir, avec le temps, dans le cœur de sa nièce. Il n'avait aucun conseil à donner pour le moment, il lui semblait impossible qu'Eldred pût leur être rendu, s'il était à bord de la patache du roi. Tout ce qu'il put promettre, c'est qu'il irait prier avec cette veuve d'un mari vivant, le dimanche matin, le seul jour qu'il ne pût pas en conscience donner aux travaux qui l'absorbaient, à l'invention pour laquelle il espérait prendre bientôt un brevet.

Walter, lui, ne songeait pas à remettre au dimanche; il se disposait à partir avec Effy, mais celle-ci n'y voulut pas consentir. Les matelots presseurs étaient toujours présents à son esprit, et elle ne craignait rien tant que de voir son futur tomber entre leurs mains. Il ne pouvait être nulle part plus en sûreté que chez son père, — les passeurs étant partout exempts de la presse. Il alla au-devant de sa prière de ne se pas montrer dans son jardin, de manière à attirer l'attention de ceux qui seraient sur la rivière ou sur ses bords, et voulut épargner à son père la peine de déposer Effy de l'autre côté ; il avait quelques mots à lui dire pendant le passage. Son avis fut qu'elle ne devait point se harasser à courir çà et là après son père, qui n'avait aucun motif de se cacher à sa famille, mais qu'elle devait s'habituer à l'idée de le voir, contre sa volonté, devenu un défenseur de son pays, et espérer qu'il ferait un fidèle et vaillant marin au milieu des périls et des honneurs de la guerre.

Effy pensait que le plus sûr moyen d'empêcher un pareil résultat, c'était de traiter un homme de manière à lui faire haïr le gouvernement qu'il servait, et de paralyser son bras par ces peines de cœur qui le devaient assaillir, en songeant à la femme qu'on lui faisait abandonner et aux enfants qu'il laissait sans protection. Elle pensait que la volonté libre était l'âme d'un bon service sur terre ou sur mer.

Elle n'était pas très pressée de retourner vers sa mère sans nouvelles ; elle s'arrêta pour voir son amant repasser la rivière, sachant qu'il n'était pas un batelier très expérimenté, et que la marée contre laquelle il courait était très forte. Une chaloupe s'avançait bien conduite ; il semblait que Walter aurait le temps de débarquer et de la suivre de l'œil, soupçonnant peut-être, comme elle le faisait, qu'elle pouvait contenir quelques agents de Sa Majesté, cherchant à faire des recrues. Mais Walter dirigea mal son bateau, il lui fit faire un zig-zag qui l'amena très près de la chaloupe, puis il parut perdre tellement sa présence d'esprit, qu'il se mit directement en position d'être coulé bas. Effy s'attendait à chaque instant à voir cette catastrophe, puis il se fit, à bord de la chaloupe, un mouvement qui ne la glaça pas moins de terreur.

— Oh mon Dieu ! pensa-t-elle, ils se seront aperçus que ce

n'était pas un passeur par état, ils vont l'emmener aussi ; ma mère et moi nous nous trouverons veuves à la fois.

Elle courut sur le bord de l'eau, et peut-être elle eût essayé d'y entrer à pied, si les deux bateaux ne s'étaient séparés de manière à lui rendre le pouvoir de respirer. Elle fut frappée alors de l'improbabilité qu'il y avait à ce que les presseurs fissent aucune violence à un passeur dans l'exercice même de ses fonctions. Mais cette conviction ne rendit pas tout d'un coup la force à ses jambes qui pliaient sous elle, et ne calma pas la douleur mortelle qui l'avait saisie au cœur.

Ordinairement elle aimait ce chemin, parce que Walter travaillait vis-à-vis, et pour d'autres raisons encore ; mais aujourd'hui tout lui paraissait désagréable : le sifflement du vent d'automne dans les arbres dépouillés sous lesquels elle avait à passer, fatiguait son oreille. Elle essaya de trouver un sentier où elle pût marcher sans faire craquer des feuilles mortes, et quand il devint nécessaire de traverser le chemin de fer, il lui sembla que c'était la chose la plus difficile du monde que d'échapper aux wagons. Elle était convaincue qu'elle serait écrasée avant de rentrer chez elle. La fumée de la charbonnière l'étouffait à demi, et les voix qui partaient des différents cottages lui paraissaient plus aiguës, plus dures qu'elle ne l'eût jamais remarqué. Les bords de la rivière lui avaient semblé trop froids, les approches de la charbonnière lui parurent trop chauds, et puis le vent ou quelqu'autre chose l'empêchait d'avancer ; elle eût volontiers juré qu'elle avait les pieds attachés.

Tandis qu'elle était dans ces angoisses quelqu'un lui toucha l'épaule ; elle se retourna comme disposée à fuir, mais ce n'était que son frère aîné.

Qu'est-ce qu'il y a ? on dirait que je vous ai effrayée, s'écria gaiement celui-ci.

— Oh ! Adam, ce serait bien si vous ne m'aviez jamais effrayée que de cette manière.

— Bah ! bah ! vous allez revenir à la vieille histoire que mon brevet d'apprentissage sera déchiré. Qu'il le soit, si cela plaît à mes maîtres ; je connais assez bien mon affaire, je la savais il y a déjà trois ans assez pour gagner mon pain comme un autre. Il n'est donc pas étonnant que je sois fatigué de travailler si longtemps pour un maître quand je suis aussi en état que je le serai jamais de travailler pour moi-même.

— Mais la honte, — la perte, — si vous avez votre brevet déchiré. Comment serez-vous jamais à l'égalité avec ceux qui ont servi tout leur temps, si vous ne pouvez pas vous soumettre à la loi?

— Je voudrais être né là où n'existe pas une pareille loi. Si j'étais de Manchester ou de Birmingham, mon apprentissage aurait été aussi long ou aussi court que la profession l'aurait exigé, ou si j'avais été Américain j'aurais pu apprendre à faire des cordes sans m'engager aucunement.

— En Amérique, à ce que j'ai entendu dire, les gens ont plus de chances de réussir qu'ici; ils sont plus tôt libres d'employer comme ils le veulent leurs bras. Ils peuvent s'établir, se marier et avoir des droits plus tôt qu'ici où il y a tant de bras en proportion des moyens de subsistance. Quant à Birmingham et Manchester, je ne sais pas de quelle réputation y jouissent les jeunes hommes, mais j'ai entendu dire que de longs apprentissages assurent la moralité de la jeunesse.

— A ce compte, je dois être un individu bien plus moral que Walter. — Qu'en pensez-vous, Effy? Mais je voudrais bien savoir en quoi ma moralité peut gagner à ce que je sois contraint, pendant sept ans, à aller d'un bout de ma corde à l'autre tant de fois par jour au profit de mon maître. Je ne vois pas trop ce que la moralité de qui que ce soit peut gagner à courir chaque fois qu'on lâche son fil sous les yeux d'un maître toujours mécontent et grondeur.

— Je ne pense pas non plus qu'il soit absolument nécessaire que l'apprenti soit plein de mauvais vouloir, et le maître de mauvais procédés; mais je crois qu'un jeune homme qui a de bonnes dispositions doit être reconnaissant de travailler sous les yeux d'un maître, à une époque de sa vie où il a tant besoin de tutelle.

— Tout cela était bon il y deux cents ans, à l'époque de ces apprentissages dont les pères de nos grand'pères leurs parlaient toujours, — quand les apprentis couchaient dans la même chambre, s'asseyaient à la même table que leurs maîtres et se rendaient derrière eux en rang à l'église; mais les temps sont changés. Je pourrais vous dire une foule de choses dont vous ne vous doutez guère, si je voulais vous prouver combien bien peu nos maîtres ont d'influence sur nos plaisirs et nos mœurs. Peu leur importe ce que nous faisons quand l'ouvrage est fini. Tant que la roue tourne, il faut que les maîtres soient bien habiles s'ils tirent de leurs meilleurs et plus anciens apprentis la moitié de l'ouvrage que ferait un compagnon ordinaire.

— Comment se fait-il que les apprentis étaient si différents au temps des pères de nos grands-pères?

— Peut-être était-il plus difficile d'apprendre les arts à cette époque, et alors des apprentissages plus longs pouvaient être nécessaires; peut-être était-on aussi moins pressé de gagner son pain, et était-il alors moins désagréable de se voir privé de salaire quand on pouvait se suffire par son travail. Vous ne sauriez vous étonner, Effy, que je m'échappe de temps en temps, quand l'occasion se présente de gagner deux sous, ou quand je peux m'amuser au lieu de travailler pour rien.

— Mais vous oubliez ce que vous devez à votre maître, pour vous avoir appris son métier, et ce que vous pouvez perdre si votre brevet d'apprentissage vous est refusé.

— Moi, je n'oublie rien de tout cela; j'ai payé à mon maître, il y a longtemps, tout ce que je lui dois, excepté la nourriture et la boisson que j'aimerais mieux payer sur mes salaires. N'allez pas me parler encore de la sottise que nous ferions de nous marier trop tôt, si nous n'en étions empêchés par le contrat qui nous lie jusqu'à vingt et un ans. Il peut arriver des choses pires que des mariages précoces, quand des apprentis sont jetés dans la dissipation. Dans mon esprit, le meilleur moyen de rendre un jeune homme sage et rangé, dès que je travaillerai à la journée ou à mes pièces.....

— Mais si votre maître vous renvoie d'ici là?

— Alors, il me faudra aller loin de cette grande ville, quelque part où l'on puisse travailler sans brevet d'apprentissage.

— Ne parlez pas de cela, mais retournez-vous-en chez votre maître, afin que je puisse dire à ma mère que vous y êtes, et que ce lui soit une petite consolation dans sa grande douleu..

— Quelle grande douleur?

— Ah! vous êtes peut-être la seule personne, à cinq milles à l'entour, qui ne sachiez pas la grande affliction où nous sommes; je différais à vous le dire parce que la chose est presque désespérée.

— Je voyais bien que vous aviez pleuré, mais je pensais que Walter avait été mauvais à votre égard, ou que peut-être il s'était montré trop tendre. Qu'est-ce qu'il y a donc, Effy? Est-ce que le pauvre petit Tim....

Tim se portait bien, et Adam fut frappé d'horreur d'apprendre que le malheur qui venait de frapper sa famille était bien plus grand qu'il ne l'avait prévu. Quand il sut que Cuddie était absent, — faisant son premier voyage à Londres à bord d'un charbonnier, — il fut plein de remords de ce que sa mère, dans une circonstance pareille, se trouvât privée du secours de ses deux fils aînés. Au lieu de retourner chez son maître, il voulut voir d'abord sa pauvre mère, et quand Effy réfléchit que cette visite pourrait lui servir d'excuse auprès de son maître et lui donner quelque chance d'obtenir son brevet, elle ne s'y opposa pas davantage.

Quand Effy approcha de la maison, elle trouva peu d'espérance de consolation. Près de l'endroit où les charbons étaient lancés des wagons dans les chaloupes sur la rivière, il y avait des groupes où l'on s'entretenait de tels ou tels voisins qui devaient avoir été pressés puisqu'ils n'avaient pas reparu. Cette nouvelle rendait de moins en moins probable qu'Elred dût être rendu à sa famille, et ce qu'il y avait de mieux à espérer, c'était que sa femme fût déjà préparée à ne plus le revoir.

Qu'elle y fût préparée ou non, elle n'en parut pas moins empressée de questionner sa fille, et pas moins désappointée de voir qu'elle ne rapportait aucune nouvelle.

— C'était une sottise à moi de vous en envoyer chercher, dit-elle. Je suis la dernière personne du monde à obtenir les renseignements que je demande, la dernière personne du monde pour laquelle quelqu'un veuille faire quoi que ce soit.

— Ne croyez pas, ma mère..... Effy s'arrêta par considération pour la position d'esprit où était la pauvre femme, qui
continua :

— On aurait cru que le temps était passé depuis longtemps
pour votre père de songer à abandonner sa famille. Mieux
aurait valu qu'il l'eût fait il y a bien des années, quand j'étais
plus en état de supporter cette charge. Maintenant je suis
vieille et usée, mais j'ai toujours dit que je n'aurais pas de
repos jusqu'à ce que je fusse dans la bière.

— Est-ce qu'il n'y a pas quelqu'un qui nous a dit de venir à
lui, et qu'il nous donnerait le repos? demanda un homme
assis près du foyer avec le petit Tim sur ses genoux. C'était
M. Severn, l'ecclésiastique, l'un des meilleurs amis de Tim.
Celui-ci n'avait que six ans, mais il avait perdu la vue par
accident, deux ans auparavant, dans un puits de charbon. Il
n'était jamais bien malheureux, mais jamais il n'était si content que lorsqu'il entendait à distance la voix réjouissante ou
les pas mesurés de M. Severn, ou bien quand quelque chose à
lui dire ou à lui enseigner exigeait qu'il se tint debout entre les
jambes du révérend ou assis un bras autour de son cou. Il
entendit la question de son ami, et demanda qui avait fait
cette promesse. La réponse mit sa mère en larmes ; mais que
ces larmes fussent de celles qui font du bien, c'était ce qui
parut douteux à ceux qui étudiaient avec inquiétude la force
de ses émotions.

— Ma mère, dit Adam, vous ne pensez pas, non vous ne
pouvez pas penser que mon père vous ait abandonnée volontairement.

— S'il l'a fait, vous en êtes en partie cause. Aucun homme
n'était plus fier que votre père de n'avoir point de vagabonds
dans sa famille, et bien souvent, depuis quelque temps, il
prophétisait que vous en deviendriez un. — Oui bien souvent,
chaque fois qu'il apprenait que vous vous étiez absenté de
votre ouvrage. J'espère que cela vous servira de leçon.

— Ma mère, ma mère, ce n'est pas le moment, dit Effy, qui
tremblait qu'Adam quittât le cottage pour n'y jamais revenir ;

ma mère, mon père n'a jamais parlé durement d'Adam.

— Durement, non; il n'a jamais parlé durement de personne de sa vie; il a toujours laissé parler les autres, et toujours fait ce que les autres ont voulu, et je parierais qu'il en est de même dans cette circonstance. Je croyais avoir élevé mes enfants à n'avoir pas le défaut de leur père, mais maintenant ils vont me fendre le cœur avec le défaut opposé : de sorte que, le père et les enfants aidant, je serai bientôt dans la bière.

— Comment Cuddie peut-il vous briser le cœur, ma mère, dit Adam en affectant du calme; je vous demande un peu ce qu'il vous a fait ce pauvre garçon?

Effy dirigea vers lui un coup d'œil suppliant, et dans ce moment Tim commença à faire entendre sa petite voix.

— Oh! ne partez pas, ne vous en allez pas, monsieur!

— Il le faut, mon cher enfant; plus tard je reviendrai, quand...

— Quand ma mère ne m'insultera plus devant vous, monsieur, dit Adam; mais il n'est guère probable que vous me retrouviez jamais ici après ce que vous venez d'entendre.

— Pardonnez-moi, Adam, j'espère vous y retrouver; j'oublierai ce que j'ai entendu, parce que cela a été dit dans un moment d'irritation. Vous vous rappellerez, vous, j'espère, que votre mère est dans une affliction profonde, que nul ne doit demander un compte trop sévère de ses paroles, et son fils moins que personne.

— Je ne puis supporter d'entendre parler de moi ainsi, cria Mistress Elred. Toute ma vie j'ai eu tout le monde contre moi; mais entendez-vous, M. Severn, je ne puis supporter que qui que ce soit parle ainsi de moi à mes enfants.

— Dites-nous donc alors comment nous devons songer à vous, comment nous devons prier pour vous dans votre chagrin?

— Comme pour quelqu'un assez fort pour supporter tout ce qu'il plaira à Dieu de lui envoyer.

Ses larmes abondantes ne l'empêchèrent pas de déclarer qu'elle irait à l'ouverture du puits, qu'elle y travaillerait pour

y gagner cette indépendance et cette bonne réputation qu'elle
avait toujours cherchées pour elle et pour ses enfants. Elle
parla de ceux-ci avec orgueil, quoiqu'elle vînt d'en parler avec
amertume; elle parla de sa force, bien qu'un instant auparavant elle eût dit qu'elle était vieille et usée; elle ajouta qu'elle
n'avait pas besoin d'autre consolation que celle qu'elle pouvait
puiser en elle-même, quelques bonnes que fussent les intentions de ceux qui voulaient lui en donner; elle oubliait que
l'instant d'auparavant, elle se plaignait, avant que M. Severn
n'entrât, que personne n'avait souci d'elle, et que dans son
malheur nul ne lui donnait signe de sympathie.

M. Severn, qui ne haïssait rien tant que d'avoir l'air de
s'imposer chez les autres, lui souhaita doucement la force et
les consolations dont elle avait besoin, et se retirait quand le
petit Tim, qui avait voulu le reconduire jusqu'à la porte, étendant la main pour le saisir par la basque de son habit, la manqua et tomba de dessus la marche de la porte. Il n'avait fait,
pour ainsi dire, que glisser sur ses mains et sur ses genoux;
mais l'enfant, étonné d'abord de sa chute, fut tout à fait
alarmé par la terreur qu'en témoigna sa mère. Tout enfant
aurait cru s'être fait beaucoup de mal en voyant sa mère soupirer et gémir comme elle le faisait.

— En vérité, ma mère, je ne crois pas qu'il se soit fait de
mal. — Si vous le laissiez essayer de marcher dans la chambre. — Je ne pense pas qu'il souffre du tout, dirent à la fois,
mais en vain, le fils et la fille. M. Severn toucha le bras
d'Adam et leur fit signe de laisser passer ce paroxysme de
douleur. Effy posa tranquillement un verre d'eau près de sa
mère, et ferma la porte pour que quelques curieux ne vissent
pas ce qui se passait. Un temps avait été, mais ce temps était
loin, où la moindre émotion de sa mère faisait aussi invariablement couler les larmes d'Effy. Son cœur était toujours
péniblement opprimé quand elle la voyait en colère; mais ce
n'était plus que le chagrin tranquille qui pouvait éveiller ses
sympathies. Quand les grands, hélas! furent calmés, et que ce
ne furent plus que de douces larmes qui tombèrent sur le
pauvre Tim, Effy ne put plus retenir les siennes, et ce fut des

deux celle qui en versa de plus abondantes. Adam ne savait
que faire ; aussi fit-il ce qu'il y avait de mieux, il prit la main
de sa mère et lui dit qu'il espérait qu'il serait pour elle un
plus grand sujet de consolation qu'il n'avait été jusque-là. Il
parla de Cuddie, et c'était un sujet de conversation agréable
pour tous. M. Severn le considérait comme l'un des jeunes gens
de la paroisse qui promettait le plus. Mistress Eldred dit comment elle avait découvert la première, et fait remarquer à son
mari tout ce que Cuddie pouvait devenir, mais elle ajouta
douloureusement qu'il était à craindre qu'il ne fût pressé pendant le voyage. Tous, d'une seule voix, lui rappelèrent combien il était jeune, et combien il était peu vraisemblable que
sa majesté fit presser des matelots de dix-sept ans, quand elle
en avait à discrétion d'un âge plus avancé. Tim avait sa petite
histoire à raconter de ce que Cuddie devait faire pour lui
quand il serait de retour. Sa mère sourit et le bénit intérieurement d'avoir oublié si vite sa terrible chute. Dix minutes
après, M. Severn la quitta, complétement convaincu qu'il
lui serait plus aisé de compter ses causes de douleur que ses
causes de joie, que la providence est sage et bonne dans
tout ce qu'elle nous envoie, et que le meilleur accueil qu'elle
pourrait faire à son mari à son retour, serait de lui montrer
ce qu'à cause de lui elle aurait fait en son absence.

CHAPITRE II.

Nouvelles du port.

Mistress Eldred ne s'était point flattée quand elle avait dit qu'elle était dans le cas de faire pour sa famille tout ce que les circonstances exigeraient. Cinq jours après la disparition de son mari, on aurait pu la voir dans une situation où elle n'aurait pas cru qu'elle dût jamais se retrouver, triant et assortissant des charbons à l'ouverture d'un puits voisin. Elle n'avait pas voulu entendre parler qu'Effy dût partager ses travaux. Son plus grand désir était qu'elle se mariât avec Walter aussitôt qu'elle le voudrait. Ce serait, disait-elle, un souci de moins dans son esprit, un devoir accompli envers son mari absent, dont la fille unique ne devait pas souffrir de la chance malheureuse qui l'avait enlevé à leur amour. Le seul argument qu'on pût lui opposer, c'était de savoir ce que deviendrait le petit Tim pendant les heures de travail. Effy voulait le garder avec elle, — non-seulement à présent, tant qu'elle habiterait dans le cottage de sa mère, mais encore après, quand elle serait passée dans celui de Walter. Elle pensait qu'il vaudrait mieux que l'enfant jouât au milieu des plates-bandes que parmi des monceaux de charbon. Elle faisait entrevoir la possibilité qu'il vînt à tomber dans le puits

ou dans la rivière pendant que personne ne le surveillerait.
Ce raisonnement ne pouvait prendre ; il n'y avait pas d'enfant
de son âge plus propre que Tim à éviter les dangers du puits
ou de la rivière. Son oreille le servait mieux que les yeux des
petits enfants qui ne songent pas à se méfier, et l'on pouvait
s'en rapporter à Tim du soin de reconnaître, en frappant la
terre, à quelle distance il était de grands creux. On pouvait
s'en fier à lui de calculer la certitude de traverser le chemin
de fer avant que les trains ne pussent le surprendre, de trouver le petit sentier qui le conduisait en descendant à la pierre
favorite sur laquelle il avait coutume de s'asseoir au bord de
la rivière, pour s'amuser à tirer des joncs et à entendre murmurer l'eau. Sa mère disait qu'il courrait plus de risques des
abeilles, dans le jardin de Walter, que partout ailleurs; enfin
on laissa la chose au choix de l'enfant, et il se décida pour
rester avec sa mère. Il était, de tous les individus, celui qui
connaissait le moins l'impétuosité de son caractère, car il
n'avait que rarement ou même jamais à en ressentir les effets,
et il ne comprenait pas encore ce qu'il pouvait être pour les
autres. Il aimait beaucoup Effy, mais il y avait un charme
dans le coin du tablier de sa mère qui éclipsait tout ce que le
reste eût pu avoir d'attrayant pour lui. En outre, Tim aimait
la société, non seulement comme enfant, mais comme aveugle; il quittait même le tablier de sa mère quand il entendait
de jeunes voix, et se jetait au milieu de tous les groupes d'enfants qu'il pouvait rencontrer sur sa route; il avait l'ambition
de travailler comme les autres enfants travaillaient, de jouer
comme ils jouaient, et l'occupation de sa mère lui en fournissait l'occasion. Le triage des charbons peut se faire aussi
sûrement, quoique plus lentement, au toucher qu'à la vue, et
l'ouvrage qu'on n'eût pas confié de cinq ans encore à Tim,
s'il avait eu ses yeux, on lui permettait de s'y essayer parce
qu'il était aveugle. Sa mère rectifiait ses erreurs, quand, par
hasard, il lui arrivait de ne pas porter sa petite contribution
au bon tas, et ses petits compagnons, devenus patients avec
lui, lui pardonnaient quand, sans le vouloir, il détruisait leurs
petits arrangements, abattant leurs maisons de charbons, mar-

chant droit au milieu de leurs jardins de charbons, escaladant leurs montagnes de charbons. Aucun ne paraissait jouir
plus que lui quand on brûlait les rebuts ; il avait toujours le
soin de s'assurer de la position du monceau auquel on allait
mettre le feu ; il se plaçait vis-à-vis, et poussait des cris de
joie quand ceux de ses compagnons annonçaient la présence
de la flamme, cherchant la chaleur et la fumée plutôt qu'il ne
les évitait. C'était une question parmi les spectateurs, de savoir si l'éclat de la flamme n'excitait pas chez lui une sensation à travers le voile de ses yeux. Il ne pouvait répondre lui-
même, et on laissa le point indécis jusqu'à l'époque où il
comprendrait mieux ses propres plaisirs.

Mistress Eldred était au puits comme si rien n'était arrivé,
le matin où Effy se maria, quinze jours après la disparition
d'Eldred. Elle n'avait aucun sujet de rester à la maison maintenant qu'Effy n'y était plus, et personne n'avait plus horreur
de se trouver seule que la pauvre veuve n'en avait à présent.
Elle s'appliquait ardemment à son ouvrage, à la bouche du
puits, tantôt aidant à recevoir les charbons que montait le
panier, tantôt les mettant à couvert, déposant les gros morceaux d'un côté pour les marchés de Londres, les plus petits
en un autre endroit, et dans un troisième enfin ceux qui doivent
être détruits.

— Eh ! mon enfant, qu'as-tu donc à te tourner de ce côté
et à écouter ? demanda-t-elle à Tim.

L'enfant sautait et battait des mains, à mesure qu'on entendait des cris de joie dans le lointain, ils approchèrent de plus
en plus, on entendit le bruit d'une voiture, de plusieurs voitures ; que pouvait-ce être ? c'était un bien beau cortège, la
noce en l'honneur de laquelle les cloches de Saint-Nicholas de
Newcastle avaient sonné toute la matinée. Le révérend Miles
Otley, recteur du voisinage, avait épousé la fille du riche
M. Vivian de Newcastle, et chacun s'occupait beaucoup de cet
événement, non seulement parce que le mariage du recteur
était un fait réellement important en lui-même, mais parce
qu'il était curieux pour les vieillards de voir Miles Otley,
qu'ils avaient connu petit garçon, devenu un homme d'aussi

grande conséquence. On trouvait qu'il avait eu un bonheur
extraordinaire dans son éducation et dans son avancement,
bonheur bien plus grand que celui de M. Severn, son vicaire,
qu'on lui préférait à tous égards, un seul excepté. M. Otley
était un chasseur admiré; on louait le bon goût de ses équipages; son talent comme prédicateur était problématique, ses
opinions ne l'étaient pas. Mais ce qui lui valait la faveur de ses
voisins, c'était son opposition à un plan de travaux publics
que l'on croyait devoir porter un grand préjudice à la charbonnière, plan dont on n'avait jamais pu forcer M. Severn à
dire aucun mal.

Un peu en amont, sur la côte, il y avait des matériaux pour
une charbonnière qui aurait été ouverte depuis longtemps si
elle avait pu lutter avec les autres pour les moyens supérieurs
de charrois. On aurait pu construire un chemin de fer jusqu'à
la rivière ou même jusqu'au port du Shilds, mais on croyait
qu'il serait moins coûteux et bien plus avantageux pour le pays
tout entier de faire une petite percée dans le roc sur la côte, et
de bâtir un petit port pour aider au chargement et au déchargement des navires. Cette ouverture pourrait aussi procurer
un abri aux navires de petit tonnage, sur une côte dangereuse,
et les gens impartiaux ne comprenaient pas d'objections à
cette entreprise si la compagnie qui la proposait croyait pouvoir
y trouver son profit. Toutefois, il y avait des jalousies;
quelques-uns des propriétaires de charbons ne désiraient pas
la mise en activité de nouveaux travaux, et naturellement cette
jalousie s'étendait jusqu'à leurs dépendants. Le jeune et brillant recteur épousa ce parti avec une énergie qu'on ne pouvait
s'expliquer autrement qu'en se disant que c'était la première
chose, sa propre personne exceptée, à laquelle il eût jamais
pris intérêt, et que par conséquent cela avait pour lui le plaisir
de la nouveauté. Il avait parlé de faire repousser le bill dans
le Parlement; il avait visité les propriétaires des terrains qui
se trouvaient sur la ligne de la Deep Cut pour essayer d'obtenir
leur opposition à la mesure projetée; on croyait même qu'il
avait effleuré ce sujet dans le dernier sermon qu'il avait prêché
avant son mariage sur les innovations. M. Severn était si

loin de trouver mauvais le plan proposé qu'il croyait que
l'exécution en serait avantageuse à toutes les parties intéressées dans la discussion. Il savait que dans le Sud il y avait
demande de plus de charbon, — non pas que les habitants y
pussent consommer une quantité plus forte de cet article
chargé, comme il l'était en ce moment, de droits et de frais de
différents genres ; — mais il savait que beaucoup de manufactures souffraient faute d'un combustible abondant et à bon
marché. Il savait que des milliers de pauvres créatures gre-
lottaient de froid dans leurs greniers humides, tandis qu'un
dépôt inépuisable de charbon se trouvait sous le sol, qu'il y
avait des bras pour l'en extraire, des navires pour le transporter, si les frais de revient pouvaient être réduits au niveau
des moyens des futurs consommateurs.

Il pensait que tout accroissement de l'approvisionnement
deviendrait un stimulant pour le commerce entier, et tenterait
de nouveaux consommateurs. Ainsi, non seulement les propriétaires sur la ligne de la Deep Cut, les mineurs, les constructeurs de navires, les voiliers, les perceurs de puits, y
gagneraient directement, mais tous ceux intéressés dans
d'autres établissements de charbon y gagneraient aussi d'une
manière indirecte. Il était vrai qu'il existait d'autres moyens
de fournir plus amplement au peuple les combustibles dont il
avait besoin ; mais ces moyens, on ne pouvait pas les employer
quant à présent. Il était vrai qu'à la bouche de tous les puits
on brûlait du charbon, et souvent du charbon de première
qualité, ce qu'il en eût suffi pour chauffer des masses de citoyens qui passaient au froid et dans l'obscurité les longues
nuits d'hiver dans la plupart des villes d'Angleterre; il était
vrai que cette destruction affligeait profondément les propriétaires de mines, et que les agriculteurs du voisinage s'en
plaignaient beaucoup, parce que ces feux inutiles étaient pour
eux une terrible nuisance; mais il était vrai aussi que tant que
la corporation de Londres aurait le privilége de mesurer le
charbon qui devait chauffer la capitale, et ne voudrait y admettre que de gros morceaux, il y avait peu de chance que les
petits dussent avoir aucune valeur. Le seul espoir c'était donc

que l'approvisionnement des gros morceaux augmenterait, en
sorte que le prix baisserait autant qu'il le pouvait faire avec
l'intervention d'une corporation.

Quant aux moyens qui devaient amener cette amélioration,
comme c'étaient des travaux trop coûteux pour être entrepris
par des individus, l'idée se présentait naturellement qu'ils
devaient être exécutés par une compagnie privilégiée du gouvernement. De telles compagnies jouissent à bon droit de la
faveur du roi et du Parlement, quand, au lieu de lui nuire,
leurs entreprises servent à développer l'industrie individuelle, et
à lui assurer sa rémunération. Une compagnie qui aurait mono-
polisé la production de charbon eût été un fléau contre lequel
M. Severn se fût élevé de toute sa force. Mais une compagnie
qui ouvrait un nouveau canal pour la distribution du charbon,
rendait un service au public, et méritait des honneurs et des
encouragements. Autant le gouvernement, obligé de protéger
l'industrie des citoyens, devrait s'opposer à la première entreprise, autant il devrait favoriser la seconde. M. Severn faisait
donc tous ses efforts pour vaincre les préjugés qui existaient
contre ce plan dans sa paroisse, et surtout pour prémunir le
Parlement contre l'erreur dans laquelle ils auraient pu le jeter
par leurs pétitions. Toutefois, il est si vrai qu'il est plus aisé et
infiniment plus agréable de se joindre aux clameurs du vulgaire contre une proposition que d'écouter les raisons qu'on
peut faire valoir en sa faveur, que M. Severn ne fut pas du tout
surpris d'entendre les acclamations qui accompagnaient la
voiture du nouveau marié. — Vive Otley! — enfoncé la Deep
Cut! — pas de nouveaux ports! les anciens suffiront. — Ne
perdez pas de vue cette affaire, Otley, — nous sommes tous
avec vous.

M. Severn faisait visite à un pauvre diable qu'on avait retiré
blessé d'un puits. Il se dirigea en souriant vers la fenêtre pour
voir passer le joyeux cortège de voitures, dans lesquelles
semblaient être tous les parents de la mariée et la moitié de
ceux de son époux. Son père, le grand monsieur Vivian, était
peut-être celui qui inspirait le plus d'étonnement et de respect
à la multitude; — c'était un si grand homme! — quoique lui-

même parût le savoir moins que les autres. Il s'était assis une
fois près du duc de Wellington qui lui avait adressé une question. Il avait donné une collation au duc de Northumberland,
et la duchesse avait pris son bras dans la salle du bal de Newcastle. C'était un homme très puissant dans Trinity-House, et
il avait eu une fois une audience, à Londres, du premier lord
de l'amirauté. M. Vivian eût été étonné lui-même de voir quel
grand homme on faisait de lui ; il en eut bientôt une preuve.
Le chirurgien de la mine, — un grand homme aussi dans sa
spécialité, arriva à temps pour apprendre quel était ce cortège
magnifique qui passait sur la route. Ce gentleman avait un
ardent désir d'être nommé chirurgien dans Trinity-House, et,
depuis longtemps, il cherchait l'occasion de se distinguer aux
yeux de M. Vivian. Il le fit en ce moment, mais non pas peut-
être de la manière la plus convenable pour assurer sa présen-
tation. Il poussa en avant son petit poney, afin de se trouver à
portée d'attirer les regards de M. Vivian si les voitures s'ar-
rêtaient pour permettre au recteur de saluer et de remercier
le peuple. Le poney n'avait pas besoin d'être poussé, excepté
quand il se trouvait dans une position particulière qu'il
n'aimait pas du tout, — au milieu de la voie des wagons, em-
pétré dans les cordages. Dans cette position, où les chevaux
du voisinage étaient sûrs de se trouver assez souvent, il fallait
des moyens de persuasion assez forts pour engager le poney à
passer ses jambes de derrière par-dessus la corde, après y avoir
passé celles de devant. Mais cet effort une fois fait, il était sûr
d'aller assez vite pour satisfaire le cavalier le plus impatient.
L'animal descendit le talus, franchit d'un bond l'espace noir
qui le séparait de la charbonnière, finit par désarçonner son
maître et le rouler dans la poussière aux yeux de toute la noce.
Le but du chirurgien fut doublement atteint ; non seulement
il se fit remarquer de M. Vivian, mais encore les voitures
s'arrêtèrent, ce qui lui donna l'occasion de solliciter son patronage dans Trinity-House. Toutefois, le pauvre Milford était
trop couvert de poussière, trop hors d'haleine, trop inquiet
de son poney fugitif, pour expliquer bien clairement sa demande
et ses droits. Il finit par présenter sa carte à son futur patron,

et en obtint la permission de lui faire visite à Newcastle.

Trois hommes parurent ramenant le poney et le tenant soigneusement par la tête, comme s'ils eussent craint de la voir se détacher du corps. Quatre femmes ouvrirent leur porte, invitant le gentleman à entrer pour s'y faire épousseter et brosser. Une vingtaine d'enfants s'attroupèrent autour de lui pour lui faire remarquer que la basque de son habit était retournée, que son coude était déchiré et son chapeau enfoncé. Contrarié et honteux, le gentleman entra dans la maison du patient qu'il venait visiter, où se trouvait encore M. Severn, debout à la fenêtre et regardant ce qui se passait dans la rue.

— Asseyez-vous, monsieur, je vous prie, et ne vous occupez pas encore de moi, dit le patient, regardant avec compassion l'état où se trouvait M. Milford, ma femme va vous donner un verre de gin.

— Et si vous voulez suivre mon avis, monsieur, dit la femme, vous retournerez le bas de votre jambe gauche pour éviter que cette affaire n'ait d'autres suites plus fâcheuses.

M. Milford accepta gravement le gin et le conseil; il tenait singulièrement à se rendre populaire, même en présence du vicaire; il protesta qu'il ne regrettait pas sa mésaventure, puisqu'elle lui avait fourni l'occasion de présenter ses respects au nouveau marié, qu'il honorait à cause du patriotisme qu'il déployait dans l'affaire de la Deep Cut.

— Quand il était à l'école, — et qu'il n'était pas de ceux qui y brillaient le plus, combien peu l'on prévoyait quel grand homme il serait un jour dans l'église. Il ne s'y serait pas destiné si son père n'avait pas été ruiné. Personne n'y eût songé sans cela pour lui.

— En vérité! j'aurais cru que la longue et coûteuse éducation nécessaire pour une profession savante eût été la dernière qu'un homme ruiné eût pensé à donner à son fils.

— S'il avait dû en faire les frais lui-même, certainement, monsieur; mais il y a tant de fonds légués pour l'éducation cléricale, que, si un gentleman a quelque influence, c'est, dit-on, la carrière où il lui en coûte le moins pour lancer ses fils. Malgré cela on n'aurait guère pensé à faire un ecclésiastique du jeune Miles, à en juger par ce que j'ai vu de lui quand il était enfant. Ceux qui étaient plus grands que lui le tourmentaient, parce qu'il tourmentait les petits ; quant à son maître, ils jouaient tous deux à qui se rendrait la vie plus malheureuse. Si miss Vivian avait vu ce que j'ai vu une fois, elle n'aurait guère pensé à l'épouser, tout changé qu'il puisse être. Ses camarades l'avaient enterré jusqu'au menton au milieu du jardin ; et quand il eut bien crié et pleuré, ils lui mirent un bras dehors, afin qu'il pût s'amuser à en frapper la terre. Je vous jure qu'en ce moment il n'avait guère l'air d'un jeune homme destiné au saint ministère.

— Non plus que bien d'autres écoliers qui cependant ont fait de bons prêtres, dit gravement M. Severn. J'ai vu souvent beaucoup de mal arriver de cette idée fausse qu'on a que les ministres de l'Évangile doivent être différents des autres hommes, mais je n'avais pas encore entendu dire qu'ils dussent à l'école être différents des autres enfants.

— Non, monsieur, je veux seulement dire qu'on ne se serait pas attendu qu'un enfant stupide et d'un mauvais caractère, eût de son propre mouvement choisi l'église pour profession ; et comme il a pris ce parti, précisément quand les affaires de son père ont été les plus mauvaises, on peut douter que ç'ait été tout à fait une affaire de choix.

— Certainement, dit le chirurgien, il y a des secours pour l'éducation cléricale dont nous sommes privés dans les autres professions savantes. Il y a un grand nombre de pensions, de bourses, de donations, dont nous autres pauvres chirurgiens n'entendons jamais parler.

— Toutes ces dépenses pieuses ont évidemment pour but, dit M. Severn, que la religion soit abondamment administrée dans le pays. C'est la piété des citoyens qui a créé ces facilités pour l'éducation cléricale.

— Sans doute, monsieur, mais cela ne diminue pas la tentation à entrer dans une profession qui offre tant d'avantages. Il est clair pour moi, monsieur, que plusieurs y sont attirés, qui sans cela n'y eussent pas songé, et rien ne me persuadera qu'ils n'obstruent pas ainsi la carrière de ceux que le cœur

avait poussés à faire leur état de l'Évangile. Je ne me fais pas
scrupule de vous parler ainsi, à vous, M. Severn, parce que je
sais que vous êtes un de ceux qui ont plutôt perdu que gagné à
cet arrangement des choses. Vous ne me nierez pas, monsieur,
qu'après tous vos travaux et vos dépenses au collège, un
homme qui s'occupe bien moins de son état que vous, a obtenu
la place qui vous aurait été due si on ne l'avait donnée qu'au
mérite.

M. Severn ne pouvait encourager de pareils discours, même
dans la bouche d'un vieil ami de sa famille ; il demanda comment allait le bras cassé, et quand M. Milford supposait que le
malade pourrait reprendre ses travaux.

— Je vous demande pardon, continua le blessé, je n'avais
intention d'offenser ni vous ni M. Otley. Tout ce que je voulais
dire, c'est que dans l'église, comme dans tout, le meilleur
moyen que la besogne soit bien faite, ce serait de laisser tout
au mérite, à la concurrence sans faveur aucune. Le fait est que
je connais peu de carrière où elle puisse faire plus de mal et
moins de bien ; car ceux qui ont leur profession plus à cœur
sont ceux qui ont plus de chances pour végéter et pour glaner
seulement ce que les favorisés leur veulent bien laisser, abandonnant la moitié de leurs travaux à ceux qui n'eussent pas
songé à les convoiter, si les âmes pieuses dont vous parliez
tout à l'heure ne les y avaient pas alléchés.

— Je crains que vous ne pensiez, dit M. Severn, que l'évangile est mal administré dans le pays.

— Je crains quelque chose de pis, interrompit le chirurgien, je crains que vous ne soyez un dissident, mon brave
homme.

— Pas le moins du monde, monsieur ; je suis tellement ami
de l'église, que je suis vexé d'y voir attirer de mauvais ouvriers, tandis que les bons en sont exclus ou laissés dans les
rangs inférieurs. Je crois qu'il y a un tel besoin de l'évangile,
que ce besoin sera toujours connu et satisfait. Je crains qu'on
ne se joue de l'évangile quand on en fait un prétexte pour
avancer dans le monde ceux qui eussent été mieux placés
dans des professions moins nobles. Je n'admets pas beau-

coup la piété de ceux qui appellent des étrangers à prendre
le salaire du berger, et qui condamnent le véritable pasteur à
n'être que le chien du troupeau.

— Le chien ! s'écria le chirurgien excessivement scanda-
lisé. Mon brave homme, faites donc attention que ce que vous
dites-là revient absolument à appeler M. Severn un chien.

— Il y a deux manières d'appeler quelqu'un un chien, dit
M. Severn en souriant. Ce peut être sous le rapport de la fidélité ou sous le rapport de la bestialité ; c'est un compliment
que voulait me faire notre ami, et c'est le compliment que
j'accepte.

— Il y a encore un troisième sens, dit le vieux malade. Le
chien est nourri des croûtes de la besace de son maître, et qui
pourrait dire que les vicaires reçoivent rien de plus pour les
soins qu'ils donnent au troupeau ? La loi n'a-t-elle pas intervenu itérativement pour dire que la condition du vicaire serait
au moins égale à celle du plus simple ouvrier, et la loi ne l'a-
t-elle pas dit en vain ? — Pourquoi cela ? non pas parce que le
haut clergé a naturellement le cœur plus dur que les autres
hommes, non pas que le peuple ne s'intéresse pas au sort de
ses ministres, mais parce que c'est une de ces affaires qui ne
sont pas du domaine de la loi. Son absurdité nous sauterait
immédiatement aux yeux, si elle avait ordonné que les mineurs
recevraient tous de bons salaires, pendant qu'ils seraient deux
fois plus nombreux qu'on n'en peut naturellement occuper. Et
nous nous étonnons de la position déplorable des membres de
notre bas clergé, qui, par suite de ce qu'on introduit dans la
profession une masse de paresseux et de sots, sont obligés d'accepter un salaire de 20 liv. sterl. (500 fr.) par an, parce qu'ils
mourraient de faim s'ils attendaient une place de 100 liv.
(2,500 fr.), salaire qui serait encore honteusement insuffisant
pour rémunérer leurs travaux et les dépenses de leur éducation.

— Tout irait bien s'il n'y avait pas de dissidents, dit le chirurgien. Ces dissidents sont des gens abominables et qu'on
devrait anéantir, gênant l'église comme ils le font.

— Ami Christophe, de l'autre côté de l'eau, en Irlande, on
vous dirait que c'est l'église qui gêne les dissidents, puisqu'on

y a deux clergés à faire vivre, tandis que nous n'en avons qu'un.

— Mais voyez seulement comme ils interviennent dans l'administration religieuse du pays. Ne comprenez-vous pas que si l'on balayait tous les ministres dissidents, cela ferait de la place pour notre clergé?

— Comme il n'y a pas de raisons de craindre un malheur aussi épouvantable, qui serait la destruction d'un si grand nombre d'hommes, dit M. Severn, tous nos efforts doivent tendre à mettre nos opérations en harmonie avec les leurs.

— En harmonie avec les dissidents! et c'est vous, un ecclésiastique, qui dites cela!

— Pourquoi de l'opposition? demanda M. Severn; pour ne rien dire de la sottise qu'il y aurait à faire de l'opposition à un corps plus nombreux que nous. Les temps sont passés où l'on supposait que l'on pouvait servir les intérêts de la religion par la violence, et changer les sentiments par de l'opposition; puisque personne ne songe plus à faire rentrer dans le giron de l'église les dissidents par la force des armes, il ne nous reste plus rien à faire, si ce n'est à combiner nos efforts de manière à ne point nous heurter les uns contre les autres au scandale de notre foi commune.

— Si chaque communion faisait vivre son propre clergé, et qu'il n'y eût pas une église où les promesses et les allèchements tendissent à doubler le nombre des prêtres nécessaires.....

— Mais nous entendons perpétuellement répéter que le clergé régulier de l'église d'Angleterre est trop peu nombreux, en égard au nombre d'âmes dont il doit prendre soin.

— Voyez s'il en serait ainsi, si tout ecclésiastique par intérêt se changeait en ecclésiastique par vocation. Tout ce que je demande, c'est qu'il n'y ait point d'intervention étrangère, personne qui s'interpose à la traverse entre les besoins religieux du peuple et les moyens d'y satisfaire; — que cette intervention vienne du gouvernement, des corporations ou des gens pieux qui ajoutent un malheur à ceux de l'église

I.   24

sans le savoir, chaque fois qu'ils offrent une prime à l'hypocrisie ou à l'intérêt personnel.

— Allons, allons, mon brave malade, permettez que j'examine votre bras, maintenant que me voilà un peu revenu à moi-même. Ce serait une bonne œuvre que de vous rendre à vos travaux dans la mine, si vous parlez ainsi quand vous en êtes dehors. Nous serons obligés de faire venir le recteur pour vous demander compte de tous vos blasphèmes.

— Est-ce un blasphème que de se plaindre que l'église du Christ ne soit pas administrée suivant son esprit? Est-ce un blasphème de montrer pourquoi elle n'est pas honorée comme elle devrait l'être? Est-ce un blasphème?

— Non, non, dit M. Severn; M. Milfort sait, comme peu de gens le pourraient faire hors de sa profession, distinguer le blasphème de la piété; il sait combien le premier est rare, combien la seconde est commune. Il voit des hommes sous le poids des afflictions les plus pénibles, et il vous dira que si quelques plaintes frappent occasionnellement son oreille, plus souvent il entend des accents de patience et de résignation. Il sait que si vous avez dit des choses qui peuvent lui paraître manquer de sagesse, vous n'avez rien dit qui accuse un défaut de religion.

M. Milfort était prêt à attester que son malade avait supporté chrétiennement l'épreuve récente à laquelle il avait été mis. Lors donc qu'il avait prononcé le mot de blasphème, il ne l'avait pris que dans le sens où on le prend souvent, par rapport à ceux qui parlent mal de l'église et du clergé.

— Il semblerait, dit M. Severn, que si quelqu'un devait être susceptible quand on parle de l'église, ce devrait être moi pour qui l'église est tout à plus d'un titre. Cependant je déclare que souvent nous appelons blasphème ce qui est plus rarement un manque de respect envers Dieu qu'un mécontentement des œuvres de l'homme. Chaque fois qu'un homme trouve à redire aux manières établies d'honorer Dieu, on crie contre lui au blasphème, bien que la gloire de Dieu soit souvent réellement son but, ainsi qu'il le déclare. C'était autrefois un blasphème que de blâmer le pape, c'en est un maintenant de dire que peut-être on pourrait traiter mieux les pauvres vicaires. Ce genre de blasphème, on pourrait le rencontrer dens presque toutes les maisons du royaume, tandis que l'autre est extrêmement rare. Milfort, combien de blasphémateurs avez-vous trouvés parmi vos malades? Quant à moi, je n'en ai jamais vu hors du cabaret à gin, et dans le cabaret les créatures bipèdes ne sont plus des hommes, encore qu'elles puissent se servir de leur langue pour bénir au hasard ou blasphémer Dieu.

M. Milfort essaya d'éveiller sa mémoire; il ne se rappela que deux cas : l'un d'un homme, dans des douleurs atroces, soudainement aveuglé par un horrible accident. Ce cas ne prouvait rien, l'homme souffrant à ce point n'était plus responsable de lui-même. L'autre était un cas d'angoisses morales, l'agonie de l'espoir désappointé; on avait promis de l'ouvrage à un pauvre homme dont la femme était malade, et on lui manquait de parole. Cet homme avait blasphémé le ciel et la terre quand il avait vu sa femme faiblir de besoin. Mais il s'en repentit dès qu'il la vit aller mieux, et de tout ce qu'il avait souffert, rien ne le tourmentait autant que le remords de son impiété.

— Vous trouveriez peut-être plus de difficulté à raconter tous les exemples de piété que vous avez vus, soit dans le giron, soit hors du giron de l'église.

— Il y a tant de degrés dans la piété, qu'il est difficile de dire que quelqu'un en soit entièrement dépourvu. Ça été mon lot de me trouver souvent avec des gens souffrants; et quand j'ai vu des vieillards et des hommes forts prier et réciter des psaumes, il m'est arrivé rarement de ne pas rencontrer des parents qui apprennent à leurs enfants que c'est la main de Dieu qui s'appesantit sur eux pour leur bien, et des enfants qui ne s'efforcent pas plus ou moins de supporter tranquillement la maladie « comme des agneaux muets sous les ciseaux du tondeur, » ainsi que leur disent leurs parents. — Il y a un de ces petits malheureux pour lequel vous pourriez rendre témoignage, monsieur, car je sais que vous le tenez souvent dans vos bras des heures entières.

— Ah, le petit Tim! je me suis souvent demandé ce qui se

passait dans l'esprit de ce pauvre enfant, quand il exhalait son haleine fébrile sur ma poitrine. D'autres enfants, quand la faiblesse les force ainsi à se tenir tranquilles, promènent les yeux de l'horloge sur le petit chat, et de la flamme du foyer sur ce que font leur mère ou leurs sœurs ; mais les yeux de ce pauvre enfant roulent en vain ; il n'en supporte pas moins son mal avec patience. Je me suis souvent demandé ce qui se passait dans son petit esprit.

— La première fois qu'il sera malade, je parierais bien, dit M. Milford, qu'il pensera à mon poney. Voyez comme il le caresse, comme il lui tâte la crinière pendant que sa mère le lève en l'air.

L'hôtesse remarqua que les plus doux sourires qu'on eût vus sur la figure de mistress Eldred depuis longtemps, c'était le petit aveugle qui les avait causés.

M. Milford permit à M. Severn de faire faire à l'enfant une petite promenade en long et en large sur son poney, tandis qu'il achevait, lui, de panser son malade. Il fut impossible de persuader à mistress Eldred de s'en fier à la tranquillité de l'animal et de retourner à ses travaux. Elle tourna et retourna en avant et en arrière, tant que l'animal marcha avec un homme qui le tenait par la bride et vingt enfants qui le suivaient par derrière. M. Severn continua de tenir le petit Tim qui riait tranquillement, et de temps à autre encourageait sa monture comme il entendait les autres, tournant sans cesse la tête à droite et à gauche, comme pour apprendre des sons qu'il parvenait à saisir ce qui pouvait se passer.

Un son vint brusque et soudain, au lieu de flotter doucement dans l'air, un son qui fit tressaillir le poney qui jeta l'enfant dans les bras de M. Severn, et nécessita toute l'énergie de l'homme qui tenait la bride. Tout bruyant que fût ce son, il venait de quelque distance, de l'embarcadère où un wagon se déchargeait en ce moment dans un navire. Une masse de monde s'assembla bientôt en cet endroit, et il fut certain que les cris avaient une cause joyeuse. On parlait de la patache et des matelots presseurs, mais on les faisait d'un ton de triomphe avec des cris de bravo, bravo, bien venus !

Mistress Eldred entendit en partie, et crut toutes sortes de choses, — toutes sortes de choses qui eussent été absurdes dans un autre moment — que le roi avait eu pitié d'elle, — comme si, hélas! le roi avait eu la moindre connaissance de ses mortelles douleurs, — qu'on avait la paix tout exprès pour rendre un père à ses enfants, qu'Eldred avait lutté avec avantage contre toute l'armée, et qu'il avait été soutenu par le peuple; enfin, que le monde avait été tourné sens dessus dessous uniquement à cause d'elle. Le visage rayonnant de joie, elle se fraya un chemin au milieu de la foule; elle rencontra Ned [1] Elliot, le mineur boiteux, et passa devant lui sans lui rien dire, comme elle le fit devant plusieurs autres captifs rendus à la liberté; devant Kroly, infirme du bras droit; devant Pullen, le pilote fiévreux; devant Gilbert, le demi-idiot, qui avaient reçu la permission de retourner à leurs travaux; elle passa sans dire un mot devant tous ces hommes, et de l'extrémité du petit port elle regarda dans la chaloupe qui les avait amenés; il n'y restait plus personne. Eldred n'était ni boiteux, ni fiévreux, ni idiot; c'était un ouvrier des mieux constitués; aussi l'arrachait-on à l'état de son choix pour en faire un esclave. La plupart de ceux qui avaient le temps de prêter attention à la douleur profonde de la pauvre femme la contemplaient en silence; mais le demi-idiot fit claquer ses doigts devant sa figure, et lui dit que son mari était entraîné bien loin au sud et qu'il l'avait chargé de lui faire ses compliments affectueux.

Après avoir poussé un long gémissement, — ce cri inarticulé qui indique l'impatience et la douleur, la pauvre femme repoussa loin d'elle ce malheureux avec une force qui le glaça d'épouvante; elle détacha ses mains, ses épaules, son tablier des étreintes de tous ceux qui essayaient de la retenir pour la consoler, et alla se jeter contre l'un des wagons, non pour s'y reposer dans son chagrin, mais pour s'en faire écraser s'il était possible. M. Severn, ainsi que deux ou trois autres personnes, se tinrent tout prêts à l'aider dès que ce ne serait plus comme une insulte que de lui parler; sa douloureuse colère était touchante, bien moins cependant que celle d'une autre

---

[1] Abréviation pour Edward.

femme qui s'en alla le visage découvert et d'un pas ferme, incapable de se joindre au bonheur de ceux qui l'entouraient, mais ne prétendant pas qu'ils ne dussent songer qu'à son chagrin. Cette femme hâtait le pas; elle ne donnait aucun signe de colère quand les accents de la joie arrivaient jusqu'à elle, et cependant cette joie bruyante lui déchirait le cœur.

— Le beau marché qu'a fait Sa Majesté! vous lui coûtiez 18 liv. sterl. la pièce (450 francs); je lui en fais bien mon compliment.

— Il aurait mieux fait de nous en donner une partie.

— N'importe, puisque vous voilà de retour; allons, garçons, vive le roi qui s'amuse à enrôler des boiteux à 18 livres la pièce pour être obligé de les relâcher ensuite!

Je voudrais que les recruteurs fussent à portée de nous entendre; allons, garçons, ferme, un hourra pour eux.

— Silence, silence, s'écria la malheureuse femme, je ne puis supporter votre joie; barbares! misérables moqueurs! silence! vous dis-je.

Tout aiguë que fût sa voix, elle ne fut pas écoutée de beaucoup, depuis longtemps trop habitués peut-être à l'entendre ne s'exprimer que sur ce ton-là. Mais sa compagne d'infortune l'entendit; elle retourna la tête pour lui faire signe de suivre son exemple et de s'éloigner comme elle.

— Laissez-les, ils ne font pas attention à vous, et comment le feraient-ils?

— Attention! non, personne ne fait attention à moi, personne n'a jamais eu souci de mes peines, un seul homme excepté, et celui-là on me l'enlève; personne ne s'occupe de moi.

Quelque chose, qui remuait son tablier, appela son attention en ce moment; le petit Tim pressait ses genoux, tremblant et la figure convulsive comme elle l'avait vu plusieurs fois auparavant, quand sa voix prenait un certain ton dont elle n'aurait pas eu autrement conscience. De la main, elle sépara les cheveux de l'enfant sur son front, elle le leva, plaça autour de son cou les bras qu'il lui abandonnait, et s'en retourna chez elle aussi muette que lui.

CHAPITRE III.

Le congé des grands enfants.

Bien qu'il ne fût pas vrai que personne n'eût souci de mistress Eldred et de ses intérêts, ses plaintes calomnieuses furent excusées à cause du mal affreux qu'elle éprouvait, et de la mauvaise direction qu'une force supérieure donnait à l'industrie de ceux qui lui étaient les plus chers. Rien n'était plus loin des pensées de la société que de faire du mal à cette pauvre femme et à mille autres qui souffraient comme elle, et cependant il est certain que si on avait fait son compte et celui des administrateurs des affaires publiques, le poids de ses plaintes contre eux eût été accablant.

Son mari était entraîné de force pour exercer un état qu'il redoutait et détestait, au lieu de celui qu'il avait choisi, et dans lequel il prospérait avec sa nombreuse famille. Au lieu de s'incliner sur sa rame, en montant et descendant la Tyne paisible, il était obligé d'affronter sur la mer orageuse les canons vomissant les blessures et la mort; au lieu d'aller aux travaux de son choix en chantant un air, et de revenir en en sifflant un autre, il était obligé d'accomplir un devoir forcé, de ronger son frein, et de cacher des douleurs qui chassaient à jamais le sourire de ses lèvres; au lieu de ces chansons pleines d'amour

.pour le souverain qu'il entendait dans la marine de Shilds, il gardait maintenant un morne silence chaque fois qu'il entendait nommer le roi Georges. Il avait perdu beaucoup de sa haine pour les Français, et prêtait une oreille attentive chaque fois que l'on parlait de l'Amérique.

Adam éprouvait aussi la funeste influence du gouvernement. S'il accomplissait l'apprentissage dont la loi lui faisait une condition indispensable, pour arriver aux avantages qui devaient être le droit commun de tout homme industrieux, non seulement il devait ne point travailler pour lui-même pendant trois ans, après en être devenu parfaitement capable, mais les avantages que lui assurait ce sacrifice, il les perdait s'il portait son industrie dans toute ville, excepté une où l'on pourrait en avoir ou n'en avoir pas besoin. S'il n'accomplissait pas son apprentissage, il n'avait aucune chance dans la même ville contre ceux qui avaient rempli leur engagement; il lui fallait aller quelque part ailleurs gagner le droit de cité par des moyens tout aussi arbitraires.

Ces privilèges étaient aussi précaires qu'ils étaient arbitrairement gagnés. S'il perdait un membre, et tous les membres sont nécessaires dans l'état du cordier, il ne pouvait entreprendre un autre état sans perdre tous ses droits. On croyait même qu'il ne pourrait se placer à la roue au lieu de marcher le long de la corde, car comme il avait été décidé que tourner la roue chez un coutelier ce n'était pas faire de la coutellerie, on pouvait prouver que la tourner chez un cordier ce n'était pas faire de la corde. Il était impossible de dire quelle occupation il pourrait prendre, encore qu'elle se rapprochât de la sienne, puisque la loi avait appris aux selliers que les sangles ne font pas partie de la selle, et que couper la corne d'un cheval ne faisait pas partie de l'état ni du maréchal ni du forgeron, et que, bien qu'un charron puisse faire un carosse, un carossier ne peut pas faire une roue. Tout ce qu'il comprenait, c'était qu'encore que la loi d'apprentissage fût souvent et adroitement violée, il ne pouvait, sous cette loi, obtenir de *settlement* (droit de cité), être maître, prendre des apprentis, exercer sa profession dans sa ville natale, sans avoir fait un apprentissage de sept ans. Bien des fois il s'était surpris à désirer que la corderie n'eût pas été un état inconnu à la reine Élisabeth, qu'il ne fût pas né dans une ville de marché, que les inventeurs des corporations commerciales ne fussent pas morts avant d'avoir réalisé leurs projets, ou enfin qu'on ne l'eût pas transporté de bonne heure à Manchester, à Birmingham ou dans quelques-unes de ces heureuses localités où l'on ne connaissait les entraves dans lesquelles il gémissait que comme un sujet d'étonnement et d'horreur. Il était parvenu juste à avoir la patience de finir le temps de son apprentissage, afin de posséder les droits qu'il devait lui assurer. Son caractère et sa réputation avaient beaucoup souffert sous le contrôle prétendu et la licence réelle de la dernière partie de son temps. Quelque changement de santé, ou quelque révolution de commerce aurait pu le priver chaque jour de ses privilèges; mais, grâce au secours d'Effy, il fut assez sage pour se les assurer tandis qu'il le pouvait faire. Pendant cette lutte de trois années, il eût pu faire à un questionneur un cours d'éloquence naturelle sur la politique à suivre, et sur le devoir qu'aurait le gouvernement de laisser toute industrie chercher son libre exercice et sa rémunération.

Cuddie avait sa liste de griefs, quelques-uns actuels, d'autres en perspective, provenant tous de l'intervention du gouvernement dont le devoir eût été de lui assurer le libre exercice de sa profession. Cuddie n'avait que dix-sept ans; mais, tout jeune qu'il était, il n'en était pas moins exposé à se voir enlever à une occupation pour être jeté dans une occupation belliqueuse; s'il avait vécu de nos jours, il eût été en sûreté jusqu'à vingt-un ans. A l'époque où il vivait, il était la proie du premier presseur qu'il viendrait à rencontrer. Quand il serait capable de gagner des salaires, beaucoup d'obstacles se présenteraient pour l'empêcher de travailler librement ou d'être librement rétribué. Il y a actuellement un ordre du parlement qui ordonne que tous les navires charbonniers doivent charger, dans la Tyne, dans l'ordre où ils sont arrivés, comme si les propriétaires de charbon n'étaient pas les meilleurs juges de l'état de leur commerce, et comme s'il ne leur appartenait pas de proportionner le nombre des navires employés à la quotité des demandes ; en sorte que s'il y en avait trop d'occupés, au lieu que quelques-uns seulement demeurent oisifs jusqu'à ce qu'on en ait besoin, la loi leur accordant à tous une part égale d'occupation, il s'ensuit que la dépression frappe le commerce tout entier. Cuddie pouvait donc se trouver ainsi exposé à attendre son tour, quel que fût le nombre des charbonniers en rivière, tandis que son maître éprouverait une perte d'avoir ainsi son navire retenu dans le port. Il n'existe aucune règle de ce genre dans la Wear ; les maîtres sont exempts d'une intervention qui les ruine sous prétexte de les protéger. De plus, Cuddie ne devait pas se permettre de jeter un morceau de charbon du navire dans l'allège, une fois dans la Tamise. Cette fonction est le privilège des déchargeurs mesureurs de charbon, auquel le bon peuple de Londres est obligé de payer 90,000 livres sterl. (2,250,000 fr.) pour un droit qui ne coûte rien partout ailleurs, car partout ailleurs que dans la Tamise l'équipage des charbonniers en opère le déchargement. Mais dans les limites de la corporation de Londres, nul ne peut entreprendre cette besogne qu'il ferait volontiers pour deux pence, tandis que les déchargeurs privilégiés exigent un shilling et sept pence (1 fr. 90 c.). Ainsi, non seulement Cuddie devait voir le commerce des charbons, découragé par les frais inutiles dont la corporation de Londres charge un article de première nécessité, mais encore il lui était défendu de vendre son travail à ceux qui eussent été bien aises de l'acheter, si on ne leur en eût pas enlevé la faculté.

Il s'ensuivait de cette rage du gouvernement de se mêler de tout, des inconvénients pour un autre membre de la famille, — pour Effy, dans son habitation sur le bord de la rivière. — De la défense de vendre du charbon étaient venues les petites manœuvres et les petits calculs sur la manière de le mesurer : comme on avait découvert que les gros morceaux occupent un espace d'un tiers de plus quand ils sont réduits en moyens, et de près de moitié en plus quand ils sont réduits en petits morceaux, il était devenu de l'intérêt des armateurs d'acheter le charbon en gros morceaux, de le casser avant de le vendre aux marchands de gros à Londres, lesquels le cassaient de nouveau au préjudice du consommateur. De là était venu la nécessité de trier le charbon à l'ouverture du puits ; de là ces monceaux de petits charbons qui y étaient brûlés inutilement, et qui, au lieu de répandre le bien-être dans un millier de familles, couvraient de cendre et de fumée les campagnes voisines, détériorant les maisons, ruinant quelques-uns des arbres et des légumes de Walter. Les propriétaires des mines n'avaient donc d'autre alternative que d'étouffer le produit de leurs propres travaux, ou de se soumettre à l'amende de nuisance qu'ils encouraient en détruisant sans profit ce qui était leur propriété. Ils eussent été bien reconnaissants pour les services de quelqu'un de ces vigoureux démons des anciennes histoires, qui seraient venus chaque nuit enlever le rebut de l'exploitation de la journée et le transporter à trois ou quatre cents milles de là, à ceux pour qui ce rebut eût été une richesse. Heureusement cette absurdité, qui avait duré si longtemps, est maintenant abolie ; on est convenu qu'il ne fallait pas sacrifier plus longtemps les intérêts des producteurs et des consommateurs directs du charbon à celui des charroyeurs et des marchands ; aujourd'hui les charbons peuvent se vendre au poids. Mais, longtemps après le mariage d'Effy, son mari avait de tristes récits à lui faire à l'heure du dîner, de tristes preuves à lui montrer, dans les soirées d'été, de la dévastation que causaient dans son jardin les masses de charbon brûlé devant les puits du voisinage. Il est vrai que de temps en temps on accordait de maigres et capricieuses indemnités ; mais il fallait les demander avec beaucoup de démarches et de contrariétés, et on les payait toujours de mauvaise humeur.

L'oncle Christophe regardait un soir d'un air chagrin une haie qui méritait autant le nom de verdure que les arbrisseaux dans certains petits squares de Londres, le lendemain du jour où il y a eu incendie dans le voisinage. Il était sur le point de partir pour son voyage de Londres, dont il parlait depuis si longtemps, dans le dessein d'y prendre un brevet d'invention, et il avait désiré jeter un dernier coup d'œil sur des lieux qu'il n'avait pas quittés douze heures de suite depuis qu'il avait été nommé passeur, il y avait bien des années. Persuadé qu'il était que Walter et sa jeune femme couraient encore le danger de feux plus considérables qu'aucun de ceux qu'on pouvait voir briller en grand nombre à l'horizon par une nuit obscure, il avait tant d'affection pour les résultats de leurs travaux, qu'il s'irritait de penser qu'aucune main humaine pût allumer des feux qui devaient les détruire. Il était là, la tête baissée, regardant des plates-bandes d'anémones étiolées et de jeunes asperges qui venaient grisâtres et non pas vertes. A l'intensité de sa douleur, quelqu'un de ses coreligionnaires aurait pu croire que c'étaient des enfants de la grâce qu'il pleurait. Au fond de son chagrin se trouvait cette pensée, que si cette nuisance continuait, Walter serait obligé de transporter ailleurs son talent de jardinier; mais lui, il ne pourrait pas transporter son poste de passeur, et alors il aurait à choisir entre son fils et son état. Walter eût été bien flatté s'il avait pu lire au fond du cœur de son père et voir combien la balance y hésitait incertaine.

— Je vois le bateau qui vient vous chercher avec Cuddie de l'autre côté de la rivière, dit Effy; mais vous aurez encore le temps de regarder mon jeune abricotier, et de me dire si vous pensez qu'il doive rapporter cette année.

Pour réponse, elle reçut un bon sermon sur le péché qu'il y a à mettre ses affections dans les choses de ce monde, mais en même temps elle reçut aussi une opinion favorable quant à l'avenir de son abricotier; le vieillard ajouta même que Walter pourrait lui en donner des nouvelles en même temps que de ses asperges, dans la première lettre qu'il lui écrirait, après avoir reçu celle où son père lui annoncerait son arrivée.

— Eh quoi! mon père, s'écria Walter rempli de joie et de surprise, avez-vous réellement l'intention de nous écrire?

— Non, non, dit Effy, il veut dire simplement que nous apprendrons par Cuddie son arrivée à Londres.

— Je veux dire que si, par la grâce de Dieu, je sors sain et sauf du danger des eaux profondes, je vous donnerai l'occasion de le remercier de ce qu'il aura fait pour moi.

— Et quand cela sera-t-il, mon père?

— Le temps n'est pas dans nos mains. Effy, vous dites que vous vous chargerez presque exclusivement du bateau?

— Oui, mon père, vous savez que depuis quelque temps je me suis beaucoup exercée exprès à passer.

— Elle est plus sûre de sa rame que moi, dit Walter.

— Après, pourquoi l'enorgueillir? à moins que Dieu ne guide le bateau et ne bâtisse la maison, nous travaillons en vain avec les faibles bras de la chair.

— En vérité, je ne suis pas orgueilleuse du tout de mon talent, dit Effy; je ne conduis pas moitié aussi bien que vous, mais j'espère me perfectionner avant que vous ne soyez de retour.

— Puisse ma charge vous être confiée tout entière, mon enfant! má rame n'est qu'un signe extérieur, un type des fonctions correspondantes que je remplis, celle de venir au secours des pauvres âmes prêtes à se noyer dans les abîmes du péché pour les passer sur la terre ferme de la grâce. Pensez-y, ma chère, quand vous monterez et vous descenderez la rivière.

Effy pouvait de bien bonne foi promettre de ne pas oublier cette interprétation singulière du métier de passeur. Cependant le bateau de Cuddie était très proche et on le voyait agiter son chapeau par forme de signal. Immédiatement l'oncle Christophe commença à assurer son fils et sa fille de la force avec laquelle il partait, de la foi avec laquelle il attendait de Dieu protection le long de la route, et un heureux retour. Cependant il y avait un tremblement de ses mains, une agitation de sa voix, qui démentait ce qu'il disait, et montrait que ses sensations étaient les mêmes que celles de la plupart des gens âgés, dérangés de leurs habitudes après des années de repos, jetés dans un monde nouveau, au milieu d'intérêts nouveaux aussi.

— Je crois qu'il nous donnerait volontiers tous deux en ce moment pour Cuddie, dit Effy à son mari quand ils restèrent seuls sur la barque du passeur, dont le petit esquif venait de se dégager. Je ne sais pas ce qu'il pense de l'état spirituel de Cuddie, mais je crois qu'il nous donnerait tous les deux pour lui en ce moment. Quelque mépris qu'il affecte pour les jeunes gens, c'est sur Cuddie qu'il compte principalement à bord, et quand il sera débarqué. Je doute même que sans mon frère il se fût jamais décidé à partir. Allons dans le jardin, de là nous pourrons les voir plus longtemps.

— Partis, partis! s'écria Effy, jetant son bras dans celui de son mari, et arpentant la hauteur d'un pas qui ressemblait plus à de la danse que rien de ce qu'elle se fût encore permis depuis qu'elle habitait sous les yeux de l'oncle Christophe, ainsi qu'elle avait continué à l'appeler. Maintenant, Walter, dites-moi, si nous sommes obligés de déménager, où irons-nous?

— Vous semblez aimer l'idée du changement, Effy.

— Après avoir, pensez-vous, aimé si fort ce lieu avant que de venir l'habiter. Quant à l'endroit en lui-même, je l'aime autant que jamais, tel que nous le voyons en ce moment avec l'aubour pendant dans ce coin, et l'accacia qui forme plutôt un voile qu'un rideau. Quand j'ai vu la lune à travers cette nuit, il me semblait que ce serait un péché que de penser jamais à abandonner ce jardin, mais.....

— Mais il y a quelque chose qui vous empêche d'être heureuse ici.

— Oh non, non, rien ne m'empêche d'être heureuse, je suis très heureuse — plus heureuse que vous ne le serez jamais, je le crains bien, Walter ; car faites comme vous voudrez, vous trouvez toujours quelque chose qui vous inquiète et vous tourmente, quelque mal que vous vous donniez pour le cacher à tout le monde, et même à moi.

— A coup sûr, dit Walter, du ton le plus sérieux, je deviens de moins en moins inquiet et défiant — depuis — je ne dirai pas exactement depuis que nous nous connaissons, car nous nous connaissons pour ainsi dire depuis que nous savons parler — mais depuis que je sais que...

— Bien, bien ; je comprends ce que vous voulez dire. Vous avez commencé une fois à me décrire ce moment-là comme si je ne le connaissais pas moi-même. Oh, Walter ! pensez-vous qu'il y ait des gens qui ont traversé la vie sans avoir connu ce moment, ce bien-être du cœur quand on est sûr pour la première fois d'être aimé de quelqu'un. Je crois que ce doit être comme lorsque l'âme se dégage du corps et s'envole en paradis. Croyez-vous que jamais personne ait vécu sans avoir éprouvé ce sentiment.

Walter répondit qu'il le craignait; mais que dans ce cas celui qui avait ce malheur, manquait le moment qui fait un homme de ce qui n'était avant qu'une créature qui ne pensait pas, et la femme le moment qui vaut le mieux la peine de vivre, et qui joint sa vie passée au néant qui était avant, et sa vie future au ciel de réalités qui doit venir après.

Il me semble, dit Effy, que puisque Dieu a accordé ce moment bienheureux à tous les hommes, ou du moins à presque tous ceux que nous pouvons connaître, sans distinction de grands ou de petits, de riches ou de pauvres, il me semble que les grands et les petits tombent dans deux fautes opposées : les grands en ne paraissant pas croire que ce qu'il y a de plus naturel, c'est de se marier quand ils aiment pour la première fois, et les petits en se hâtant trop d'aimer.

— Cela vient de ce que les grands ont trop de choses à penser outre l'amour, et de ce que les petits en ont trop peu. Les riches ont leurs palais brillamment allumés pour s'y chauffer aussi bien qu'aux rayons du soleil, et il leur faut une foule d'admirateurs aussi bien qu'un ami du cœur; et quand le pauvre trouve qu'il n'y a qu'un bonheur dont aucune puissance de la terre ne le puisse priver, un bonheur qui, pour un temps, fait oublier tous les maux, la chaleur du midi et la froidure des nuits, il n'est pas étonnant s'il est avide de ce bonheur, et s'il agite le sablier pour le faire venir plus tôt. Si un tel homme est imprudent, j'aimerais mieux être à sa place qu'à celle de celui qui a d'abord laissé échapper ce moment bienheureux par couardise, et qui voudrait ensuite le ramener pour satisfaire une basse ambition.

— Et que direz-vous de ceux qui ont laissé passer ce moment pour être en paix avec leur conscience, et qui ne cherchent pas ensuite à le rappeler?

— Ils sont heureux d'avoir appris quel est le sentiment qui vaut la peine de vivre. Effy, vous ne croiriez pas ce que j'étais

le jour avant et ce que j'ai été le jour après que j'ai remarqué
le changement soudain de vos manières à mon égard, ce changement qui m'a tout appris. Le jour avant je me rebutais intérieurement contre tout ce que j'avais à faire, contre tout ce
que mon père me disait, contre tous ceux que je rencontrais ;
j'étais toujours à essayer de me créer un bonheur en moi-
même, dans ce sentiment que Dieu était près de moi et avec
moi. Le lendemain je regardais tout le monde avec affection,
et cependant je les regardais sans crainte ; j'éprouvais un respect que je n'avais jamais connu auparavant pour tous ceux
qui souffraient ou jouissaient. Il me semblait que j'aurais rapproché de Dieu l'universalité des hommes, s'ils avaient seulement voulu m'écouter. Je n'oublierai jamais ce moment le plus
délicieux de tous, où mon esprit cessa soudainement d'être
dans un grand tumulte, où il y avait autant de peine que de
plaisir. J'avais laissé mon père se levant pour déjeûner, et je
traversais cette allée pour prendre mon râteau, quand je me
dis distinctement à moi-même : « Elle m'aime ; » et, à la
minute, le ciel de Dieu descendit autour de moi. Effy eût
écouté ce langage toute sa vie, mais on cria d'en bas : « Passeur ! » et il lui fallut partir. Son mari traversa l'allée pour
reprendre son râteau, ce qui lui donna occasion de remarquer
que l'extérieur et la démarche d'Effy étaient positivement les
mêmes qu'en ce jour dont il venait de parler, comme s'il n'y
avait pas eu de jours intermédiaires. La seule différence, c'est
que son teint indiquait plus d'animation et de bonheur.

A son retour, la question se renouvela.

— Si nous devons déménager, où irons-nous ?

— Quelque part dans le voisinage de la Deep Cut ; il y aura
quelque chose à y faire dans tous les états, quand ce point sera
ouvert au commerce.

— Mais il y aura des charbonnières dans le voisinage, et on
y brûlera des rebuts.

— Pas assez pour nous déranger, du moins pendant quelque
temps. Vous savez que, dans ce pays, les rebuts qu'on brûle
sont généralement dans la proportion de 20 pour cent de l'exploitation totale ; il se passera quelque temps avant que ces

rebuts acquièrent de l'importance dans une mine nouvelle, et puis nous choisirons notre emplacement avec soin. En outre, je ne puis m'empêcher de penser qu'avant peu de temps, chacun comprendra la sottise qu'il y a à faire une perte si énorme, uniquement pour vendre du charbon à la mesure, et non pas au poids. Dans ce cas, c'en sera fini de cette habitude de brûler les rebuts.

— Et vous pensez qu'il y aura de l'ouvrage pour un jardinier dans les environs de la Deep Cut ?

— Sans doute ; tant de gens voudront se fixer près de cette belle écluse, qu'il y aura de l'ouvrage pour plus d'un jardinier.

— Et pour des cordiers, entr'autres corps d'état. Je crois qu'Adam ferait bien de prendre les devants, et de préparer de nouveaux cordages pour les nouveaux navires qui viendront charger les nouveaux charbons.

— Ah, s'il était fixé avec nous dans un lieu où il pût travailler avantageusement pour lui-même, il deviendrait peut-être plus rangé que sa mère ne le pense.

— Près de nous, — non pas avec nous, dit Effy. Vous ne pensez pas, j'espère, à introduire de nouveau un tiers sous le même toit. Comme tout est heureux autour de nous ce soir parce que nous sommes seuls ! — Mais comment croyez-vous que votre père s'en tirera s'il lui faut vivre tout seul ?

Walter n'avait jamais pensé qu'il fût d'une grande conséquence pour son père, depuis un jour où, dans son enfance, à la tombée de la nuit, il avait été surpris de le voir le chercher dans les meules de foin, jusqu'à cet après-midi même où il avait été si étonné [d'apprendre que son père avait l'intention de lui écrire. Il convint cependant avec sa femme qu'il ne fallait pas le laisser seul, à moins que la destruction du jardin ne rendît un déplacement absolument nécessaire.

— Si nous devons absolument déménager, quelle chance heureuse que cette voie nouvelle qui va s'ouvrir dans le pays. Qui peut donc porter le recteur à y soulever des difficultés ?

— Allez-lui le demander ; je suppose, moi, qu'il a quelque crainte du genre de celle qu'avaient, dit-on, les gentilshommes

campagnards, quand les routes où l'on paie furent pour la première fois introduites dans le pays. Les propriétaires fonciers
des environs de Londres pétitionnèrent pour qu'on ne pût pas
faire de ces routes dans les comtés éloignés, de crainte qu'il n'y
eût trop de concurrence dans la vente des produits agricoles.

— Ils ont trouvé moyen de soigner assez bien leurs intérêts
depuis, en dépit des routes et de la concurrence. Ils semblent
animés du même esprit que la reine Élisabeth, quand elle
donna des ordres pour arrêter l'accroissement de Londres. On
dirait que tous ces gens-là croient que ce que les autres gagnent
est autant de perdu pour eux.

— Si ce n'est pas là ce que pense notre recteur, j'en serais
bien étonné. Le fait est que les bénéfices quelconques de la
compagnie ne seront que la représentation de ceux qu'ils
feront faire à ceux qui les leur paieront. Quant aux propriétaires de charbon sur la Tyne, ils n'ont rien à redouter. S'il y
a demande pour les charbons que tout le monde pourra produire, tout le monde prospérera, sinon ceux qui pourront
livrer à meilleur marché, mais bien ceux qui vendront le plus,
et cela est parfaitement juste.

— Et il n'y a point les mêmes raisons de jalousie qu'il y
aurait eu, si un seul homme riche eût ouvert la tranchée à ses
frais pour s'en servir seul et monopoliser le commerce du
charbon. Je ne dis pas qu'il n'en aurait pas eu le droit, mais
cela aurait expliqué une jalousie qu'il serait ridicule d'avoir
pour une compagnie.

— Aucun homme, dans nos contrées, n'est assez riche pour
exécuter de pareils travaux. C'est le propre d'une compagnie,
et je suis charmé que le parlement lui ait conféré toutes les
autorisations qu'elle demandait. Dans mon opinion, c'est le
propre d'une compagnie d'exécuter ce que des individus ne
seraient pas assez riches ou assez puissants pour faire, et c'est
le devoir du gouvernement d'encourager des entreprises qui
favorisent l'industrie publique, autant que de décourager les
égoïstes qui voudraient s'enrichir seuls aux dépens de tous ;
sous ce point de vue, le parlement est aussi juste et aussi sage
d'encourager la Deep Cut qu'Élisabeth. C'était peu quand elle

délivrait des brevets à ses courtisans pour la vente exclusive du savon, de l'amidon et d'autres articles dont tout le monde avait besoin.

— Des courtisans vendant du savon et de l'amidon! quelle sorte de courtisans pouvait-ce être?

— Ils ne ressemblaient pas exactement, sans doute, aux gentilshommes qui entourent le roi aujourd'hui ; mais ces courtisans ne détaillaient pas leur savon et leur amidon de leurs propres mains. Ils vendaient leur brevet à des compagnies de marchands qui naturellement faisaient de gros bénéfices sur les articles, comme l'avaient d'abord fait les brevetés, en sorte que le peuple était volé.

— Oui, volé, c'est le mot ; nous sommes bien plus heureux aujourd'hui, à coup sûr.

— Sans doute, cela réjouit le cœur de penser combien notre industrie est libre en comparaison de ce qu'elle était, et comment la mode passe d'enrichir quelques-uns aux dépens de tous. Il est certain qu'on a fait de grandes choses pour la masse, et l'on est presque honteux de se plaindre du petit nombre de restrictions qui pèsent encore sur notre industrie quand on songe à ce qu'elles ont été autrefois.

— Mais je ne vois pas pourquoi l'on s'arrêterait tant qu'il reste des abus à réformer. N'est-ce pas une véritable calamité que, dans certaines localités et dans certains états, les ouvriers soient liés à un maître par un contrat d'apprentissage de sept ans? que dans certains états les maîtres ne puissent prendre qu'un certain nombre d'apprentis? que la corporation de Londres fasse payer honteusement cher le charbon aux habitants de cette ville? que par contre-coup elle appauvrisse et flétrisse nos champs et nos jardins? N'est-ce pas une calamité que des hommes soient enlevés à une position dans laquelle ils prospèrent, et contraints d'en suivre une autre qu'ils détestent, comme il arrive à mon pauvre père. C'est notre devoir de nous plaindre au gouvernement jusqu'à ce qu'il ait réformé ces abus, quelque reconnaissants que nous soyons de ce qu'il a déjà fait, et bien que nous comprenions que nous sommes infiniment plus heureux que nos pères. Certes, ce serait une chose pénible que d'avoir à payer pour notre amidon le prix qu'il conviendrait à notre duc de Northumberland de fixer.

— Cette pratique s'étendit à un si grand nombre d'articles, que lorsque la liste en fut lue dans le Parlement, sous Élisabeth, un gentleman se leva et demanda si le pain n'y était pas compris; tous les autres parurent fort étonnés; mais, lui, ajouta que si on n'y faisait pas une sérieuse attention, il y aurait un monopole du pain aussi, avant la prochaine session.

— Y en eut-il? J'espère que personne n'aura osé.

— Personne, mais on osa des choses étonnantes pendant les règnes qui suivirent. Le roi Charles, qui trouva moyen d'offenser le peuple en plus de façons qu'aucun autre roi dont j'aie jamais entendu parler, accepta dix mille livres sterl. (250,000 francs) de quelques fabricants de savon, pour leur permettre de le faire comme ils l'entendraient et de le vendre au prix qu'ils voudraient dans tout le royaume. Ces fabricants devaient lui remettre de plus huit liv. sterl. (200 francs) par chaque tonne de savon qu'ils vendaient. Ainsi, vous pouvez supposer combien le pauvre peuple payait cher le savon.

Cette compagnie-là était bien différente de celle qui entreprend la Deep Cut, et dont le résultat sera de rendre les charbons moins chers pour le consommateur. Vous êtes d'avis, n'est-ce pas, que ses profits seront légitimement acquis, à quelque chiffre qu'ils s'élèvent.

— Cette compagnie en particulier, certainement, parce qu'elle n'offre pas des avantages auxquels le peuple ait droit et qu'il ne puisse se procurer autrement. Il y a tant d'autres charbonnières, tant de débouchés sur la Tyne et la Wear qui empêcheront la compagnie de faire des profits exagérés, et dont le peuple aurait à murmurer. Mais le cas est différent dans différentes sortes d'entreprises. Si une compagnie ouvre une route et impose un péage trop fort, une autre compagnie peut en ouvrir une seconde et voilà la concurrence établie. Mais si une compagnie fait des travaux hydrauliques et s'empare de toutes les eaux à une certaine distance, elle devient pour ainsi dire maîtresse d'en fixer le prix. Aussi le gouvernement, avant d'accorder des privilèges de ce genre, doit-il prendre des précautions pour renfermer la compagnie dans de justes bornes. Un homme ne peut pas changer son marchand d'eau comme son cuiseur de pain ou son brasseur. Si donc le gouvernement me force à acheter de l'eau à un riche et puissant marchand, c'est à lui de prendre soin qu'elle ne me soit pas vendue à un prix exagéré. J'ai entendu mon père parler beaucoup sur toutes ces choses; il s'en est singulièrement occupé, non seulement parce qu'il n'aime pas à payer quoique ce soit plus qu'il n'est raisonnable, mais parce que son projet de prendre un brevet d'invention l'a conduit à étudier tout ce qui a rapport aux privilèges conférés par le gouvernement, au commerce ou à des entreprises ingénieuses.

— Je pensais à lui quand vous parliez de brevets d'invention. Il ne me semble pas que vous voyiez en mal celui qu'il est allé chercher.

— Non, pas le moins du monde; il y a toute la différence entre un privilège pour vendre exclusivement ce qui est d'industrie publique, et un brevet pour vendre exclusivement ce qu'un homme a inventé par son propre génie, ou perfectionné à force de dépenses et de soins. Si un brevet pouvait assurer à un homme la vente de son article jusqu'à ce qu'il ait recueilli la rémunération que lui doit la société, je serais extrêmement partisan des brevets d'invention. Mais c'est parce qu'il est difficile d'assurer ces résultats que j'ai des doutes sur l'excursion de mon père à Londres. On est sûr de rencontrer une foule de difficultés toutes les fois que la loi intervient directement dans les choses de l'industrie. Il y a tant d'intérêts à considérer, et il est si impossible de prévoir quand et comment ils se léseront les uns les autres, que je m'étonne que le gouvernement consente jamais à s'en mêler. Il semble qu'il devrait se trouver heureux d'abandonner l'industrie à elle-même, chercher ses propres canaux et recueillir ses fruits. Le temps semble approcher où les législateurs cesseront de se tourmenter pour se mêler d'intérêts qui ne sont jamais si prospères que lorsqu'on les laisse opérer seuls.

— Croyez-vous qu'il soit réellement si important pour une masse aussi considérable de négociants que celle qui existe en

Angleterre, que le gouvernement laisse le commerce à lui-
même, ou qu'il s'en mêle occasionnellement dans telle ou telle
branche particulière?

— Mais cela est très important, — aussi important que possible. Combien de familles de commerçants pensez-vous donc
qu'affecte le gouvernement quand il intervient dans une question commerciale?

— Quelques cent mille, je suppose.

— Savez-vous qu'il n'y a pas plus de cent soixante mille
familles dans la Grande-Bretagne, qui tirent leur subsistance
du négoce des manufactures et des professions mécaniques?

— Pas plus que cela? à coup sûr, il doit y en avoir dans le
nombre d'assez riches pour que cette intervention du gouvernement ne puisse pas leur nuire beaucoup.

— Il n'y en a pas tant que vous croyez; moins de quatre
mille ont un revenu de 1,000 livres par an (25,000 francs);
moins de quarante mille en ont un de 150 livres (3,750 francs).

— Il en reste donc cent vingt mille dont le revenu est au-
dessous de 150 livres. Ces derniers doivent sentir cruellement
les effets de toute restriction.

— Et avec eux un bien plus grand nombre de citoyens qui
n'appartiennent pas au commerce. Quelle erreur, Effy, que
d'allumer ces flammes rouges et jaunes devant cette rivière
d'un bleu si brillant et ces gazons si verts au soleil couchant.
Quelle cruauté d'envoyer à travers la rivière ces bouffées de
fumée pour toucher et flétrir cet aubour que vous aviez planté
de vos mains.

Effy se rappelait fort bien la plantation de cet aubour, quand
elle et Walter étaient enfants. A cette époque, quelqu'un lui
avait donné des graines de lupin que Walter avait semées avec
soin. Pour marquer la place elle avait planté une branche
qu'elle croyait morte, et cette branche poussa des feuilles et
devint ce gros aubour qui maintenant agitait dans l'air son
feuillage touffu. Chaque fois qu'Effy le regardait, elle éprouvait
un sentiment de satisfaction, comme d'une grande chose ac-
complie; il lui semblait qu'elle avait donné la vie à un arbre,
et qu'elle avait été ainsi l'occasion d'un miracle. Il n'y avait,

pour ainsi dire, pas un arbre, une plante, dans le jardin de Walter qu'elle n'eût dévoué de préférence à la fumée.

Cependant Walter n'y voyait plus à travailler. Il se chargea de passer ceux qui se présenteraient, tandis qu'Effy irait dire à sa mère que l'oncle Christophe était parti avec Cuddie, qu'ils les avaient longtemps suivis des yeux sur la rivière et qu'on pouvait attendre sous peu une lettre qui donnerait des nouvelles de leur voyage.

CHAPITRE IV.

Correspondance pieuse.

La lettre arriva presqu'aussitôt qu'elle était attendue.

« Mon cher fils et ma chère fille,

« Par la bénédiction de la Providence, nous sommes arrivés
« sains et saufs à l'embouchure de la rivière, quoique la presse
« des navires aux approches du port soit réellement effrayante.
« J'endurcis mon cœur quand nous traversâmes la barre.
« Le port et les navires semblaient s'éloigner de nous, et nous
« laisser dans les bras du Seigneur sur la vaste mer qui de-
« venait en ce moment très houleuse. La bonté de Dieu dirigea
« mes yeux vers Tyn-Mouth pour y chercher des consolations,
« — non pas dans la lumière du phare qui cependant com-
« mençait à briller d'un vif éclat, mais dans le nombre de ces
« belles maisons rouges qui ont poussé, pour ainsi dire, sur
« la colline, à l'endroit où l'on ne voyait que les ruines de
« l'ancien prieuré. — Ces belles maisons rouges, où il y a des
« hommes qui prennent à cœur la parole de Dieu, tandis que
« dans le prieuré, où la sainte parole n'a jamais fructifié, il y
« a une musique militaire envoyée à travers la mer de Dieu,
« chaque fois que la lune sort de son sein. J'ai entendu moi-

« même cette musique d'instruments à vent, j'ai vu les cha-
« peaux des femmes et les uniformes d'hommes de guerre
« pardessus le parapet de la cour du château. Mais quand la
« parole sainte se sera répandue comme elle le doit, il ne restera
« point de place à Tyn-Mouth pour ceux qui en font un sujet
« de moquerie. Il a plu à la Providence de nous éprouver
« beaucoup pendant le reste du voyage. J'ai trouvé la nuit
« très froide, même avant que je ne fusse en proie au terrible
« mal de mer que j'ai éprouvé. Le vent aussi a faibli considé-
« rablement, mais cela valait mieux que si Dieu nous eût en-
« voyé une grande tempête. Cependant, tandis que nous
« courions des bordées et que nous n'avancions pas, j'ai trouvé
« qu'un navire charbonnier est une habitation bien misérable,
« bien étroite et bien désespérante à cause du poussier qui
« vole partout. J'ai tourné ma tête du côté de la muraille et je
« n'y ai pas trouvé de confort. Toutefois, j'ai retrouvé quelque
« force en jetant les yeux sur mon invention, qui, grâce à la
« manière dont elle a été emballée, n'a subi aucune des avaries
« que je redoutais pour cette perle de mes yeux. J'avais des
« craintes mortelles pour mon invention pendant l'aventure
« dans laquelle Cuddie se trouvait.... »

— Cuddie se trouvait — se trouvait? — je ne peux pas lire
le mot, Effy. Je voudrais bien que mon père prodiguât moins
les ornements dans son écriture.

— Et moi, dit Effy, je voudrais qu'il nous parlât un peu
plus de mon frère.

Son mari continua :

« Mais bien que les obstacles fussent plantés tout autour de
« nous, ils ne touchèrent pas à mon invention, et ne purent
« la détruire. Le temps que nous mîmes à remonter la rivière
« me parut bien long, surtout n'ayant pas Cuddie à côté de
« moi.

— Encore ! s'écria Effy, que peut-il vouloir dire? En vérité
il m'effraie.

— Il n'y a pas de quoi, Effy ; voyez dans le reste de la
lettre, il parle d'affaires..... Ah ! voici l'endroit où il explique
comment Cuddie n'était pas avec lui.

« Nous remontâmes la rivière aussi longtemps que se pro-
« mène un watchman, parce que les matelots étaient décou-
« ragés par la crainte des presseurs et ne voulaient pas ma-
« nœuvrer, d'autant plus qu'il n'y eut qu'un vieillard et un
« jeune mousse qui consentirent à aller avec nous jusque dans
« la grande ville. Le patron fut obligé de louer des hommes
« privilégiés et de les payer trois livres sterl. chacun pour nous
« remonter. Cette extracharge, étant reportée sur notre car-
« gaison, en augmente beaucoup le prix avant qu'elle ne fût
« débarquée. C'est une chose merveilleuse pour l'œil d'un
« observateur comment les petites choses réagissent sur les
« grandes ; — comment de la nécessité d'employer des mate-
« lots privilégiés provient pour les habitants de Londres une
« taxe de plus d'un million de livres sterl. sur les charbons
« seulement. Ce ne fut pas là notre seule contrariété ; quel-
« ques chaloupes vinrent autour de nous, montées par des
« hommes qui n'auraient pas demandé mieux que de déchar-
« ger notre cargaison sur le quai. La grâce était écrite sur la
« figure de l'un d'eux que le patron connaissait pour un jeune
« homme honnête et habile. Cependant, il ne lui fut pas per-
« mis de l'employer, quoiqu'il eût fait la besogne pour moins
« d'argent que ceux qui vinrent après lui. Ceux-ci étaient des
« déchargeurs qui avaient fait leur apprentissage de sept
« ans sur la rivière. Ils prennent 2 shill. (2 fr. 40 c.) pour
« un ouvrage que les autres feraient « pour 8 pence (80 c.).
« Je n'ai jamais compris comment des déchargeurs qui
« ont fait un apprentissage de sept ans, valent mieux que
« les autres. Je crois que les habitants de Londres doi-
« vent être bien convaincus de cette vérité, ils paient
« assez cher pour cela ; mais ces hommes privilégiés usent
« mal de la faveur dont ils sont l'objet ; ils chassent et
« persécutent ceux qui voudraient se servir aussi de leurs
« chaloupes et de leurs bras. Je crois que de même qu'il y a
« certains élus du Seigneur qui font mauvais usage des grâces
« qui leur avaient d'abord été accordées, de même quelques-
« uns de ceux qui font partie des corporations, mésusent des
« privilèges qu'on leur avait concédés d'abord, pour les pro-

« téger contre les barons et autres hommes riches qui oppri-
« maient honteusement les marchandises et les ouvriers. Ces
« corporations ressemblent trop aujourd'hui aux barons d'au-
« trefois, car elles obligent le consommateur à payer pour
« leur avantage particulier. On ne devrait pas oublier que le
« but de ces corporations a été autrefois, et est encore aujour-
« d'hui, à ce qu'on prétend, de vérifier et de garantir la
« qualité de tout ce qui est vendu. Mais il me semble que la
« meilleure garantie est l'intérêt du producteur qui sait qu'il
« ne pourra se mettre à l'abri sous aucune faveur. On peut du
« reste s'en rapporter aux acheteurs du soin de vérifier s'ils
« sont bien et loyalement servis. En vérité, le seul but que
« ces corporations privilégiées se proposent aujourd'hui, me
« paraît être de gêner les voies de tous autres et de s'en
« frayer une large et facile. Cela me semble évident dans le
« cas particulier du mesurage du charbon. Autrefois il ne
« pouvait se faire qu'avec la permission du lord-maire; de-
« puis, cette permission a toujours été accordée comme très
« profitable à la corporation de Londres. Très profitable, en
« effet, — pas moins de huit pence étant le prix fixé par
« chaldron (56 boisseaux ou 12 sacs), sur lesquels les ou-
« vriers mesureurs n'en touchent que cinq, les trois autres
« qui s'élèvent au bout de l'année à 20,000 livres sterl.
« (500,000 francs), rentrant dans le trésor de la ville. Ce
« salaire fait crier, non pas les mesureurs, car ils sont bien
« payés, mais les pauvres artisans qui ne devraient pas une
« prime de 20,000 livres pour un service rendu aussi minime
« que celui de leur mesurer le charbon. Et pourquoi paie-
« raient-ils sur leurs acquisitions de charbon, les embellisse-
« ments qu'il plaît à la corporation de faire dans la cité? Ad-
« mettons qu'on ait ainsi levé de l'argent pour reconstruire ce
« qu'avait détruit l'incendie qu'avait allumé la colère de Dieu,
« sous Charles-le-Débauché; pourquoi cette taxe serait-elle
« encore levée, sans l'approbation des citoyens qui, sous le
« nom de taxe des orphelins, doivent encore payer 10 pence
« par chaldron jusqu'en 1838, pour l'amélioration des appro-
« ches du pont de Londres? Les citoyens, je m'imagine, trou-

« veraient que ce serait une amélioration meilleure que de
« payer le charbon bon marché; le fait est que c'était miracu-
« leux pour nous de voir comment un article d'aussi peu de
« valeur que le charbon en acquérait à mesure qu'il remontait
« la rivière, qu'il était débarqué, en sorte que pour aller seu-
« lement du pont de Londres au magasin des détaillants, cette
« valeur s'augmentait d'un chiffre égal à ce qu'il avait coûté
« primitivement dans le Nord. C'est merveilleux d'entendre
« la liste de tous les droits imposés par la corporation, en
« réfléchissant qu'ils n'ont pas plus de qualité que vous et moi
« pour s'ingérer dans les acquisitions de charbon que font les
« citoyens — le droit de mesurage — le droit des orphelins
« — le droit de marché — le droit de lord-maire — le
« grand mesurage, les déchargeurs, etc., etc. Il n'est pas
« étonnant que nous voyions à Londres, ce que les habitants
« des provinces du Nord sont étonnés d'y voir, des femmes
« qui se baissent dans la rue pour ramasser du charbon, des
« marchands qui mesurent avec parcimonie le combustible à
« leurs employés, tandis que des centaines de chaldrons sont
« inutilemet consumés devant votre jardin...

« De mon invention, je ne veux pas vous en parler en ce
« moment et de cette manière. Elle m'a occasionné beaucoup
« de soucis; quelques-uns de ceux qui s'y connaissent m'ayant
« dit qu'il n'y a pas un brevet sur mille qui soit avantageux
« par la difficulté d'abord de l'obtenir, et puis par la facilité
« qu'il y a pour les autres à l'éluder. Notez que rien ne peut
« me faire prévoir le temps qui s'écoulera entre la demande
« et l'obtention. Vous comprendrez donc que je ne m'appesan-
« tisse pas sur des détails que vous brûlez, j'en suis sûr, de
« connaître. Mais il importe de savoir mettre un terme à ses
« désirs, comme je vous l'ai dit pour cette affaire et pour bien
« d'autres. »

— C'est miraculeux, dit Effy, comme il s'étend sur certaines
matières, et de Cuddie il ne nous en dit pas un mot. Il ne nous
dit pas non plus s'ils ont appris quoi que ce soit sur mon
pauvre père.

Walter continua la lecture de la lettre.

« Vous ayant ainsi dit quelque chose de moi, bien qu'il
« m'en reste beaucoup à dire sur mon entrée dans cette
« grande capitale, et la manière dont il a plu à Dieu de bénir
« mes lectures de la Bible, je passe à des affaires d'une autre
« nature, bien qu'il me reste peu de temps avant que de fer-
« mer cette longue lettre, écrite le soir pour reposer mon
« esprit. Vous ayant donc dit tout ce qui me concernait —
« excepté que mon poignet gauche, qui était très affaibli, com-
« mence à reprendre un peu de force,—je continue en vous di-
« sant que je n'ai pas rencontré le père d'Effy dans aucune rue,
« ainsi qu'elle m'avait prié de le mentionner, si cela arrivait.
« J'ai dessein de m'informer de lui, dès que je serai en état de
« descendre sur le bord de la rivière. Mais quand j'entends
« les récits que l'on fait des presseurs, je ne doute pas qu'il
« ait disparu de la même manière que Cuddie, dont l'histoire
« reste à vous raconter. »

— Bon Dieu, bon Dieu ! s'écria Effy, qu'est-ce qu'il veut
dire relativement à Cuddie ?

Walter se hâta de parcourir rapidement la lettre :

« Pas un matelot à voir : — sur les quais des femmes se tor-
« dant les bras — la révolte à bord d'une patache royale — un
« portier et deux épiciers pressés — dépenses honteuses —
« tout matelot de mauvaise volonté coûte au gouvernement
« plusieurs centaines de livres ; — quelle perte pour le com-
« merce ! — une nuit obscure — oh nous y voilà ! Mon Dieu,
« mon Dieu ! Cuddie est pressé, c'est sûr. Comment apprendre
« cette nouvelle à votre mère ? »

Effy lui arracha la lettre et lut ce qui suit :

« C'était une nuit obscure, de sorte que je ne puis pas vous
« donner un compte bien détaillé de ce qui est arrivé. — Outre
« que j'ai dormi la plus grande partie du temps, ce qui a été
« une bénédiction du ciel, sans quoi j'aurais pu être plus sérieu-
« sement alarmé qu'il ne convient à un bon chrétien, et puis
« ils auraient pu me prendre aussi, n'était que j'ai l'air un peu
« plus vieux avec mon bonnet de nuit que dans mon costume
« de jour. Enfin, par la bénédiction de Dieu, j'ai échappé à ce
« malheur. J'avoue toutefois que la confiance m'abandonnait

« quand je fus réveillé par une voix qui criait : Mon oncle
« Christophe, mon oncle Christophe ! et que l'étonnement fit
« presque place à de la rage quand je distinguai que cette voix
« partait de plus loin que de l'extrémité du navire. Mais, en y
« réfléchissant davantage, je fus peiné de cœur que Cuddie,
« chez lequel j'entrevoyais des espérances de la grâce divine,
« se fût appuyé sur un faible roseau comme moi. Je sens péni-
« blement sa perte, parce qu'il m'était d'un grand secours et
« qu'il n'y a pas moyen de savoir quand il reviendra. Je n'ai
« point oublié ses cris, et son camarade le novice m'a dit qu'on
« n'avait jamais vu une lutte semblable à la sienne quand les
« presseurs sont sautés à bord, et, profitant du sommeil où
« presque tout le monde se livrait dans le calme, ils se jetèrent
« sur lui et l'emportèrent. Il appelait sa mère par son nom ;
« mais depuis, il m'est venu à l'idée qu'il pourrait bien ren-
« contrer son père quelque part. Ce n'est pas toutefois que le
« monde est si grand qu'ils pouraient bien naviguer toute leur
« vie sans se rencontrer. »

— Les airs sont plus vastes encore, dit Effy d'une voix
sombre, et peut-être ils pourront bien s'y rencontrer, égorgés
tous deux dans la même bataille. — La lettre continuait à
parler de Cuddie :

« C'était une nuit très calme, comme je vous l'ai dit, et
« avant que je ne me rendormisse, j'entendis le bruit de l'im-
« mersion d'un corps dans l'eau. Ce bruit partait certaine-
« ment du vaisseau du roi, et la nouvelle se répandit que
« c'était Cuddie qui l'avait occasionné, en se laissant glisser le
« long d'un câble, cherchant à nous rejoindre, disaient les uns,
« à se noyer, disaient les autres. Si réellement il a abandonné
« à ce point son âme à Satan, il n'y a pas de mal que son corps
« soit dans la peine et dans les périls, pour les péchés de son
« âme. Vous pourriez dire à Effy que j'ai prié Dieu pour lui
« avant de recommencer à dormir. »

Effy n'était pas en état de reconnaître gracieusement la pieuse
bienveillance de son beau-père ; pâle, froide, tremblante, elle
était assise au soleil qui dardait sur elle à travers la fenêtre ;
elle avait l'air d'un malheureux que la fièvre aurait atteint.

Walter n'avait pas le temps de lire le reste des prétendues consolations de son père, à savoir qu'en cas de besoin, le commerce du charbon pourrait armer une flotte, et qu'il n'y a pas
une charbonnière qui ne dresse deux mille matelots constamment prêts à entrer au service du roi. Il n'eut pas le temps non
plus de lire ce que son père lui disait de lui-même, à savoir
que dans son enfance il avait été une fontaine d'iniquités, dans
sa jeunesse une source d'où coulaient alternativement des
eaux douces et des eaux amères, et qu'en ce moment même il
n'était pas hors de tout espoir d'une complète purification.
Quelqu'agréable que pût être cette dernière idée, Walter en
perdit le fruit en présence du chagrin d'Effy.

Il est difficile de s'imaginer maintenant ce que la vie sociale
devait être dans les temps d'ancien despotisme, quand la
presse était une coutume générale, quand le roi pouvait, en
vertu de la seule loi d'allégeance, disposer ainsi qu'il l'entendait des biens et du travail de chaque citoyen. Il est difficile de
s'imaginer quel confort il y avait dans la vie de chaque jour,
quand le laboureur ne savait pas, lorsqu'au lever du soleil il
sortait de sa maison, s'il lui serait permis le soir de revenir
près de sa femme et de ses enfants ; quand l'artisan était
exposé à être enlevé de sa boutique, pendant que le dîner
refroidissait pour lui sur la planche, et que sa femme
le guettait ; quand le marchand était exposé à disparaître sans
qu'on entendît de ses nouvelles, jusqu'à ce qu'un messager du
roi vînt piller sa boutique de tous les objets dont il plaisait à
Sa Majesté d'avoir envie ; quand la femme du baron attendait
sur sa terrasse son mari, parti pour chasser le sanglier, et que
la pensée lui venait à l'esprit que peut-être il ne lui serait pas
permis de le revoir avant qu'il n'eût donné la chasse aux Sar-
rasins et aux pirates sur bien des terres et des mers inconnues.
Alors, tous étaient exposés à souffrir, si tous ne souffraient pas
de fait ; mais tous souffraient de fait — qu'ils fussent pressés
ou non, car tous souffrent quand la propriété n'est pas sûre,
que l'industrie est découragée, que la prudence est déjouée.

Personne maintenant ne révoque cette vérité en question,
personne ne nie que ce n'ait été un droit d'exempter toutes les

classes, les unes après les autres, de ce service forcé. Dès le
temps de Charles Iᵉʳ, on trouva nécessaire d'affranchir les soldats de cette tyrannie, — bien qu'il ne manquât pas de gens
pour prédire que dorénavant le roi de la Grande-Bretagne ne
pourrait plus lever une armée, — qu'à compter de ce moment,
l'Angleterre pouvait dire adieu à la victoire, et le roi dire adieu
à son trône. Cependant il reste une chose plus étonnante que
le renom de Baylen et de Waterloo, quelque chose de plus
étonnant que l'existence actuelle d'un monarque anglais, —
c'est qu'il se trouve encore aujourd'hui des hommes pour pa-
troniser l'existence de cette tyrannie sur une seule classe, tandis que toutes les autres en ont été depuis longtemps affran-
chies ; — des hommes qui disent de la marine ce que leurs
grands-pères disaient de l'armée : — que la Grande-Bretagne
ne sera plus maîtresse des mers, qu'il n'y aura plus de gloire
pour le roi d'un peuple matelot, si l'on abolit la presse. Pourquoi cela ? Si le service est agréable et profitable, ainsi que le
disent les défenseurs de la presse, il n'y a pas besoin de contrainte pour engager les hommes à y entrer à la première nouvelle du danger, car les hommes sont toujours prêts à faire ce
qui leur rapporte honneur et profit. Si ce service n'offre pas
autant d'attrait, à qui la faute ? Si les pirates et les félons sont
remis aux officiers du roi dans la conviction que cinq années
de service sont un châtiment prodigieux pour les crimes ; si
les salaires sont faibles au service du roi, tandis qu'ils sont excessivement élevés à bord des navires marchands, par suite
même du danger de la presse ; si les matelots forcés du roi sont
quelquefois payés au bout de cinq, de dix et de quinze ans,
tandis que le paiement est régulier dans la marine marchande ;
si le service est à perpétuité dans la marine de l'État, tandis
que les autres n'ont qu'une durée déterminée ; — est-ce que
toutes ces circonstances sont des conditions essentielles de la
marine, encore que leur présence explique suffisamment la
nécessité d'obtenir de force des hommes qui ne s'y engageraient
pas de bonne volonté. Cela explique suffisamment que les matelots fuient devant les presseurs comme une compagnie d'oiseaux devant le faucon. Cela explique qu'ils changent de nom

et de vêtements, qu'ils se cachent sous des lits, dans des greniers, dans des armoires, mais toute cette honte doit retomber sur ceux qui essaient de justifier le recrutement par la presse. Quand on aura une fois essayé s'il n'y a pas moyen de rendre ce service aussi agréable que tous les autres, et il a naturellement de grands charmes, quand on aura essayé de former pendant la paix des metelots pour servir en temps de guerre, alors on pourra discuter, et voir si la presse est ou non nécessaire. C'est une question purement expérimentale, et jusqu'ici on s'est entêté à vouloir la décider *a priori*. C'est chose sérieuse que de compromettre la réputation, le caractère et la vie des hommes, le bonheur et jusqu'à l'existence de leurs familles, l'industrie d'une portion considérable de la société, par attachement à un mode vicieux d'argumentation, à des modes d'agir, mieux en rapport avec la barbarie des anciens temps qu'avec l'état actuel de notre civilisation. Plus la société est largement affranchie des entraves autrefois accumulées sur sa liberté et son industrie, plus se trouve en évidence la monstrueuse iniquité de la presse des matelots.

CHAPITRE V.

Rien qu'une voix.

Avec le temps la Deep Cut fut finie, et l'on annonça qu'elle serait pompeusement ouverte un certain jour, quand la marée serait le plus favorable pour en bien faire ressortir les avantages. On pensait que l'entreprise éprouverait un échec par suite de la stagnation du commerce des charbons, qui rendait peu probable que la compagnie dût rentrer dans ses déboursés aussitôt qu'on l'avait cru. La guerre continuait toujours, et avec elle la funeste pratique de la presse, en sorte qu'on ne pouvait qu'à grand prix se procurer des équipages pour les charbonniers. La solde à bord de ces navires était précisément le quadruple de celle qu'on donnait sur les bâtiments du roi. La difficulté dont avait parlé l'oncle Christophe de trouver des matelots pour monter les charbonniers dans la Tamise, était aussi plus grande que jamais. En conséquence, le prix du charbon était tellement augmenté, que la demande diminuait de semaine en semaine. C'était donc un bien mauvais moment pour commencer une expérience en grand ; mais puisque les dépenses de la Deep Cut étaient faites, il ne restait plus qu'à en tirer utilité le plus tôt qu'il serait possible. Quelques personnes s'étonnaient que M. Otley, qui aimait à plaisanter, ne profitât pas de ce moment d'adversité pour tourner en ridicule un projet dont il n'avait pu arrêter l'exécution. Cependant on ne citait dans le voisinage aucun bon mot de lui à ce sujet, et ceux des actionnaires qui avaient l'honneur d'être liés avec lui s'étonnaient qu'il ne les plaisantât pas sur le grand concours de gens qu'ils auraient à leur ouverture, par suite du nombre des employés des charbonnières actuellement sans ouvrage. Mais M. Otley était absorbé par des idées tout aussi patriotiques. — Il cherchait à resserrer les liens des lois sur l'apprentissage, il cherchait à en étendre le bienfait ou la malédiction aux grandes villes qui avaient dû leur accroissement à l'absence de ces mêmes lois. Il était devenu de mode, en ce moment, parmi les loyaux sujets de Sa Majesté, de faire des pétitions dans le genre adopté par M. Otley. Une autre mode se répandit parmi ceux qui avaient été élevés dans l'habitude de remonter jusqu'à l'origine des choses et de descendre jusqu'à leur dernière conséquence. Ceux-là commençaient à découvrir, non seulement que les lois d'apprentissage d'Élisabeth étaient impraticables, qu'elles tendaient à renverser le droit commun, qu'elles ne pouvaient conserver de force nominale qu'en étant éludées par le fait; elles voyaient de plus que si on obtenait du Parlement qu'il les mît de nouveau en vigueur, ce que les loyaux sujets de Sa Majesté auraient ensuite à faire, serait de faire revivre aussi les anciens statuts, par lesquels celui qui aurait vendu à l'étranger des moutons, des béliers ou des agneaux, perdrait pour la première offense, la main gauche avec toute sa fortune, et subirait la mort en cas de récidive; qu'une pareille pénalité devait être prononcée contre les exporteurs de terre à foulon ou terre de pipe, attendu que la seconde ressemblait à la première.

Tandis que M. Otley courait çà et là dans le pays, représentant les avantages qu'il y avait à forcer tout vaisseau marchand à n'avoir que tant d'apprentis et pas plus, de restreindre les affaires en permettant aux corporations des villes de régler le nombre des apprentis, — en sorte que le coutelier de Sheffield n'en aura qu'un ; le tisserand de Norvich deux ; les chapeliers, dans toute l'étendue du Royaume-Uni et des colonies, seule-

ment deux ; — tandis que le recteur reportait sa vue dans la
région des temps passés, il semblait n'avoir pas le loisir d'observer ce qui était sous ses yeux. De longues corderies s'élevaient le long de l'écluse ; on entendait le maillet du constructeur de navires au milieu des rocs ; le cottage du pêcheur
commençait à se montrer sur l'étroit sentier qui conduisait à
la grève, et l'on donnait la dernière main au chemin de fer qui
devait conduire à l'écluse. S'il n'y avait pas eu des moyens
pratiques d'éluder les lois de corporation, cette masse de travail
intelligent n'aurait pas existé pour répondre à la demande ; si
tous les travaux d'intelligence avaient été soumis aux lois de
la corporation, on n'aurait point été en liberté de se fixer dans
un nouveau champ, sans perte de privilèges qu'on n'aurait
pas voulu risquer avec les incertitudes que présentait la nouvelle spéculation, à en juger pour le mieux.

Le jour de l'ouverture fut l'une des plus belles matinées
d'avril et attira des spectateurs de tous les points du pays.
Longtemps avant que l'on ne pût attendre les trains de voitures
de la compagnie, les échoppes des marchands de fruits et de
pains d'épices résonnaient de joyeuses conversations et d'éclats
de rire ; des troupes de petits enfants, déjà aussi noirs que si
les charbons eussent été leur jouet depuis le berceau, accos-
taient les étrangers et leur demandaient un petit présent pour
se souvenir de cette journée.

Des hommes, qui avaient l'aspect des gens d'affaires, se di-
rigeaient droit à l'extrémité de la tranchée et semblaient en
supputer la largeur et la profondeur ; — la plupart exprimaient
beaucoup d'admiration pour les travaux. Pour l'amateur des
beautés naturelles il y avait beaucoup à admirer, quand il
avait tourné le dos au pont de bois, aux portes, aux voitures
de ceux qui venaient les voir ouvrir et aux échoppes qui n'étaient
que des traits passagers dans ce paysage. Le roc, coupé droit,
et brillant dans sa partie supérieure, présentait déjà une teinte
plus favorable dans le bas, par suite du contact de l'eau ; de
petits coquillages y adhéraient et le varech poussait partout où
il avait pu trouver une crevasse où se fourrer. L'eau, dans le
goulet, était du vert le plus pur sur un lit épais de sable blanc.

Une étoile de mer s'y remarquait çà et là, ainsi que l'anémone de mer, comme un parachute varié et animé. De temps à autre on y voyait un poisson qui s'y était égaré, ne sachant pas que toutes les routes de la mer dussent conduire si directement dans la région des arts. Tandis que le pauvre exilé allait d'un bord à l'autre du canal étroit, se frappant à chaque instant contre les rochers, des enfants poussaient des cris de joie de dessus le parapet et couraient à sa poursuite jusqu'à ce qu'il eût regagné la mer où se fût caché sous quelques herbes.

Des drapeaux étaient déployés sur tous les points saillants des rocs et des travaux; un orchestre de musique était au milieu de la foule, sur le parapet; on y remarquait la dernière personne qu'on eût dû s'attendre à voir se mêler à une pareille fête, le petit Tim. Sa mère l'avait conduit à la maison du passeur pour demander si quelqu'un voulait le mener avec soi, puisque le pauvre enfant était désireux de faire tout ce que faisaient les autres, s'il ne pouvait pas voir tout ce qu'ils voyaient. Walter avait dessein d'aller voir la cérémonie et se chargea volontiers d'y conduire Tim. Effy ne fut pas satisfaite du ton dont la demande était adressée; elle y remarqua un abattement qui l'alarma, d'autant plus qu'elle savait qu'il y avait moins d'ouvrage au puits et qu'on y donnait de moindres salaires aux femmes et aux enfants. Mistress Eldred faisait tant de difficultés pour accepter le peu que sa fille pouvait lui offrir, qu'évidemment c'eût été l'offenser que d'insister pour qu'elle en prît davantage. Mais Walter craignait qu'elle ne fût dans une profonde pauvreté, et quand il remarqua combien elle était amaigrie et fatiguée d'avoir attendu si longtemps le retour de son mari, il se présenta tout à coup à son esprit qu'elle avait quelque dessein de se débarrasser de ses misères de la manière la plus effrayante que l'impatience pût lui suggérer. Cette idée ne fut toutefois que passagère, car elle parla immédiatement de choses qu'elle voulait faire de ses propres mains. Tim avait quitté son tablier dont il se servait toujours pour se diriger, tout grand qu'il était, pour la main de Walter qui l'avait conduit à la promenade et l'avait assis sur le parapet, un bras passé autour du corps et paraissant jouir de tout ce

tumulte autant que ceux qui avaient eu des motifs plus raisonnables d'y venir.

— Laissez-moi courir avec eux le long du mur, s'écria-t-il
en s'efforçant de descendre, laissez-moi courir avec ces petits
garçons?

— Cela n'en vaut pas la peine, Tim, ils courent après un
poisson qui nage trop vite pour qu'ils le puissent rattraper.

— Je le sais bien, ça n'empêche pas que je veux courir
avec eux.

Et il courut en effet, son beau-frère le suivant des yeux
pour voir comment il se défendrait des chocs et des poussées
auxquels il s'exposait. Il s'en tira très bien, étant toujours le
premier à tourner quand les autres étaient au moment de le
faire, à cause de sa promptitude à saisir tout ce qui se disait.
Aussi, chaque fois qu'il revenait vers Walter, il avait quelque
chose à lui communiquer.

— Walter, avez-vous déjà parlé à Adam?

— A Adam? non; est-ce que vous croyez qu'il est ici?

— Oui, j'en suis sûr, c'est sa voix que j'ai entendu là-bas,
il sera bientôt ici.

Et là-dessus, le petit Tim partit pour revenir au bout de
quelques instants.

— La cérémonie va bientôt commencer.

— Qu'en savez-vous?

— Parce que la marée monte, ne l'entendez-vous pas? —
lap, lap, lap.

— Mais à supposer que vous entendiez la marée, comment
savez-vous qu'elle ne descend pas, au contraire?

— Oh! c'est un son bien différent. Je ne pourrais pas vous
dire quelle est la différence, mais certainement il y en a
une.

— Pauvre enfant! dit un des spectateurs, je voudrais que
vous pussiez voir comme l'eau est belle avec tous ces pavillons
dessus et tous ces gens en habits de fête.

— Je vous remercie, dit-il, et il partit de nouveau.

— Croyez-vous que ce soit là le meilleur moyen de consoler
le pauvre enfant de la perte de sa vue? demanda Walter, qui

n'était pas homme à faire une pareille question, s'il n'eût été mis hors de lui par sa sympathie pour Tym.

— Mais c'est ce que tout le monde éprouve, répondit cet homme, et ce que l'on entend dire tous les jours.

— Soit ; cela est vrai, mais je ne pense pas que ce soit ce qu'on puisse dire de mieux. Si vous pouvez lui donner connaissance de ce qui se passe, à la bonne heure, mais il vaut mieux se taire que de le faire penser à ce dont il ne saurait jouir ; du moins, moi, c'est ma règle.

— Elle est très bonne, je n'en doute pas ; à coup sûr si l'on se met une minute à sa place, on ne sait pas trop quelle réponse on ferait.

— Ce n'est pas tout le monde qui se contenterait de répondre comme Tim : merci, monsieur, et puis qui se mettrait à courir.

— Effectivement, il y en a peu. La difficulté est de savoir comment ils prennent eux-mêmes leur malheur. Il y en a qui ont l'air toujours prêts à vous sauter au visage, si vous avez le malheur d'y faire la moindre allusion ; d'autres en parlent sans cesse, et veulent sans cesse qu'on leur en parle ; il y en a qui y mettent une détestable affectation ; mais enfin il y en a, et ce sont les plus sages, qui prennent leur infirmité tranquillement et naturellement, de manière à mettre les autres complètement à leur aise.

— Tim est de ceux-là, dit Walter, passant la main dans les cheveux de l'enfant qui s'était rapproché de lui.

— Qu'est-ce que je fais, moi, Walter ?

— Vous vous mettez en nage à courir comme cela pour vous faire pousser et bousculer.

— Oh j'aurai le temps de me refroidir pendant la cérémonie, quand je serai de nouveau assis sur le parapet ; cependant si vous voulez aller quelque part ailleurs, je viendrai quand vous m'appellerez. Mais l'eau commence furieusement à monter, et ce serait dommage de perdre notre place.

— Certainement, allez jouer tant que cela vous fera plaisir.

— Absolument comme s'il y voyait ; il parle de la fête, comme le pourrait faire un autre enfant.

— Et vous seriez surpris du récit qu'il en fera à sa sœur quand nous reviendrons; il saisit un tas de choses drôles que nous laissons échapper. Cela, joint aux erreurs dans lesquelles il tombe, rend ces petites narrations quelquefois fort étranges. — Mais où est-il allé? il a disparu en une minute, il ne saurait être bien loin.

Walter jeta malgré lui un coup d'œil d'effroi sur le canal où cependant il ne se passait rien qui le dût effrayer.

— N'est-ce pas le petit aveugle que vous cherchez? dit une vieille femme; il vient de rencontrer l'un de ses amis dans la foule et ils sont allés ensemble.

Une minute après Tim sortait de dessous la banne d'un marchand, tenant Adam par la main droite et une grosse orange dans la main gauche.

— Tim m'avait dit que vous étiez ici, s'écria Walter, et je ne le croyais pas; il vous a entendu parler il y a une demi-heure.

— Qu'est-ce que je disais Tim?

— Je n'ai pas saisi vos paroles, mais j'avais bien reconnu votre voix.

— Je suis bien aise de voir que vous achetez des oranges, Adam; l'argent vous en sera provenu de cette corderie.

— Non pas, c'est probablement la dernière que j'achèterai, et je ne l'aurais pas fait pour tout autre que pour Tim; je n'ai pas envie de perdre mon *settlement*, je vous assure. La ville, qui s'est donnée tant de peine pour me le faire acquérir, voudra bien me nourrir jusqu'à ce qu'il y ait de l'ouvrage pour nous tous.

— Vous nourrir! comment?

— Oh! les moyens ne manquent pas; il y a la taxe des pauvres, et la corporation a de beaux capitaux en caisse.

— Et il y a beaucoup d'ouvrage de votre état à faire ici; on y demande des cordiers à force.

— Et les cordiers de la ville y demandent à force de l'ouvrage. Mais nous reculons, nous autres de la ville, et nous attendons pour voir qui viendra le premier perdre ses privilèges. Pour ma part, je tiendrai bon jusqu'à ce que je puisse être maître, avoir des apprentis et faire les choses comme il faut. Alors Tim tournera la roue et gagnera de l'argent comme les garçons de son âge, n'est-ce pas, Tim?

Walter convint que c'était une chose hors de question que d'abandonner un *settlement* dans une ville incorporée pour en prendre un dans une localité dont la prospérité pouvait demeurer longtemps précaire. Il voyait peu comment on pourrait remédier à ce que cet état avait de peu stable, tant qu'il y aurait disette des ouvriers qui se trouvaient précisément en trop grand nombre dans la ville à côté. S'il fallait, dans cette localité naissante, donner de hauts salaires pour des ouvrages qui n'en demandaient que peu partout ailleurs, comment maintenir la concurrence?

— Il me semble, Adam, dit-il, que vous pouvez remercier de la modicité des salaires que vous avez gagnés depuis quelque temps, la loi qui vous a donné vos privilèges d'apprenti.

— Oh oui, j'ai beaucoup à remercier la loi; on se plaint généralement de ce qu'elle fait monter les salaires plus qu'il n'est naturel; je suis là pour prouver qu'elle les fait descendre au contraire.

— On a raison des deux côtés : les salaires s'élèvent parce que les professions sont limitées à moins de bras qu'elles ne devraient l'être, et c'est un fléau qui passe de génération en génération.

— Ma foi oui, si les privilèges font d'abord une nécessité de passer par l'apprentissage, et puis s'ils défendent aux maîtres de prendre plus d'un certain nombre d'apprentis, il est aisé de voir combien de gens de bonne volonté ils empêchent d'entrer dans une profession. Alors ceux qui y sont une fois peuvent mettre le prix qu'ils veulent à leurs travaux, tant qu'on a besoin d'eux. Mais quand.....

— Ah! oui, quand la balance tourne, quand les temps sont mauvais, les salaires peuvent tomber au plus bas, ou même cesser tout à fait, si les ouvriers n'ont pas le droit de diminuer leur nombre en essayant de faire quelque autre ouvrage. N'est-il pas étrange qu'un ecclésiastique comme M. Otley fasse tous ses efforts pour nous enchaîner plus que jamais dans de semblables entraves, tandis que nous sentons tous le ridi-

cule d'un pareil état de choses, et que nous voudrions tous
en sortir.

— Oui, et pendant ce temps, sa femme fait venir d'un côté
et d'un autre les articles qu'il ne lui convient pas d'acheter
dans son propre pays. Puisque son mari fait tout ce qu'il peut
pour empêcher ses voisins de travailler hors des limites de la
corporation, le moins que sa femme pourrait faire, ce serait
d'occuper ses voisins au lieu d'acheter au loin ce dont elle a
besoin.

— Je le crois aussi, mais qu'est-ce qui lui a mis une pareille
idée dans la tête ?

— Elle se plaint que l'ouvrage est moins bien fait ici que
dans les villes nouvelles et non incorporées. Si cela est vrai,
qui est-ce qu'on peut en blâmer, si ce n'est ceux qui interviennent pour empêcher la concurrence et pour persuader aux
ouvriers qu'ils doivent compter pour vivre sur autre chose que
sur leur habileté ?

— J'ai entendu dire que quelque chose de semblable arrivait
dans les villes de stricte corporation, que les membres mêmes
de ces corporations faisaient travailler dans les villages voisins,
et se faisaient apporter secrètement leurs marchandises. Ces
hommes sont coupables dans un sens ou dans un autre ; ils
doivent de deux choses l'une, ou s'efforcer d'amener la liberté
des professions, ou se soumettre aux restrictions qu'ils imposent aux autres.

— Ils sont aussi sots que coupables, car que leur produit
cette mauvaise politique ? une masse d'indigents qu'ils sont
obligés de nourrir. Il ne leur sert de rien d'essayer de persuader à leurs mauvais ouvriers d'aller travailler ailleurs, parce
que ailleurs les maîtres ne se soucieraient pas d'employer des
hommes pour leur faire gagner un nouveau *settlement*, et nous
autres ouvriers nous ne nous soucierons pas non plus d'être
ainsi engagés.

— Je me demande ce qu'on pense de tout cela dans les autres
pays ?

— En Amérique, à ce que disent nos matelots, on rit énor-
mément de nous voir nous lier les jambes et nous plaindre

ensuite de ne pouvoir pas marcher. En Amérique, il n'y a aucune de ces pestes de lois de corporation et d'apprentissage ; et dites-moi en quoi les Américains s'en trouvent plus mal? En Amérique, si les ouvrages sont mieux faits, et s'ils le sont mieux dans nos villes nouvelles et libres que dans nos vieilles villes incorporées, qu'en conclure, si ce n'est que ces restrictions de corporation sont de mauvaises choses ; il me prend quelquefois l'idée de m'en aller moi-même dans un pays libre.

— Un pays libre! comme si l'Angleterre n'en était pas un?

— C'est un pays plus libre que beaucoup d'autres, beaucoup plus libre qu'il ne l'était autrefois, c'est pourquoi j'espère que nos arrière-neveux pourront se trouver dégagés de toute entrave comme les Américains dans l'exercice de leur industrie. Mais actuellement aucun de nous ne jouit d'une liberté pratique ; chacun déplore le sort du pauvre Cuddie, et certes avec juste raison ; quoique le mien ne soit pas aussi affreux, il mérite cependant qu'on y fasse quelque attention. Je ne suis pas enlevé de force à ma profession que j'aimais pour être jeté de force dans une que je déteste, mais on déploie une force morale pour m'empêcher de passer d'une occupation sans profit à une autre qui m'en rapporterait. Or, le travail de l'homme est son droit de naissance, — sa seule propriété, et tout pouvoir qui intervient entre lui et l'exercice de ce travail est une tyrannie. Qu'importe que cette tyrannie s'adoucisse, qu'on cesse peu à peu d'en user, qu'elle soit même presque oubliée dans certaines localités, tant qu'il reste un semblable pouvoir qu'on puisse mettre en force contre le travailleur, celui-ci n'est point un homme libre.

— Ces pouvoirs feront de moins en moins de mal à mesure que le temps marchera ; il n'y a pas de corporation au monde qui puisse tenir contre la volonté du public d'être approvisionné des choses dont il a besoin. Il y aura assez d'apprentis à Norwich et à Sheffield pour entretenir la profession comme il convient, si le monde a réellement besoin de plus de couteaux et d'étoffes.

— Oui, oui, et voyez quelle liste de grands hommes nous comptons dans les arts industriels! — non pas grâce à nos lois des métiers, mais en dépit d'elles : Arkwright, Brindley, Brunel !

— Et Smeaton, et Rennie, et Watt, et Fergusson, et Hunter, ceux-là n'ont jamais passé de contrat d'apprentissage.

— Non, pas plus que beaucoup d'autres qui se sont fait aussi un grand nom. Je doute qu'ils se le fussent fait jamais, s'ils étaient restés insouciants ou tout à fait oisifs pendant sept années de travail sans profit pour eux. Je ne parle pas de moi; mais si d'autres ouvriers avaient eu un an ou deux de plus à donner à leur éducation avant l'apprentissage, Dieu sait quels changements ne se seraient pas manifestés dans le monde industriel.

— Surtout si vous étiez né dans quelques-unes des villes nouvelles qui n'étaient guère que des villages il y a cent ans, et qui, aujourd'hui, prennent rang bien avant York, Canterbury, Norwich et Lichfield. Quant à Londres, lui-même, le plus beau jour de son existence sera celui où il dissoudra les monopoles de ses cent compagnies, pour ne pas dire ces cent compagnies elles-mêmes. Nous pouvons parler ainsi, parce que nous avons devant les yeux l'exemple de ce qui est arrivé dans d'autres pays. Voyez l'Espagne, où les corporations sont encore dans toute leur gloire, et la France où l'industrie et les arts ont commencé à fleurir du jour où elle a balayé de son sol les corporations et les lois d'apprentissage (maîtrises et jurandes).

— En France, à ce qu'on m'a dit, on a fait l'expérience de tout, depuis la plus détestable intervention jusqu'à la liberté illimitée; je ne sais pas si jamais la loi y a voulu, comme dans l'Inde, que chaque homme suivît exclusivement la profession de son père, mais dans l'ancien temps on y a fait des choses presqu'aussi sages que cela.

— Et quelquefois avec d'excellentes intentions, ce qui forme un avertissement contre l'intervention quelconque du gouvernement dans la production et la distribution de la richesse. Dans un sens il est sûr que le gouvernement ne peut faire quoique ce soit sans influencer la production, ce qui devrait le rendre très prudent, très circonspect dans toutes ses démarches; mais je parle ici d'une intervention directe. Les lois qui

défendaient d'abattre des arbres étaient prudentes et avanta-
tageuses à la masse des citoyens, puisqu'il y a certain sol qui
n'est absolument bon à rien, s'il n'y a des arbres dans le voisinage pour entretenir l'humidité. Eh bien la première conséquence de ces lois a été d'empêcher les gens de planter des
arbres.

— Cette histoire est bonne, mais elle ne vaut pas celle des
hannetons ; connaissez-vous l'histoire des hannetons ? Un certain canton de la Suisse était infecté de hannetons ; pour l'en
débarrasser, le grand conseil ordonna que chaque propriétaire
foncier leur ferait la chasse, et serait obligé d'apporter un certain nombre de hannetons proportionné à l'étendue de ses terres.
Les propriétaires, qui avaient autre chose à faire, payèrent de
pauvres diables pour faire la collecte de hannetons. Au bout
d'un certain temps on découvrit qu'il se faisait une importa-
tion régulière de ces insectes, par grands sacs, de l'autre côté
du lac.

— Très bien, mais il y a eu un exemple, entr'autres, en
France, de pertes positives, par suite de l'intervention de la loi
dans les affaires de l'industrie, exemple dont devraient profiter
des hommes comme Otley. Avant que la révolution ne débar-
rassât les ouvriers des entraves des corporations, il ne pouvait
pas y avoir en France de manufactures de faïences du Japon.
La confection des articles exigeant l'art et les outils de différents corps d'état et la coopération d'un homme qui leur était
étranger à tous, il en résulta qu'on laissa aux étrangers la production de cet article.

— Autant vaudrait rendre une loi pour dire qu'il n'y aura
pas d'inventions nouvelles, et que tout homme suivra la profession de son père.

— La conduite de ces faiseurs de lois fut conséquente à leurs
principes ; avez-vous jamais vu une lampe d'Argand ?

— Oh oui ; elle ne vaut pas quelques-unes de nos lampes à
gaz.

— Cependant elle donnait trois fois autant de lumière pour
le même prix, qu'aucune lampe connue jusqu'alors. Argand
fut publiquement persécuté par la compagnie des étameurs, des

serruriers et des ferronniers, qui lui disputaient le droit de faire des lampes.

— Et je suppose qu'ils n'auraient pas voulu l'admettre dans leur compagnie, s'il avait daigné faire des démarches pour y entrer.

— Il y avait encore Lenoir, le célèbre Français, fabricant d'instruments de physique. Il avait construit une petite forge pour y faire rougir ses métaux, la compagnie des fondeurs se souleva et se présenta pour la détruire. Lenoir fut obligé d'en appeler au roi.

— Autant vaudrait avoir une compagnie des serres-chaudes qui vous empêcherait de faire venir des concombres sans sa permission, ou une compagnie des épouvantails qui vous empêcherait de pendre votre vieil habit au milieu de vos cerisiers.

— Voici venir une compagnie qui vous donnerait beaucoup d'ouvrages de corderie à faire, si vous vouliez abandonner vos privilèges et transporter votre industrie ici.

— Oui, et aussitôt que l'on m'aura oublié dans ma ville, que ma place y sera remplie par quelqu'autre, qu'il vienne seulement à être question d'un ralentissement dans les travaux, quelque marguillier stupide ou quelqu'absurbe commissaire des pauvres, me feront sommation de quitter cette paroisse et de retourner dans la mienne. Non, non, la compagnie peut demander des cordiers tant qu'elle le voudra, ce n'est pas moi qui sortirai des limites de ma paroisse. — Mais voici le cortège qui s'avance ; comme ils ont bonne mine dans leurs voitures découvertes, avec leurs drapeaux et leurs branches vertes ! en vérité, c'est un très beau spectacle.

— Regardez donc Tim avec des branches de chêne plus grosses que lui ; ce doit être un brave garçon que celui qui les lui a données ; — sans doute celui qui maintenant lui tient la main sur l'épaule pour lui servir de guide. Je vais aller prendre sa place ; il n'est pas juste qu'un étranger ait la peine de s'occuper de lui.

— Et moi je crois que ce sera œuvre de charité que de m'offrir pour donner une poignée de main à quelques-uns de ces gentlemen. Avez-vous jamais vu comme chacun s'empresse à le faire, les mineurs et les bateliers qui tiennent leurs chapeaux de l'autre main, et leurs femmes, comme elles lèvent en l'air de petits enfants qui seront à leur tour des bateliers et des mineurs.

— Et M. Severn aussi, voyez, le voilà sur le siège de cette barouche, souriant et saluant gaîment, tout maigre et tout malade qu'il paraisse.

— Oui, quand tous les états seront aussi libres que nous prétendons qu'ils le soient, M. Severn recevra enfin une récompense de ses travaux. A cette époque, s'il vit assez longtemps pour la voir, il arrivera d'une manière durable, ce qui aujourd'hui n'arrive qu'accidentellement, que M. Severn sera en évidence aux yeux du peuple, qui ne demande jamais mieux que de l'accueillir, tandis qu'Otley se cache dans l'ombre pour suivre ses projets. — Arrière, arrière, faites-leur place. C'est maintenant qu'il faut faire attention à Tim.

Les portes commençaient à s'ouvrir doucement dans un sens, et le petit pont à s'avancer dans l'autre. On demanda le silence,

— La musique, les éclats de rire, les cris des enfants, les acclamations des hommes, les aboiements des chiens, le bruit des pieds des chevaux, tout se tut excepté la voix puissante des eaux qui entraient. Mille individus tournèrent les yeux sur le premier navire qui eût jamais passé par cette voie, doublant sans bruit le petit promontoire, et glissant le long de la Deep Cut.

— Le voilà qui passe, dit Tim doucement assis sur le parapet, le bras de Walter lui entourant la ceinture, — le voilà qui passe, et il se tourna comme pour suivre dans sa marche le premier navire.

— Touche-t-il le roc ou le sable? demanda Walter, s'étonnant de ce que l'enfant sût si bien ce qui se passait devant lui.

— Non, mais il déplace une grande colonne d'air ; je sens le vent sur ma figure. Dites-moi quand je pourrai parler tout haut, Walter, j'ai quelque chose à vous dire.

Des acclamations véhémentes s'élevèrent bientôt de tous côtés, et mirent un terme aux scrupules de Tim de parler au milieu du silence profond qui régnait quelques instants auparavant. Tous les mariniers présents se pressèrent pour suivre de l'œil le vaisseau dans sa course au delà des portes.

— Walter, Walter, dit alors le petit Tim, je suis sûr que Cuddie est ici.

— Quelle idée, mon pauvre enfant ?

— Oui cela doit vous paraître étrange, mais j'ai entendu sa voix comme tout à l'heure j'avais entendu celle d'Adam.

— Vous connaissez bien la voix d'Adam, l'entendant aussi souvent que vous le faites ; mais rappelez-vous qu'il y a quatre ans que vous n'avez entendu celle de Cuddie, et je crains bien qu'il se passe quatre ans encore avant que vous ne l'entendiez.

— Eh bien, ce m'est déjà un bonheur d'en être presque sûr.

— En outre, dit Walter, il n'y a point de vaisseau du roi dans ces parages ; tous les vaisseaux du roi sont à la guerre.

Tim n'avait plus rien à dire. On entendit tout à coup un tumulte à l'extrémité de la foule. Tout le monde crut qu'il était arrivé un accident, et se précipitait de ce côté pour s'en informer. Ce n'était que quelque voleur, quelque vagabond ou quelque individu cherchant dispute, que les constables et leurs assistants avaient en vain cherché à arrêter ; l'individu leur avait échappé. Qui était-ce ? qu'avait-il fait ? C'est ce que chacun se demandait. A quelque distance, personne ne pouvait le dire, et de près, personne ne le voulait. On faisait entendre que de quelque nature que fût la faute, elle était de celles qui ne déplaisent point au peuple, et que celui-ci l'avait aidé à s'échapper. Cet incident fit une impression profonde sur l'imagination de Tim, et pendant l'heure qui suivit, il ne fit pas plus attention à ce qui se passa que la plupart des spectateurs appartenant à cette classe d'hommes qui ont des yeux pour ne pas voir. Quand il fut resté seul sur le parapet avec Walter, que la marée se fut retirée, que les voitures eurent disparu, il commença à fatiguer son beau-frère de questions relatives à ses conjectures, et quand celui-ci l'eut engagé à dormir dans le public-house, qui n'était pas son logis habituel, il lui dit encore...

— Je crois qu'il passera la nuit dans les champs, lui, tandis que nous, nous sommes si bien et si chaudement ici. S'il a tué quelqu'un, peut-être l'ombre de sa victime viendra-t-elle troubler son repos ; sa sœur et sa mère savent-elles seulement qu'il est ici ? Chaque fois qu'il entendra quelqu'un marcher, il se figurera que c'est le constable qui vient le prendre. Savez-vous, je me suis demandé, si ce n'était pas l'ombre de Cuddie que j'ai entendue aujourd'hui. On dit qu'il y a beaucoup de marins tués dans ces guerres. Si nous venions à apprendre que Cuddie a été tué dans ce moment-là même, quelle heure pensez-vous qu'il était au juste ?

Walter répondit du ton d'un homme qui n'avait plus envie de dormir. Il ne croyait pas aux revenants, mais il était frappé plus qu'il ne lui paraissait raisonnable de la persuasion où était Tim qu'il avait entendu la voix de Cuddie, et Tim se trompait si rarement dans ces sortes de matières. Cependant la guerre continuait toujours, et si Cuddie n'était pas déjà depuis longtemps au fond de la mer, il devait être trop loin sur sa surface pour que Fine-Oreille elle-même pût distinguer sa voix, à supposer que cette fée eut assisté à la cérémonie.

CHAPITRE VI.

Le sommeil et la veille.

Tandis que Walter agitait cette question dans son esprit, Effy courait çà et là dans son jardin — son jardin devenu bien plus beau et bien plus productif à mesure que le commerce des charbons de terre avait langui. Toute fâchée qu'était Effy que sa mère ne pût faire de bonnes journées, elle ne pouvait s'empêcher de se réjouir de voir la vigueur et la verdeur des jeunes plantes de son mari. Elle avait oublié son désir de se déplacer, elle eût été contente de continuer d'habiter toujours les lieux où elle se trouvait, quand bien même l'oncle Christophe eût continué de vivre avec eux. Son mépris religieux pour eux était de moindre importance à mesure qu'ils prenaient plus d'années ; il leur devenait plus aisé d'agir, comme si son œil censeur ne se fût pas fixé sur eux, et de prendre tout ce qu'il pouvait dire ou faire comme une suite obligée de sa manière d'être. Il jouissait excessivement de toutes les bonnes choses terrestres qu'elle pouvait placer devant lui, quoiqu'il évitât de l'en remercier pour ne pas lui donner d'amour-propre. Il mangeait son petit poulet ou avalait son petit verre de liqueur, plein d'étonnement et de pitié de ce qu'Effy ne le priait pas de la diriger dans ses dévotions, on ne lui demandait pas sa gracieuse permission pour lui chanter des psaumes, ainsi qu'au petit nombre de chrétiens élus dont il avait fait ses amis.

C'est une réunion pieuse de ce genre qui avait conduit Effy dehors ce soir-là. La chambre commune était occupée, et il eût été impoli à elle de se renfermer dans la sienne. Après le thé elle descendit donc dans le jardin, et s'assit avec son ouvrage sous un arbre ; elle cousit tant qu'elle y vit clair, puis elle s'abandonna à mille pensées, auxquelles ne contribuaient pas peu les chants religieux qui partaient de l'intérieur de l'appartement. Elle se leva quand décidément la nuit fut tout à fait venue, et se disposait à rentrer quand elle vit un homme qui la regardait fixement de l'autre côté de la haie. Il se baissa dès qu'il vit qu'il était remarqué, et ne répondit point à ses questions. — Que demandez-vous ? — si c'est le bateau passeur, il est là en bas, à votre droite ; si vous voulez parler à quelqu'un de ceux qui sont dans la maison, faites le tour et présentez-vous à la grille. N'obtenant pas de réponse, elle commença à craindre que quelqu'un ne voulût piller le jardin de son mari. Il y avait peu de choses à y prendre en ce moment ; cependant elle résolut de faire ce qu'elle avait déjà fait quand l'absence de son mari lui en avait laissé la garde, — de veiller jusqu'à ce que l'oncle Christophe, qui se levait de bonne heure, fût venu la relever. Cette résolution une fois prise, elle retourna sous son arbre et saisit son ouvrage comme si elle avait voulu l'arracher des mains d'un voleur, et courut vers la maison comme si ce voleur l'eût suivie.

L'oncle Christophe venait de sortir pour passer ses amis de l'autre côté de la rivière. Avant de remettre le cercle de chaises en place et de reposer le livre d'hymnes sur la planche, Effy ferma soigneusement les portes de devant et de derrière de la maison ; il n'y avait pas une minute qu'elle avait repris son ouvrage quand on frappa, légèrement d'abord, puis plus fort, à la porte du jardin.

— Qui est là ?

— Effy, Effy, ouvrez-moi, dit une voix basse qui la fit tressaillir dans tout son corps. Pour la première fois depuis son enfance, une terreur superstitieuse s'empara d'elle; elle se rassit, incapable de parler ou de remuer.

Quoique poussé, le volet n'était pas fermé; elle le vit s'ouvrir et une figure se montrer, dont la vue lui fit le même effet que la voix qu'elle venait d'entendre.

— Oh! êtes-vous Cuddie ou ne l'êtes-vous pas? s'écria-t-elle, mettant sa main devant la chandelle pour regarder plus fixement.

— Oui, je suis Cuddie, répondit tristement l'individu en escaladant la fenêtre; mais il est étrange, Effy, que vous ayez si peu d'empressement à recevoir votre propre frère dans votre propre maison.

Tout cela était dit d'un ton si différent de celui qu'avait autrefois Cuddie, mais si semblable à celui de sa mère, qu'Effy ne conserva plus de doute.

Elle lui fit une multitude de questions : — d'où venait-il? — quand était-il arrivé? — revenait-il tout à fait pour suivre son ancienne profession? — son père était-il aussi de retour?

Cuddie ne répondit à aucune de ces questions et se contenta, quant à présent, de lui demander de l'aider à entrer dans la maison quand l'oncle Christophe serait couché. Or, il devait être de retour dans cinq minutes; il n'y avait donc pas de temps à perdre pour convenir de leurs petits arrangements.

— Mais vous ne partirez pas sans m'avoir parlé, sans m'avoir regardé autrement que cela, mon cher Cuddie.

— Ma foi, Effy, je ne suis pas venu ici pour voir l'oncle Christophe, je vous assure; il était là murmurant ses prières pendant la nuit où j'ai été enlevé, et n'a pas seulement remué un pied pour me secourir. Qu'il se vante d'avoir sauvé je ne sais combien d'âmes, il en a perdu une, c'est ce dont je peux l'assurer; et si jamais je le rencontre, ce qui ne sera que par hasard, je ne manquerai pas de le lui dire.....

— Le voilà, s'écria Effy, entendant le bruit de la chaîne de fer qui attachait son bateau.

Cuddie sortit aussitôt par la porte de derrière, demandant à être admis de nouveau aussitôt qu'on pourrait supposer que son oncle dormirait, moment qui ne se fit pas attendre, Effy ayant été ce soir là sobre de discours ou d'observations qui eussent pu porter le vieillard à rester longtemps, après avoir pris son verre de grog et fumé sa pipe.

Aussitôt que Cuddie fut rentré, la première chose qu'il fit fut de prier sa sœur de vérouiller la porte au bas des escaliers et de mettre quelque chose devant les deux fenêtres, disant qu'il se tiendrait dans l'ombre jusqu'à ce que cela fût fait. Effy lui fit observer timidement qu'il ne fallait pas voiler la fenêtre de devant qui donnait sur la rivière, parce qu'il n'était pas assez tard pour qu'un voyageur n'eût encore le droit de demander à être passé. Ce fut une raison de plus, et il insista pour qu'elle pendît son châle devant la croisée.

— Si vous voulez savoir pourquoi, lui dit-il à voix basse, c'est que je suis déserteur. — Silence ! pas un mot, vous seriez la cause de ma mort, comme Adam a failli l'être ce matin.

— Est-ce que vous ne voulez pas vous asseoir? dit Effy — du ton dont elle aurait parlé à un habitant de Bedlam qui se serait introduit chez elle.

— Effy, vous aviez coutume de dire ce que vous pensiez et tout ce que vous pensiez. Est-ce que vous seriez changée aussi, vous? allons, dites-moi ce qui se passe dans votre âme.

— Il se passe que je crois rêver. Je ne sais si vous êtes Cuddie ou un fantôme de mon imagination. Cuddie, vous avez toujours été ce que j'ai le plus aimé au monde, après Walter. Je vous regardais comme l'orgueil et l'espoir de la famille, et chaque fois que je me suis réveillée en sursaut, depuis quatre ans, ça été pour avoir rêvé que je vous voyais saisir au milieu de la nuit, et surtout vous laisser glisser le long d'un câble. Les plus mauvais moments que j'aie passés depuis que vous êtes parti ont été ces moments entre le sommeil et la veille, quand je vous voyais devant moi, abattu, fatigué, et que je ne pouvais parvenir à vous faire sourire. Oh ! je n'aurais jamais cru que vous dussiez en venir là, et maintenant, maintenant, dit-elle d'une voix entrecoupée par les sanglots, maintenant vous savez ce que je pense.

Cuddie se jeta à terre, mit sa tête sur les genoux de sa sœur, comme souvent il l'avait fait dans ses petits chagrins d'enfant, et pleura si abondamment qu'elle ne put jamais obtenir de lui qu'il la regardât tout à fait.

— Vous n'êtes pas trop changé, dit Effy, s'efforçant de paraître moins triste ; vous n'avez pas cette figure ronde, ce teint de matelot basané avec lesquels je croyais que vous nous seriez revenu ; je crains bien plutôt que vous n'ayez souffert de la faim. Cependant votre cœur est toujours le même.

— Non, non.

— Oh si fait, si fait. Mais vous avez connu le besoin depuis quelque temps, vous êtes découragé. Je crains beaucoup que vous n'ayez connu le besoin.

— Ce n'est pas cela qui m'a abattu, Effy, j'ai le cœur tout à fait brisé.

— Ne dites pas cela, oh ! ne dites pas cela. Nous devons supporter tout ce que la Providence nous envoie.

— Mais ce n'est pas la Providence qui m'a fait ce sort, c'est mon roi et mon pays, s'écria Cuddie bondissant sur ses pieds, la rougeur abandonnant sa figure pour faire place à une pâleur mortelle. Si ç'avait été la volonté de la Providence que je dusse perdre un membre, je serais revenu avec des béquilles dans mon pays, mais le cœur ferme, et nul de vous n'eût entendu de ma part un mot amer. Si la foudre de Dieu m'avait aveuglé, j'aurais pris exemple de Tim, et je n'aurais pas maudit le ciel ; si la fièvre m'avait frappé dans mon hamac, je serais resté un homme jusqu'à la fin, quand bien même j'aurais su que mon cadavre aurait dû être jeté à la mer avant la nuit. Mais d'avoir contre soi son roi et son pays, il y a de quoi briser le cœur quand on était habitué à les aimer tous les deux.

— A coup sûr, mais que vous ont-ils faits ?

— Des choses que je ne me crois pas obligé de supporter, comme si elles m'étaient arrivées par la volonté de la Providence, et non en opposition à cette volonté. Mon roi m'a fait enlever comme si j'eusse été un esclave nègre, il m'a arraché à tous ceux que j'aimais et à la profession de mon choix, et puis, quand j'avais peu de cœur à la nouvelle tâche qui m'était imposée et bien des pensées amères pour m'en détourner et

m'aigrir le caractère, la seconde chose qu'ils m'ont faite ça été
de me donner le fouet. Qu'est-ce qui vous surprend là-dedans ?
ne savez-vous pas que la presse entraîne le fouet. Enlevez un
homme comme un esclave, il vous faudra d'abord le fouetter
comme un voleur, et puis le pendre comme un chien. Oui, ils
m'ont fouetté, et ma tête est demeurée courbée sur ma poitrine depuis que des yeux de mépris se sont attachés sur moi.
Ce matin mes propres compatriotes m'ont donné la chasse ;
oui, beaucoup de ceux que je connaissais et que j'aimais,
quand personne n'osait me regarder avec mépris. Mon pays
n'a plus qu'une chose à me faire, c'est de me tuer le plus tôt
possible pour avoir déserté.

— Ainsi, grâce à Dieu, vous ne pensez pas du moins à vous
tuer vous-même, s'écria Effy.

— Non ; j'en ai été tenté bien souvent, depuis la première
nuit, quand je me suis laissé glisser le long d'un câble, ainsi
que vous venez de le dire, jusqu'à ce soir même, quand je me
suis tenu accroupi sur le bord d'un puits abandonné, et que
j'étais bien près de m'y précipiter. J'essaierai de ce que l'on
peut faire en allant dans un pays où il n'y a pas de roi, et où
l'on peut oublier qu'on a eu une patrie. Il n'y a pas de saint
dans les cieux qui puisse me faire leur pardonner, mais il y a
moyen de les oublier, et c'est ce que j'essaierai en Amérique.

— Alors nous perdrons le meilleur des frères ; ma mère,
l'enfant sur lequel se reposait sa pensée, au milieu de toutes
ses infortunes, et le roi un serviteur qui lui eût été utile dans
la guerre.

— Qu'importe le roi, s'il ne sait pas mieux comment attacher
ses sujets à son service.....

— Silence, Cuddie ; vous, un marin, parler ainsi de votre
roi !

— Je ne suis pas marin maintenant ; cependant disons mon
pays, si vous aimez mieux. Si mon pays ne sait pas comment
se faire servir autrement qu'en faisant des esclaves de ceux
qui étaient nés libres, qu'il fasse comme il voudra, quand ils
l'auront abandonné pour se tourner contre lui. Les devoirs
d'un homme cessent dès qu'on lui enlève ses droits naturels ;

mon devoir a cessé quand on m'a enlevé par la tête et par les
pieds, pour, d'un brave garçon que j'étais, faire de moi un
homme à l'âme basse.

— Non, oh non !

— Si fait, si fait, vous dis-je ; mais quelque misérable que
je fusse devenu, cela ne leur donnait pas le droit de me dés-
honorer. Cette horrible punition du fouet, quelques-uns eussent trouvé peut-être moyen de la justifier, si j'étais entré de
mon plein gré au service ; mais comme je ne l'avais pas fait,
ils n'avaient pas plus le droit de me fouetter, que ce charlatan
de la foire n'a celui d'exciter avec l'aiguillon le lion qu'il a
pris jeune au piège. Si ce lion pouvait jamais étendre une
patte pour se venger, à coup sûr ce n'est pas moi qui prête-
rais secours à la brute humaine qui le tyrannise.

Effy était confondue ; elle cherchait un argument pour arrêter son frère dans cette façon de parler, elle n'en trouva pas
dans la Bible, et se rejeta sur le pardon chrétien des offenses.

— Il y a certainement une différence entre le lion et moi,
dit Cuddie. Le livre saint n'existe pas pour lui ; moi j'essaierai
de me le rappeler jusqu'à ce point, que je ne lèverai pas le
bras contre mon pays, et que j'irai là où je pourrai peut-être
apprendre à l'oublier. Je ne le saurais faire ici, Effy ; — non,
quand bien même ma vie serait en sûreté ; mon pays perd un
membre solide de corps et d'une âme courageuse, moi je perds
tous ceux pour lesquels j'avais vécu jusqu'ici, mais c'est là
que s'arrêtera le mal pour moi.

— Oui, pour vous, mais combien de serviteurs le pays ne
perd-il pas de cette manière ? Je crois que quelque démon, au
service des ennemis de notre pays, vous a bandé les yeux et
endurci le cœur, et fait de vous un triste sujet d'étonnement
pour les races futures. Les hommes croiront-ils une histoire
comme la vôtre, — comme celle de mon père, — dans cent
ans d'ici ?

— Oui, ils le croiront aisément, parce qu'ils regarderont le
service tel qu'il est aujourd'hui, et qu'ils compareront les
choses d'aujourd'hui avec ce que j'espère qu'elles seront alors.
Ils verront qu'à notre époque les matelots du commerce sont

payés plus qu'ils ne devraient l'être, parce que ceux du roi ne le sont pas assez, et qu'on les soumet à des violences brutales. Si dans cent ans, comme je l'espère, l'un des deux services est aussi désirable que l'autre, et celui du roi peut-être plus que celui du commerce, on verra nos matelots charbonniers former une escadre entière au premier appel, et l'on comprendra que s'il en était autrement de nos jours, c'est qu'il y avait une cause épouvantable de désaccord entre le roi et ses matelots.

— Il semble en effet que le peuple anglais ne manque pas d'amour pour son roi, quand quelque cause étrangère ne vient pas l'empêcher de s'y livrer, et nous entendons rarement se plaindre du service ceux qui y sont entrés volontairement.

— Il y a peu d'état qu'on aimerait davantage, si tout s'y passait loyalement. Outre l'honneur de repousser l'ennemi et la gloire de contribuer à protéger son pays, il y a tant d'aventures et de si variées, tant de centaines de milliers d'yeux qui vous regardent, que le service naval de Sa Majesté offre beaucoup de charme. Mais l'honneur n'est qu'une déception quand le cœur n'y est pas, et qu'importe la variété des aventures pour celui dont on peut bien transporter le corps çà et là, et dont l'âme, comme un fantôme triste et inaperçu, siège toujours au coin du foyer domestique ?

— Celui qui sert volontairement a sans doute pourvu auparavant au sort de ceux qu'il laisse derrière lui, en sorte que lorsqu'il pense à eux, leur souvenir doit le ranimer et ne le décourager jamais.

— Oh ! si vous voyiez la différence qu'il y a entre les volontaires et certains esclaves comme moi, — comme les premiers s'impatientent contre le capitaine, jusqu'à ce qu'il se mette franchement à la poursuite de l'ennemi, comme les autres voudraient toujours voir le vaisseau enchaîné au rivage, pour avoir une chance de s'en échapper et d'oublier leurs disgrâces présentes, dans le danger d'un reproche plus grand ; vous verriez comme les volontaires sont plus patients à faire le quart et plus courageux dans la bataille.

— Il est certain que je me soucierais moins de déployer de

la bravoure dans un danger où je serais jeté contre ma volonté, que dans celui que j'aurais affronté volontairement. Je serais toujours disposé à m'enfuir dès que je le pourrais.

— Mon désir était tout le contraire, Effy; et pour mettre un terme à ma misère, je me serais fait tuer si je m'étais trouvé dans une bataille après avoir été fouetté. Mais les batailles où je me suis trouvé ont eu lieu avant, et, si je ne me conduisis pas tout à fait comme un lâche, je n'eus pas le courage de me battre comme un homme libre. Mon sang et mon ardeur se refroidissaient au souvenir de cette nuit où l'on m'avait arraché au sommeil pour défendre les autres, quand j'étais moi-même sans défense.

— S'il en a été ainsi de vous, — vous qui étiez toujours parmi les enfants le premier, quand il fallait passer devant le taureau du voisin Topham, — vous qui étiez toujours prêt à descendre dans les endroits douteux de la mine, quand personne autre ne l'osait, — vous qui avez retiré du courant ce soldat qui allait s'y noyer, — s'il en a été ainsi de vous, qu'en est-ce donc pour ceux qui n'étaient pas naturellement aussi braves? Mais, Cuddie, asseyez-vous tranquillement, et dites-moi, comme autrefois, quand il s'agissait de vous punir pour avoir été chercher des nids, dites-moi de quoi est-ce qu'on vous blâmait à bord du vaisseau du roi?

— De quoi on me blâmait! eux!...

— Oui, oui, je sais ce que vous pourriez dire pour votre justification; mais encore, que vous reprochait-on?

— Tout le temps que j'y ai été je n'ai rien fait bien. Quoi que je fisse, je ne pensais qu'à une chose, à me sauver. — Toujours la même idée, que je fusse de quart, que je fusse au milieu de la bataille, ou que je cachasse ma tête sous la couverture après le châtiment de chien que j'avais reçu. Il y en avait assez pour me fouetter, quand on ne se serait occupé que de la manière dont je servais.

— Vous qui faisiez si bien tout ce que vous entrepreniez, depuis le temps où vous étiez enfant! Mais votre fuite, vous y avez déployé de l'adresse au moins?

— Il y en a beaucoup qui y parviennent malgré toutes les

précautions qu'on prend contre la désertion, et le châtiment
dont on la punit.

— Mais ce châtiment ne peut pas toujours avoir lieu ; autrement, puisqu'il y en a tant qui désertent, on ne ferait que
mettre des hommes à mort.

— Mais oui, puisqu'il y a cinq mille matelots et quatre mille
soldats qui ont déserté depuis deux ans, si on les eût tous exécutés, c'eût été un spectacle sur lequel les hommes n'auraient
pas voulu que les anges jetassent les yeux.

— Mon Dieu ! mon Dieu ! représentez-vous tous ces malheureux devant un juge, plaidant, pour leur excuse, qu'on les a
arrachés de leur foyer, et que l'attachement au foyer a été la
cause de leur désertion.

— Représentez-vous les plutôt devant le tribunal de Dieu,
et dites alors dans quel plateau de la balance se trouverait le
crime.

— Oh ! je crois que devant ce tribunal, on n'oserait guère
porter aucune des querelles qui viennent de la guerre, quelque
bruit glorieux qu'on en fasse sur la terre ; je crois que là-haut
on serait bien aise de passer sous silence tout ce qui s'y rapporte.

— Oui, si on le pouvait ; mais comment le pourrait-on ? Comment expliquerai-je, moi, que mon caractère, autrefois si ai-
mant, se soit altéré, que j'aie pris des habitudes de paresse,
moi qui aimais tant le travail ; que ma vie ait été si courte, si
nuisible aux autres, quand elle devait être longue et utile ; que
ma mort ait été effrayante comme une éclipse, quand elle eût
pu être douce et calme comme un coucher de soleil d'été ? Comment pourrai-je expliquer tout cela, sans dire qu'on m'a envoyé
à la guerre sur la mer ? Pourquoi me regardez-vous ainsi, Effy ?
Je ne puis supporter qu'on me regarde fixement.

Effy avait souvent essayé de se représenter la figure et la
démarche de personnes condamnées à mort, mais jamais elle
n'avait rien imaginé d'aussi épouvantable qu'elle le faisait en ce
moment que ce sort paraissait devoir être celui de son frère
bien aimé. Le voir étendu mort devant elle n'eût pas été plus
étrange que de contempler sa figure ordinaire, sa voix accou-

tumée, et de penser que ce mouvement, que ce son pouvaient
être éteints d'un instant à l'autre, tandis que la partie pensante
flotterait entre ce monde et l'éternité, non pas avec le calme
d'une âme qui obéit parce que son créateur la rappelle, mais
avec la douleur amère d'une âme qui fuit sous la tyrannie de
l'homme. Effy avait vu son frère attendre la mort dans une
grande maladie, et ce qu'elle avait vu alors la faisait frémir,
en regardant l'œil hagard et les lèvres gonflées de son frère,
qui semblaient lui dire qu'il n'était plus aussi religieux qu'autrefois, aussi humble, aussi fort, aussi confiant en Dieu, aussi
soucieux de ceux qu'il laisserait après lui.

— Non, non, Cuddie, vous ne prétendez pas dire que, tel
que je vous vois, vous courriez sitôt un danger de mort.

— Pardonnez-moi, et la preuve c'est qu'il faut que vous
m'aidiez à m'échapper à l'instant même, ou que vous vous
résolviez à me voir mener à la mort dès demain matin. Je vous
déclare que j'ai manqué être pris ce matin ; n'eût été un ami
plus prudent qu'Adam, qui m'avait appelé tout haut par mon
nom, je serais mort à ce moment-ci. Cet ami dit autour de lui :
« Un pauvre déserteur, un pauvre déserteur. » La foule s'en-
trouvrit pour me faire passage, et se referma sur les ennemis
qui me poursuivaient ; on dit ensuite que ce n'était rien qu'un
petit voleur qui se sauvait. C'est ainsi que l'ai échappé cette
fois.

— Et c'est ainsi que vous l'échapperiez encore. Dieu ne veut
pas laisser périr des hommes comme vous.

— Ma foi je ne l'essaierai pas en restant ici plus longtemps. Dieu me pardonne, mais je ne peux pas, je ne veux pas
mourir sitôt.

— Paix, paix ! que dirait mon oncle Christophe, et que
diraient tous ses dévôts, s'ils vous entendaient parler ainsi ?

— Ils pourraient dire que lorsqu'un homme a la présomp-
tion de déclarer à un autre qu'il va mourir à son ordre, pour
un crime d'invention humaine, cet homme peut lui répondre :
Non je ne mourrai pas pour une pareille cause, et faire tout
son possible pour ne pas mourir en effet. Et moi, c'est pour cela
que je vous quitte immédiatement.

— Notre pauvre mère !

— Ne lui dites pas que je sois venu ici ; elle croirait toujours entendre les pas de ceux qui me donnent la chasse, elle se figurerait m'entendre rendre l'âme au milieu de la nuit. Laissez-lui croire que je me bats honorablement comme un honnête volontaire, jusqu'à ce que vous entendiez de nouveau parler de moi.

— Pouvez-vous être si près de notre mère, et cependant.....

— Oh ! oui, je peux faire bien des choses dont, quand je suis parti, vous auriez bien juré que j'étais pour toujours incapable. Vous ne savez pas, j'en suis sûr, ce que c'est que d'apprendre à ne plus se soucier de ceux qu'on a le plus aimés, d'apprendre à passer devant la maison d'une mère et de n'y pas entrer quand on se prépare à chercher un autre monde.

— Cuddie, qui vous a donc porté à venir me voir ?

— Que diriez-vous si c'était pour que Walter me donnât une redingote qui me déguisât, et vous des aliments qui me dispensassent de parler à personne sur la route ?

— Je ne croirai pas un seul mot de votre histoire si vous osez mentir comme cela, dit Effy, tout en se levant cependant pour voir ce que son humble hospitalité pouvait fournir. Toutefois, je croyais qu'outre notre mère, il y avait encore des gens dont vous auriez cru qu'il valait la peine de vous informer.

— J'ai vu votre mari et les autres aujourd'hui, excepté l'oncle Christophe que je vais aller voir maintenant, et il prit le chandelier pour monter l'escalier. Sa sœur l'arrêta avec énergie pour lui demander s'il était bien vrai qu'il eût vu son mari.

— Oui, je l'ai vu; quant à Adam, je ne l'ai vu que trop comme je vous l'ai dit, et Tim, pauvre enfant ! il était en train de dire à Walter qu'il venait d'entendre ma voix. Walter lui donnait une foule de bonnes raisons pour lui prouver que cela était impossible. Cependant j'étais debout précisément derrière lui, et Tim aurait pu me voir, si.... Comme il a grandi, cet enfant ! et quel heureux caractère il paraît toujours avoir !

— Et sans amertume, Cuddie, malgré l'infirmité dont il est

affligé. Nous pouvons prendre leçon de lui, car son contentement n'est pas celui d'un enfant qui ne saurait pas de quelle
jouissance il est privé. Il me parle quelquefois de ce qu'il se
rappelle, de la verdure des champs, de la rivière bleue, de
l'éclat des nuits étoilées, et si les choses sont plus belles dans
son souvenir que nous ne les voyons nous-mêmes, ce n'est
qu'une preuve de plus de la grandeur de sa patience. Oh! oui,
nous pouvons prendre leçon de lui.

— Quand je l'ai vu assis, d'un visage si tranquille, l'oreille
attentive pour apprendre ce qui se passait autour de lui, je me
suis rappelé le jour et la nuit qui suivirent son accident,
quand il s'agitait et se tourmentait dans son lit, comme si
c'était notre faute de ce qu'il ne pouvait pas voir quels voisins
c'était qui venaient demander de ses nouvelles, et distinguer
quand il faisait jour et quand il faisait nuit.

— Oui, c'était avant qu'il n'apprît à connaître tout le monde
à la voix, et distinguer par le toucher général quand le soleil
est ou non sur l'horizon. C'était vous, Cuddie, qui vous asseyiez
près de lui et le consoliez chaque fois que vous pouviez vous
arracher à vos travaux. Avez-vous pensé à cela aussi, Cuddie,
quand ce matin vous avez vu cet enfant?

Cuddie saisit le chandelier de nouveau et se dirigea vers
l'escalier.

— Tim se rappelle les soins que vous lui avez donnés, et il
ne les oubliera pas quand vous ne serez plus son frère et son
compatriote. Il n'apprendra jamais de moi que vous soyez
venu ici et que vous en soyez parti sans poser votre main sur
sa tête et un baiser sur son front.

— Mais il y aura encore Adam, outre Walter et vous, pour
prendre soin de lui.

— Et vous aussi, quand la guerre sera finie. A coup sûr
vous reviendrez, vous travaillerez de nouveau sur cette rivière,
vous vous montrerez de nouveau dans le vieux port quand on
ne poursuivra plus les déserteurs et qu'on aura mis un terme
à la presse.

— Jamais; je me ferai complétement Américain. Le roi
Georges ne m'aura plus pour sujet ou serviteur, et s'il m'a

pour ennemi, en venant faire la guerre pour l'Amérique, il peut en remercier ses presseurs — non pas seulement à cause de moi, mais à cause de milliers d'autres qui cherchent un foyer à bord des vaisseaux étrangers, parce que la marine anglaise n'a jamais été pour eux qu'une prison.

Cuddie demeura quelque temps à l'étage supérieur, tandis qu'Effy se hâtait de faire un paquet des provisions qu'elle pouvait avoir à la maison. Bien que son frère affectât un visage indifférent quand il descendit, elle crut y apercevoir des signes d'émotion récente.

— Vous ne l'avez pas insulté dans son sommeil, j'en suis sûre, Cuddie, vous ne lui avez pas fait entendre des paroles de mauvais vouloir.

— Non, c'est lui qui le premier m'avait enseigné l'histoire de l'enfant prodigue, laquelle, par parenthèse, m'est revenue à l'esprit, en apercevant sa bible auprès de lui. En outre, je ne le reverrai plus. — Maintenant, il faut que je me hâte de traverser l'eau. Il vaudrait mieux qu'on retrouvât le bateau de l'autre côté demain matin. Ceux qui me donnent la chasse viendront me chercher ici, il ne faut pas qu'on vous trouve aidant et favorisant ma fuite. Vous avez l'oncle Tobie pour témoin que je n'ai pas paru ici, et si par hasard il venait à se réveiller pendant que vous seriez absente...

— Chut ! il est réveillé ; entendez-vous ses pas au-dessus de notre tête ?

Cuddie et son panier de provisions avaient franchi le seuil de la maison ; la porte était refermée, et Effy, penchée sur son ouvrage, comme si de rien n'eût été, avant que la tête de l'oncle Christophe, couronnée d'un bonnet de nuit, se présentât au haut de l'escalier.

— Il me semblait que j'avais entendu Walter, dit-il, il me semblait que Walter était revenu.

— Walter ne doit pas revenir avant demain midi, mon oncle.

— C'est vrai; mais j'ai rêvé pendant des heures entières à des gémissements pénibles, aux gémissements pénibles d'un homme près de moi. Quand je suis sorti de ce rêve, j'ai aperçu de la lumière dans la chambre d'en bas ; il m'a semblé entendre reparler à voix basse ; je me suis levé, habillé en partie et me voilà.

— Et voilà que vous me trouvez finissant précisément mon ouvrage. Je m'étais fait une tâche avant d'aller me coucher.

— Ne tardez pas plus longtemps à le faire, ou si vous devez veiller, mieux vaudrait occuper votre veille à des choses pieuses.

Effy songea à l'époque où l'oncle Christophe passait la moitié de ses nuits à perfectionner l'invention qui lui avait permis de s'entourer de bon nombre de conforts charnels. Elle répondit simplement qu'elle avait travaillé pour son mari et qu'il ne lui restait plus qu'à enchaîner le bateau.

— Quoi ! cela n'est pas encore fait ? j'ai entendu le bruit de la chaîne tout à l'heure ; la porte n'est pas non plus encore verrouillée ; vous êtes une femme plus brave que votre mère, mon enfant.

Effy dit qu'elle ne connaissait rien qu'elle dût craindre. Son oncle craignait les rhumatismes ; il se hâta donc de retourner dans son lit avant qu'elle ne descendît vers le bateau avec sa lanterne.

Cuddie appuyait la rame pour s'éloigner du rivage, et ne voulut pas prendre garde au signe qu'elle lui faisait d'arrêter ; elle posa sa lumière sur le rivage, saisit l'extrémité du bateau de ses deux mains, et sauta dedans, au risque de prendre un petit bain. Elle ne lui eût jamais pardonné d'être parti sans lui avoir dit un dernier adieu. Ni l'un ni l'autre ne parlèrent pendant la traversée, et il était nécessaire qu'ils se hâtassent, quelques lumières qui se montraient à distance sur l'eau, indiquant l'approche de ceux qui pouvaient être des ennemis. Le vent était froid, la lune nouvelle commençait à disparaître ; quelques étoiles qui restaient encore en petit nombre brillaient d'une lumière pâle et jaunâtre à travers l'obscurité du ciel. Effy avait senti la main de Cuddie froide et humide quand il lui avait abandonné la rame ; elle n'avait jamais essayé auparavant de tromper qui que ce fût, et elle craignait de rencontrer le lendemain matin le regard de l'oncle Christophe,

autant que si elle fût sortie la nuit pour aller piller ou incendier
des maisons voisines. Il se passerait bien des heures avant
qu'elle ne pût raconter à Walter ce qui était arrivé, et d'ici là
combien de fois ne pouvait-elle pas entendre quelqu'un de ses
parents ou de ses voisins parler de Cuddie, combien de fois ne
lui faudrait-il pas paraître n'en pas plus savoir qu'eux. Et puis
tôt ou tard la nouvelle viendrait à sa mère, que Cuddie était
un criminel fuyant pour sauver sa vie. Effy était bien malheureuse.

— Cuddie, vous ne partez pas sans me dire un mot, s'écria-
t-elle, le voyant se tourner pour sortir du bateau dès qu'il eut
atteint le rivage.

Il partit sans lui dire un mot, car les mots ne voulaient pas
venir, mais non pas sans lui donner quelques consolations ;
l'agonie de son dernier embrassement soulagea le cœur de sa
sœur qu'un adieu plus léger eût brisé tout à fait. Elle se nourrit
de cet embrassement avec une étrange satisfaction en repassant
la rivière, quand elle ferma sa porte, quand elle éteignit sa
lumière pour pleurer dans l'obscurité jusqu'au jour, quand elle
raconta cette histoire à son mari, quand, longtemps après, ils
apprirent la perte de Cuthbert Eldred naufragé avec le reste de
l'équipage d'un navire américain, et quand, dans les années
suivantes, elle s'entretenait avec Tim de Cuddie, qui était sa
meilleure garde, son meilleur compagnon de jeu, le frère le
plus généreux, le plus brave jeune homme qui eût jamais
promis de devoir être l'honneur de sa profession et le défenseur
de son pays au jour du danger.

CHAPITRE VII.

Le retour.

Le lendemain on eut des raisons suffisantes de s'expliquer le désir violent qu'avait témoigné mistress Eldred que Tim accompagnât son beau-frère à l'ouverture de la Deep Cut. Quand Walter voulut le lui ramener, il ne la trouva ni à son ouvrage ni chez elle; le cottage était fermé, une voisine obligeante sortit et remit à Walter une lettre dont elle s'était chargée pour lui. Mistress Eldred avait depuis quelque temps trouvé de la difficulté à se nourrir et à entretenir son fils aveugle. Voyant qu'elle-même et toute sa famille, à l'exception de sa fille, avaient été appauvries d'une manière ou d'une autre par des obstacles apportés à leur industrie, elle se résolut à faire ce que jamais elle n'eût fait si on eût laissé cette industrie libre ; elle avait sollicité son admission dans une aumônerie (*alms-house*), soutenue par la charité vantée d'une corporation qui causait infiniment plus de maux qu'elle n'en soulageait. Elle avait soigneusement caché ce secret à Walter et à sa femme, sachant tous les efforts qu'ils auraient faits pour préserver un esprit aussi noble que le sien de recevoir une dégradante charité. Elle déclarait que, bien que ce fût à ses yeux une grande infortune, ce n'était pas une dégradation, puisque la profession des charbonniers était entravée par une corporation de Londres, ce qui la privait d'ouvrage. Puisqu'une corporation plus voisine empêchait son fils aîné de porter son travail sur le marché le plus avantageux, il lui semblait qu'il était juste que les fonds d'une corporation la soutinssent et qu'elle recevrait ce secours sans se tenir pour obligée jusqu'à ce que l'on rendît à sa famille la disposition libre de son industrie. La honte du costume particulier des indigents qu'elle allait porter dorénavant, ainsi que Tim, devait retomber sur ceux qui l'avaient empêchée de gagner des vêtements plus honorables. Elle espérait, disait-elle en terminant, que son fils et sa fille ne prendraient pas trop à cœur cette affreuse nouvelle.

Il paraît que mistress Eldred avait expliqué tout cela en détail, mais non pas froidement, à M. Milford le chirurgien, qui avait discuté la chose avec elle, sans essayer de nier qu'on ne fût intervenu dans l'exercice de l'industrie de sa famille ; mais il soutenait que cette intervention avait été faite à bonne et non pas à mauvaise intention. M. Milford était partisan des corporations ; l'un de ses frères, qui n'était à peu près propre à rien, et qui longtemps avait été à sa charge, venait tout à coup d'être pourvu d'un bénéfice ecclésiastique par une corporation. Lui-même était encore en possession de la place de chirurgien dans Trinity-House, pour laquelle nous l'avons vu solliciter le patronage de M. Vivian. Il disait que le gouvernement avait, contre l'opinion qu'il entretenait à cette époque, fait une bonne chose en autorisant la compagnie qui avait ouvert la Deep Cut. Chacun savait combien de cordages on y manufacturait et combien plus on aurait eu besoin d'en faire. Quand on lui parlait des obstacles qui s'opposaient à ce qu'Adam y transportât son industrie, il approuvait les arrangements en vertu desquels Adam serait nourri comme indigent dans sa ville natale, au lieu d'être abandonné à des charités accidentelles.

Il insistait beaucoup sur la prospérité de Christophe — sur la bienveillance et l'utilité de l'intervention du gouvernement pour lui assurer la récompense de son invention, et le mettre à même d'assister puissamment sa famille, si cela lui conve-

nait. Mistress Eldred ne faisait pas un reproche au gouvernement de ce que Christophe ne paraissait pas plus disposé à se
défaire de ses richesses mondaines, que s'il en avait fait autant de cas qu'il affectait de les mépriser. Il n'en était pas
moins vrai que si l'oncle Christophe avait sans cesse l'économie à la bouche, c'est qu'il s'attendait que son invention serait
contrefaite et que ses gains diminueraient, même quand il ne
se trouverait pas enveloppé dans des procès pour la défendre.
M. Milfort ne rencontrait pas d'opposition quand il vantait le
principe des brevets d'invention, et qu'il ajoutait que le temps
pourrait amener des améliorations dans la pratique; mais
Mistress Eldred ne voulait pas convenir qu'il fût juste qu'Adam
eût d'abord été tenu dans l'oisiveté par un apprentissage ab-
surdement long, et puis par la gêne d'une corporation.
Elle ne voulait pas non plus se montrer aussi reconnaissante
pour les charités dont elle allait être l'objet, que le chirurgien
pensait qu'il eût été de son devoir de le faire. Bien obligée de
leurs charités, disait-elle; ils peuvent bien nous distribuer des
milliers de livres sterling par an, puisqu'ils nous empêchent
d'en gagner bien davantage. Les journaux devraient garder le
silence sur ces générosités des corporations, car les corps,
comme les individus, doivent être justes avant d'être généreux, et il y a peu de justice à lier les bras d'un homme, avec
quelque générosité qu'on lui mette ensuite de la nourriture
dans la bouche.

Walter et sa femme eussent bien voulu prendre chez eux le
petit garçon qui semblait avoir peu de goût pour le séjour de
l'aumônerie. Adam aussi depuis deux ans avait de temps à
autre offert de prendre l'enfant avec lui, chaque fois que l'ouvrage le lui avait permis; mais Mistress Eldred ne pouvait se
séparer de Tim, et M. Severn, son constant et affectueux ami,
n'avait pas le courage d'insister pour un sacrifice qui eût laissé
son âme trop dangereusement inoccupée. Quand vint la paix,
on la vit redonner quelques symptômes de son ancienne habitude de se plaindre. Depuis le jour des réjouissances publiques
qui ne lui offrirent aucun charme, elle laissa échapper quelques
expressions qui n'avaient rien d'agréable pour elle-même ou

pour les autres : — Eldred ne paraissait pas en grande hâte
de revenir chez lui. C'était une sottise à elle de l'avoir jamais
attendu. Lui avait-il envoyé un liard depuis qu'il était parti?
On savait qu'il avait changé de vaisseau; était-il venu dans
l'intervalle visiter sa femme et ses enfants? Non, non. On lui
avait dit qu'il y avait beaucoup de charme dans une vie
errante, et beaucoup de gloire dans la marine. Sa famille,
triste et désolée, ne pouvait lui offrir les plaisirs qu'il trouvait certainement dans le service. S'il courait après la gloire
de son pays, il ne reviendrait pas pour s'occuper de son propre
honneur, devoir dont ses malheureux voisins s'acquittaient
pendant qu'il faisait ses caravanes. Elle imposait silence à
Tim, qui essayait de dire que peut-être son père avait cessé de
vivre. Elle ne voulait entendre aucune excuse de la conduite
d'Eldred, de la part d'Effy ou d'Adam, si bien que celui-ci en
revenait à son ancienne habitude de prendre son chapeau et
de s'en aller, et qu'Effy, avec sa franchise ordinaire, lui disait
qu'il lui était pénible d'entendre mal parler de son père. Le
moyen le plus court de calmer Mistress Eldred, c'était de paraître partager son opinion; mais Effy ne pouvait se faire à
cette feinte, même pour le plaisir d'entendre sa mère finir
par donner carrière à tout ce qu'il y avait encore d'affectueux
et de bon au fond de son cœur.

Un jour Effy venait de quitter sa mère, pleine pour elle
d'une compassion sérieuse mêlée de déplaisir; Tim s'occupait
silencieusement de l'art, nouveau pour lui, de faire du filet,
Mistress Eldred se donnait beaucoup de mouvement dans sa
petite chambre pour passer sa mauvaise humeur, lorsque
quelques mots décousus qu'il entendait dans la cour, par la
fenêtre ouverte, firent abandonner son siège à l'enfant.

— Prenez garde, mon garçon, vous allez vous heurter à
cette chaise au milieu de la chambre; ne pourriez-vous me
demander ce dont vous avez besoin?

Tim évita avec précaution la chaise et gagna la fenêtre.

— Ma mère, il y a quelqu'un en bas qui nous demande.

— Cela est impossible; vous ne sauriez distinguer ce que
l'on dit en bas, avec le bruit que je fais ici. — Ce n'est per-

sonne, à moins que ce ne soit Adam. Je voudrais bien qu'Adam
prît mieux son temps pour venir ; il ne se présente jamais que
lorsque je suis fort occupée et que tout est en désordre.

Tim ne put s'empêcher de trouver cela étrange, entendant
sa mère se plaindre toujours de ce qu'Adam venait trop rarement. Toutefois, il ne répondit pas, convaincu que ce n'était
pas Adam qu'il venait d'entendre en bas. Un instant après, il
reprit :

— Ma mère, pourriez-vous venir une minute à la fenêtre,
juste le temps de regarder cette personne qui est dans la cour?

Il y avait dans l'accent de Tim quelque chose qui la frappa.
Au lieu de jeter son plumeau à terre avec impatience comme
il s'y attendait, elle vint silencieusement, mit la main dans
celle de son enfant; de l'autre elle saisit convulsivement l'appui de la fenêtre ; puis, après avoir jeté un coup d'œil rapide,
elle se laissa tomber sur le banc et dit à demi voix :

— Mon garçon, c'est votre père !

Quand Tim n'aurait pas été aveugle, il n'aurait pas reconnu
son père ; au lieu de cet individu à peau noire, à la démarche
lourde, à l'aspect tant soit peu repoussant, qu'il se rappelait,
Eldred était maintenant un matelot au teint basané, à la ja-
quette bleue, avec deux boucles de cheveux tombant négli-
gemment sur chaque joue, avec un petit chapeau qui présentait dans tous ses avantages sa ronde figure, dont l'expression,
un peu voilée maintenant par l'inquiétude, devait être ordinairement la jovialité d'un franc matelot. Il n'y avait guère
que les yeux de sa femme qui eussent pu le reconnaître du
premier coup. Quand elle le vit sur le pas de la porte, elle
éprouva un mouvement d'orgueil, tempéré cependant par
l'humiliation qu'elle ressentait en pensant qu'il la retrouvait
dans une aumônerie.

Quand son paroxysme de joie et de surprise fut passé, ces
sentiments de mortification se donnèrent carrière dans quelques expressions d'étonnement et de déplaisir. Eldred, sa
femme à côté de lui, Tim sur ses genoux, attendant Effy d'un
moment à l'autre, se sentait disposé à ne pas s'irriter de ses
insinuations, bien que peut-être il ne fût plus d'humeur à

les recevoir avec la même soumission qu'autrefois. Il n'avait
pas navigué si longtemps dans le monde entier, il ne s'était
pas battu si longtemps contre les ennemis de son pays, pour
se laisser mener chez lui comme un novice. Il lui était aisé
maintenant de faire le grand homme, ceux qui l'entouraient
étant plus portés à rendre hommage à sa grandeur, qu'à la
critiquer de trop près.

— Vous envoyer de l'argent ! dit-il, mais vous devez bien
savoir que si j'en avais eu, vous l'auriez reçu aussitôt que
j'aurais pu vous le faire passer.

— Vous ne prétendez pas dire que vous ayez travaillé pendant tant d'années pour rien.

— J'ai reçu ma solde à la fin ; mais outre que la paie est bien
moins forte que celle à laquelle j'étais accoutumé sur notre
rivière, le pire est que, pendant tout le temps de la guerre,
nous ne pouvions obtenir notre dû.

— Il y aurait peu de matelots sur nos navires charbonniers,
si on les payait de cette façon-là.

— Et il faudra continuer la presse tant qu'on paiera ainsi
dans la marine royale. Pauvre Cuddie ! souvent je me cassais
la tête à me demander s'il se trouverait ici ou à Londres à mon
retour ; je ne me doutais pas qu'il dût être si loin.

— Mon père, avez-vous jamais reçu le fouet ? demanda Tim,
avez-vous jamais essayé de déserter ?

— Moi fouetté ! moi déserter ! s'écria Eldred, sentant cependant péniblement que l'indignation qu'il témoignait à ces
paroles impliquait un reproche pour son fils chéri, pour son
fils absent. Non, Tim, j'avais un bon vaisseau, un bon capitaine, et...

— Vous étiez allé au service plus volontiers que Cuddie,
interrompit Mistress Eldred, et vous n'avez voulu le quitter
qu'à l'extrémité ; vous avez été fâché de le changer pour votre
maison, et un pauvre bateau sur la Tyne.

— Vous allez trop loin, femme. Le moment de ma vie où
j'ai eu le plus fantaisie de me noyer, ça été, il y a dix-huit
mois, quand on m'a arrêté au moment où j'allais vous rejoindre. Vous n'eussiez pas parlé comme vous le faites de mon

amour pour la marine, si vous eussiez vu comme j'étais furieux
quand on m'a ramené en pleine mer, lorsque dans cinq minutes
j'espérais toucher la terre.

— Que voulez-vous dire, et quand cela ?

— Il y a un an et demi, quand j'ai été pressé une seconde
fois, ainsi que je vous le disais. Je n'ai jamais maudit un navire
français comme j'ai maudit la fatale chaloupe des presseurs qui
nous ont rencontrés et abordés, juste au moment où nous
tournions pour entrer dans le port. Quelques-uns de mes pauvres camarades se jetèrent à l'eau pour gagner la terre à la
nage ; je ne le fis pas, parce que je savais que cela ne servirait
à rien. Il est vrai qu'un ou deux d'entr'eux avaient servi plus
de douze ans sans voir leur famille, et que moi, il n'y avait
pas si longtemps. Mais c'est égal, j'eusse volontiers jeté les
presseurs à la mer avec mon paquet, je haïssais mon paquet
dans ce moment, presque autant qu'eux, parce que j'étais obligé
de le remporter après le plaisir que j'avais eu à le faire pour
me rendre chez nous. Ainsi, ma chère, vous n'avez jamais su
que j'avais été pressé une seconde fois ?

— Non, je ne l'ai pas su, car la loi eût déjà été changée.
J'aurais rassemblé toutes les mères de famille malheureuses
comme moi, nous serions allées sur nos genoux jusqu'en présence du roi, nous ne l'eussions pas laissé que nous n'eussions
attendri son cœur, et obtenu sa promesse de changer la loi.

— Le meilleur de la chose, c'est que la loi du pays est contre
la presse ; elle défend qu'on fasse violence, de quelque manière
que ce soit, à un homme innocent.

— En ce cas, il y a donc une loi particulière qui autorise la
presse ?

— Non ; seulement il y a une liste de ceux qui sont légale-
ment exemptés, — les marins chargés d'un service spécial,
ceux de telles ou telles localités, etc. — De cette liste d'exception, on en infère la tolérance de la presse, et cependant la loi
ne l'autorise pas. C'est ce que j'avais coutume de représenter à
mes chefs dans leurs bons moments, mais cela ne me servait à
rien. Ce sont les gens restés dans les pays qui doivent se donner du mouvement pour faire cesser ce désolant abus. Nous

autres marins pressés, si nous faisons tous nos efforts pour nous rendre aussi heureux que possible, nous sommes sûrs qu'on nous dira : « Eh bien, où est le mal? » Si, au contraire, nous sommes indolents et tristes, comme je crains que le pauvre Cuddie ne l'ait été, et avec de bonnes raisons, on nous méprise, on nous fouette, et puis l'on demande de quelle importance est le témoignage d'un homme qui a été fouetté. — Je suis fâché de voir qu'Adam soit dans une position si incertaine, tantôt occupé et tantôt sans ouvrage. C'est, je crois, la crainte des marguilliers et des commissaires des pauvres, qui l'empêche de se fixer à la Deep Cut.

— Oui, et il a bien raison, s'il ne veut pas s'exposer à la merci du premier marguillier ou du premier commissaire à qui il plaira de le renvoyer dans sa paroisse natale, la première fois qu'il y aura seulement crainte que l'ouvrage ne vienne à baisser. Cette pensée me fait de la peine au moins autant que de voir que M. Severn ne soit toujours que le pauvre vicaire d'Otley, tandis que si chacun était récompensé selon son mérite, — si le troupeau était libre de choisir pour pasteur celui qui lui paraîtrait le plus propre à en bien remplir les fonctions, M. Severn serait l'un des mieux placés, l'un des plus honorés, tandis qu'Otley, si tant est qu'il fût jamais entré dans l'église, attendrait un troupeau au moins jusqu'à ce qu'il fût devenu aussi sage que les enfants qui maintenant sont sous lui, aussi sobre que notre Adam, ce qui, je pense, n'est pas beaucoup.

— Et que dit M. Severn lui-même?

— Il ne parle jamais d'Otley, mais souvent de quelques choses que je voudrais voir détruites. Je déteste le nom même d'une corporation et de toute intervention dans l'exercice de l'industrie humaine, après ce que nous avons souffert.

— Je crois que vous avez tort. Une corporation peut faire de fort bonnes choses, tant qu'elle se tient dans le but de son institution, qui n'est pas d'intervenir sous une forme religieuse ou autre dans l'exercice du droit d'industrie. Mais, par exemple, quand il est désirable que mille hommes parlent d'une seule voix, et que cette voix ait de l'autorité et du retentissement jusque dans les âges futurs, — quand on veut donner une seule responsabilité, une responsabilité immuable à un corps dont les membres doivent changer, je crois qu'une corporation est le moyen de faire un seul être de la réunion d'un grand nombre. Par exemple, quand il s'agit de perpétuer la science, comme dans nos universités, ou d'exercer l'autorité inférieure comme dans nos grandes municipalités. Mais quand les corporations se permettent de favoriser quelques-uns à l'exclusion du plus grand nombre, d'enchaîner tout ce qui ne dépend pas d'elles, je m'en plaindrai aussi énergiquement que vous. — Walter me paraît celui de vous tous qui fait le mieux ses affaires.

— Oui, son jardin n'est plus empesté par la fumée. Ç'a été un beau jour pour lui et pour Effy que celui où il a été permis de vendre du charbon au poids à Londres. Cela a mis un terme au triage et au brûlage. Il est vrai que cela m'a fait tort à moi — mais tout me fait tort. Après cela les choses iront mieux maintenant, continua-t-elle, jetant un coup d'œil de satisfaction sur la figure de son mari.

— Il me semble qu'Effy est bien longtemps à venir, dit Eldred. Combien croyez-vous qu'il vous faudra de temps pour déménager d'ici, une fois qu'elle sera venue ?

— Pour déménager d'ici ? oh ! pas une demi-heure.

— Fort bien, vous pensez que mon intention n'est pas que vous y restiez une heure de plus. Préparez-vous à être encore une fois la femme d'un brave batelier, et laissez cette chambre pour quelque pauvre créature qui.....

— Qui en sera plus reconnaissante que je n'ai jamais prétendu l'être. Mais — si les presseurs....

— Nous n'avons rien à craindre jusqu'à la guerre prochaine, et d'ici là il pourra s'élever dans tout l'empire des clameurs telles que nos gouvernants pourront faire manœuvrer leurs flottes par des hommes et non plus par des esclaves. Il faudra plus d'un jour pour amener ce changement ; mais j'espère que nous serons plus d'un jour aussi avant d'avoir la guerre, et si nous nous y prenons de bonne heure pour dresser notre jeunesse, nous pourrons avoir une marine composée comme jamais marine ne l'a été. La dernière fois que je me suis trouvé

dans le chenal.... Dieu bénisse sa chère âme ! voici Effy !
Walter derrière elle, et son père aussi. Quant à lui, je ne l'attendais pas ; maintenant si seulement nous avions Adam avec
nous....

Il s'arrêta tout court, et pendant ce silence de bien tendres
pensées se reportèrent sur Cuddie.

Tim prit la tête du cortége pour sortir de l'aumônerie, et
jamais aucun de ses habitants n'y laissa moins de regrets que
sa mère. Quant à elle, si son admission ne lui avait inspiré
aucune gratitude, elle n'oublia jamais la honte d'y avoir été
reçue, bien que l'acte immédiat de son entrée eût été le fait de
sa volonté personnelle.

Pour le reste de la famille, loin de perdre à la prospérité
croissante de la Deep Cut, ils en profitèrent tous par la nouvelle
impulsion donnée au commerce. Dorénavant leurs seuls chagrins furent quand des bruits de guerre se répandaient dans le
voisinage. On parlait de fuite et de cachettes au coin du feu ;
on était presque tenté de porter envie à Tim, non seulement à
cause de la vertueuse gaîté qui ne l'abandonnait pas, mais
parce qu'il était assuré contre les périls et les maux de la
presse. Toutefois depuis il n'y a pas eu de guerre, et quand il
y en aura, si tant est qu'il doive jamais y en avoir, désormais
on verra peut-être que la Grande-Bretagne aura assez amélioré
ses ressources, pour rendre les services de ses enfants volontaires et leurs travaux entièrement libres.

LA MER ENCHANTÉE

ou

LES EXILÉS POLONAIS

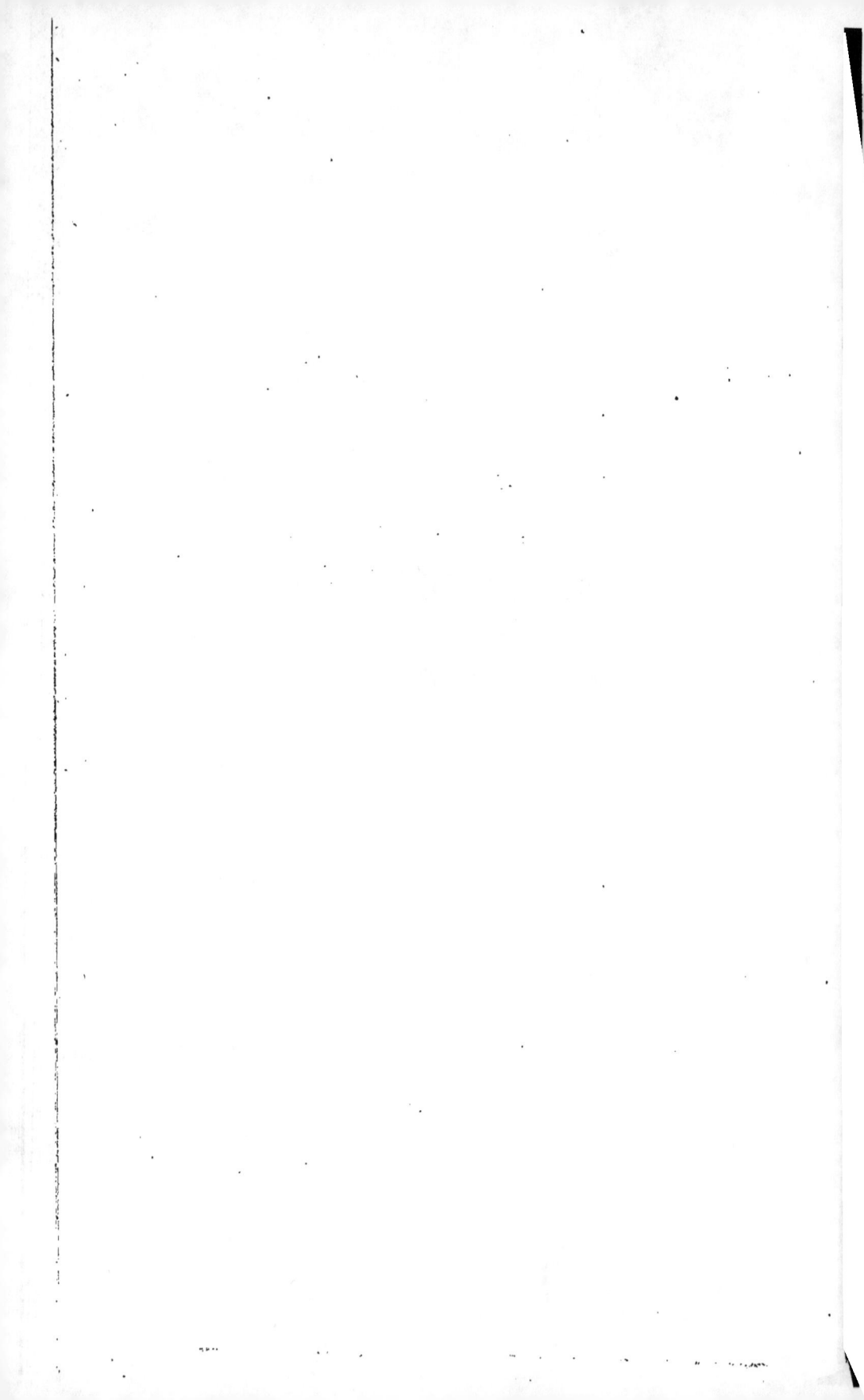

PRINCIPES DÉVELOPPÉS DANS CE CONTE.

L'échange d'une marchandise ou d'une denrée contre une autre, c'est-à-dire l'échange en nature, ou le troc, entraîne une perte considérable de temps et de soins avant que les besoins respectifs des parties échangeantes ne soient satisfaits.

Ce temps et cette peine peuvent être économisés dans les échanges, par l'adoption, comme signe représentatif de la richesse, d'une marchandise convenue, laquelle sert alors de valeur intermédiaire, en ce sens qu'elle est d'abord reçue en échange d'une seconde marchandise, et puis donnée en échange d'une troisième.

Cette marchandise, c'est l'argent (*pecunia*).

Les qualités nécessaires d'une marchandise intermédiaire représentative dans les échanges, c'est qu'elle soit : —

— telle que tous les vendeurs l'acceptent volontiers ;

— capable de se diviser en fractions ou portions convenables ;

— portative, c'est-à-dire renfermant une grande valeur sous un petit volume ;

— indestructible, et peu exposée à varier dans sa valeur intrinsèque.

L'or et l'argent réunissent ces qualités à un degré extraordinaire, et ont de plus l'avantage désirable de la beauté. C'est pourquoi l'or et l'argent ont été jusqu'ici les marchandises choisies pour servir d'intermédiaire et de valeur représentative pour l'échange des autres. Ils sont généralement préparés par une autorité compétente, dans la forme la plus commode, pour éviter à chaque acquisition la peine de vérifier la valeur réelle du signe représentatif.

Dans les États où la quantité d'argent monnayé est illimitée, sa valeur échangeable est, en dernière analyse, déterminée, comme celle de toutes les autres marchandises, par ce que coûte sa production.

Dans les États où la quantité d'argent monnayé est limitée, au contraire, sa valeur échangeable dépend de la proportion dans laquelle se trouve cette quantité par rapport aux besoins.

Dans le premier cas, l'argent monnayé conserve son caractère de marchandise ; et s'il sert de signe représentatif aux autres, il ne le doit qu'à ses qualités naturelles, qui le rendent essentiellement propre à cet objet.

Dans le second cas, l'argent monnayé cesse d'être une marchandise, et devient seulement un gage de transfert ou un signe d'une valeur arbitraire ; et alors ses qualités naturelles, dont nous avons parlé, deviennent d'une importance comparativement petite.   .

La qualité qu'a l'argent de passer de main en main, sans détérioration sensible, supplée, par la rapidité avec laquelle il circule, à l'exiguité de la quantité dans laquelle il a été émis.

La rapidité plus ou moins grande de cette circulation peut faire évaluer la quantité de monnaie émise, et tend, si l'on n'y apporte pas de restrictions, à établir un équilibre entre cette quantité et les besoins.

Quand il existe des restrictions, le degré de circulation de l'argent indique le degré de dérangement introduit parmi les éléments de la valeur échangeable ; mais il n'a pas une influence permanente sur la rectification de ce dérangement.

LA MER ENCHANTÉE

CHAPITRE PREMIER.

Les chants nationaux sur la terre étrangère.

— Ainsi, voilà donc ces montagnes, dit un officier russe à l'un des paysans sibériens armés et préposés à la garde d'une troupe d'exilés qu'on conduisait, les uns pour travailler aux mines de Nertchinsk, les autres pour être attachés au sol, comme serfs, partout où il plairait au gouverneur d'Irkoutsk ; voilà donc ces montagnes qui garnissent la frontière, ces montagnes qui vont donner de l'ouvrage aux ennemis de l'empereur pour en extraire l'or et l'argent qu'elles cachent dans leur sein.

— Oui, voici les montagnes, et au milieu d'elles se trouve la Mer Enchantée, répondit le paysan, sans toutefois se donner la peine de lever les yeux sur les pics qui commençaient à s'obscurcir lentement du long crépuscule du Nord. Cet homme habitait le village voisin, et traversait cette route presque tous les jours, ainsi que ses compagnons ; car, quoique l'officier russe eût accompagné les exilés depuis la Pologne, la garde de paysans changeait de village en village.

1. 29

— Dites aux prisonniers d'avancer et retirez-vous, ordonna l'officier. — Les paysans, qui n'avaient pas cru nécessaire de les surveiller beaucoup dans un pays où la fuite était presque impossible, commencèrent à regarder de combien ils pouvaient être en arrière, et coururent pour forcer les hommes à pied d'accélérer le pas et fouetter le cheval harassé qui traînait la kibitka où étaient les femmes.

Au premier coup d'œil, ces prisonniers offraient tous le même aspect, parce que leur tête était rasée, et que leurs vêtements étaient uniformément grossiers. Il fallait les observer quelque temps pour voir que quelques-uns d'entre eux étaient vieux et les autres jeunes ; pour distinguer les rides de l'âge d'avec celles creusées par la douleur. En y regardant de plus près encore, on pouvait discerner le rang respectif et la qualité de ces hommes qui, extérieurement, se ressemblaient tant l'un à l'autre. Pas un serf sibérien n'avait l'air si fatigué par le travail, ni si abattu par la misère ; mais dans tous les États de l'empire, on n'aurait pu trouver des figures aussi nobles et aussi mâles que le paraissaient celles de ces exilés, quand on les examinait à part des misérables vêtements dont leurs corps étaient couverts.

Les femmes dans la kibitka parurent alarmées à l'ordre d'accélérer la marche. Parmi les hommes, quelques-uns, mus par la curiosité, se mirent à courir en avant, autant que le leur permettait le poids dont ils étaient chargés ; les autres continuèrent le même pas lent et mesuré dont ils avaient marché depuis qu'ils étaient en vue. Ils portaient, de deux hommes l'un, sur l'épaule une barre de fer, aux deux extrémités de laquelle pendait une courte chaîne ; tous gardaient en ce moment le plus profond silence.

— Dépêchez-vous donc ! s'écria le Russe, agitant sa lance avec impatience. Vous marchez comme si vous aviez encore mille milles devant vous ; mais Nertchinsk est là, au milieu de ces montagnes, et nous sommes près du lac où vous devez faire halte pour attendre les ordres du gouverneur à l'égard de quelques-uns d'entre vous.

— Vous ne traverserez pas ce soir la Mer Capricieuse, observa l'un des paysans. Les esprits ne laissent aucun bateau revenir sans accident une fois qu'il est nuit.

— Cela dépend de ceux qui le montent, reprit un autre homme de l'escorte. Vous l'appelez la Mer Capricieuse, d'autres l'appellent la Mer Enchantée. Quelquefois ce lac écume et jette ses eaux à une grande hauteur, quand il n'y a pas un souffle de vent ; d'autres fois, et aussi souvent, sa surface est unie comme un miroir quand les pins agités rompent sur les collines environnantes. Sachez d'abord qui les esprits favorisent et qui ils persécutent ; et alors vous saurez si un bateau pourra traverser en droite ligne, comme un aigle qui retourne à son aire ; ou bien tourner et disparaître dans l'eau, comme un canard édredon qu'une balle a atteint sous l'aile.

— Taisez-vous, esclaves, cria l'officier. Ici, vous autres esclaves ! que je vous entende rendre grâce à l'Empereur pour vous avoir envoyés ici, où l'herbe croît sous vos pas, au lieu de vous avoir confinés au Kamtchatka.

Pour toute réponse, les exilés entonnèrent un de ces chants patriotiques dont ils avaient souvent, dans la route, fatigué les oreilles serviles de leur escorte.

« Notre Pologne est dans le deuil, — elle ne périra pas !
« Le feu de ses bivouacs brûle encore, et le secours est pro-
« che. Son aigle inquiète vole de rivage en rivage, jusqu'à
« ce que les nations se lèvent pour mettre un terme à ses
« pleurs. »

— Misérables ! s'écria le Russe, comment osez-vous abuser de la clémence de l'Empereur ? Est-ce que vos voix traîtresses ne se tairont jamais ?

— Jamais, répondit un jeune Polonais. A en juger par l'aspect des lieux où nous allons, il doit y avoir dans ces montagnes assez d'échos pour répéter nos chants du soir au matin et du matin au soir. Quand nous traversions les steppes incultes, nos voix se perdaient dans l'espace ; mais ici, parmi ces montagnes, les plaintes de la Pologne ne mourront pas.

— Je les ferai bien taire, murmura l'officier.

— Non pas par des menaces, répliqua Ernest. L'Empereur a décidé de notre sort comme il lui a plu, nous n'avons rien à craindre davantage pour chanter les hymnes de notre patrie, et nous les chanterons.

— Vous portez votre barre de fer sur l'épaule, dit le Russe, vous serez tous enchaînés par la ceinture, comme auparavant, si vous ne cessez de blasphémer contre l'Empereur.

Ernest, le jeune Polonais, porta les yeux derrière lui ; il vit l'état d'épuisement de son ami Taddeus, qui avait été récemment mutilé, la fatigue d'Owzin, le père de Taddeus, et celle du vieil Alexandre, le plus faible de la troupe ; il eut compassion d'eux et s'abstint de répondre au tyran qui avait aussi bien le pouvoir que la volonté de les enchaîner, bien qu'aucune possibilité de fuite ne lui en fournît le prétexte. Afin de leur rappeler leur position actuelle par rapport à lui, l'officier leur adressa la parole suivant les appellations nouvelles qu'il n'avait pas encore pu les forcer à reconnaître.

— Numéro 3! vous ne serez plus bientôt en état de suivre si vous restez ainsi en arrière. Halte, numéro 7! Si vous continuez d'aller aussi vite, je vous brûle la cervelle. Numéro 2! il n'est pas temps encore de passer la barre de fer à votre compagnon, vous ne l'avez pas encore portée le temps voulu.

Paroles perdues. Owzin continua de rester en arrière, Ernest d'aller en avant, et Taddeus s'obstina à céder à son compagnon plus robuste la charge dont il était accablé. Une bordée de juremments, ou plutôt un jurement indécent, répété une douzaine de fois par l'officier russe, allait être suivi par des coups de la part des paysans, quand la voix d'une femme se fit entendre, dominant le bruit de la kibitka.

— Mon ami, mon cher époux, essayez, je vous prie, de vous rappeler votre numéro, afin que vos enfants et moi nous n'ayons pas la douleur de vous voir égorger sous nos yeux. Taddeus, mon fils, si vous ne pouvez porter plus longtemps votre fardeau, dites-le. Est-il d'un homme de nous attirer de nouvelles souffrances, en irritant ceux auxquels vous ne pouvez résister? Demandez du repos, puisque vous en avez besoin.

C'est ce que Taddeus ne peut se résoudre à faire ; mais il jeta sur sa mère un regard soumis, reprit son fardeau de dessus les épaules de Paul, qui n'en fut pas fâché, étant aussi désireux qu'Ernest de courir en avant pour se faire une idée du pays où ils allaient arriver.

Lénore descendit sans rien dire de la kibitka, prit le fardeau de son fils mutilé, trop faible et trop fatigué pour lui résister, et l'envoya prendre dans la voiture sa place auprès de sa sœur. Le Russe parut surpris, mais ne s'opposa pas à ce remplacement.

De toute cette troupe d'exilés, aucun, probablement, pas même leurs parents, n'était aussi malheureux que le frère et la sœur, qui, pour la première fois depuis leur départ de Varsovie, se trouvaient en ce moment assis à côté l'un de l'autre. Pendant toute la durée du voyage ils s'étaient réciproquement évités, et cependant jamais deux membres d'une même famille ne s'étaient aimés aussi tendrement que ceux-là le faisaient naguère encore. Mais depuis Sophia avait eu contre son frère un sujet de plainte qui lui paraissait ne pouvoir jamais être oublié, et l'esprit de Taddeus n'était pas moins tourmenté de l'injustice de sa sœur, que de ses propres remords. Sophia avait été longtemps la fiancée de Cyprian, ami de ses deux frères ; et il y avait lieu d'espérer que leur mariage se conclurait bientôt sans obstacles, parce que Cyprian avait pris peu de part aux affaires politiques, et qu'il avait, dans la province qu'il habitait, la réputation d'être un citoyen paisible. Mais ce rêve de bonheur avait été involontairement détruit par Taddeus.

En conséquence du nouvel ukase de l'Empereur portant que, dans chaque famille où il se trouverait deux fils, l'un des deux entrerait dans l'armée, Taddeus, représenté comme un jeune rebelle plein d'activité, avait été enrôlé dans l'un des régiments de discipline qui devait garder les frontières de Sibérie. Son frère, Frédérick, était étudiant en théologie à l'université de Wilna, et si évidemment propre à quelque chose de mieux que de se voir simple soldat, sous la discipline la plus sévère, dans un pays sauvage, que Taddeus se réjouit généreusement que le sort fût tombé sur lui, et se prépara à son exil ignominieux avec une apparente soumission, bien que son âme fut abîmée de douleur. Mais peu de temps après, la nouvelle étant arrivée que Frédérick avait passé la frontière et se trouvait en sûreté en France, Taddeus changea aussitôt de résolution. Maintenant qu'il était sûr de ne faire courir aucun danger à son frère, il sentit qu'il lui serait plus aisé de mourir que d'entrer dans les armées du désolateur de son pays ; il fit ce qu'on faisait souvent alors, — il se mutila de manière à se rendre impropre au service militaire. Par amour pour ses parents, il laissa à ses ennemis le soin de lui ôter la vie, s'ils le jugeaient à propos. Mais il lui fallut tout son courage pour ne pas se détruire quand il découvrit le fatal résultat de son stratagème. Les commissaires de l'Empereur qu'il avait ainsi frustrés d'une de leurs victimes, forcés de compléter aussi vite que possible le nombre des vingt mille recrues qu'ils devaient lever en Pologne, et aussi pour ne laisser sans punition aucune tentative pour échapper aux décrets de leur maître, voyant que Frédérick était hors de leurs atteintes, se saisirent de Cyprian, comme étant presque déjà un membre de la famille. Avant que le fait ne fût connu à Varsovie, et par conséquent avant qu'on ne pût tenter aucunes remontrances, aucunes prières, Cyprian fut entraîné à la suite d'un régiment dans l'intérieur de la Russie, et tout lien d'amitié fut rompu entre le frère et la sœur.

Il eût été difficile de dire sur lequel des deux cet événement avait opéré les plus funestes changements. Sophia, qui avait toujours été gaie et aimable, et dont le cœur s'ouvrait naguère à l'espérance du bonheur particulier au milieu des calamités publiques qui affligeaient son pays, semblait avoir perdu tout à coup la faculté d'aimer et ne connaissait plus que la haine et l'indifférence. Son indifférence était pour ses parents et la plupart de ceux avec qui elle avait des rapports journaliers ; sa haine, non seulement pour les ennemis de son pays, mais encore pour un certain nombre d'individus dont elle ne paraissait pas avoir à se plaindre et qui n'avaient jamais eu aucune influence sur sa destinée. Cette haine était aussi capricieuse qu'elle était véhémente. Personne ne pouvait dire qu'elle s'étendît jusqu'à son frère, car à son égard, et à son égard seulement, sa conduite était retenue et prudente. Il semblait qu'il ne lui inspirait rien autre chose qu'un désir de l'éviter ;

et il ne la contrariait pas en cela, car il sentait qu'il avait
autant de raisons d'être blessé de sa conduite que chagrin des
conséquences de la sienne propre. Le seul point sur lequel ils
parussent maintenant s'accorder, c'était de ne s'adresser aucune
parole, aucun regard. Cela avait été aisé depuis le jour que
toute la famille avait été condamnée au bannissement, pour de
prétendus crimes politiques. Pendant tout ce long et pénible
voyage de quatre mille milles, ils s'étaient constamment tenus
éloignés l'un de l'autre; Sophia préférait marcher à pied quand
elle voyait que son frère allait bientôt demander une place
dans la kibitka; sa mère elle-même et un enfant, la fille de
l'un des exilés, avaient coutume de s'approprier dans chaque
maison de poste où ils passaient la nuit un petit coin séparé
du reste des prisonniers.

En ce moment ils se trouvaient enfin à côté l'un de l'autre et
ils gardaient un profond silence; Taddeus se tenait les bras
croisés, et Sophia regardait d'un autre côté. Heureusement la
petite Clara était là et ne cessait de parler. On l'écoutait sans
lui répondre, jusqu'à ce qu'elle observât que sa maman, c'est
ainsi qu'elle appelait Lénore, devait être bien fatiguée d'avoir
porté si longtemps la barre de fer.

— Qu'est-ce que vous dites donc là, mon enfant? Paul a pris
celle que Taddeus avait.

Quand Clara eut expliqué que Lénore l'avait portée jusqu'à
ce moment, Sophia jeta un regard indigné sur son frère qui
fut également surpris, car il avait supposé que sa mère n'avait
pris son fardeau que pour le passer à l'un de ses compagnons.

— Patience, Sophia, dit-il en se laissant tomber de la voiture.
Vous n'aurez pas longtemps, aucun de vous, à vous charger
de mon fardeau.

Il avait l'air si désespéré que Sophia conçut aussitôt la
crainte qu'il ne voulût se débarrasser de la vie et de toutes ses
souffrances, et cela peut-être au moyen même de cette barre
de fer qui faisait le sujet de leur différend. Que ce fût ou non
son intention, il n'aurait pu l'accomplir, car il tomba évanoui
aussitôt qu'il eut quitté la voiture. On se hâta de l'y replacer;
il était évident qu'il ne pourrait plus marcher à pied ce jour-

là. Quand Lénore se fut assise, qu'elle lui eut pris sa tête sur les genoux, qu'elle essuya la sueur dont son front était baigné; quand elle promena un œil triste de l'un de ses enfants sur l'autre alternativement, qu'elle vit que leurs malheurs étaient rendus plus amers encore par l'absence d'une mutuelle affection, il fallut tout le courage de la femme pour que la mère ne succombât pas à sa douleur.

Ce fut un grand soulagement pour toute la troupe des exilés, quand ils arrivèrent enfin au lieu destiné pour leur halte, sur les rives de ce lac extraordinaire qu'aucun étranger ne peut voir sans être saisi d'admiration ou de crainte. Quand le convoi déboucha d'un défilé de rochers et arriva sur le bord de l'eau, les paysans ôtèrent leur bonnet et le remirent bientôt après sur leur tête d'un air insouciant, trop accoutumés au spectacle qu'ils avaient devant les yeux pour en être beaucoup affectés, excepté quand leurs terreurs étaient excitées par une tempête ou par quelques-uns des phénomènes de la Mer Enchantée, qu'ils ne manquaient pas d'attribuer à la présence des esprits. Ce lac dont la longueur est de trois cent soixante milles, sur plus de quarante de large, était plongé dans une obscurité profonde, excepté quand, dans l'intervalle que laissaient entre elles les montagnes, un rayon de lumière grisâtre éclairait çà et là quelques points de sa surface immobile. Dans tout le circuit de ce vaste panorama on n'apercevait pas un mouvement, on n'entendait pas le moindre son. S'il y avait des ours dans les forêts de pins qui couvraient les montagnes voisines, des oiseaux aquatiques sur la rive, ou des aigles dans les rochers, ils étaient cachés en ce moment et plongés dans le sommeil. Si quelques bateaux sillonnaient quelquefois la surface du lac, ils étaient retirés sur la plage, ou amarrés dans quelque petite baie. Si la superstition permettait à quelques êtres humains d'habiter si près du séjour même des puissances invisibles, leur courage ne les soutenait que pendant le temps que le soleil se tenait sur l'horizon. Dès que les ombres du crépuscule commençaient à descendre, ils se hâtaient de regagner leurs demeures, et se gardaient d'en sortir jusqu'à ce que les animaux inférieurs se mussent de nouveau, ce qu'on estimait être le signal de la retraite des esprits. On ne voyait donc en ce moment, ni homme, ni femme, ni enfant ; il était même difficile de se figurer qu'aucun être vivant habitât dans le voisinage, tant était profonde la solitude que présentaient ces lieux. Dès que les paysans y furent arrivés, ils commencèrent à trembler, et supplièrent à demi-voix l'officier de leur permettre de retourner en toute hâte chez eux. Celui-ci s'y étant refusé avec colère, les pauvres créatures, partagées entre la crainte des esprits invisibles et celle que leur inspirait un officier de l'Empereur, se préparèrent pour un genre de marche assez inusité. Ils ôtèrent de nouveau leur bonnet, firent à chaque instant des signes de croix, et tournant le dos au lac, se mirent à marcher à reculons, évitant soigneusement de regarder une seule fois derrière eux. Leur consternation fut à son comble, quand les prisonniers rompirent le silence, en chantant comme auparavant :

« Notre Pologne est dans le deuil, — elle ne périra pas ! Le « feu de ses bivouacs brûle encore, et le secours est proche. « Son aigle inquiète vole de rivage en rivage, jusqu'à ce que « les nations se lèvent pour mettre un terme à ses pleurs. »

Avant que l'écho du dernier vers fût mort dans le lointain, on entendit à quelque distance un bruit étrange et toujours croissant ; ceux qui jetèrent les yeux sur cette immense étendue d'eau, virent sa partie qui correspondait au nord-est s'enfler, et une vague énorme s'approcher majestueusement et lentement, de façon à leur présenter l'étrange spectacle d'une moitié du lac soulevée par la tempête, tandis que l'autre demeurait aussi unie qu'un miroir. Tout à coup le lac tout entier se souleva, écuma, mugit, sans que les spectateurs éprouvassent sur le rivage le moindre souffle d'air. Bientôt ils entendirent au-dessus de leur têtes le battement des ailes des aigles éveillés, et, à droite et à gauche, dans les roseaux, celui des canards sauvages et des oiseaux pêcheurs. Ils entendirent aussi le bruit des buissons agités ; mais que ce fût par le vent qui s'élevait, ou par les bêtes féroces, c'est ce qu'ils ne purent distinguer.

Les nuages se dispersèrent, les étoiles semblèrent fuir derrière eux ; les brouillards furent balayés en bouffées, et les côtes opposées parurent s'avancer ou reculer suivant le degré de clarté ou d'obscurité relatives du milieu à travers lequel on les voyait.

Cependant les paysans sibériens marmottaient leurs prières, se bouchant les yeux de leurs mains, et l'officier russe, frappé de stupeur, restait immobile sur sa selle. Les Polonais poussèrent un hourrah d'allégresse comme s'ils eussent partagé les superstitions du pays, et chantèrent plus fort que jamais :

« Notre Pologne est dans le deuil, — elle ne périra pas ! Le « feu de ses bivouacs brûle encore, et le secours est proche. « Son aigle inquiète vole de rivage en rivage, jusqu'à ce que « les nations se lèvent pour mettre un terme à ses pleurs. »

Ce ne fut que quand cette commotion se fut apaisée en aussi peu de temps, pour ainsi dire, qu'elle s'était élevée, qu'on put, par les menaces ou la douceur, les déterminer à bouger du point où ils s'étaient arrêtés sur le rivage. Tous formèrent le désir que ce pût être leur lot de rester dans le voisinage de cette masse d'eau si imposante. Ceux qui étaient destinés pour les mines de Nestchinsk, c'est-à-dire Owzin et sa famille, et Andréas, le père de la petite Clara, ne devaient pas s'éloigner beaucoup du lac ; mais pour les autres, Ernest, Paul et le vieil Alexandre, où devaient-ils être attachés à la terre comme serfs, c'est ce que personne ne pouvait deviner avant qu'on ne connût les ordres du gouverneur d'Irkoutsk.

Les puissances invisibles ne se firent ni voir ni entendre au milieu des ténèbres épaisses qui, pendant toute la nuit, enveloppèrent le lieu où ils avaient fait halte. La face des choses fut bien changée au lever du soleil. L'officier russe ayant reçu les ordres qu'il attendait d'Irkoutsk, toute la troupe se trouva sur le lac, embarquée dans des bateaux que conduisaient des pêcheurs du voisinage , lesquels étaient sortis, comme par enchantement, de petites cabanes qu'ils habitaient çà et là entre les rochers.

Les pics neigeux de l'ouest étaient d'une blancheur éblouissante, tandis que du côté opposé les montagnes couvertes de pins semblaient encore plus sombres par l'effet du contraste.

Les eaux étaient de toutes les nuances de vert, suivant leur profondeur qui variait de vingt à deux cents brasses. Dans les parties les plus basses on pouvait voir que leur lit était de rocher,
sans aucune vase, et presque sans sable qui pût troubler leur
transparence, même après la plus violente tempête. Des piliers
de granit s'élançaient de ce fond de rochers, et réfléchissaient
la lumière, l'or du soleil, au milieu de l'émeraude des flots. La
seule circonstance dont les bateliers eussent peine à rendre
compte, c'était de savoir comment il se faisait que les esprits
permissent qu'il existât des poissons dans ce lac ; ils ne se rap-
pelaient pas non plus depuis quelle époque ils avaient donné
permission aux mortels de les y pêcher. Il y avait bien quelques histoires traditionnelles quant au second point ; quant au
premier, peut-être, est-ce un amusement pour les esprits du
lac de chasser le peuple nageant parmi les piliers et dans les
profondeurs de leurs palais aquatiques, comme c'en est un
pour des êtres de la même famille de poursuivre l'âne sauvage
sur les collines, ou le chevreuil dans la plaine.

CHAPITRE II.

A chaque cœur ses angoisses.

Il arriva que ce fut le bon plaisir du gouverneur d'Irkoustk que les deux divisions de la petite troupe d'exilés habitassent près l'une de l'autre. C'était plus que ces malheureux n'avaient espéré. Une condamnation aux mines équivaut généralement à une séparation complète des compatriotes aussi bien que du pays natal. On ne peut employer aux mines qu'un nombre d'hommes très limité en comparaison de celui des serfs et des soldats : ceux qui y sont condamnés courent donc les risques d'un isolement proportionné à l'exiguité de leur nombre. Dans le cas actuel, ces risques étaient diminués, parce que ce dépôt était l'un de ceux dont il eût été impossible de songer à s'échapper. Les mineurs d'Ekasterinburgh peuvent former ce rêve, bien qu'il leur faille traverser la chaîne des monts Ourals, et tout l'intérieur de la Russie, avant de rencontrer un visage ami, ou de mettre le pied sur un terrain neutre ; aussi les surveille-t-on de près, et ne leur permet-on pas de vivre dans le voisinage de ceux qui parlent la même langue ou éprouvent pour eux quelque sympathie. Mais dans le fond de la Sibérie orientale, à deux mille milles plus loin que le dernier établissement européen, quel espérance de fuite peut-

il rester? On trouve donc qu'il est plus commode et moins
dispendieux d'abandonner les exilés à eux-mêmes, et on leur
permet volontiers de communiquer entre eux, à moins qu'on
ne trouve convenable ou avantageux d'en envoyer quelques-
uns à plusieurs centaines de milles plus loin, ou même au
Kamtchatka. Le gouverneur avait reçu de Saint-Pétersbourg
avis qu'un convoi de prisonniers traverserait bientôt son territoire pour se rendre au Kamtchatka; il hésita un moment
pour savoir s'il n'y enverrait pas celui-ci, pour garder le suivant dans sa juridiction. Mais comme l'officier qui l'accompagnait, prouvait par des pièces authentiques qu'Owzin, son fils,
et Andréas étaient condamnés aux mines, il lui sembla préférable d'envoyer le convoi suivant au Kamtchatka, et de collo-
quer les hommes qui composaient celui-ci partout où l'ouvrage les attendait.

Une mine d'argent, près de l'extrémité occidentale des monts
Daouriens, et d'où l'on entendait le bruit des eaux du Baïkal,
quand la tempête était la plus furieuse, fut désignée pour le
séjour d'Owzin et de ses compagnons, tandis que des portions
de terrain, non loin du lac, furent assignées aux trois autres
qui allaient devenir paysans de la couronne.

Le reste du convoi eut la permission de s'arrêter quelques
instants dans les nouvelles demeures de ces derniers, avant
d'aller partager celles non moins tristes de leurs futurs compagnons, les condamnés aux mines. Ils avaient peu de consolations à s'offrir les uns aux autres; mais la terre d'exil leur
parut un peu moins affreuse, puisqu'il leur était permis d'y
entrer tous ensemble.

Leur nouvelle demeure était bien misérable; des huttes en
bûches, n'offrant qu'une seule chambre, avaient paru tout ce
qu'il fallait pour des serfs; les espaces laissés vides entre les
bûches grossièrement écarries avaient été remplis avec de la
mousse qui, se desséchant et retombant en morceaux, laissait
un libre passage au vent qui sifflait. A l'une des extrémités,
un banc qui devait être recouvert d'une peau de bête, et former ainsi un lit, un creux bâti en brique qui devait servir de
poêle, voilà toutes les précautions qu'on avait prises contre le

froid, dans une des contrées les plus glaciales de l'univers.
Une marmite de terre, destinée à cuire ses aliments, était le
seul meuble fourni au prisonnier; mais on dit à Ernest qu'il lui
serait permis de se faire une terrine, un plat et une cuiller de
bois, quand il se serait procuré une charrue et une herse, les
deux choses qui lui fussent le plus nécessaires, la saison étant
déjà avancée. Tout cela devait être fait en bois; la herse
n'était à proprement parler qu'une claie dont les branches les
plus minces étaient tournées en bas pour servir de dents, et
la charrue n'était qu'un crampon de bois garni de fer à l'extrémité, avec deux bâtons attachés par derrière pour servir
de poignées. Mais où se procurer le bois nécessaire? se demandèrent les prisonniers l'un à l'autre. On ne voyait aucun
arbre que du pin, du sapin et quelques genêts çà et là. Le
chêne, le coudrier, le platane, le tilleul et le frêne avaient disparu depuis longtemps, et il y avait plusieurs semaines qu'ils
n'avaient vu d'aunes ni de peupliers. Tout ce que l'officier
russe savait, c'est que les autres paysans avaient des ustensiles de cette nature; ainsi il fallait donc bien que les matériaux fussent à portée. Une idée le frappa, c'est que ce qu'Ernest et ses compagnons avaient de mieux à faire, c'était de
prendre chacun une épouse parmi les femmes qu'on leur enverrait bientôtpour faire leur choix. Ces femmes, nées dans le
pays, les mettraient bientôt sur la voie de ce qui leur manquait, et du moyen de se le procurer; il fallait bien que ce
fût là ce qu'il y avait de plus avantageux pour eux, puisque
c'était l'Empereur lui-même qui, dans sa clémence, en avait
imaginé le plan.

A cette proposition, Ernest· grinça des dents, incapable de
parler; mais son ami Paul, qui ne prenait pas les choses tout
à fait si fort au sérieux, se contenta de demander comment ils
feraient vivre leurs femmes.

— Les meilleurs champs que nous avons traversés depuis
quelques centaines de milles ne portent qu'un peu de seigle
l'hiver, et quelques avoines clair semées; les pommes de
terre n'y sont pas plus grosses que des groseilles à maque-
reau; il n'y a pas un arbre ici, pas même le pommier sauvage

dont on nous avait parlé. Quand nous aurons une charrue et une herse, cela nous donnera-t-il à manger ?

— Reposez-vous-en sur les femmes du soin de découvrir tout ce dont vous avez besoin, répondit l'officier. Vous voyez qu'il y a des gens qui vivent ici, vous pouvez donc y vivre aussi, si vous voulez faire comme les autres, — vous marier et vivre en paix, rendant grâce à la clémence de l'Empereur, qui a daigné vous envoyer ici, au lieu de vous ôter la vie.

L'un des prisonniers demanda alors si on ne leur fournirait pas des fusils, de la poudre et des balles, puisque c'était au moyen de la chasse qu'ils devaient surtout pourvoir à leur existence. L'officier répondit qu'ils en auraient aussitôt qu'ils seraient en état d'en acheter ; qu'on pouvait toujours s'en procurer à Irkoutsk.

Heureusement le gouverneur avait plus d'humanité, et comprenait mieux les nécessités de leur position que l'officier de l'escorte russe. Avec l'assortiment promis de femmes du pays, il envoya tous les articles dont les exilés avaient surtout besoin. Et le premier plaisir qu'Ernest se promit ce jour-là, fut d'aller dans les bois, seul avec son fusil, quand le reste de la petite troupe serait parti, pour soulager sans témoin son cœur des pensées qui l'oppressaient. Mais auparavant il fallait supporter une scène dégoûtante.

En revenant d'examiner la misérable pièce de terre qui lui était destinée, il trouva Paul qui s'amusait à faire connaissance avec les nouvelles arrivées qu'on avait amenées avec les carabines et les fusils de chasse pour être examinés et choisis de la même manière. Alexandre, dont l'âge avait blanchi les cheveux, regardait d'un air grave et avec la curiosité d'un philosophe. Sophia exprimait sur sa physionomie plus de terreur qu'on ne l'aurait crue susceptible d'en éprouver maintenant ; sa mère, qui s'était retirée à l'écart avec elle et la petite Clara, était pâle et évidemment épouvantée à la vue de la nouvelle société dans laquelle elle paraissait désormais destinée à vivre. Elle chercha avec empressement son mari et son fils, qui n'étaient point dans la hutte. Dès qu'ils parurent, elle les aborda en criant :.....

— Ceci est pire que tout le reste.

— Je l'aurais pensé comme vous, Lénore, si Sophia et vous n'aviez point dû habiter avec moi. Taddeus n'aura aucun besoin de femme, tant que sa mère et sa sœur seront près de lui.

Taddeus se détourna du groupe de femmes qui se tenaient debout à sa porte, avec non moins de dégoût qu'Ernest ; mais ses yeux ne cherchèrent point ceux de sa sœur.

Cette famille n'avait aucune raison qui lui fît désirer de s'arrêter là plus longtemps. Ils choisirent leurs ustensiles et leurs armes, les mirent dans la kibitka, et demandèrent la permission de continuer leur voyage. Leur compagnon, Andréas, se laissait diriger comme les autres l'entendaient. Il avait une passion dominante, qu'il ne pouvait à présent satisfaire ; et jusqu'à ce qu'il le pût, il demeurait un être purement passif.

Quand on se fut dit adieu, avec promesse de se revoir bientôt, et avant que la criarde kibitka fût hors de vue, Ernest courut se renfermer dans la hutte de Paul, voisine de la sienne, parce qu'il eût craint d'être dérangé dans cette dernière. Il ferma les planches mal unies qui lui servaient de porte, y appuya le dos, posa le front sur l'extrémité de son fusil, et bientôt tout son corps fut agité, comme son esprit l'était depuis longtemps. Un déluge de pensées accablantes vinrent l'assiéger. La providence ! — y en a-t-il une, ou non ? Où se cache-t-elle en ce moment ? — Et bientôt il se reprocha ce doute. L'homme ! — pourquoi est-il destiné à vivre avec l'homme, à lui obéir ? La vie ! — qu'est-elle d'un pôle à l'autre, — du néant à l'éternité ? Sa propre vie à lui ! — sur les genoux de sa mère, au collège, sur les champs de bataille, — et tout cela pour en arriver là : Sa patrie, avec sa civilisation et son luxe : — Varsovie, qui lui était si chère ; ses rues peuplées comme autrefois, et ne résonnant pas comme aujourd'hui de cris de douleur ; la brave armée polonaise sortant par toutes ses portes ; et son brave régiment, son régiment à lui, s'avançant le premier, animé d'un héroïsme solennel, et puis revenant tristement et bien incomplet, quand toute espérance eut été perdue ; — et ses propres paroles, auxquelles on fit si peu d'attention

dans le moment : — Mes pauvres camarades, tout est fini !
Laissez-moi à mon sort, et sauvez-vous.—Toutes ces pensées et
mille autres semblables fondirent rapidement sur son esprit
troublé, presque aussi rapidement qu'une vie tout entière se
retrace à l'esprit de l'homme qui se noie ; et à mesure que chacune de ces images venait l'assiéger, il s'écriait : Et tout cela
pour en venir là ! Et puis il lutta contre ses souvenirs ; — il
essaya de se réconcilier avec sa position, lui l'esclave, le serf
de son ennemi, et, quoique au fond d'un désert, surveillé de
loin par les yeux de la méchanceté triomphante ! Comme si en
ce moment Nicolas eût pu, de Pétersbourg, voir Ernest dans
sa retraite, il se releva et se rendit maître de son émotion. Mais
bientôt le souvenir de sa patrie, plus puissant sur son âme que
toute autre considération, l'abattit de nouveau ; il laissa retomber sa tête sur sa poitrine, et la lutte recommença. Il fut
réveillé par une voix qui se fit entendre à l'ouverture qui tenait
lieu de fenêtre.

— Allons, colonel, du courage ! venez choisir une femme,
comme je l'ai fait, pendant qu'il y en a encore ; il faut prendre
son parti.

— Je m'en vais prendre mon parti, répondit Ernest se relevant tout à coup, et examinant la batterie de son fusil ; mais je
ne vais pas prendre une femme.

— A la bonne heure ; mais au moins venez au milieu de
nous, au lieu de rester dans cette maudite hutte, où il fait un
froid d'enfer. Mais ! qu'est-ce que je dis donc, moi ? vous avez
trouvé moyen de vous réchauffer, à ce qu'il paraît, ajouta-t-il,
remarquant la sueur qui baignait le front d'Ernest, quand celui-
ci fut sorti de la cabane. Je vous demande pardon du fond de
mon cœur, colonel, si je suis allé trop loin en vous pressant de
prendre une femme ; peut-être j'ai touché une corde....

— Non, Paul, non, je vous jure ; je n'étais pas plus disposé
à me marier à Varsovie qu'en ce pays-ci.

— Cela se trouve bien ; mais j'aurai toujours besoin de trouver chez les autres une indulgence que je n'ai pas pour eux.
On ne croirait pas que la Sibérie fût un lieu à se permettre de
plaisanter beaucoup ; mais en vérité, j'ai peur de détacher tous

mes amis de moi, par mes mauvaises plaisanteries ; avant cinq
ans d'ici, je crains qu'il ne m'en reste pas un.

— Plaisantez tant que vous voudrez, mon cher ; nous vous
remercierons tous si vous pouvez conserver cinq ans cette
gaieté de caractère. Mais, Paul, ce mariage, — ce n'est pas une
plaisanterie. A coup sûr, vous ne voulez prêter les mains à
aucun des plans de Nicolas ; vous ne voulez par amener parmi
nous....

— Je ne veux pas rester seul, répondit Paul ; je ne veux pas
mourir de froid et de faim, quand je puis trouver quelqu'un
pour prendre soin de moi ; et permettez-moi de vous dire que
pour un homme dans ma position, une femme mongolienne a
des avantages qui ne sont pas à dédaigner, — comme vous le
pourrez voir tout à l'heure, si vous voulez condescendre à leur
accorder un moment d'attention.

Ernest fit un signe d'impatience, et se dirigeait vers les bois,
quand Paul le retint par le bras :

— Je ne veux pas parler de leurs dents blanches et de leurs
cheveux noirs, bien que quelques-unes les tressent d'une
manière assez agréable ; ce n'est pas non plus parce qu'elles
sent habituées à manier la charrue tandis que leurs maris sont
à la chasse ; mais c'est que vous ne vous faites pas d'idée du
parti qu'elles savent tirer de leurs yeux, de leurs oreilles, de
l'odorat et du toucher.

Par la nuit la plus noire, elles peuvent dire si vous êtes à
vingt milles du village, rien qu'à l'odeur de la fumée. Quand
il n'y a pas de brouillard, elles distinguent la trace d'un ours,
le hennissement d'un cheval, ou la plus petite souris blanche
qui s'avise de mettre le nez hors de son trou ; et tout cela à
des distances dont vous n'avez pas d'idée. Voyez quel secours pour la chasse !

— N'importe ; je croyais que votre propre esclavage vous
inspirait trop d'horreur pour que vous voulussiez avoir vous-
même une esclave.

— Mais, colonel, m'avez-vous vu jamais faire du mal à quelqu'un ?

— Non, si ce n'est à vous-même, Paul ; sérieusement, je

veux dire ; car je ne veux pas énumérer tout le mal que vous
avez fait en riant.

— Cette humeur gaie ne saurait être mieux à sa place qu'en
ce moment ; car je n'ai jamais vu de femmes plus joviales et
plus sociables que cette troupe de filles mongoliennes. Mais,
en vérité, j'ai l'intention d'être très bon pour ma femme ; je
veux qu'avant peu elle soit folle de moi ; et vous verrez ce que
j'en saurai faire.

— Et quand nous retournerons à Varsovie, — qu'est-ce que
vous en ferez ?

— Mais, mon cher ami, vous ne pensez pas que nous y
retournions jamais !

— J'y pense ! je l'espère ! et si vous ne voulez mourir ici de
ma main, ne dites pas un mot contre cet espoir ! s'écria Ernest,
au grand étonnement de son compagnon. Croyez-vous que je
veuille vivre ici ! Ici ! au milieu des forêts, enterré dans la
neige, pétrifié dans la glace ! tandis que le tyran me contemple
luttant et m'agitant dans ses filets, et qu'il rit, le lâche ! Non !
je veux retourner à Varsovie ; — j'y retournerai.

— Mais comment ? — Dites-moi comment ?

— Comment ? Pas à pas, si je vis ; d'un seul coup si je
meurs. Oh ! si la Providence voulait que je mourusse dans ces
déserts, je lui arracherais ce que je n'ai pas encore pu en obtenir. J'ouvrirais dans ces solitudes un volcan qui fondrait toutes
les neiges entre ce lac et la rivière qui baigne Varsovie. En
une seule nuit j'ouvrirais un chemin souterrain à travers
tous ces steppes ; et le lendemain matin, tous les Polonais
marcheraient sur Pétersbourg pour traîner dans la fange le
lâche —

— Allons, allons, dit Paul, assez sur ce sujet. Il faut que je
prenne soin de vous une fois, Ernest, et que je vous rappelle
à la raison. Si je vous laissais faire, vous me prendriez bientôt
pour Nicolas, et me lâcheriez un coup de fusil, comme vous le
feriez à lui, ou à l'animal qui lui ressemble le plus, — une
hyène.

— Ayez de l'indulgence pour moi, répliqua Ernest, repre-
nant un peu de calme. Laissez-moi prendre mon parti comme

je l'entends, puisque prendre son parti il y a. Mon parti, à moi, est de rêver que je retourne à Varsovie, et de rêver de corps et d'esprit.

— Rien de mieux ; mais nous n'oserons pas vous laisser aller seul à la chasse, de peur que vous ne voyiez les tours de Varsovie au fond du lac, ou que vous ne vous figuriez que pour vous y transporter, vous n'avez qu'à lâcher la détente de votre fusil.

— Ne craignez rien de semblable. Je suis on ne peut plus religieux quand je suis seul : je suis sûr de recouvrer toute ma foi, quand l'homme n'est pas là pour étouffer par ses cris la voix de la Providence qui parle à mon cœur, ou effacer les promesses qu'elle a écrites pour moi dans les nues et sur le sommet des montagnes. Ce ciel glacé qui est en ce moment sur nos têtes, les mêmes astres y brillent à leur tour ; le même soleil qui éclaire le tombeau de nos braves, embrase aussi au printemps ces montagnes couvertes de pins et en ouvre les cataractes amoncelées.

— Jusqu'où votre foi peut-elle vous conduire ? — Jusqu'à pardonner à Nicolas ?

Ernest grinça des dents, poussa un long soupir, mais répondit avec calme :

— Peut-être jusque-là. — La philosophie seule m'y conduirait, si elle me permettait de m'identifier assez avec l'âme d'un tyran, pour concevoir les forces sous l'impulsion desquelles il agit.

— Une fois que vous admettez qu'il agit sous l'impulsion de forces connues ou inconnues, vous ne pouvez vous empêcher de lui pardonner. Votre religion ne nous enseigne-t-elle pas que toutes les forces qui nous font agir aboutissent à une seule main qui donne toute impulsion, — la main de Dieu ?

— Oui, ma religion me l'enseigne ; et ma foi, quand elle sera entière, me portera à pardonner, — même à Nicolas. Mais c'est assez parler de lui, pour le moment. Voulez-vous que je vous rapporte une poule d'eau ? Votre belle Mongolienne pourrait-elle vous dire combien ces oiseaux resteront

dans nos parages ? J'imagine que leur émigration ne saurait
être éloignée.

Et sans attendre une réponse, le brave dont le front portait la
marque d'un esclave sibérien, s'avança dans la forêt de pins,
d'un pas qu'on eût cru celui d'un homme libre.

CHAPITRE III.

Un cœur ulcéré.

Si l'on avait laissé à Owzin et à sa famille le choix d'être attachés au sol comme serfs, ou de travailler dans la mine d'argent, à l'entrée de laquelle ils habitaient, ils eussent été fort embarrassés. Au milieu des inconvénients sans nombre de ces deux positions, chacune offrait quelques avantages sur l'autre. La quantité de travail qu'on exigeait régulièrement des mineurs, — travail où l'intelligence avait de quoi s'exercer, — était plutôt un soulagement qu'une charge pour des esprits fatigués et des cœurs accablés de douleur ; tandis qu'ils n'auraient peut-être pas eu assez de résolution pour se fixer à eux-mêmes une tâche et la remplir chaque jour, en travaillant sur des pièces de terre de l'amélioration desquelles on ne leur eût demandé compte qu'à la fin de l'année. D'un autre côté, dans les mines ils se trouvaient soumis au contrôle d'un agent russe, et c'était une loterie de savoir si cet agent serait un despote, ou s'il saurait reconnaître et encourager leur activité et leur industrie. Les maisons des mineurs étaient tant soit peu moins misérables que celles des cultivateurs ; elles étaient situées dans des lieux hauts et secs, au milieu de rochers pittoresques, au lieu d'être isolées au milieu d'un marais, ou sur les bords arides d'une forêt de sapins. D'un autre côté, les cultivateurs pouvaient faire venir eux-mêmes toutes les choses nécessaires à la vie, tandis que les mineurs souffraient beaucoup de n'avoir souvent que la nourriture la plus grossière et semblaient devoir être longtemps exposés aux inconvénients qui naissaient du commerce d'échanges le moins étendu. Ceux qui étaient depuis longtemps fixés dans le pays avaient fait entre eux certaines conventions pour se fournir réciproquement des ustensiles de ménage, des vêtements et de la nourriture, mais il était difficile aux nouveaux arrivants d'obtenir une part dans cette espèce d'association : d'abord parce qu'une augmentation dans la demande est plutôt un mal qu'un avantage, avec un système d'échanges très grossier, et puis parce qu'il devait se passer quelque temps avant qu'ils eussent rien à offrir que leurs voisins fussent jaloux d'accepter. De tout l'argent qui passait par leurs mains, pas un grain n'y devait rester ; quand bien même ils en eussent possédé, il ne leur eût été d'aucune utilité. Il n'y avait point d'argent monnayé en circulation dans ces régions désertes, et l'argent natif n'est propre ni au luxe ni à servir de signe représentatif pour les échanges. Les paysans des environs ne se souciaient de l'argent que parce que des gens plus élevés qu'eux en faisaient cas à une grande distance, que cela donnait de l'importance au pays qu'ils habitaient et y attirait de nouveaux colons. Ils ne connaissaient point l'usage de la monnaie, et se contentaient d'échanger chaque année l'un avec l'autre, tant de seigle pour tant de drap grossièrement tissé de la laine qu'ils recevaient du Sud en échange de leurs pelleteries. De même on donnait un banc de sapin à peine équarri, pour du gibier ou un morceau de viande d'ours. On ne s'était pas avisé de choisir un article qui conservât une valeur à peu près fixe et servît d'intermédiaire dans l'échange de tous les autres. Un pareil plan, s'il eût été adopté, eût singulièrement simplifié leur commerce, et aurait permis aux étrangers d'y prendre part ; mais ils ne désiraient pas cette simplification, et, quant aux étrangers, ils leur laissaient le soin de s'arranger comme ils l'entendraient.

Notre petite troupe de Polonais fut longtemps avant de

tirer de sa position le meilleur parti possible ; aussi souffrit-
elle plus que cette position, toute affreuse qu'elle fût, ne le
comportait. S'ils avaient été des colons volontaires, venus en
Sibérie pour y chercher leur fortune, ils auraient pu trouver,
même en Sibérie, des éléments de prospérité. Mais d'abord ils
étaient continuellement tourmentés du souvenir des malheurs
de leur patrie, et mettaient une indifférence complète, une sorte
de volonté négative, dans l'amélioration de leur sort ; ce qui
en prolongea les inconvénients et les aggrava d'une manière
qu'un ou deux, d'un caractère plus léger, ne se firent pas
scrupule d'appeler ridicule et absurde. Paul d'un côté, et
Andréas de l'autre, furent les premiers à sortir de cette apathie
et à réveiller chez leurs compagnons l'esprit d'industrie et de
prévoyance ; ils avaient deux aides qui leur furent d'un grand
secours ; — c'étaient, pour l'un, sa femme indigène, et pour
l'autre sa petite fille Clara. Ernest ne se souciait de rien que
de la solitude ; et de la famille Owzin, le seul individu qui
parût propre à supporter l'adversité, — ce genre d'adversité
au moins, — c'était Lénore. Chaque matin, avant qu'il fût nécessaire de se lever, — plusieurs heures avant le jour, —
Owzin quittait son lit où il n'avait trouvé qu'un sommeil continuellement troublé et interrompu, non par la dureté des
planches qui le composaient, par la mauvaise odeur des peaux
qui le couvraient, par la fumée suffocante dont il fallait remplir
continuellement sa hutte pour en chasser le froid : Owzin avait
été soldat, il avait appris à dormir à toutes les températures
et sur le champ de bataille ; ce qui troublait, ce qui inter-
rompait son sommeil, — c'étaient de cruelles pensées qui ne
se représentaient que plus vivement à son esprit pendant la
nuit, pour en avoir été écartées par l'attention donnée forcé-
ment aux travaux du jour. Il allumait sa torche de pin, et
sortait quand les brouillards de la nuit n'étaient pas encore
dissipés et que les étoiles brillaient encore à travers les airs
glacés. Il était toujours le premier à l'ouverture du puits de la
mine, toujours le premier à s'ensevelir dans les chambres téné-
breuses. Taddeus le suivait bientôt à la fournaise, département
qui lui avait été assigné. Là, au milieu de la chaleur et du

travail, le père et le fils perdaient pendant des heures entières
le sentiment de leurs maux ; car rien n'endort la douleur
comme le travail, au moins celui où l'intelligence s'exerce en
même temps que les bras, ce qui est le cas dans la plupart des
opérations du mineur.

La position des femmes était beaucoup plus déplorable.
Quoiqu'elles manquassent pour ainsi dire de tout, elles avaient
peu à faire, à cause de l'absence des matériaux. Quand elles
jetaient les yeux autour d'elles, elles ne voyaient qu'une scène
de désolation sans y voir de remède, et se trouvaient aussi
dénuées de tout, que des dames de leur rang estiment généralement qu'elles le sont dans des circonstances infiniment plus
heureuses. Quand Lénore avait conduit son fils estropié à la
fonderie, qu'elle l'avait aidé à marcher et lui avait porté sa
nourriture ; quand Sophia avait donné de l'air à la hutte et
enlevé les pelleteries qui servaient de matelas et de couvertures,
il ne leur restait guère rien autre chose à faire que de ramasser du bois à brûler, de la mousse pour boucher les crevasses de leur misérable habitation, et de voir avec quelle
rapidité disparaissaient leurs petites provisions. Leurs vêtements tombaient en lambeaux, mais elles n'avaient ni que-
nouilles, ni rouet, ni laine. Le vent qui soufflait par dessus la
porte semblait leur couper les pieds à la cheville ; le plancher
était humide, quoique le poële fût toujours tenu chaud ; mais
des tapis étaient un luxe inconnu dans ces parages, et pour
trouver une aune de natte il eût fallu aller jusqu'à Irkoutsk.
Il y avait cependant une petite personne qui ne voyait pas
pourquoi les choses continueraient de leur manquer ainsi, et
cette personne c'était Clara. Son extrême jeunesse lui permettait de s'accommoder plus facilement aux circonstances, et
elle avait appris de son père à tirer le meilleur parti possible
de tout ce qui lui tombait sous la main ; il est vrai que le motif
qui éveillait son activité était le plaisir d'entreprendre quelque
chose, tandis que lui n'obéissait qu'à une seule impulsion,
celle d'une avarice sordide.

L'affaire d'Andréas était à ses yeux la plus pénible qui pût
s'imaginer ; et en secret il maudissait la Providence autant

qu'il avait le courage de le faire. Il ne se souciait pas plus qu'un
enfant de six mois, de qui présidait aux destinées de la Pologne,
et si son gouvernement passait pour bon ou pour mauvais :
aussi la lutte durait depuis plusieurs mois, qu'il avait conservé,
sans se faire de violence, la plus stricte neutralité. A la fin, il
arriva que les patriotes lui offrirent une fourniture d'armée
qu'il pouvait faire à son grand avantage. Cet appel à sa
passion favorite mit sa prudence en défaut. Il fut l'un des
premiers habitants de Varsovie que les Russes arrêtèrent ; et
cet homme, qui n'avait jamais eu une pensée patriotique dans
sa vie, qui aurait prié pour l'Empereur ou pour la diète, suivant
que sa fortune lui eût paru dépendre de l'un ou de l'autre
parti ; cet homme, disons-nous, fut puni comme ceux qui
étaient réellement coupables d'avoir aimé leur patrie. Il était
bien dur de perdre ainsi tout ce qu'il avait gagné et volé depuis
près de vingt ans, et de se voir privé de l'espoir d'en amasser
plus encore. Il lui était bien dur de se voir le premier dépouillé
de sa propriété, lui qui de tous les hommes était le plus at-
taché à sa propriété et le moins à la cause nationale. La pensée
de son malheur l'accablait si complètement pendant tout le
voyage, que sa fille eut peu à souffrir alors de son avarice.
Pendant plusieurs semaines il ne lui reprocha pas une seule
fois d'avoir gaspillé quoi que ce soit ou d'avoir été sans rien
faire ; elle se trouva donc plus heureuse qu'à l'ordinaire pendant toute la durée de ce long voyage ; car le froid et la fatigue
lui paraissaient peu de chose en comparaison de la terrible
surveillance de son père. Sa gaieté ne l'abandonna pas, arrivée
dans sa nouvelle demeure, car elle était moins triste pour elle
que celle qu'elle occupait à Varsovie. Là, elle s'entendait
gronder sans cesse, tant on avait peur qu'elle ne commît
quelque dégât ; et depuis la mort de sa mère elle n'avait su ce
que c'était que d'avoir quelqu'un qui lui tînt compagnie. Ici,
au contraire, elle eut d'abord la liberté de faire tout ce qu'il
lui plaisait ; et quand cette liberté reçut quelques limites dans
la suite, son père ayant recommencé à suivre ses plans d'avarice, elle en fut récompensée en acquérant plus d'importance
dans la petite colonie. Elle avait dans ses promenades re-

marqué fortuitement les trous où se retiraient les souris, et arraché des joncs, en jouant, pour en faire des paniers. Son père voyant d'un coup d'œil le profit qu'on pouvait tirer de ces deux talents, l'employa à dépouiller les nids des souris, des oignons et des autres provisions qu'elles y avaient amassés pour l'hiver, à ramasser assez de joncs pour en couvrir le plancher après les avoir fait sécher, et même à essayer de les tresser pour en faire une sorte de nattes. Quand Clara vit qu'on lui faisait une tâche de ce qu'elle avait imaginé comme un jeu, elle s'en consola et s'en enorgueillit, surtout quand elle vit la sage et sévère Lénore elle-même adopter ses petits plans et essayer de tresser des nattes. Sophia se mit aussi à la suivre quand elle allait dans les bois arracher de la mousse du pied des arbres, ou qu'elle grimpait sur les rochers pour voir comment les oiseaux sauvages bâtissaient leur nid, afin de savoir où trouver des œufs au printemps. Sophia se montrait quelquefois bonne pour la petite fille, d'autres fois elle était capricieuse et d'une humeur fantasque; mais comme Clara avait été accoutumée à supporter les caprices de son père, et qu'elle était on ne peut plus sensible aux marques d'amitié, elle aimait mieux, somme toute, la société de Sophia que de n'en point avoir du tout.

Quant à Sophia, il ne pouvait être question de rien qui ressemblât à du plaisir, avec un cœur aussi plein d'amertume que l'était le sien. Incapable de trouver aucune consolation dans la tendresse dont sa mère lui prodiguait les preuves, et cependant forcée de lui témoigner le plus profond respect, elle se sentait soulagée quand elle était hors de sa présence; et cependant, la solitude de ces déserts pesait à son esprit inquiet et impatient du repos, en sorte que la société d'un enfant lui était agréable en ce qu'elle l'arrachait à quelque chose de plus pénible, et rien n'eût pu lui faire passer plus légèrement les heures et les minutes que de les occuper à partager les travaux de Clara. Elle aussi commença à chercher de temps en temps un nid de souris, à apprendre à distinguer les traces du gibier et des animaux sauvages. Sa mère le remarqua avec plaisir; elle entrevit là un moyen d'occuper son

malheureux fils et sa fille à un même objet, et espéra ramener
entre eux leur ancienne manière d'être l'un à l'égard de l'autre. Si elle pouvait seulement parvenir à les faire rester seuls
ensemble quelques heures sans témoins, de manière à ce qu'ils
fussent portés à causer librement, il lui semblait impossible
qu'ils ne s'entendissent pas et ne se pardonnassent pas réciproquement.

Ce fut une chose convenue qu'Owzin, Taddeus et Andréas
iraient à tour de rôle chasser pour la communauté, avant ou
après l'heure du travail à la mine. Les jours de fête, qui ne
sont pas rares en Russie, ils devaient unir leurs forces pour
une chasse sur une plus grande échelle; mais les jours ordinaires on trouva qu'il valait mieux n'y aller qu'alternativement, le travail de la mine étant déjà un exercice assez fatigant pour des hommes qui n'y étaient pas encore accoutumés.
Owzin préféra chasser tout seul; et ne pouvant se faire accompagner d'un chien, il préféra ne l'être de personne. Andréas
trouva bientôt que sa petite fille lui serait fort utile, et il la
forma à lui servir non seulement de rabatteur, mais encore
de chien de chasse. Non seulement elle lui portait sa poudre
et sa carnassière, mais elle entrait dans les broussailles pour
faire lever le gibier; et quand les eaux étaient basses, elle y
allait chercher celui qui y était tombé mort ou blessé. Peu
de pères eussent consenti à exposer un enfant si jeune au
froid et à l'humidité; mais Andréas voulait endurcir Clara, et
alléger en même temps sa propre fatigue autant qu'il le pourrait. En conséquence il l'habillait de fourrures qu'on pouvait
changer aisément quand elle avait été dans l'eau, et l'obligeait
quand elle en sortait, de forcer un lièvre ou de faire tel autre
exercice violent pour ne pas s'enrhumer. Bien qu'il ne fût
pas à désirer que Sophia reçût une éducation de ce genre, il
l'était que le pauvre Taddeus, estropié et fatigué, eût quelqu'un qui l'accompagnât et lui prêtât secours; quand sa mère
eut été à la chasse une ou deux fois avec lui, il semblait naturel que ce fût le tour de Sophia de le faire. Elle parut aussi
étonnée qu'indignée quand sa mère se hasarda à le lui proposer, et répondit qu'elle aimait mieux qu'il prît Clara avec lui.

— Clara y est allée hier, dit Léonore, il n'est pas juste qu'elle ait toute la fatigue. En outre Taddeus a besoin de plus d'aide qu'elle ne peut lui en offrir. Il faut de temps en temps lui porter son fusil ; il a besoin de s'appuyer sur l'épaule de quelqu'un dans les endroits difficiles.

— Si seulement mon père m'avait appris à charger et à tirer un fusil, s'écria Sophia, j'aurais pu aller seule à la chasse, car le gibier est si abondant qu'il ne faut pas grande habileté pour tuer quelque chose.

— Priez votre frère de vous donner une leçon aujourd'hui ; et alors vous et Clara pourrez épargner à nos travailleurs une fatigue de plus, qu'ils prennent en partie à cause de nous autres femmes. Mais je n'aimerais pas beaucoup à vous voir aller seules à la chasse, jusqu'à ce que, d'une manière ou d'une autre, nous soyons parvenus à nous procurer de meilleurs fusils.

— Mon père, observa Clara, dit que le sien rate trois fois sur quatre.

— Je n'aimerais pas trop, dit Léonore, l'idée d'une chasse à l'ours, tant que nous n'aurons pas de meilleurs fusils. C'est une chose effrayante que de manquer son coup, quand on est à portée des griffes d'un ours.

— La Pologne l'a éprouvé, dit Sophia d'un air sombre. C'est un terrible embrassement que celui que donne alors le monstre ; mais il en est qui trouvent le moyen de lui plonger un couteau dans le cœur, en ce moment critique.

— Mon enfant, dit sa mère tristement, pourquoi vos pensées sont-elles toujours ainsi tournées vers la vengeance ? Pourquoi.....

— La vengeance ! s'écria Sophia fermant convulsivement ses petites mains, et faisant une moue dédaigneuse. Non, non, ma mère ; ce serait folie à nous de songer à la vengeance. Si j'avais été soldat, — si j'avais prêté le serment mensonger de servir l'Empereur vingt-cinq ans, — si j'avais prêté ce faux serment d'obéissance qu'on a arraché de force aux nouvelles recrues polonaises, j'aurais pu songer à la vengeance : alors, j'aurais traversé les forêts, j'aurais rampé à travers les broussailles, j'aurais traversé l'eau à gué, à la nage, — je me serais frayé un chemin jusqu'au palais de l'Empereur, comme Satan s'en est frayé un jusque dans l'Eden ; j'aurais voulu me frayer un chemin jusqu'au sang de son cœur..... Une femme, dans la Sibérie orientale, ne peut pas faire tout cela, et ne doit pas penser à la vengeance. Mais la haine nous reste, ma mère ; — les femmes et les esclaves peuvent haïr !

— Je ne le puis, moi ! répliqua Lénore.

— J'en suis fâchée pour vous, ma mère. Il y a un plaisir dans la haine ; et Dieu sait qu'il nous en reste peu de plaisirs.

— Quel plaisir trouvez-vous, Sophia, à haïr ?

— Le plaisir de changer tout ce qui nous entoure au gré de notre humeur ; de souiller la blancheur de ces neiges, d'incendier ces forêts de pins, et d'obscurcir le soleil et les étoiles.

— Le plaisir d'un enfant qui veut battre le plancher, ou d'un idiot qui grince des dents, le plaisir du dépit. Ma pauvre enfant ! est-ce là tout le plaisir que vous connaissez encore ?

— Ma mère, tout est changé de la même manière et à la fois, en sorte qu'il n'y a point de douleur chez moi, comme chez l'enfant et chez l'idiot. Jamais de ma vie je n'ai été aussi calme que je le suis, depuis que nous avons quitté Varsovie.

— Parce que vous haïssez tout. Vous dites qu'il n'y a pas chez vous de douleurs, pas de combats.

— Je hais tout ce qui a un rapport quelconque avec l'Empereur : ces déserts de neige et ces bois lui appartiennent.

— Et le soleil et les étoiles ?

— Le soleil et les étoiles de la Sibérie, ma mère, je les hais, ainsi que tout ce qui se meut dans son empire.

— Oui, ma chère : je le vois, vous haïssez tout. Vous haïssez Andréas ?

— Qui ne le haïrait ? — Ce misérable, cette âme de boue ?

— Et Taddeus ? — Vous haïssez Taddeus, Sophia ?

Sophia fut quelque temps sans répondre ; mais comme Lénore continuait à la regarder fixement, elle dit enfin à voix basse :

— Je l'abhorre, ma mère. Quand il est absent, je puis détourner de lui ma pensée ; mais quand je suis avec lui, — quand

je le vois boiter, — quand j'entends le son de sa voix, — mon
cœur saigne.

— C'est le chagrin qui vous fait saigner le cœur, mon enfant ;
et vous ne pouvez séparer ce chagrin de la vue de l'infirmité
de votre frère, du son de la voix qui vous apprit la fatale nouvelle. Taddeus n'est point la cause de ces funestes associations
d'idées, et cependant il souffre de votre haine, comme s'il était
l'auteur de vos maux. Mais, Sophia, qui est-ce qui pourra guérir votre cœur ulcéré ?

— Oh ! ma mère, que personne ne s'avise de le vouloir guérir ! Je suis plus heureuse comme cela. Je suis plus heureuse
que vous. Vous vous levez les yeux rouges, quand moi j'ai
parfaitement dormi. Vous pâlissez quand vous m'entendez rire
et vous êtes changée, ma mère, bien changée depuis peu. Il
vaudrait mieux pour vous que vous fussiez calme comme
moi.

— Et pour votre père ? Vaudrait-il mieux pour nous tous
que chacun de nous fût indifférent ? La manière la plus agréable
dont nous pussions vivre alors serait de vivre isolément, chacun
dans une caverne, comme des bêtes féroces.

— Oh oui ! s'écria Sophia poussant un profond soupir, ce
serait de beaucoup la meilleure manière de vivre. Je suis si
fatiguée de tout ce tracas domestique, — s'attendre, se servir
l'un l'autre, — se cajoler, se consoler l'un l'autre, quand nous
savons tous qu'il n'y a pas de consolations possibles ; —
quand.....

— Je ne suis pas de cet avis. Il y a des consolations, et j'en
éprouve. Mais je ne veux point entamer ce sujet maintenant,
ma chère ; je sais que vous ne seriez pas en état de me comprendre et de les partager.

— Ni maintenant, ni jamais, ma mère.

— Oui, Sophia ; vous les comprendrez, vous les partagerez
dans la suite. Vous ne pouvez supposer que l'état actuel de vos
pensées doive durer pendant tout le cours de votre existence ?

Un frémissement intérieur se peignit sur la figure de la
patiente, et démentit ce calme enviable dont elle prétendait
jouir ; sa mère continua :....

— Dites-moi seulement quel sera votre sort dans l'autre monde, avec une telle disposition d'esprit?

— Savons-nous s'il y a un autre monde? s'écria Sophia avec fureur; je sais que vous me l'avez dit quand j'étais enfant, et que vous le croyez toujours ainsi, mais je ne vois rien qui me le puisse faire croire; — tout au contraire. Tout ce qui est usé tombe en pièces, et tout est dit. Tout ce qui est fatigué s'endort et n'a plus conscience de rien; il en sera de même de nous et de ce monde qui nous environne. Nous serons bientôt assez fatigués, et c'est sottise de prétendre que nous irons ensuite quelque part pour redevenir plus gais, plus actifs que jamais. Cet univers s'use, et s'use vite; tout le monde l'espère ainsi, si ce n'est l'Empereur peut-être. Qu'il tombe donc en pièces, et que tout soit dit: le plus tôt sera le mieux.

— Cet univers durera plus longtemps que votre incrédulité, mon enfant.

— Non, ma mère; mon esprit n'est pas léger, c'est un esprit de progrès. Il y a un an, si nous étions venus ici, je me serais attendue à voir quelques-unes de ces apparitions que redoute Clara quand elle promène autour d'elle des regards effrayés; j'aurais cru voir des esprits sortir d'entre les rochers; j'aurais chanté des hymnes dans les forêts, et je me serais persuadé qu'on les entendait, qu'on y répondait, parce que nous aurions eu des échos autour de nous. J'en sais plus long que cela aujourd'hui: je ne retournerai pas à mon premier état de simplicité. Je vois les choses comme elles sont, froides, nues, sans âme. Vous ne me trouverez pas parmi les adorateurs de la Mer Enchantée. Je laisse cette religion aux paysans.

— Et un autre genre de religion à nous autres, pour qui toutes choses ne sont pas froides et nues. Mais, Sophia, jusqu'à quel point votre esprit est-il progressif? et pourquoi l'est-il, s'il doit si tôt être anéanti?

Sophia n'avait pas toute prête une réponse très claire à cette question. Elle nia que par ce mot esprit progressif elle eût voulu dire rien qui procédât régulièrement et suivant un plan arrêté. Tout ce qu'elle avait voulu faire entendre, c'est qu'autrefois elle croyait à une multitude de choses qu'elle ne connaissait pas, et que maintenant elle ne croyait plus que ce dont ses sens lui rendaient témoignage.

— Et croyez-vous ce qui se passe sous vos yeux ? demanda sa mère.

— En vérité, ma mère, dit Sophia riant à demi, on dirait que vous voyez ce qui se passe en moi. Savez-vous que toutes les choses que je vois m'ont tellement l'air de fantômes et de songes, que je suis obligée de les toucher, de les saisir pour bien m'assurer que je suis éveillée ?

— Je le sais, ma chère. Votre vie est comme l'aventure d'un somnambule ; mais ne savez-vous pas que les somnambules se croient plus éclairés, plus éveillés que les autres ? Je ne vous demande pas de m'en croire sur parole en fait de matières religieuses ; je vous demande seulement d'en croire une mère qui ne vous a jamais trompée : il y a du calme à éprouver sans haïr, et des consolations sans superstitions.

— Si vous voulez me parler d'après votre expérience personnelle, ma mère, je suis bien obligée de vous croire ; mais si vous voulez me dire qu'Ernest est calme, que Paul est consolé, c'est une affaire bien différente.

— Je puis vous parler de moi-même, mon enfant. Je ne suis pas heureuse ; ce serait me rire de la Providence que de prétendre que je sois heureuse ; mais je ne suis pas sans consolations. Vous parlez de mes yeux rouges et enflés ; mais les larmes, d'autres causes que le chagrin peuvent nous en faire verser. La nuit est le temps propre à la dévotion, et il est des gens qui lèvent rarement les regards vers les cieux étoilés sans leur offrir l'hommage d'une vive émotion. Vous dites que je pâlis quand je vous entends rire ; et je dois en convenir, car votre rire me fait maintenant plus de mal qu'aucun autre son que je puisse entendre. Même ce chagrin que vous me causez ne me paraît pas sans espoir. Je crois que tout arrive suivant un plan, — le progrès de votre esprit, aussi bien que l'étoile du matin qui va disparaître, la fin de vos souffrances et du supplice de Cyprian.

En entendant prononcer ce nom, Sophia fit une contorsion comme si l'acier eût traversé la moëlle de ses os. Puis elle

I.   31

lança un regard terrible à sa mère, et ne trouva dans ses yeux
que douceur et compassion.

— J'ai eu tort, mon enfant, d'éviter si longtemps de prononcer ce nom. Oui, j'ai eu tort : écoutez-moi. Nous savons tous
qu'il est perpétuellement présent à notre pensée ; que chaque
pas que nous entendons nous le prenons pour le sien, chaque
son de voix, pour le son de la sienne ; chaque...

— Arrêtez, ma mère, arrêtez. Personne ne peut, — personne
n'osera ; — il m'appartient ; et si quelqu'un...

— Personne ne prononcera son nom à la légère, mon
amour ; mais vous ne pouvez nous empêcher de songer à lui.
Vous ne sauriez le vouloir.

— Oui, je voudrais que tout le monde l'oubliât, — l'oubliât
entièrement.

— Non, Sophia, cela ne peut pas être. C'est sur mon épaule
que vous êtes venue confesser d'abord votre amour pour lui ;
c'est à moi que vous êtes venus en parler tous deux, quand
votre amour n'était pas trop violent encore pour n'y pas admettre un tiers ; et jamais je ne permettrai que votre amour
soit oublié. S'il l'était jamais, comment pourrais-je espérer de
pardon pour vous ? Vous demandez pourquoi j'ai besoin de
prier, d'espérer pour vous ; c'est parce que j'ai une religion ;
et j'ai une religion parce que je n'ai pas, comme vous, été
éprouvée au delà de mes forces. Votre père me reste ; mes
pertes ne sont donc rien en comparaison des vôtres ; et rien
ne ferait saigner mon cœur, si le vôtre ne saignait si cruellement.

Sophia affligea douloureusement sa mère en la priant d'un
ton froid de ne pas prendre de chagrin à cause d'elle. Tant s'en
fallait quelle se trouvât éprouvée au delà de ses forces, qu'elle
ne croyait pas l'être du tout. Personne n'avait moins besoin
qu'elle de courage et d'efforts. Tout était fini depuis longtemps.
Elle serait désespérée que sa mère s'inquiétât le moins du
monde à son sujet. Rien n'était plus loin de sa pensée.

— Eh bien ! je vous prends au mot, dit Lénore avec un
calme qu'elle n'affecta qu'avec grand effort, car elle vit bien
que le moment n'était pas encore venu de s'abandonner à toute

sa tendresse. Je vous prends au mot : si vous désirez m'épargner de la peine, allez aujourd'hui avec Taddeus.

— Oh! certainement. Ce sera un bien beau jour pour faire mon apprentissage, si toutefois nous pouvons sortir avant que les brouillards ne tombent. Ces brouillards sont si détestables et cette fumée aussi ! Entre les deux on ne sait guère où respirer nulle part. Qu'y a-t-il à faire avant que je ne parte ? N'y a-t-il rien que je puisse faire pour vous en épargner la peine ?

Lénore secoua la tête, et ne répondit rien.

— Encore un mot, dit Sophia rentrant dans la hutte ; je vais à la chasse avec Taddeus parce que vous le désirez ainsi ; mais s'il ose seulement me dire...

— Il ne vous en parlera pas.

— Vous êtes sûre ?

— Très sûre. Je lui ai conseillé de ne le pas faire, et il me l'a promis.

— Pourquoi ne me l'avoir pas dit positivement plus tôt ? Cela vous aurait évité bien de l'embarras.

— Qui s'y serait hasardé, ma chère ?

— Vous l'avez fait, et vous voyez où est le mal ? demanda Sophia avec un sourire forcé. Puis, en s'en allant, elle se dit à elle-même :

— Si j'avais en quoi que ce soit la même manière de sentir qu'autrefois, je serais pleine de remords pour avoir traité ma mère avec tant de froideur. Mais cela ne peut la blesser ; je suis si indifférente pour tous les autres ; non, cela ne peut la blesser ; et quand même, — il m'importe peu. Rien ne m'importe.

Dans cet instant même Sophia sentit tout son corps tressaillir, en entendant des pas inégaux qui lui annonçaient l'approche de Taddeus.

— Je viens avec vous, Taddeus, dit-elle d'un air dégagé ; vous m'apprendrez à charger un fusil et à tirer. Elle continua à parler ainsi jusqu'à ce qu'elle supposât que sa mère ne pouvait plus l'entendre ; alors elle se mit à garder immédiatement le silence.

Elle n'en était pas moins attentive envers son frère, suivant tous ses mouvements et lui offrant sans cesse de petits services

qui lui étaient pénibles à cause de l'affectation même qu'elle
mettait à les lui rendre. Tout à coup ils aperçurent leur petite
amie Clara dans une position singulière et qui fit une diversion
à la retenue flegmatique qu'ils gardaient l'un envers l'autre.
Elle était aux prises avec un gros oiseau, la dinde russe, qui
était tombée dans un des pièges d'Andréas. Clara avait tourné
plusieurs fois à une distance respectueuse, cherchant le moyen
le plus avantageux d'attaquer l'animal dont les ailes déployées
et l'attitude menaçante ne laissaient pas que d'effrayer une si
jeune enfant.

— Mettez-vous de côté, mon amie, je vais vous l'expédier,
dit Taddeus : et la dinde cessa bientôt de faire du bruit.

— Je vais vous la porter à la maison ; elle est trop lourde
pour vous, dit Sophia, et vous irez avec Taddeus. Vous êtes
bien plus habile que moi.

— Je ne puis aller à la chasse aujourd'hui, répondit l'enfant : j'y suis allée hier, et j'ai beaucoup à faire chez nous.
Et là-dessus la petite femme de ménage entra dans un détail
très circonstancié des devoirs domestiques qu'elle avait à remplir.

Sophia en rejeta une partie comme inutiles ou imaginaires,
et promit de s'acquitter des autres à la place de la petite ; mais
voyant qu'elle avait l'air contrariée, Taddeus déclara qu'elle
était libre d'aller où bon lui semblerait, lui chargea sa dinde
sur les épaules, et l'envoya à la maison chancelante sous son
butin.

Au milieu du bois voisin, ils virent quelqu'un qui marchait
à quelque distance entre les sapins. Sophia changea de couleur,
comme elle le faisait toutes les fois qu'elle apercevait une
figure humaine dans des lieux non fréquentés. Bientôt une
seconde figure se montra qui ne lui laissa aucun doute sur la
première ; c'étaient Paul et sa femme.

— Bien rencontrés! s'écria Sophia quittant le bras de son
frère et courant au devant d'eux. Vous voilà trois, vous prendrez soin les uns des autres ; Paul, votre femme portera le fusil
de Taddeus quand il sera fatigué, vous le reconduirez, vous, à
la maison ; quant au gibier, il peut le laisser à l'endroit qu'il

jugera convenable et j'irai ce soir le chercher. A propos, Paul, nous avons cruellement besoin d'argent, il faut que vous nous en donniez, car nous ne pouvons compter sur nos fusils pour nous en abattre. Vous le voyez, nous ne pouvons avoir d'argent tant que nous n'aurons pas de meilleurs fusils, ni de meilleurs fusils tant que nous n'aurons pas d'argent.

Sophia s'enfuit sans que son frère essayât de la retenir ; il ne pouvait guère raisonnablement lui demander d'être la compagne de la femme de Paul dans une expédition de cette sorte.

CHAPITRE IV.

Un bivouac dans le désert.

De ce que Sophia avait parlé d'abattre de l'argent à coups de fusil, ou de relever les fonds de la petite colonie avec une carabine et de la poudre, il ne suit pas qu'elle eût perdu la raison, il s'ensuit seulement que leur système monétaire n'avait pas pour base l'or et l'argent.

— Il me semble, Paul, dit Taddeus, que vous changez d'armes aussi souvent que les dames changent de robes à la cour. La dernière fois que nous nous sommes vus, vous portiez une lance deux fois aussi grande que vous, et aujourd'hui vous voilà avec un paquet de flèches.

— Tel gibier, telles armes. Quand le cœur nous dit d'un morceau de chair d'ours, je prends une lance, j'amène le vieil Alexandre avec moi, pour qu'il force l'animal à se tenir sur ses pattes de derrière, de la manière la plus convenable pour recevoir un bon coup. Je lui dis souvent qu'il sera en état d'en faire danser un dans les rues de Varsovie quand nous y retournerons. Aujourd'hui, je viens chercher des fourrures, — des zibelines, si je puis en trouver; et je suis l'élève de ma femme pour cette chasse-là. Elle m'a fait ces flèches, — émoussées, comme vous le voyez, afin de ne pas endommager

les peaux ; et elle s'est engagée à abattre la première que nous
rencontrerons. En attendant, elle porte mon fusil pour que
nous ne perdions pas l'occasion de tuer quelque autre gibier,
chemin faisant.

— Ces zibelines sont-elles pour vendre ou pour servir à
l'échange?

— Oh! pour vendre à coup sûr, il faudra que notre système
monétaire prenne bien de l'accroissement avant que nous
n'ayons besoin d'un signe représentatif d'une aussi grande
valeur intrinsèque. Les habitants d'un pauvre village peuvent
aller longtemps avec le cuivre et l'argent, avant d'éprouver
le besoin d'une monnaie d'or ; des peaux de souris, de lynx et
de lièvre nous serviront, pour le moment, aussi bien que le
pourraient faire des martres-zibelines. Mais qu'est-ce que
disent vos voisins de votre plan d'échanges au moyen d'une
marchandise intermédiaire? Comprennent-ils que cela est plus
commode que l'échange immédiat d'une denrée contre une
autre?

— Plusieurs le comprennent très bien ; et voilà pourquoi
nous avons besoin de plus de peaux, comme Sophia vous le
disait. L'homme qui était vexé que nous ne voulussions pas
lui prendre un mouton entier, quand nous n'en avions besoin
réellement que d'un quartier, et que nous n'avions rien à lui
donner en retour qui valût un mouton, fut bien plus colère
encore quand nous lui offrîmes une peau de lièvre pour son
quartier de mouton, et quand nous lui dîmes que vous lui
donneriez une chaise et un panier en osier pour cette même
peau. Et sa femme nous prit pour des fous quand nous lui
proposâmes d'échanger trois ou quatre peaux de lynx contre
deux paillassons de la petite Clara. Mais actuellement, ils
commencent à comprendre que pour ceux qui ont peu de marchandise à échanger, il est avantageux de choisir un article
pour servir à évaluer à peu près tout le reste.

— Les femmes aiment ce plan-là, j'en suis sûr, dit Paul.
Au lieu d'avoir à porter un mouton tout entier, un banc, un
paquet de vêtement, avec la chance encore de les rapporter
s'il se trouve que personne n'ait besoin de ces articles précisé-

ment dans ce moment, et dans cette même quantité, elles n'ont plus qu'à faire un paquet de leurs peaux, et aller à leurs acquisitions, comptant que ceux qui auront besoin de mouton viendront en acheter de même chez elles. Oh ! oui, les porteuses de paquets doivent trouver leur compte à l'adoption de ce moyen d'échanges.

— Mais comment se fait-il qu'ils n'en avaient aucun auparavant? dit Taddeus. Il semble qu'au moins les femmes, puisque ce sont elles qui portent tous les fardeaux dans ce pays-ci, auraient dû imaginer un signe représentatif quelconque depuis longtemps.

— Les porteuses de paquets ont plus d'idées lumineuses que leurs seigneurs et maîtres, leurs maris, ne leur permettent d'en réaliser. Je m'en vais demander à mon excellente femme si elle a jamais songé à rien de semblable quand elle allait çà et là, au sud, sur les talons de madame sa mère.

Paul appela sa femme, qu'il avait baptisée du nom d'Émilia, et au moyen de certains gestes et d'un baragouin auquel Taddeus ne comprit pas un mot, il apprit d'elle que dans les tribus du sud, les hommes évaluaient leurs possessions par tant de chevaux et tant de moutons, et qu'ils n'avaient pas d'autre système monétaire.

— Ils en sont encore au point où en étaient les patriarches, quoique le monde soit plus vieux de tant de siècles. Vous faites-vous une idée, pour un peuple voyageur, d'une pareille manière de transporter des trésors? au lieu d'un portefeuille, d'un sac à argent, ou même d'un paquet de peaux, d'avoir à transporter des troupeaux de chevaux et de moutons qui couvrent un demi-mille carré? Il faut qu'un homme riche ait à ses gages une douzaine de porte-bourses, au lieu d'avoir sa fortune dans sa poche ou dans son secrétaire.

— N'oubliez pas un avantage, qui n'en est pas un petit dans les déserts de l'Asie, l'avantage d'être toujours à même de manger son argent, quand on se sent pressé par la faim, ce qu'on ne peut pas faire avec une monnaie métallique, ni même avec notre monnaie de peaux.

— C'est juste; mais cela n'empêche pas qu'ils pourraient

avoir un autre signe représentatif pour l'usage journalier, et dans les circonstances ordinaires.

— Comme nous le pourrons nous-mêmes, quand cela sera nécessaire. A présent, notre monnaie nous sert comme marchandise ou comme moyen d'échange. Nous pouvons aussi bien nous faire des mitaines de nos peaux de souris, et des bas de nos peaux de lièvre, que les échanger pour du poisson ou des pains d'orge; et après.....

— Et après, interrompit Paul, les Sibériens pourront devenir assez civilisés pour avoir une monnaie qui ne soit bonne à rien autre chose qu'à être un signe représentatif, comme les billets de banque de nos commerçants; mais il est douteux qu'ils en viennent là de notre vivant. Il y a une monnaie d'or et d'argent dans presque tous les pays de l'Europe, et cependant l'or et l'argent y sont employés en services de table et en bijouterie, aussi bien que comme monnaies. Mais mon excellente femme a encore quelque chose à nous dire. Regardez-la, je vous prie, et dites-moi si vous avez jamais vu une Européenne attendre, avec tant de gentillesse la permission de parler?

Taddeus ne trouvait aucun plaisir à contempler le ravissement servile que témoigna Émilia quand son seigneur et maître parut disposé à l'écouter. Il se détourna pour ne la pas voir recevoir des caresses qui lui semblaient aussi dégoûtantes que si c'eût été autant de coups de fouet; et sa pensée se reporta avec orgueil et douleur sur les filles et les sœurs des héros polonais. Il était plongé dans cette rêverie quand Paul l'appela pour lui faire remarquer un petit ornement d'argent vierge, qu'Émilia portait à l'extrémité de chaque tresse de cheveux qui lui pendaient des deux côtés de la tête.

— Elle me dit, continua Paul, que les femmes se livrent entre elles à des échanges dont leurs maîtres n'ont aucune connaissance. Ces morceaux d'argent et quelques autres moins nombreux en or étaient leurs moyens favoris d'échanges, ensuite venaient des cailloux polis, et enfin des tranches de quelque chose qui me parait devoir être le mica semi-transparent dont nous parlions l'autre jour de faire des vitres pour nos fenêtres.

— Leurs seigneurs et maîtres auraient bien pu condescendre une fois à recevoir d'elles une leçon. Ces dames me paraissent avoir pris, dans leurs échanges, des signes représentatifs fort convenables.

— Je crois que nous pourrions nous-mêmes profiter de leur idée. Je ne sais si nous ne nous trouverons pas bientôt embarrassés, non seulement quant à la quantité, mais aussi quant à la qualité de notre monnaie. Nos peaux s'usent singulièrement à passer de main en main; nos voisins refuseront de les prendre quand le poil en sera tombé : elles n'ont plus l'air que de morceaux de vieux cuir.

— En outre il n'y a pas moyen d'assurer la même valeur aux peaux de la même espèce. Une peau de souris peut, dans le principe, être aussi bonne qu'une autre; mais seront-elles, au bout d'un an, également propres toutes deux à faire des mitaines? cela dépendra du nombre de personnes entre les mains desquelles elles auront circulé, et du soin qu'on en aura pris. Nous aurons toutes les peines du monde, quand nos voisins viendront à les examiner de plus près, quand ils choisiront celles qu'ils voudront ou ne voudront pas recevoir en échange.

— Il y a encore un autre danger, quoique plus éloigné. Les saisons ici n'affectent pas tous les animaux de la même manière, et un hiver qui aura gelé toutes nos pauvres petites souris dans leurs trous pourra ne faire aucun tort aux lynx et aux lièvres. Maintenant s'il arrivait que nous fussions une année entière sans prendre de souris et que nous doublassions le nombre de nos peaux de lièvres, voilà tout notre commerce sens dessus dessous.

Personne ne saura s'il est riche ou pauvre, la valeur de la monnaie étant totalement changée. Et la petite Clara pourra acheter plus de marchandise avec une seule peau de souris, que son père avec les vingt peaux de lièvre qu'il aura mis des années à thésauriser.

— Il est bien difficile d'imaginer un genre de monnaie dont

la valeur soit stable. Je crois que les métaux seront toujours ce qu'il y aura de mieux.

— Oui, parce qu'ils peuvent se diviser en portions très petites; qu'ils sont peu sujets à s'user ou à se détériorer, et enfin qu'ils renferment une grande valeur sous un petit volume, ce qui les rend commodes à transporter.

— Jusque-là c'est fort bien. Tout cela est vrai de fragments d'or et d'argent comme ceux qui pendent maintenant sur les épaules de votre femme, fragments métalliques trouvés près de notre fonderie ou dans le lit des rivières. Mais pour les rendre aussi utiles qu'ils le peuvent être, il faudrait qu'ils fussent monnayés; sans cela, on ne peut leur assigner une valeur déterminée, ou, si on le faisait, cette valeur ne demeurerait pas fixe. Nous ne pourrions déterminer la valeur de ces fragments informes d'argent qu'en les pesant continuellement, encore faudrait-il qu'il y en eût de différents poids, de multiples et de fractionnaires les uns par rapport aux autres. Maintenant il suffirait qu'un voleur se sauvât avec une poignée de ces morceaux d'argent, ou qu'une personne eût assez de chance pour en trouver une douzaine en un jour, pour que la valeur et jusqu'au nom de ces signes représentatifs fussent changés, à un point qui devient presque impossible quand les métaux doivent avoir été monnayés avant de servir aux échanges journaliers.

Paul pensa que la beauté était encore une chose que l'homme devait prendre en considération dans le choix de toutes les choses dont il voulait se rendre possesseur, depuis une femme jusqu'à une paire de mitaines. Il ajouta que l'or et l'argent étaient les marchandises les plus belles incomparablement entre toutes celles qui peuvent passer de main en main sans se détériorer pendant un certain laps de temps.

— Clara vous contesterait ce dernier point, répliqua Taddeus. Elle admire beaucoup les belles plumes, et vous dirait que des bouquets de plumes, comme ceux dont s'ornent les sauvages, lui paraîtraient une aussi agréable monnaie qu'aucune autre que l'on puisse imaginer. Elle en avait une superbe collection dans sa petite chambre à Varsovie. Elle se deman-

dait l'autre jour dans quelles mains elles pouvaient être en ce
moment, ces plumes qui décoreraient si bien le paravent
qu'elle tresse pour placer entre la porte et le poële. Elle trouve
nos peaux de souris bien douces aussi et bien jolies, et rien ne
lui plairait autant que d'avoir un lièvre blanc comme la neige,
pour en faire son favori et admirer sans cesse sa belle robe.

— Attention, attention ! s'écria Paul, voilà un canard per-
san parmi les roseaux. Si je puis l'avoir pour Clara, elle aura
la plus jolie collection de plumes qu'elle puisse désirer. Me
servirai-je de mon fusil ? ou bien essairai-je mes flèches ? Si je
tire un coup de fusil, je vous avertis que nous aurons un terrible vacarme, que je réussisse ou non à toucher.

— Essayez d'abord avec une flèche, pour ne pas endommager les plumes. Il sera toujours temps de faire feu.

La flèche glissa en sifflant de la main inexpérimentée de Paul
sur le dos du bel oiseau, ne faisant qu'effleurer le haut de sa
tête. Il poussa un cri qui jeta l'alarme dans tous les marécages
à un mille à la ronde, et fit lever une multitude innombrable
de bécasses. Emilia, impatientée que tout ce bruit fût la suite
de la non-réussite d'une flèche fabriquée par elle, s'empara de
l'arc, et, sans paraître s'arrêter pour viser, tira tandis que les
ailes de l'oiseau étaient encore étendues. Le canard, dans les
convulsions de l'agonie, s'éleva au-dessus de l'eau, y retomba
et fit le plongeon ; mais la dame était déjà entrée dans l'eau
jusqu'à la ceinture. Elle aussi plongea, et reparut bientôt
tenant sa proie entre les dents, se saisit de deux autres oiseaux
qui eurent le malheur de se trouver à sa portée, les étrangla,
secoua l'eau de dessus leur plumage huilé, et les déposa aux
pieds de son époux ; puis elle courut rechercher la flèche qu'il
avait lancée la première, la trouva, la lui présenta, et se retira
derrière les chasseurs, tordant l'eau qui coulait de ses cheveux
et de ses habits et prête à exécuter de nouveaux ordres. Paul
ne put s'empêcher d'admirer tout cela. Bien différent de l'In-
dien qui attend dans une profonde gravité que sa *squaw*[1] lui
rende ces petits services, et ne daigne les reconnaître par au-

[1] Nom de la femme chez les naturels de l'Amérique du Nord.

cune marque d'attention, il se mit à battre des mains, à pousser des cris de joie, parut prêt à s'élancer dans l'eau après elle, et quand elle en sortit toute mouillée, la récompensa par un baiser et une poignée de main donnée de bon cœur.

Taddeus semblait admirer le canard sauvage plus que la pauvre dame.

— Quelle magnifique créature ! dit-il ; quelle taille ! quelles proportions !

— N'est-ce pas ? et quels yeux aussi !

— Ils sont brillants, en effet.

— Ainsi vous passez par dessus son nez, qui est un peu de travers. Pour moi, je n'y fais nulle attention ; mais, Alexandre...

— Vous voulez dire son bec. Comme il est d'un beau noir de jais ! Et la crête ! comme la terreur de la pauvre créature la fait élever et baisser ! Et le plumage ! Clara n'avait rien d'un si beau rose dans toute sa collection.

— Oh ! vous parlez du canard ! je croyais que c'était d'Emilia ; et à coup sûr est-elle bien des deux ce qu'il y a de plus admirable. Mais vous n'avez pas encore vu la moitié de ses talents. Il n'y avait pas assez d'eau pour qu'elle pût nager dans cet étang. Elle nage adorablement. Vous la verrez dans une partie la plus large du fleuve, quand elle va guetter les castors. Elle pourrait les aider à bâtir. Ma parole d'honneur, elle reste dans l'eau des heures entières, et plonge à une telle profondeur, et si longtemps, qu'elle m'effraie et que je crains de ne la plus voir reparaître. Oh ! vous n'avez pas d'idée de tout ce qu'elle peut faire.

— Elle peut voir dans l'obscurité comme une chouette, à ce que vous m'avez dit, découvrir le gibier comme un chien d'arrêt, l'aller chercher comme un chien courant ; elle a l'oreille aussi fine qu'un daim, elle court comme une autruche. Maintenant, dites-moi ce qu'elle sait faire comme une femme.

— Cuire mon dîner, tenir ma maison chaude, et me servir.

— Et c'est là l'idée que vous vous faites de la femme, n'est-ce pas ?

— Oui ; et quelques autres petites choses. Laver, panser et soigner les blessés, c'était encore une bonne besogne de femme quand nous étions là-bas en Pologne. Mais quant au reste dont vous faites tant de cas, — la faculté de raisonner, de penser, etc., etc. ; — quelle est celle de nos Polonaises pour qui il ne vaudrait pas mieux être privée de cette faculté ?

— D'après cette manière de voir, il vaudrait mieux aussi, je suppose, que leurs maris et leurs frères ne pensassent pas et ne sentissent pas. Il vaudrait mieux pour les Polonais être des sauvages que des héros esclaves ; il vaudrait mieux que leurs femmes fussent de simples animaux que des êtres doués de raison. Ainsi il faut enlever le patriotisme à un sexe et la rai- à l'autre : c'est là votre manière de voir, n'est-ce pas ?

— Ne discutons pas là-dessus, je vous prie. Tout ce que j'ai voulu dire, c'est que je suis fâché de voir votre mère si abattue par le chagrin et votre sœur l'air si hagard, et que je désirerais qu'elles pussent être aussi heureuses que ma petite femme. — Attention, elle vient de faire lever une zibeline.

Là-dessus Paul, qui venait de parler sérieusement plus longtemps qu'il ne l'avait fait depuis la perte de la dernière bataille où il s'était trouvé, se prit à courir après le gibier. Jusqu'à la tombée de la nuit, il fut impossible de lui parler cinq minutes de suite ; il courait toujours çà et là plus vite que Taddeus ne le pouvait suivre ; impossible de lui arracher deux mots de suite, occupé qu'il était à viser ou à chercher une nouvelle proie. Toutefois, il prenait grand soin de son ami, et fit signe à Emilia qu'elle eût à le suivre et à lui rendre tous les petits services qu'elle pourrait. Au premier abord, Taddeus eût préféré qu'on l'eût laissé seul, et il avait peine à recevoir poliment les attentions de cette dame ; mais elles lui étaient offertes avec une bienveillance si vraie, elle y mettait tant de modestie et de douceur à la fois, que sa répugnance s'évanouit et que bientôt il se soumit, infirme qu'il était, à se voir soutenu et assisté par une femme qui s'entendait bien mieux que sa mère ou sa sœur n'eussent pu le faire à lui servir de guide, à l'aider à marcher et à lui procurer du gibier.

Il fut fort étonné de n'être pas le premier à penser au retour, encore qu'il eût fait une aussi bonne chasse qu'il le pût désirer. Il continuait d'aller en avant, et Paul rôdait, Dieu sait

où, quand Émilia commença à jeter les yeux autour d'elle et à
les lever au ciel avec un air d'anxiété et des gestes qui indiquaient qu'elle avait actuellement froid, ou qu'elle s'attendait
à en éprouver bientôt. La journée n'avait pas été une des plus
pénibles que Taddeus eût passées. Le soleil, quoique peu
élevé, avait jeté des lueurs faibles et sombres, qui cependant
n'avaient pas été sans chaleur. Il y avait eu peu de vent, et ce
peu n'avait pas annoncé la gelée. Les cieux étaient gris, et il y
avait une ligne extrêmement noire sous le vent; mais cela
était si ordinaire, ainsi que le mugissement qui commença à
se faire entendre parmi les sapins, que Taddeus ne l'eût pas
même remarqué, si ces circonstances n'eussent paru absorber
toute l'attention d'Emilia. N'ayant pas de communications établies au moyen du langage avec sa compagne temporaire, Taddeus ne put se faire une idée de l'étendue de ses craintes, jusqu'à ce qu'elle s'esquiva tout à coup de dessous le bras qu'il
appuyait sur son épaule, grimpa sur un pin voisin, comme le
plus léger des écureuils qui y avaient fixé leur habitation,
poussa un cri particulier qui pouvait s'entendre à une grande
distance, différent qu'il était des sons graves et profonds d'un
désert du Nord. Elle redescendit, fit signe qu'il fallait rebrous-
ser chemin, refusant d'attendre Paul et paraissant assurée
qu'il ne tarderait pas à la suivre. Cependant il ne parut pas;
elle grimpa de nouveau sur un arbre, et poussa de nouveaux
cris plus aigus et plus précipités, à mesure que des masses de
nuages noirâtres se déroulaient sous le vent, paraissant
s'abattre au moins autant que courir. Taddeus vit qu'elle
appréhendait de la neige, mais ne comprit pas bien qu'en peu
d'instants l'atmosphère dans l'état où elle allait être serait
incapable de transmettre le son à quelque distance, et que si
Paul devait être averti de retourner à la maison, il fallait qu'il
le fût immédiatement. Il ne tarda pas à revenir, et parut fort
mécontent quand il vit ses deux compagnons sains et saufs. Il
avait, en s'entendant ainsi appeler à diverses reprises, supposé que quelque accident leur était arrivé, et fut vexé d'avoir
été ainsi arraché aux plaisirs d'une chasse heureuse.

— On y va, on y va! s'écria-t-il; elle crie après moi comme

on crie en Angleterre après un garçon d'auberge, et tout cela pour rien. Je m'étonne que cette coquine ait osé prendre de telles libertés avec moi. Elle m'a tout bouleversé, je puis bien le dire. Je croyais que le moins qui pût être arrivé, c'était qu'un ours avait dévoré l'un de vous d'eux. Avant que la frayeur ne m'eût pris, je faisais la sourde oreille, car jamais vous n'avez vu un si bel animal que celui sur la piste duquel j'étais. Un renard noir, je vous prie de le croire ; mais vous ne me croirez pas, ni vous ni personne, car on parle de renards noirs plus souvent que l'on n'en prend ; et l'on a l'air d'un gascon quand on dit ce que je vous dis là. Mais c'était un renard noir, aussi sûr que vous avez là sur l'épaule un lièvre blanc ; et je l'aurais eu dans une minute, si cette drôlesse n'avait poussé un cri qui m'a traversé l'âme au moment où mon coup eût dû traverser mon renard. Sa peau eût été une fortune pour moi. Ma hutte fût devenue un palais, en comparaison de celle d'Ernest, sans parler de l'avantage d'être le premier à tuer un renard noir. Et d'avoir été rappelé parce qu'il y a un peu de neige dans l'air ! comme si la neige était ici chose aussi rare qu'à Tombouctou.

Et le chasseur désappointé continua à exhaler sa mauvaise humeur ; — sa femme ne l'entendait pas. Elle comprenait seulement que, pour quelque raison inconnue, son seigneur et maître était mécontent d'elle, et cela suffisait pour lui donner l'air on ne peut plus pénitent. Elle osa à peine lever les yeux vers le ciel menaçant quand Taddeus en fit remarquer l'état à Paul, pour l'excuser, mais elle se tint immobile, emblème parfait de l'esclavage, jusqu'à ce qu'elle eût reçu l'ordre de diriger la marche.

Elle le fit en une ligne presque aussi droite que le vol de l'oiseau ; ce qui est plus facile, dans ce pays que dans plusieurs autres moins déserts. Les forêts n'étaient pas embarrassées, comme celles du midi, mais composées d'une multitude de troncs, nus jusqu'à la hauteur de quelques pieds. Il y avait peu de ruisseaux dans les plaines, et le peu qu'il y avait étaient rendus guéables au moyen de certaines grosses pierres, dont Emilia semblait connaître la situation avec une exactitude qui tenait de l'instinct. Quoiqu'il fût nuit presque close, elle ne manqua pas une seule fois d'arriver en ligne droite au gué des ruisseaux, et ne s'arrêta pas une seule fois, incertaine du chemin qu'il fallait prendre, tandis que ses compagnons n'apercevaient autour d'eux qu'un désert de bois. Il n'y avait pas à compter sur les étoiles pour se diriger cette nuit-là. Les nuages descendaient si bas qu'ils semblaient s'appuyer sur le sommet des sapins étonnés ; ils se roulaient et se déroulaient lentement, comme s'ils allaient envelopper et enlever dans les airs tout ce qui se trouvait au-dessous d'eux. Paul comprit qu'il était temps de cesser de se plaindre, et qu'il s'allait agir de quelque chose de plus important que la chasse au renard noir. Au sortir d'un bois une masse de neige vint les frapper au visage, les aveuglant et leur coupant la respiration, et les força tous à tourner le dos pour ne pas être suffoqués. Emilia ne voulut pas pour cela permettre qu'ils s'arrêtassent un seul instant ; et remarquant que Taddeus, qui avait déjà bien de la peine à marcher devant lui, à cause de son infirmité, était tout à fait incapable de le faire à reculons, elle lui arracha sa cravate, la lui attacha sur la figure comme un voile, s'empara de ses deux mains, et se mit à le pousser devant elle, les yeux ainsi bandés. ·

— A coup sûr, dit Taddeus, nous ferions mieux de grimper sur un arbre et d'attendre que cette tempête de neige soit passée.

— Oui, pour avoir les pieds gelés, sans parler du nez et des oreilles, répondit Paul. Et en supposant que nous soyons encore en vie demain matin, comment nous fraierons-nous un chemin jusque chez nous, à travers dix pieds de neige, d'une neige qui ne sera pas assez gelée pour nous porter ? Non, non ; notre seule chance de salut, s'il nous en reste aucune, est d'aller aussi vite que nous pourrons, jusqu'aux roches au moins. Mais Dieu sait que je ne pourrai pas continuer longtemps à cheminer de la sorte.

Paul continua sans doute à dire encore bien des choses, car parler était le dernier plaisir duquel il eût jamais songé à se priver ; mais son compagnon ne put pas en entendre davantage.

La neige, qui tombait aussi silencieusement que la lumière, étouffait cependant tous les sons, et les dernières paroles de Paul que Taddeus put saisir lui arrivèrent comme si elles eussent été prononcées sous un oreiller. Quand cette bourrasque eut cessé un moment, Taddeus lui parla et ne reçut pas de réponse. Ce silence l'inquiétant, il étendit la main pour le chercher. Paul n'était certainement pas là, ni à quelques verges autour. Pour la première fois, Emilia poussa un cri de frayeur ; elle se haussa sur la pointe des pieds, fit signe à Taddeus de ne point bouger, et au bout de deux minutes revint avec son mari qui avait glissé, était tombé et s'était trouvé à moitié enseveli dans la neige avant d'avoir eu le temps de se reconnaître. Pour éviter le retour d'un pareil accident, sa femme détacha sa ceinture, lui en attacha un bout autour du bras, gardant l'autre dans sa main, et tous deux entraînèrent comme auparavant leur compagnon infirme.

— Cela ne peut durer ainsi, dit Taddeus s'arrêtant tout à coup ; vous vous perdrez tous deux pour vouloir me sauver. Je vais retourner dans le bois, et faire de mon mieux jusqu'à ce que cette tempête soit passée ; que Dieu vous conduise ! Pour toute réponse, Paul le poussa vigoureusement en avant, appuyant le dos contre le sien ; de manière que la neige ne frappait au visage qu'une seule personne, qui frayait ainsi le passage aux deux autres. C'était une amélioration ; mais Taddeus était toujours convaincu que les deux époux se tireraient mieux d'affaire sans lui, et de nouveau il se refusa à continuer de marcher.

— Je m'en retourne, dit-il très distinctement. Si l'on peut traverser la plaine demain matin, vous viendrez me chercher. Si cela ne se peut pas, n'importe. Vous savez que je ne saurais être bien affligé d'être si aisément débarrassé d'une vie comme celle que je mène.

Paul murmura plein d'impatience ; mais cette fois Taddeus fut plus leste que ses compagnons : il se laissa glisser d'entre leurs mains, se jeta sur le côté, à droite ou à gauche, et ce fut en vain qu'ils le cherchèrent quelques minutes à tâtons.

— Après tout, cela n'y fait pas grand'chose, dit Paul entre

ses dents ; ce n'est qu'être trouvés à quelques pieds en arrière
les uns des autres, dans huit mois d'ici, quand les neiges seront fondues. Nous ne nous quitterons pas, Emilia et moi,
quoi qu'il arrive ; nous nous tiendrons chauds l'un et l'autre
aussi longtemps que nous le pourrons. Il me semble qu'il ne
fait plus tout à fait si froid que tout à l'heure ; et cependant je
ne saurais dire si Emilia me tient toujours, ou non, par la
main. C'est cette envie de dormir qui est drôle. On pourrait
choisir un meilleur temps pour se coucher, quoique nous ayons
là tout autour un lit de plumes bien épais et bien doux. Mais
je ne serai pas capable de me tenir éveillé deux minutes de
plus. Holà ? hé ! qu'est-ce que c'est ? Bah ! nous revoilà en
Pologne ! Oui, ma foi. Est-ce là ma maison ? Oui. Eh bien ! ma
mère, vous m'avez déjà vu m'évanouir, et vous n'avez pas
poussé ces cris-là ! Mais comme il fait donc nuit ! Apportez de
la lumière. Est-ce que vous n'en avez pas, de la lumière ? hein ?
quoi ? Je ne vous entends pas. Mes oreilles.... comme elles
tintent ! Apportez de la lumière, je vous dis ! Hé ! bonne nuit,
ma mère. J'ai envie de dormir. Je.... je n'en.... je n'en puis
plus... Bonne nuit.

Paul, qui s'était laissé tomber quelques moments avant dans
la neige, cessa son monologue. Emilia lui criait dans les
oreilles, s'efforçait de le tenir debout, frictionnait ses membres,
et réchauffait sa tête dans son sein. Il ne faisait que peu de résistance, paraissant seulement contrarié qu'on dérangeât son
sommeil. La seule chance de salut était cependant d'empêcher
qu'il ne s'y livrât entièrement. Avant qu'il ne devînt tout à fait
insensible, une nouvelle espérance vint rendre le courage à sa
femme. Un moment, la neige cessa de tomber, et pendant ce
moment elle reconnut qu'il y avait du secours à peu de distance. Il n'y avait encore ni son, ni lumière ; mais Emilia reconnut qu'il y avait de la fumée de bois dans l'air. Elle abandonna aussitôt ses frictions, poussa un cri de joie dans les
oreilles de son mari expirant, le chargea sur ses épaules, et
s'avança à travers des monceaux de neige dans la direction du
feu. Tout cela lui était moins difficile qu'il ne l'eût été pour
Sophia ; elle avait été accoutumée dès son bas-âge à porter des

pesans fardeaux de pelleteries et des fagots. Avant que les forces ne lui manquassent tout à fait, elle fut non-seulement encouragée par une odeur de térébentine, mais elle distingua une flamme rougeâtre à travers le voile de neige qui tombait.

Ceux qui avaient allumé le feu ne furent pas peu étonnés de la voir paraître. C'étaient des marchands sibériens, marchands ambulants, gens qui savent tenir l'âme et le corps ensemble, aussi bien qu'hommes du monde, sous toutes sortes de températures. Ils étaient trois qui venaient de terminer leur tournée annuelle ; et s'étant trouvés arrêtés dans leur route par le grand accroissement du nombre de leurs chalands, par suite de l'exil des condamnés politiques, ils avaient été surpris par l'hiver avant de pouvoir regagner leurs demeures respectives. S'étant donc décidés à bivouaquer cette nuit-là, ils paraissaient ne désirer qu'une chose, au milieu de cette épouvantable solitude : c'était que la gelée suivît immédiatement la neige, afin que les plaines fussent praticables. Ils avaient relevé la neige, en avaient formé un banc circulaire, et allumé un grand feu dans le milieu. Une peau d'ours, soutenue par des pieux, leur faisait une tente couverte, et, chacun à son tour, l'un d'entre eux prenait soin qu'elle ne fût pas trop pesamment chargée de neige. Couchés sur des tas de pelleteries, au coin du feu, les deux autres s'amusaient à l'attiser, fumaient leur pipe, et buvaient de l'eau-de-vie, aussi tranquillement que s'ils eussent été sous le meilleur toit de Tobolsk. Cette retraite parut bien tentante à Emilia quand, pliant sous le fardeau, elle arriva en présence de l'homme placé à l'extérieur de la tente. Celui-ci se mit à jurer, les chiens aboyèrent, et les fumeurs sortirent de leur demi-sommeil ; quoique vexés de cette interruption, ils ne purent refuser une place au coin du feu aux voyageurs égarés.

Toutefois, ce fut là tout ce qu'ils voulurent faire pour eux, et ils refusèrent obstinément d'aller porter aucun secours au pauvre Taddeus. Comme il n'y avait pas moyen de les arracher de leur asile, Emilia se trouva exposée à un pénible combat entre le devoir et l'inclination. Son époux ne tarda pas à recouvrer l'usage de ses sens, et elle crut qu'elle serait encore à temps pour sauver son ami, si elle pouvait prendre sur elle de confier Paul aux soins des marchands.

Elle fit son devoir. Indiquant par gestes aux fumeurs ce qu'ils avaient à faire pour achever de dégeler son mari, besogne dans laquelle ils étaient déjà expérimentés, elle saisit une poignée de morceaux de sapin embrasés, appela les chiens sans cérémonie, et s'avança courageusement dans le chemin qu'elle venait de parcourir. Les torches de sapin ne jetaient qu'une faible lumière rougeâtre quelques moments avant qu'Emilia ne disparût entièrement.

L'homme placé à l'extérieur de la petite tente oublia presque qu'il était là pour écarter la neige, tant il s'occupait à écouter et à suivre ses pas ; car il savait mieux que ses compagnons quels dangers elle allait courir. Il commença à désespérer d'elle, et ses compagnons se mirent à jurer, dans la crainte presque certaine de perdre leurs chiens, avant qu'on vit aux environs aucun signe de mouvement.

— Faites donc tenir cet homme tranquille, s'écria la sentinelle ; j'ai besoin d'écouter.

— Il ne veut pas se tenir tranquille, répondirent les autres. Il souffre, et se démène comme un canard dans l'eau ; nous l'avons réchauffé trop tôt.

— Éloignez-le du feu alors, et faites qu'il se taise. Je n'entendrais pas les chiens à six pieds de distance, si la hutte continue à retentir de pareils cris.

Dès que Paul eut un peu rassemblé ses idées, il cessa de se plaindre si bruyamment, et commença à prêter l'oreille aussi impatiemment que ses hôtes aux sons qui pourraient venir du dehors.

— Je vois quelque chose, cria la sentinelle, mais ce ne peut pas être la lumière qu'elle portait , celle-ci est trop haut dans l'air. N'importe ! elle approche dans cette direction. Non : elle est éteinte ! Ah ! la voilà de nouveau. C'était une masse de neige qui me la cachait. Où diable est-elle maintenant ?

Paul se souleva sur les mains et les genoux, pour faire aussi la sentinelle ; mais il ne put se tenir debout. Ses pieds étaient aussi engourdis que jamais, quoique les chevilles fussent brû-

lantes de douleur. La lumière n'était pas éteinte, on la vit reparaître dans l'air, tantôt faible et vacillante, tantôt brillante et
assurée. Elle était précédée par l'un des chiens, qui allait en
japant du petit camp vers ceux qui avançaient, et réciproquement. L'autre chien ne courait pas ainsi ; il était autrement
occupé : c'était lui qui était le porte-torche.

Quand Emilia eut été conduite par les chiens à l'endroit où
était Taddeus, elle le trouva complètement insensible, enseveli
sous la neige. Elle vit qu'elle ne pouvait porter à la fois
l'homme et la lumière, qui ne lui était pas moins importante.
Elle porta Taddeus comme elle avait fait de son mari, faisant
grimper sur ses épaules un des chiens qui tenait la torche dans
sa gueule. C'est ainsi qu'ils se mirent en marche ; quelquefois
la neige, tombant aussi épaisse que jamais, menaçait de les
plonger dans l'obscurité, quelquefois elle s'apaisait assez
pour lui permettre de reconnaître par intervalles la trace de
ses pas.

Elle n'eut plus la force de songer à Taddeus quand elle vit
son mari retomber convulsivement en arrière chaque fois
qu'il essayait de se soulever, et qu'elle entendit les gémissements que la douleur lui arrachait. Elle parut consternée quand
elle eut examiné attentivement la cheville et la plante de ses
pieds. Elle saisit un grand couteau et une marmite de terre
qui se trouvaient là, et disparut derrière la hutte. Un affreux
hurlement que poussa chacun des deux chiens, donna de ses
nouvelles. Les marchands jurèrent qu'ils arracheraient la
langue à ces animaux, si par leurs aboiements ils leur amenaient d'autres étrangers. Ils virent bientôt que leurs chiens
n'aboieraient plus désormais. Emilia reparut, tenant d'une
main la marmite fumante de sang, et de l'autre les corps des
deux pauvres animaux, et, comme si elle ne voyait ni n'entendait rien de la fureur des marchands, elle se mit immédiatement à verser le sang dans la gorge de Paul et de Taddeus, et
à enfouir leurs pieds dans les corps qu'elle avait ouverts et vi-
dés à cet effet. Quand les marchands enragés l'eurent saisie par
ses deux nattes, qu'ils tiraient comme s'ils eussent voulu
lui enlever la peau du crâne, elle promena tranquillement le

grand couteau autour de sa tête, et leur laissa dans la main ses cheveux coupés. Quand ils l'empoignèrent par les épaules et la secouèrent comme s'ils eussent voulu la mettre en pièces, elle se baissa, et disparut sous une peau d'ours. Quand l'un d'eux lui eut arraché le couteau, et que dans sa colère il essaya de l'en frapper, elle sauta à travers le feu, et saisissant de chaque main une branche de pin embrasée, elle se fit une position où ils ne crurent pas prudent de la venir inquiéter. Dès que Paul put parvenir à faire entendre sa voix, il offrit aux marchands de leur payer la valeur de bien des chiens, à condition de laisser sa femme en repos. Comme il n'y avait pas moyen de rappeler les pauvres animaux à la vie, leurs maîtres virent que ce qu'il y avait de mieux à faire, c'était d'en obtenir le plus haut prix possible.

Paul ne fit pas cette offre seulement quand il était dans les plus mortelles appréhensions sur le sort de sa femme ; il la renouvela avec reconnaissance lorsqu'il la vit saine et sauve assise à ses côtés, et l'aidant à recouvrer l'usage de ses jambes, en le conduisant çà et là autour du feu. Il sentit que c'était payer pour l'usage de ses pieds et peut-être pour la vie de Taddeus ; car il doutait fort qu'ils n'eussent perdu, lui, les pieds, et Taddeus la vie, sans les moyens qu'Emilia avait si promptement adoptés et dont, ainsi que les naturels du pays, elle connaissait si bien l'efficacité. Il ne lui vint point à l'idée qu'il ne pourrait peut-être pas tenir sa promesse, et il regarda ces marchands comme tenant déjà entre les mains le prix convenu.

Non seulement notre petite troupe vécut jusqu'au lendemain, mais au lever du jour ils se trouvèrent en meilleure disposition qu'ils ne l'étaient douze heures auparavant. Nos deux chasseurs étaient faibles et engourdis, et un peu découragés quand ils contemplaient la triste solitude qui les environnait, et se demandaient comment ils feraient pour regagner leurs demeures ; mais le danger et la lutte entre les éléments avaient cessé.

Le ciel était toujours noir, mais l'air était calme, et si quelque flocon isolé de neige tombait encore des nuages, il s'agitait léger et dansait dans l'air comme une feuille d'automne. Ces flocons étaient du reste peu nombreux, et toute la neige dont l'atmosphère pût être chargée semblait réunie à la surface de la terre. Il y en avait d'amoncelée sur les montagnes de l'ouest, et qui roulait à leur base sur des rochers nus et glacés ; il y en avait de répandue à une prodigieuse épaisseur sur les steppes, aussi loin que l'œil se pouvait promener sur un horizon fatigant ; il y en avait d'étendue comme un vaste rideau sur les forêts noirâtres qui se prolongeaient à plusieurs milles au nord. Au milieu de cet océan de neiges, on apercevait çà et là, formant des lignes noires, les étangs et les rivières ; plus loin, des torrents où se précipitaient entraînés des fragments de glace nouvelle, qui avait commencé à se former, mais qui déjà cédait au contact de la lumière et d'une atmosphère plus tempérée. Tout ce panorama était assez triste ; mais au loin on pouvait apercevoir la fumée de la fonderie ; on voyait la maison, il ne s'agissait plus que d'y arriver.

Les marchands les accompagnèrent au retour afin de recevoir l'indemnité promise pour le meurtre de leurs chiens ; et Paul ne s'amusa pas peu des détails dans lesquels ils entrèrent sur leur manière de trafiquer.

— Vos voyages doivent être pénibles quelquefois, dit-il à celui de ces hommes qui se trouva le plus près de lui, et qui, comme tous ceux de la même profession, avait appris assez de toutes les langues des peuples avec lesquels il faisait des affaires, pour être en état de soutenir une sorte de conversation. Vos voyages doivent être pénibles quelquefois par des temps comme ceux-ci ; mais du moins vous n'avez pas la crainte d'être dévalisés, comme l'ont été vos confrères dans certains pays. Il est bien douloureux, quand ils se sont défait de leurs marchandises, quand ils commencent à sentir leur fardeau s'alléger, et que l'or et l'argent qu'ils portent dans leur sein leur réjouit les yeux, de se voir arrêter et dépouiller au milieu de la nuit, ou de s'éveiller le matin et de trouver leur bourse aussi vide que leur havresac. Vous n'êtes jamais volés dans ce pays, je suppose ?

Le Sibérien se prit à rire d'un rire de mépris, à l'idée de

monnaie d'or et d'argent, et dit que ceux qui portaient leur
richesse sous un si petit volume méritaient de la perdre. Combien j'aime mieux, ajouta-t-il, un paquet de peaux, un troupeau de gros bétail, ou un traîneau plein de farine de seigle ;
toutes choses qu'un homme ne peut point cacher dans son
sein et escamoter ! Quoique Paul regardât le vol comme une
chose mauvaise, il ne croyait pas que ne point être sujette à
être volée dût être tout à fait la première qualité d'une monnaie. Il demanda pourquoi son interlocuteur avait mentionné
trois espèces différentes de monnaies, et si tous ses commettants n'étaient pas tombés d'accord pour en employer une de la
même espèce.

— Oh non ! Quelques-uns nous donnent toutes les choses
qu'ils fabriquent, ou font venir, en échange pour notre thé de
la Chine, le poivre que nous achetons des pays étrangers et les
vêtements que nous apportons de Tobolsk. D'autres ne nous
donnent que des pelleteries ; d'autres que du bétail, d'autres
enfin que de la farine de seigle.

— C'est-à-dire qu'ils emploient chacun l'une de ces marchandises pour argent monnayé.

— Oui ; et ce que nous recevons comme argent d'un côté,
nous le vendons dans un autre comme marchandise.

— Ainsi vous ne vous servez pas du tout d'argent monnayé ?

— Pas ici ; nous trafiquons dans une grande étendue de
pays ; et il étendait ses bras à l'orient et à l'occident de l'air le
plus important. Dans l'ouest nous faisons comme on fait dans
l'ouest, — nous nous servons d'argent à l'effigie de l'Empereur. Dans l'est, nous faisons comme on fait dans l'est, —
nous ne refusons aucun des échanges qu'on nous propose.

— Mais cela accommode-t-il toujours la pratique ? Il me
semble qu'il doit s'élever des difficultés sans fin. L'un dit :
Donnez-moi de la laine pour du seigle. J'ai assez de seigle, dit
le berger. De quoi avez-vous surtout besoin ? dit le cultivateur.
De poisson. Alors le cultivateur va trouver le pêcheur et lui
dit : Donnez-moi du poisson pour du seigle. Le pêcheur n'a
pas besoin de seigle, mais bien de fourrures ; alors, même en

supposant que le chasseur se trouve heureusement avoir besoin de seigle, le cultivateur aura trois marchés à conclure avant que de se procurer de la laine. Il me semble que ce système de commerce est bien défectueux.

— Oui ; les gens sont aussi longs à échanger leur poisson et leurs fourrures qu'ils l'ont été à se les procurer. Mais qu'est-ce que cela nous fait ? Nous calculons qu'il nous faut deux fois plus de temps dans les pays d'échanges que dans les pays de vente en argent ; mais nous établissons nos bénéfices en conséquence.

— Oui, au détriment de vos commettants : ils perdent leur temps dans les échanges, et par la non-division du travail ; et ils vous paient ensuite largement pour la perte du vôtre. En vérité, ils y perdent de toutes les manières. Pourquoi ne leur apprenez-vous pas l'usage de la monnaie ? — Vous auriez fini vos affaires et vous seriez de retour chez vous sans laisser ainsi surprendre par les mauvais temps.

Le marchand se prit à rire, et répondit qu'il y avait des moyens qui étaient bons pour certaines classes de gens, et d'autres pour certaines autres classes. Après tout, ce qui prenait le plus de temps, c'était le mesurage des différents articles l'un en échange de l'autre, et l'appréciation de leur valeur respective. Chaque homme pouvait dire ce que sa propre marchandise lui avait coûté de peine et de dépense ; mais personne ne pouvait juger de même de la marchandise de son voisin ; il fallait bien qu'une tierce personne intervînt pour décider entre eux.

— Oh oui ! et vous autres marchands vous êtes cette tierce personne. Ainsi vous avez à prononcer sur la valeur des marchandises que vous achetez, aussi bien que sur celle des marchandises que vous vendez. Il peut vous être très avantageux de maintenir le commerce dans cet état grossier ; mais il serait bien plus commode et bien meilleur marché pour les gens, d'avoir la valeur de leurs produits appréciée et rendue pour ainsi dire fixe, au moyen d'un signe représentatif à peu près invariable.

Le marchand persista à trouver les choses mieux comme

elles étaient. La monnaie d'or et d'argent avait bien plus de prix aux yeux des peuples éclairés de l'Occident, qu'à ceux des simples habitants de l'Est.

— En tant qu'or et argent, certainement, dit Paul, car les sauvages ne se doutent guère que ces métaux aient de la valeur. Ma femme même, que voilà, portait sur elle, le premier jour que je la vis, plus d'or qu'une duchesse n'eût demandé à en porter, et l'eût volontiers échangé, une once d'or pour une once de chair de cheval. Mais en tant que monnaie, un article de ce genre serait aussi utile aux sauvages qu'aux peuples civilisés. Ce signe représentatif leur éviterait une perte de temps et de fatigues inutiles et les empêcherait d'être dupés par vous, monsieur le marchand.

Le marchand n'en demeura pas moins ennemi de toute innovation, comme tous ceux qui profitent beaucoup à ce que les choses soient comme elles sont. Aussi Paul continua en ces termes :

— Je vous assure que je puis parler savamment du besoin d'une monnaie qu'ont les sauvages : même dans notre petite société, n'habitant que cinq huttes en tout...

— Vous n'allez pas nous appeler des sauvages ? interrompit d'un air sévère Taddeus, qui venait de rejoindre son ami.

— Pardonnez-moi. Que voulez-vous de plus sauvage que notre manière de passer la nuit dernière ? que nos huttes ? que nos occupations ? que tout ce qui nous environne jusqu'à Irkoustk ?

— Cela n'a rien à faire dans la question. Vous parlez d'un arrangement social et de ceux qui y sont soumis ; et quand ceux-ci sont civilisés, vous ne pouvez prouver par leur exemple que l'arrangement en question doive convenir à un peuple sauvage. Vous conviendrez, je suppose, qu'en tant que Polonais, nous sommes civilisés.

— Sauvages, absolument sauvages. Eh ! je vous prie, qui peut avoir l'air plus sauvage qu'Ernest, quand vous le surprenez causant avec les esprits de la Mer Enchantée, ou quoique ce soit qui le fait rêver sur ses bords ? Y a-t-il jamais eu un sauvage au monde, si Andréas ne l'est pas quand on fait la moindre allusion au coffre-fort qu'il possédait à Varsovie? ou votre propre sœur, dix fois par jour elle a l'air aussi sauvage que...

— Que votre femme, dit Taddeus dont la patience était à bout.

— Précisément; avec cette exception que ma femme ressemble mieux au chien fidèle, et que chez votre sœur il y a plus du chat-tigre quand on lui donne la chasse. Mais, comme je vous le disais, monsieur le marchand, même dans notre petite société, nous n'avons pas pu nous passer d'une monnaie. Il expliqua leur système de peaux animales de trois valeurs différentes. Le marchand s'amusa extrêmement de ce détail, et demanda s'ils étaient tous si honnêtes que personne ne dérobât une pièce de monnaie de ce genre.

— On ne la vole jamais entière, répondit Paul. Un larcin de cette espèce serait bientôt découvert dans une si petite société.

— Même en supposant qu'il y eût un Polonais parmi nous capable de voler.

— Répondez pour vous-même, mon cher ami, reprit Paul. J'allais vous dire qu'encore qu'on n'ait jamais volé une peau entière, des doigts habiles se sont occupés à rogner la monnaie. Une curieuse peau de souris m'a dernièrement passé par les mains, faite de rognures enlevées à d'autres peaux.

— En vérité! Je n'aurais pas cru qu'un article d'une valeur si minime valût la peine que ce voleur a dû prendre.

— Il y a des gens, — vous savez qui je veux dire, — pour qui la peine n'est rien quand il s'agit de gagner quoi que ce soit. En outre, c'était probablement un premier essai; et s'il avait réussi, mon gaillard se serait levé de bonne heure et couché tard, pour manufacturer et apiécer des peaux de lièvres, et même de zibelines, quand nous serions parvenus à avoir une monnaie d'une aussi grande valeur intrinsèque.

— Fort bien; mais qu'avez-vous fait à notre avare? car je vois que c'est de·lui que vous voulez parler. Rappelez-vous qu'il n'est pas Polonais; il n'aime pas qu'on le considère comme tel; et nous pouvons l'en croire sur parole.

— Ne pouvant le menacer du châtiment anciennement infligé aux contrefacteurs de la monnaie, savoir : de la lui verser fondue dans la gorge, je m'en rapprochai le plus possible. Je fis frire un morceau de la queue, et lui ordonnai de le manger, sous peine d'être cloué au poteau, à l'entrée de la mine. Puis je lui permis de brûler le reste, en l'avertissant qu'on aurait l'œil sur lui, et qu'il ne s'en retirerait pas à si bon marché la première fois qu'on le surprendrait à rogner ou à fabriquer de la monnaie. Il enrageait, je suis sûr, que la nôtre ne fût pas métallique. Vous fondez du métal, et les gens ne savent pas combien de pièces vous avez rognées pour obtenir ce lingot ; mais apiécez une peau aussi proprement que vous le voudrez, salissez l'intérieur aussi habilement que l'avait fait Andréas, et les coutures trahiront toujours votre friponnerie aux yeux clairvoyants. Le public a plus de chances que le contrefacteur, quand on emploie une monnaie de cuir.

— Et combien les fripons ont-ils d'avantages sur le public avec une pareille monnaie ! Nous vivrons peut-être assez pour l'apprendre, observa Taddeus. Il avait raison ; et peu d'heures suffirent pour le leur montrer.

Ils étaient encore à une distance considérable de leurs demeures, quand ils entendirent des cris partir des rochers devant eux, et qu'ils virent deux ou trois figures se dessiner sur la neige, à l'extrémité de la plaine. Nos jeunes gens répondirent à ces cris par d'autres, et se hâtèrent de faire les signaux les plus remarquables qu'ils purent. Les marchands commencèrent à faire les questions les plus minutieuses pour savoir exactement où était située la maison de Paul ; et quand ils le surent, il se trouva tout à coup qu'ils étaient beaucoup trop pressés pour aller un pas plus loin. Quant au paiement promis, ils faisaient bien volontiers aux deux chasseurs le sacrifice de leurs chiens, à moins que, pour les indemniser, ils ne voulussent leur donner leurs flèches, un fusil, et leur gibier. Paul soupira à l'idée d'abandonner ses excellentes flèches ; Taddeus, son unique fusil ; et tous deux, les peaux qu'ils rapportaient à la maison pour en faire de la monnaie, et que, dans ce dessein, ils avaient trouvé moyen de conserver pendant toute leur aventure. Toutefois, considérant combien le martyre des pauvres chiens leur avait été utile, ils ne marchandèrent pas, et revinrent de cette fameuse expédition beaucoup plus pauvres qu'ils n'étaient partis. Les marchands se retirèrent précipitamment dans une direction opposée.

Au détour d'un rocher, nos chasseurs aperçurent Sophia, seule, occupée à chercher la trace du chemin qu'ils avaient pris la veille en se séparant d'elle, et sondant la neige. Quelquefois elle regardait dans les eaux d'un ruisseau qui coulait silencieusement près de là, puis se remettait à sonder avec tant d'activité, qu'elle ne vit pas approcher Émilia et les deux jeunes gens. La neige empêchait qu'elle n'entendît le bruit de leurs pas.

Quand ils furent près d'elle, elle tressaillit, et dit, avec une expression de physionomie qui ne saurait se décrire :

— Oh ! vous voilà sauvés ! Nous sommes sorties pour vous chercher, depuis la pointe du jour. Vous trouverez ma mère quelques pas plus loin. On n'a pas permis à mon père de s'absenter de la mine. Ainsi, vous voilà sauvés, après tout !

— Vous êtes désappointée, dit Taddeus d'une voix sombre et avec un accent plein d'amertume ; vous espériez ne plus me revoir ; vous faisiez des prières pour retrouver mon cadavre au milieu de ces eaux.

— Je ne prie jamais, répondit Sophia.

— Pas même les démons ? demanda son frère.

— Les démons ? que sont-ils, et où sont-ils ? demanda-t-elle en riant. Elle reprit le chemin de la maison sans dire à son frère s'il s'était trompé dans les sentiments qu'il lui avait supposés.

— Plût à Dieu qu'Emilia m'eût laissé mourir cette nuit dans la neige ! pensa Taddeus. Non ; ma mère vit encore. Que deviendrait-elle si elle n'avait plus d'autre enfant que cette pauvre Sophia ?

En se hâtant autant que ses souffrances le lui permettaient pour aller embrasser sa mère, il sentit que quelque chose lui ferait encore aimer la vie, lors même que la Pologne ne devrait jamais sortir d'esclavage.

CHAPITRE V.

Commerce dans le désert.

Les marchands avaient eu leurs raisons pour prendre une autre direction quand ils avaient su de quel côté on les conduisait. Nou-seulement ils avaient fait d'énormes profits dans leur trafic avec la petite colonie, en l'absence de nos deux chasseurs et pendant que les autres hommes étaient occupés à la mine, mais encore ils avaient emporté presque toutes les peaux sur lesquelles ils avaient pu mettre la main. Ils avaient effrayé Clara, trompé Sophia pour leur prendre les leurs; quant à celles de Lénore, ils les lui avaient enlevées de vive force. De sorte qu'à l'exception d'une demi-douzaine de peaux trop usées pour être vendables, la petite troupe d'exilés se trouva encore une fois sans argent. Quelques-uns parurent fort affligés de ce nouveau malheur, surtout parce que le temps prenait ce caractère d'incertitude qu'il a toujours à la fin de l'automne, ce qui fait qu'on est plusieurs semaines sans pouvoir aller à la chasse. Mais nul n'en fut aussi attéré qu'Andréas, qui fut plusieurs jours à se remettre de cette complication d'infortunes. La perte de quoi que ce soit qu'il eût une fois possédé lui semblait le plus insupportable des malheurs. Je voudrais, s'écriait-il souvent dans l'agonie de sa douleur, être sourd,

muet et aveugle, pourvu que je sois riche. Il n'était ni sourd,
ni muet, ni aveugle, mais aussi n'était-il pas riche. Je voudrais,
disait-il quelquefois, habiter directement sous le soleil, ou être
sous les glaces du pôle nord, pourvu que j'y pusse trouver de
l'or. Le destin l'avait jeté au milieu des neiges ; mais, hélas !
ce n'était pas pour y amasser de l'or. Il se considérait comme
le plus à plaindre des hommes, et montra une figure bien
abattue, la première fois que, suivant l'usage, les voisins se
réunirent pour faire leur commerce d'échanges.

Ce petit marché présentait un coup-d'œil fort curieux. Il se
tenait devant l'ouverture de la mine, le dimanche, ou aux
heures de repos, de sorte qu'une quantité de mineurs, la figure
noire, regardaient le trafic ou y prenaient part, quand d'aventure ils avaient quelque chose à échanger. C'était une chose
remarquable qu'il y avait sous leurs pieds des magasins inépuisables de ce qu'on appelle ordinairement la richesse, des
barres d'argent massif empilées dans la fonderie, à côté d'eux,
tandis que les échangistes étaient là à disputer perpétuellement sur la valeur relative des objets les plus communs,
valeur qui augmentait ou baissait suivant qu'on acquérait ces
objets pour leur usage propre, ou pour servir de marchandise
intermédiaire dans d'autres ventes et acquisitions. Andréas et
quelques autres jetèrent bien un regard de convoitise vers les
magasins qui renfermaient l'argent que leur travail avait arraché à la terre ; mais il y avait à la porte une garde suffisante
d'habits verts à collets rouges, de sabres et de fusils, et, par
dessus, la crainte du knout ; et en présence d'une prohibition
si bien appuyée, nul n'aurait songé à toucher du doigt les
richesses minérales de Sa Majesté, monnayées ou non monnayées.

Le marché suivant fut assez triste pour nos exilés polonais.
Désappointés dans leur espérance d'avoir du gibier, ils n'avaient
rien à vendre ; volés de ce qu'ils possédaient, il ne leur restait
d'autre argent pour acheter que cinq ou six peaux rognées et
usées. Ils furent quelque temps avant d'apercevoir quel
avantage cette circonstance leur donnait, quant à la quantité
de marchandises qu'ils pouvaient obtenir en échange de ce peu

d'argent. Mais cette découverte, une fois faite, releva tous les
esprits, même celui d'Andréas, concurremment avec une autre
circonstance qui devint comme un contre-poids de la rareté
du numéraire, — la rapidité plus grande de sa circulation.

Sophia ne pouvait jamais se résoudre à prendre aucune part
aux travaux ou aux amusements de la petite société, et, généralement, se retirait à l'écart dès qu'il y avait une réunion
quelconque. Cette fois, elle avait besoin de Clara, et consentit,
quoique avec répugnance, à s'asseoir dans un creux de rocher,
et à attendre que la petite fille eût fait une acquisition pour son
père, avec la seule peau de souris qui lui restât.

Ce dont elle avait besoin, c'était une paire de patins, c'est-à-
dire de larges sandales d'un bois léger, liées avec des cour-
roies de cuir, pour empêcher le pied de s'enfoncer dans la
neige avant qu'elle ne soit gelée et qu'elle ne présente une surface solide. Le vrai moment pour chasser l'élan, c'est quand la
neige est dans cet état ; car l'animal, n'ayant pas de patins,
fonce à chaque pas, tandis que le chasseur, grâce à sa chaus-
sure, gagne à chaque pas sur lui, dans la plaine découverte.
Clara pensait que la possession d'un élan serait plus propre à
consoler son père des pertes qu'il avait éprouvées, que toute
autre chose qu'elle pourrait imaginer. Elle vint donc au marché pour y chercher une paire de patins. Il y en avait plusieurs
à vendre ; mais d'abord les marchands se moquèrent de la petite fille, qui en offrait un si bas prix ; leur hilarité augmenta
qnand elle leur fit comprendre par signes qu'elle n'avait que
cela d'argent. Cependant, quand ils virent que personne n'en
pouvait donner davantage, ils commencèrent à avoir peur
d'être obligés de remporter leurs marchandises, et, tout en
grognant, lui offrirent, pour sa peau de souris, la plus mauvaise paire de patins qui fût dans le marché. Il y avait dans le
bois de l'un une fente fort suspecte ; la courroie de l'autre était
presque usée ; mais Clara pensa qu'ils dureraient toujours jusqu'à ce qu'on eût pris un élan, et qu'alors son père serait assez
riche pour en acheter de meilleurs. Elle détacha donc de son
cou la précieuse peau, y jeta un dernier coup-d'œil, et paya.
Elle ne savait trop si elle la reverrait jamais, et, dans ce cas,

I.   33

elle était sûre de la reconnaître au petit trou qu'elle avait brûlé
dans un coin pour y passer un ruban. Voyant que Sophia était
plongée dans la rêverie et ne paraissait pas pressée, il lui vint
l'idée de rester là une minute ou deux, pour savoir ce que deviendrait sa peau de souris.

Elle n'eut pas longtemps à attendre. Les cinq personnes qui
seules possédassent de l'argent jouaient nécessairement un
rôle fort important dans le marché, où l'argent était ce qu'il y
avait de plus rare, et cette importance passait rapidement de
l'un à l'autre, à mesure que les échanges se faisaient avec plus
de rapidité.

Le paysan qui avait vendu les patins n'avait d'abord intention de rien acheter, mais d'autres qui avaient cette envie et
qui n'avaient pas d'argent, vinrent à lui avec des offres si
avantageuses qu'à la fin il se laissa tenter et donna la peau de
souris pour un carquois plein de flèches, une sébille et un
grand plat de bois.

— Oh mon Dieu ! pensa Clara, je viens de faire un bien
mauvais marché ; car le plat et la sébille, sans les flèches,
valent déjà mieux que ces patins qui ne tiennent à rien.

Elle ne put s'empêcher de continuer à regarder ce que
deviendrait ensuite sa peau de souris. La femme qui l'avait
maintenant en sa possession semblait avoir grande envie d'un
couteau de chasse, car elle passa, sans y prêter attention, devant une grande variété de marchandises exposées en vente,
et, s'ouvrant un chemin à travers un groupe, s'arrêta devant
Ernest qui, appuyé sur sa lance, regardait ce qui se passait.
Elle mit une main sur le couteau de chasse qui pendait à son
ceinturon, et de l'autre lui offrit son argent ; mais Ernest sourit, et dit qu'il ne voulait pas le vendre.

— Quel intérêt y prenez-vous, ma chère, dit-il à Clara en
remarquant son air d'anxiété. On dirait que vous désireriez me
voir vendre mon couteau de chasse.

— Cette peau de souris était à moi, répondit-elle en pleurant ;
et voyez, — voilà tout ce qu'on m'en a donné.

— En vérité ! il me semble que je pourrais faire un marché
meilleur que celui-là pour vous. Essayons ; peut-être pourrai-je

avoir une paire de patins et rattraper mon couteau avant peu,
si je m'y prends bien ; dans le cas contraire, votre père me
prêtera le sien jusqu'à ce que j'en aie eu un autre d'Irkoutsk.

Et l'excellent Ernest fit l'échange pour Clara, et lui racheta
ses patins dont il prétendit avoir grand besoin. Clara avait trop
le sentiment de la justice pour ne pas offrir de lui donner
quelque chose de plus, et Ernest promit d'accepter la première
natte de joncs qu'elle tresserait.

— Maintenant, dit-il, il nous faut chercher à avoir la meilleure paire de patins qui soit dans le marché ; mais cette fois
ne vous pressez pas trop. Qu'est-ce que vous voudriez encore ?

Il y avait exposés devant elle tant d'objets tentants, qu'il
n'était pas aisé de choisir ; et elle était effrayée de l'empressement qu'on mettait à les lui offrir dès qu'on vit qu'elle était
une des cinq heureuses personnes qui possédaient seules de
l'argent. D'une main elle pressait le bras d'Ernest, de l'autre
elle tenait serrée sa précieuse peau de souris, et ne fit nulle
attention aux signes d'impatience de Sophia tant que dura la
négociation.

Grâce à l'intervention d'Ernest, elle se trouva, à son grand
étonnement, posséder au bout de quelques instants une excellente paire de patins du plus bel osier, un gros paquet de thé
de caravane, assez de poivre pour tout son hiver, et un renne
jeune et vigoureux. Notre petite richarde trouva que la rareté
d'argent était une excellente chose ; elle remercia Ernest mille
fois, mit tous ses trésors entre les mains de son père enchanté,
et enfin rejoignit Sophia qui l'attendait toujours sur son
rocher.

— Je suis charmée, dit Sophia, que vous ayez eu des raisons
de rester là si longtemps ; mais, maintenant, je n'en ai plus
aucune d'aller plus loin ; ces gens-là auront bientôt fini, je
suppose, et ils nous laisseront en paix.

— Je suis bien fâchée, répondit Clara, de vous avoir retenue ;
et cependant, — j'aimerais bien savoir qui finira par emporter
ma peau de souris. Je la reconnaîtrais partout, au petit trou
que j'y ai fait dans un coin.

— Vous n'avez pas besoin de bouger d'où vous êtes, mon

enfant. Vous pouvez voir d'ici l'argent courir de main en main, par le cercle qui se forme autour de celui qui s'en trouve momentanément possesseur. Voyez-les courir après l'homme à la ceinture chinoise qui vous a vendu du thé.

— Est-ce qu'il emportera ma peau de souris avec lui?

— Non. Il retourne, je suppose, en Chine pour acheter d'autre thé; et votre peau de souris ne lui servirait pas à grand'chose; aussi vous allez voir qu'il s'en défera dans le voisinage.

Sophia avait raison; et les échanges devinrent de plus en plus rapides jusqu'à ce que, la nuit approchant, les gens furent obligés de s'en retourner chacun chez soi. Les cinq peaux de souris demeurèrent entre les mains de trois étrangers, savoir: une entre celles d'un cultivateur, une entre celles d'un soldat russe, préposé à la garde des mines, et trois entre les mains d'un marchand ambulant.

— Comme ils ont été occupés toute la journée! dit Clara en s'en retournant chez elle après qu'elle eut vu le dernier marchand faire son paquet et partir. Ils ont autant vendu et acheté que si chacun d'eux eût eu une bourse pleine d'argent.

— Cela est vrai, répondit Paul qui rapportait ses acquisitions chez lui sous forme d'un sac de grain aussi lourd qu'un homme vigoureux le pût porter, et, quoique pliant sous le faix, regrettant de n'avoir pas attendu jusqu'à la chute du jour, époque à laquelle il eût pu avoir de plus un traîneau pour traîner les fardeaux et se faire traîner lui-même dès qu'il se serait procuré un renne ou des chiens du Kamtschatka. On vend et l'on achète tout autant quand il y a peu d'argent sur la place. Toute la différence est que, quand il y en a beaucoup, il en reste toujours une partie au fond de la bourse, ou une partie qui ne passe que dans deux ou trois mains nouvelles; tandis que, quand il y en a peu, ce peu fait le tour du marché aussi vite qu'il peut passer d'une main dans une autre.

Jamais il n'était venu à l'esprit de Clara qu'une pièce de monnaie quelconque servît à plus d'un échange. Elle pensait que sa peau de souris valait une paire de patins, mais elle oubliait que si la personne avec laquelle elle avait échangé en

faisait autant, cette même peau valait deux paires de patins, et
que si un troisième marché de même nature avait lieu, cette
peau en valait trois paires. Elle se récria alors sur la valeur
prodigieuse de l'argent. Paul se moqua d'elle pour avoir cru
qu'il fallait une pièce de monnaie pour chaque chose qui se
vend ou s'achète.

— S'il fallait, dit-il, que chacun de nous eût une nouvelle
peau pour chaque chose qu'il a besoin d'acheter, nous aurions
bientôt détruit toute l'espèce animale en Sibérie. Si chacun en
Russie avait besoin d'une pièce de monnaie pour chaque article
qu'il veut se procurer, l'Empereur serait obligé de faire monnayer tout l'or et l'argent sortis jusqu'ici des mines, et d'en
faire extraire encore chaque jour à grands frais. Et après tout,
la valeur de l'argent de tout le royaume serait absolument la
même que si l'on n'en eût frappé que la dixième partie de celui
qui existe.

— Vous avez raison, assurément ; un rouble dont on s'est
servi hier est tout aussi bon à employer demain qu'un nouveau,
et ma peau de souris a acheté aujourd'hui autant de choses
que vingt l'eussent pu faire si l'on ne s'était servi qu'une fois
de chacune d'elles. Mais il y a des gens qui empilent leurs
ducats et leurs roubles, comme faisait mon père à Varsovie.
Quand il y a ainsi de l'argent qui dort, le reste circule-t-il plus
vite, ou faut-il en fabriquer une plus grande quantité ?

— Cela dépend de la facilité ou de la difficulté que l'on
trouve à se procurer de l'argent, et aussi du nombre d'échanges
que les gens ont à faire. Aujourd'hui, il était fort difficile de
se procurer de l'argent ; en conséquence, il circulait rapidement ; c'était le seul moyen que nous eussions de faire nos
affaires. Dépêchez-vous, nous disions-nous l'un à l'autre, dépêchez-vous ; car si nous pouvons faire vingt marchés avec
chacune de nos cinq pièces de monnaie, ce sera presque la
même chose, quant au nombre d'affaires faites, que si dix pièces
avaient servi chacune à dix marchés, ou vingt pièces chacune
à cinq.

— Il n'arrive pas souvent qu'une de nos peaux appartienne
à cinq personnes le même jour, observa Clara.

— Cela est vrai ; et jamais nous n'avions vu la même passer dans vingt mains.

— Je crois que c'est une bien bonne chose que cette rareté de l'argent, dit Clara.

— Je ne suis pas de cet avis. Plusieurs d'entre nous, avant que le marché ne fût fini, eussent été bien aises d'avoir tué plus de souris et de lièvres. Je voudrais bien le pouvoir faire d'ici à demain matin, pour donner un pied de nez à ce marchand qui a fini par emporter trois de nos pièces de monnaie sur cinq.

— Quel a été son but?

— De rendre demain la marchandise à aussi vil prix qu'elle ait jamais été, de remplir son traîncau à nos dépens, et d'aller ailleurs vendre ses marchandises, là où l'argent sera meilleur marché et la marchandise plus chère qu'ici.

— Comment y parviendra-t-il ?

— Il cachera l'une de ses peaux ; alors il n'y en aura plus que quatre en circulation ; on donnera encore plus de marchandise pour chacune d'elles, et il pourra acheter pour deux peaux de souris autant qu'il eût acheté ce soir pour trois. Alors il commencera à revendre ; et pour hausser le prix de ses marchandises, il prendra la pièce de monnaie qu'il avait serrée et la remettra en circulation.

— Alors les marchandises seront précisément au même prix où elles sont ce soir. Mais s'il vend, les peaux lui reviendront.

— Oui ; et alors s'il lui plaît d'en cacher deux, les marchandises seront plus chères que jamais ; il peut jouer le même tour et le répéter chaque fois avec un bénéfice plus grand, jusqu'à ce qu'il acquière toutes nos marchandises pour une seule peau.

— Quelle honte ! s'écria Clara. On ne lui laissera pas faire cela, à coup sûr?

— S'ils ont absolument besoin de ses marchandises, et qu'ils ne puissent se procurer d'autre argent, il faut qu'ils en passent par là. Mais cela ne durera pas. Il faut que nous nous procurions promptement d'autres peaux, d'une manière ou d'une autre. Plût à Dieu que j'eusse encore le bonnet de fourrure qu'ils m'ont enlevé quand ils m'ont affublé de cette horrible coiffure ! Là-dessus il arracha de dessus sa tête et jeta à terre le bonnet d'esclave que la tendre compassion de l'Empereur lui avait accordé. Toutefois sa tête rasée ne put supporter le froid, et il fut obligé de laisser Clara le ramasser et le lui remettre.

— J'avais toujours pensé, dit-elle, que c'était une bonne chose quand les marchandises étaient à vil prix, et ç'a été une bonne chose en effet aujourd'hui pour mon père et pour moi ; mais il paraît qu'elles seront plus chères demain.

— Et elles le seront, si je puis. Vous voyez, ma bonne amie, qu'il y a deux sortes de bon marché, l'un qui est une chose heureuse, et l'autre qui ne l'est pas. Quand il en coûte moins de peines et d'avances qu'auparavant pour faire venir la même quantité de blé, les laboureurs donneront plus de blé pour la même quantité de thé, de drap ou d'argent ; et ce bon marché est une chose heureuse, parce que c'est un signe d'abondance. Il y a alors plus de blé ; il n'y a pas moins de thé, de drap ou d'argent. Mais quand on donne plus de blé pour une moindre quantité de thé ou d'argent, non parce que le blé est plus abondant, mais parce que l'empereur de la Chine ne veut plus nous laisser avoir autant de thé, ou celui de Russie autant d'argent qu'auparavant ; ce genre de bon marché est une chose malheureuse, parce que c'est un signe de disette. C'est là le cas où nous étions aujourd'hui. Nous avions disette de peaux ou d'argent, mais non pas une plus grande abondance d'autres marchandises.

— Et cette disette de peaux, remarqua judicieusement la petite fille, elle se fait sentir de deux manières. Lorsque naguère nous en avions plus qu'il ne nous en fallait comme monnaie, nous étions à même d'en faire des bas ou des mitaines ; mais maintenant, si nous en avions besoin, nous ne pourrions nous faire des mitaines en peau de souris.

— Non, à moins que nous n'achetassions de l'argent, en donnant en échange plus de marchandises que ne peut jamais valoir une paire de mitaines.

— Je n'ai jamais entendu parler d'acheter de l'argent, dit Clara en riant.

— En vérité ! Dans tous les marchés, l'une des parties achète des marchandises avec de l'argent, et l'autre achète de l'argent avec des marchandises. Comment les pays qui n'ont de mines ni d'or ni d'argent se procureraient-ils autrement leurs espèces monnayées ? L'Angleterre achète de l'or et de l'argent aux États de l'Amérique du Sud, avec des étoffes de coton ; et les Américains nous achètent des étoffes de coton avec leur or et leur argent, quelquefois monnayés, quelquefois en lingots. Ces métaux sont donc quelquefois une marchandise, et quelquefois un intermédiaire d'échanges comme nos peaux. Si ces métaux se trouvent abondants sur la place, il en est comme de nos peaux, leur valeur diminue. Cette valeur varie comme celle de toutes les autres marchandises, suivant ce qu'il en coûte pour se les procurer, et suivant quelques autres circonstances encore. S'il y a disette de ces métaux, leur valeur échangeable peut s'élever à un taux indéfini, et alors ils cessent d'être une marchandise.

— Et leur valeur est toujours la même, que ces pièces de monnaie soient neuves ou vieilles ? Ma peau de souris, usée et racornie qu'elle était, m'a servi à acheter autant de choses aujourd'hui, qu'elle l'eût pu faire quand elle était neuve, douce, et bien garnie de poils.

— Oui ; mais comme marchandise elle aurait maintenant peu de valeur. Que demain on en jette cent neuves sur le marché, et les vieilles se vendront fort peu de chose, comme étoffes à faire des mitaines.

— A coup sûr, elles feraient de bien vilaines mitaines. Mais il est fort heureux pour nous que nous n'ayons pas toujours ce riche marchand ici, à moins que nous puissions nous procurer de nouveau autant de peaux que nous en aurions besoin. Il pourrait nous jouer toutes sortes de mauvais tours.

— Comme quelques rois en jouent parfois à leurs peuples, ma chère ; mais les rois sont plus sûrs d'être punis pour ces sortes de tours que ce marchand. Quand il nous aura tous ruinés, il peut s'en aller ailleurs jouir de ses profits ; mais les rois qui ont jeté dans la circulation de la monnaie de mauvais aloi, ou qui se sont imaginé qu'ils pouvaient en varier la quantité suivant leurs vues particulières, se sont trouvés à la fin dans de terribles embarras. Quand il y avait trop d'argent monnayé chez un peuple, on était sûr d'en voir disparaître une partie.

— Comment cela se faisait-il?

— Quand on le pouvait, on en faisait passer une partie à l'étranger, quelque part où le prix de l'argent était moins élevé. Sinon, il était aisé de le fondre, d'en faire des timbales, des plats, des chaînes et des montres.

— Et quand, au contraire, il y avait trop peu d'argent monnayé sur la place, ils refondaient, je suppose, leur argenterie et leurs chaînes d'or. Mais le pouvaient-ils faire sans l'agrément du roi?

— Les rois ne sont pas fâchés de l'accorder, parce que les gens paient quelque chose pour faire monnayer leur argent. Mais toutes les fois que les gouvernements se sont ingérés à altérer la monnaie, ou à l'empêcher de circuler librement, il leur en est mal arrivé. Des changements violents de prix font beaucoup de pauvres et peu de riches, et ils ont pour conséquence que le gouvernement se trouve mal appuyé. Non seulement les peuples sont mécontents, mais, de plus, ils sont dans l'impossibilité de payer les impôts.

— Les peuples s'aperçoivent-ils immédiatement quand il y a plus ou moins de monnaie en circulation?

— En très peu de temps; parce que de grands changements de prix s'ensuivent. Ici, par exemple, si nous voyons la même quantité de marchandises apportées pour le même nombre de consommateurs, que nos peaux passent généralement de mains en mains, cinq fois par jour, et que les prix restent les mêmes, nous sommes sûrs qu'il y a en circulation la même quantité d'argent. Si les prix restent les mêmes, et que les peaux changent de mains huit fois par jour, nous savons alors qu'il y a moins de peaux sur la place; si en même temps les prix baissent d'une manière sensible, nous pouvons être sûrs qu'il y a bien peu d'argent en circulation, et chacun s'occupera bientôt d'en faire davantage. Par contre, si les prix s'élèvent également, ce sera une preuve qu'il y a plus de peaux que nous n'en avons besoin comme signe monétaire, et l'on ne tardera pas à en convertir quelques-unes en mitaines.

— Dans une société aussi peu nombreuse que la nôtre, il est très aisé de compter les peaux, de voir qui en vole, qui en cache et qui en met de nouvelles en circulation.

— Cela est vrai ; mais dans de grands États, au moyen des signes que je vous ai indiqués, on peut connaître avec autant de certitude qu'ici, quand il y a plus ou moins d'argent en circulation, sans que pour cela il soit nécessaire de regarder dans tous les trous, de fureter dans tous les coins, de voir qui est-ce qui fond des espèces monnayées, qui est-ce qui, au contraire, porte des lingots d'or et d'argent à la monnaie. Bien que vous ne voyiez pas tout ce qui se fait actuellement dans l'obscurité, peut-être vous apercevrez-vous demain matin qu'il y a eu un changement dans la quantité d'argent en circulation.

Clara désira qu'il en fût ainsi, puisque le vil prix des marchandises n'était pas réellement une chose avantageuse. Elle comprit clairement que ce n'en était pas une, bien qu'elle-même eut obtenu ce jour-là beaucoup de marchandises pour peu d'argent ; elle comprit que quand elle ou son père seraient obligés de vendre quelque chose, ce qui leur arrivait à tous à leur tour, il leur faudrait donner plus de travail ou de marchandises qu'à l'ordinaire, à moins qu'on ne pût, par quelques moyens, augmenter la quantité d'argent en circulation.

— Si je pouvais pénétrer jusqu'aux petis trous sous les arbres, où les souris sont endormies pour tout l'hiver, je devrais en tuer autant que je pourrais en attraper, d'ici à demain matin. Mais, dans tous les cas, la neige est trop épaisse. Je voudrais bien que nous imaginassions quelques autres signes monétaires, et que nous ne fussions plus obligés de tuer d'aussi jolies petites créatures.

Paul lui expliqua très sagement qu'il était juste de sacrifier des animaux d'une espèce inférieure pour le service des hommes, et combien il valait mieux qu'une vingtaine de souris fussent tuées au milieu de leur sommeil plutôt qu'il n'y eût des disputes et des privations dans une petite quantité d'hommes qui n'avaient déjà que trop de chagrins. Il termina en demandant à Clara à quel prix elle voudrait se défaire, ce soir, de son jeune renne.

— A aucun prix, dit-elle d'abord. — Elle s'était tellement complu dans l'idée de nourrir et d'élever cet animal, et son père paraissait si charmé de le posséder ! Mais quand Paul lui eut rappelé qu'avec de l'argent elle pourrait toujours racheter un renne, tandis que c'était une occasion unique de fournir toute une société d'argent avec un seul renne, elle commença à comprendre pourquoi Paul désirait posséder cet animal, et, après quelques regrets, le renvoya à son père pour les termes du marché. Ils furent bientôt d'accord. Paul n'avait pas besoin pour lui-même de l'argent qu'il voulait manufacturer avec cette peau, pendant le cours de la nuit. Son seul but était d'empêcher que le riche marchand n'accaparât toutes les marchandises disponibles de la colonie. Il consentit donc volontiers à ce qu'Andréas gardât le corps de l'animal et reçût la moitié des fonds qui proviendraient de la peau. Cette nuit Andréas entendit un léger bruit dans un des coins de la hutte, ce qui lui fit supposer que sa petite fille pleurait avant que de s'endormir. Il se dit à cela que les enfants devaient s'habituer à éprouver des désappointements, soit pour des poupées, soit pour un jeune renne ; que c'eût été péché de priver ses voisins d'un renfort d'argent, et lui-même d'une occasion d'améliorer ses ressources ; et tout cela pour ne pas contrarier la fantaisie d'une petite fille, qui eût été bien aise d'avoir pour jouer un petit animal apprivoisé. Clara en eût dit autant si on l'eût interrogée, quoiqu'elle n'en pleurât pas moins pour cela.

Ce fut une nuit bien employée dans la hutte de Paul. Il se mit sous la direction de sa femme, qui savait très bien préparer les fourrures. Avant le matin la peau était bien nettoyée, économiquement coupée en morceaux, et distribuée parmi tous les habitants de la petite colonie, afin qu'ils pussent racheter du marchand les différents articles qu'il leur avait enlevés la veille, ou au moins le mettre dans l'impossibilité d'effectuer d'autres marchés aussi ruineux pour eux.

CHAPITRE VI.

L'autel des patriotes.

Les employés supérieurs des mines prenaient toutes les précautions possibles pour empêcher les condamnés sous leurs ordres d'avoir aucune nouvelle de ce qui se passait dans leur pays, ou même en Russie. Rien n'eût été plus aisé que de tenir les Polonais dans une ignorance complète à cet égard si tous eussent été mineurs, passant le jour sous terre et la nuit dans les huttes, à l'entrée de la mine. Mais ceux d'entre eux qui étaient paysans de la couronne ne pouvaient pas être si facilement retenus. Paul visitait les hameaux sur les bords du Baïkal et faisait connaissance avec tous les marchands ambulants qui pouvaient se faire comprendre dans sa langue ou dans celle de sa femme. Ernest épiait toujours les chaînes de condamnés qui se rendaient au Kamtschatka, et, sous prétexte de parties de chasse, il trouvait toujours moyen d'en aborder quelques-unes. Il ne manquait jamais de rapporter de ces conférences quelques nouvelles qu'il ne tardait pas à communiquer à ses compagnons d'infortune. Le temps de la nuit leur appartenait, et ils en passèrent plusieurs, au plus fort de l'hiver, dans quelques lieux de rendez-vous désignés d'avance.

Quelquefois les mineurs prédisaient l'approche d'un convoi

de prisonniers, par ce qui se passait dans leurs ateliers. Si l'on s'empressait de préparer une certaine quantité d'argent pour l'exportation, c'était un signe certain qu'il y avait un convoi en route, convoi à la rencontre duquel allaient les gardes du trésor pour échanger leurs dépôts respectifs, — les prisonniers et le métal précieux. [Toutes les fois que Owzin était retenu plus longtemps qu'à l'ordinaire dans les galeries de la mine, ou Taddeus à la fonderie, Ernest se préparait pour une longue promenade à travers les steppes, ou bien il montait chaque jour sur les hauteurs voisines pour voir s'il ne découvrirait pas à l'horizon qui bornait cette vaste plaine de neige quelques traces d'un convoi. Il était défendu à qui que ce fût, excepté aux paysans armés qui faisaient partie de l'escorte, de suivre les fourgons qui contenaient le trésor royal ou les pas des soldats en vert et rouge qui l'accompagnaient. Puisqu'il était impossible de les suivre, il ne restait plus qu'à précéder les convois, et c'est ce que faisait Ernest, gardant un peu d'avance, se cachant dans les bois, derrière les montagnes de neige, montant sur les rochers ou sur les arbres pour découvrir le reflet des sabres à la lumière du soleil, quand il était sur l'horizon, ou à celle des torches de pins pendant la nuit. Quand il avait ainsi découvert le point de jonction des deux convois, il se mettait à faire semblant de chasser, s'arrangeant de manière à rencontrer le convoi de prisonniers de manière à ce qu'on lui demandât si l'on pouvait attendre bientôt l'escorte de Nertchinsk, ou à échanger des signes et quelques paroles avec ceux des prisonniers qui se trouvaient être ses compatriotes.

Il était aidé dans le but qu'il se proposait par les habitants de la campagne, dont la compassion pour les exilés est aussi remarquable que la dureté brutale des gardes russes. — Avez-vous rencontré les criminels? demande un soldat russe envoyé en reconnaissance. — J'ai rencontré, lui répond le paysan, une *troupe d'infortunés*. Quand les habitants des campagnes reçoivent l'ordre d'enchaîner deux à deux avec une barre de fer quelques prisonniers récalcitrants, ils obéissent à regret, profitent de la première occasion pour détacher leurs fers, et s'en chargent eux-mêmes. Ernest rencontra beaucoup de ces paysans, et sut se concilier leur amitié ; une fois qu'il leur eut pardonné leur bienveillante opposition à toute idée de fuite, et reconnu avec eux qu'une tentative de ce genre serait de la folie, il accepta avec reconnaissance leurs bons offices dans ses expéditions, et sut gré de leur silence à quelques-uns qui eussent pu parler de certaines réunions au milieu de la nuit sur les bords de la Mer Enchantée. La plupart des paysans sibériens n'eussent osé mettre le nez dehors à pareille heure, et ils étaient convaincus que les chants qu'ils entendaient et les flammes rougeâtres qu'ils apercevaient sur le rivage ou parmi les forêts de pins avaient quelque rapport avec les esprits enchantés. Mais il y avait quelques-uns de ces paysans qui avaient distingué des figures humaines à la lueur du foyer, et dont le bon sens eût pu les porter à douter que les esprits du lac choisissent perpétuellement Varsovie pour sujet de leurs chants.

On était au milieu de l'hiver, — d'un hiver qui déjà semblait ne devoir jamais finir, — quand Ernest partit pour aller à la recherche d'une *troupe d'infortunés*, après avoir donné avis que ceux qui désiraient des nouvelles de Pologne eussent à le venir trouver la troisième nuit, en un point désigné, sur les côtes du Baïkal. Il accomplit sa résolution ; il se fit remarquer tirant des coups de fusil à distance, n'ayant pas l'air de regarder le convoi, fut appelé pour être questionné, et on lui permit de faire quelques questions à son tour. Comme à l'ordinaire, il reçut la réponse officielle : *l'ordre règne à Varsovie*; comme à l'ordinaire, il saisit le coup-d'œil et la compression de lèvres avec lesquelles ces mots furent reçus par tous ceux qui les entendaient. Mais ce convoi n'était pas comme tous ceux qui avaient jusque-là traversé le désert. Les condamnés qui le composaient étaient des Polonais qui, enrôlés dans les régiments de discipline et ayant donné quelques signes de mécontentement, étaient transportés sur la frontière de Chine comme sentinelles avancées. Comme la fuite était chose impossible pour eux, on avait supposé qu'ils seraient des gardiens impitoyables pour ceux des condamnés d'une autre classe qui tenteraient de s'évader, et cela d'après ce principe, généralement trop vrai, que la privation fait naître la jalousie. Tous ces malheureux excitaient régulièrement la compassion d'Ernest ; le sort des exilés militaires lui paraissait infiniment plus pénible que le sien propre et celui de ses compagnons condamnés aux mines. Ils étaient continuellement soumis au contrôle des officiers russes, exposés à des châtiments militaires du genre le plus barbare ; c'étaient là des maux additionnels auxquels n'étaient pas exposées les autres classes d'exilés. Jusqu'où ces châtiments militaires pouvaient aller dans certains cas, Ernest eut occasion de le voir par l'exemple d'un de ces prisonniers transporté dans une kibitka, le knout qu'il avait reçu le mettant dans l'impossibilité de marcher.

Il était d'usage de confier aux soins des paysans ceux des *infortunés* qui tombaient malades ou qui se trouvaient dans l'impossibilité de continuer leur route. Ernest fut donc étonné que ce soldat eût continué à faire partie du convoi. On lui dit que cet homme avait demandé lui-même à ne pas être séparé de ses compagnons, et qu'il avait persisté à continuer son voyage, au risque de mourir avant d'atteindre les frontières de la Chine. Ernest pensa que probablement ce prisonnier ne demanderait pas mieux que de s'arrêter, s'il le pouvait faire parmi ses concitoyens, et qu'il en recevrait volontiers les soins que son état exigeait. Il s'avança donc près de la voiture pour causer avec ceux qui étaient dedans.

— Etes-vous Polonais ? demanda-t-il à voix basse, et dans sa propre langue.

Le patient entr'ouvrit ses habits, et lui montra un signe bien connu, — l'aigle de Pologne, imprimée avec un fer rouge sur sa poitrine. Il avait gravé là cet emblème patriotique, ne pouvant le porter avec lui sous aucune autre forme, sans crainte de se le voir violemment arracher. Peu de mots suffirent pour compléter l'explication, et il dit qu'il appartenait au civil, non au militaire, qu'il avait servi la cause, etc. Il raconta comment il avait encouru le supplice du knout ; enfin ce prisonnier n'était autre que Cyprian.

Quand il sut avec qui il parlait, et combien il était proche de tout ce qu'il aimait, il n'eut plus d'objections à être laissé en arrière par le convoi. La seule chose qu'il y eût à craindre, c'est que son changement de résolution ne fût trop marqué. Ernest s'empressa de se séparer de lui, pour dire à l'escorte que le prisonnier lui paraissait dans un grand danger, qu'il y avait à quelques verstes une hutte où l'on pourrait le recevoir et en prendre soin jusqu'à ce qu'il fût en état de continuer sa route. Il ajouta qu'il y avait dans le voisinage de cette hutte des soldats russes qui auraient l'œil à ce que le condamné ne pût pas s'échapper après sa guérison. Les gardes consentirent à demander à Cyprian lui-même s'il voulait rester; ils observèrent qu'il fallait que son état fût effectivement bien empiré, puisque la douleur avait vaincu son opiniâtreté.

Ernest se refusa, pendant tout le reste du chemin, le plaisir de causer avec les prisonniers, et parut ne s'occuper absolument que de sa chasse. Quand il fut en vue de sa propre hutte, il la montra du doigt avec un air de grande indifférence, se chargea de Cyprian, comme s'il accomplissait un acte ordinaire d'humanité, et demanda des renseignements sur la manière dont il devrait le diriger à la frontière, quand il l'aurait mis en état de reprendre son service. Rien ne pouvait paraître plus simple, rien de plus aisé à accomplir que ce dessein; le convoi poursuivit sa route sans que les gardes ni le reste des prisonniers eussent le moindre soupçon que Cyprian ne fût pas confié à des mains complètement étrangères.

Ernest n'eut pas d'abord beaucoup de temps à causer avec lui. L'heure du rendez-vous approchait; il supposa, voyant leurs huttes vides, qu'Alexandre et Paul étaient partis pour s'y trouver.

— Oh! menez-moi avec vous! s'écria Cyprian. Donnez-moi seulement le bras, et laissez-moi voir si je ne pourrais pas marcher. Penser qu'ils sont si près, et être laissé seul ici! Ne pouvez-vous m'emmener?

Ernest décida que cela était impossible. Cyprian n'aurait pu survivre à la fatigue, au froid et à l'émotion; et, à supposer qu'il le pût, comment Sophia supporterait-elle ce choc? Il ne parvint à le calmer qu'en lui représentant que ce n'était que comme malade qu'il obtiendrait de passer quelques jours avec eux.

— Et maintenant, continua Ernest, donnez-moi des nouvelles que je puisse porter à ceux qui m'attendent. Voyons : — Comment va notre héritage ?

— Notre héritage ! notre patrimoine ! s'écria Cyprian, se plaisant à multiplier les termes par lesquels les Polonais désignent leur chère patrie. Hélas ! le recouvrerons-nous jamais, notre patrimoine ? Il ne vous ont dit que trop vrai : — *l'ordre règne à Varsovie !*

— Mais quelle espèce d'ordre ? une conspiration secrète ? Jamais il n'y a tant d'ordre à l'extérieur que lorsque l'on conspire secrètement ; il est impossible que tout soit encore calmé.

— Hélas ! vous vous trompez. *L'ordre règne à Varsovie* parce que les artisans de désordre, comme les appelle l'Empereur, en sont éloignés chaque jour. Il n'y a pas de conspiration parce que ceux qui pourraient en organiser une sont dans les chaînes comme vous, ou enrôlés comme moi dans les armées du tyran. Et Cyprian tordait avec ses dents les boutons à aigle noire de son uniforme. Ernest remarqua avec un sourire mélancolique que même ces climats ne pourraient blanchir l'aigle de Russie.

— Aussi, continua-t-il, nous avons, chacun de nous, une aigle de Pologne, prise à minuit, quand les superstitions de nos ennemis leur ôtent la faculté de voir, immolée avec des cérémonies patriotiques et conservée en secret. Après s'être assuré que personne ne les épiait, il tira d'une cachette un grand aigle blanc, empaillé avec soin en souvenir de l'étendard de la Pologne chérie. Cyprian le pressa de ses mains, et semblait vouloir l'adorer. Sa présence le consola un peu du départ d'Ernest.

— Mais, demanda celui-ci, comment les braves sont-ils enlevés de Varsovie ? dans des linceuls ou dans les fers ?

— Personne n'en sait rien. Ceux qui m'en ont parlé savent seulement qu'on voit nos amis entrer le soir dans leur propre maison, et que le lendemain ils n'y sont plus. On sait que quelques-uns ont été appelés sous quelques prétextes à la

I. 34

porte de la rue, et qu'ils ne sont plus rentrés dans leur maison où on les attendait. Alors on pleure en silence pendant les heures de la nuit ; quand la douleur est trop bruyante, on se renferme, pour s'y livrer, dans les pièces les plus reculées de l'habitation, d'où l'on ne peut rien entendre au dehors. — C'est ainsi que *l'ordre règne à Varsovie !*

— Sont-ce là toutes les consolations que je porterai à nos amis ? demanda Ernest d'une voix sombre.

— Non ; il y a encore quelque chose de plus. Dites à ceux d'entre eux qui sont pères qu'il n'est pas à craindre que leurs enfants deviennent jamais des traîtres comme eux. L'Empereur les prend sous sa protection paternelle, et leur enseigne, entre autres choses, — la fidélité à sa personne.

— Et leurs mères ?

— On les appelle à se réjouir de ce que leurs enfants ne seront jamais exposés aux mêmes périls que leurs pères. On s'étonne fort de leur ingratitude quand elles suivent, en se lamentant, les chariots qui entraînent au loin leurs enfants pour y recevoir une meilleure éducation qu'au sein de leurs familles.

Ernest n'en demanda pas davantage. C'était assez de pareilles nouvelles pour une nuit. Il courut sur la neige glacée, que le feu qui le brûlait intérieurement lui semblait assez ardent pour changer en un lac. Cependant il y avait dans l'aspect de la Sibérie, par une nuit d'hiver, quelque chose qui ne manquait jamais de calmer les passions de cet ardent patriote, ou au moins de leur donner une direction moins pénible. Ernest avait un de ces caractères qui se laissent aller à un genre de superstition, la moins dégradante et la plus puissante à la fois. Il n'avait point été superstitieux tant qu'il avait trouvé dans les réalités de la vie sociale de quoi exercer toutes ses facultés et toute son énergie ; mais maintenant, privé d'aliments pour l'activité de son âme, sous l'impression d'un climat épouvantable, d'objets auxquels ses yeux et ses oreilles avaient été jusque-là inaccoutumés, il s'abandonnait à des émotions dont il n'eût pu naguère se faire une idée. Quoique, cette nuit-là, il eût quitté sa hutte avec une hâte extraordinaire, il ne continua pas longtemps à marcher comme s'il eût craint d'arriver trop tard au rendez-vous ; il ralentit le pas dans la forêt, pour prêter l'oreille aux murmures et aux gémissements des vents, qui, au milieu de ces arbres silencieux, produisaient les sons d'une vaste harpe éolienne. Il savait que ces sons étaient ceux des vents qui agitaient la surface à demi glacée de la Mer Enchantée ; il ne les écoutait pas moins avec la plus vive émotion, comme s'ils venaient d'agents intelligents et qu'ils fussent leur parole auprès de lui. Il en était de même quand l'action silencieuse de la gelée dans les fissures du rocher avait à la fin détaché quelques masses de pierres qui tombaient en roulant, et que le bruit de leur chute, répété par les échos, réveillait l'aigle qui, traversant les airs, ajoutait sa voix puissante à toutes celles de la nature. Ernest avait coutume d'épier attentivement dans quelle direction l'oiseau prenait son vol, et de chercher un présage dans la manière dont le roi des oiseaux s'élevait ou s'abaissait dans les airs.

Ernest passa une grande partie de la nuit à chercher, au milieu de ces scènes naturelles, des présages pour les destinées futures de sa patrie, et n'arriva que le dernier à l'autel où devait se réunir la petite troupe d'exilés. Cet autel était un de ces rocs mystérieux couverts d'inscriptions et de sculptures, qui apparaissent de loin en loin dans ce désert, et qui sont supposés offrir les annales d'anciennes superstitions. Celui que les Polonais avaient choisi pour leur rendez-vous portait des figures d'animaux grossièrement gravées sur un piédestal à demi ébauché. Sur ce piédestal s'élevait un pilier naturel couvert de caractères que, de mémoire d'homme, personne n'avait jamais pu déchiffrer. La neige fut enlevée avec soin de dessus cet autel improvisé, avant que les exilés se réunissent autour pour chanter des hymnes patriotiques, ou célébrer les mystères religieux d'après la coutume de leur pays ; et la petite Clara promit que, quand la neige aurait disparu, jamais elle ne souffrirait que les souris profanassent ce sanctuaire en y faisant leurs nids. Cet autel était élevé sur la pente du rivage ; les eaux de la Mer Enchantée baignaient presque ses pieds. Une position si à découvert n'eût pas été sans danger, n'eussent été les superstitions de tous les habitants des environs ; car les feux allumés par les exilés brillaient comme un fanal sur la hauteur, et se reflétaient au loin sur la glace, comme sur un vaste miroir.

Ernest, s'approchant sans être vu, s'arrêta d'abord près de Sophia, qui, les bras croisés, se tenait assise à l'extrémité du rocher; sa contenance était moins calme que ne semblait le comporter la scène qu'elle paraissait contempler. La superstition, ni aucun autre sentiment, n'avait assez d'empire pour adoucir son âme irritée. Elle parlait de temps en temps, d'un air mécontent, avec quelqu'un appuyé contre l'autel. C'était la voix de Taddeus qu'on entendait lui répondre. Les autres Polonais étaient réunis autour du feu; le bruit de leurs propres conversations, et celui du bois qui pétillait, les empêchait de saisir le dialogue suivant, qui fendit le cœur d'Ernest:

— Eh bien, je ne sais ce que vous voulez de moi, disait Sophia; je suis venue, malgré le froid de cette nuit glaciale, au lieu de me reposer dans mon lit bien chaud; et cela parce que ma mère a l'air si malheureux quand je reste à la maison! Je n'ai pas plus de sentiments religieux que de sentiments patriotiques, et certes, je ne suis pas venue pour vous voir vous livrer à toutes ces superstitions dégradantes. Je suis venue à cause de ma mère; et que voudriez-vous que je fisse de plus?

— Oh! ce n'est pas cela, Sophia. Vous savez que ce n'est pas cela.

— Vous voudriez me voir prendre un air grave, un air abattu par ce qui se passe; mais ma sincérité ne me permet pas de prendre cet air-là. Il n'y a rien de sérieux dans rien; je ne puis avoir l'air de croire qu'il en soit autrement; et ce n'est pas ma faute si ma mère s'afflige de ma manière de penser.

— Il n'y a de gravité dans rien! Quoi! il n'y a rien de solennel dans ces lumières vacillantes, au milieu du silence de la nuit?

— Non. Je trouvais quelque chose de solennel dans le tonnerre; je tremblais devant la foudre, de peur qu'elle ne me tuât; mais il n'éclaire pas ici; ces feux ne dévorent pas. Ce sont des choses inertes, molles et innocentes, — comme toutes les choses du monde.

— Et vos paroles, Sophia, sont-elles innocentes quand elles blessent ma mère ou moi ? Il est bien heureux pour mon père de ne les pas entendre toujours.

— Elles sont innocentes, répondit Sophia. Je n'ai de but dans rien de ce que je fais, dans rien de ce que je dis. Je croyais, Taddeus, que vous aussi, depuis notre enfance, vous vous étiez fatigué d'avoir toujours un but. Vous étiez toujours à former des plans, à chercher des moyens ; et de tout cela, qu'en est-il résulté ? Les berceaux de feuillages que vous construisiez, — les diverses professions que vous choisissiez pour Frédérick et pour vous, — bah ! quels enfantillages que tout cela !

— Et la protection que je devais vous apporter, Sophia, en cas de danger ! Et cette confiance que vous deviez avoir en moi ! — Étaient-ce aussi des rêves d'enfant ?

— N'en étaient-ce pas, Taddeus ? De quoi votre protection m'a-t-elle servi ? comment puis-je compter sur vous, ou sur qui que ce soit ? Oui, en effet, il semblait que mon bonheur dût dépendre de vous, plus que de personne autre..... et vous savez ce qu'il en est arrivé.

— Sophia ! si j'ai détruit votre bonheur sans le vouloir, le mien ne l'a-t-il pas été aussi ? N'ai-je pas....

— Oh ! je n'en doute pas ; je n'ai jamais pensé à blâmer qui que ce fût. Cela prouve seulement combien les événements qui arrivent sont étranges, et tiennent à peu de chose. Et après cela vous voudriez que je visse de l'ordre, de la gravité dans la marche des événements, et que je prisse moi-même un air grave pour marcher avec eux. Non, j'en ai trop longtemps essayé ; je resterai donc assise où je suis, tandis qu'ils chantent là en bas. Allez-y, vous ; allez-y, si vous croyez que cela vous fasse quelque bien.

Taddeus attendait toujours, tandis que sa sœur tenait les yeux fixés sur les feux allumés.

— Ma sœur !... Mais voyant que ce mot semblait l'émouvoir, il ajouta à voix basse : cependant il y a toujours quelque chose qui vous touche dans le son de ce mot.

— Rien de grave, rien de solennel, répondit-elle en riant

amèrement. Ce mot ne me rappelle que le sens qu'y attache un vieux préjugé.

— Ce mot ne vous rappelle pas le bosquet de feuillages que nous avons planté ensemble ? Il ne vous rappelle pas ces jours où vous avez placé une épée dans mes jeunes mains, un casque sur ma tête ? ces jours où vous avez dit que vous seriez ma garde-malade dans mes infirmités, sur la terre d'exil, ou si je tombais en combattant pour la liberté ?

— Vous êtes revenu de la bataille sans une seule blessure, se hâta de répondre Sophia.

— Je n'en suis pas moins estropié pour la cause, Sophia ! que vouliez-vous que je fisse ! Pensez au serment ! pensez à vingt-cinq ans de service promis au tyran.

Sophia se leva tout à coup, elle réprima avec peine un cri douloureux qui allait lui échapper, jeta sur son frère un coup d'œil plein d'une haine inexprimable, et descendit du rocher par un chemin opposé à l'endroit où les exilés étaient réunis.

Ernest s'approcha de Taddeus pour lui communiquer l'étonnante nouvelle dont il était porteur. Mais pendant quelques instants, celui-ci ne put l'entendre, empressé qu'il était d'épancher sa douleur poignante dans le sein d'un ami qui la comprenait si bien.

— Être ainsi outragé ! être ainsi humilié ! et ne pouvoir présenter aucune excuse sans percer à l'instant son cœur, sans lui rendre encore son amour plus amer ! et penser qu'elle est encore plus malheureuse même que moi !

— Il nous faut l'amener à embrasser votre consolation, la mienne, la nôtre, à tous tant que nous sommes. Venez vous réunir à ceux qui prient. Cela vous calmera. Peut-être elle reviendra et écoutera comme les autres ; peut-être elle y trouvera quelque chose.

— Allons, dit Taddeus, plus nous sommes malheureux, plus nous avons besoin de prier. Ma mère est là qui écoute, cherchant à reconnaître la voix de ses enfants, et tous du moins ne lui feront pas verser des larmes.

Les deux amis appelèrent leurs compagnons, et en peu de

temps on entendit leurs voix unies élever des prières vers le ciel, au milieu du silence de la nuit.

« Dieu ! sillonnés par la foudre des batailles, nous voici à tes pieds, prosternés devant ton trône de neiges ; mais, ô notre père ! sur cette terre silencieuse nous ne cherchons ni du repos, ni un refuge ; nous le demandons, et ne le demanderons pas en vain, — rends-nous notre héritage !

« Tes vents sont enchaînés par la glace à la surface des mers ; ton aigle se cache dans son aire jusqu'à ce que la tempête soit passée, Seigneur ! Quand ces vents qui gémissent seront déchaînés, quand l'aigle planera dans la nue, oh ! que ton souffle fonde nos chaînes de glaces et rende aux vents notre étendard polonais !

« C'est pour ta cause que nous étions forts, tu ne condamneras pas ta cause à une mort éternelle, ô Dieu ! Notre épreuve a été longue ; tu ne voudras pas détruire notre foi chancelante ! Tu entends le murmure de nos douleurs. O Dieu ! rends-nous notre héritage ! »

— Qui est-ce, dit Ernest d'une manière significative, qui est-ce qui veut m'aider à prendre un autre aigle blanc ?

Tous comprirent aussitôt qu'un compatriote de plus se trouvait dans leur petite colonie. Il n'y avait pas besoin d'autre exorde pour l'histoire qu'Ernest avait à raconter ; et en quelques instants les hommes les plus hardis de la troupe escaladaient les rochers à la recherche de leur proie, tandis que Lénore suivait le chemin par lequel sa fille était descendue, pour tâcher de la rejoindre et de lui communiquer la nouvelle.

— Ma mère ! cria une douce voix à son oreille au moment où elle allait tourner le rocher. Lénore regarda derrière elle et vit Sophia appuyée contre un arbre, d'où elle avait dû tout entendre. Ma mère, répéta Sophia d'une voix entrecoupée, cela est-il vrai ? Lénore ne lui répondit que par un faible sourire ; la pauvre fille laissa tomber la tête sur le sein qui autrefois la recevait dans les moments de douleur, et après quelques moments d'efforts y versa de nouveau, sans contrainte, des larmes abondantes.

Lénore la conduisit doucement vers l'autel, où toutes deux s'appuyèrent.

— Mon enfant, dit-elle, avant que nous ne l'allions voir, répondez à une question. Vous ne croyez pas, dites-vous, que notre étoile soit dirigée dans sa course. Vous ne croyez pas que l'oiseau battu par la tempête, soit à la fin guidé vers son nid. Ne croyez-vous pas que Cyprian a été guidé ici, ou bien pensez-vous que votre réunion au milieu de ce désert, soit un de ces événements qui n'ont rien de sérieux, rien d'important ?

Sophia ne répondit qu'en se jetant à genoux, et inclinant sa tête sur le piedestal ; mais ses sanglots avaient cessé. Quand elle releva la tête, elle se trouva dans les bras de Taddeus. Sa vue ne la fit pas tressaillir comme auparavant ; mais elle attacha un long regard sur lui comme au jour où il la quitta pour aller défendre la cause de la Pologne. Ce regard fit plus de bien à Taddeus que toute sa conduite à son égard ne lui avait fait de mal jusqu'à ce jour.

— Vous me pardonnez enfin ! s'écria-t-il. Dites, Sophia, que vous me pardonnez.

— Vous pardonner ! — vous qui avez combattu, vous qui avez souffert ! vous qui avez eu tant d'indulgence ! — Et moi, pour qui en ai-je eu ? — j'ai….

— Vous avez eu le cœur ulcéré. Vous avez souffert plus qu'aucun de nous, et nous sommes loin de rien conserver contre vous, Sophia. Maintenant votre plus grand chagrin est passé, et vous allez être la consolation de votre mère, — de nous tous.

La mère n'accompagna pas ses enfants quand elle les vit s'avancer à pas précipités vers la demeure d'Ernest. Elle les suivit de l'œil tant qu'elle put les distinguer entre les arbres du bois, et alors elle revint, l'âme rajeunie, attiser le feu et attendre le retour de leurs compagnons. Bientôt des cris d'aigle mourant que répéta l'écho, lui apprirent qu'ils avaient réussi dans leur chasse. Peu de moments après, les charbons rouges s'éteignirent, et personne ne resta pour voir lever l'aurore sur les rives glacées de la Mer Enchantée.

CHAPITRE VII.

La sagesse enseignée par les simples.

De tous les exilés polonais, Andréas était le seul dont les peines augmentaient à mesure que le temps marchait. Le retour de la paix domestique avait consolé la famille d'Owzin ; Sophia redevenait de plus en plus ce qu'elle avait été, à mesure que Cyprian sentait sa santé s'améliorer lentement par les soins de ses compatriotes. Paul s'était acclimaté en Sibérie, comme il l'aurait fait en Barbarie s'il eût été condamné à y être transporté l'année suivante. Il n'était pas homme à douter, dans l'intervalle de ses soupirs pour la Pologne, qu'il ne pût trouver dans tous les coins du globe une femme et une maison. Ce qui se passait dans l'esprit d'Ernest, personne n'en savait rien ; mais il avait pris un air de gaieté dont on ne pouvait se rendre compte, et il cessait de désespérer da la cause nationale. Il parlait et agissait comme un homme qui avait un objet en vue, et cependant il était impossible de le supposer mû par aucun autre mobile que son patriotisme. La petite Clara eût été la plus heureuse créature du monde si seulement son père eût voulu le lui permettre. Elle songeait de moins en moins à Varsovie, à mesure que de nouvelles occupations venaient captiver son attention dans son nouveau pays. Le retour du printemps lui en amena une foule. Quand les feuilles de glace dont elle avait fait des doubles carreaux aux fenêtres perdirent de leur clarté, qu'ils interceptèrent la lumière sans conserver la chaleur, — quand elle eut tressé en filets tout le chanvre qu'elle put se procurer, — quand les patins les plus larges qu'elle pût faire ou acheter, ne furent plus en état de la supporter sur la neige fondante, — et surtout quand les provisions d'hiver commencèrent à tirer à leur fin, elle se prépara à de nouvelles inventions, et attendit chaque jour le changement de la saison. Elle n'eut pas longtemps à attendre, et quand les vents du midi commencèrent à souffler, l'aspect de la nature changea avec une rapidité qui la surprit. Comme par enchantement, quelques jours de chaleur partagèrent les régions montagneuses en deux parties aussi différentes que si l'on avait pris des terrains de la zone torride pour les joindre pendant la nuit à ceux de la zone glaciale. Tandis que du côté du nord tout était aussi blanc, aussi silencieux que jamais, le midi était brillant d'une végétation des Alpes, et les torrents de neiges fondues tombaient bruyamment de rocher en rocher. L'abricotier sauvage se couvrait de bourgeons lilas, et l'églantier de fleurs pourprées sur les flancs des collines; l'orchis, la gentiane bleue et blanche, l'iris de Sibérie, paraissaient, à travers la mousse, au pied des arbres des forêts. Le sureau fleuri et des variétés de lis d'eau rendaient les marais les moins praticables aussi gais que les prairies sous un ciel plus tempéré. Si Clara se réjouissait de ce changement, ce n'est pas qu'elle crût que le temps du repos était venu pour elle. Elle savait que tout le long de l'année il lui faudrait travailler; mais il lui était infiniment plus agréable de le faire en plein air que renfermée pendant huit mois de suite entre quatre murs, éclairée seulement par des carreaux de glace et à la chaleur trop rapprochée d'un four de briques.

Elle se mit à recueillir le sel des marais salans à mesure qu'ils se dégelaient et débordaient dans les steppes; elle écarta avec une pelle un reste de neige partout où les lis poussaient naturellement, pour en faire des provisions de bouche; elle parcourut les côtes du grand lac, chaque fois que ses eaux se gonflaient, afin de ramasser tous les trésors qu'elles pourraient jeter sur le rivage. Elle conçut même le projet ambitieux de creuser un puits pour avoir de l'eau de source, toutes celles qu'on pouvait se procurer autrement étant salées, bourbeuses ou d'un goût désagréable. Mais elle échoua dans cette entreprise, et ne l'eût pas même tentée si elle eût pris conseil à ce sujet. Le perforement du puits réussit jusqu'à la profondeur d'un pied, mais là le sol se trouva gelé trop fort pour qu'il fût possible de l'entamer. Elle essaya de nouveau au bout d'un mois, et parvint à creuser encore à un pied ; mais, comme elle l'apprit ensuite, le bras le plus vigoureux, armé des meilleurs outils, ne saurait pénétrer à plus de six pieds de profondeur avant que la gelée ne revienne et ne gâte les travaux.

Son père la trouvait une enfant très industrieuse ; mais il le reconnaissait avec peu de plaisir, parce qu'il n'y avait pas d'industrie qui pût enrichir un homme dans un pareil pays. Plus il y vivait, plus il était convaincu de cette triste vérité, et par conséquent plus il devenait malheureux. Et cependant il était riche en comparaison de ses compagnons. Il avait amassé un grand nombre de peaux et possédait plus de meubles et de vêtements que personne autre ; mais il craignait que les peaux ne perdissent bientôt de leur valeur en devenant trop abondantes ; et alors, adieu sa richesse, à moins qu'il n'avisât en temps utile à les transformer tandis qu'elles avaient encore une valeur comme signe représentatif et avant qu'elles ne fussent devenues une simple marchandise ? Chaque nuit, quand il revenait de son ouvrage à la mine, il tremblait d'apprendre une nouvelle acquisition de peaux. Chaque jour il regardait avec un œil d'envie ces monceaux d'argent qu'il lui était défendu de toucher, et il soupirait après la sécurité d'une monnaie métallique, convention qu'il regrettait le plus dans tous les avantages d'une société civilisée ; il voyait, et chacun le voyait comme lui, qu'il était urgent d'adopter un nouveau système de signes représentatifs, s'ils voulaient améliorer leur position en étendant le cercle de leurs échanges avec leurs voisins ; mais l'idée qui enfin fut adoptée ne vint ni de lui, ni d'aucune des autres fortes têtes de la colonie : ce fut Clara qui introduisit une nouvelle espèce de monnaie.

En se promenant dans un endroit vaseux et bas où les torrents de neige fondue avaient déposé différentes curiosités, elle remarqua parmi des amas de coquillages quelques ossements tout à fait extraordinaires. Quoiqu'ils fussent légers à porter, ils étaient si grands qu'elle ne pouvait s'imaginer à quel animal ils avaient appartenu. Elle ramassa tous ceux qu'elle put trouver dans un long espace, et en rapporta son plein tablier à son ami Paul qui, avec le secours de sa femme, était toujours prêt à l'éclairer de ses lumières dans toutes les affaires difficiles.

Emilia expliqua que ces os étaient ceux d'un monstre qui avait été créé par les esprits de la Mer Enchantée pour les porter à sec sur son dos à travers les eaux du lac ; mais qu'ayant été un jour mécontents de lui parce qu'il s'était avisé de les conduire dans l'endroit le plus profond, ils l'avaient par punition enchaîné au fond de la rivière voisine, d'où ses os étaient rejetés chaque année quand les torrents de neige fondue inondaient la contrée. Clara s'étonna que les esprits n'eussent pas préféré nager, ou voler en l'air tout d'un coup, plutôt que de prendre la peine de créer un monstre de cette espèce et d'avoir ensuite celle de le détruire ; et l'explication de Paul la satisfit beaucoup mieux que celle de sa femme. Paul ne savait pas que les esprits eussent rien à démêler avec les os du mammouth nulle part ailleurs ; il ne croyait donc pas qu'ils eussent rien à y voir ici ; il ne croyait pas même qu'on pût appeler le mammouth un monstre. Il l'appelait tout simplement un animal d'une taille gigantesque, que l'on ne trouve plus vivant de nos jours, et dont tous les vestiges sont par conséquent choses curieuses et rares. Il conseilla à Clara de ne jeter aucun de ces os.

— Papa ne voudra pas me permettre de les conserver, répondit-elle ; il voudra les vendre, s'il trouve quelqu'un pour les lui acheter.

— Je ne vois pas trop qui les lui achèterait ici, ma chère amie. Nous n'avons point de cabinets de curiosités dans un pays comme celui où nous nous trouvons.

— Je pense, dit Clara après un moment de réflexion, que ces ossements feraient une excellente monnaie. Vous voyez qu'il serait aisé d'en connaître au juste le nombre ; et il ne pourrait pas arriver, comme pour nos peaux, que nous en eussions un jour le double de ce que nous en avions la veille.

— Il pourrait arriver qu'une seconde inondation rejetât une nouvelle quantité d'os sur le rivage. Il n'est pas probable, à coup sûr, que cela arrive deux fois dans une année ; mais enfin cela est possible.

— Si cela arrivait, ne pourrions-nous pas convenir qu'une personne en prendrait le soin, ou que tous les os qui seraient trouvés appartiendraient à la communauté et seraient mis en dépôt quelque part, jusqu'à ce que nous eussions besoin de plus d'argent ? Nous ne pouvons pas faire cela avec nos peaux, parce qu'elles nous sont utiles d'une autre manière et qu'il serait bien dur d'empêcher qui que ce soit de s'en procurer le plus qu'il pourrait ; mais personne ne pourrait trouver mauvais qu'on l'empêchât de recueillir et de s'approprier des ossements de mammouth, puisqu'ils ne lui seraient d'aucune utilité si ce n'est comme monnaie.

— Mais, comme monnaie, ne pourrait-on pas se les approprier frauduleusement ? Tout le monde sera-t-il exact à verser au trésor public tous les ossements de mammouth qu'il pourra trouver.

— Si l'on voulait s'en rapporter à moi, dit la petite fille, chaque fois qu'il y aurait un orage ou un débordement, j'irais, et je rapporterais tous les os que je pourrais trouver. Mais songez combien cela arriverait rarement, tandis que le nombre de nos peaux peut augmenter chaque jour !

— Cela est très vrai, Clara : et, quant à moi, je suis fort disposé à m'en fier à vous du soin de rapporter au trésor général tous les os que vous pourriez trouver. Mais il faut y réfléchir plus que vous ne pensez, avant de changer notre monnaie ; et je doute fort que votre père, entre autres, fût disposé à y consentir.

— Vous lui donneriez en nouvelle monnaie la valeur des peaux qu'il a amassées, autrement il ne voudrait pas entendre

parler de ce changement, et en vérité cela ne serait pas juste
non plus. Oh! oui ; il faut que chacun reçoive la valeur de ce
qu'il a actuellement ; mais, cet échange équitablement fait, je
crois qu'ils adopteront tous notre plan, comme moins sujet à
l'erreur et prêtant moins à la fraude. Ces os, vous le voyez,
sont si différents les uns des autres, qu'une fois qu'on leur
aura assigné une valeur, on pourra aussi aisément les distinguer d'un coup-d'œil, que l'on distingue un rouble d'un ducat.
Et de plus, il n'y aura plus moyen de frauder ; car quand on
limerait et rognerait pendant une éternité, il n'y aurait pas
moyen de faire un os entier avec des fragments d'os, comme
on peut le faire avec une monnaie de peaux, et même d'or et
d'argent.

— Mais ces os s'useront avec le temps, et quelques-uns
tomberont en poussière avant les autres.

— Ce ne sera toujours pas plus vite que dans l'espace d'une
année. Au printemps suivant, si l'on en recueille d'autres, il
sera fort aisé d'en donner de neufs en échange des vieux, qui
seront brisés et détruits devant tout le monde. Je pense que
c'est là le meilleur genre de monnaie auquel nous ayons
jamais songé.

Paul en convint avec elle, et convint de convoquer la petite
société, afin de délibérer sur cet objet.

La première chose qui frappa chacun, fut que ces os manquaient de la plupart des qualités qui rendent si avantageux
l'emploi des espèces métalliques.

— Que dirons-nous de leur valeur intrinsèque? demanda
Taddeus. Ils n'ont pas de prix de production, si ce n'est le peu
de peine et de temps qu'aura dépensés Clara pour les ramasser.

— Il est clair, répondit Paul, qu'ils n'auront point de valeur
en eux-mêmes ; ils n'en auront point d'autre que celle que
nous leur aurons assignée d'un commun accord.

— C'est-à-dire, observa Ernest, qu'ils seront un signe de
valeur seulement, et non une marchandise. Maintenant, un
pur signe de valeur répondra-t-il au besoin que nous avons de
créer un signe représentatif? Voilà la question ; car ce dont
nous avons besoin, c'est de créer un signe représentatif dont

la valeur ne varie pas ; et c'est dans ce rapport que notre système monétaire de peaux s'est trouvé défectueux.

— Ces os, répliqua Paul, nous serviront assez bien de signe représentatif entre nous. La difficulté se présentera quand nous voudrons trafiquer avec nos voisins, qui non seulement ont une monnaie différente, mais aux yeux desquels les os de mammouth sont absolument sans valeur. Quand nous commençâmes à employer les peaux, il nous fut difficile de faire comprendre à nos voisins toute la valeur que nous attachions à notre monnaie ; mais, enfin, ces peaux avaient une valeur réelle et intrinsèque, car elles étaient une marchandise, aussi bien qu'un signe représentatif.

— Alors, dit Ernest, nous avons à choisir entre ces deux inconvénients : ou de fixer un signe représentatif qui ne sera reconnu que de nous, mais qui atteindra bien notre but, ou d'employer un signe intermédiaire d'échanges reconnu par nos voisins, mais dont la valeur manque de fixité, parce qu'elle varie suivant le succès ou non-succès de chaque partie de chasse.

— Quelle pitié, dit Paul, que tous les habitants du globe ne puissent pas convenir d'un signe représentatif des valeurs ! Que de peines cela éviterait !

— Où donc, demanda Ernest, voudriez-vous trouver une marchandise qui fût également estimée dans tous les pays et par toutes les classes ? Même l'or et l'argent, qui semblent s'en rapprocher le plus, n'atteindraient pas ce but. Il y a des parties du monde où on les obtient sans prix de production, et où ils sont jetés aux enfants comme des jouets, tandis qu'ici, voyez quel appareil coûteux pour en obtenir la moindre quantité ; — quelle dépense en capital et en travail humain !

Paul, qui craignait de voir entreprendre cette partie de la question, l'interrompit en disant :

— Eh bien ! qui nous force de choisir aucune marchandise ! Si nous ne pouvons trouver une chose existante que tous les hommes veuillent s'accorder à apprécier à la même valeur, pourquoi ne pas prendre une chose imaginaire ? Au lieu de dire que mon arc vaut une livre de cannelle, et qu'une livre de cannelle vaut trois paires de ciseaux, pourquoi ne pas dire que mon arc et la livre de cannelle valent chacun neuf unités? Qu'y aurait-il de plus aisé que d'évaluer ainsi des marchandises comparativement les unes avec les autres?

— Pour des marchandises dont la valeur est déjà connue, je vous l'accorde; mais que ferez-vous pour des marchandises nouvelles dont la valeur n'est pas encore déterminée? C'est pour celles-là que nous avons besoin d'un signe représentatif intermédiaire, d'une valeur fixe et déterminée.

— Il faut estimer ce que coûte la production du nouvel article, et alors le comparer avec...

— Avec quoi? Avec quelque autre marchandise, et non avec votre unité imaginaire. Si nous mesurons nos deux lances l'une avec l'autre, nous pouvons exprimer leur longueur comparée en disant que l'une a trois espaces et l'autre quatre, — un espace étant ici une mesure imaginaire; mais si nous voulons apprécier la longueur d'un pin qui est tombé déraciné sur la route, il nous faudra réduire cette mesure imaginaire en une mesure réelle. Rien ne peut servir d'unité, s'il n'a des propriétés communes avec la chose qu'il s'agit d'évaluer. Ce qui a de la longueur peut seul évaluer la longueur, et ce qui a de la valeur peut seul évaluer la valeur.

— Alors, comment un signe idéal de richesse peut-il être employé, de quelque manière que ce soit?

— Parce qu'on n'y attache qu'une valeur idéale. Mais cette valeur abstraite n'est que le résultat d'une comparaison avec des objets qui en ont une réelle, comme marchandises. Quand on arrive à cette abstraction, alors on peut se servir d'un signe abstrait pour représenter la richesse; mais des marchandises nouvelles ne peuvent être appréciées que par un signe représentatif qui soit lui-même une marchandise, ou par un signe palpable généralement reconnu pour le représenter. Alors, après tout, nous en revenons au point d'où nous sommes partis: que les espèces métalliques sont le meilleur genre de monnaie, parce qu'elles peuvent porter une marque ineffaçable de leur valeur, et qu'elles réunissent ainsi les qualités d'un signe représentatif et d'une marchandise.

— Certes, les espèces métalliques sont la meilleure monnaie pour un peuple, jusqu'à ce que lui-même et ceux avec lesquels il trafique soient arrivés à un certain point de civilisation. Mais ni nous, ni les marchands ambulants, ni les paysans sibériens avec lesquels nous faisons des affaires, ne sommes encore arrivés à ce point ; et il est hors de doute qu'il nous serait fort avantageux d'avoir des espèces métalliques comme intermédiaires d'échanges. Comme nous ne pouvons pas en avoir, ces os de mammouth nous en tiendront lieu, mieux qu'aucun autre signe représentatif dont nous nous soyons encore avisés.

Quelqu'un suggéra l'idée que, si l'on croyait que cela en valût la peine, il n'en coûterait que peu de travail et de dépenses pour se procurer une monnaie métallique. La plupart des femmes mongoliennes qu'ils voyaient portaient à l'extrémité de leurs nattes de cheveux de petits morceaux d'or et d'argent vierges, dont il ne serait pas difficile de les engager à se défaire ; et il était arrivé à quelques-unes des personnes présentes de trouver, par hasard, de petits morceaux d'argent dans le lit des rivières, ou incrustés dans des fragments de rochers. Où serait la difficulté d'imprimer des marques sur ces morceaux de métal, et de créer ainsi une sorte de monnaie grossière ? Cependant il fut généralement reconnu que la tentation de rogner ces morceaux de métal précieux d'une forme irrégulière, serait trop forte pour que l'on dût s'y exposer ; sans parler du prix de fabrication, qui serait fort considérable dans une petite société dépourvue de tous les appareils nécessaires pour frapper de la monnaie.

— Il serait difficile, fit observer Ernest, d'avoir aucune monnaie d'une faible valeur nominative, car le travail de fabrication en ajoutera une grande aux moindres morceaux d'or et d'argent ; quant au plomb, il est trop commun ici, trop facile à fondre et à empreindre, pour que nous songions à l'employer.

Taddeus ne voyait pas d'inconvénient à ce que leur société possédât un nouveau genre de monnaie d'une valeur arbitraire considérable, pourvu que l'on convînt à l'avance aux dépens

I.   35

de qui seraient faits les frais de sa préparation. Sans doute on nommerait quelque autorité chargée d'entreprendre la fabrication de la monnaie; mais cette autorité entreprendrait-elle ce travail gratis?

— Pourquoi demanderions-nous, dit Ernest, que quelqu'un se chargeât sans rémunération d'un travail si fatigant? Je sais que l'on attend des gouvernements, et cela bien sottement, qu'ils doivent tirer les métaux des mines, et les jeter dans la circulation convertis en monnaie sans rien retenir pour les frais de fabrication. Je dis bien sottement, parce que, en supposant que la quantité d'espèces monnayées soit limitée, c'est exposer l'Etat au grand hasard d'un déficit, et le gouvernement au danger de voir cette quantité d'espèces métalliques diminuer de jour en jour, que d'aller arbitrairement donner aux espèces monnayées une valeur échangeable égale à celle qu'ils ont en lingots ; que si nous supposons maintenant la quantité d'espèces monnayées en circulation laissée illimitée, non seulement le danger dont nous venons de parler s'accroît, mais c'est montrer une grande partialité en faveur des possesseurs d'espèces monnayées, puisque ce serait ajouter gratuitement une valeur à celle qu'elles ont déjà comme marchandise. Ceux qui en envoyant leurs lingots à la monnaie s'évitent la dépense de temps ou d'argent pour les peser et en reconnaître la valeur à chaque échange, doivent aussi bien payer pour cet avantage, que celui qui donne du drap en pièce au tailleur pour le recevoir ensuite confectionné en habits. Si donc, parmi nous, nous adoptions un système d'espèces métalliques, la première chose à faire serait de créer un petit hôtel des monnaies dans un coin de la fonderie. Que si nous avions limité le nombre de nos espèces, il faudrait les émettre à une valeur plus élevée que celle qu'elles obtiendraient en lingots sur la place ; que si cette quantité était illimitée, il faudrait les émettre avec cette condition qu'avant de frapper chaque pièce, on en limerait une certaine portion pour payer les frais de fabrication; ou que celui qui apporterait des lingots pour être frappés en monnaie paierait tant par pièce.

— Nous ne pouvons pas encore faire tout cela, répliqua Paul.

Il faut commencer par ramasser le plus que nous pourrons de ces petits morceaux d'or et d'argent, afin d'arriver par la suite à un système d'espèces métalliques ; mais en attendant contentons-nous de nos os de mammouth.

Andréas, qui n'aimait aucune de ces spéculations parce qu'il n'aimait pas le changement, s'éleva avec force contre la substitution des os, ou même des espèces métalliques, aux peaux animales. Il dit que rien n'était plus désastreux pour toutes les classes commerçantes que les altérations du système monétaire. Ils mettaient en péril la sécurité de la propriété, altérant la valeur respective de presque tous les articles échangeables, rendant chaque membre de la communauté, excepté celui qui ne possédait rien, incertain sur le montant de sa propriété, et renversant arbitrairement la position des classes riches et moyennes. Ernest reconnut que ce serait le cas dans une grande société où le mécanisme des échanges est compliqué, où des contrats subsistent pour un espace de temps considérable ; il reconnaissait de plus, que même dans une petite communauté, un pareil changement n'est pas sans inconvénient, et qu'on ne s'y doit pas déterminer à la légère. Mais dans le cas où il se trouvait, il n'avait point d'autre alternative que de choisir le moindre de deux maux. Leur système actuel des monnaies était exposé à de nombreux et importants changements de valeur. Valait-il mieux continuer à souffrir cet inconvénient, ou bien prendre la peine d'évaluer une fois la propriété de chaque membre de la société, et de fixer en conséquence la valeur nominale de chacune de leurs nouvelles espèces? Comme il n'existait aucuns contrats entre eux ou leurs voisins, aucunes marchandises dont la valeur pût se trouver dépréciée ou augmentée, il lui semblait que ce changement n'avait rien que d'avantageux, et que le plus tôt qu'on le ferait serait le mieux.

Tous furent de cet avis, excepté Andréas, et tous pour l'y ramener consentirent à lui faire une belle part des nouvelles espèces monétaires en compensation de la perte qu'il allait éprouver lorsque les peaux qu'il avait amassées ne seraient plus reçues au marché que comme simples marchandises.

CHAPITRE VIII.

Le martyre du patriote.

A mesure que l'été avançait, et que Cyprian paraissait se rétablir de plus en plus de l'état où l'avait mis le knout, des pensées inquiètes s'emparèrent de toute la petite colonie. Le jour ne pouvait être loin où on l'appellerait à reprendre le service militaire, ce service dont l'idée seule lui était insupportable, et qui devait maintenant lui paraître plus dégradant que jamais par suite du châtiment ignominieux qu'il avait reçu. La plus petite remarque sur l'amélioration de sa santé, sur l'avancement de la saison, ou la destination de quelque convoi d'exilés, le jetait dans une agitation extraordinaire. Il y avait une circonstance qui excitait son indignation et sa surprise, à un tel point qu'il avait peine à en renfermer l'expression dans son âme : c'était la curiosité d'Ernest concernant tout ce qu'il avait souffert ; curiosité qui semblait n'avoir aucune considération pour la peine que devaient causer de tels récits à celui qui en les faisant éprouvait une seconde fois les mêmes douleurs. C'était chose surprenante qu'un homme comme Ernest, — si généreux pour les affections des autres, qui sentait si vivement lui-même, — fût toujours sur le qui vive, à l'affût de tous les détails de tyrannie que Cyprian pouvait donner par sa propre expérience, mais dans lesquels il se fût volontiers dispensé d'entrer.

— Ne m'en demandez pas davantage, s'écria Cyprian un jour, l'agonie dans les yeux. Je vous dirai tout ce que vous voudrez sur notre pain noir, sur notre misérable coucher, sur notre service de nuit et notre esclavage de jour; mais ne me demandez plus rien sur la manière dont nous traitaient nos officiers; et je ne puis en supporter même la pensée.

— Il faut que vous m'en disiez davantage, répliqua Ernest, fixant les yeux sur lui avec un empressement inexprimable. — Ainsi, ils vous forçaient tous, matin et soir, à pousser cet infernal cri de VIVE NICOLAS !

— Oui, et aussi souvent en outre qu'il leur plaisait de soupçonner l'un d'entre nous de mécontentement, que cela arrivât une fois par semaine ou dix fois par jour. Au bout d'un certain temps, le cœur me soulevait au simple son de ce cri, et quand vint mon tour de le proférer, ma langue se glaça dans ma bouche, comme s'il eût fait aussi froid qu'une nuit de Noël au Kamtschatka. Je ne pus venir à bout de crier. Mieux eût valu pour moi que je le pusse ; excepté pourtant que je ne serais jamais venu ici.

— Mais, ce jour-là, l'officier insista sur quelque chose de plus que ce cri de VIVE NICOLAS. Dites-moi donc tout.

— Je croyais vous avoir tout dit déjà, répondit Cyprian impatienté, et ce fut en parlant très vite qu'il continua en ces termes : Nous fîmes quelques légères difficultés de dépouiller des paysans de leurs provisions pour notre usage personnel, et nous offrîmes de nous passer de notre ration, jusqu'à ce que les munitionnaires en eussent fourni. Il appela cela une mutinerie et commença à parler de la Pologne, — misérable blasphémateur ! — et il nous somma comme à l'ordinaire de crier VIVE NICOLAS ! Je m'arrêtai un instant pour prendre respiration ; il me remarqua, et m'ordonna non seulement de crier, mais encore de chanter un refrain infernal sur Praga, qu'ils se vantent eux d'avoir chanté quand...

— Bon, bon, je sais ce que vous voulez dire. Continuez.

— Je ne voulais pas, je ne pouvais pas le chanter, advînt ce que pourrait ; je le lui déclarai.

— Eh ! comment l'auriez-vous pu ? dit Ernest avec un sourire effrayant. Vous qui disiez toujours que vous n'aviez pas la moindre envie d'être soldat, que cela vous révoltait de voir des hommes changés en machines, comme le sont les soldats dans le meilleur cas possible. Comment eussiez-vous pu supporter qu'on fît de vous quelque chose de pire qu'une machine, — un esclave avec l'âme d'un homme libre, — un pantin grimaçant l'affection quand votre cœur était bouillant d'une généreuse haine ? Non, vous ne pouviez pas diriger vos mouvements au gré de votre âme ; mais au moins vous pouviez ne faire de vous-même qu'un esclave passif, — c'est le degré avant le dernier.

— Je me suis fait assez passif comme cela, dit Cyprian couvrant sa figure de ses mains. Ils ne pouvaient rien faire de moi, — excepté la seule chose qu'ils ne voulurent pas en faire — un cadavre ! J'espérais que je mourrais sous le knout, — c'était mon intention, — et je supposais que c'était aussi la leur ; j'ai connu bien des soldats qui sont morts sous le knout pour une offense plus légère ; mais ils m'ont laissé vivre pour avoir le plaisir de recommencer, car ce refrain d'enfer, jamais je ne le chanterai ; — ou du moins jamais sur l'ordre de cet homme.

— *Jamais !* vous ne le chanterez jamais ! s'écria Ernest avec enthousiasme.

Cyprian le regarda d'un air surpris, et dit :

— Savez-vous, Ernest, que je n'aurais jamais supporté d'aucun autre homme toutes ces questions avec autant de patience que je les ai supportées de vous ?

— Patience ! répéta Ernest avec un sourire sinistre.

— Oui, Monsieur, avec patience, vous en conviendrez avec moi, si vous m'accordez que je doive sentir comme vous. Vous courez dans les bois, ou vous avez l'air de maudire l'univers entier, dès que l'on fait devant vous la moindre allusion à la Pologne ; et vous vous attendez que je doive souffrir tranquillement toutes vos questions sur mon propre déshonneur, sur mes tortures, quand vous savez que tout ce que je raconte du passé est l'image fidèle de ce qui m'attend dans l'avenir.

— Bon, bon, pardonnez-moi. Vous savez l'intérêt que je vous porte.

— Bien obligé, Ernest ; un intérêt bien entendu. Cette circonstance que vous ne parlez jamais ainsi devant Sophia, montre que vous comprenez que ce sujet n'est pas le plus agréable du monde ; mais vous m'en gardez le privilège.

— Vous me questionnerez autant qu'il vous plaira quand j'aurai de pareils récits à vous faire.

— Et quand cela sera-t-il ? Je vous ai dit cent fois que votre vie de cerf est une béatitude en comparaison de celle du simple soldat dans les régiments de discipline ; particulièrement s'il a le malheur d'être connu comme patriote.

Et Cyprian continua la comparaison, qu'Ernest écouta avec le même sourire sérieux. Il était pardonnable à Cyprian de le prendre pour un sourire d'égoïsme. Il éprouva donc pour Ernest quelque chose qui ressemblait au mépris, si toutefois Ernest en pouvait inspirer.

— Nous compterons ensemble quand nous aurons eu chacun notre tour, dit celui-ci tranquillement.

— Oui, dans l'autre monde, où j'irai bientôt vous rejoindre ; car en allant sur la frontière des deux pays, il me semble aller sur la frontière des deux mondes. S'ils ne me font pas mourir sous le knout, le chagrin me tuera un de ces jours. Et alors Sophia, — il vous faudra... mais non ; elle ne voudra pas recevoir un bon office, un mot d'amitié de qui que ce soit, quand je serai parti ; du moins, on le dit. Eh bien ! mon histoire est toute prête pour quand vous viendrez me rejoindre au delà des frontières éternelles ; car là, je ne craindrai pas de la raconter, et vous, peut-être, n'aurez-vous plus envie de l'entendre, — dans ce séjour où il n'y a plus de passions.

— Plus de passions ! s'écria Ernest ; plus de passions dans l'autre monde ! Je vous le dis, Cyprian, si notre aigle de Pologne ne vole pas jusqu'à moi pour m'apporter des nouvelles qui nourrissent ma passion de patriotisme, je descendrai sur la terre pour la rafraîchir et l'alimenter, comme si je n'étais toujours qu'un simple mortel.

— Paix ! paix ! Comment savez-vous...

— Et vous, comment savez-vous qu'il n'y a pas de passions dans l'autre monde ?

— Je le voudrais, du moins, murmura Cyprian.

— Ne formez pas ce souhait, Cyprian. Il y a des passions qui s'exercent et atteignent leur but naturel ou divin même dans ces déserts. Ne les répudions pas ; car elles deviennent plus nécessaires à l'alimentation de notre âme, à mesure que les autres nous sont violemment arrachées, ou qu'elles s'éteignent lentement faute de nourriture. La première fois que vous verrez cette étoile s'élever entre ces deux pics, rappelez-vous ce que je vous dis là.

Cyprian gémit intérieurement en pensant qu'avant que ce temps n'arrivât, il serait peut-être contraint de rejoindre, hors de vue de ces deux pics ; et il commença à haïr cette étoile d'une haine particulière.

Quand elle reparut, quelques nuits après, il gémit encore intérieurement ; mais cette fois c'était avec honte, et un autre genre de douleur que celle qu'il avait prévue pour lui-même et pour Sophia. Ernest s'était échappé pendant la nuit ; il était allé à la rencontre de l'escorte qui venait chercher Cyprian, et maintenant il marchait vers la frontière, — mais dans quelle direction ? personne ne le savait ; de sorte qu'on n'avait pu courir après lui, ni lui faire aucune observation ; elles eussent été perdues, s'il y en eût eu de possibles ; Ernest n'était pas un homme à changer de résolution.

La seule personne qu'il vit avant son départ fut Clara ; et cela, dans le dessein de laisser un message, puisqu'il manquait de ce qu'il fallait pour écrire ; et de plus pour exécuter le changement de vêtements nécessaire, afin de passer pour Cyprian. Il la réveilla, et, sous un prétexte plausible, l'employa à lui procurer l'uniforme de Cyprian. Quand il l'eut revêtu, il lui confia ses propres habits en garde.

— Donnez-lui cela, ma chère amie, quand il s'éveillera. Dites-lui que je lui laisse ma hutte, mon champ et mon nom,

— numéro 7. Sophia lui montrera le chemin de l'autel de la patrie ; elle l'aidera à voir si ce que je lui disais était vrai quand nous regardions ensemble se lever cette étoile qui brille là, au-dessus de la montagne. Ne manquez pas de lui dire tout cela.

— Mais, est-ce que vous ne reviendrez pas pour le lui dire vous-même ?

— Non. Nous avons décidé où nous devions nous revoir et en causer ensemble ; il se le rappellera. — Et maintenant, Clara, retournez vous coucher ; merci pour le service que vous m'avez rendu. Avez-vous quelque chose de plus à me dire ? continua-t-il, pour répondre à un regard suppliant qu'elle lui adressa. Si vous avez quelque inquiétude, faites-m'en part ; mais dépêchez-vous.

— Je ne sais que faire, répondit Clara, fondant en larmes. Je ne sais si je dois le dire ou non. Mon père.... il devient si riche ! J'aimerais mieux qu'il ne le fût pas tant, à moins que d'autres ne le fussent aussi ; mais il serait si fort en colère si je montrais à personne.....

— Mon enfant, pourquoi montreriez-vous à personne ce que votre père a amassé ? Ce sont ses affaires ; cela ne regarde aucun autre.

— Non, non ; ce n'est pas quelque chose qu'il ait amassé.

— Alors c'est quelque chose qu'il a trouvé. Il est probable qu'il aura rencontré un trésor. C'est pour cela qu'il aimait tant à rôder, depuis peu, sur les bords du Baïkal. Les paysans croyaient qu'ils l'avaient converti à leurs superstitions ; mais nous, nous ne pouvions rien y comprendre ; et cependant nous aurions dû en soupçonner quelque chose en remarquant que depuis quelque temps l'argent était devenu très abondant chez nous. Il a trouvé, il n'y a pas de doute, un lit d'os fossiles. Savez-vous où il est ?

Clara fit signe que oui, et ajouta à voix basse que c'était elle qui l'avait découvert.

— Eh bien ! vous avez fait tout ce qui dépendait de vous ; il faut maintenant laisser au hasard le soin de divulguer la chose. En attendant, prenez ce panier plein d'os, — c'est tout ce que j'ai d'argent, — et divisez-le entre tous les membres de notre petite communauté, à l'exception de votre père. Sa part, vous le comprenez facilement, aura moins de valeur, celle de chacun des autres devenant plus forte. Cette mesure rétablira à peu près l'équilibre, en attendant que son secret soit connu, ce qui ne peut manquer d'arriver un jour ou un autre.

— Je voudrais qu'on le sût déjà, et cependant, je tremble en même temps qu'on le sache. La femme de Paul a l'œil partout, elle est toujours aux aguets; et chaque fois qu'elle va du côté du lac, mon père fronce le sourcil et me dit : — Clara, vous avez parlé. — Mais, mon Dieu, comme je serai honteuse quand la chose se découvrira ! — Qu'est-ce que vous ferez quand vous reviendrez si vous n'avez plus votre argent? Ne vaudrait-il pas mieux que je vous le cachasse quelque part où personne ne puisse y toucher, jusqu'à ce que vous veniez le reprendre, — — dans l'une des cavernes?

— Si vous le cachiez là, dit Ernest en souriant, dans quelques centaines d'années d'ici, un savant voyageur les trouverait, et écrirait un gros livre sur un dépôt d'ossements fossiles, dont il est impossible de se rendre compte. Non, Clara ; quand Cyprian et moi aurons la conversation dont nous avons parlé, nous n'aurons pas besoin d'argent ; il vaut mieux que lui et les autres s'en servent en attendant. Vous êtes une bonne petite fille, et je n'ai pas besoin de vous dire ce que vous devez faire pour votre père : — tout ce qu'il vous commandera, et qui ne vous paraîtra pas criminel.

— Pomper aussi? dit Clara en soupirant.

— Pomper! Je ne savais pas que nous eussions entre nous un ustensile si considérable qu'une pompe.

— C'est dans la mine, répondit Clara tristement. L'eau s'infiltre dans la galerie où travaille mon père, et il pense que je pourrai gagner quelque chose en me mettant à pomper. Il dit qu'étant toujours à côté de lui, je n'aurais rien à craindre.

— A quoi pense-t-il? s'écria Ernest ; une pareille avidité est absurde. Que pourrait-il faire jamais ici de tout l'argent qu'il brûle d'amasser?

— Il pense que nous pourrons obtenir la permission d'aller

à Tobolsk quand il aura assez pour y commencer un commerce. Il me demandait l'autre jour si je ne serais pas charmée de me trouver à sa mort une des plus riches héritières de Tobolsk. J'aimerais mieux rester ici ; peu m'importe, je vous jure, que nous ayons vingt ou cent os de côté, une fois que nous avons tout ce qu'il nous faut pour manger, nous habiller et nous chauffer. Je voudrais bien qu'il ne parlât plus d'aller à Tobolsk.

— Si nous pouvons retourner en Pologne.

— Oh ! en Pologne ! Est-ce que vous y allez maintenant ? s'écria Clara, ses yeux étincelants tout à coup.

Ernest secoua la tête tristement, baisa le front de la petite fille et partit. Elle continua de le suivre des yeux jusqu'à ce qu'il eût disparu derrière les montagnes couvertes de neige. Ernest, rendu à sa nouvelle destination, se fit passer pour Cyprian. L'officier qui l'y attendait fut bien étonné de le trouver beaucoup meilleur soldat qu'on ne lui avait dépeint ; chose étrange, le knout semblait ne lui avoir fait perdre l'énergie ni de l'âme ni du corps ; et il était toujours prêt avec une obéissance aveugle aux genres particuliers de service que demandait cette station. Aussi devint-il une sorte de favori, et il n'y eut que de bons rapports sur son compte. La seule chose qui le fit jamais sourire, c'était lorsqu'on lui disait chaque jour qu'on était satisfait de sa conduite. On s'attendait qu'il eût dû recevoir ces témoignages flatteurs avec reconnaissance, tandis qu'il le faisait d'un air qu'on ne savait comment interpréter. Toutefois, on ne lui en faisait pas un crime, et il continua de passer pour l'un des moins turbulents des Polonais exilés en station sur la frontière.

CHAPITRE IX.

Le vœu du patriote.

Le temps était orageux, lorsqu'un soir la petite colonie de Polonais se réunit autour de son autel pour célébrer le mariage de Cyprian et de Sophia. On était à la fin de l'été, et le jour finit au milieu d'une commotion extraordinaire des éléments. Il n'y avait pas de pluie, mais le vent balayait la surface des eaux ; les éclairs fendaient la nue, et brillaient sur le sommet des montagnes. La petite Clara avait précédé le reste de la compagnie. Elle n'oubliait jamais que l'autel était confié à ses soins, et elle s'occupait dans le moment à nettoyer le piédestal des jeunes mousses qui poussaient rapidement dans les crevasses et parmi les caractères mystérieux de l'inscription. Elle ne pouvait s'empêcher d'être inquiétée par les éclairs ; elle eût volontiers désiré que le tonnerre vînt de suite se mêler aux mugissements des vagues, au lieu d'attendre que la masse des nuages fût devenue encore plus formidable et eût couvert tout le ciel. Une fois ou deux, elle regretta de ne pas être avec son père dans la caverne où elle savait qu'il était allé pour déterrer encore quelques ossements de mammouth. Puis, par réflexion, elle pensait que le sentiment de culpabilité qui l'assaillait toujours dans cette caverne, lui eût rendu l'orage encore plus effrayant qu'il ne le pouvait être dans la solitude où elle se trouvait. Aussi se réjouit-elle dans son cœur quand elle vit arriver Paul et sa femme.

— Il ne fallait pas prendre la peine d'amasser cette pile de bois, lui dit Paul ; il n'y a pas moyen de faire du feu avec un vent comme celui qui souffle dans ce moment.

— Savez-vous, dit Clara, qu'un coup de vent du nord, au moment où j'arrivais, a changé la face de tout ce qu'il a touché. En un moment tous les étangs se sont couverts d'une croûte de glace ; les feuilles de toutes les plantes, aux endroits non abrités, sont devenues rouges et jaunes, et les bourgeons se sont desséchés et sont près de tomber.

En entendant ce détail, Émilia prit une figure très sérieuse. Un pareil vent dans l'été, quand le soleil était encore sur l'horizon, ne présageait rien de bon, dit-elle à voix basse ; ce vent était envoyé pour annoncer que les esprits du lac allaient leur jouer quelque mauvais tour. Elle ne put recouvrer sa gaieté quand les autres exilés arrivèrent, et que d'importantes cérémonies les empêchèrent de s'occuper entièrement de l'orage.

Ils attendirent quelque temps Andréas ; mais comme le peu d'amitié qu'il portait à ses compagnons rendait sa présence fort peu importante, ils passèrent outre sans lui, supposant qu'il était trop occupé de son trésor pour prêter la moindre attention au premier mariage qui eût encore été célébré, entre Polonais, au fond de ces déserts. Il ne différait de la célébration du mariage des peuples voisins que par l'addition du serment que les deux parties contractantes étaient obligées de prêter. Ils avaient été déjà mariés dans la forme ordinaire, et les officiers supérieurs russes y avaient volontiers consenti, ravis qu'ils étaient de voir parmi les paysans de la couronne ces symptômes d'une volonté de se caser et de se tenir en repos, comme ceux de leurs voisins qui n'avaient point été rebelles. Ils offrirent même une dot à Sophia ; mais elle la refusa. Elle n'aurait pu prêter le serment dont nous allons parler, si elle avait seulement touché du bout du doigt le cadeau de l'Empereur.

Ce serment n'était qu'une forme plus solennelle de leur vœu ordinaire, de ne considérer jamais la Sibérie comme leur patrie, l'Empereur comme leur souverain, ou aucune des obligations sociales qu'ils contractaient dans cette terre d'exil, comme détruisant en quoi que ce soit celles qu'ils avaient contractées envers la Pologne; enfin, eux et leurs enfants ne devaient jamais acquiescer à la perte de leur *héritage*, même quand leur exil devrait se prolonger jusqu'à la millième génération. Une nouvelle clause fut ajoutée dans cette occasion. Les époux jurèrent de n'avoir pas de repos qu'ils n'eussent délivré Ernest de son sort ignominieux, et ne l'eussent rendu à l'état de liberté comparative qu'il avait sacrifié pour eux. Ce vœu fut prononcé d'une voix mal assurée, parce qu'il restait peu d'espoir d'en remplir l'objet; et les compagnons d'Ernest honorèrent son souvenir en silence, quand ils eurent jeté son nom aux vents.

La tempête s'accrut tellement qu'il devint dangereux de rester sur les hauteurs, et le reste des cérémonies fut dépêché en toute hâte, au milieu de l'obscurité qui allait toujours croissant, ainsi que le tumulte de la nature. Tout à coup on entendit un bruit épouvantable; les eaux d'un étang s'engouffrèrent en un moment dans la terre; tous les assistants furent glacés d'une terreur subite, comme si, malgré leur position élevée, ils eussent craint d'être entraînés, eux aussi, dans ce nouvel abîme. Sophia seule ne fut point épouvantée; — non par les mêmes motifs qui eussent pu la soutenir quelques mois auparavant, mais parce qu'une nouvelle vie s'ouvrait pour elle, et donnait de nouvelles forces à son esprit et à son cœur.

— Retirons-nous quelque part ici près, jusqu'à ce que l'orage soit passé, dit-elle en conduisant la petite troupe vers une petite caverne où ils pourraient s'abriter contre le vent. Ne fût-ce que pour Émilia, je serais bien aise que nous vissions les eaux redevenues calmes, avant que de rentrer à la maison. Il n'y a point de mal à respecter sa superstition, même quand aucun de nous ne la partagerait.

Taddeus et Lénore se regardèrent en souriant, quand ils entendirent Sophia parler la première de respecter une superstition. Ils la suivirent ; mais arrivés à l'entrée de la caverne, ils ne purent y pénétrer. L'entrée était bouchée, les terrains supérieurs s'étant abîmés dans la caverne. Clara prévit en tremblant ce qui était arrivé. La fureur de son père de devenir assez riche pour aller à Tobolsk, dans le dessein d'y amasser de nouvelles richesses, avait empêché qu'il pût y aller jamais. C'est dans cette cave que gisaient les ossements dont il avait malhonnêtement caché la découverte à ses compagnons. Et dans son empressement d'extraire ce trésor des matières étrangères qui l'environnaient, il avait détaché de la voûte une masse énorme de pierre dont la chute lui avait écrasé la tête. On retrouva le corps dans la suite ; mais, si ce n'avait pas été par égard pour Clara, on l'eût probablement laissé dans cette sépulture naturelle ; car il eût été difficile de trouver un tombeau qui lui convînt mieux que celui qu'il s'était ainsi préparé.

— Vous vivrez dorénavant avec nous, Clara, vous serez notre sœur, dit Sophia à la petite fille frappée d'horreur ; Cyprian ne saura jamais combien vous avez été bonne pour moi pendant son absence, mais il apprendra à vous aimer.

— Elle peut retourner en Pologne, si elle le désire, dit tout bas Taddeus à sa mère ; elle n'a plus rien qui la doive retenir ici ; et l'Empereur ne fait pas encore la guerre aux petites filles, bien qu'il la fasse à leurs mères et à leurs frères.

— Elle fera mieux de rester où elle est, dit Paul aussi à part ; et si nous nous en occupons tous, elle deviendra un petit modèle de femme. Votre mère lui enseignera la raison, le patriotisme, etc., et Émilia lui communiquera tous ceux de ses talents qu'elle n'est pas encore trop âgée pour acquérir. Elle n'aura jamais l'œil si bon, ni l'ouïe si fine ; mais il est encore temps de lui donner une bonne paire de mains. Dans la suite, elle pourra se marier et s'établir ici, comme Cyprian et moi l'avons fait.

— Cyprian et vous ! s'écria Taddeus. Mais réfléchissant qu'il aurait des querelles sans fin sur ce sujet avec Paul, s'il l'entamait une fois, il étouffa le sentiment pénible qu'il éprouvait à voir Sophia mise sur la même ligne qu'Émilia.

— Vous vivrez avec moi, ma chère, dit Lénore, et vous serez ma fille, comme vous en preniez souvent vous-même le
nom. Nous nous consolerons les uns les autres, jusqu'à ce que
nous retournions en Pologne, si jamais ce jour doit venir. Il y
a plus de consolations pour quelques-uns d'entre nous qu'ils
n'en avaient auparavant au milieu de toutes nos infortunes ; et
ces consolations, j'espère que nous ne les perdrons plus. Quelques-uns pourront mourir, et d'autres nous quitter pour changer de servitude ; il pourra même arriver qu'aucun d'entre
nous ne revoie jamais Varsovie ; mais aussi longtemps que
nous nous aimerons les uns les autres, et que nous aurons de
la patience, nous ne serons pas entièrement malheureux.

Émilia, avec un air joyeux, leur fit tourner les yeux du côté
de l'ouest ; les nuages commencèrent à se séparer peu à peu, et
laissèrent reparaître la lumière rougeâtre du crépuscule, qui se
répandit sur les eaux redevenues calmes. Après avoir salué cet
heureux présage, la petite troupe se dispersa, les uns retournant dans leurs maisons respectives, et les autres attendant
que la nuit fût tout à fait venue. Cet esprit d'optimisme qui vit
si naturellement dans le cœur des patriotes, ne fut plus à
à chaque instant tenu en échec par la présence d'un héros désespéré comme Ernest ; et non seulement cette nuit-là, mais
de jour en jour, les exilés se réjouirent, dans la conviction que
la tyrannie ne pouvait pas durer à jamais ; que le souffle de la
liberté fondrait enfin les glaces qui les enchaînaient ; et qu'ils
verraient flotter de nouveau l'étendard de leur patrie. C'est
cet espoir qui sanctifie en ce moment les bords de la Mer Enchantée.

FIN DU TOME PREMIER.

TABLE DES MATIÈRES

DU TOME PREMIER.

LA COLONIE ISOLÉE.

LA COLLINE ET LA VALLÉE.

L'IRLANDE.

UN CONTE DE LA TYNE.

LA MER ENCHANTÉE.

FIN DE LA TABLE DES MATIÈRES.

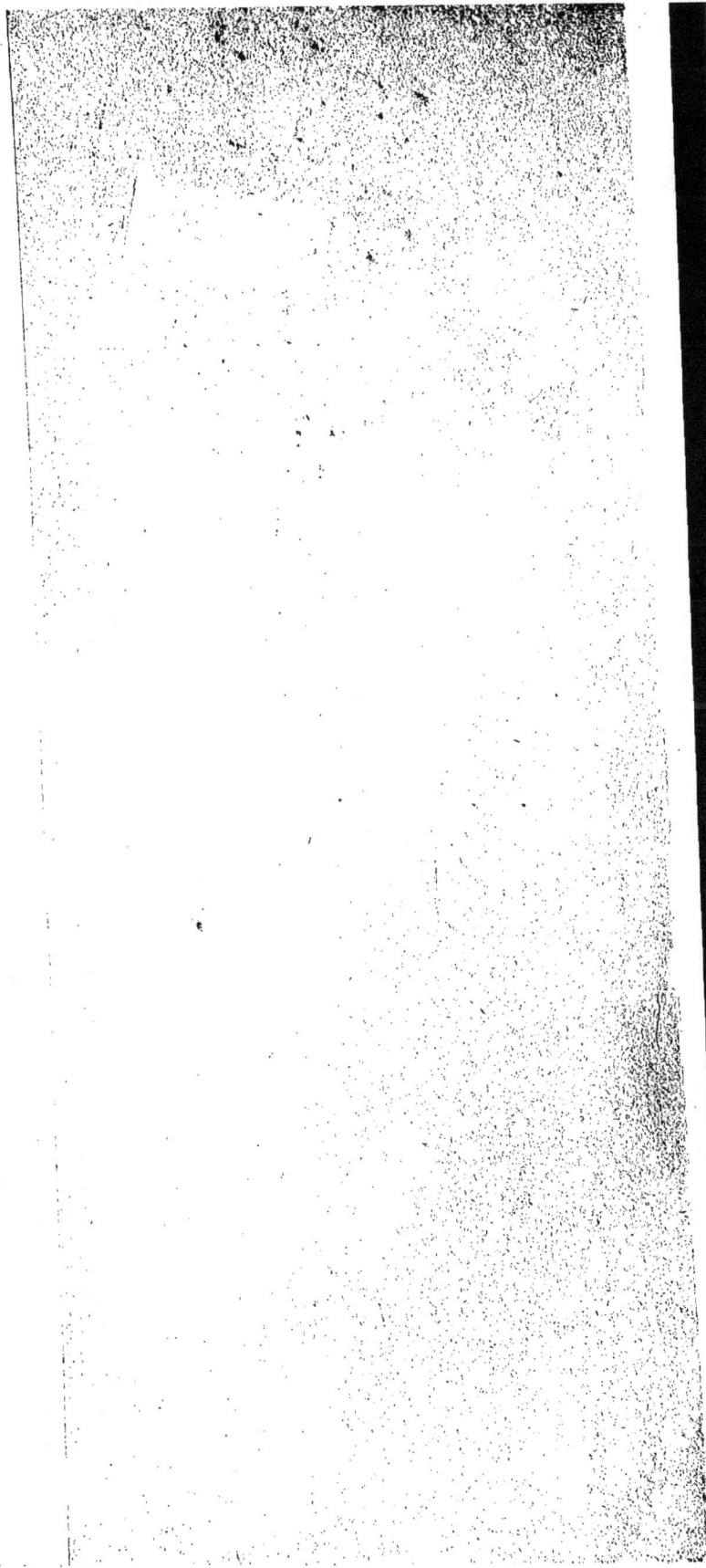

DERNIÈRES PUBLICATIONS

Traité des impôts en France, par M. Édouard VIGNES. 4ª édition, mise au courant de la législation, par M. VERGNIAUD, 2 vol. in-8. Prix. . . . . . 16 fr.

Les finances françaises, par M. le comte DE CASABIANCA, ancien ministre, ancien procureur général près la Cour des comptes. 1 vol in-8. Prix. . . . . . 6 fr.

L'association douanière de l'Europe centrale, étude, par M. RICHARD DE KAUFMANN. Gr. in-8. Prix. . . . . 2 fr. 50

La transformation des moyens de transport et ses conséquences économiques et sociales, par M. DE FOVILLE. 1 vol. in-8. Prix.. . . . . 7 fr. 50

Patrons et ouvriers de Paris. Réformes introduites dans l'organisation du travail par divers chefs d'industrie. Étude présentée au Congrès des institutions de prévoyance en juillet 1879, par M. A. FOUGEROUSSE. 1 vol. in-8. Prix. . . 4 fr.

La fraternité humaine ou les sociétés de secours mutuels, de coopération, de crédit populaire, de participation, et les communes coopératives, par M. Francesco VIGANÒ. Traduction de Mme Jules FAVRE. 1 vol. grand in-8. Prix. . . 12 fr.

L'administration des intendants d'après les archives de l'Aube, par M. D'ARBOIS DE JUBAINVILLE. 1 vol. in-8. Prix. . . . . 5 fr.

Théorie du crédit, étude économique où se trouvent exposés les moyens pratiques d'établir la justice dans les transactions, dans la législation civile et dans l'impôt, par M. Clément FAVAVEL. Tome III. 1 vol. in-18. Prix. . . . . . . 5 fr.

Traité d'économie politique, par M. Joseph GARNIER, membre de l'Institut, rédacteur en chef du *Journal des Économistes.* 8ª édition, 1 très fort vol. in-8. Prix. . . . . 7 fr. 50

Traité complet d'arithmétique, théorique et appliquée au commerce, *à la banque, aux finances, à l'industrie,* contenant un *Recueil de problèmes avec les solutions.* 3e édition, avec figures, par M. Joseph GARNIER, ancien directeur des études à l'École supérieure du commerce, membre de l'Institut. 1 très beau vol. in-8. Prix.. . . . . 8 fr.

Traité de comptabilité et d'administration industrielles. par M. GUILBAULT. 2 vol. in-8 avec Atlas. Prix. . . . . 14 fr.

Les Institutions administratives en France et à l'étranger, par M. FERRAND. 1 vol. in-8. Prix. . . . . 6 fr.

Richard Cobden. Notes sur ses voyages, correspondances et souvenirs, recueillies par Mme SALIS SCHWABE, avec une préface par M. G. DE MOLINARI, correspondant de l'Institut. 1 vol. in-8. Prix: 5 fr. relié. . . . . 6 fr.

Nouveau commentaire des lois sur les brevets d'invention, suivi d'une instruction pratique avec modèles d'actes et formules de procédure, par M. F. MALAPERT, avec la collaboration de M. Jules FORNI. 1 vol. in-8. Prix. . . . . . 8 fr.

Traité de la science des finances, par M. Paul LEROY-BEAULIEU. 2ª édit., 2 beaux vol. in-8. Prix.. . . . . 24 fr.

Premières notions d'économie politique, sociale ou industrielle, par M. Joseph GARNIER, membre de l'Institut. 5e édit., in-18. Prix. . . . . . . 2 fr. 50

La politique, par BLUNTSCHLI, traduit de l'allemand et précédé d'une préface par M. DE RIEDMATTEN. 1 vol. in-8. Prix.. . . . . 8 fr.

Saint-Denis. — Imprimerie Ch. LAMBERT, 17, rue de Paris.

www.ingramcontent.com/pod-product-compliance
Lightning Source LLC
Chambersburg PA
CBHW031726210326
41599CB00018B/2527